Veronica Wedgwood

Die ersten 5000 Jahre

Eine Weltgeschichte der Menschheit

List Verlag München

Die englische Originalausgabe erschien 1984 unter dem Titel
„The Spoils of Time – A Short History of the World"
bei William Collins Sons & Co. Ltd,
London/Glasgow/Sydney/Auckland/Toronto/Johannesburg

Aus dem Englischen von Renate Orth-Guttmann

Umschlagentwurf: Design Team, München

ISBN 3 471 79138 8

Satz: Compusatz GmbH, München
Druck und Bindearbeit: Mohndruck, Gütersloh

INHALT

EINS: VON DEN ANFÄNGEN – CIRCA 1500 V. CHR.

ZWEI: Ca. 1500 – 500 v. Chr.

DREI: Ca. 500 – 300 v. Chr.

VIER: Ca. 300 v. Chr. – 70 n. Chr.

FÜNF: Ca. 50 n. Chr. – 500

SECHS: Ca. 500 – 1000

SIEBEN: Ca. 900 – 1200

ACHT: Ca. 1200 – 1450

NEUN: Ca. 1350 – 1550

EINS

VON DEN ANFÄNGEN – CIRCA 1500 V. CHR.

1. *Die Evolution des Menschen*

Vor etwa zwei Millionen Jahren entwickelten sich auf unserem Planeten gewisse affenartige Geschöpfe mit Merkmalen, die sie von Affen unterschieden. Aus ihren Schädeln und Knochen, die im Lauf der letzten 60 Jahre in Südafrika, Tansania und Kenia gefunden wurden, erkennt man, daß sie drei verschiedenen Gruppen angehörten. Die einen hatten große, vorstehende Zähne und dicke Stirnwülste, aber ein relativ kleines Gehirn. Die Archäologen nannten sie *Australopithecus* (Africanus oder robustus) oder Südaffen und ordneten sie als *Hominiden* ein.

Eine zweite Gruppe war kleiner von Statur, etwa einen Meter zwanzig groß, und die bei ihnen oder in ihrer nächsten Nähe gefundenen Gegenstände zeigten, daß sie geschickt in der Herstellung von Werkzeugen waren. Die Archäologen waren bereit, sie als entfernte Verwandte, ja, vielleicht sogar als ihre Ahnen zu akzeptieren, und erkannten sie als *Homo* unter dem Namen *Homo habilis* an.

Im Lauf der Jahre kamen in vielen Teilen der Welt – auf Java, in Peking, in Heidelberg – die Knochen weiterer primitiver Vorfahren des Menschen ans Licht. Zunächst wurden sie als *Pithecanthropus erectus* – aufrechte Menschenaffen – klassifiziert. Der allgemeine Konsens in Archäologenkreisen sieht den *Homo habilis* als den Vorfahren der Menschheit, obgleich es höchstwahrscheinlich der *Homo erectus* war, der den berühmten Faustkeil erfand. Diese im Einsatz gegen wilde Tiere und menschliche Gegner gleichermaßen wirksame Waffe war ein Steinwerkzeug, das durch mühevolles Behauen mit einer Spitze versehen worden war. Die Erfindung wurde allenthalben verbreitet und fand in ganz Südafrika, dem Nahen Osten, Asien und Indien, Europa, Britannien und Skandinavien Verbreitung.

Der Peking-Mensch lebte und starb vor der zweiten Eiszeit, die sich über etwa 50 000 Jahre erstreckte, und der die dritte Zwischeneiszeit folgte – ein Zwischenspiel mit relativ warmem Klima, das etwa 150000 bis 175000 Jahre anhielt. Die Zwischeneiszeit war von entscheidender Bedeutung für Europa und den Mittelmeerraum, da sie dem Rest der Gattung Mensch eine lange Atempause zur Erholung und Fortpflanzung gewährte.

In dieser Zeit taucht der *Neandertaler* in Mitteleuropa auf; seinen Namen verdankt er dem Fundort der ersten Skelette, dem Neandertal in Deutschland. Seine Spuren fanden sich später auch im mediterranen Küstenbereich, in den Flußtälern Mittel- und Südosteuropas, in Nordafrika und den nähergelegenen Regionen des westlichen Asien. Er stellte Werkzeuge aus Knochen her, kleidete sich in sorgfältig präparierte Häute, war mit der Verwendungsmöglichkeit des Feuers vertraut und bestattete seine Toten feierlich, nachdem er ihre Gehirne verzehrt hatte. Vom Neandertaler wurden mehr Überreste gefunden als von jeder anderen Rasse; offenbar aber starb er aus, möglicherweise unter dem Druck einer unwiderstehlichen Einwanderungswelle aus dem Osten. Die *Cro-Magnon-Stämme* rückten auf der Suche nach neuen Weidegründen stetig aus der asiatischen Steppe nach Westen vor. Sie zerfielen in viele verschiedene Familienverbände und trieben Bisonherden, Wild und Pferde vor sich her.

Dank dieser vorwiegend fleischlichen Nahrung waren sie kräftig, aktiv und ideenreich. Im Lauf ihrer Wanderungen hatten sie einen Speerwerfer zum Erlegen der Beute auf lange Entfernungen, Harpunen und mit Widerhaken versehene Speere erfunden, mit ziemlicher Sicherheit den Bogen, aber auch für den Haushalt so wichtige Dinge wie Lampen, die sie mit brennendem Fett speisten, beinerne Nadeln mit Öhr sowie Stichel und Meißel zur Herstellung weiterer Werkzeuge.

Zu den frühesten Zeugnissen des Menschen gehören die Funde in den Cro-Magnon-Höhlen der Dordogne. Sie sind vermutlich 30000 Jahre alt. Die Vorfahren des Cro-Magnon-Menschen waren etwa 10000 Jahre zuvor im Westen aufgetaucht. Bis zum Abschluß der vierten Eiszeit vor etwa 20000 Jahren hatten sie sich über das ganze mediterrane Becken und alle wärmeren und fruchtbareren Gegenden Europas verbreitet. Daß sie in der Kunst der Werkzeugherstellung fortgeschritten waren, läßt auf ein bereits etabliertes System schließen; sie müssen bereits eine gut entwickelte Sprache gehabt haben, denn sie besaßen Flöten, zu deren Klängen sie vermutlich tanzten, sangen und Stammesgeschichten erzählten, die ihre Vergangenheit verherrlichten.

Der Cro-Magnon-Mensch war nur eine Rasse des *Homo sapiens*. In Afrika begannen nach und nach Menschen mit dunkler Haut das Land südlich der Sahara zu bevölkern. Andere von mongolidem Typus hatten sich der bitteren Kälte Nordostasiens in der letzten Eiszeit angepaßt und gelernt, Tierhäute zu zerschneiden und zu eng anliegenden Mützen, Jacken und Hosen zusammenzunähen. So ausgerüstet, lebten sie von der Rentierjagd und folgten ihrer Nahrung über die öden Eisflächen, die unter günstigen Bedingungen das nordöstliche Asien mit dem leeren amerikanischen Kontinent verbanden. Solche Bedingungen herrschten um 18000 v. Chr. und nochmals von 10000 – 9000 v. Chr. Nach und nach gelangten sie in kleinen Gruppen auf diesem Wege in den anderen Erdteil. Die Einwanderer dieser ersten Welle scheinen – soweit sich das aus den spärlichen Funden schließen läßt – mongolider Herkunft gewesen zu sein. Im Lauf der Zeit müssen von siegreichen Stämmen aus den fruchtbaren Gebieten vertriebene Gruppen von Flüchtlingen noch weiter nach Süden gezogen sein, die um etwa 8000 v. Chr. das öde Gebiet von Tierra del Fuego erreicht haben. Inzwischen ging – mit Unterbrechungen – der Zug über die schmelzenden Gletscher der Beringstraße weiter. Möglicherweise haben die letzten asiatischen Zuwanderer die Meerenge erst vor 800 Jahren überquert.

Als sich vor 30000 Jahren der Cro-Magnon-Mensch in Europa und im Mittelmeerraum festsetzte, entzog das Eis der Arktis und der Antarktis den gemäßigteren Zonen so viel Wasser, daß das Meer möglicherweise bis zu 100 Meter niedriger war als heute, so daß viele vor der Küste gelegenen Inseln mit dem Festland verbunden waren. In Frankreich gab es große Rentierherden, Dänemark war mit Schweden verbunden, und der *Homo sapiens* erreichte zu Fuß die britischen Inseln.

In Asien rückten die Gruppen und Stämme aus dem Süden und Südosten über Eisschollen, Felsen und Untiefen in Teile Japans, zu den pazifischen Inseln und nach Ostindien vor. Das Sunda-Riff lag damals frei und verband Java mit dem Festland. Etliche Abenteurer gelangten – über Land von Guinea aus – vor 25000 v. Chr. bis nach Australien; die geschliffenen Äxte, die man bei ihnen gefunden hat, scheinen die ersten dieser Art auf der Welt gewesen zu sein. Allmählich änderte sich das Klima, die Gletscher schmolzen, der Meeresspiegel hob sich wieder, und die Ureinwohner Australiens und vieler pazifischer Inseln blieben über Tausende von Jahren isoliert.

Während dieser Jahrtausende allmählichen Wandels, der sich

im Lauf der Zeit immer mehr beschleunigte, lernten die Männer und Frauen in all ihren regionalen Verzweigungen, sich in Höhlen behaglich einzurichten oder sich Unterkünfte zu bauen. Sie vervollkommneten sich darin, Tiere in Fallen und Fische zu fangen, Boote zu bauen und das Feuer zu beherrschen. Sie lernten es auch, zumindest ein Tier, den Hund, abzurichten, um einen Helfer bei der Jagd zu haben. Die Natufier aus dem Zagros-Gebirge, die in Dörfern von jeweils etwa 50 Hütten lebten, verfügten sogar über Erntemesser, handbetriebene Getreidemühlen, Mahlsteine, Stößel und Mörser zum Zerkleinern von Getreidekörnern; es ist auch möglich, daß sie Gazellen in Herden hielten. Mittlerweile hatte sich das Grunzen, Knurren und Bellen der ersten primitiven menschlichen Kommunikation längst zu komplexen Klangmustern weiterentwickelt, die den Wünschen des Menschen präziseren Ausdruck verliehen. Stärke und Struktur von Stimmbändern und Zunge änderten sich, sie wurden zu Organen für eine verständliche Sprache.

Vor etwa 20000 Jahren, als nach der vierten Eiszeit die Zwischeneiszeit eintrat, schien der *Homo sapiens* – abenteuerlustig, beharrlich, einfallsreich und aggressiv, mit wachsenden Kenntnissen im Schaffen und Zerstören, phantasiebegabt und von unstillbarer Neugier erfüllt – dazu bestimmt, die Welt zu beherrschen. Für ihn lag diese Bestimmung durchaus nicht offen zutage. Sein Leben spielte sich im Gegenwärtigen ab; es war auf die Versorgung mit Wärme, die Beschaffung von Nahrung und den Schutz vor wilden Tieren gerichtet. Sein Leben war, um einen seiner fortgeschritteneren Nachkommen zu Wort kommen zu lassen, noch »wüst, brutal und kurz«.[1] Es gab Kompensationen: Er hatte bereits ein Gefühl für Ehrfurcht und für Schönheit, und er besaß die Fähigkeiten, eine organische Gesellschaft zu schaffen, das heißt, er konnte sich bereits in die Bedürfnisse anderer hineinversetzen und zeigte sich gelegentlich zu Selbstlosigkeit und zu Opfern fähig. Wir, die wir uns in dieser Geschichte sehr viel besser auskennen – wenngleich auch wir nicht alles von ihr wissen –, treten aus den Jahrtausenden fast völliger Dunkelheit in das Dämmerlicht der Vorgeschichte ein.

2. *Die Anfänge der Zivilisation: Höhlenbilder – Von der Jagd zum Ackerbau – Mittlerer Osten, Mittelmeerraum, Industal, Nordchina, Ägypten – Die frühen Kulturen Amerikas*

Noch immer herrscht Zwielicht, aber ab und an durchdringen helle Strahlen die Düsternis. Vor etwa 100 Jahren wurden in den Höhlen von Altamira in Nordspanien zufällig Bilder von Wisenten, Rehwild, wilden Ebern und Bullen entdeckt. Viele Jahre vergingen, ehe vorsichtige Archäologen sie als das Werk von Steinzeitkünstlern aus der Zeit zwischen 15000 und 10000 v. Chr. anerkannten. 1940 wurde eine weitere Gruppe herrlicher Höhlenmalereien in Lascaux in der Dordogne entdeckt. Die Kritiker des 20. Jahrhunderts waren inzwischen klug genug, nicht mehr an den Fähigkeiten ihrer fernen Vofahren zu zweifeln. Auch hier fällt die genaue Beobachtung von Gestalt und Bewegung auf, die subtile Farb- und Formgebung und die geschickte Verwendung natürlicher Felsformationen zur Erzielung plastischer Wirkungen bei den Tieren. Aufgewertet wurden diese Funde in Westeuropa noch durch die Entdeckung von Höhlenmalereien ähnlicher Art im Ural.

Altamira und Lascaux werden einem begabten und ziemlich weit verbreiteten Volk zugeschrieben, das die Archäologen die *Magdalener* nannten. Für müßige Pracht war wenig Platz in dem schweren, gefährlichen Leben der Steinzeitmenschen. Die Bilder dienten einem Zweck; sehr wahrscheinlich sollten sie das Jagdglück fördern. Doch die Begabung des Künstlers, sein Blick für wesentliche Einzelheiten, Form und Bewegung und das beherrschte Geschick seiner Hand standen im Dienst der magischen Beschwörung. Gewiß war hier noch mehr als das Verlangen nach Fleisch im Spiel.

Niemand weiß genau, wann der prähistorische Mensch das Feuer entdeckte, aber im Mesolithikum brannte er symbolische Tonfiguren in seinen Öfen, und in bestimmten Gegenden Europas gibt es Hinweise darauf, daß schon Kohle Verwendung fand. Reisen jeder Art fanden gewöhnlich zu Fuß statt, aber für den Flußtransport – und eine allmähliche Eroberung der Meere – wurden bereits um 8000 v. Chr. Boote gebaut.

Das jägerische Können des Menschen vervollkommnete sich mit zunehmender Übung. Die Erfindung des Bogens liegt mindestens 15000 Jahre zurück, und den Speer gab es vermutlich noch früher. Pfeile und Speere hatten geschliffene Spitzen aus Stein. Diese Entdeckungen, die für die Erfinder von nicht abzuschätzender Bedeutung waren, müssen zu verschiedenen Zeiten an verschiedenen Orten gemacht worden sein, doch hatten sie, wie Erfindungen heutzutage auch, nicht nur Vorteile, sondern auch Nachteile. Die Jäger taten des Guten zuviel, das schwerfällige Mammut starb kurz nach dem Ende der letzten Eiszeit aus, und auf dem amerikanischen Kontinent wurde das Pferd ausgerottet.

Im Vorderen Orient begann um das 9. Jahrtausend die Haustierhaltung mit Schafherden im Irak, mit Ziegen im Iran, etwa 1000 Jahre später mit Schweinen in der Türkei und zuletzt, um etwa 6000 v. Chr., mit der Domestizierung des gewaltigen Wildrindes. Hunde standen schon seit undenklichen Zeiten im Dienste des Menschen.

Auch von den Früchten des Feldes konnte der Mensch sich und seine Familie ernähren. Als der Wildreichtum zurückging, sammelte er zunächst Pflanzen, Wurzeln und Beeren, dann entdeckte er, daß die Nahrungsausbeute sich steigern ließ, wenn man den Boden aufkratzte und Samen setzte.

Von manchen modernen Historikern wird diese Entdeckung des frühen Menschen nicht zu Unrecht die *Neolithische Revolution* genannt. Ganz gewiß gehört die Erkenntnis des Menschen, daß das Werk der Natur sich verbessern, fördern und ausbeuten läßt, um seine Bedürfnisse zu befriedigen, zu den größten Entdeckungen, die er je gemacht hat.

Ausgangspunkt dieser Erkenntnis scheint Syrien gewesen zu sein; sie verbreitete sich dann weiter zum Kaukasus, nach Afghanistan, Nordwestindien, an den Persischen Golf, nach Arabien und Asien – all diese Länder trugen damals natürlich noch nicht diese Namen – und erreichte gegen 5000 v. Chr. Europa.

Die Revolution im Zeitlupentempo hatte schließlich weltweit – oder nahezu weltweit – Platz gegriffen, und ihre Erfolge oder Mißerfolge bestimmten die Gesellschaftsordnung und das Schicksal von Nationen bis hin zur Industriellen Revolution, in deren Nachwehen wir heute leben.

In dem Maße, wie die Menschheit sich mehrte und die Welt komplizierter wurde, verstärkten sich die Unterschiede zwischen den einzelnen Menschen. Schon lange vor der Einführung des Geldes gab es Arme und Reiche, Habenichtse und Habeviele. Wenn in einem Jahr die Ernte nicht gut ausfiel, mußten die führenden Männer des Dorfes eine möglichst gerechte und effiziente Verteilung vornehmen. Wahrscheinlich ließen sie sich Möglichkeiten einfallen, den Überschuß für gute Jahre zu lagern

(Joseph von Ägypten dürfte kaum als erster auf diese Lösung verfallen sein).

Ibn Chaldun, der große arabische Historiker, der im 14. Jahrhundert unserer Zeitrechnung schrieb, hob die Auswirkung der Landwirtschaft auf die Kultur aus seiner Sicht prägnant hervor: die Landwirtschaft zwang den Menschen zur Kooperation. So konnte zum Beispiel eine Gruppe mit einem Schreiner, einem Werkzeugmacher und einem Hirten für die Rinder sowie Pflügern und Säern Nahrungsüberschüsse erzeugen, und aus Überschuß erwächst Kultur.[2]

Der Ackerbau war zunächst der Jagd als Nahrungsbeschaffung untergeordnet. Doch in vielen Gegenden hatten sich bis zum 6. Jahrtausend die Verhältnisse umgekehrt, die Landwirtschaft gewann die größere Bedeutung. Die Jagd wurde als Quelle zusätzlicher oder besonders üppiger Nahrung beibehalten. In höher entwickelten Gesellschaften ordnete man sie zusehends einer herrschenden Aristokratie zu und betrachtete sie als Sport. Dieses soziale Phänomen hat sich durch die Jahrtausende von der vorgeschichtlichen bis in die schriftlich festgehaltene Historie fortgesetzt und bis in unsere Tage gehalten. Könige Ägyptens und Babyloniens stellte man triumphierend beim Töten von Vögeln und Vierbeinern dar. Im mittelalterlichen Europa nahmen die Könige und der Adel das Recht für sich in Anspruch, große brachliegende Flächen als persönliches Jagdrevier zu nutzen, was ihnen und ihrem Gefolge zu Fleisch verhalf, während Grütze gut genug für das einfache Volk war.

Es war eine paradoxe Entwicklung, denn die Zivilisation – beziehungsweise die Macht – beruhte nicht auf der Jagd, sondern auf der Bewirtschaftung des Bodens. Die Landwirtschaft erforderte Organisation, Koordination und Arbeitsteilung. Sie ermöglichte die Lagerung von Lebensmitteln für Hungerzeiten, die Rücklage von Reserven, eine Stabilisierung der Gesellschaft. Dem einzelnen allerdings verlangte sie mehr Mühe und Arbeit ab, als der primitive Mensch für die Jagd hatte aufwenden müssen, als es noch reichlich Wild gab, oder für das Zupfen eßbarer Wurzeln zum Frühstück. In mancher Beziehung lebte der Bauer (falls es gestattet ist, diesen Begriff schon jetzt, etwas vorzeitig, zu benützen) inzwischen leichter und nicht so sehr von Hunger geplagt wie in der primitiveren Vergangenheit. Doch hatte er weit weniger Muße. Früher, als der ganze Stamm auf die Jagd zog, war es lustiger zugegangen – und gefährlicher; doch diese

Zeit war vergessen. Jetzt vollzog der Arbeiter sein regelmäßiges Tagwerk, während eine privilegierte Minderheit auf die Jagd ging.[3]

Es lag nahe, daß Ackerbau zunächst in solchen Gegenden aufkam, wo reichlich wildes Getreide vorhanden war – in Anatolien, an den Südwesthängen des Zagros-Gebirges, am Unterlauf von Euphrat und Tigris und in Palästina. Einfallsreich und geduldig züchteten unsere Ahnen Gerste- und Weizensorten, die pro Ähre mehr Körner brachten und am Halm zur Reife kamen, statt vom ersten Windstoß zerstreut zu werden. Um etwa 7000 v. Chr. konnte der Ernteertrag bereits zuverlässig geschätzt werden. Es waren Dörfer entstanden, Schweine wurden gehalten, Wildschafe und Wildziegen als Woll- und Milchproduzenten domestiziert. Spinnen und Weben hatten sich als Frauenarbeiten entwickelt. Die Männer lernten die Herstellung und das Brennen von Töpferwaren.

Bei Ausgrabungen in Jericho, Palästina, und in Catal Hüyük (Anatolien) kamen beachtliche Städte aus dem frühen 8. und späteren 7. Jahrtausend zum Vorschein, die ohne eine sich selbst tragende Landwirtschaft und ein durchorganisiertes Gemeinschaftsleben nicht hätten bestehen können. Jericho besaß eine Quellwasserversorgung und war von einer gewaltigen steinernen Mauer mit einem zehn Meter hohen Turm umgeben. In dem Schutt der alten Straßen fand man Bein- und Holzinstrumente, in die geschliffene Feuersteine eingesetzt waren, primitive Sicheln zum Abernten der Getreide- und Gemüsefelder, welche die alte Stadt umgaben. An den verputzten Wänden einiger Häuser sind auch Reste von Malereien zu sehen.

Catal Hüyük ist etwa 2000 Jahre jünger als Jericho. Die Häuser sind aus Lehmziegeln, einige innen mit Wandmalereien geschmückt. Sie stehen auf einem Areal von etwa 30 Morgen, die Bevölkerung wird auf circa 6000 geschätzt. Die Bewohner bauten Weizen, Gerste, Erbsen, Pistazien, Mandeln und Holzäpfel an. Sie jagten Ziegen, Rothirsche und Wildschweine und tranken Bier, das sie aus Vogelbeeren brauten. Aber sie trieben auch Handel, exportierten Obsidian, Textilien und Keramik. Ihre Religion scheint ein Fruchtbarkeitskult gewesen zu sein, und ihre Toten setzten sie den Geiern aus – Vorläufer eines Brauchs, der sich bis heute in Teilen Indiens gehalten hat.

Im 6. Jahrtausend bauten zahlreiche Dorfgemeinschaften in Südosteuropa nicht nur Getreide an, sondern auch Bohnen, Erbsen und Linsen. Schon sehr früh wurden an den Südhängen der

Alpen und an der Mittelmeerküste auch Oliven, Äpfel und Weintrauben kultiviert.

In dieser Zeit hatte die *Neolithische Revolution* Thessalien, den Peloponnes, Kreta und Zypern erreicht. Auswanderer aus Dalmatien brachten sie nach Italien und von dort auf die Iberische Halbinsel. Um das Jahr 5000 v. Chr. kam sie nach Indien. Alles in allem dauerte es etwa 3000 Jahre, bis sich die Revolution von ihrem Ausgangspunkt Anatolien bis in den Mittelmeerraum, nach Nordafrika, Zentralasien und Indien verbreitet hatte. Nochmals 1500 Jahre sollten vergehen, bis sie über Nordfrankreich zum fernen Britannien vorgedrungen war.

In der Ebene Nordchinas läßt sich im 3. Jahrtausend die relativ weit entwickelte *Yang-shao-Kultur* mit Gruppen landwirtschaftlicher Siedlungen nachweisen, und Funde machen deutlich, daß diese bereits viele Jahrhunderte bestand. In anderen Teilen der Welt entwickelte sich der Ackerbau erst später oder nie so weit, daß er einen grundlegenden Wandel in der Gesellschaftsstruktur herbeigeführt hätte. In Gegenden, wo es reichlich Wild und Fische oder eßbare Früchte und Wurzeln im Überfluß gab, war keine Notwendigkeit für intensiven Ackerbau vorhanden. Die mit Obst und Fischen gut versorgten Einwohner Tahitis und anderer Pazifikinseln veränderten sich im Lauf der Jahrtausende nur wenig. Auch die Völker, die etwa 25000 v. Chr. Australien erreicht hatten, hielten – wiewohl von der Natur weniger reich gesegnet – an ihrem unwandelbaren Rhythmus von Jagen und Sammeln ungestört und fast unverändert fest.

Während die Landwirtschaft in Ägypten eine der großen Kulturen der Welt hervorbrachte, ist die Geschichte Afrikas am Oberlauf des Nils noch relativ unerforscht. Die Sahara war in dieser Zeit noch keine reine Wüste. Es gibt Hinweise auf eine vielfältige Vegetation, man hat Steinwerkzeuge, in Höhlen und auf Felsen gekratzte Bilder von Elefanten, Büffeln und Giraffen gefunden, die bis etwa 10000 v. Chr. zurückgehen.

Manche Gruppen, insbesondere die Pygmäen der Kongowälder und die Buschmänner der Kalahari-Wüste, führen bis heute ein fast so primitives Leben wie ihre fernen Ahnen; sie jagen und sammeln Wildpflanzen. Die Pygmäen, ein verschlossenes und zufriedenes Volk, scheinen keine Geschichte und keine Aufzeichnungen zu besitzen. Bei den Buschmännern dagegen gibt es eine Tradition der Höhlenmalerei, die allerdings lange nicht so weit zurückgeht wie bei ihren entfernten Verwandten aus dem Paläolithikum in Frankreich und Spanien. Diese kraftvoll-lebendigen Gemälde kommen nicht an die Tierzeichnungen von Altamira und Lascaux heran. Sie waren für einen anderen Zweck gedacht, stellen mehr Menschen als Tiere dar, und sind kein Jagdzauber, sondern primitive Geschichtszeugnisse. Auf einigen dieser Bilder sind Kämpfe zwischen kleinen gedrungenen braunen Gestalten und hochgewachsenen schwarzen, mit Lanzen bewehrten Männern dargestellt. Letztere sind die Negerrassen, die plötzlich auftauchten – niemand weiß so recht, wann oder woher – und die Pygmäen und Buschmänner aus dem größten Teil Afrikas vertrieben. Auch die Eindringlinge lebten, wie die von ihnen vertriebenen Völker, von der Jagd, aber dank ihrer überlegenen Kriegführung und ihrer festen Stammesorganisation gewannen sie die Oberhand.

Buschmänner und Pygmäen sind – mehr vielleicht als andere primitive Völker – mit allen Sinnen offen für die Schwingungen der Natur, für Gerüche, Geräusche, verborgene Wasserquellen, die dem zivilisierten Menschen verlorengegangen sind. Sie leben in stillschweigender Partnerschaft mit Erde und Luft, mit Bäumen, Gräsern und Elementen. Es ist ihre einzige Stärke in einer Welt, in der sie seit Generationen zurückgedrängt und unterdrückt werden.

In Mittel- und Südamerika begann die Landwirtschaft später als in Europa und Asien; ihre Entwicklung vollzog sich langsamer und mühseliger. Hinweise auf Ackerbau im heutigen Hochland von Mexiko gibt es schon im 7. Jahrtausend v. Chr. Die Jagd war noch immer der vorherrschende Wirtschaftsfaktor, aber auch der Anbau von Kürbissen, Paprikaschoten, möglicherweise auch Bohnen, ja, sogar Avocados läßt sich nachweisen. Schon um 3000 v. Chr. wurde Mais angebaut, in größeren Mengen allerdings erst 2000 Jahre später; zu jener Zeit kamen auch die Maniokwurzel und die Rebe auf.

Es ist denkbar, daß die Völker an der Pazifikküste Perus bereits im 3. Jahrtausend Ackerbau betrieben haben, wahrscheinlicher allerdings ist es, daß es erst 500 oder 600 Jahre später dazu kam. Fische und andere Meerestiere waren ihr Grundnahrungsmittel. Im 2. Jahrtausend v. Chr. bauten sie Bohnen an (die Vorgänger der heutigen Limabohne), Kürbis, »spanischen Pfeffer«, Kartoffeln und Baumwolle, aus der sie Textilien und Fischernetze herstellten. Die Herkunft dieser Pflanze bleibt ein Geheimnis: War sie ein einheimisches Gewächs, oder waren die Samen irgendwie von Asien her über den Pazifik gekommen? Erst um etwa 1400 v. Chr., mit der Einführung des Mais, der sich im Lauf der Jahrhunderte von Mexiko her verbreitet haben muß, begann hier eine intensive Bodenbearbeitung; etwa um 1500 v. Chr. war eine peruanische Töpfer- und Webkunst von ästhetischem Rang entstanden.

In Nordamerika entwickelte sich die Landwirtschaft sehr viel später. Der reiche Wildbestand der nordamerikanischen Wälder, Flüsse und Seen ließ den Ackerbau an Bedeutung hinter der Jagd und dem Fischfang zurücktreten. Um 1500 v. Chr. gab es ständige Ansiedlungen von Lachsfischern an der Nordwestküste, und auf den Ebenen im Landesinneren, wo der Bison an die Stelle des Mammut getreten war, wurde Großwildjagd betrieben. Um etwa 800 v. Chr. begann der Maisanbau im Tal des Ohio und spielte von da ab in den Sagen und Fruchtbarkeitsriten vieler nordamerikanischer Stämme eine Rolle. Das Tabakrauchen war bereits weit verbreitet.

Das Fehlen von Haustieren war ein wesentliches Hindernis für den zivilisatorischen Fortschritt in Amerika. Die Pferde waren gejagt und als Nahrung getötet worden, ehe man ihre Möglichkeiten als Diener des Menschen erkannt hatte. Die gewaltigen Büffel des nördlichen Kontinents ließen sich nicht als Zugtiere einsetzen, und in Südamerika konnte nur das peruanische Lama domestiziert und als Lasttier verwendet werden. In Peru wurden auch Meerschweinchen – als gelegentliche Delikatesse für Gelage – gehalten und gemästet. Die Peruaner kannten das Rad – vielleicht durch irgendeinen Schiffbrüchigen aus China –, aber da sie keine Wagen besaßen, begriffen sie nicht, wozu es gut sein sollte, und benützten es als Spielzeug.

In Europa und Asien wurden Rinder, Wildesel und Wasserbüffel schon früh zum Ziehen primitiver Pflüge und zum Schleppen von Lasten abgerichtet. Den Wasserbüffel – einen Verwandten der Hauskuh – hielt man als Milchspender. Das Schwein diente zwar hauptsächlich zur Nahrung, wurde aber in Ägypten und in China auch dazu angehalten, Saatgut in den Boden zu stampfen. Später – in Indien – bildeten tapfere und geduldige Männer Elefanten für Zug- und Kriegsdienste aus.

Ohne Pferde und Vieh waren die Völker Amerikas ausschließlich auf menschliche Arbeitskraft angewiesen. Metalle waren meist nur in geringen Mengen vorhanden, und Eisen kam im Süden nur als Meteoreisen vor. Sie besaßen Gold und Silber, das sie bei geringer Hitze durch Hämmern zu Schmuck verarbeiteten. Für Messer und Waffen verwendeten sie Obsidian – vulkanisches Glas –, das genügend Schärfe für tödliche Wunden besaß. In Nordamerika gab es an den Großen Seen reichliche Kupfervorkommen, und schon im 7. Jahrtausend v. Chr. hatten die Einwohner gelernt, es ohne Erhitzen zu Pfeilspitzen zu verarbeiten und im Tauschhandel mit ihren Nachbarn einzusetzen. Metallurgie aber war ihnen unbekannt.

Sehr viel weiter entwickelte Kulturen entstanden in Mittel- und Südamerika, in Mexiko, Yucatan, Guatemala und Peru mit großen Reichen, einer hochorganisierten Gesellschaft, Städten, Palästen, Straßen, Brücken und prachtvollen Bauwerken wie den mexikanischen Sonnenpyramiden in Teotihuacan, deren Fundamente wahrscheinlich ebenso alt sind wie der Tempel Salomons. All dies wurde durch Einfallsreichtum, Können und größte körperliche Mühen hochbegabter Völker geschaffen. Im 16. nachchristlichen Jahrhundert wurde ihre Kultur in noch nicht einmal 50 Jahren aus Unwissenheit zerstört, und zwar von Eroberern aus Europa, die mehrere tausend Jahre Metallurgie – das Bronze- und das Eisenzeitalter – sowie Pferde und Schießpulver hinter sich hatten. Der Humanist beklagt die Versklavung und Erniedrigung eines Volkes; der Archäologe empfindet darüber hinaus tiefsten Kummer über die Zerstörung der großartigsten Steinzeitkulturen, die die Welt je gesehen hat.

3. *Sumer – Malta – Ägypten – Industal*

Als der Ackerbau das Land zwischen Euphrat und Tigris, das Tal des Indus und die Ufer des Nils erreicht hatte, kam der komplexe Zivilisationsprozeß endgültig in Gang. Fest steht, daß dies etwa um 8000 v. Chr. geschah, aber welche Region sich zuerst entwikkelte, darüber gibt es nach wie vor Auseinandersetzungen. Wahrscheinlich kam die Induskultur zuletzt, aber die lange Zeit Ägypten zuerkannte Vorreiterrolle geriet in Gefahr, als die Sumerstädte ausgegraben wurden.

In Ägypten, wo der Nil in jedem Herbst über die Ufer trat, war der Ackerbau relativ einfach. Die Ägypter brauchten nur zu warten, bis das Wasser zurückgegangen war, dann brachten sie die Saat in den fruchtbaren Schlamm ein und warteten auf die Ernte. Manchmal – aber nicht oft – stiegen die Überschwemmungen nicht hoch genug, so daß die Ernte schlecht ausfiel. Jahrhundertelang strengten sich die Ägypter nicht mehr an als nötig und sahen keine Notwendigkeit für eine ausgeklügelte Organisation zur Verbesserung ihrer Lebensmittelversorgung.

In der Euphratebene war die Lage schwieriger. Die vom Schmelzwasser in den Bergen angeschwollenen Ströme führten reichlich Wasser, das aber keinen fruchtbaren Schlamm mitbrachte, sondern Sümpfe entstehen ließ und die Saat vernichten konnte, wenn sie zu früh gesetzt worden war. Von Anfang an war daher das Ziel, das Wasser so zu führen und zu lenken, daß zerstörerischen Fluten keine Dürreperiode folgte. Die Sumerer, ein fleißiges, intelligentes Volk, dämmten den Fluß ein und leiteten überschüssiges Wasser in Kanäle, Gräben und Staubecken, die regelmäßig gereinigt und neu gegraben werden mußten, damit sie nicht verstopften. So wurden die Anbauflächen vergrößert, die Wasserversorgung für den größten Teil des Jahres gesichert und zwei Ernten jährlich erzielt. An manchen Pflügen hatten die Sumerer sogar eine arbeitssparende Vorrichtung zum Ausstreuen von Saatgut. Nur durch große Flächen umfassende Planung und Kooperation sowie durch intensive, gut geregelte Bearbeitung ließen sich solche Ergebnisse erzielen. Diese Erkenntnis führte zur Entstehung von Städten als Verwaltungszentren, in denen Pläne ausgearbeitet und Anweisungen an das Umland gegeben wurden. Im Mittelpunkt standen der Tempel und die Regierungsgebäude, eindrucksvoll auf einer größeren, erhöhten Plattform angeordnet, zu der eine Treppe führte. Darunter war ein Gewirr von Straßen mit kleinen Häusern aus Lehmziegeln, über die – wie heute in den *souks* – Markisen als Sonnenschutz gezogen werden konnten. Die ganze Stadt war von einer Mauer umgeben. Jenseits dieser Mauer lagen verstreut die Dörfer, die ihre Überschüsse in die Stadt brachten und sich dort Rat und Hilfe holten. Sumer war ein aus unabhängigen Stadtstaaten bestehendes Land. Jede Stadt besaß ihren eigenen Fürsten, eine eigene Regierung und einen Schutzgott, der den Kräften der Natur angehörte, aber wenig Geschmack an Menschenopfern fand. Manchmal bekämpften sich die Städte, selten jedoch bis zur gegenseitigen Vernichtung. Die Sumerer waren ein praktisches Volk mit gemeinsamer Sprache und gemeinsamen Interessen.

Die Häuser waren aus sonnengetrockneten Ziegeln erbaut und wurden mit bemalten, in die Wände gehämmerten Lehmkegeln verziert. Anstelle von Holz verwendeten die Sumerer Schilfrohr aus ihren ausgedehnten Sumpfgebieten, das zu Zöpfen geflochten wurde. (Schilfrohr ist äußerst widerstandsfähig. Die Ägypter, die auch kein Holz hatten, benutzten es zum Bootsbau. Tausende von Kilometern entfernt und viele Jahrhunderte später flochten die Peruaner Seile aus Schilfrohr, die stark genug waren, um die

Hängebrücken zu tragen, die über die Schluchten der Anden gespannt wurden.) Mit zunehmendem Wohlstand erwarben die Sumerer im Tausch gegen Getreide Steine, Bauholz, Edelsteine, Gewürze und Zinn – das sie zur Herstellung von Kupfer verwendeten – aus Indien, Äthiopien, vom Kaspischen Meer und der Mittelmeerküste. Als ihre landwirtschaftlichen Kenntnisse sich vertieften, begannen sie mit dem Anbau der Dattelpalme, die ihnen Öl, Zucker und Grundnahrungsmittel wie auch vielseitig verwendbare Fasern lieferte.

Die Sumerer waren ein pragmatisches Volk, das Wert auf materiellen Erfolg, aber auch auf Gerechtigkeit, Gelehrsamkeit und Familienzusammenhalt legte. Schon früh hatten sie begriffen, daß außer der Sprache ein zusätzliches Verständigungsmittel zweckmäßig wäre. Zunächst entwickelten sie eine primitive Bilderschrift, aus der sich später eine verbesserte und vereinfachte Silbenschrift entwickelte. Um 2500 v. Chr. besaßen die meisten sumerischen Städte ein »Tafelhaus«, d. h. eine Schule, in der gescheite Knaben – die künftigen Verwaltungsfachleute – schreiben lernten, indem sie einen keilförmigen Griffel in eine feuchte Tontafel drückten. (Im 18. Jahrhundert prägte ein englischer Reisender die Bezeichnung »Keilschrift«.)

Nach sumerischer Überlieferung wurde die älteste Stadt des Reiches, Eridu im Euphrat-Delta, angeblich durch eine Überschwemmung vernichtet. Da die Sumerer ständig gegen Überschwemmungen ankämpfen mußten, hat diese Überlieferung vermutlich einen wahren Kern. Nach dem Fall Eridus erhob sich die Stadt Uruk (das »Erech« der Bibel), die bis zu 50000 Einwohner gehabt haben kann. Dort verwendete man auf der Töpferscheibe hergestellte Keramik für den Hausgebrauch, brannte erstaunlich fein gearbeitete Vasen aus Stein, einem vermutlich importierten Material, als Tempelgefäße und für den königlichen Palast. Uruk »mit den starken Wällen« war mit acht Kilometer langen Befestigungsmauern umgeben, die der Überlieferung nach auf König Gilgamesch (ca. 2700 v. Chr.) zurückgingen. Gilgamesch war zu Lebzeiten ein erfolgreicher Herrscher und wurde nach seinem Tod zur Legende. Ihm zu Ehren entstanden Gedichte, die zum Teil mündlich, zum Teil schriftlich überliefert worden sind. Die uns erhaltene schriftliche Fassung entstand 1000 Jahre nach dem Tod des Helden und ist das älteste überlieferte literarische Werk der Welt.

Gilgamesch, Herr von Uruk, arrogant in seiner jugendlichen Kraft, sucht vergeblich nach einem ihm Ebenbürtigen unter den

Menschen, bis die Götter ihm Enkidu zuführen, einen ungezähmten Jäger und Waldbewohner, der unter wilden Tieren aufgewachsen war. Drei Tage und drei Nächte ringen sie miteinander, und aus ihrem Kampf erwächst eine unverbrüchliche Freundschaft. Zusammen gehen sie auf Abenteuer aus und bezwingen Ungeheuer. Doch ein Fluch fällt auf Enkidu, und er stirbt. Der vereinsamte Gilgamesch klagt:

> O Enkidu, mein Bruder,
> Du warst die Axt an meiner Seite,
> Die Kraft meiner Hände, das Schwert in meinem Gürtel,
> Mein Schild, der mich schirmte,
> Ein Prachtgewand, du meine schönste Zier ...[4]

Gilgamesch macht sich auf, seinen verlorenen Freund zu suchen, und überquert noch als Lebender die Gewässer des Todes (wie zweieinhalb Jahrtausende danach Aeneas bei Vergil und im Jahr 1300 unserer Zeitrechnung Dante in Vergils Begleitung). Gilgamesch spricht mit seinen Ahnen im Totenreich und hört die Geschichte von der großen Flut, die – von den Sumerern verbreitet – später in den heiligen Schriften der Hebräer und in der griechischen Mythologie ihren Widerhall findet. Er kehrt von seiner weiten Reise »müde und von der Mühsal erschöpft« zurück, um unter den Seinen zu sterben. Das *Gilgamesch-Epos,* mag es auch fragmentarisch und uns recht fern sein, enthält alles, was von jeher große Dichtung ausmacht – die Selbstsicherheit der Jugend, das Glück der Kameradschaft, die Qual des Menschen angesichts der Unwiderruflichkeit von Trennung und Tod.

Uruk war damals die größte Stadt Sumers. Später wurde es von Ur überflügelt, das möglicherweise über 200 000 Einwohner hatte, und dessen in den Gräbern gefundener Schmuck und Zierat, dessen Goldschmiedearbeiten, Bronzen, Glasarbeiten und Filigrane Zeugnis von einer verfeinerten, anmutigen und fröhlichen Lebensweise ablegen. Anschauliche kleine Mosaike in Blau und Weiß zeigen gedrungene Menschen mit Bart und ziemlich großen Nasen in rüschenbesetzten Gewändern, die zu Musikbegleitung tafeln, Gerstenbier durch Röhrchen trinken und in von Wildeseln gezogenen Karren (höflicherweise Kaleschen genannt) umherfahren. Es gab zahlreiche Haustiere, Kühe, Schafe, Schweine und Ziegen, aus deren Haar sie Teppiche und Wandbehänge webten. Sie hatten entdeckt, wie man das Rad für Fahrzeuge und die Töpferei einsetzt. Ihre Ernährung war recht abwechslungsreich, denn sie bauten – neben dem Grundnahrungsmittel Gerste für

Brot und Bier – Emmer (eine dem Dinkel ähnliche Weizenart), Hirse, Kichererbsen, Linsen, Platterbsen, Zwiebeln, Knoblauch, Rüben, Kresse, Lauch, Senf, Gurken und die so wichtige Dattelpalme an. Sie fischten in den Flüssen, stellten Vogelfallen, jagten Rehwild, den Eber und die Gazelle.

Die Sumerer hatten, wie alle stolzen Städtebauer, Sinn für Prachtentfaltung. Da ihnen Holz und Stein nur in geringer Menge zur Verfügung standen, erfanden sie die mühsam aus Backsteinen errichteten Säulen in Form der Dattelpalme. In den Städten waren der Tempel, der Palast und die Regierungsgebäude die alles beherrschenden Bauwerke. Die Macht scheinen sich Priesterschaft und König geteilt zu haben, aber weder Priester noch Monarch nahmen göttliche Eigenschaften für sich in Anspruch. Es muß eine einflußreiche Bürokratie gegeben haben, denn eine planmäßige Verwaltung war für das Überleben des Volkes unerläßlich. Die bei Ausgrabungen gefundenen Ruinen und zahllose Tontäfelchen lassen auf eine relativ breite Schicht von Grundbesitzern und Reichen schließen; es handelte sich daher eher um eine Oligarchie als um eine Autokratie oder Theokratie. Auch Sklaven gab es, meist Kriegsgefangene oder bankrotte Bürger, die sich ihren Schuldnern übereignet hatten. Doch wie die meisten Leute, die viel von Wettbewerb, Gewerbefleiß und Initiative halten, waren die Sumerer sehr um Fairneß und Chancengleichheit besorgt. So ist uns aus Lagasch ein Dokument erhalten (ca. 2350 v. Chr.), in dem von massiven Protesten gegen zu hohe Steuern und die Beschlagnahme von Besitz im Fall von Schulden, gegen Korruption unter der Beamtenschaft und erpresserischen Methoden den Armen gegenüber die Rede ist, und in dem ein allgemeiner Schuldenerlaß gefordert wird.

Es wäre wohl übertrieben zu behaupten, die Sumerer hätten es zu einem gerechten oder gar einem sozialen Gemeinwesen gebracht. Immerhin hielt sich dieses muntere, biertrinkende, dynamische Volk, dessen reiche junge Männer in ihren kleinen Eselskarren »Wagenrennen« veranstalteten und dessen reiche Damen Kopfputz aus goldenen Blättern im schwarzen Haar und Kolliers aus Halbedelsteinen am dunklen Busen trugen, durchaus an das Gesetz und an ein gewisses Maß an Gerechtigkeit.

Die vielen Mittelmeerinseln hatten ihre eigenen Gottheiten, die den Seefahrer schützten. Unter ihnen war die größte die göttliche Erdmutter, deren bemerkenswerteste Tempel noch heute auf Malta stehen. Sie stammen aus dem 3. Jahrtausend v. Chr. und bestehen aus großen, dunklen Steinquadern, in die heilige Zeichen eingemeißelt sind. Eine Kolossalstatue der göttlichen Erdmutter bewacht das Portal eines dieser Tempel. Im Inneren des Heiligtums stellen weitere Statuen sie liegend, schlafend oder gebärend dar. Immer ist sie eine massige Gestalt mit dicken Armen und mächtigen Schenkeln, ein Symbol der Kraft und Fruchtbarkeit, ohne jede Spur jener lasziven Verlockung, die später dem weiblichen Akt anhaften sollte.

Der Tempel auf Malta entstand etwa ein Jahrhundert vor den ägyptischen Pyramiden oder dem Auftritt von Ägyptens großem Baumeister Imhotep. Sie sind einzigartig in ihrer konzentrierten Bekundung der Stärke.

Indessen hatte sich der Lebensrhythmus an den Ufern des Nils verändert. Im 4. Jahrtausend v. Chr. begannen die Ägypter ihre praktischen und administrativen Fähigkeiten zu entwickeln. Sie vergrößerten die bebaubaren Flächen, indem sie Kanäle vom Nil ableiteten, nutzten den fruchtbaren Schlamm besser aus und erzielten zwei Ernten im Jahr. Zwei rivalisierende Staaten entstanden, Ober- und Unterägypten. Sie wurden etwa 3200 v. Chr. unter einem König geeint, der die weiße und die rote Krone von Ober- und Unterägypten zu einem einzigen erhabenen Diadem zusammenfaßte. Griechische Historiker haben später die ägyptischen Dynastien von Pharao Menes (Narner) ab gezählt und jene Numerierung eingeführt, an die wir uns zweckmäßigerweise immer noch halten. Moderne Archäologen unterscheiden die Frühzeit (ca. 3200 – 2700 v. Chr.), der das Alte Reich folgt (ca. 2700 – 2160 v. Chr.).

Der König oder Pharao, Träger der Doppelkrone, unterschied sich sehr wesentlich von den Fürsten der sumerischen Stadtstaaten. Er herrschte allmächtig über ein großes, willfähriges, vereintes Ägypten. Er lenkte das Wetter, sein Wort war Gesetz. Die Lehre besagte, daß er vom Sonnengott, der Hauptfigur im Himmel der Ägypter, gezeugt und mit ihm eins wurde, wenn er starb. Priester und eine kleine Elite von Beamten umgaben und unterstützten ihn. Die erste bekannte Hauptstadt war das »weiß ummauerte« Memphis. Es war im wesentlichen ein Zentrum für Gottesdienst und Verwaltung, betrieb keinen Handel und besaß kein städtisches Eigenleben. Nach der Vereinigung der beiden Königreiche schritt die Entwicklung in Ägypten rasch voran. Im Jahre 3000 v. Chr. gab es dort bereits einen Kalender.

Die Bauern wohnten in Lehmkatendörfern am Ufer des Nils,

sie bauten Getreide, Wassermelonen, Salat und andere Gemüsesorten an. In der ruhigen Zeit zwischen Saat und Ernte schufteten sie für öffentliche Bauvorhaben. Die Zentralregierung entsandte Aufseher, die dafür sorgten, daß sie Deiche und Kanäle instandhielten. Schon im 3. Jahrtausend v. Chr. hatten die Ägypter einen Damm zur Regulierung des gewaltigen Stroms gebaut. Praktisch wurden diese Bauern zu Leibeigenen, aber die schwere Arbeit brachte ihnen zumindest einige Sicherheit vor Hungersnöten, ein bescheidenes Maß an Gerechtigkeit, Gesetz und Ordnung und Schutz vor Überfällen ihrer räuberischen Nachbarn, der Nubier und Nomaden. Zudem stieg der Bedarf an Töpferwaren, Textilien und Zierat, je ausgeklügelter die Tempelriten und je üppiger und eleganter die Paläste wurden, und begabte Bauern hatten die Möglichkeit, in den mit mehr Vorrechten verbundenen Handwerkerstand aufzusteigen.

Das fruchtbare Land brachte Weizen im Überfluß, Gerste und Hirse hervor. Der Anbau von Dattelpalmen, Feigenbäumen und Reben wurde gefördert. Auch Flachs bauten die Ägypter jetzt an; schon früh lernten sie die Herstellung feiner Fäden, aus denen sie mit ständig verbesserten Methoden auf Webstühlen Tuch herstellten. Bereits um 3500 v. Chr. hatten sie entdeckt, wie man das Mark aus dem Schilfrohr, das die Ufer des Nils säumte, zu hellen Bogen flachklopft, die sie Papyrus nannten und zum Schreiben benutzten. Ihre Tinte war aus schwarzer Erde, gemischt mit Harz, ihre Federn aus Schilfrohr gefertigt. Gegen Ende dieses Jahrtausends hatten sie die *Hieroglyphen*, eine Bilderschrift, entwickelt. Sie war weniger praktisch als die Keilschrift, aber auf Papyrus schrieb es sich rascher und bequemer als auf sperrigen Tontafeln. Die Schrift war schwer zu erlernen und blieb Priestern und hohen Beamten vorbehalten.

Im Gegensatz zu den Sumerern verfügten die Ägypter über Bausteine im Überfluß. Aber ihre frühesten Bauwerke, die Gräber der ersten Pharaonen, bestanden aus Lehmziegeln und waren uneinnehmbar wie Festungen. Etwa um die Mitte des 3. Jahrtausends v. Chr., unter König Djoser, errichtete sein Oberbaumeister Imhotep, der erste geniale Architekt, den wir namentlich kennen, für seinen Herrn ein Grab aus Bruchsteinen, die berühmte Stufenpyramide. Die Djoser-Pyramide, ein Triumph mathematischen und technischen Könnens nicht nur der eindrucksvollen Größe wegen, sondern auch wegen ihrer ausgewogenen Proportionen, steht in einem Komplex steinerner Tempel, ein lebendiges Denkmal für den machtvollen Erfindergeist ihres Schöpfers. Es nimmt nicht wunder, daß Imhotep, den man noch lange verehrte, schließlich zum Gott erhoben wurde. Passendes Gegenstück zu diesen gewaltigen steinernen Bauwerken ist die Monumentalskulptur dieser Epoche. Das Standbild König Djosers vermittelt, trotz der Zerstörungen durch frevelnde Hände und den Gang der Zeit, noch immer einen Begriff von der erschreckenden Einsamkeit der Macht.

Hundert Jahre später hatte die große Cheopspyramide in Gizeh der Djoser-Pyramide von Größe und Bauweise her den Rang abgelaufen. Über zwei Millionen Steinblöcke wurden für den Bau dieses Kolossalgrabmals gebraucht, von denen etliche bis zu 15 Tonnen wogen, während jede der Granitplatten, aus denen die Decke der Grabkammer bestand, ein Gewicht von fast 50 Tonnen besitzt. Der griechische Historiker Herodot schreibt – gestützt auf Berichte, die ihm fast 2000 Jahre später glaubhaft gegeben wurden –, daß allein der Bau der Straße für den Materialtransport fast zehn Jahre, der Bau der Pyramide selbst weitere 20 Jahre in Anspruch nahm. 100000 Menschen waren in der ruhigen Zeit zwischen Ernte und Saat für das Werk eingesetzt. Die riesigen Steinplatten wurden auf Booten herangeschafft, dann offenbar auf mit nassem Gips gängig gemachte Rampen gehievt und von Tausenden von Männern an den vorgesehenen Platz geschleppt.

Für den Nachfolger des Cheops wurde jenes rätselhafteste aller Standbilder, die Sphinx, geschaffen, ein riesiger liegender Löwe mit Menschenkopf. 4000 Jahre später von Napoleons Soldaten aus dem Wüstensand gegraben, übernahm man sie ungeniert in die dekorative Kunst des Westens.

Diese gewaltigen Denkmäler, die nach wie vor zu den Weltwundern gehören, stellen nur einen – und zwar den am wenigsten menschlichen – Aspekt der ägyptischen Kultur dar. Die einzigartige Faszination des alten Ägypten liegt nämlich gerade in der Mischung aus gottgleicher Würde und warmherzig-heiterer Menschlichkeit. So sehen wir auf den Doppelstandbildern der Pharaonen, wie des Mykerinos und seiner Frau (um 2600 v. Chr.), trotz der förmlichen Pose fröhliche, selbstsichere junge Menschen. Die Königin hat liebevoll ihrem Mann den Arm um die Taille gelegt – eine Darstellung, die in der bildenden Kunst Ägyptens gar nicht selten ist.

Die Ägypter glaubten, daß der Pharao zu einem unsterblichen Gott werden würde. Ebenso glaubten sie, es gäbe auch für sie ein Leben nach dem Tod, wenngleich nicht ganz klar ist, inwieweit das von der Erhaltung des Körpers abhing. Fest steht, daß in späteren Jahrhunderten für diejenigen, die es sich leisten konnten, die Verfahren zur Bewahrung und Einbalsamierung der menschlichen Hülle immer mehr verfeinert wurden. Aber es gab auch preiswertere Methoden, und da für die Ägypter eine vom Fleisch unabhängige geistige Wesenheit – das *ka* – existierte, muß eine gewisse Hoffnung auf ein späteres Leben für jedermann bestanden haben.

Jedenfall statteten im 3. Jahrtausend v. Chr. reiche Leute ihre Toten mit all jenem Luxus und den Gegenständen des täglichen Gebrauchs aus, an die sie zu Lebzeiten gewöhnt gewesen waren. Die Grabbeigaben sind geschmackvoll und besitzen intimen Reiz: Zierat aus gehämmertem Gold und Kupfer, Schmuck und Halbedelsteinen, bemalte Keramik, elegante Vasen aus Kristall und Alabaster, so dünnwandig, daß keine Erklärung plausibel wirkt.

Die Mutter des Cheops beispielsweise bekam Kosmetikkästchen mit ins Grab, mit Blattgold überzogen und mit Einlegearbeiten aus Karneol verziert, eine Garnitur hübscher Sessel und ihre Sänfte, beides mit Gold beschlagen.

Eine dritte große Kultur entstand im breiten Tal des Indus. Wir wissen weniger von ihr, weil die Katastrophe, die zu ihrer Zerstörung führte, jäher und radikaler war als alles, was Sumer oder Ägypten zustieß, und bis jetzt niemand die Fragmente der uns erhaltenen Bilderschrift entziffert hat. Das Gebiet scheint weit größer als das der anderen beiden Kulturen gewesen zu sein; es umfaßt nahezu 1600 km vom Industal bis zum nordwestlichen Indien. Die beiden größten bisher ausgegrabenen Städte – Harappa und Mohenjo-Daro – haben zumindest in der Mitte des 3. Jahrtausends v. Chr. bereits bestanden. Sie besitzen starke, imposante Zitadellen, große Kornkammern und Lagerhäuser und ein streng gitterförmig angelegtes Straßennetz – die erste bekannte Stadtgründung der Welt nach dem praktischen Schachbrettmuster. Einige Straßen werden von größeren Häusern oder Wohnblöcken aus gebrannten Ziegeln gesäumt. Alle scheinen über Kanalisation, Bäder und Müllabwurfschächte verfügt zu haben.

Da bei den Ausgrabungen verschiedene Schichten ohne wahrnehmbare Änderung des Baustils zum Vorschein kamen, kann man folgern, daß ihre Bewohner konservativ, aber auch praktisch und erfinderisch waren. Ihre Landwirtschaft war gut entwickelt; sie bauten Hirse, Gerste, Weizen, Sesam, Erbsen, Melonen und

Datteln an. Es gab auch Baumwollkulturen, deren Baumwolle sie zu Garn verspannen, aus dem vermutlich Tuche gewebt wurden. Sie zähmten Wasserbüffel und – mutiger noch – Elefanten, hielten Schweine und Rinder. In Harappa fingen sie im Urwald Hühnervögel und nutzten sie als Eierlieferanten. Von dort gelangte dieses bekannteste Federvieh, das heute auf unseren Bauernhöfen herumspaziert, nach Ägypten und verbreitete sich im Lauf vieler Generationen über die ganze westliche Welt.

Die Menschen am Indus waren auch Händler. Die Siegel, mit denen sie ihre Ballen und Krüge sicherten, fanden sich in Südindien, Afghanistan, im Iran und auf der anderen Seite des Persischen Golfes. Wahrscheinlich bestand ihr Handelsgut aus kleineren Gegenständen wie Töpferwaren und Perlen. Kein Abenteuer scheuten sie zu Wasser und zu Land, überquerten den Persischen Golf und ließen sich von Eseln und dem einhöckrigen Kamel oder Dromedar, einem ausgezeichneten Lasttier, das sie als erste domestizierten, in die Berge von Afghanistan tragen.

Von ihrer Kunst wissen wir wenig, wenn man von ihren Siegeln absieht, die feine handwerkliche Arbeit zeigen. Ein paar kleine Bronzen haben überlebt, von denen die eine oder andere einen stark ausgeprägten Sinn für Bewegung verrät. Es heißt, diese Menschen hätten eine theokratische Regierungsform praktiziert; die einzig erhaltene Darstellung eines Gottes besitzt unabsehbare Ähnlichkeit mit Schiwa, dem beliebtesten der heutigen Hindugötter, der somit der älteste kontinuierlich verehrte Gott der Welt wäre.

4. *Sargon der Große – Erste Gesetzessammlungen*

Im Norden und Westen der Sumererstädte lebten verstreute Hirtenstämme, die eine ganz andere Sprache als die Sumerer sprachen. Die Semiten – Vorfahren der Assyrer, Babylonier, Phöniker, Juden und Araber – hüteten ihre Herden am Rande der sumerischen Welt. Zunehmend jedoch siedelten sie sich auch in sumerischen Städten an, wurden in der Verwaltung oder im Handel tätig, wofür sie ausgesprochene Begabung zeigten.

Gegen Ende des 3. Jahrtausends v. Chr. machte sich Sargon, ein semitischer Beamter der Stadt Kisch, zum König. Von Kisch aus eroberte er Ur und Uruk, und wenige Jahre später war er Herr allen Landes »vom Unteren bis zum Oberen Meer«, vom Persischen Golf bis zum Mittelmeer. Sargon der Große nannte sich

König von Akkad. Sein Imperium, das erste große Reich in Westasien, beherrschte den Golfhandel.

Er war ein Administrator mit praktischen Idealen. Zu seiner Zeit wurde die Keilschrift vereinfacht und auch auf die semitisch-akkadische Sprache zugeschnitten. Man hat Tontafeln gefunden, auf denen nebeneinander Wörter aus beiden Sprachen stehen – vielleicht die ältesten Wörterbücher der Welt. Neue Künste, neue Luxusgüter, neue Früchte und Blumen wurden aus den weiter entfernten Gebieten seines Reiches eingeführt: Melonen, Feigen, neue Rebsorten, Lauch, Gurken und aus Persien die »Königin aller Blumen«, die Rose. Gold und Silber, auch Lapislazuli, fanden reichlich Verwendung. Der Bronzeguß erreichte hohe Qualität und Feinheit. Eines der schönsten erhalten gebliebenen Stükke, ein edler Fürstenkopf, könnte ein Abbild Sargons sein. Die Erinnerung an ihn lebte noch jahrhundertelang in der Sage fort. Was wir mit Bestimmtheit von ihm wissen, ist wenig genug: Er verfügte über ein stehendes Heer von über 5000 Mann, erstaunlich wenig für ein so großes Reich, während der steigende Wohlstand, der friedliche Handel, die künstlerischen und gärtnerischen Leistungen kaum einen Zweifel daran lassen, daß er ein großer Herrscher war.

Neuere Grabungsfunde in Abla, südlich von Aleppo, haben ergeben, daß ein weiteres Reich, dem des Sargon vergleichbar, seinen Mittelpunkt im heutigen Syrien besaß. Auch hier geht aus einer Bibliothek von Tontafeln hervor, daß es Schreibschulen, eine Verwaltungsschicht und diplomatische Beziehungen zu anderen Staaten gab. Erleichtert wurden diese Erkenntnisse durch Tontafeln mit zweisprachigen Wörterverzeichnissen, die zeitlich noch vor denen der Akkader liegen dürften.

Dem Niedergang von Sargons Reich folgten sporadische Einfälle von Stämmen aus dem Zagros-Gebirge; Städte wurden erobert, geplündert und teilweise zerstört. Die Stadt Lagasch überlebte, indem sie den Eroberern Tribut zahlte, und wurde zu einer sich selbst versorgenden und selbstgenügsamen Oase des Friedens inmitten allgemeiner Wirren. In Lagasch lebten etwa 80000 Einwohner: die Stadt besaß einen schönen Tempel, Zeremonialbauten, einen lebhaften Handel und eine Bildhauerschule, die schlichte, aber wirkungsvolle Darstellungen ihrer Herrscher aus schwarzem, eigens zu diesem Zweck importiertem Diorit schuf. Als diese Bildwerke Ende des 19. Jahrhunderts n. Chr. von französischen Archäologen entdeckt wurden, waren sie in ihrer kraftvollen Originalität eine Offenbarung für die Europäer, die bisher der Meinung gewesen waren, vor den unvergleichlichen Griechen hätten nur die Ägypter Kunstwerke geschaffen. Der Epoche der Invasion und des Zerfalls folgte eine neue Blütezeit des alten Ur, das das Flußtal beherrschte. Wiederbelebt, entwickelte sich Ur zur größten Stadt Mesopotamiens, wohlhabend und bevölkerungsreicher denn je zuvor. Gelegentlich siedelten sich in Ur wie auch in anderen Städten semitische Nomaden an, dann wieder folgten sie dem Wandertrieb der Hirten und zogen weiter. Das Oberhaupt eines solchen Familienverbandes, Abraham, wurde in der jüdischen Tradition unsterblich als der von Gott gelenkte Stammvater ihres Volkes. Die Nomaden glaubten an Familiengötter, die sie mit sich führten. Jene galten im allgemeinen als weniger mächtig als die Götter, unter deren Hut die großen Städte standen. Abraham aber verließ Ur im Vertrauen auf den Gott seines Herdes und auf das von ihm gegebene Versprechen.

Abraham gehörte zu einer der vielen Sippen, die zwar unter den Sumerern lebte, aber ihre Identität bewahrt hatte. Unter dem semitischen Sargon und seiner Dynastie müssen die Kontakte zwischen sumerischen und semitischen Völkern sehr eng gewesen sein; sumerische Mythen flossen in ihre Überlieferungen ein. So ist die Flut-Geschichte im *Gilgamesch-Epos* eindeutig mit der Sintflut der Genesis verwandt. Auch die Schöpfungsmythen der Sumerer, die Teilung von Land und Meer, die Erschaffung des Menschen und aller lebenden Kreatur muß die Ideen des Volkes befruchtet haben, das seine Abstammung auf Abraham zurückführt. Ein »Zufall« der Geschichte führte die Juden etwa 1400 Jahre später als Gefangene nach Babylon, wo sie wieder mit den von babylonischen Gelehrten bewahrten sumerischen Mythen in Berührung kamen, und sich im Exil mit der Überarbeitung und Authentisierung ihrer eigenen heiligen Schriften beschäftigten. Etwa um 2100 v. Chr., der Zeit, da Abraham der Überlieferung nach von Ur auszog, gab König Ur-Nammu, ein großer Baumeister und Organisator, einen Gesetzeskodex heraus. Es muß viele solcher Gesetzessammlungen in Sumer gegeben haben, in denen festgelegt wurde, auf welche Art und Weise die Gesellschaft zu organisieren sei. Die bekanntesten sind die des Ur-Nammu und die des Hammurabi, eines Amoriter-Fürsten, der von Babylon aus, wie Sargon es getan hatte, Sumer wiedervereinigte. Seine in Stein gemeißelte Rechtssammlung, heute im Louvre zu besichtigen, entstand etwa um 1790 v. Chr., über drei Jahrhunderte nach der des Ur-Nammu. Aus den beiden Gesetzessammlungen sprechen Streben nach Gerechtigkeit und staatsbürgerlicher Verantwortung. Sie enthalten unter anderem Maßnahmen für die Versorgung von Witwen und Waisen, legen Rechte und Pflichten von Eheleuten fest, fordern die Kontrolle über Alkohol und Schuldenverwaltung, setzen die Höhe der Abfindung für Schäden an Vieh, Sklaven, Feldfrüchten oder sonstigem Besitz fest, verpflichten zum Militärdienst und bestimmen das Strafmaß bei Vergehen gegen die Autorität des Herrschers. In dem Gesetzeskodex des Ur-Nammu gab es nur zwei Klassen, Freie und Sklaven. Zur Zeit des Hammurabi war eine zusätzliche Klasse dazugekommen, die Aristokratie. Abgesehen von dieser Unterscheidung sind sich die beiden Sammlungen sehr ähnlich. Vor allem beugen sie der Gefahr von Fehden vor, indem sie für Streitfälle und deren Wiedergutmachung gesetzliche Regelungen vorsehen. Es sind Festlegungen eines Volkes, das nicht nur in der Justiz praxisnah war. Die Untergebenen des Hammurabi stellten mathematische Regeln auf, die zunächst im Geschäftsverkehr, später jedoch zum Studium der Gestirne und für die Zeitmessung genutzt wurden.

Inzwischen hatten die Nomaden der asiatischen Steppen das Pferd gezähmt und terrorisierten als berittene Krieger ihre Nachbarn. Anfang des 2. Jahrtausends v. Chr. kämpften auch die Stämme in den Bergen Nordsyriens und an den Rändern Kleinasiens im Sattel; sie hatten sogar damit begonnen, ihre Pferde vor leicht gebaute Gefährte, primitive Streitwagen, zu spannen. Doch es sollten noch einige Jahrhunderte vergehen, ehe die Barbaren mit ihren Pferden und Streitwagen die Kulturen der Sumerer zu Fall brachten und fast auch die Kultur Ägyptens vernichtet hätten.

5. Ägypten: Das Alte Reich und das Mittlere Reich

2000 Jahre lang, vom 4. bis zum Beginn des 2. Jahrtausends v. Chr., entwickelten sich Sumer und Ägypten unabhängig voneinander. Zwischen ihnen lagen Syrien und die Halbinsel Sinai. Nachdem Sargon der Große seinen Einflußbereich bis an die Mittelmeerküste ausgedehnt hatte, kam es zwar zu Kontakten zwischen den beiden Reichen. Die Ägypter jedoch trieben nicht viel Handel, höchstens den Nil aufwärts; gelegentlich wagten sie sich wohl auch bis in den Libanon, um Holz zu erstehen, das sie im eigenen Land nicht vorfanden. Die Sumerer schlossen ihre Geschäfte hauptsächlich mit den Bewohnern des Industals oder den weniger zivilisierten Völkern an ihren Grenzen, die ihnen die benötigten Rohstoffe lieferten. Es existierte keine gemeinsame Grenze, daher auch kein Interessenkonflikt zwischen Ägypten und Sumer; aus diesem Grund gab es auch weder Freundschaft noch Feindschaft oder diplomatische Beziehungen zwischen ihnen.

Fast über das ganze 3. Jahrtausend v. Chr. hinweg war die ägyptische Gesellschaft stabil und wohlhabend; das Leben gestaltete sich ausgesprochen angenehm für den Pharao, seine Priester und Beamten und war selbst für die Bauern nicht unerträglich. Regelmäßige Überschwemmungen sicherten gute Ernten, für magere Jahre wurde durch Lagerung vorgesorgt. Ziegen lieferten Milch, Schweine und Schafe Fleisch. Wein aus Trauben war nur etwas für die Reichen; das einfache Volk aber trank Palm- und Dattelwein, stillte mit Honigtau und Wassermelonen seinen Durst. Es gab reichlich Honig zum Süßen, Blumen und Kräuter zur Herstellung von Duftstoffen und Kosmetika. Im Spinnen und Weben von Flachs hatte man es zu hoher Kunstfertigkeit gebracht. Da es an geeigneten Farbstoffen fehlte, war das Leinen der Ägypter farblos, aber durch geschickte Webverfahren sehr abwechslungsreich in seiner Struktur; es konnte mit vollendetem Geschmack gefältelt, drapiert und durch Goldfadenstickerei veredelt werden.

Ägypten besaß über Nubien Zugang zu fast unbegrenzten Goldreserven aus dem Wüstensand. Kupfer und Türkise kamen hauptsächlich aus dem Sinai; Silber war selten und wurde daher kaum verwendet. Aus Nubien importierte man Ebenholz und Bauholz. Der Pharao machte seine Oberherrschaft über das Afrika südlich der Sahara, dem damaligen Kusch (und späteren Sudan) geltend. Ägyptische Schiffe befuhren den Nil bis zum heutigen Malakal, luden Elfenbein und Sklaven. Auf Wandgemälden in den Gräbern ägyptischer Beamter sind tributpflichtige Massai und Kikuyu zu sehen.

Im Gegensatz zur Keilschrift der Sumerer wurden die ägyptischen Hieroglyphen nicht vereinfacht, um ihre Anwendung in der Praxis zu erleichtern; die Schrift blieb das Vorrecht der Priester, Schreiber und Beamten. Die Ägypter verbanden eine gewisse Mystik mit dem geschriebenen Wort, den Zaubersprüchen, Gebeten und Formeln, mit denen sie Gräber, Standbilder und heilige Amulette versahen. Dies – in Verbindung mit dem für den Uneingeweihten malerischen und magischen Aussehen ihrer Schrift – mag der Auslöser für die spätere und noch immer überraschend populäre Überlieferung der »Weisheit Ägyptens« gewesen sein. Tatsächlich fehlte es der ägyptischen Gesellschaft an Flexibilität. Alle Berufe – von den höchsten Staatsbeamten über Priester, Schreiber und Handwerker bis zu den Bauern – waren erblich. Diese Tradition sollte schließlich – doch vorerst noch in ferner Zukunft – zu Erstarrung und Zusammenbruch führen.

Die Blicke aller richteten sich auf den Gottkönig. Wie in jeder Autokratie waren Verwaltung und Justiz oft käuflich und korrupt, allerdings selten in dem Maß, daß die Regierung unterminiert worden wäre. Höchster Luxus und Extravaganzen aller Art waren das Vorrecht des Hofes, den Priestern, Adligen und höheren Staatsbeamten vorbehalten. Eine dünne Mittelschicht kleiner Beamter, Handwerker und Mitläufer ergatterte das, was vom Tisch der Reichen abfiel – und ließ es sich wohl dabei sein. Sie drängte sich um die Residenz des Pharao – meist noch immer Memphis –, um die großen Tempel des Amun in Theben und des Osiris in Abydos. Die ägyptischen Städte unterschieden sich grundlegend von den sich selbst versorgenden, geschäftigen Stadtstaaten in Sumer oder im Industal. Sie waren vor allem in erster Linie zeremonielle Zentren, zu denen Pilger und Bittsteller kamen, wo Prozessionen und rituelle Versammlungen stattfanden.

Die Masse des Volkes wohnte noch immer in den Lehmhütten ihrer Dörfer. Jedes Dorf besaß einen gewählten Ältesten, dessen Aufgabe es war, die Interessen der Dorfbewohner wahrzunehmen und ihre Streitigkeiten zu schlichten. Einige waren Pächter der großen Tempel oder der königlichen Schatzkammer, manche bearbeiteten eigenes Land; die Familien – Männer, Frauen und Kinder – arbeiteten gemeinsam auf den Feldern. Jedes Jahr erschien der Steuereinnehmer, um den Getreidetribut zu schätzen und gleich einzutreiben – gewöhnlich ein Drittel der Ernte. Jedes Jahr verließen die Männer zwischen August und Oktober, wenn die Felder unter Wasser standen, ihre Dörfer, um an den öffentlichen Bauvorhaben zu arbeiten. Ihr Leben bot auch kleine Freuden – den Dorfklatsch etwa und Feste in überschaubaren, geschlossenen Gemeinschaften. Erleichtert wurde ihnen die Arbeit durch ein mildes Klima, fruchtbaren Boden, relative Sicherheit vor Hungersnot und Krieg und, in vielen Fällen, einem natürlichen Stolz auf die Pracht der Tempel und die Erhabenheit der Pyramiden, bei deren Bau sie und ihre Vorfahren mitgewirkt hatten. Der Staat stützte sich nicht ausschließlich auf ihre Fronarbeit: Erfolgreiche Kriege der Pharaonen gegen Grenzstämme brachten Kriegsgefangene, deren Sklavenarbeit die ägyptischen Bauern entlastet haben mag.

Gegen Ende des 3. Jahrtausends v. Chr. kam es, nach einer langen Folge ungenügender Überschwemmungen und schlechter Ernten, zu Hungersnöten. Die Qualität der Grabbeigaben verringerte sich, Grabräubereien nahmen zu. Unruhe entstand unter den Bauern, und sie erhoben sich in Aufständen gegen den Adel; indes nutzten die Grenzvölker Nubiens und der Wüste Ägyptens Schwäche, um ihren Landbesitz zu verdoppeln.

Diese Phase des Zerfalls kennzeichnet für die Historiker das Ende des Alten Reiches. Die Unruhen dauerten etwa 150 Jahre an. Erst dann gelang es unter der 11. und 12. Dynastie, die das sogenannte Mittlere Reich (ca. 2100–1789 v. Chr.) einleitete, die Autorität des Pharao und die staatliche Ordnung wiederherzustellen. Unter der 12. Dynastie erreichte die ägyptische Kultur einen neuen Höhepunkt an Wohlstand und Selbstvertrauen. Die ägyptische Kunst dieser Zeit zeigt Züge einer neuen Menschlichkeit, und einige wenige erhaltene Fragmente lassen auf das Vorhandensein von Literatur schließen.

Es fällt leicht, sich ein Bild vom täglichen Leben zu machen, denn die Ägypter haben es zu Freude und Trost ihrer Toten anschaulich in den Gräbern der Könige und Fürsten festgehalten. Meist sorgten sie für ein gutes Mahl, angerichtet auf geschmackvollen Schüsseln, häufig aus Schiefer oder Kristall in Blattform. Auch Spiele gab man den Toten zum Zeitvertreib mit; besonders beliebt war eine Art von Damespiel. Die Grabstätten waren mit Darstellungen aus der Welt der Lebenden geschmückt, teils in Form von Wandgemälden, teils in Form kleiner Holzmodelle. Da es sich immer um die Gräber reicher Leute handelte, findet man natürlich Darstellungen von Banketten mit Tänzerinnen und Musikanten, von Jagd- und Angelgesellschaften, von Expeditionen gegen Löwen, Eber und Nilpferde (ein früher Pharao war bei der Jagd auf dieses gefährliche Tier ums Leben gekommen). Auch Bilder der Alltagswelt sind zu sehen – Bauern bei Saat und Ernte, Arbeiter beim Bau, Bäcker, Weber und Fleischer bei ihrem Gewerbe, Handwerker in ihren Werkstätten, Bootsleute auf dem Nil. Alle Darstellungen sind mit sichtlicher Freude am Leben gemalt oder modelliert.

Theben in Oberägypten – das heutige Luxor – war nun der Herrschaftssitz des Pharao. In unmittelbarer Nähe lag der Haupttempel von Ägyptens größtem Gott, Amun-Re, der Sonne. Osiris, ein Fruchtbarkeitsgott, dessen Kult in den vergangenen 500 Jahren so bedeutsam geworden war, daß er jetzt die zweite Stelle hinter Amun einnahm, hatte sein Heiligtum in Abydos. Viele kleinere, mit Tierköpfen dargestellte Gottheiten waren der Mittelpunkt beliebter örtlicher Kulte und wurden vom Pharao und seinen Priestern toleriert mit der bequemen Auslegung, sie seien eben geringere Manifestationen des Amun. Einfache Leute betraten die Tempel nur, um dort ihrer handwerklichen Tätigkeit nachzugehen.

Die Könige der 12. Dynastie sicherten sich zunächst erneut die Oberherrschaft über die Nubier, ein notwendiger Schritt zum Schutz ihres Volkes und zur Sicherstellung der Goldversorgung. Dann dehnten sie den Einfluß Ägyptens über Sinai hinaus nach Syrien aus. Den Sinai brauchten sie wegen der Kupferbergwerke, die schon lange von Ägypten genutzt wurden. Vermutlich dachten sie an die Zedern des Libanon, als sie beschlossen, Vorposten in Syrien zu errichten. Aber auch die Gerüchte von Überfällen und Unruhen unter den Hirtenstämmen in dieser Gegend bereiteten ihnen Kummer. Diese zunächst erfolgreiche Ausweitung des ägyptischen Einflußbereiches sollte sich später als unheilvoll erweisen.

Die Hirtenstämme des nördlichen Syrien lernten durch die Nomaden der asiatischen Steppen das Pferd kennen. Nachdem sie sich Pferde angeschafft und den Umgang mit ihnen erlernt hatten, führten sie im 18. Jahrhundert v. Chr. einen Vergeltungsschlag gegen Ägypten: Wilde Horden mit Pferd und Wagen rollten durch den Sinai auf Ägypten zu. Über ein Jahrhundert lag die ägyptische Kultur darnieder. Eine fremde syrische Dynastie, von späteren Historikern ein wenig absurd als »Hirtenkönige« bezeichnet, setzte sich an die Spitze, scheint aber nie das ganze Land beherrscht zu haben. Theben blieb unabhängig, wenn auch mit stark verminderter Autorität.

Besiegt, gedemütigt, aber nicht vernichtet, lernten es die Ägypter, ihre Kampfmethoden umzustellen. Auch sie schafften sich Pferde an und entwickelten einen eigenen Streitwagen, der Platz für zwei Mann bot, einen Fahrer und einen Krieger mit gewaltigem Bogen. Etwa um 1500 v. Chr. besiegten sie endgültig die Eindringlinge. Die Herrschaft des Pharao über ganz Ägypten und der innere Friede wurde unter den Herrschern der berühmten 18. Dynastie wiederhergestellt. Damit beginnt das, was wir das Neue Reich Ägyptens nennen.

Während Ägypten überlebte und sich wieder erhob, zerfiel die Kultur der sumerischen Stadtstaaten, obschon ein Großteil ihrer Erfahrungen von ihren Eroberern absorbiert und bewahrt wurde. Schon lange hatten sie unter Eindringlingen aus dem Zagros-Gebirge und Kleinasien zu leiden. Unruhen unter den Nomaden der asiatischen Steppe führten zu einer Kettenreaktion, und bis zum Ende des 3. Jahrtausends v. Chr. waren die primitiveren Völker am Rande der sumerischen Welt sämtlich in Bewegung geraten. Den Sieg trugen schließlich die gedrungenen, kraftstrotzenden Hethiter davon, die um 2300 v. Chr. in Kleinasien auftauchten. Sie besaßen wenig Sinn für Ästhetik, verfügten aber über beträchtliches Organisationstalent und die Fähigkeit (wie sehr viel später die Japaner), alles, was sie an den Leistungen anderer Völker beeindruckte, zu imitieren und zu adaptieren.

Die Hethiter stammten aus dem nordwestlichen Kleinasien; sie behielten, so weit ihre Eroberungszüge auch reichten, ihre Gebirgshauptstadt Hattusa (das heutige Boghozkoy) – natürlich vergrößert und verschönt – getreulich bei, auch wenn sie vom Zentrum ihrer Macht weit entfernt war. Ihre Reitkünste hatten sie sehr wahrscheinlich den Mitanni abgeschaut, einem Zweig der Hurriterstämme, die in Kleinasien eingefallen waren, ehe sie ein vom oberen Euphrat bis zum nördlichen Syrien reichendes Imperium errichteten, das sich etwa 200 Jahre lang hielt. Die Hethiter beschäftigten sich intensiv mit ihren Errungenschaften und eigneten sie sich zum eigenen Gebrauch an. Die Archive von Hattusa enthalten vier Tafeln mit Anweisungen zum Zureiten von Pferden, die von einem Experten der Mitanni stammen. Die Hethiter wurden rasch gute Reiter und besaßen bald schlagkräftige Streitwagen, die für drei Mann Platz boten – einen Fahrer, einen Angriffs- und einen Verteidigungskrieger. Der Wagen besaß wie der Streitwagen der Ägypter Räder mit Speichen.

Die Sumerer stützten sich im Krieg auf eine disziplinierte Infanterie. Auch sie hatten bis zum Beginn des 2. Jahrtausends v. Chr. versucht, die Kraft der Pferde im Kampf einzusetzen, waren aber den wendigen Hethitern nicht gewachsen. Außerdem hüteten jene auch noch ein weiteres wichtiges Geheimnis: Die Hethiter verstanden sich auf die Kunst, Eisen zu härten, indem sie es wiederholt unter großer Hitze mit dem Hammer bearbeiteten. Andere Völker – von den Sumerern bis zu den Ägyptern – kämpften mit Waffen aus Kupfer und Bronze. Eisen jedoch war wirksamer und stand nur den Hethitern zur Verfügung.

Hethiter waren es auch, die der sumerischen Kultur den Gnadenstoß gaben. Zuerst überrannten und unterwarfen sie ganz Kleinasien; dann unternahmen sie kühne Einfälle nach Mesopotamien und machten sich die ganze fruchtbare Ebene zwischen den Flüssen untertan. Während um 1500 v. Chr. in Ägypten die 18. Dynastie ihre Macht ausbaute, eroberten die Hethiter Babylon. Jetzt gehörte ihnen das ganze Gebiet, das Sargon und Hammurabi je beherrscht hatten, dazu noch Kleinasien.

Die Grenzen des Hethiterreiches und Ägyptens – oder vielleicht wäre es richtiger zu sagen: die Grenzen ihrer Einflußgebiete – stießen nun aneinander. Die ersten beiden Pharaonen der 18. Dynastie hatten, fest entschlossen, Ägypten nie wieder unter einer Invasion aus dem Osten leiden zu lassen, durch Waffengewalt die Könige, Fürsten und Stämme Syriens dazu gebracht, ihre Oberhoheit anzuerkennen. Sie dehnten ihren Einfluß bis zum vierten Nilkatarakt aus, zwangen die Nubier zu regelmäßigen Tributzahlungen und stießen bis in den Sudan vor.

Die Grenzen zwischen Ägypten und dem Hethiterreich waren so unbestimmt, daß es nicht sofort zu einer Konfrontation kam; aber die Größe und räumliche Nähe der beiden Reiche waren eine Bedrohung, wie sie die zivilisierte Welt bisher noch nicht erlebt hatte.

Ägypten mußte einen Rückschlag hinnehmen, als ein Minderjähriger, Tuthmosis III. (ca. 1490–1436 v. Chr.), den Thron bestieg. Seine gebieterische Stiefmutter, Königin Hatschepsut, hielt sich über mehr als 20 Jahre als Regentin an der Macht. Sie förderte den Handel, vergrößerte die Prachtentfaltung bei Hofe und baute sich an den Felswänden von Deir el Bahri das imposanteste Grabmal Ägyptens. Aber sie verlor die Herrschaft über Syrien.

Als Tuthmosis III. endlich an die Macht kam, erwies er sich als der erfolgreichste Herrscher seiner Dynastie, legt man das Ausmaß seiner Eroberungen und den Prunk seiner Regierungsführung als Maßstab an. Er richtete die Oberhoheit Ägyptens in Syrien und Palästina wieder auf und schloß einen Bund mit dem Hethiterkönig, der eine lange Friedenszeit sicherstellte. Ägypten war jetzt, nachdem es direkten Zugriff zu den nubischen Goldgruben besaß, märchenhaft reich. Es heißt, in den Minen seien im Jahr bis zu 40000 Kilogramm Gold sowie Smaragde gefördert worden. Thutmosis erweiterte den Tempel in Karnak und ließ, neben anderen Denkmälern und Bauwerken, große Obeliske errichten, auf denen man seine Siege verewigte. Drei dieser Obeliske wurden viele Jahrhunderte später nach Konstantinopel, London und New York verschleppt, wo die uns Menschen der Gegenwart unverständlichen Hieroglyphen noch immer seine Ruhmestaten kundtun.

Das Netz diplomatischer Beziehungen, das er zum Hethiterreich und den tributpflichtigen Staaten Westasiens geknüpft hatte, wurde von seinen Nachfolgern gefestigt und erweitert. Ihren Höhepunkt erreichten diese Bestrebungen unter Amenophis III; Ägypten war jetzt kosmopolitischer denn je. Als Folge seiner Bündnispolitik füllte sich der Palast des Pharao mit unscheinbaren hethitischen Prinzessinnen aus Syrien und Palästina und bildschönen Bräuten aus dem mächtigen Mitanni am oberen Euphrat. Sie alle brachten Zierat, Schmuck und Ideen mit, die neu für Ägypten waren. Luxusgüter aller Art wurden importiert – Pferde und Vieh, Silber, Lapislazuli, Felle und Federn, seltene Hölzer und insbesondere die Zedern des Libanon.

Auf Pharao Amenophis III. folgte sein Sohn Amenophis IV. (1379–1362 v. Chr.), eine der umstrittensten Gestalten der ägyptischen Geschichte. Standbilder zeigen einen Mann mit vorspringendem Kinn, schmalen Schultern, gewölbtem Bauch und ungewöhnlich schlankem Gesicht. Er identifizierte sich mit dem Sonnengott, nicht aber mit dem traditionellen Amun-Re von Theben. Er nannte seinen Gott Aton, die Sonnenscheibe oder Strahlung der Sonne, eine im Vergleich mit Amun eher verinnerlichte Konzeption. Auch behauptete er, es gäbe keinen anderen Gott. Zweifellos war er davon ehrlich, ja, fanatisch überzeugt, und es ist durchaus möglich, daß er, wie er von sich glaubte, ebenso Genie wie Mystiker war. Denkbar ist aber auch, daß der Aton-Kult bereits unter seinem Vater geplant war, um Macht und Reichtum der Amun-Priester einzuschränken, die dem Thron gefährlich zu werden drohten. Zunächst vernachlässigte Amenophis IV. nur Theben sowie den Kult des Osiris und der kleineren Gottheiten. Doch allmählich verstärkte sich sein Fanatismus. Er verlegte seine Residenz in eine zu Ehren des Aton geplante und gebaute Stadt mit einem neuen, 200 Meter langen Tempel. Er änderte seinen Namen in Echnaton (»es gefällt dem Aton«), beschlagnahmte den Besitz der Amun-Priester, ließ den Tempel in Theben abbrechen und schließlich aus allen Inschriften den Namen seines Vaters herausmeißeln, weil er die verhaßten Silben des Namens Amun enthielt.

Diese Maßnahmen stifteten erhebliche Verwirrung im Volk und verschafften ihm mächtige Feinde. Außerdem scheint er sich nicht viel um Diplomatie und Landesverteidigung gekümmert zu haben, so daß Ägypten an Einfluß in Syrien verlor, und die tributpflichtigen Staaten sich gegen ihn erhoben oder von Ägypten abfielen. Seine Befürworter akzeptieren diese Sicht nicht unbedingt; sie sehen ihn lieber als wahren Friedensfürsten, der verleumdet worden ist.

Er förderte Bildhauer und Künstler, vermutlich mit Hilfe seiner bildschönen Ehefrau Nofretete, die eine Mitanni-Prinzessin gewesen sein soll. Unter seiner Herrschaft wandelte sich der herkömmliche ägyptische Stil auf erstaunliche Weise. Die größte Meisterleistung dieser Epoche ist die angeblich Nofretete darstellende Porträtbüste, ein Werk von kühler Kostbarkeit, das seit seiner Entdeckung Anfang dieses Jahrhunderts weltberühmt geworden ist. Es kam mit Hunderten von anderen Schätzen sowie 300 Dokumenten, d. h. Tontafeln, den Resten von Echnatons diplomatischer Korrespondenz, ans Licht, als die von ihm gebaute Stadt unter dem heutigen Dorf Tel-el-Amarna ausgegraben wurde. Auf den Wandgemälden dieser Epoche finden sich herrlich beobachtete Details von Vögeln und Vierbeinern und frei und schwungvoll gemalte Landschaften. Sie scheinen die Einstellung widerzuspiegeln, die in dem Aton-Hymnus zum Ausdruck kommt, der dem König selbst zugeschrieben wird:

O lebender Aton, Ursprung des Lebens!
Wenn du am östlichen Horizont aufsteigst,
Füllst du das ganze Land mit deiner Schönheit...
Blumen und Pflanzen gedeihen,
Die Vögel flattern in den Mooren
Und heben die Schwingen zu deiner Verehrung;
Alle Schafe springen auf den Füßen,
Alle Geflügelten fliegen,
Sie leben, wenn du über ihnen aufgehst.[5]

In etlichen Reliefs, die Echnaton, seine Frau und seine Töchter zeigen, haben die Figuren eigenartige Proportionen und seltsam überlange Körper, obgleich ihre Haltung sonst ganz natürlich erscheint. Das Königspaar, das mit seinen Kindern spielerisch umgeht, könnte als ansprechende und sehr persönliche Gruppe gelten, wäre da nicht die offenbar bewußte Deformierung der Körper. Die sogenannte Amarna-Kunst bleibt – wie ihr Schirmherr – rätselhaft und voller Widersprüche. Dennoch gab es in dieser Epoche große Künstler, deren Werke mit zu dem Schönsten gehören, was Menschen je geschaffen haben.

War diese religiöse Revolution das Werk eines tiefen Denkers, der versuchte, Ägypten den Monotheismus aufzuzwingen? Oder handelte es sich gar nicht um Monotheismus, sondern eher um Monolatrie oder gar Megalomanie? Echnaton hat, so energisch er auch auf der Verehrung eines einzigen Gottes bestand, nie geleugnet, selbst ein Gott zu sein. Die Idee des einen Gottes, dessen Macht für jedermann sichtbar war, könnte politisch motiviert gewesen sein, getragen nicht so sehr von geistlichen Erwägungen als vielmehr bestimmt von dem Ziel, die Einheit Ägyptens und der ihm tributpflichtigen Staaten durch Einbindung aller in einen gemeinsamen Glauben zu fördern. So viele Fragen – und keine Antworten.

Echnatons Nachfolger Tutenchaton, sein Schwiegersohn und möglicherweise auch sein Sohn, war, als er an die Macht kam, erst neun, seine Frau ein paar Jahre älter. Beide aber waren damit zu jung, um der unvermeidlichen Reaktion der Priester Widerstand entgegensetzen zu können. Der junge Pharao führte die Verehrung des Amun-Re (und sämtlicher kleinerer Lokalgottheiten) wieder ein, änderte seinen Namen in Tutenchamun und gab den Priestern den beschlagnahmten Besitz zurück. Noch ehe er mit achtzehn Jahren starb, war von Echnatons Revolution nichts mehr geblieben.

Doch während seiner kurzen Regierungszeit schufen die Amarna-Künstler weiterhin ihre zarten und intimen Werke, und als 1922 n. Chr. Tutenchamuns Grab entdeckt und geöffnet wurde, fand man darin zierlich getriebenen Schmuck und verfeinerte Möbel in dem charakteristisch schlanken, langgezogenen Stil sowie liebevolle, entwaffnend natürliche Darstellungen des jungen Königs und seiner Königin, in denen die beiden Elemente des Amarna-Stils in letzter Vollendung zum Ausdruck kommen.

Nach der 18. Dynastie begann der allmähliche Niedergang der ägyptischen Kultur. Noch einmal erhob sie sich ruhmreich unter Ramses II. (ca. 1298–1232 v. Chr.), dessen Bauwut ebenso ausgeprägt war wie seine Großsprecherei. Er vollendete die von Seti I. begonnene großartige Säulenhalle von Karnak und ließ die Tempel in Abu Simbel bauen. Im Kampf gegen die angreifenden Hethiter bei Kadesch bezeichnete er sich als Sieger. In Wirklichkeit endete die Schlacht unentschieden, und die Gegner akzeptierten das Gleichgewicht der Kräfte, das durch einen Vertrag (vielleicht dem ältesten aufgezeichneten Vertrag der Geschichte) festgeschrieben und ab und an durch die Heirat mit einer Hethiter-Prinzessin konsolidiert wurde.

In diese Zeit des Niedergangs fiel auch eine Begebenheit, die damals wenig Beachtung fand. Ein Hirtenstamm, der in einem der Hungerjahre in Ägypten Zuflucht gesucht hatte (wie das Nomadenstämme nicht selten taten), begann mit seinem Schicksal zu hadern. Dies scheint nicht verwunderlich, und die Darstellung in der Bibel, in der die schwere Arbeit der Juden »in Ton und Ziegeln« geschildert wird, klingt authentisch; in Ägypten wurde viel gebaut und viel gefront. Einer ihrer Anführer trat hervor, weder Krieger noch Priester, dafür aber von der Stimme Gottes inspiriert, der Stimme *seines* Gottes, der Abraham aus Ur gerufen, ihm den Sieg über ihre Feinde und ein eigenes Land verheißen und das Gesetz für Moses auf dem Berg Sinai in Steintafeln gemeißelt hatte. Die Reise quer durch Sinai ins »Gelobte Land« war lang, beschwerlich und dauerte der Überlieferung nach 40 Jahre. Kämpfe über mehrere Generationen folgten, ehe dieses Hirtenvolk die Herrschaft in seiner neuen Heimat antreten, Dörfer und Städte gründen, das Land bestellen und Oliven und Reben pflanzen konnte.

In ägyptischen Zeugnissen ist selten von den Israeliten die Rede; weder ihr Aufbruch oder die Verfolgung durch den Pharao noch die angebliche Zerstörung seiner Streitwagen beim Zug durch das Rote Meer sind schriftlich festgehalten. Die in Traditionen und starren Regierungsformen zu fest eingebundene ägyptische Kultur verfiel allmählich der Stagnation. Nach dem Zwischenspiel von Amarna zeigen sich die Grabgemälde wieder im traditionellen Stil, sind nicht mehr so lebhaft und behandeln weniger die Freuden des Lebens als das Schicksal der Toten in der Unterwelt, wobei man sich gewissenhaft an einen Leitfaden für das Verhalten nach dem Ableben, das *Totenbuch* hielt, das jeder reiche Ägypter mit ins Grab nahm.

Indessen hatten die Grenz- und Küstenbereiche unter den Überfällen lybischer Nomaden und den Angriffen der »Seevölker« zu leiden, umfangreicher Horden umherziehender Abenteurer aus der Ägäis. »Die Inseln waren in Aufruhr«, schrieb ein Historiker zur Zeit Ramses' III. (ca. 1182–1151 v. Chr.). Das Hethiterreich zerbrach unter diesem neuen Ansturm, und die Angreifer strömten nach Ägypten. Ramses III. hielt sie zurück und schlug sie, aber er war der letzte große Pharao. Ihm folgte eine lange Phase der Wirren und Invasionen, schlechter Ernten, des Zusammenbruchs der Verwaltung und großer Not unter den Bauern, wobei Grabräuberei schon fast berufsmäßig betrieben wurde.

Einige Gruppen der »Seevölker« siedelten sich in Anatolien an und gründeten das Reich, das wir aus der klassischen Geschichte als Phrygien kennen, andere erreichten und besetzten Teile der iranischen Hochebene. In Mesopotamien aber bauten die Assyrer nach dem Zerfall des Hethiterreiches ihre Macht ständig aus. Ihr Ruf skupelloser Gewalttätigkeit wurde durch ihren König Tiglatpileser I. (ca. 1116–1087 v. Chr.) noch verstärkt, der zum Herrscher von Mesopotamien wurde, Babylon zu seiner Hauptstadt erhob, alle Nachbarstaaten zu Tributleistungen zwang und unterworfene Völker nach Lust und Laune zu Tausenden kreuz und quer durch sein Reich verschleppte.

7. *Kreta und Mykene – Die Phönizier – Die Juden*

Die »Seevölker«, wie sie von den Landbewohnern mit respektvoller Furcht genannt wurden, bildeten kein einheitliches Ganzes. Es handelte sich vielmehr um Gruppen und Wellen von Abenteurern und Plünderern, häufiger jedoch um Gruppen von Einwanderern auf der Suche nach Siedlungsplätzen. Manche, durchaus nicht alle, waren Barbaren. Im 2. Jahrtausend v. Chr. blühten zwei Kulturen im östlichen Mittelmeerraum, die eine auf der Insel Kreta, die andere in Südgriechenland.

Die Kreter waren kühne Seefahrer. Sie fuhren auf kurzen, breitbauchigen Schiffen, hochgezogen an Vordersteven und Heck, angetrieben durch Segel und Ruder. Dank ihrer seefahrerischen Kenntnisse und ihres Unternehmungsgeists entwickelte sich Kreta zum zentralen Umschlagplatz des östlichen Mittelmeers. Die Kreter pflegten ständige Kontakte zu Ägypten, Kleinasien, Mykene und den Handelsstädten Byblos und Ugarit an der syrischen Küste. Sie transportierten Holz aus dem Libanon, Kupfer aus Zypern, Blei und Zinn aus Anatolien, Lapislazuli aus Persien zu den Absatzmärkten Ägyptens und säuberten das Mittelmeer von den Piraten, die ihre Stützpunkte auf den Kykladen befestigt hatten.

Die engsten und fruchtbarsten Beziehungen unterhielten sie zu den Mykenern auf dem griechischen Festland. Die Burg Mykene auf dem nordöstlichen Peloponnes war Ende des 3. Jahrtausends v. Chr. entstanden, etwa zu gleichen Zeit wie das englische

Stonehenge. Um 1400 v. Chr. umgaben sie zyklopische Mauern, verfügte sie über in den Fels gehauene Vorratskammern, und besaß als Zugang ein erhabenes, jedoch einfach gearbeitetes Löwentor. Alles war auf Stärke und Verteidigung angelegt. Einbezogen in die Ummauerung war ein Kreis von Schachtgräbern, die königliche Begräbnisstätte. Später bestatteten die Mykener ihre Toten, indem sie gewaltige Höhlen in die umliegenden Berghänge trieben, die sie innen durch steinerne Wände abstützten und so zu riesigen Grabgewölben machten. Zwei nur wenige Kilometer von Mykene entfernte Städte, Argos und Tiryns, waren Verbündete oder Tributpflichtige. Von der Zitadelle in Argos ist wenig erhalten geblieben, aber die dunklen, aus riesigen, grob behauenen Steinquadern errichteten Gewölbe von Tiryns erheben sich heute noch düster drohend jenseits des Tals. Diese dicken Mauern mit den schmalen Gängen und Vorratskammern erscheinen wie 2000 Jahre alte Vorläufer der festen, verschwiegenen Burgen des mittelalterlichen Europas. Jeder Palast verfügte über seinen königlichen Wohnsitz mit einem reich bemalten *megaron*, der Haupthalle, von der kleinere Räume abzweigten. Die Mykener benutzten und kopierten kretische Keramik und erwarben eifrig alles, was kretische Händler anboten; dennoch waren sie eigentlich ein kriegerisches Volk.

So ansehnlich der *megaron* des königlichen Palastes auch sein mochte, selbst wenn der Herrscher reich geschmückt war und aus goldenen Bechern trank – der Palast stellte im Gegensatz zu den weiträumigen Residenzen der Großen Ägyptens oder Kretas dennoch eine Festung dar. Die Befestigung war lebenswichtig, denn die Mykener konnten nie sicher vor Überfällen ihrer unzivilisierteren Nachbarn oder Piraten sein, und diese Gefahr wurde mit ihrem Wohlstand, der den Neid der anderen hervorrief, eher größer als kleiner.

Mit der Ausbreitung der Landwirtschaft wuchs die Bevölkerungszahl, aber Griechenland fehlte die sich rasch erneuernde Fruchtbarkeit, wie sie in den Ländern der großen Ströme mit ihren Überschwemmungen gang und gäbe war. Der Boden wurde im Lauf der Zeit durch rücksichtslose Ausbeutung und Überweidung dünner und schlechter. Dadurch verstärkte sich der Druck auf das Land; es kam zu Landraub, Kämpfen zwischen einzelnen Dörfern und handstreichartigen Überfällen auf die Inseln oder von Inselbewohnern auf das Festland.

Kreta war von einer anderen Gefahr bedroht – immer wiederkehrende Naturkatastrophen ängstigten die Menschen. Die kretische Kultur erlebte einen gewaltigen Einschnitt durch das Erdbeben, das um etwa 1750 v. Chr. die Insel und den großen Palast von Knossos an der Nordküste verwüstete. Die Kreter erholten sich, Knossos erhob sich aus den Trümmern, der Handel – besonders mit den Kykladen und Griechenland – wurde wieder aufgenommen. Der ägyptische Einfluß, der die früheste Blütezeit der Kreter gekennzeichnet hatte, wich einem eigenen Kunststil. Die kretische Keramik gestaltete sich zierlich und phantasievoll, war nur mit Blumen und Seegetier verziert, wobei der Oktopus mit seinen vielen Fangarmen ein bevorzugtes Sujet darstellte.

In diese Periode fallen auch die in der kretischen Malerei so anschaulich dargestellten Stierkämpfe, teils sportliche Veranstaltung, teils religiöser Ritus. Man ist versucht, eine Allegorie, wenn nicht gar eine historische Überlieferung hinter der Sage des Theseus und dem Tribut griechischer Mädchen und Jünglinge zu sehen, die dem schrecklichen Minotaurus im kretischen Labyrinth zum Fraß vorgeworfen wurden. Aber unsere Kenntnisse sind zu ungewiß, um das Rätsel zu deuten.

Um oder kurz nach 1400 v. Chr. wurde offenbar das mittlere und südliche Kreta von Festlandgriechen, möglicherweise Mykenern, überfallen, die in Knossos ihr Hauptquartier aufschlugen. 50 oder 60 Jahre danach wurde Knossos total zerstört. Durch Feuer? Durch Erdbeben? Durch die Flutwellen eines Vulkanausbruchs auf Santorin? Unser derzeitiger Wissensstand erlaubt uns keine eindeutige Antwort. Doch die üppige, schöpferische Kultur, die aus Seefahrt und Handel erwachsen war, verschwand. Die unternehmungsfreudigeren Überlebenden schlossen sich den plündernden Horden der »Seevölker« an; eine verarmte Fischer- und Bauernzivilisation war alles, was Kreta blieb – und die Legende, die überlebte, bis im 20. Jahrhundert n. Chr. Sir Arthur Evans die erstaunlichen Funde ans Licht brachte. Er war es auch, der jene lang verschollene Kultur, die jetzt als eine der großen Kulturen des Mittelmeerraumes gilt, als »minoische« bezeichnete.

Mykene beherrschte jetzt den Handel im östlichen Mittelmeer, und diese Herrschaft nahm zunehmend piratenhafte Züge an. Es kam auch zu Rivalitäten und Kämpfen mit den Häfen an den Küsten Syriens und Kleinasiens. Möglicherweise brannten die Mykener unter Vorwänden um das Jahr 1200 v. Chr. die Stadt Troja nieder, die äußerst günstig an der schmalen Straße zum Schwarzen Meer lag. An dieser Stelle waren schon zahlreiche Städte errichtet worden, von denen einige durch Erdbeben, andere durch Feindeinwirkungen zerstört worden waren. Der angeblich von Mykene vernichtete Ort wird von den Archäologen als »Troja VII a« geführt. Es war bei weitem nicht die prächtigste der an dieser Stelle erfolgten Ansiedlungen, und keine zeitgenössische Quelle berichtet von einer Belagerung zu jener Zeit. Doch ihr angebliches Schicksal lieferte den Stoff für Sagen und Balladen, wurde gegen Ende des 10. Jahrhunderts v. Chr. in einem Epos verbreitet, 400 Jahre danach zum erstenmal schriftlich festgehalten und dem sagenhaften Homer zugeschrieben. Von dort aus befruchtete es die Phantasie von Rom und Byzanz, beeinflußte das gotische Mittelalter, die europäische Renaissance, später Klassizismus und Romantik. Die Römer führten ihre Abstammung auf einen trojanischen Flüchtling zurück, ebenso die Briten, bis dort eine kritischer eingestellte Geschichtsschreibung entstand. Das Antlitz Homers, von griechischen Bildhauern im 5. Jahrhundert v. Chr. geschaffen, ist bis auf den heutigen Tag in der ganzen westlichen Welt bekannt.

Mykenes Größe währte nicht lange. Etwa zur Zeit der Unruhen und des zeitweiligen Sieges von Ramses III. in Ägypten verwüsteten umherstreifende Banden von »Seevölkern« die mykenische Welt. Tiryns wurde aufgegeben, viele kleinere Siedlungen vernichtet, aber trotz der Zerstörung und Verarmung, die sich an den archäologischen Funden ablesen läßt, hielt man noch an der alten Lebensweise fest. Bewaffnete Konflikte und Zerstörung waren offenbar nicht so sehr das Ergebnis geplanter Invasionen, sondern ergaben sich aus dem ständigen »Aufruhr der Inseln« und des griechischen Festlandes. Irgendwann im 11. Jahrhundert v. Chr. jedoch verschwinden die letzten Spuren mykenischen Lebens. Eine neue, weit größere Kultur sollte schließlich in Griechenland entstehen; noch aber herrschte viele Generationen lang dort Dunkelheit.

Ägypten stagnierte, das Hethiterreich war zerfallen, Kreta eine Erinnerung, selbst die Assyrer waren uneins und schwach. Doch über alle Unruhen und Wirren im östlichen Mittelmeer hinweg behielten die Orte an der Küste Syriens und Palästinas ihr zielstrebiges Interesse am Handel bei. Die ältesten dieser Städte, Ugarit und Byblos, waren im 3. Jahrtausend v. Chr. entstanden, ihre Begründer offenbar Auswanderer, die vom Persischen Golf kamen und in der Geschichte als Phönizier bekannt geworden sind. Sie wählten für ihre Siedlungen Örtlichkeiten mit guten Häfen, und befestigten, was sie an bebaubarem Boden brauchten, auf der Landseite. Keinerlei imperialer Ehrgeiz zeichnete sie aus; dennoch bildeten sie eine lockere, auf gemeinsamen Interessen beruhende Föderation.

Ihren Wohlstand verdankten diese Städte dem Handel mit Zedernholz aus dem Libanon, das sie nach Ägypten verkauften. Später liefen ihnen in diesem Bereich die Kreter den Rang ab. In jener Zeit waren die Phönizier vorsichtige Seefahrer, die nur tagsüber reisten und sich auf ihren Fahrten, die sie bis nach Nordafrika führten, stets in Küstennähe hielten. Nach der Zerstörung von Knossos nahmen sie sich ein Beispiel an den kühneren Unternehmungen der Kreter. Trotz der Seeräuberei der »Seevölker« und der Mykener gelang es den Phöniziern mit wachsender Erfahrung und Risikobereitschaft, den gesamten Mittelmeerhandel in die Hand zu bekommen. Gelegentlich führte ihr Weg sie bis nach Cornwall, um Zinn zu laden.

An die Stelle von Ugarit und Byblos traten die weiter südlich gelegenen berühmten Städte Tyrus und Sidon. Auch einige kleinere Städte gehörten der Föderation an. Sie waren nicht nur Transportunternehmer, sondern fast jede Stadt konnte ihre Spezialität vorweisen. Tyrus stellte aus den Säften der Purpurschnecke den begehrten und unentbehrlichen roten Farbstoff her; andere Städte lieferten aromatische Harze, Weihrauch und Parfüm. Bald verstanden sich die phönizischen Handwerker auch auf die Imitation der Elfenbeinschnitzereien und Goldschmiedearbeiten Ägyptens und verkauften ihre Nachbildungen auf dem Land- und Seeweg im ganzen Nahen Osten. Auch wegen ihrer feinen Stickereien waren sie berühmt, und schnell bei der Hand mit dem Aufbau von Gewerben oder Manufakturen, wenn sich Absatzmöglichkeiten abzeichneten. Die Ägypter hatten sich in ihrer Blütezeit von ihnen Tribut zahlen lassen, die Kreter sie überflügelt; die Mykener mit ihnen konkurriert. Phönizien aber bestand fort und wuchs, blühte und gedieh vom 12. bis zum 9. Jahrhundert v. Chr. aufs prächtigste.

Um 1200 v. Chr. entwickelten die Phönizier eine vereinfachte Form der Keilschrift, die sie – über die Hethiter – von den Sumerern gelernt hatten. Bisher kannte man nur eine Bilder- oder Silbenschrift oder eine Mischung aus beiden Elementen. Die Phönizier begriffen offenbar als erste, daß eine viel kleinere Zahl von Schriftzeichen, deren jedes einen *Laut* und nicht eine Silbe wiedergibt, sich in einer fast unbegrenzten Zahl von Kombinationen zu jedem vom Schreiber gewünschten Wort zusammenstellen läßt. Diese Schrift, die in Ugarit ihren Anfang nahm, wurde in Byblos weiterentwickelt und gelangte um 1100 v. Chr. zu den

Griechen. Die Europäer verdanken die Entstehung ihres Alphabets den erfinderischen Phöniziern.

Während die phönizischen Städte an der Küste florierten, festigten sich allmählich – nach zeitweiliger Befreiung von der ägyptischen Vormundschaft einerseits und der bedrohlichen Macht Assyriens andererseits – die zahlreichen kleinen Stammesstaaten im Binnenland. Sie festigten eigene Herrschaftsbereiche, leisteten sich eine reguläre Regierung, meist unter einem König, und nahmen erste diplomatische Beziehungen miteinander auf, die immer wieder von jäh aufflammenden Kleinkriegen unterbrochen wurden. Im 11. bis 10. Jahrhundert v. Chr. besiegten die Juden unter ihren Kriegerkönigen Saul und David die Philister (Phönizier) und errichteten ihre Herrschaft in jenem Gebiet, das ihnen nach ihrem Glauben von ihrem Gott versprochen worden war. Unter David, einem dynamischen Anführer, Krieger, Diplomaten, Administrator und, der Überlieferung nach, auch noch Dichter und Musiker, machten sie Jerusalem, die Stadt auf dem Hügel, zu ihrer Hauptstadt. Davids Sohn Salomon ließ sie in aller Pracht wieder aufbauen und schenkte ihr einen prächtigen Tempel. Er machte sich die Uneinigkeit der Nachbarvölker zunutze, um sein Königreich bis an die Grenzen Ägyptens auszuweiten. Als einziger jüdischer König wurde er vom Pharao, dessen Tochter eine seiner Frauen war, als Gleichgestellter behandelt. Aber diese Macht überdauerte ihn nicht, und seine Nachfolger sanken wieder auf die Stufe unbedeutender Kleinkönige hinab.

In den etwa 3000 Jahren, in denen sich Aufstieg und Niedergang der Sumerer, der Hethiter, der üppigen Kultur Kretas, der heroischen, ruhelosen Welt von Mykene und der langlebigen, jetzt langsam sterbenden Kultur Ägyptens vollzogen hatten, hatten sich auch anderswo bedeutsame Entwicklungen vollzogen. Es wird Zeit, daß wir den Nahen Osten verlassen, der so viel Zerstörung und Wandel erlebt hatte und noch erleben sollte, um uns jener Kultur zuzuwenden, die sich in der nördlichen Ebene Chinas stetig ausdehnte und kontinuierlich bis in unsere Tage fortbestehen sollte.

ZWEI
CIRCA 1500–500 V. CHR.

1. China – Die Ursprünge – Die Shang – Die Chou – Frühling und Herbst – Die »Streitenden Staaten«

Von allen Kulturen der Welt hat wohl die chinesische die längste kontinuierliche Entwicklung erlebt. Zwar gab es Umwälzungen, Invasionen, Fremdherrschaft, Naturkatastrophen, Phasen der kulturellen Höchstleistungen, denen wieder Jahrhunderte der Stagnation folgten. Doch bis vor wenigen Jahrzehnten erlebte China keine der gewalttätigen und zerstörerischen Unterbrechungen, wie sie die Geschichte anderer Kulturen – Ägyptens, Indiens, Persiens, Griechenlands oder Roms – kennzeichnen.

Das alte China war geographisch im Osten und Südosten durch das Meer, im Süden und Südwesten durch das Hochland von Tibet und durch hohe Bergketten, im Westen durch Wüsten und Steppen isoliert. Doch nach Nordwesten war es offen für räuberische Überfälle der Nomadenstämme, die von Osteuropa über die Weite Asiens schweiften. Sie waren unter vielen Namen bekannt: In Ungarn nannte man sie Skythen, an den Grenzen Chinas Hsiung-nu. Auch wenn sie die Bauern plagten und beraubten, Tribut von den Reichen forderten, manchmal ganze Provinzen überrannten und eroberten, schienen die Chinesen nie das Vertrauen in die Größe und Unvergänglichkeit ihres Landes verloren zu haben. Zeit und Erfahrung sollten dieses Vertrauen rechtfertigen. Die Hsiung-nu waren Feinde, andererseits aber auch Vermittler, die den Chinesen Kunde von der Weite Asiens und dem Vorhandensein anderer ferner Länder brachten.

Jahrhundertelang war die historische Vergangenheit Chinas im Dunkel der Sage verborgen. Eine gottgleiche Vaterfigur, der »Gelbe Kaiser«, hatte die Regeln der Astronomie, der Landwirtschaft und der Regierungskunst aufgestellt. Von seiner Gemahlin hatte das Volk die Seidenherstellung gelernt. Seine unmittelbaren Nachfolger hatten die Rechtskunde und die Schriftkunst eingeführt. Die chinesische Überlieferung nennt drei königliche

Dynastien: die Hsia, die angeblich vom 22. bis zum 19. Jahrhundert v. Chr. in Honan und im südlichen Hopei herrschten, die Shang, die in der Tat 400 Jahre lang an der Macht waren; schließlich die Chou, die vom 11. bis zum 8. Jahrhundert v. Chr. regierten.

Die Archäologie hat in den letzten 70 Jahren – und in den letzten drei Jahrzehnten immer rascher und immer zielstrebiger – Sagen in Wissen verwandelt. Es begann mit der Deutung der sogenannten »Drachenknochen«, die Bauern im nördlichen Honan manchmal auf ihren Feldern fanden und an die Apotheker am Ort verkauften, die sie zu Medizin zermahlten. 1899 n. Chr. identifizierte ein Gelehrter die eingeritzten Kratzer als archaische chinesische Schriftzeichen. Die »Drachenknochen« waren mit Fragen versehene Orakelknochen. Wenn sie unter starker Hitzeeinwirkung zersprangen, las man an der Form der Sprünge die Antwort auf gestellte Fragen ab. Dieses Verfahren ist weniger abstoßend als der von den Römern geübte Brauch, die Eingeweide von Tieren zu betrachten, und von vergleichbarer Verläßlichkeit.

Die auf den Knochen gefundenen Namen früher Shang-Herrscher beweisen, daß sie keine Sagengestalten waren. Die genauere Untersuchung eines Gebietes, in dem diese Knochen gehäuft vorkamen, führte zu der Entdeckung und Ausgrabung von Anjang, einer Stadt, die vom 14. bis 11. Jahrhundert v. Chr. eine Blüte erlebte und der Überlieferung nach als fünfte Hauptstadt der Shang-Dynastie gilt.

Mittlerweile sind weitere versunkene Städte ans Licht gekommen. Eine in Cheng-chou ausgegrabene Metropole, die älter ist als Anjang, erstreckte sich über eine Fläche von 1,5 Quadratkilometer und besaß eine Umfassungsmauer, die an ihrer Basis über 20 Meter stark war. Eine wachsende Zahl wiederentdeckter Städte, Gräberfelder und Grabmäler der Mächtigen läßt keinen Zweifel darüber, daß die Shang-Dynastie historische Realität ist. Von ihrem angeblichen Vorläufer, der Hsia-Dynastie, hat sich keine Spur überzeugend nachweisen lassen, und der »Gelbe Kaiser« ist vermutlich eine viel spätere Erfindung der Taoisten.

Doch der Ursprung der chinesischen Kultur liegt noch weit vor der Shang-Dynastie; erst nach und nach gelingt es der Archäologie, uns ein vollständiges Bild von ihr zu vermitteln. Eine Ansiedlung aus dem Neolithikum, 1921 n. Chr. von schwedischen Archäologen in Yang-Shao-ts'un im nördlichen Honan ausgegraben, zeigt eine bis zum 4. Jahrtausend bereits ausgereifte bäuerliche Kultur. Die Dorfbewohner benutzten Steinwerkzeuge, hielten Hunde und Schweine, später auch Ziegen, Schafe und Geflügel, wenngleich ihre Nahrung weitgehend pflanzlich war. Sie fertigten auf Webstühlen Tuch aus Hanffasern und formten Gefäße aus Tonbändern, die sie zu gerundeten Formen wickelten und mit abstrakten Mustern bemalten. Diese Muster verraten bereits die für den chinesischen Stil kennzeichnende kraftvolle Grazie.

Es dauerte nicht lange, bis auch die Chinesen die Töpferscheibe erfanden und glänzende schwarze Töpferware von großer Schönheit herstellten. Im wesentlichen jedoch war ihr Leben vom Ackerbau bestimmt. Sie bearbeiteten den Boden mit hölzernen Hacken, Hauen und Spaten, die mit scharf geschliffenen Steinen oder Muscheln besetzt waren. Hauptsächlich erntete man Hirse, Bohnen und etwas Weizen. Im 3. Jahrhundert v. Chr. wurde in China offenbar bereits Tee angebaut.

All diese Entwicklungen vollzogen sich in der nordchinesischen Ebene, durch die der Gelbe Fluß fließt. Das Land – ein schwerer, heller, kalkhaltiger Boden – war sehr fruchtbar, aber von Sumpfgebieten durchsetzt. Es war bedroht von Überschwemmungen, die die Ernte vernichteten, bevölkert von wilden Tieren, Tigern, Elefanten, Rhinozerossen, und natürlich besiedelt von den umherziehenden Nomadenstämmen aus dem Landesinneren.

Eine starke Hand war nötig, um geeignete Maßnahmen gegen räuberische Einfälle und Naturkatastrophen treffen zu können. Als zwangsläufige Folge bildete sich eine Kriegerkaste heraus. Diese Krieger errichteten Befestigungen, hoben unter den Bauern Truppen aus und wurden – freiwillig oder zwangsweise – unter starken Anführern geeint, den künftigen Herrschern der Shang-Dynastie.

Während der Shang-Zeit, in der zweiten Hälfte des 2. Jahrtausends v. Chr., zur Blütezeit des Mittleren Reiches in Ägypten, entwickelten die Chinesen die Kunst des Schreibens. Es wäre denkbar, daß sie durch indirekte Kontakte von Ägypten oder Sumer her beeinflußt waren, wahrscheinlich jedoch ist diese Theorie nicht. Die chinesischen Schriftzeichen ähnelten weder der sumerischen Keilschrift noch den ägyptischen Hieroglyphen. Zwar verwenden alle drei Wort- oder Silbensymbole, keine ist alphabetisch – aber damit endet die Ähnlichkeit bereits.

Als die Shang an die Macht kamen, hatten die mathematikbegabten Chinesen bereits die Länge des Jahres berechnet, es in 12

Monate von jeweils 30 Tagen eingeteilt und in entsprechenden Abständen einen zusätzlichen Schaltmonat eingeplant. Sie betrieben Astronomie, suchten den Himmel nach Vorzeichen ab, zeichneten mit besonderer Sorgfalt Mondfinsternisse auf und teilten den Tag in feste Zeitabschnitte ein. Ihre besten Denker besaßen eine disziplinierte, wache Intelligenz.

Die chinesischen Städte waren klein, die Gebäude, selbst Paläste und Befestigungswerke aus Erde, denn steinernes Baumaterial war knapp. Die Häuser der Großen trugen Strohdächer, die auf geschnitzten und bemalten, manchmal in steinerne Sockel eingelassenen Säulen ruhten. Gelegentlich standen die Häuser auch zum Schutz vor Schlamm, Schmutz und Überschwemmungen auf großen, erhöhten Plattformen. Die Bauern auf dem Land und die Armen in den Städten wohnten in Erdkaten mit einer Öffnung in der Dachmitte als Rauchabzug. Manchmal sparten sie sich Außenwände, indem sie ein Loch in den Boden gruben, die nackte Erde verputzten und mit Stroh deckten. Die wenigen festen Häuser von Anjang erhoben sich über einem Gewirr elender Hütten, die sich im schützenden Umkreis der Mauern zusammendrängten.

Theoretisch herrschten die Shang über alles Land vom Fuß der Shansi-Hochebene bis zu den Bergen von Shantung und dem Tal des Huai. Doch die örtlichen Führer, die eigene Bauernheere befehligten und für die Sicherheit ihrer Region sorgten, waren den Bauern, deren unermüdliche Arbeit die Stütze der chinesischen Gesellschaft war, wichtiger als irgendein ferner Kaiser. In dieser Frühzeit scheint der Kaiser vornehmlich religiöse Funktionen ausgeübt zu haben. So vollzog er Riten, die gutes Wetter für die Ernte bringen sollten.

Ti, der höchste Gott, war Herr über das Wetter und – eine natürliche Folge in einer Ackerbaukultur – alles Tuns und Treibens des Menschen. Unter ihm gab es noch kleinere Götter – die Gottheiten der Erde, der Sonne, des Mondes und der Wolken. Ebenso bedeutungsvoll war der Ahnenkult, dem alle Gesellschaftsschichten huldigten, mit Prachtentfaltung die Reichen, mit bescheidenen Opfergaben die Armen. Es lag nahe, daß die Vorfahren, die das Land seit Generationen bebauten, für ihre Abkömmlinge zu einem Gegenstand der Verehrung wurden, denn ihnen verdankten sie die Fruchtbarkeit des Bodens und den Wohlstand der Familie. Dadurch war das Volk an das Land gebunden, denn wer sollte die Riten für ihre Toten vollziehen, wenn sie ihren Wohnort verließen? So war auch die Ehrfurcht vor der erblichen Dynastie untrennbar mit dem Wohlergehen des Landes verbunden.

Gräberfunde sind unsere wichtigste Informationsquelle für das Leben unter den Shang. Fürsten und Herrscher nahmen ihre Sklaven und persönliche Dienerschaft mit in den Tod. In manchen Fällen läßt die Lage von Schädeln und Skeletten auf ein Massenopfer von Gefangenen schließen, in anderen sieht es aus, als seien die toten Diener freiwillig mit der Herrschaft gestorben. Skelette von Pferden deuten auf Pferdeopfer hin, welche die Chinesen vermutlich von ihren Nachbarn, den Nomaden, übernommen hatten. Mit zunehmender Stabilisierung der Gesellschaft trat an die Stelle dieser Menschenopfer allmählich der Brauch, lebensgroße Standbilder der edlen Toten sowie Tonmodelle von Dienern und Konkubinen, Häusern und Besitz zu bestatten.

Die Shang-Gräber enthalten häufig Darstellungen von Tieren in stark vereinfachter Form aus Stein und Elfenbein, fein ausgearbeiteten Zierat aus Nephrit und geschmückte Keramik. Um etwa 1500 v. Chr. kamen große Bronzegefäße und Glocken in Gebrauch, für Tempelzeremonien und Opfer bestimmt, kunstvoll ausgeführt und mit reich texturierter Oberfläche, manche stilisierten Tierfiguren nachempfunden. Sie unterscheiden sich stark von den Bronzen des Westens und waren die technisch fortschrittlichsten der damaligen Welt. Von früheren, primitiveren Bronzen, die als Vorläufer hätten gelten können, findet sich keine Spur.

Es ist denkbar, daß die Kunst des Bronzegießens aus dem Nahen Osten nach China gekommen ist, durch Vermittlung von Nomaden, die häufig Handwerker als Gefangene wegschleppten und für sich arbeiten ließen. Fest steht, daß die Kontakte zwischen Chinesen und Nomaden nicht ausschließlich feindseliger Art waren; die chinesischen Tierschnitzereien deuten häufig auf Einflüsse der Nomadenvölker hin. Die chinesische Bronzekunst besitzt jedoch Größe und Ausdruckskraft, die nicht ihresgleichen hat.

Das China der Shang-Zeit war von Unwägbarkeiten geprägt. Die breite Masse des Volkes lebte von primitivem Ackerbau, stets gefährdet durch ein wechselhaftes Klima und, an der langen, unregelmäßigen Grenze, durch Überfälle der Nomaden. Die zahllosen Stämme Zentralasiens durchstreiften die Steppen vom Kaspischen Meer bis zu den Bergen Shantungs und weideten ihre Pferde, ihr Lebensunterhalt und ihr Stolz. Die Männer, in Kasacks, Hosen und Filzstiefeln, ritten voraus, die Frauen und Kinder holperten in Karren hinterher. Ihre Dörfer bestanden aus transportablen Zelten aus Tierhäuten. Die Stämme bekriegten sich, um einander Weidegründe abzujagen, und die ständigen Spannungen lösten eine Kettenreaktion über den ganzen Kontinent hinweg aus, die an der Peripherie zu explosiven Invasionen nicht nur in China, sondern auch in Mesopotamien, Kleinasien, Rußland und an den Rändern des mediterranen Raums führten. Die Chinesen wurden wiederholt heimgesucht; in dazwischenliegenden friedlichen Perioden erwarben sie im Tausch von den Nomaden Pferde und Tierhäute. Sie erlernten von ihnen auch den Gebrauch des Kurzbogens, den die Nomaden vom Sattel aus abschossen, während die Chinesen ihn als Infanteriewaffe einsetzten.

Der Handel mit den Nomaden war zwar nicht umfangreich, mußte aber organisiert werden und erforderte genaue Kenntnis der Haupthandelswege. Moderne Ausgrabungen in Anjang und anderen Orten förderten eine große Vielfalt von Handelswaren zutage; so gehörten zu den Einfuhrgütern unter anderem Salz, Zinn, Blei und Türkise.

Um das 12. Jahrhundert v. Chr. wurden die Shang durch die Chou gestürzt, einem kriegerischen asiatischen Stamm, dessen Stärke die schnellen, leicht gebauten vierspännigen Streitwagen und ihre todbringende Geschicklichkeit im Umgang mit einer primitiven Armbrust waren. Sie fielen in die chinesische Ebene ein, besiegten die Untertanen der Shang und paßten sich gleichzeitig den Sitten und der Zivilisation der Besiegten an – ein Muster, das sich bei zahlreichen nachfolgenden Eroberern wiederholen sollte.

In der späteren Überlieferung erscheinen die Chou als die Begründer chinesischer Verwaltung und kaiserlicher Autorität. Die Beweise dafür sind, gelinde gesagt, zweifelhaft; immerhin aber scheinen sie die Landwirtschaft gefördert zu haben. Über zwei Jahrhunderte lang betrachtete sich das Oberhaupt der Dynastie als Souverän über ein größeres Territorium als die Shang je regiert hatten. Dabei jedoch handelte es sich zumeist um unabhängige Gebiete, deren Häuptlinge ihren nominellen Herrscher allenfalls formal anerkannten. Dann, gegen 770 v. Chr., griffen die Nomaden in voller Stärke an; der Chou-Kaiser verlegte seine Hauptstadt in östliche Richtung, nach Loyang, und in den nächsten 500 Jahren – die Chou waren eine bemerkenswert langlebige

Dynastie – sahen sich seine Nachfolger mit den ihnen verbliebenen Machtbefugnissen zunehmend mit unabhängigen Stammesführern konfrontiert, für die die Unterordnung unter die kaiserliche Idee nur noch ein reines Lippenbekenntnis war.

Dennoch waren die letzten Jahrhunderte der Dynastie eine der großen Epochen chinesischer Kunst, besonders was die Arbeiten aus Lack, Bronze und Nephrit betrifft. Die chinesische Jade, wie Nephrit häufiger und weniger korrekt genannt wird, galt in der chinesischen Sage als »kristallisiertes Fragment des Mondlichts«. Mit dem bekannten »Jadeit« Burmas, das im Westen seit dem 18. Jahrhundert so beliebt ist, besitzt sie ganz und gar keine Ähnlichkeit. Nephrit ist ein zähes kristallines Gestein, das farblich von Weiß durch das ganze Spektrum bis zu Schwarz variieren kann. Es bedurfte unendlicher Geduld und großen Könnens, um durch Bohren, Schneiden und Polieren den Stein in eine Schmuckspange, eine Schale oder einen Haarschmuck, eine Tierfigur oder einen Schwertgriff zu verwandeln. Die Beschaffung war gefährlich, denn das Material kam aus der Tiefe des Nomadenlandes, aus Khotan in Zentralasien. Seine Seltenheit und subtile Schönheit verlieh ihm symbolische Bedeutung als Sinnbild für Reinheit und Stärke.

Die Überlieferung, die Chou seien die wahren Begründer des kaiserlichen China, ist dennoch durchaus nicht ohne Grundlage. Ihr unmittelbarer Herrschaftsbereich war begrenzt, aber sie trugen ihr Wissen, das sie von der Shang-Kultur übernommen hatten, nach Süden bis zum Tal des Yangtse und vergrößerten und bereicherten dadurch das Gebiet der Zivilisation. Nach dem Niedergang der Dynastie wetteiferten unabhängige Stammesführer darum, einander zu übertreffen – nicht nur in der Kriegskunst, sondern auch im Hinblick auf Wohlstand, Geschmack und Können. Durch gleichzeitige Ausbeutung und Förderung ihrer Bauern stimulierten sie Landwirtschaft, Handwerk, Handel, Technik, sogar die Künste. Chinesische Historiker haben im Rückblick den Vorgang vereinfacht dargestellt, indem sie die Fortschritte dieser Epoche speziell der Chou-Dynastie zuschrieben.

Den größten technischen Fortschritt aber brachte die Entwicklung und rasche Ausbreitung des Eisengusses mit sich. Die Chinesen begannen fast ein Jahrtausend später als der Westen mit dem Gießen von Eisen, benutzten aber vom 5. Jahrhundert v. Chr. an Gußeisen für Pflugscharen, Sicheln, Sensen, Hacken und die Rollen ihrer Holzschlitten; sie fertigten aus diesem Metall Äxte, Sägen, Räder, Meißel, Messer, Ahlen, Nadeln und Waffen.

Natürlich kann dies nicht als »industrielle Revolution« gelten; die technischen Verfahren waren noch primitiv, die Gesellschaft war hierarchisch und feudalistisch strukturiert. Der Bauer brauchte zum Schutz seiner Ernten vor räuberischen Überfällen seinen Oberherrn, der Herr war von der Arbeitskraft der Bauern abhängig. An dieser Beziehung änderte sich nichts. Doch die Verwendung von Eisen gab der Landwirtschaft, dem Handwerk, der Manufaktur und dem Handel neuen Auftrieb, der Herren wie Bauern zugute kam.

Nach der Ausdehnung bis zum Yangtse erstreckte sich das zivilisierte Gebiet über 1600 Kilometer von Norden nach Süden und von Osten nach Westen und war dicht bevölkert. Notwendig wurde deshalb eine Verbesserung der Kommunikation. Gegen Ende des 8. Jahrhunderts, ca. 720 v. Chr., wurde der »Große Graben« (= Hung Kou) geschaffen, ein Kanal, der vom Gelben Fluß in südöstlicher Richtung zu einem Nebenfluß des Huai führte. 100 Jahre später versorgte ein Stausee in der Provinz Anhwei 1600 Quadratkilometer Land mit Wasser. Um 487 v. Chr. ließ der Herrscher des fruchtbaren Staates Wu am Unterlauf des Yangtse einen Kanal bauen, der den Huai mit dem Yangtse verband. Diese Kanäle dienten nicht nur als Transportwege. Hunderte von Gräben, die von ihnen abzweigten, versorgten die Felder der Bauern mit Wasser, und Wu wurde zur größten Kornkammer Chinas. Der nächste Schritt nach vorn war getan, als es gelang, die Schmelzwasserfluten aus der tibetischen Hochebene über ein Netz von Kanälen zur Bewässerung der Ebene von Chengtu nutzbar zu machen.

Inzwischen legten die Chinesen den Grundstock für den Seehandel, indem sie Eisen und eisernes Werkzeug sowie überschüssiges Getreide und Textilien, besonders Seide, nach Südostasien und auf die Inseln exportierten. Die Ursprünge der Seidenraupenzucht reichen bis in die Vorgeschichte zurück. Schon zur Zeit der Shang hatten die Chinesen Webtechniken entwickelt, die im Westen bis ins Mittelalter hinein unbekannt waren.

Doch die Industrie spielte in der chinesischen Frühgeschichte nur eine untergeordnete Rolle. China war überwiegend ein Agrarland, und die große Mehrheit der Bevölkerung bestand aus rechtlosen Bauern. Effektiv lag die Regierungsgewalt in den Händen des örtlichen Adels, der ein zwar nicht in allen Fällen grausames, immer aber ein despotisches Regiment führte. Die Treuepflicht, die die Adligen theoretisch dem Kaiser schuldeten, wurde – obgleich religiös sanktioniert und gestützt – häufig ignoriert. Einige Fürsten waren hochgebildet und wahre Schirmherren der Gelehrsamkeit und der schönen Künste, andere fast ausschließlich mit örtlichen Streitereien, Fehden und Kleinkriegen beschäftigt.

Die fünf Jahrhunderte des Niedergangs der Chou werden in der klassischen chinesischen Geschichtsschreibung unterteilt in die »Frühlings- und Herbstperiode«, in der es über 100 Kleinstaaten gab, und in die Periode der »Streitenden Staaten«, als aus der Vielzahl der Kleinstaaten durch Eroberung und Verschmelzung sieben geworden waren, die sich periodisch bekriegten, bis einer, der Staat Ch'in, alle anderen besiegt hatte. Rivalisierende Fürsten suchten die ihnen zur Verfügung stehenden Mittel zu mehren, indem sie Verbesserungen in der Landwirtschaft vornahmen und den Handel förderten. Im 6. Jahrhundert v. Chr. waren bereits Metallmünzen im Umlauf, kleine, spatenförmige Stücke aus Kupfer, gelegentlich auch aus Gold. Um 300 v. Chr. wurde die Glasherstellung aus dem Westen in China eingeführt. Man darf deshalb wohl sagen, daß die letzten Jahre der Chou-Dynastie durch kulturellen und materiellen Fortschritt gekennzeichnet waren, während die Dynastie selbst in Loyang traurig dahinkümmerte.

Zumindest einem Teil der Landbevölkerung muß es zugute gekommen sein, daß durch verbesserte Bewässerungsmethoden und reichlichere Ernten die Gefahr einer Hungersnot vermindert wurde, sonst aber änderte sich nichts an ihrem schweren Los. Von der Saat bis zur Ernte rackerten die Bauern auf den Feldern, mit dem Beginn des Winters verkrochen sich Mensch und Tier in ihren armseligen Löchern, um dort die kalte Jahreszeit zu überstehen – zumindest solange die Vorräte reichten. Über viele Generationen hinweg waren sie schollegebunden, da für sie keine andere Lebensform denkbar und möglich war, und die ihnen vorgeschriebenen Pflichten des Ahnenkults ein Verlassen ihrer Dörfer unmöglich machte.

Der örtliche Gutsherr wohnte in der Nähe des Dorfes, nicht aber im Dorf selbst. Sein Haus ruhte auf hölzernen Säulen, umgeben von einem Vorhof, einem Obst- und Küchengarten, oft einer Maulbeerbaumpflanzung. Er verfügte über Streitwagen und Pferde, befehligte bewaffnete Gefolgsleute, beauftragte eigene Handwerker für Bau- und Instandhaltungsarbeiten, zur Herstellung von Rüstungen, Zaumzeug, Seide und den anderen Dingen des täglichen Bedarfs. Für die niederen Arbeiten standen ihm seine Sklaven (meist Kriegsgefangene) zur Verfügung. Er forderte seinen Anteil an der Ernte der Bauern und beschützte sie in Kriegszeiten. Wenn die Bauern ihren Tribut geleistet hatten, stand es ihnen theoretisch frei, sich innerhalb einer selbstverwalteten Dorfgemeinschaft individuell zu entfalten, doch diese Freiheit war durch ihre Lebensbedingungen stark eingeschränkt.

Die Knechtschaft der chinesischen Bauern wurde ein wenig erträglicher durch bestimmte Feste und Gebräuche. Die Bezeichnung »Frühlings- und Herbst«-Periode – von späteren Historikern für die Jahrhunderte des Niedergangs der Chou geprägt – erinnert an zwei große Feste im bäuerlichen Jahreskreis. Im Frühjahr kamen die Bauern aus ihren Hütten hervor, tanzten, sangen und feierten Hochzeit, während ihr Gutsherr feierlich die erste Scholle umbrach. Im Herbst war Erntedankfest, dem der Gutsherr, in bäuerlicher Kluft, vorstand; Herr und Bauer vollzogen gemeinsam ein großes Gelage, ehe sie sich zur Winterruhe in ihre Behausungen zurückzogen. Das Land, gesegnet und geheiligt, blieb bis zum Frühjahr unberührt. Diese Feste, die sich in einigen Gegenden Chinas bis ins 20. Jahrhundert n. Chr. hinein gehalten haben, verliehen der sozialen Ordnung rituelle Bedeutung. Die gleiche Erscheinung findet sich auch außerhalb Asiens; ein naheliegendes Beispiel sind die Maifeiern im westlichen Mittelalter.

In der Spätzeit der Chou-Dynastie entwickelten Philosophen das Konzept des *Yin–Yang*. Sie glaubten, die ganze Natur werde von zwei Prinzipien beherrscht, von *Yang*, dem aktiven Prinzip des Lichts (= männlich) und dessen Gegenspieler, *Yin*, dem passiven Prinzip der Dunkelheit (= weiblich). Die Gesamtheit der natürlichen Welt sei von diesen beiden Grundsätzen bestimmt, sie bildeten komplementär wirkende Kräfte, das männliche und das weibliche Prinzip, die alle Aspekte des Lebens in ihren kontinuierlichen und zahllosen Wechselbeziehungen erklärten. Die Idee führte zu hochphilosophischen Erörterungen unter den chinesischen Weisen, unters Volk aber kam sie in Form eines naiven Glaubens an gute und böse Kräfte, helle und dunkle, gute und böse Geister, wobei folgerichtig das Ansehen der Frau sank. Dennoch war dies eine Weltschau, die das Leben erträglicher gestaltete, denn sie ließ es von geheimnisvollen Mächten vorbestimmt erscheinen, stärker als der Mensch.

2. Die arische Invasion Indiens – Arische Kultur und arischer Glaube – Frühe Literatur: Mahabharata, Baghavadgita – Das Pantheon der Hindus

Das halbe Jahrtausend, in dem sich die Grundlagen der chinesischen Kultur entwickelten, war auch die Zeit, in der sich unter den ersten Pharaonen der 18. Dynastie der Wiederaufstieg Ägyptens und die Zerstörung und langsame Erholung der Kulturen Nordindiens vollzogen.

Die bereits im Niedergang begriffene Induskultur zerfiel nach 1500 v. Chr. unter dem Druck arischer Eindringlinge vollständig. In aufeinanderfolgenden Siedlungswellen dieser unternehmungslustigen Rasse drängten Stämme auf der Suche nach besserem Land über die Pässe des Hindukusch. Die Arier waren ursprünglich ein Hirtenvolk, hatten aber gelernt, Eisen zu verwenden, besaßen einen primitiven Pflug und verstanden sich auf den Ackerbau. Sie waren jedoch nicht nur Schäfer, Schmiede und Ackerbauer, sondern auch Krieger und Reiter. Allein ihren Pferden verdankten sie den entscheidenden taktischen Vorteil über die eingeborene Bevölkerung Nordindiens, die – wie die Mexikaner, die 3000 Jahre später den spanischen Invasoren gegenüberstanden – noch nie solche Lebewesen zu Gesicht bekommen hatten. Mündlich überlieferte Gedichte der Arier beschreiben die unbezwingbare Kraft dieser edlen Tiere und das rasche Tempo der Eroberung – obgleich in Wirklichkeit die Unterwerfung Nordindiens das Werk mehrerer Generationen war. Die Eroberer überquerten in getrennten Stammesverbänden die Gebirgspässe, gründeten in aller Ruhe ihre Siedlungen und unterwarfen schwächere Gruppen von Eingeborenen. Die Städte der Induskultur wurden aufgegeben und gerieten in Vergessenheit, bis Archäologen des 20. Jahrhunderts n. Chr. die reichhaltigen Funde ausgruben.

Der größte Teil der Bevölkerung floh vor den Eroberern und ließ sich in neuen Siedlungen nieder, die nach einiger Zeit ihrerseits auch wieder erobert oder aber von den Ariern infiltriert und beherrscht wurden. Der Überlieferung nach wurde Varanasi (= Benares) von Flüchtlingen gegründet, die sich den Ariern zu entziehen suchten. Es gibt keine Beweise oder Gegenbeweise für diese Theorie; der älteste bekannte Hinweis auf die große Stadt am Ganges findet sich im 7. Jahrhundert v. Chr., mehrere hundert Jahre nach dem Einsetzen der Arier-Invasionen. Doch die Stadt scheint schon früh eine lebhafte Handelstätigkeit entfaltet zu haben; man reiste geschäftlich flußaufwärts bis ins Landesinnere und gelangte übers Meer an die Küsten und zu den Inseln Südostasiens – so wie seinerzeit das alte Volk der Mohenjo-Daro und Harappa Handel mit dem Nahen Osten, Ägypten und dem Mittelmeerraum getrieben hatte. Nach Varanasi kamen auch schon sehr früh fromme Pilger, um in jenem heiligen Fluß zu baden, dessen zerstörerischem Lauf von den Gletschern des Himalaya der große Gott Schiwa Einhalt geboten hatte, indem er die Wasserfluten in seinen üppigen Locken auffing und durch sein Haar preßte. Schiwa, der älteste Gott Indiens, hat die Arier, Perser, Makedonier und Moslems überlebt, er überstand Araber, Afghanen und Türken, Portugiesen, Holländer, Franzosen und Briten, er ist bis ins 20. Jahrhundert lebendig geblieben.

Die Arier lebten in Stammes- und Familienverbänden und bildeten eine patriarchalische Gesellschaft, der der Herd als heilig galt. Krieger waren wichtig, Priester noch wichtiger. Schon vor ihrer Ankunft in Indien hatte es bei den Ariern offenbar so etwas wie eine Priester- und Kriegerkaste gegeben, die späteren *Brahmanen* und *Ksatriya*. Unter diesen standen die Ackerbauern, die *Vaisya*. Die besiegte Rasse – zunächst *Dasas* genannt – befand sich außerhalb des Systems, wurde aber im Lauf der Jahrhunderte durch Assimilation und sicherlich auch durch Mischehen einbezogen. Es muß, auch wenn dies von den Siegern nicht gern gesehen wurde, eine gewisse Vermischung zwischen der niedrigsten arischen Kaste – den *Vaisya*, d. h. den Bauern – und der unterworfenen Rasse stattgefunden haben. Aber die *Vaisya* waren wackere Aufsteiger, sie wurden Kaufleute und Grundbesitzer, so daß eine weitere Kaste notwendig wurde, die der *Schudra*, der Nichtarier, die als Arbeiter und kleine Handwerker tätig waren. Noch eine Stufe darunter formierte sich allmählich die große Masse der Unberührbaren, Gelegenheitsarbeiter, Bettler, Straßenkehrer.

Trotz der augenfälligen Ungerechtigkeiten bot dieses System auch Vorteile. Es schuf Solidarität und einen gewissen Kastenstolz – selbst in der niedrigsten Kaste. Da die Kaste als gottgegebene Institution galt, mit der die Gesellschaft eine hierarchische Ordnung erhalten hatte, wurde sie zu einer Kraft, die, so ungerecht sie auch sein mochte, der indischen Bevölkerung eine kohärente und durchschaubare Sozialstruktur verlieh, die viele Jahrhunderte und zahlreiche Invasionen überlebte.

Die arische Aristokratie, bestehend aus *Brahmanen* und *Ksatriya*, den Priestern und Kriegern, überließ die manuelle Arbeit und den ordinären Handel ihrem eigenen gemeinen Volk und der unterworfenen Rasse. Davon profitierten die *Vaisya*, die ursprüngliche Bauernkaste, die durch Vermischung mit der älteren Rasse Geschmack am Handel gefunden hatte. Im 8. Jahrhundert v. Chr. machten *Vaisya*-Kaufleute die Völker am Persischen Golf mit Keramik und Textilien bekannt. Geld war im Umlauf, das Bank- und Wucherwesen sowie die Zünfte hatten sich etabliert.

Die arische Gliederung nach Stämmen führte zwangsläufig zur Gründung vieler kleiner Staaten. Somit entstanden Rivalitäten und Kleinkriege, es gab aber auch Anreiz für örtliche Verantwortung und Selbstverwaltung. In den Bergen des Nordwestens war die Regierung dieser Kleinstaaten häufig eine primitive Demokratie, die in Form von öffentlichen Beratungen mit dem Häuptling oder »Rajah« ablief. In den Ebenen etablierten sich schneller Monarchien, die dem König bald göttliche Eigenschaften zuschrieben. In den Republiken wie auch in den Monarchien jedoch ließ man den Dörflern ihre Selbstverwaltung: Jedes Dorf wählte einen Ältesten und legte Streitigkeiten in Beratungen bei. Die großen Entfernungen und problematischen Verkehrsverbindungen hielten diese Tradition aufrecht. Das Konzept dörflicher Selbstverwaltung in kleinem Maßstab ist typisch für Indien und hat sich lange Zeit gehalten.

Falls das Indusvolk eine Literatur besaß, so ist uns zumindest nichts von ihr bekannt. Mit den Ariern begann die überlieferte indische Literatur. Sie brachten traditionelle Gedichte zum Lobpreis und zur Beschwichtigung der launenhaften Naturgötter mit. Diese wurden, von Priestern und Gläubigen gesungen oder rezitiert, mündlich weitergegeben und haben sich in fast unveränderter Form über Jahrhunderte hinweg in einer großen mündlichen Sammlung unter dem Namen *Rigveda* – frei übersetzt als »Preis des Wissens« – erhalten.

Die arischen Priester praktizierten komplizierte, mit Tieropfern verbundene Riten, bei denen die Gläubigen nach dem Genuß von *soma* in Ekstase verfielen. Dieser Trank wurde aus einer nicht näher bekannten Pflanze gewonnen, die man mit Indra, dem Wettergott, in Zusammenhang brachte, der über Blitz und Donner gebot. Später nahm ihr Kult eher verinnerlichte Züge an, vielleicht inspiriert durch die zauberische Kraft des indischen Klimas, die raumgreifende Erhabenheit der indischen Landschaft und die blendende Tiefe des indischen Himmels. Die Anfangszeilen der Anrufung des Lichtgottes Savitri, die sogenannte *gayatri mantra*, werden seit 3000 Jahren in Indien gebetet:

Laßt uns denken an den lieblichen Glanz
des Gottes Savitri,
daß er unseren Geist erleuchten möge...[1]

Der arische Vielgötterglaube wandelte sich allmählich zu einer Verehrung einer einzigen körperlich unsichtbaren Macht, die viele Erscheinungsformen hatte. »Er ist Eins, obschon die Menschen ihn bei vielen Namen rufen...«, so hieß es in dem durch die *Rigveda* überlieferten Text, als die Arier seit etwa vier Jahrhunderten in Indien saßen. Die *Hymne an die Schöpfung*, in deren Lobpreisungen sich ein Hauch philosophischen Zweifels mischt, stammt etwa aus der gleichen Zeit:

Doch schließlich, wer weiß und wer kann sagen,
Woher es alles kam, und wie Schöpfung geschah?
Die Götter selbst sind später als die Schöpfung,
Wer weiß nun wahrhaft, woher sie entstand?[2]

Die Einführung des Eisens in Indien – zu einem unbekannten Zeitpunkt – erleichterte Rodung und Landbestellung. Dadurch entstand ein größeres Maß an Freizeit, die wiederum einen stärkeren Anreiz für religiöse und metaphysische Spekulationen schuf. Zum ersten Mal tauchen jetzt die Weisen, die *gurus*, auf. Im Gegensatz zu den Weisen Chinas ging es ihnen nicht um politische oder philosophische Argumentation und nur indirekt um die Verbreitung von Moral. Für sie stand die Entdeckung der letzten Wahrheit durch mystische Erfahrung im Mittelpunkt. Sie zogen sich an einsame Orte zurück, in Wälder oder zwischen kahle Felsen; dort meditierten sie, lehrten und scharten Jünger um sich. Die *gurus* sind die Begründer der Tradition weiser, asketischer Eremiten, die in Indien noch heute fortlebt. Wenngleich ihre Lehre an sich darauf abzielte, den Menschen von der Konzentration auf das Materielle zu befreien, trug sie viel dazu bei, die verschiedenartigen und oft widersprüchlichen Aspekte der Hindukultur miteinander in Einklang zu bringen.

Von dauerhafterem Einfluß auf Ideenwelt und Geisteshaltung der Gebildeten war das größte indische Epos, das *Mahabharata*, das in unterschiedlicher Form vermutlich mehrere Generationen lang weitergegeben wurde, ehe Ende des 5. Jahrhunderts v. Chr. die mündliche Überlieferung es in der uns überlieferten Fassung festhielt. Schriftlich wurde es erst mehrere hundert Jahre später fixiert.

Das *Mahabharata* ist ein anschauliches Beispiel für die Vermischung materieller und spiritueller Werte in der Hindutradition, eine Mischform, die sie mit vielen anderen Religionen teilt. Das Epos erzählt von den Magnatenrivalitäten, von Liebe, Rache, Loyalität und Tapferkeit, alles am Beispiel eines wenig bedeutenden Kriegs, der die Phantasie indischer Dichter beflügelte, so wie die – mythische – Belagerung Trojas die Phantasie der Griechen inspiriert hat. Im *Mahabharata*, dem längsten Epos der Welt, stehen sich die Guten und die Bösen gegenüber und es geht um ein schwereres moralisches Dilemma als in der *Ilias*.

In einer späteren Phase der mündlichen Überlieferung wurde ein moralischer Dialog eingefügt, die sogenannte *Bhagavadgita* oder *Gesang des Herrn*. Am Vorabend einer entscheidenden Schlacht schwankt der fürstliche Held, als er die jungen Krieger auf der Gegenseite betrachtet. Kann Töten recht sein? Sein Wagenlenker, der verkleidete Gott Wischnu, nimmt ihm in einer eloquenten Exposition von Recht und Unrecht, moralischer Pflicht und gesellschaftlicher Verpflichtung seine Zweifel. Die *Bhagavadgita*, die zu einer der bedeutendsten religiösen Schriften der Hindus wurde, lehrt, daß die Aufgabe des Selbst der einzige Weg zu innerem Frieden sei:

»Begierde, Zorn, Habsucht: Das ist das Dreifachtor zur Hölle...«

Der gute Mensch müsse Mitleid haben, Toleranz und Barmherzigkeit üben und sich seiner auf dem Kastenwesen basierenden gesellschaftlichen Verantwortung bewußt sein. Er habe die Pflichten zu erfüllen, zu denen er geboren sei. Der Kriegsfürst hat, auch wenn es ihm schwerfällt, die notwendige Schlacht zu schlagen, aber braucht nicht um die Gefallenen zu trauern, denn die Seele kann nicht sterben:

»Nie ward sie geboren noch ist sie gestorben; nie kann sie ins Sein kommen noch wird sie je wieder das Sein verlassen; ungeboren, immerwährend, ewiglich... uranfänglich. Sie stirbt nicht dahin, wenn der Körper getötet wird.

Wenn der Mensch weiß, daß sie unzerstörbar, ewig, ungeboren ist, nie vergeht, wie und wen kann er töten lassen oder töten?«[3]

Diese Worte spricht der verkleidete Gott Wischnu. Sie resümieren die klassische Lehre des *Karma* – der Wiedergeburt –, die Zentralthema des Hinduglaubens wurde. Verbunden hiermit war auch die Vorstellung von einem Weltgeist, anwesend nicht nur im Menschen, sondern in jedem lebenden Wesen. Während nur bewußt-nachdenkliche Gläubige sich geistig mit *Brahman*, der ewigen, universellen Seele, befaßten, zog die breite Masse anschaulichere Mythen und eine Vielzahl lokaler Gottheiten vor. Der Hinduismus – der Bequemlichkeit halber verwenden wir diesen Namen, obgleich die Bezeichnung erst viele Jahrhunderte später eingeführt worden ist – wurde dadurch eine der faßlichsten Religonen der Welt.

Für die Hauptgötter bildeten sich eine gewisse Ordnung und Hierarchie heraus. Der furchterregende Wettergott Indra verlor im Lauf der Zeit etwas von seiner Macht. *Brahma,* dem Schöpfergott (nicht zu verwechseln mit *Brahman,* dem Weltgeist), hätte eigentlich der oberste Platz gebührt, aber er war beim einfachen Volk nicht so beliebt wie andere verständlichere und leichter zugängliche Götter. Im Lauf der Jahrhunderte waren es *Wischnu* und *Schiwa* – einigermaßen vage als der Schöpfer und der Zerstörer definiert –, die in Riten, Zeremonien und örtlichen Kulthandlungen die größte Rolle spielten. Am meisten wurde *Wischnu* in zwei seiner menschlichen Inkarnationen verehrt. In der Legende war er der junge Fürst Krischna, der mit der Melkerin tändelt. In einem der schönsten epischen Gedichte Indiens, dem *Ramayana,* ist er Rama, der tapfere Herrscher und treue Liebhaber, der seine Frau Sita, das Ideal indischer Weiblichkeit, mit Hilfe von Hanuman, dem Affenkönig, vor einem Tyrannen rettet, der sie entführen will.

Doch schließlich war es der sechsarmige *Schiwa,* der die größte Zahl an Tempeln besaß; *Schiwa,* eine großartig-fürchterliche Gestalt, Symbol für die Gewalttätigkeit und Fruchtbarkeit der Natur, wurde häufig in Form des *lingam,* des stilisierten Phallus, verehrt. Seine Gemahlin Parvati war, wie er, ebenso ein Symbol für Gnade wie für Zerstörung. In ihrer grauenvollsten Form war sie *Durgha* oder *Kali,* die Todesbringerin. Ihr Kult, bei dem es zu Ritualmorden kam, war besonders in Not- und Aufruhrzeiten weit verbreitet. Freundlich und bis heute ungeheuer beliebt ist *Ganesha,* der Gott mit dem Elefantenkopf, ein Sohn des *Schiwa* und der Parvati. Er hatte vermutlich früher als Symbol für die zerstörerischen Kräfte der Natur gegolten, die volkstümliche Überlieferung aber verwandelte ihn in einen Gott der Klugheit und machte ihn zum Glücksbringer, der mit fröhlich winkendem Rüssel und massivem Menschenleib dargestellt wird. Manchmal hält er eine Schale mit Naschwerk, seiner Lieblingsspeise, in der Hand.

Überall in Indien vervielfachte sich die Götterschar, entstanden lokale Kulte, die blühten und vergingen. Das Hindu-Pantheon war unendlich gastfreundlich; es nahm Götter vieler Art in vielerlei Gestalt auf, die in verschiedenartigster Weise verehrt wurden. Alle sind eins, und die Menschheit ist eins mit ihnen.

3. *Die Assyrer – Die Babylonier – Die Juden*

Während die Kultur Nordindiens langsam die arischen Eroberer assimilierte, hatten die Assyrer – mit eher zufälliger Unterstützung der »Seevölker« – das Hethiterreich vereinnahmt und sich dadurch den Zugang zu den Handelswegen Westasiens gesichert. Sie beuteten die einst von den Hethitern kontrollierte Eisenerzgewinnung aus und entwickelten den Rammbock, eine Kriegsmaschine, die sie um viele Jahrhunderte überlebte.

Ihre erste Hauptstadt war Babylon, Sitz einer Kultur, die viel älter war als die ihre; später jedoch zogen sie das von ihnen am Tigris gegründete Ninive vor. Über einen Zeitraum von 500 Jahren waren sie dort – allerdings nur mit Unterbrechungen – an der Macht. Kraftvolle Phasen der Neueroberungen wechselten mit solchen der Unentschlossenheit, geprägt von dynastischen Streitigkeiten, Rückzügen und Wiederholungen.

Das strenge Regiment Tiglatpilesers I. (1116–1078 v. Chr.) führte zu einer Invasion durch die Aramäer, die die assyrische Dynastie für gute hundert Jahre verdrängten. Gegen Ende des 9. Jahrhunderts v. Chr. erkämpften sie sich das Recht, ihre harte, unpopuläre Herrschaft wieder aufzunehmen. Im 7. Jahrhundert v. Chr. schlugen die Assyrer Ägypten, eroberten Memphis und schließlich Theben. Ihr König besaß als Hohepriester und oberster Richter absolute Macht. Sein Standbild wurde neben dem des Stammesgottes Ashur aufgestellt; riesige geflügelte Löwen mit Menschenköpfen aus Granit hielten als passende Symbole seiner Macht Wache.

Die assyrischen Streitkräfte waren vorzüglich ausgebildet und gut ausgerüstet. Ihre Streitwagen waren so konstruiert, daß sie für Flußüberquerungen oder in unwegsamem Gelände schnell zerlegt und wieder zusammengebaut werden konnten. Solche Operationen ließen sich vor den Augen des Feindes, gedeckt durch die Pfeile ihrer Bogenschützen, durchführen. Sie verstanden sich auf den Bau von Pontonbrücken und versorgten ihre Infanterie mit aufblasbaren Häuten, ideal für Flußüberquerungen. Ihre Stärke jedoch lag vor allem in der großen Zahl von Kriegern, die zur Verfügung stand.

Die ständigen Erhebungen der ihnen tributpflichtigen Völker

sind ein deutliches Indiz ihrer Grausamkeit; dennoch gab es bei den Assyrern auch ausgleichende Momente; so schätzten sie gute Handwerker, besonders Steinmetze. Waren solche unter den Besiegten, wurden sie kurzerhand nach Assyrien verschleppt, um dort ihre Kunst auszuüben. Die Wände des Kaiserpalastes waren mit kraftvollen Reliefs geschmückt, die den Triumph des Monarchen im Krieg und auf der Jagd zeigten.

Die Assyrer führten über Aquädukte Wasser in die Städte und optimierten die Bewässerung durch den Bau von Kanälen, was den materiellen Wohlstand des Landes mehrte. Es versteht sich von selbst, daß sie sich bei dieser Bautätigkeit der Sklavenarbeit von Kriegsgefangenen bedienten.

Einer ihrer furchtbarsten Könige (und fast ihr letzter), Assurbanipal (ca. 668–626 v. Chr.), leitete systematisch die Errichtung einer Nachschlagebibliothek in die Wege, indem er Schreibern den Auftrag gab, durchs Land zu ziehen und alle die Werke zu sammeln, die für die Erhaltung der Monarchie und des Staates erforderliche Traditionen und Rituale überlieferten; weiterhin sollten sie eine Anzahl technischer und erzieherischer Werke zusammenstellen. Auf diesen Tontafeln in den lange verschütten Ruinen der Bibliothek von Ninive entdeckten Archäologen vieles von dem, was wir über Sumer und Babylon wissen, wie auch die babylonische Fassung der Geschichte von der Flut, wie sie im *Gilgamesch-Epos* festgehalten ist.

Ninive, reich geworden durch den Tribut unterworfener Völker, war eine sehr prächtige Stadt. In ihren Palästen duftete es nach Weihrauch, sie waren geschmückt mit den purpurnen Stoffen der Phönizier. Balken aus den Zedern des Libanon stützten die Decken. In diesem üppigen Rahmen bewegten sich die eindrucksvollen Großen des Reiches, deren hochgetürmten Kopfputz und steif gekräuselte Bärte wir von den Reliefs an ihren Palastwänden kennen.

Die Macht der Assyrer wurde durch das nie ganz besiegte Bergvolk der Meder im Norden sowie durch kleinere, wildere Stämme bedroht. Und in der Mitte des Reiches bestand Gefahr durch das unterworfene Volk von Babylon. Meder und Babylonier erhoben sich schließlich gemeinsam, und das Reich der Assyrer kam unter den schwachen Nachfolgern Assurbanipals ins Schwanken. Ninive wurde belagert, eingenommen und geplündert; damit war die assyrische Herrschaft zu Ende. Der Aufstieg Babylons währte knapp 170 Jahre (712–539), hatte aber bedeutsame Folgen.

Anfang des 6. Jahrhunderts v. Chr. beschloß Nebukadnezar der Große, König von Babylon (605–561 v. Chr.), dem kleinen, sich zäh haltenden Königreich Juda den Garaus zu machen; das Königreich Israel hatten die Assyrer bereits überrannt. Er belagerte Jerusalem und nahm es ein, aber die unbeugsamen Juden standen auf und wurden endgültig erst dann besiegt, als 11 Jahre später die Stadt zum zweiten Mal erobert wurde. Diesmal zerstörte Nebukadnezar Jerusalem, verbrannte die Tempel und verschleppte die edelsten, reichsten und fähigsten Bürger ins Exil an die Wasser Babylons.

Babylon war eine alte, von den Sumerern gegründete Stadt mit Bewohnern, als deren hervorstechendste Eigenschaften Wißbegier, Vitalität und Fleiß galten. Ihre Religion war nicht autoritär und nationalistisch wie die der Assyrer, sondern umfassend und im allgemeinen tolerant. Es kam zu Schwierigkeiten, weil die Juden kompromißlos waren und nur ihren eigenen Gott anerkannten. Eine tolerante Regierung kann zur Intoleranz getrieben werden, wenn sie mit einem Volk konfrontiert wird, das selbst keine anderen Götter toleriert (die Römer hatten später dieselben Schwierigkeiten mit den Christen). So entstanden offensichtlich gewisse Spannungen zwischen Babyloniern und Juden, auf der anderen Seite aber entwickelte sich eine natürliche Sympathie zwischen den beiden ihrem Wesen nach selbstbewußten und ehrgeizigen Völkern. Letztlich bereicherten die Exiljuden die babylonische Kultur, und das babylonische Exil erweiterte und vertiefte die jüdische Lebensart.

Die Juden waren ein ungewöhnliches Volk, und zwar in dreierlei Hinsicht: in ihrem Gottesbild, ihrem Geschichtsbewußtsein und ihrer Moral. Ihr Gott war unsichtbar, bildliche Darstellungen von ihm waren verboten. (Ebenfalls unsichtbar war die allgegenwärtige Gottheit der Hindus, aber die Gläubigen wurden durch zahlreiche Bilder ungezählter minderer Gottheiten zufriedengestellt. In ähnlicher Weise glaubten in späterer Zeit die Christen wohl an den unsichtbaren Gott der Juden, um sich dennoch nach ihren eigenen Vorstellungen eine bärtige Vaterfigur zu malen und zu schnitzen – von dem Reigen der Heiligen gar nicht zu reden). Die Juden waren – wie nach ihnen die Mohammedaner – grimmig entschlossen, sich keine bildliche Vorstellung eines Wesens zu schaffen, dessen Größe sich vorzustellen niemand vermochte. In der Welt Assyriens, Babylons und Ägyptens war diese Haltung beachtlich.

Seit urdenklicher Zeit fertigen die meisten menschlichen Wesen Bilder ihrer Götter, ein natürliches menschliches Verlangen. Als die Juden aus Ägypten ins »Gelobte Land« zogen, sahen sie, daß die einheimischen Stämme Fruchtbarkeitsgötter mit vielen interessanten Riten und Idolen verehrten. Verständlicherweise wollten sie es ihnen nachtun, wurden aber streng und letztlich wirkungsvoll daran gehindert.

Das zweite Merkmal ihres Glaubens war, daß sie in der Geschichte das Wirken von Gottes Willen auf Erden sahen. Im Gegensatz zu den meisten anderen Völkern lag ihnen weniger daran, sich selbst oder ihre Herrscher in ihrer Geschichtsschreibung zu glorifizieren, als vielmehr die Wahrheit aufzuzeichnen – oder besser gesagt: die Wahrheit, wie sie sie sahen. Die ihnen von Gott für ihre Sünden auferlegten Niederlagen und Heimsuchungen galten ihnen als ebenso bedeutsam wie ihre Erfolge und wurden getreulich niedergeschrieben. Nicht immer sind in jüdischer Darstellung die Gegner im Unrecht, vielmehr gelten sie als Werkzeuge der Strafe Gottes. Die historischen Schriften der Juden sind weder unvoreingenommen noch wissenschaftlich, aber zweckmäßig und gewissenhaft, und ihre Chronisten waren im Gegensatz zu den üblichen Schmeichlern vor den Thronen sehr um Genauigkeit bemüht, weil Geschichte ihnen heilig und die Kenntnis der Geschichte ein Schlüssel zum Geist Gottes war.

Das Gesetz der Juden unterschied sich von anderen Gesetzessammlungen nicht nur dadurch, daß es ihnen direkt von Gott gegeben war (diesen Anspruch erheben auch andere Codices), sondern auch, weil es von einem starken Religionsbewußtsein durchdrungen war. Festgeschrieben in den Gesetzen der Juden war ein Katalog von Rechten und Pflichten, Verbrechen und Strafen, und die Befolgung dieser Festlegungen machte einen wesentlichen Teil ihrer Religion aus. Übertretungen jeder Art – vom Ochsen, dem beim Dreschen das Maul verbunden wurde, bis zum Mord – galten als Verstöße gegen das Gesetz Gottes, die sich nicht durch Kompromisse oder Schadensersatzleistungen wiedergutmachen ließen. Ein unsichtbarer, aber allgegenwärtiger Gott urteilte als Richter über all ihre Taten, und ihr tägliches Leben und Verhalten war von der Furcht durchdrungen, seinen gerechten Zorn hervorzurufen. Andere Rituale und magische Künste, wie sie von ihren Nachbarn praktiziert wurden, waren streng verboten. Jüdische *Rabbis* besaßen keine Zauberkräfte, verfügten über keinerlei vor dem Volk verborgenes okkultes Wissen. Jüdische Könige besaßen kein himmlisches Mandat, das sie vor Vergeltung schützte, wenn sie gefehlt hatten. Alle unterstanden sie dem Gesetz Gottes, wie es sich im Ablauf ihrer Geschichte manifestierte. Es sind noch mehr Völker bekannt, die zornigen, nur durch Tier- und Menschenopfer zu beschwichtigenden Göttern huldigten, doch waren dies unberechenbare, irrationale Gottheiten. Der jüdische Gott geriet nicht ohne Grund in Zorn, er praktizierte einen strengen Moralkodex, der klar und verständlich war. Wenn sein Volk davon abwich und bestraft wurde, war es selbst daran schuld. Aber wenn es Gott in allen Fährnissen gehorchte, würde es überleben – und es hat überlebt.

In den gefährlichen Jahrhunderten der assyrischen Bedrohung waren unter dem jüdischen Volk sogenannte *Propheten* erschienen, weder Zauberer noch Wahrsager oder Priester, sondern Männer, die – aus allen Schichten stammend, vom einfachen Schäfer bis zum Palastbeamten – für sich in Anspruch nahmen, Worte zu verkünden, die Gott ihnen eingegeben hatte. Die Propheten dieser Zeit – Amos, Hosea, Jesaja, Jeremia – begannen Gott als eine Universalmacht darzustellen. Er war nicht mehr nur der Gott Israels, sondern der Gott aller Nationen, und bezeichnete Israel als ein auserwähltes – wenn auch irrendes – Volk. Diese Männer prophezeiten nicht nur den Zorn Gottes – wie ihre Vorgänger es getan hatten – wegen Götzendienst und Nichtbeachtung äußerlicher Vorschriften, sondern ihre Warnungen richteten sich auch gegen Heuchelei und geistige Überheblichkeit, gesellschaftliche und moralische Sünden wie Ungerechtigkeit, Ausbeutung und Unbarmherzigkeit. Wer aber die Hungrigen nährte, den Armen Beistand leistete, die Hilflosen schützte, dem würde es selbst nie an Brot oder Zuflucht mangeln. Nichts in jener Zeit deutet in ihrer Religion auf ein Leben nach dem Tod hin. Rechtschaffenheit und ihr Lohn sollten von dieser Welt sein.

Schon vor der babylonischen Gefangenschaft besaßen die Juden die Bücher Mose mit den Gesetzesvorschriften und Aussprüchen der älteren Propheten – jene Schriften also, die später als die Gesetzesbücher (= *Thora*) ein Begriff werden sollten. In Babylon mit seinen guten Bibliotheken, wo Gelehrsamkeit eine lange Tradition hatte, erlebte der jüdische Glaube einen gewaltigen Aufschwung. Aus dieser Zeit stammen die visionären Prophezeiungen Hesekiels und der Zweite Hauptteil des Buches Jesaja, Kapitel 40 bis 66. Das Buch Daniel stammt aus späterer Zeit und wurde aus Prestigegründen ins babylonische Exil verlegt. Im Exil studierten sie die alten Schriften, beschäftigten sich intensiv mit ihren Überlieferungen und Erfahrungen, besprachen sich darüber mit babylonischen Weisen, begannen mit Textvergleichen und mit dem Ordnen ihrer heiligen Schriften. Vollendet wurde dieses Werk erst nach ihrer Befreiung und dem Wiederaufbau Jerusalems, aber eine Kolonie ihrer besten Gelehrten – eine Art inoffizieller Universität – verblieb noch fast 1000 Jahre in Babylon, verehrt und um Rat gefragt als eine der wichtigsten Quellen jüdischer Gelehrsamkeit.

4. *Griechenland – Dorische Invasionen – Homer – Hesiod – Delphi und Olympia – Griechische Kolonien – Die Phönizier – Griechische Kultur – Die Etrusker – Die Ursprünge Roms – Persien: Kyros der Große*

In Griechenland entstand gegen Ende des 2. Jahrtausends v. Chr. eine neue Kultur. Früher nahm man an, daß dorische Eroberer aus dem Norden das homerische Griechenland zerstörten. Neuere archäologische und linguistische Forschungsergebnisse deuten darauf hin, daß interne Aufstände, ausgelöst durch Überschwemmungen, Hungersnöte und Seuchen, wie auch durch Aufstände rechtloser Schichten, die Herrschaft der Könige und Krieger zu Fall brachte. Ihre zerstörten Festungen – Mykene, Argos, Tiryns – verkamen zu Elendsquartieren eines aufrührerischen, verarmten Volkes, das um das Lebensnotwendigste kämpfte, bis im Lauf der Zeit eine neue herrschende Klasse entstand.

Das um das 9. Jahrhundert v. Chr. gegründete Sparta war eine Oligarchie, in Friedenszeiten von einem aus 50 Mitgliedern bestehenden Senat, im Kriege von zwei auf Lebenszeit gewählten, aber nur im Krieg ihre Macht ausübenden Königen geführt. Schon früh unterwarfen die Spartaner die benachbarten Messener, ein Ackerbauvolk, das von ihnen versklavt wurde. Wenig besser erging es ihren ebenfalls besiegten Nachbarn in Argos und Arkadien. Den in harter Disziplin aufgewachsenen spartanischen Jünglingen wurde von klein auf eingeprägt, daß sie allen Außenstehenden turmhoch überlegen seien. Sie brüsteten sich damit, daß ihre Stadt keine Mauern nötig habe.

Mittlerweile suchten die attischen Griechen Freiheit und Abenteuer auf See. Sie besiedelten die Ionischen Inseln, während andere griechische Seefahrer die Kykladen und die Küste Kleinasiens kolonisierten. Im 8. Jahrhundert v. Chr. trieben Griechen aus Euböa Handel mit Italien, auf Ischia entstand eine griechische Siedlung; Abenteuer, Seefahrt und Handel gehörten zusammen.

Die im »Dunklen Zeitalter« versunkene Kunst des Schreibens wurde wiederentdeckt. Ohne Unterstützung der schriftlichen Niederlegung kehrte gesungene und rezitierte Dichtkunst wieder. Den Anfang machten um das 9. Jahrhundert v. Chr. herum die *Ilias*, die *Homerischen Hymnen zur Ehre der Götter* und, ein wenig später, die *Odyssee*. Geschichten, Balladen und Epen – zum Teil neu, zum Teil aus dem Schutt der Vergangenheit wiederentdeckt – wurden in ganz Griechenland und in den griechischen Siedlungen Kleinasiens und Italiens gesungen.

Im 8. Jahrhundert v. Chr. zeichnen sich die Anfänge des Stadtstaates, der *polis*, ab, die zum Mittelpunkt der griechischen Gesellschaft werden sollte. Staats-, Moral- und Rechtstheorien wurden lebhaft diskutiert. Der Wettstreit in den Schönen Künsten, in der Musik, der Dichtung, in sportlichen Disziplinen lebte neu auf.

In Delphi, wo die unteren Hänge des Parnaß steil zum Meer hin abfallen, und die großen Adler mit weit ausgebreiteten Schwingen über der Schlucht schweben, wurde Apollo ein erhabenes Heiligtum errichtet. Hier beantwortete sein Orakel durch den Mund einer Priesterin in rätselhaften Formulierungen die Fragen von Pilgern aus allen Teilen Griechenlands.

An anderer Stelle hielten sich andere Kulte oder lebten dort wieder auf. Nicht weit von Athen, in Eleusis, feierte man alljährlich die Eleusinischen Mysterien zu Ehren der Göttin Demeter. Der gewaltige Dionysos, Gott der Fruchtbarkeit, kam vom fernen Thrakien her nach Griechenland. Die ihn umdrängenden rasenden Weiber – die Mänaden – zerrissen Zicklein und wanden sich Schlangen ins Haar. Dionysos war ein besonders von Frauen, dem unterdrückten Geschlecht, sehr verehrter Gott, der die Sehnsucht nach dem Irrationalen und Unbeherrschten, das in allen Gesellschaften zu finden ist, erfüllte.

Zeus, den Göttervater, feierten die ihm zu Ehren im Tal von Olympia veranstalteten Spiele. Sie begannen Anfang des 8. Jahrhunderts v. Chr. und fanden alle vier Jahre statt, bis sie von Kaiser Theodosius 394 n. Chr. als heidnische Orgien, nicht passend für die christliche Welt, abgeschafft wurden. Die Spiele waren kein sportliches Ereignis in modernem Sinne, sondern in religiöser Absicht und mit religiöser Inbrunst abgehaltene Wettkämpfe. Die Sieger wurden gekrönt und gepriesen, die Unterlegenen verachtet und gedemütigt. Ausländische Besucher, wie etwa die Ägypter und die Juden, fanden die Spiele barbarisch.

Doch die Olympischen Spiele und das Orakel von Delphi waren verbindende, identitätsgebende Kräfte der Griechen, die sie brauchten. Griechenland, vom Meer umgeben, besitzt eine felsige und zerklüftete Küste, das fruchtbare Land ist von hohen, kahlen Bergketten durchzogen, die Flüsse sind wenige Monate lang wilde Sturzbäche, dann für den Rest des Jahres trockene, steinige Einschnitte. Ihre Kultur, die zu einer der größten der Welt werden sollte, war unter kleinen, eifersüchtig miteinander rivalisierenden Staaten zersplittert. Aber ein Geist der Ehrerbietung, der Rivalität oder Neugier lockte sie aus allen Gegenden zum Opfer nach Delphi, und der Stolz der Städte auf ihre kräftigen Jünglinge zog sie zu den Wettkämpfen nach Olympia.

Die Landbestellung war – im Gegensatz zu Ägypten mit seinen regelmäßigen Nilüberschwemmungen – aufwendig, der Ackerbau auch schwieriger als in Mesopotamien, wo zwei große Flüsse und eine durchdachte Bewässerung das Wasserproblem lösten. Eine solche Gesamtorganisation war in Griechenland nicht möglich. Jeder Bauer mußte seine steinigen Äcker nach besten Kräften selbst räumen und bestellen, mußte selbst Vorsorge gegen Dürre und Sturm treffen. Die Bauern waren selbstbewußt und unabhängig. In ihren Dörfern, wie später in den Städten, neigten sie zum Aufbegehren gegen eine Autorität, die kein Mandat vom Bürger besaß; Fügsamkeit lag ihnen nicht.

Sie bauten Weizen und Gerste, Oliven und Wein an, aber es war harte Arbeit, und der Druck auf das Land durch eine stetig wachsende Bevölkerung nahm ständig zu. Im Küstenbereich stellte Fisch das reichlich vorhandene Grundnahrungsmittel. Im Landesinneren war die dünne Humusschicht rasch erschöpft, die spärliche Vegetation schnell abgeweidet. Die überzähligen jungen Männer wurden – nicht immer freiwillig – außer Landes geschickt, um anderswo ein neues Leben anzufangen. So war die griechische Kolonisation nicht Abenteuer, sondern Notwendigkeit.

Einem Bauern an den Hängen des Helikon erwuchs um etwa 700 v. Chr. eine neue Art von Dichtung aus seinen Mühen. Hesiod beschreibt in dem Gedicht *Werke und Tage* sein schweres Leben mit den seltenen Ruhetagen, den vielen Sorgen und den lohnenden Momenten des Glücks. Er folgt dem Jahresrhythmus von der herbstlichen Saat bis zur sommerlichen Fülle:

> Horch, wann du hörest hoch in den Wolken den Kranichschrei,
> Der jedes Jahr wieder die Zeit des Pflügens verkündet,

Der wissen dich läßt, daß jetzo wieder der Winterregen beginnt;
Bitter sein Ruf für den, dem zum Pflügen an Gespannen es fehlt.
Doch wenn die Artischocke blüht, wenn mit rasch sirrenden Flügeln
Durch Sommerschwüle hindurch die Zikade singt...
Dann laß im Schatten eines hohen Felsens mit Milchbrot mich liegen,
Mit köstlichem Wein und Milch der säugenden Geißen,
Mit Fleisch von der Jungkuh, die in der Waldlichtung graste,
Mit satt gefülltem Bauche, gemächlich schlürfend
Den feuerroten Wein, das Gesicht gewandt in die westliche Brise.[4]

Neue Tempel entstanden zu Ehren der Götter. Neue Städte schossen aus dem Boden, die griechische Jugend war voller Zuversicht und Energie. Küstenstädte wie Korinth und Megara konzentrierten ihre überschüssigen Kräfte auf den Außenhandel. Megara gründete unter anderem die Kolonie Byzantium am Bosporus, die Korinther bauten eine vier Meilen lange Helling über den Isthmus, der die Ägäis von der Ionischen See trennte, so daß Waren und Schiffe hinübergeschleppt werden konnten. (Über 2000 Jahre später, 1893 n. Chr., wurde der Kanal von Korinth eröffnet.)

Griechische Kolonien entstanden bald überall an den Mittelmeerküsten. Die erste in Italien war das von Chalcis aus gegründete Cumae. Ihm folgten bald Tarentum, eine spartanische Kolonie, später berühmt durch ihren höchst unspartanischen Luxus. Es gab blühende Kolonien auf Sizilien – in Syrakus, Gela, Messina, Akragas. Kolonien am Schwarzen Meer besaßen Zugang zu den fruchtbaren Ländereien an der unteren Donau und in Südrußland, wo sie dringend benötigtes Getreide zum Verkauf in Griechenland erwarben.

Auch die nordafrikanische Küste war ein verlockender Platz für Kolonisten. Da die Phönizier bereits von Karthago aus das westliche Mittelmeer beherrschten, richteten die Griechen ihre Aufmerksamkeit auf das verfallene Königreich Ägypten, das jetzt den Assyrern tributpflichtig war. Sitz der Regierung war Sais im Delta, wo Necho I. mit gnädiger Erlaubnis des syrischen Königs Assurbanipal als erster König der Saitischen oder 26. Dynastie herrschte. Sein Sohn und Nachfolger Psammetich I. (663–609 v. Chr.) schüttelte das assyrische Joch ab und wollte die alte ägyptische Kultur wiederherstellen. Die sogenannte Sais-Renaissance war ein tapferer und nicht ganz erfolgloser Versuch, Architektur, Kunst und Literatur des Alten Reiches neu erstehen zu lassen. Sein Sohn, Necho II. (609–594 v. Chr.) plante, Ägypten in seinen alten Grenzen wieder aufzurichten. Dieser Versuch schlug fehl, aber zumindest verteidigte er mit Erfolg seine Grenzen und erwarb sich einigen militärischen Ruhm durch seinen Sieg über König Josua von Juda in der Schlacht von Megiddo. Herodot verdanken wir die beiden interessantesten Fakten über Necho II. Er wollte durch einen Kanal eine Verbindung zwischen dem Nil und dem Roten Meer herstellen – was ihm nicht gelang –, und er ließ eine phönizische Expedition zur Umsegelung Afrikas ausrüsten. Sie fuhr durch das Rote Meer und kehrte durch die »Säulen des Herakles« (= Gibraltar) zurück, nachdem sie eine Reihe aufschlußreicher Beobachtungen gemacht hatte. Allerdings schenkten nur wenige Zeitgenossen der Aussage der Seefahrer Glauben, sie hätten während eines Teils der Reise die Sonne im Norden scheinen sehen.

Einige Jahre nach Nechos Tod gründeten die Griechen eine Kolonie in der Cyrenaica und besiegten den herrschenden Pharao, der versuchte, sie zu vertreiben. Sein Nachfolger, der rauhe, aber herzliche Amasis (568–526 v. Chr.), versprach sich Gewinn von den Eindringlingen, hieß sie willkommen, ermutigte sein Volk, Handel mit ihnen zu treiben, nahm sich selbst eine griechische Frau, der er einen bevorzugten Platz in seinem Harem gab, und schickte Opfergaben zum Apollotempel nach Delphi. Die Taktik schlug sich noch zu seinen Lebzeiten in dem wachsenden Wohlstand seines Landes nieder; nach seinem Tod erlangte er Unsterblichkeit in der wohlwollenden Berichterstattung Herodots.

Indessen waren die seefahrenden Phönizier, die sich seit langem als Herren des Mittelmeerraums betrachteten, durch den Unternehmungsgeist der Griechen zunehmend beunruhigt. In dem Maß, wie ihre Kolonien sich vermehrten, vereinnahmten die Griechen immer mehr Absatzmärkte. Sie exportierten Wein, Öl und Parfüm, Bronzen und Keramik und importierten Metall aus den Gruben des Apennin, Salzfische, Leder und Felle vom

Schwarzen Meer und Getreide, wo immer sie es bekommen konnten. Dennoch wagten sie sich nur selten weit aus dem Bereich der Mittelmeerküste heraus und noch viel weniger auf den gefahrvoll-unbekannten Ozean am »Ende der Welt«. Der Handel mit dem Norden – denn sie kannten und schätzten den Bernstein der Ostsee – nahm den Landweg; die Barbaren brachten ihre Waren über die Flüsse zu griechischen Handelsstationen am Schwarzen Meer.

Die Griechen waren zwar nicht so kühn wie die Phönizier, aber durchaus gute Seefahrer. Sie lernten es, die gefährlichen Strömungen des Hellespont zu meistern, und bauten schon im 7. Jahrhundert v. Chr. Handelsschiffe für das Schwarze Meer, die breit und flach im Wasser lagen und nicht so leicht kenterten.

Indessen verstärkten die Phönizier ihre blühende Kolonie in Karthago, richteten Stützpunkte auf Malta und Menorca ein, gründeten Gades (= Cadiz) in Südspanien und behaupteten sich im westlichen Mittelmeer. Die Griechen aber gewannen den Wettlauf um die reichen Fischgründe und den schönen Hafen von Massilia. In der griechischen Literatur sind die Phönizier als verschlagen, habgierig und skrupellos gebrandmarkt worden. Zweifellos haben die Phönizier sich ähnlich über die Griechen geäußert, aber am Ende waren sie die Verlierer, und ihre Aufzeichnungen sind nicht überliefert – so ungerecht sind die Zufälligkeiten der Geschichtsschreibung.

Etwa um diese Zeit machten die Griechen unter dem Einfluß der Babylonier, mit denen sie über Kleinasien Kontakt hatten, Fortschritte in der Astronomie. Thales (ca. 636–546 v. Chr.), dessen Beobachtungen der Gestirne es den Seeleuten ermöglichte, in klaren Nächten mit einiger Genauigkeit zu steuern, stammte aus Milet in Kleinasien; von dort kam auch sein Zeitgenosse Anaximander, dem die erste Karte der bewohnten Welt zugeschrieben wird. Im nächsten Jahrhundert entdeckte Pythagoras (ca. 531–492 v. Chr.) das Zahlenverhältnis zwischen den Noten in der Musik, übertrug mathematische Grundsätze auf die Natur und entwickelte eine numerische Interpretation der physischen Welt.

Indessen gelangen griechischen Handwerkern bedeutsame praktische Fortschritte. Im 6. Jahrhundert v. Chr. war die Töpferscheibe bereits weithin bekannt, in Ägypten und in Sumer ebenso wie in China. Die Griechen übernahmen sie von ihren Nachbarn, aber die subtile und komplizierte Technik der schwarzfigurigen Vasen war ihre eigene Erfindung. Hier ging technisches

Können Hand in Hand mit einem unvergleichlichen Sinn für Form; Handwerker und Künstler schufen gemeinsam Werke, die gleichzeitig bedeutende Handelsartikel waren.

Die Griechen machten eine Fülle praktischer Erfindungen: den Blasebalg, die Drehbank und den Anker für die Seefahrt. Ein unbekannter griechischer Bauer erfand die Ölpresse, mit der die Herstellung von Olivenöl, einem unentbehrlichen Artikel des täglichen Lebens, vereinfacht und gesteigert werden konnte.

Sehr früh kamen griechische Handwerker darauf, daß sich Genauigkeit erfordernde und anspruchsvolle Arbeiten besser durchführen ließen, wenn man auf einer Bank an einem Tisch saß, als wenn man auf dem Boden hockte. Die Völker West- und Nordeuropas haben später diese technische Verbesserung von den Griechen übernommen. Die älteren, konservativeren Kulturen Ägyptens, des Mittleren Ostens und Indiens lehnten sie ab.

Bei den Griechen vollzogen sich die Fortschritte in den Schönen Künsten, im Handwerk, den Naturwissenschaften und der Literatur fast gleichzeitig. Doch die Pioniere kamen zunächst meist aus Kleinasien und von den benachbarten Inseln. Die Insel Lesbos lieferte Dichter; hier wirkten Sappho und Alkäus, der erste Lyriker Griechenlands. Die meisten seiner Gedichte sind verlorengegangen, und die Erinnerung an ihn verdanken wir vornehmlich dem sanften Genie des römischen Dichters Horaz, der sein Werk kannte und sein Versmaß, die alkäische Strophe, benutzte. Sappho, die erste überlieferte dichtende Frau des Westens, hatte mehr Glück. Von ihrem Werk überlebte genug, um sie als eine Dichterin auszuweisen, bei der eine intensiv empfundene Sensibilität in kraftvoll-schlichten Worten Ausdruck findet, Worten, die sich jeder treffenden Übersetzung verschließen.

In Kleinasien war hinter dem griechisch kolonisierten Küstenstreifen ein neues Reich entstanden, das Königreich Lydien, das den Griechen in Freundschaft verbunden war und sie auf dem Gebiet der Musik (»sanfte lydische Klänge«), des Sports und möglicherweise auch der Philosophie beeinflußte. Die Lyder waren dank des Gold- und Silbersandes im Paktolos auch ein reiches Volk: Diese Edelmetalle verbanden sich in der Reibung des Wassers zu der Legierung Elektron. Ein Lyderkönig (wahrscheinlich war es im 7. Jahrhundert v. Chr. König Gyges) erhob einen Barren Elektron von einem bestimmten Gewicht mit seinem beglaubigten Stempel zur gesetzlichen Währung und schuf damit das erste Geld im Westen.

Der Gedanke gewann rasch an Boden, und bald traten an die

Stelle der ungefügten Barren Silbermünzen, die sich leichter handhaben ließen und schöner anzusehen waren. Die Festlandgriechen, die in Laurium eigene Silberbergwerke betrieben, gaben Silber den Vorzug vor Elektron. Selbst Krösus, der letzte lydische König, verzichtete auf die Elektronbarren und ließ statt dessen Gold- und Silbermünzen prägen. Mitte des 6. Jahrhunderts v. Chr. prägten fast alle griechischen Stadtstaaten ihre eigenen Münzen, meist aus Silber oder Bronze. Nur die Spartaner standen abseits: Sie behaupteten, an ihrer selbstgenügsamen, von den Heloten betriebenen Landwirtschaft genug zu haben und die Korruption von Geld und Handel zu verachten. Das war reine Pose: Die Gerissensten unter ihnen lernten rasch alle Tricks und Kniffe, mit denen man an anderer Leute Münzen herankam.

Unter den Griechen herrschte durchaus keine Einigkeit. Zwar schickten alle Opfergaben nach Delphi und unternahmen Pilgerfahrten dorthin, zwar wurden alle Feindseligkeiten während der Olympischen Spiele eingestellt, aber die Stadtstaaten lieferten sich heftige Kämpfe um fruchtbares Land. In diesen frühen Kriegen sammelten sie Erfahrungen in organisierten Operationen zu Wasser und zu Lande. Da die Griechen den Kampf so praktisch und einfallsreich betrieben wie jedes andere Gewerbe, entwickelten sie wirkungsvolle Kriegsschiffe und zu Lande jene geschlossene Infanterieformation, die wir unter dem Namen *Phalanx* kennen. Diesen Erfindungen verdankte Griechenland zu einem späteren Zeitpunkt seine Unabhängigkeit, andererseits aber hinterließen die Kämpfe, die schließlich einer bewaffneten, argwöhnischen Neutralität Platz machten, ein gefährliches Erbe.

Keine Nation der alten Welt lehnte die Idee der Sklaverei ab; die Versklavung von Kriegsgefangenen war ihre primitivste Form. Im 8. Jahrhundert v. Chr. noch lebten die Griechen zumeist von ihrer eigenen Hände Arbeit. Die Gesellschaftsordnung der griechischen Städte (mit Ausnahme von Sparta) stützte sich in ihrer Frühzeit nicht auf Zwangsarbeit. Gegen Ende des 6. Jahrhunderts v. Chr. aber waren die meisten auf Sklaven angewiesen.

Sklaverei existierte in verschiedenen Ausprägungen. Glücklich konnten sich diejenigen preisen, die als Haussklave arbeiteten; für sie gab es sogar die Möglichkeit, in Vertrauensstellungen wie die eines Haushofmeisters oder Lehrers aufzusteigen. In einfacheren Familien teilten sie sich die häuslichen Aufgaben mit ihren Herren und nahmen am Familienleben teil. Andere aber, und das war die Mehrheit, mußten auf den Feldern, bei öffentlichen Bauarbeiten oder – was das Schlimmste war – in den Bergwerken fronen. Im Haus beschäftigte Sklaven gehörten zum Haushalt – *oikos* –, der grundlegenden sozialen Einheit Griechenlands. Der Begriff, dem wir unsere *Ökonomie,* das Reizwort des 19. Jahrhunderts verdanken, bedeutete in Griechenland die Führung eines geordneten Hausstandes. Sklaven im *oikos* hatten ein Dach über dem Kopf, Gewohnheitsrechte und standen sich möglicherweise besser als die überarbeiteten , ständig von kurzfristiger Entlassung bedrohten Proletarier in den freien Gesellschaften des vorigen Jahrhunderts.

Damals hielt kein Grieche – später auch kein Römer und vor dem 18. Jahrhundert unserer Zeitrechnung überhaupt kaum jemand auf der Welt – Sklaverei für unrecht; manchmal – im Falle eines unnötig brutalen Herrn – fand man sie wohl bedauerlich, aber nicht moralisch verdammenswürdig. So entstand in Griechenland unter den unabhängigen, selbstbewußten, die Freiheit über alles schätzenden Bürgern eine große Bevölkerungsschicht, von der die schwersten und unerfreulichsten Arbeiten, Straßenreinigung, Beschäftigung am Bau, in der Grube und im Steinbruch ausgeführt wurde, die keine Freiheit besaß, und bei der man daher immer auf Verrat und Aufruhr gefaßt sein mußte. Die spartanische Herrscherklasse, von klein auf zur Herrenrasse erzogen, schlug Helotenaufstände rücksichtslos nieder. In der komplexeren, sensibleren und intelligenteren Welt von Athen oder bei den subtilen, reichen Korinthern waren die Bedingungen meist besser. Doch auf Sklavenarbeit waren alle griechischen Stadtstaaten angewiesen, und jene große, begabte Nation, die dem Westen den Begriff einer Regierung durch Übereinstimmung und Volkeswillen schenkte, war selbst ein Staatenbund von Sklavenhaltern.

Rund ums Mittelmeer hatten sich inzwischen die Beziehungen zwischen Griechenland und Phönizien einigermaßen stabilisiert. Komplizierter waren sie auf dem italienischen Festland, wo sich im Süden die griechischen Kolonien stark ausgebreitet hatten. Zu Cumae, der ersten, waren Tarantum – die einzige von Sparta gegründete Kolonie –, später Paestum und Heraklea gekommen. Aber die Griechen blieben nicht die einzigen Stadtgründer in Italien. Bald sahen sie sich Rivalen gegenüber, nämlich den herrischen, begabten Etruskern, die seit langem in Italien seßhaft, aber keine Einheimischen waren. Zunächst schienen sie ein einfaches Hirtenvolk gewesen zu sein, das sich mit Hütten aus Lehm und Flechtwerk zufriedengab, und dessen bauliche Fähigkeiten hinter denen der Nordwesteuropäer weit zurückblieben. Die Etrusker tauchten um 1000 v. Chr. in Italien auf. Sie waren geschickte Schmiede, die sowohl Eisen als auch Bronze bearbeiten konnten. Als die Griechen im Süden zu siedeln begannen, hatten sich die Etrusker bereits mit der einheimischen Bevölkerung vermischt, die Vorherrschaft übernommen und sich vom Arno bis zum Tiber auf dem fruchtbaren Land mit dem erzreichen Gebirge ausgebreitet.

Wie die Griechen waren sie in Stadtstaaten organisiert, die sich oft heftig befehdeten. Wie die Griechen waren sie ein seefahrendes Volk mit Stützpunkten auf Korsika und Elba. Durch ihre Bodenschätze hatten sie Wohlstand erlangt, verfügten sie über Kupfer, Blei und Zinn und vor allem Eisen. Moderne Wirtschaftshistoriker schätzen, daß sie etwa vier Jahrhunderte lang durchschnittlich 10–20000 Tonnen pro Jahr exportierten. Sie trieben mit dem kostbaren Metall Tauschhandel mit Griechenland, Karthago, Ägypten und dem Mittleren Osten und bekamen als Gegenwert Gold, Silber, Elfenbein und die hochgeschätzten Vasen aus Griechenland. Gold, Silber und Elfenbein behielten sie zumeist selbst, aber einen Teil der griechischen Vasen exportierten sie – vermutlich sehr gewinnbringend – an die Stammeshäuptlinge Südgalliens, die demnach schon früh jenen sicheren Schönheitssinn zeigten, den wir heute Frankreich zuzuschreiben pflegen.

Die Etrusker verstanden es, das Leben zu genießen. Handwerkliche Arbeiten in Edelmetallen und Bronze und Schmuckherstellung standen bei ihnen in hoher Blüte. Die berühmteste etruskische Bronze ist die hager-muskulöse kapitolinische Wölfin, ein Wunder an vereinfachter Formgebung, die durch eine jener merkwürdigen Launen der Geschichte zum Symbol Roms, ihres Gegners und Zerstörers, wurde. Aber auch in der Herstellung von Artikeln des gehobenen täglichen Bedarfs, wie feiner Textilien und eleganter Lederschuhe, zeichneten sie sich aus. Wie die Ägypter legten sie großen Wert darauf, ihre Toten gut zu versorgen, und es gibt kaum ein Volk, das fröhlicher anmutende Grabstätten schuf. Ehepaare ruhen, in Stein gehauen, nebeneinander auf ihrem Sarkophag, mit Juwelen bedeckt, glücklich lächelnd wie bei einem Bankett. Die Grabwände sind häufig mit Bildern von Tänzern, Flötenspielern und grotesken Dämonenmasken geschmückt. Später, als die etruskische Macht bedroht war, wurden ihre Gräber düsterer, so wie in Ägypten, wo die späteren Gräber eher die Ängste der Unterwelt als die Freuden des Diesseits betonen.

Soviel für die Reichen; doch der etruskische Wohlstand stützte sich auf eine breite Schicht fronender Bauern und versklavter Gefangener. Ihre Gegner, die Römer, sagten ihnen später Habgier und Grausamkeit nach, was durchaus übertrieben gewesen sein kann. Fest steht, daß sie Spaß an Gladiatorenkämpfen hatten und den blutrünstigen Zeitvertreib an die Römer weitergaben.

Die Etrusker schätzten keine Konkurrenz – weder zu Wasser noch zu Lande. Sie gründeten eine Kolonie in Capua, um die Griechen aus Cumae in Schach zu halten. Sie überfielen die griechischen Küstenkolonien und dehnten ihr strenges Regiment auf einen losen Zusammenschluß von Hirtendörfern am Tiber aus – das künftige Rom. Die römische Geschichtsschreibung hat später diese etruskische Besatzungszeit etwas dramatisch als die Herrschaft der Tarquinier bezeichnet. Daß sie für die Unterworfenen nicht allzu erfreulich war, ist durchaus denkbar, aber immerhin kam mit den Etruskern technischer Fortschritt ins Land. Sie pflasterten das *forum,* begannen mit dem Bau einer Straße, der *via sacra,* legten den Grundstein für den Jupitertempel auf dem Kapitol, steigerten die Ernteerträge durch Bewässerung und schenkten Rom die erste effektive Kanalisation, die *cloaca maxima,* die noch immer in Betrieb ist.

Sie setzten die Griechen schwer unter Druck, wurden aber zu Lande bei Cumae und zu Wasser vor Syrakus geschlagen. Von da an stellten sie keine Gefahr mehr dar. Sie gaben ihre römischen Vorposten auf (ca. 509 v. Chr.), hielten sich aber in dem Gebiet, das sie ursprünglich besiedelt und unterworfen hatten, noch ein weiteres Jahrhundert an der Macht. Erst versuchsweise, dann immer entschlossener begannen die Römer, ihre Grenzen auszuweiten; doch dann wurden sowohl sie als auch die Etrusker von Norden her von einem furchterregenden, kämpferischen Volk, den Galliern, überfallen. Rom entging um Haaresbreite der Eroberung, erholte sich aber nach einiger Zeit wieder von der Katastrophe. Die Etrusker wurden vernichtend geschwächt.

Während sich auf der italienischen Halbinsel Griechen und Etrusker befehdeten, während Rom erste Ansätze zur Expansion machte, hatte sich im Mittleren Osten eine neue, gewaltige Macht erhoben. Um 549 v. Chr. machte sich Kyros, der Fürst eines medischen Stammes, zum Herrscher des Bergreiches der Meder. Mit außergewöhnlichen Führungseigenschaften begabt, hatte er sich zum Ziel gesetzt, die bekannte Welt zu einen. Er oder seine ihm ergebenen Generäle brachten ein Reich unter seine Gewalt und Kontrolle, das sich vom Punjab bis zu den östlichen Küsten des Mittelmeers erstreckte. Er eroberte zunächst das reiche Lydien, warf sich dann auf die griechischen Kolonien in Kleinasien, griff aber noch nicht das griechische Festland oder die Inseln an, denn er besaß keine Flotte.

Danach brachte er die phönizischen Küstenstädte und ganz Palästina in seine Gewalt und eroberte das neubabylonische Reich mit der Weltstadt Babylon (ca. 538 v. Chr.). Die Juden behaupteten, Belsazar, des Kyros großmäuliger Statthalter, habe in bewußtem Frevel aus einem Weihgefäß getrunken, das er aus ihrem Tempel entwendet hatte, und dann voller Entsetzen mit ansehen müssen, wie die Finger einer Hand erschienen, um die Prophezeiung seines Untergangs an die Wand zu schreiben. Sie hatten allen Grund, im Sturz Babylons die Hand Gottes zu sehen, denn Kyros, ein mit Großmut und Weitblick begabter Eroberer, ermutigte sie, nach Jerusalem zurückzukehren und Salomons Tempel wieder aufzubauen.

Kyros herrschte jetzt über das größte Reich der westlichen Welt. Ehe er auch Ägypten erobern konnte, ereilte ihn der Tod bei einer Strafexpedition gegen aufständische Stämme am Kaspischen Meer. Er wurde in der Nähe seines Lieblingspalastes, Pasargadai im Herzen Persiens, begraben; dort steht noch heute sein Grabmal, überwölbt von einem hohen Himmel, wuchtig und einsam auf der weiten Hochebene, an deren Horizont sich das Zagrosgebirge erhebt. Sein Sohn Kambyses baute mit Hilfe der ihm tributpflichtigen Phönizier eine Flotte, griff Ägypten zu Lande und zur See an und verleibte es dem persischen Reich ein, das sich jetzt vom Nil bis zum Indus und Jaxartes erstreckte. Eine gewaltige, disziplinierte Armee und ein ausgedehntes Verkehrsnetz ermöglichten es dem Großkönig, Verstärkung aus allen Provinzen heranzuholen. Zusätzlich stand ihm die vornehmlich mit Phöniziern bemannte Flotte zur Verfügung.

Welche Hoffnung gab es da noch für die griechischen Inseln oder das verletzliche Festland? Konnte Griechenland überleben, nachdem Lydien, Babylon und Ägypten gefallen waren?

5. Die Großen Religionen: Zoroaster – Esra und der Tempel Salomos – Buddha – Mahavira – Konfuzius – Chinesische Philosophie

Fünf der großen Religionsstifter und Begründer ethischer Systeme leben im 7. und 6. Jahrhundert v. Chr.: Zoroaster in Persien, Buddha und Mahavira in Indien, Konfuzius und Lao Tse in China. Auch bei den Juden setzte eine Wiederbelebung des Glaubens ein.

Zarathustra – oder *Zoroaster,* wie die Griechen ihn nannten – lebte wahrscheinlich im 7. Jahrhundert v. Chr.; jedoch sind die Überlieferungen seiner Lebensgeschichte so wirr, daß auch schon versucht worden ist, seine Wirkungszeit ins 10. oder sogar ins 15. vorchristliche Jahrhundert zu verlegen. Von der Regierungszeit des Kyros an wurde seine Lehre im ganzen persischen Reich angenommen und verbreitet und um 500 v. Chr., zur Staatsreligion erhoben. Die Lehre Zarathustras ist in einer Sammlung von Schriften enthalten, der abendländischen Welt als *Zend Avesta* bekanntgeworden. Vieles dieser Zusammenstellung ist unwiederbringlich verloren; die frühesten erhaltenen Manuskripte stammen aus dem 4. Jahrhundert v. Chr. Unser Wissensstand muß deshalb als unvollständig gelten. Fest steht aber, daß seine Lehre der Feuer- und Naturverehrung den Persern, die in den Händen ihrer Priester, der *Magi,* zu einem korrupten Aberglauben verkommen war, moralische Kraft und geistlichen Bestand verlieh. Er erklärte die überlieferte Gottheit *Ahura Mazda* oder *Ormuzd* zum Ewigen Gott, dem Ersten und Letzten, dem Schöpfer des Lichtes und der Welt, Verkörperung des Guten und des Rechten, einer ewigen und unveränderlichen moralischen Kraft.

Ahura Mazda, der eine wahre Gott, schenkte seiner Schöpfung, Menschen wie Geistern, den freien Willen. Ein mächtiger Geist, Ahriman, benützte seine Willensfreiheit, um sich für das Böse zu entscheiden und kleinere Geister und viele Menschen in die Irre zu führen. Zoroaster erklärte die Existenz des Bösen in einer von einem ausschließlich guten Gott geschaffenen Welt, indem er das Böse als etwas Negatives definierte, als die Weigerung, das Gute zu akzeptieren. Der Mensch, so lehrte er, ist zusammengesetzt aus Körper, Gewissen und Willen. Er hat die Freiheit, das Gute abzulehnen und das Böse zu wählen, verliert aber mit dieser Entscheidung sein Anrecht auf Unsterblichkeit.

Einige der gefälligeren Elemente der alten persischen Feuerverehrungen wurden in die Lehren des Zoroaster übernommen oder von seinen späteren Jüngern beibehalten. So wird das Reich des Lichts (die Sphäre von *Ahura Mazda*) durch eine Armee von 486000 Sternen gegen Ahriman verteidigt, der – am Weltenende – gestürzt wird. Auch die *Fravashi,* unsichtbare geflügelte Wächter der Menschen, fanden ihren Weg in die Glaubenslehre des Zoroaster. Die Assyrer und Babylonier kannten diese geflügelten Wesen – Mittelding zwischen Gott und Mensch – ebenfalls; einige ihrer Wesenszüge gingen auf die Engel oder Gottesboten des jüdischen Glaubens über und gelangten von dort in den christlichen Westen.

Zoroaster verurteilte strikt alle primitiveren Formen des Götzendienstes, Fruchtbarkeitsriten und die Vielzahl untergeordneter Götter. In seiner Ethik liegt das Schwergewicht auf Gerechtigkeit und Mitleid, da alle Kreaturen gleichermaßen Kinder Gottes seien. Seine Doktrin der Willensfreiheit stellte – ungeachtet einer gewissen Unschärfe durch die Idee der Parallelmächte von Gut und Böse – den Menschen vor die Notwendigkeit, sich zwischen Recht und Unrecht zu entscheiden und die Folgen seiner Handlungen zu tragen. Sie förderte das Verantwortungsbewußtsein und die Urteilskraft. Die Priesterschaft – die *Magi* – amtierten weiterhin in ihren Feuertempeln, gerieten aber zunehmend in den Ruf besonderer Weisheit und schienen bildungsmäßig und moralisch auf einem höheren Niveau als andere heidnische Priester gestanden zu haben. Der Zoroastrismus blieb fast 1200 Jahre die Staatsreligion Persiens, bis sie im 8. Jahrhundert n. Chr. vom Islam hinweggefegt wurde. Einige kleine Gruppen von Gläubigen verblieben in Persien, aber die meisten flüchteten nach Indien, wo sie die Elemente von Zoroasters Heilslehre unter dem Namen *Parsismus* bewahrten.

Während die Lehre Zoroasters im persischen Reich Fuß faßte, wurden die Juden von Kyros und seinen Nachfolgern ermutigt, nach Jerusalem zurückzukehren. Eine Minderheit faßte sich ein Herz und folgte der Aufforderung. Nach dem Wiederaufbau des Tempels und der Stadt – ein Vorgang, der sich über mindestens ein Jahrhundert erstreckte –, setzte sich eine neue, striktere Disziplin, ein neuer Lebensstil durch. Es liegt nahe – auch wenn es sich wegen der Unklarheiten der Unterlagen nicht mit absoluter Sicherheit sagen läßt, – den Wiederaufbau der Stadt Nehemia (ca. 445 v. Chr.) und die Reformen Esra (ca. 438 v. Chr.) zuzuschreiben, einer Führungspersönlichkeit mit kompromißloser Einstellung und großem Organisationstalent. Esra bestand auf der Annulierung aller Ehen mit Ausländerinnen. Er wußte nur zu gut aus der Geschichte, daß Frauen aus heidnischen Völkern die Verehrung falscher Götter mitbrachten und an ihre Kinder weitergaben. Nur äußerste Strenge in diesem Punkt konnte weitere Korrumpierung verhindern.

Bis zum babylonischen Exil war der Tempel in Jerusalem die einzige Stätte für den gemeinsamen Gottesdienst gewesen. Esra richtete in Städten und Dörfern Synagogen ein, wo die Bevölkerung regelmäßig zusammenkommen und sich die Schriften von besonders gedankenreichen oder frommen Gemeindemitgliedern vorlesen und auslegen lassen konnte, für die später die Bezeichnung *Rabbi* oder Lehrer geprägt wurde. Die *Rabbis* waren keine Priester im religiösen Sinne; die Priester dienten nur dem Tempel. Mit der Erneuerung des jüdischen Glaubens vermehrte sich ihre Zahl (doch nicht unbedingt ihre Gelehrsamkeit oder Tugend), und sie wurden ein wichtiger Bestandteil des Establishments in der Hauptstadt. In der Provinz war die Ausübung der Religion durch gemeinschaftliche Diskussionen und Debatten gekennzeichnet. Nur auf nationaler Ebene, in Jerusalem, herrschte eine autoritäre Atmosphäre.

Unter dem Einfluß des in den babylonischen Bibliotheken erworbenen Wissens waren zu dieser Zeit die jüdischen Gelehrten dabei, die Legenden, Geschichtsbücher, Lieder und Sprüche zu sichten und zu ordnen, die sich im Lauf eines Jahrtausends angesammelt hatten. Die Psalmen, Visionen und Warnungen der Propheten wurden gewissenhaft zusammengestellt. Vom 6. Jahrhundert v. Chr. an wurden diese Schriften studiert, ausgelegt und auswendig gelernt. Diesem Studium haftet nichts Geheimes oder Okkultes an. Für alle, die lesen konnten, war der Gehorsam Gott gegenüber die erste Pflicht, und sie folgten den ihnen gegebenen Geboten. Die in Babylon verbliebenen jüdischen Gelehrten setzten ihre Arbeit fort, bis ein verbindlicher Text vorlag. Diese Tradition des schriftlichen und mündlichen Wissens ging später auf die beiden Religionen über, die aus dem Judaismus hervorgegangen sind, das Christentum und den Islam. Auch ihre Anhänger wurden »das Volk des Buches« – des Neuen Testaments und des Korans.

Das Lesen und Erlernen der Schriften, das Feiern der zum Gedenken an frühere Prüfungen und Errettungen eingesetzten Feste, die Pilgerfahrt nach Jerusalem zum Passahfest – all dies gab den Juden eine Solidarität und einen Zusammenhalt, die in keinem Verhältnis zu ihrer materiellen Stärke standen. Nur deshalb konnten sie in kommenden Jahren als Volk überleben, ungeachtet aller Katastrophen, gegen die die babylonische Gefangenschaft ein Sonntagsspaziergang war. Die dunkelste Zeit stand ihnen noch bevor. Das 5. vorchristliche Jahrhundert erlebten sie in Frieden als eine autonome Provinz des Perserreiches.

Die Juden betrachteten Gott als allgegenwärtig und allmächtig, befaßt mit allen Einzelheiten menschlichen Handelns. Das oberste Wesen, wie die Anhänger des *Buddha* in Indien es sahen, existierte jenseits von Zeit und Raum in der Ewigkeit und kümmerte sich nicht um den unbedeutenden Verlauf menschlicher Geschichte. Genau genommen gab es in der Lehre des Buddha überhaupt keinen Gott. Seine Offenbarung gilt in moderner Terminologie eher als psychologische Erkenntnis denn als moralischer Leitfaden; sein Ziel war es, die ewige Seele von ihrem zeitlichen Körper zu befreien. Buddha wurde als Gautama, als Sohn eines Fürsten oder vielmehr Stammesführers aus dem Hochland Nordostindiens, um etwa 560 v. Chr. geboren. Sein Lebenslauf und seine Lehren sind, wie bei Zoroaster, in Legenden gehüllt. Die frühesten erhaltenen Schriften über ihn stammen aus dem 5. Jahrhundert v. Chr. nach seinem Tod, während zwischen Zoroasters Lehren und den uns überlieferten Zeugnissen sogar eine tausendjährige Lücke klafft. Doch die Ungewißheit unserer Kenntnisse ist ohne Belang. Was Buddha *nach dem Glauben seiner Anhänger* lehrte, ist wichtiger als das, was er tatsächlich gelehrt oder nicht gelehrt hat.

Eine jähe Konfrontation mit den Schrecknissen von Alter, Krankheit und Tod traf den jungen Mann tief, veranlaßte ihn, bei Nacht aus dem Schloß seines Vaters zu fliehen, seine Frau und seinen neugeborenen Sohn zu verlassen und, auf der Suche nach Frieden und einer Antwort auf die Frage nach dem menschlichen Zerfall, als Bettler durch die Lande zu ziehen.

Nach entbehrungsreichen Jahren kam die Erleuchtung: Im Wildpark von Sarnath bei Varanasi (= Benares), im Schatten eines schönen Baumes, hielt er seinen Jüngern die Predigt vom Rad des Lebens. Sie enthielt die »Vier Heiligen Wahrheiten«, die den Kern der buddhistischen Lehre bilden: die Welt ist voller Leiden, alles Leiden entsteht durch Begehren, entsage dem Begehren, und du wirst Erlösung erlangen. Erlösung erlangt man über den »Achtteiligen Pfad«: rechtes Glauben, rechtes Fühlen, rechtes Wort, rechte Tat, rechtes Leben, rechtes Sterben, rechtes Gedenken, rechtes Sichversenken.

Fortan nannte man ihn *Buddha* oder den »Erleuchteten«. Seine

Erleuchtung war nach innen gerichtet und weder mit der körperlichen Welt noch mit materiellen Wohltaten befaßt. Er hatte eine psychologische Erkenntnis gewonnen: daß das Wissen um das eigene Ich, Selbstdisziplin und Selbstverleugnung alles persönliche Begehren auszulöschen und zu heiterer Gelassenheit zu führen vermögen. Das angestrebte Endziel war, sich als Mensch im Unendlichen zu verlieren und aus dem Kreislauf der Wiedergeburt entlassen zu werden, die die Seele im Fleisch gefangen hält. Damit hätte er dann *Nirwana*, den Zustand vollkommener Glückseligkeit, erreicht.

Eine solche Hoffnung, ein solcher Glaube mochte den armen indischen Bauern, unter denen der wandernde Buddha lebte, fremd vorkommen. Aber unter glühender Sonne hat die Vorstellung vom ewigen Frieden und einem Ende des Kampfes größere Anziehungskraft als im kalten Westen, wo der Mensch sich regen muß, wenn er nicht frieren will. Die asketische Abgeklärtheit des Buddha und seiner Mönche sprach die Armen und Unterdrückten an, unter denen sie lebten und die sie pflegten, wenn sie krank waren.

Buddha lehnte das Kastenwesen ab, obwohl er selbst ursprünglich als Krieger in eine hohe Kaste hineingeboren war. Auch mit den vielen leeren Ritualen und Tieropfern der Hindus war er nicht einverstanden. Doch er und seine Jünger achteten die asketischen Eremiten und die bescheidenen volkstümlichen Schreine, die es in Indien zuhauf gab. Der Buddhismus war von Anfang an eine Form des Mystizismus, der Arm wie Reich Trost brachte.

Diese Religion, die den Rückzug aus der Welt und die Befreiung von persönlichen Begierden lehrte, wurde – wie jede Religion – sehr bald auf die Bedürfnisse der Gläubigen zurechtgeschneidert. *Buddha* wurde vergöttlicht, zu einer der vielen Inkarnationen von Wischnu erhoben. Als Gott konnte er sich ins Unendliche vermehren; so entstanden die »Tausend Buddha«-Bilder und -skulpturen und erfreuten das Herz der Gläubigen, die fürchteten, *ein* Buddha könne nicht genug sein, um allen zu helfen, die zu ihm kamen.

Wenig später wurden Hilfstruppen rekrutiert, die *Bodhisattvas*, heilige Männer, die freiwillig den Zustand selbstverlorener Glückseligkeit hinausschoben, um mit den Menschen in Kontakt zu bleiben, die im Diesseits ihrer bedurften.

Buddha hatte gelegentlich seine Jünger anhand von Beispielen aus indischen Fabeln unterwiesen. Nach seinem Tod machte man zahllose volkstümliche Fabeln – die sogenannten *Jakata* – zu Heiligenlegenden, indem man einfach Buddha in der einen oder anderen seiner früheren Inkarnationen zum Helden der Geschichte ernannte. Da die menschliche Seele in jedem lebenden Wesen wiedergeboren werden kann, wurden auf diese Weise Tierfabeln, die die Inder entzückten, zu Geschichten, die von Buddha erzählten, Buddha als Rehbock, als Hase, als Elefant...

Die Lehre des Buddha ging in einer Flut liebevollen Volksglaubens unter. Später wurde sie mehrmals bereinigt und erneuert und in vielerlei Gestalt zu einer der verbreitetsten Religionen der Welt. Sie drang über Indiens Grenzen in die Berge von Nepal und Tibet vor, gelangte nach China, Japan und auf die Inseln Südostasiens. In Indien selbst aber ging sie im Lauf der Jahrhunderte fast ganz im Hinduismus unter.

Zu Buddhas Lebzeiten erschien – ebenfalls in Nordindien – ein Lehrer mit ähnlichen Ideen. Nach dem Glauben des Vardhamana Mahavira war die menschliche Seele, von Natur aus hell und leuchtend, durch das *Karma,* die durch die menschliche Unvollkommenheit bedingte Wiedergeburt, verdunkelt. Ziel des Menschen war es, sich durch Einsatz seines Lebens von diesem Makel zu befreien, obgleich es unter Umständen zahlreicher Inkarnationen bedurfte, um die leuchtende Seele endlich in die Seligkeit eingehen zu lassen. Man hat diesen Vorgang als eine »Theorie kosmischer Gerechtigkeit« bezeichnet, weil nur eine Kette von Wiedergeburten letztlich der realen Welt des Menschen angemessen Rechnung zu tragen vermag. Die Gläubigen, die sich *Jainas* nannten, aßen kein Fleisch, töteten kein lebendes Wesen, nicht einmal das kleinste Insekt, und gingen jeder Art von Gewalt aus dem Weg – zumindest war dies das angestrebte Ideal. *Ahimsa* oder völlige Gewaltlosigkeit war ihr wichtigster Glaubenssatz. Gläubige, die der Welt entsagten, um Jaina-Mönche zu werden, übten sich darin, stundenlang regungslos stehen- oder sitzenzubleiben, trugen keine Kleidung und hungerten sich vielfach zu Tode. Doch die *Jainas* sahen nicht nur in der Kontemplation, sondern auch im Studium einen Weg zur Vollkommenheit und lehnten das Kastenwesen nicht ab. Dadurch gewannen sie Gefolgsleute unter den Intellektuellen und der indischen Kaufmannschaft. Die Jaina-Mönche lösten sich nach und nach von dem selbstmörderischen Asketizismus ihres Religionsstifters, wurden Gelehrte und Dichter und spielten eine wichtige Rolle bei der Bewahrung und Verbreitung indischer Literatur. Zwar drang der Jainismus nie über die Grenzen Indiens hinaus und wurde keine Weltreligion wie der Buddhismus, hat sich aber bis heute seine Lebenskraft erhalten.

Ganz anderer Art als Buddha und Mahavira war ihr großer chinesicher Zeitgenosse Kung Fu tse (ca. 551–479 v. Chr.), dem Westen als *Konfuzius* bekannt – eine latinisierte Adaption seines Namens, die als erster der Jesuitenmissionar Matteo Ricci im 16. Jahrhundert n. Chr. benutzte. Seine Lehre hatte nichts Jenseitiges. Es war ein Kodex des Sozialverhaltens, kein Passierschein zum Paradies, sondern vielmehr »die Ethik eines würdigen Adels.«[5]

Er wurde im Staat Lu (= Shantung) in eine Zeit großer Wirren hineingeboren und erreichte ein hohes Alter. Seine Zeit war andererseits auch reich an Kunst, Erfindungen und philosophischen Spekulationen, denn die Epoche der »Streitenden Staaten« ist auch als das Zeitalter der »Hundert Schulen« bekannt – nach der großen Zahl der damals lehrenden Philosophen. Konfuzius war sich seiner überdurchschnittlichen Fähigkeiten durchaus bewußt und hoffte vergeblich, daß einer der zahlreichen Kleinfürsten, unter denen China aufgeteilt war, ihn als Berater einstellen würde. Sein Biograph läßt ihn (400 Jahre später) sagen: »Ich habe mein Leben lang nicht nach Ruhm gestrebt, würde aber gern denken können, daß mein Werk das Gedächtnis an mich frisch erhält. Doch leider sind meine Lehren nie praktisch erprobt worden, da kein Herrscher klug genug war, mich in seine Dienste zu nehmen.« Dem Weisen wurde mehrere Jahrhunderte später Genugtuung zuteil, als die Han-Kaiser, die China befriedeten und wiedervereinten, allen Bewerbern für den Staatsdienst seine Lehre als Pflichtlektüre verordneten. Diese Bedeutung behielt sein Werk, mit gelegentlichen Unterbrechungen, bis zu Maos Revolution.

Konfuzius spiegelt die pragmatische Einstellung, die Achtung vor dem Alter und vor geschichtlichen Traditionen wider, Wesenszüge, die für Chinesen kennzeichnend sind oder waren. Er glaubte, eine durchaus gängige Überzeugung in Ländern mit alten Kulturen, früher sei alles viel besser gewesen. In seinem Fall war mit dem »Früher« die Zeit der Hsia-Kaiser und jener gottgleichen Herrscher gemeint, die der Überlieferung nach als die Gründer der chinesischen Kultur galten. Die Hsia und ihre Vorgänger waren Legende, für Konfuzius und seine Zeitgenossen aber, und bis ins 19. Jahrhundert n. Chr. hinein für alle gebildeten Chinesen, galten ihre Leistungen als historische Realität.

Ein moderner Autor beschrieb Konfuzius treffend als einen

»Menschen von offenbar außergewöhnlicher Charakterstärke, Befähigung und Herzensgüte, der, nachdem er sich mit der großen mündlichen und schriftlichen Tradition seines Lebens gründlich vertraut gemacht hatte, unermüdlich Vorträge darüber hielt, um sie vor dem Vergessenwerden zu bewahren«.[6]

Konfuzius erweiterte nach der Überlieferung diese in Form eines Frage- und Antwortspiels gekleideten Belehrungen für seine wenigen ergebenen Jünger noch um Regeln für das Verhalten im privaten und öffentlichen Bereich.

Der moderne westliche Leser mag zuweilen denken, Konfuzius habe zu viel Gewicht auf Riten und Zeremonien und die Einzelheiten artigen Benehmens gelegt, aber in einer Zeit der Wirren und des Wandels können Tradition und Zeremoniell beim Zusammenhalt der Gesellschaft eine wichtige Rolle spielen. Daß die chinesische Kultur durch eine lange und bewegte Geschichte hindurch überlebt hat, verdankt sie unter anderem auch der Kontinuität auf diesem Gebiet.

Konfuzius glaubte, daß der Gebildete (Ungebildete interessierten ihn nicht) ein Idealverhalten anstreben solle, das stark an den westlichen Begriff des *Stoizismus* erinnert. Er solle weder Furcht noch Sorge hegen, stets ruhig und gelassen sein. Aber er solle auch die Gesetze des Himmels, große Männer und das Wissen der Weisen ehren.

Die Grundlehren des Konfuzius klingen vernünftig und human; wesentlich sind Loyalität, Wahrheitsliebe, Bescheidenheit und Achtung vor der Tradition. Man soll das Alter schützen und ehren, die Jungen lieben und hegen. Maß halten sei oberste Pflicht in allen Dingen, Überschwang in Freude und Kummer zu meiden. Von einem Jünger gebeten, seine Lehre in einem Satz zu konzentrieren, sagte er: »Sie beruht auf Gegenseitigkeit. Was du selbst nicht wünschest, tue auch nicht anderen.« Demut, Großmut, Aufrichtigkeit, Fleiß und Höflichkeit galten als diejenigen Tugenden, die besonders zu pflegen waren. All seine Lehrsätze lassen Achtung vor der Menschenwürde und eine große Portion gesunden Menschenverstandes erkennen. Als er Loblieber auf einen Weisen singen hörte, der nie handelte, ohne vorher dreimal nachgedacht zu haben, bemerkte Konfuzius: »Zweimal genügt durchaus.«

Seine Regeln waren stets von Vernunft geprägt, aber einige seiner Schüler wollten mehr: »Die Ansichten unseres Meisters über Kultur und die äußeren Zeichen der Rechtschaffenheit dürfen wir hören, aber über die menschliche Natur und die Wege des

Himmels will er uns nichts sagen.« Mit anderen Worten: Konfuzius war nicht bereit, über Mysterien zu spekulieren, die er mit dem Verstand nicht erfassen konnte. Dafür waren Riten und Zeremonien da, die sich in der Vergangenheit herausgebildet hatten. Er konzentrierte sich auf das, was ihm im menschlichen Verhalten am wichtigsten erschien: die gelassene Selbstbeherrschung eines ehrenwerten Mannes.

Die Begabung dieses berühmten Chinesen liegt mehr im Praktischen als im Spekulativen. Doch die Zeit der »Streitenden Staaten« brachte auch eine geistige Richtung hervor, die, wie der Buddhismus, für den Rückzug aus der Welt plädierte, nämlich den *Taoismus*. Seine Lehre wird Lao Tse zugeschrieben, einem angeblichen Zeitgenossen des Konfuzius, zu dem er und seine Schüler in völligem Widerspruch standen. Sie sahen nichts Positives an der Pflege von Selbstherrschung und Selbstveredelung in einer unverbesserlichen Gesellschaft. Eine Satire schildert, wie Konfuzius ratsuchend zu Lao Tse kam, der ihm sagte: »Löse dich von deiner Arroganz und deiner Lüsternheit, deinen einschmeichelnden Manieren und deinem übertriebenen Ehrgeiz. Das ist alles, was ich dir zu sagen habe.«

Ein solches Gespräch hat nie stattgefunden, verdeutlicht aber den Gegensatz der antisozialen taoistischen Einstellung zu der im wesentlichen sozialen Ethik des Konfuzius. Die früheste erhaltene Biographie von Lao Tse wurde erst vier Jahrhunderte später geschrieben, und es scheint mehr als wahrscheinlich, daß er eine erfundene Gestalt ist. Andererseits gibt es eine Schriftensammlung unter seinem Namen mit den philosophischen Lehren des *Taoismus*. Es besteht darin eine enge Beziehung zu der Verehrung der Natur, die mit dem Himmel gleichgesetzt wird, einem Himmel, der nichts zu tun scheint und doch alles tut. »Tao« bedeutet »der Weg«, und »der Weg« scheint einfach darin zu bestehen, daß man das Leben so hinnimmt, wie es ist:

> Im Streben nach Gelehrsamkeit wissen wir täglich mehr,
> Im Streben nach dem Weg tun wir täglich weniger;
> Weniger und weniger tun wir, bis wir eines Tages gar nichts tun,
> Und der, der nichts tut, braucht nichts ungeschehen zu machen.

Als Richtschnur für den Staat wird empfohlen, das Volk gut zu ernähren, es ansonsten jedoch ungebildet und im Zustand der Passivität zu belassen.

»Es gibt kein größeres Unglück als die Unzufriedenheit« – diese Feststellung erinnert an den Rat des Buddha, das Begehren zu besiegen. Doch daran ist im Taoismus keinerlei Hoffnung auf Läuterung der Seele geknüpft. Was hier offiziell befürwortet wird, ist lediglich ein Rückzug aus einer Welt, von der es heißt: »Der Hof ist korrupt, die Felder sind mit Unkraut überwuchert, die Scheuern leer, und doch gehen etliche herum, die fein herausgeputzt sind, mit dem Schwert an der Seite, die Essen und Trinken im Überfluß haben...« Konfuzianismus und Taoismus bestanden lange Zeit nebeneinander und waren beide sehr einflußreich. Besonders später wurde der Einfluß des Taoismus spürbar, als buddhistische Missionare aus Indien ihn mit tieferem geistlichen Gehalt erfüllten.

Der weit verbreitete Glaube an *Yin–Yang*, der in der Zeit der »Streitenden Staaten« das chinesische Leben zunehmend durchdrang, spiegelte auch Resignation wider. Alle Dinge der natürlichen Welt, hieß es, basierten auf der Wechselwirkung eines negativen Elements *(Yin)* und eines positiven Elementes *(Yang)*. Diese Kräfte gehorchen eigenen Gesetzen und schaffen sich ihre eigene Harmonie. Der Mensch, die Natur und alle Dinge der Schöpfung sind ihm unterworfen. Es war dies die uralte Lehre von der Unterwerfung unter den Rhythmus des Universums und die Aussöhnung mit ihnen, und es ist sehr wahrscheinlich, daß sie den Menschen geholfen hat, die Gefahren und Wirren der »Streitenden Staaten« zu überstehen.

Doch die philosophische Spekulation stand weiterhin in Blüte, oft durchdrungen von einem edlen Idealismus, der in starkem Widerspruch zu den Problemen der Zeit stand. Mo-Ti (ca. 470–391 v. Chr.) beschwor seine Anhänger, den Willen des Himmels zu erforschen und ihm zu gehorchen; würden die Menschen nur nach gegenseitiger Liebe streben, hätten alle Kriege ein Ende. Der Philosoph Meng Ko, im Westen Mencius genannt, lehrte, der Mensch sei von Natur aus gut und brauche nur die richtige Erziehung und entsprechende Lebensumstände – wofür gute Herrscher zu sorgen hätten –, um in Harmonie und Frieden zu leben. Bei dieser Lehre fällt, wie bei zahlreichen anderen auch, auf, daß die chinesischen Philosophen großes Vertrauen in die Güte des Herrschers setzten, das oft nicht gerechtfertigt war.

Die philosophische Richtung – wenn sie denn eine solche

Bezeichnung verdient –, die schließlich den Sieg davontrug, war die sogenannte *legalistische Lehre*. Ihr Hauptexponent war der schreckliche Wei Yang, der als Minister von 359 bis 338 v. Chr. den Staat Ch'in beherrschte. Ihr Ideal war Stabilität – an sich kein schlechtes Ziel. Aber sie sollte erreicht werden durch die Unterdrückung jeder freien Meinung und die Zerstörung aller Bücher, die sich mit Ideen auseinandersetzten. Zu ihrer Durchsetzung waren drakonische Strafen vorgesehen. So sah die politische Philosophie aus, die eine Zeitlang im Staate Ch'in allmächtig war und die Ch'in durch Eroberung zur beherrschenden Kraft Chinas werden ließ.

An den Küsten des Mittelmeers, in einer fast ebenso unruhigen Gesellschaft, hatten sich Philosophien anderer Art entwickelt, die jahrhundertelang das politische Denken und Sozialverhalten befruchteten. Ihr Mittelpunkt war Griechenland, genauer gesagt Athen. Doch erst mußten die Griechen den Großkönig von Persien schlagen.

DREI

CIRCA 500–300 V. CHR.

1. Das Perserreich – Die griechischen Stadtstaaten – Der Persische Krieg – Athen unter Perikles – Der Peloponnesische Krieg – Sokrates, Plato, Xenophon, Aristoteles

Im 6. vorchristlichen Jahrhundert war das Perserreich das wohl größte und und wahrscheinlich bestorganisierte Land der Welt. Kyros der Große hatte Mesopotamien, Kleinasien und das östliche Küstengebiet des Mittelmeeres erobert. Sein Sohn nahm Ägypten ein. Durch seinen Verwandten und Nachfolger Dareios I. kam Gandhara in Nordwestindien hinzu, er besiegte Thrakien und Makedonien, vermochte aber nicht, das Barbarenvolk der Skythen nördlich des Schwarzen Meeres zu unterjochen. Das griechische Festland mit der Mehrzahl der Inseln bewahrte sich eine fragwürdige Unabhängigkeit.

Dareios I., nun Herrscher vom Nil bis zum Indus, gedachte seine Macht durch die Eroberung Griechenlands zu konsolidieren, ein durchaus logischer Wunsch für einen Herrscher, der durch die phönizischen Häfen und das Nildelta schon Kleinasien und nahezu das ganze östliche Mittelmeer in der Hand hatte. Verglichen mit den Assyrern, waren die Perser keine grausamen Eroberer, zumindest nicht nach Abschluß ihrer Feldzüge. Sie waren klug genug, ihre effektive Herrschaft auf die Ebenen und das bebaute Land zu beschränken; die Nomaden-Bergvölker ließen sie weitgehend in Ruhe, ermunterten aber die abenteuerlustige Jugend dieser Stämme, sich der persischen Kavallerie anzuschließen.

Die Perser, ursprünglich ein Hirtenvolk, strebten Frieden und Wohlstand innerhalb ihres Herrschaftsgebiets an; da sie wenig Regierungserfahrung besaßen, überließen sie die Verwaltung weitgehend ihren babylonischen Untertanen, die darin Praxis und die entsprechenden Fähigkeiten hatten. Appellationsgerichte stellten ein vertretbares Maß an behördlicher Integrität sicher. Zur Vereinfachung der Regierungsgeschäfte und zur Förderung des Handels wurde eine einzige Amtssprache für das ganze

Reich, das Aramäische, eingeführt, das für die Kaufleute im Mittleren Osten schon lange *lingua franca* war. An die Stelle der alten syllabischen Keilschrift trat eine alphabetische Schrift, die sich an das Phönizische anlehnte.

Schreiben war Sache der Kaufleute und der Juristen. Die persischen Adligen fühlten sich über solche praktischen Dinge erhaben. Man lernte reiten, schießen und (zumindest theoretisch) die Wahrheit zu sagen. Ihre Priester, die *Magi,* waren Meder, ihre Schreiber Babylonier oder Elamiten. Der Handel lag in den fähigen Händen der Phönizier, während eingewanderte Griechen ihnen als Ärzte, Dolmetscher und manchmal als Künstler zu Diensten waren.

Dynastische Streitigkeiten mit gelegentlichen Morden gestalteten das Leben der königlichen Familie und ihrer Favoriten ungemütlich, aber die einfachen Leute bestellten ohne große Störungen ihre Felder und vertrieben ihre Waren. Der Handel weitete sich aus; unbehelligt zogen die Karawanen über gut markierte Straßen vom Osten zum Persischen Golf. Recht und Ordnung des täglichen Lebens standen in erfreulichem Gegensatz zu dem gefahrvollen Treiben am kaiserlichen Hof.

Das Reich war in autonome, von Satrapen regierte Provinzen unterteilt, wobei jeweils der Militärgouverneur und der Sekretär einer Satrapie vom König ernannt wurden. Ein System von Frondiensten – jeweils abwechselnd für bestimmte Zeitabschnitte – stellte Bau und Instandhaltung der Kanäle und Straßen sicher, die ungehinderten Verkehr und eine reibungslose Wasserversorgung gewährleisteten. Auch zur Instandhaltung der Schlösser und Baudenkmäler, die den Großkönig verherrlichten, wurden Zwangsarbeiter eingesetzt.

Die Straßen, die das Reich verbanden, waren, soweit wie möglich unter Aussparung der beschwerlichen Gebirgsgegenden, in den Ebenen und im Tiefland angelegt. Reisende mußten Ausweise oder Berechtigungsscheine mit sich führen, in denen ihr Anrecht auf Verpflegung für Mensch und Tier an den vorgeschriebenen Rastplätzen vermerkt war. Der dem Hof und der Beamtenschaft zur Verfügung stehende Postdienst arbeitete außerordentlich effektiv und schnell. Herodot hat uns eine anschauliche Beschreibung hinterlassen:

»Es gibt nichts auf der Welt, was sich schneller fortzubewegen vermag als diese persischen Kuriere. Die ganze Sache ist eine persische Erfindung und funktioniert so: An der Straße sind Reiter stationiert, und zwar ebenso viele Reiter wie Reisetage –

ein Mann und ein Pferd für jeden Tag. Nichts hindert diese Kuriere daran, die ihnen aufgetragene Etappe in der schnellstmöglichen Zeit zurückzulegen, weder Schnee noch Regen, weder Hitze noch Nacht. Der erste Reiter gibt am Ende seiner Strecke die Depesche an den zweiten weiter, der zweite an den dritten... wie beim griechischen Fackellauf.«[1]

Kyros hatte in Pasargadai residiert; später wurde die Hauptstadt nach Susa im Südiran, der alten Hauptstadt der Elamiten, verlegt, die im 3. Jahrtausend v. Chr. ihre Blütezeit gehabt hatte und später von den Assyrern eingenommen worden war. Die Sommerresidenz des Königs war gewöhnlich Ekbatana (= Hamadan), die von Bergen umgebene frühere Hauptstadt der Meder. Von den Medern hatten die Perser zum Teil den zeremoniellen Pomp ihrer Hofhaltung übernommen, ließen sich aber darin auch von Ägypten und Assyrien anregen.

Dareios I. (ca. 521–486 v. Chr.) legte den Grundstein für den berühmten Palast von Persepolis. Noch seine Ruinen lassen die Größe des Achämenidenreiches ahnen. Die majestätischen Säulen der Halle, in der der Großkönig einst Audienz hielt, die riesigen steinernen Reliefs des Dareios, seines Sohnes und der königlichen Garde – der »Unsterblichen« – und der Zug der Vasallen in entsprechend kleinerem Maßstab, die Stufe für Stufe an den Wänden der breiten Treppe emporsteigen – das war großartigste öffentliche Baukunst. Die mächtigen, mit Stierköpfen geschmückten Säulen, einst mit poliertem indischem Teakholz verkleidet, trugen kassettierte Decken aus libanesischem Zedernholz. Goldener Zierat schmückte die Statuen und veredelte die Decken. Teppiche bedeckten die Wände; schwere Vorhänge, prachtvolle Portieren und eine Fülle polierter Lampen schufen erdrückend glanzvolle Effekte. Die persische Kunst dieser Zeit ist nicht subtil, es fehlt ihr an Feinheit und Vielseitigkeit, aber in ihrer Erhabenheit besitzt sie nicht ihresgleichen. Man verpflichtete Baumeister und Handwerker aus allen Provinzen; bewußt wollte man damit das Zusammengehörigkeitsgefühl im Reich fördern, was ebenfalls sehr gewollt gewirkt haben kann. Es gibt kaum individuelle Variationen bei den in Stein gehauenen Figuren, die eine Reihe harmonisch stilisierter Typen darstellen und hauptsächlich durch die ständige Wiederholung beeindrukken.

Fronende Handwerker haben wohl auch die Felsbilder geschaffen, die zum Gedenken an die Achämenidenkönige in die Kalksteinklippen bei Persepolis und anderen Orten gemeißelt wurden. Dareios I. ließ sich im Relief circa 165 Meter hoch an den ragenden Felswänden von Behistun verewigen, zusammen mit einer Chronik seiner Errungenschaften in Keilschrift, gemeißelt in drei Sprachen, Altpersisch, Babylonisch und Alamitisch. 1835 n. Chr. gelang es dem Engländer Henry Rawlinson, mit Hilfe eines artistischen jungen Kurden, der am Seil hing, sie abzuschreiben. Durch sorgfältige Vergleiche schaffte er einen denkwürdigen Durchbruch bei der Entzifferung der Keilschrift.

In Mußestunden spielten Dareios und seine Höflinge das bereits zur Tradition gewordene Polo. Ordnung, Disziplin, Gesundheit, eine gut ausgebildete Armee, ungeheure Reserven an menschlicher Arbeitskraft und die nautische Erfahrung ihrer phönizischen Vasallen – all dies, so schien es, machte die Perser unbesiegbar. Die Unterwerfung der Skythen war nicht gelungen, weil es sich um ein Nomadenvolk ohne ummauerte Städte handelte, das, die Herden vor sich her treibend, einfach den Rückzug antrat, statt Widerstand zu leisten, und die Angreifer durch plötzliche Überfälle zermürbte. Die Perser erkannten, daß es sinnlos war, gegen ein Volk zu kämpfen, das sich keiner offenen Feldschlacht stellte. Ein Sieg über die Griechen würde leichter und gewinnbringender sein.

Die griechischen Städte waren ihrem Wesen nach eher auf Konkurrenz denn auf Kooperation eingestellt. Abgesehen von ihren Rivalitäten untereinander machte vielen die Unzufriedenheit der eigenen Bürger zu schaffen. Mit ihrer rigiden Verfassung, die das vollgültige Bürgerrecht nur für die militärische Elite vorsah, hatten die Spartaner sich bemüht, eben diesen Schwierigkeiten aus dem Wege zu gehen und eine einheitliche Richtung bei allen Entscheidungen zu gewährleisten. Abgesehen von sporadischen Revolten der unterdrückten Heloten hatte Sparta deshalb auch nur selten unter aufrührerischen Neigungen der eigenen Bürger zu leiden.

Mit einem Gefühl der Überlegenheit beobachteten sie die immer wiederkehrenden Unruhen in Athen, Korinth und anderen Städten, bei denen die adligen Gutsbesitzer nur mit großen Anstrengungen dem Druck von unten widerstehen und ihre Machtstellung behaupten konnten. Obgleich schon andere Städte tapfere Soldaten besaßen, war Sparta der einzige Staat, der in seiner regierenden Oberschicht gleichzeitig auch eine durchorganisierte und schlagbereite Militärmacht zur Verfügung hatte. Als die persische Gefahr näherrückte, ergriff deshalb Sparta die Initiative zur Gründung eines Städtebundes. Das Vorgehen war vernünftig, die Spartaner jedoch bei den übrigen Griechen nicht gerade beliebt.

Grundlage der griechischen Städte bildete die Landwirtschaft; ihre führenden Bürger handelten mit Wein und Öl oder waren an den Manufakturen und Bergwerken beteiligt, in erster Linie jedoch fühlten sie sich als Grundbesitzer. Alle Städte lebten zum Teil von den eigenen Reben und Oliven, dem eigenen Getreide und Vieh; die meisten größeren Städte importierten darüber hinaus aber auch Nahrungsmittel. Das Land, von dem sie lebten, war ungleichmäßig verteilt. In Athen besaßen die *Eupatridai,* die »Wohlgeborenen« meist große Güter. Aber viele Athener waren Kleinbauern, die kaum genug zum Leben hatten und mit schweren Schulden belastet waren. Zwar waren sie freie Männer, aufgrund ihrer Armut aber blieb ihnen das Bürgerrecht verschlossen. In den meisten Städten waren auch Handwerker, Matrosen und kleine Händler – Freie, Arme, Zuzügler aus anderen Regionen ohne eigenes Land – als Bürger nicht zugelassen. Frauen hatten selbstverständlich ohnehin in der Politik nichts zu sagen, nicht einmal in Sparta, wo sie als junge Mädchen zusammen mit den Knaben Sport getrieben hatten.

Gegen Ende des 7. und im 6. Jahrhundert v. Chr. erhoben sich in einer Stadt nach der anderen die sogenannten »Tyrannen«, beliebte Führerpersönlichkeiten, die sich der Sache der ausgeschlossenen Gruppen annahmen und an die Stelle der aristokratischen Herrschaft eine realistischere Gesellschaftsordnung setzten. Das waren die neuen Männer für die neue Lage, konsequenterweise als »das unentbehrliche Zwischenstadium zwischen Aristokratie und Demokratie« bezeichnet. Einige konnten beachtliche Erfolge für sich verbuchen. Korinth, das 70 Jahre lang von verschiedenen Tyrannen regiert wurde, galt Anfang des 6. Jahrhunderts v. Chr. als reichste Stadt Griechenlands.

Athen war zu dieser Zeit durch den bitteren Haß des Volkes auf die Adligen, die allein die politische Macht in Händen hielten, in ernsthafte Schwierigkeiten geraten. Eine Schwemme von Münzen, illegal in Umlauf gebracht, ließ Preise und Zinsen in die Höhe schnellen und trieb viele mittellose Bürger in den Bankrott oder die Sklaverei. Als Retter in der Not erwies sich Solon, dessen Laufbahn bereits gezeigt hatte, daß er einen starken Charakter und ein sicheres Urteil besaß. Er wurde 594 v. Chr. zum *archon* (=Obersten Beamten) gewählt und mit absoluten Machtbefugnissen ausgestattet, die es ihm ermöglichen sollten, den Ausweg aus einer verzweifelten Situation zu weisen. Er begann mit der Streichung aller Schulden, wodurch ärmere Bürger, insbesondere die Bauern, noch einmal neu anfangen konnten und schaffte die Schuldknechtschaft ab, die bis dahin als Möglichkeit zur Tilgung aufgenommener Kredite weit verbreitet gewesen war. Er verlieh eingewanderten Handwerkern das athenische Bürgerrecht und zog dadurch neue Gewerbe und zusätzliche Arbeitskräfte in die Stadt. Vor allem änderte er die Regierungsstruktur so, daß die *Eupatridai* nicht mehr das Machtmonopol besaßen. In Zukunft sollte ein Rat, bestehend aus 400 frei gewählten Bürgern, jedes Jahr das Programm für eine Gesetzgebung aufstellen, das dann der Volksversammlung vorzulegen war. Die Eigentumsvorbehalte zur Wahl in das Regierungsgremium hob er nicht auf, setzte die Grenzen aber so niedrig an, daß nunmehr die meisten freien Bürger wählbar waren.

Diese Regelung ging zwar den *Eupatridai* gegen den Strich, funktionierte aber über 30 Jahre lang recht gut. Athen überflügelte nunmehr Korinth, wurde zum Marktführer in der Herstellung von Keramik und zum größten griechischen Exporteur. Aber Solons Maßnahmen linderten die immer wiederkehrende Not der Bauern nur für eine gewisse Zeit. Ein Grund für ihre drückende Schuldenlast war das Fehlen einer stabilen Währung und damit einer Möglichkeit, Geld für schlechte Zeiten zurückzulegen. Peisistratus, ein beliebter Anführer – zwischen 560 und 527 v. Chr. dreimal Tyrann von Athen –, war an den Silberminen von Thrakien und den näher bei Athen gelegenen, sich rasch entwikkelnden Minen von Laurium beteiligt. Mit Erfolg machte er sich daran, eine zuverlässige Silberwährung zu erstellen, dank derer Athen zur reichsten Stadt in ganz Griechenland wurde, und die den Bauern die Möglichkeit gab, ihre Überschüsse zu verkaufen und Rücklagen zu erzielen.

Doch dann überrannten die Perser Thrakien, das Silber in Laurium wurde knapp, und Athen geriet wieder in Schwierigkeiten. Kleisthenes (ca. 510 v. Chr.) untergliederte die Bürger in zehn Stämme, je nach Wohnort, und schaffte damit die frühere Einteilung nach Sippen ab, bei der die neueren Zuwanderer unberücksichtigt geblieben waren. Er vergrößerte Solons jährlich gewählten Rat auf 500 Köpfe und bestimmte, daß jeder Bürger nur zweimal in den Rat gewählt werden konnte. Damit hoffte er die Zahl der Bürger zu erhöhen, die sich in öffentlichen Angelegenheiten auskannten.

Doch dieses System bot den Ehrgeizigen und den Beredsamen zu viele Chancen und war zu wenig gegen die Auswirkungen von Gefühlsausbrüchen im Volk gesichert. Reibungslos funktionieren konnte es nur in einem kleinen Stadtstaat; Athen war dafür wohl schon zu groß geworden. Eine Weile jedoch funktionierte diese Reform und verhalf den Athenern zu einem Bürgerstolz und einer Begeisterung für politische Debatten, die in Griechenland ihresgleichen suchten.

Inzwischen hatten die Perser Thrakien besetzt, Makedonien geschluckt und kontrollierten Kleinasien und die meisten Ionischen Inseln. Für eine Eroberung Griechenlands, die drohend bevorstand, waren vor allem gewaltige physische Kräfte notwendig.

In dieser Situation versuchten die Spartaner, als führende Militärmacht, die Griechen zu einen. Von den Wirren der kleineren Stadtstaaten profitierend, befreiten sie diese systematisch von ihren einheimischen Tyrannen und nahmen sie in die Allianz auf, die sie den »Peloponnesischen Bund« nannten. Es war eine vernünftige Idee – oder wäre es gewesen, hätten die Spartaner sich versöhnlicher und weniger herrschsüchtig gegeben. Die meisten ihrer Verbündeten brachten ihnen keinerlei Sympathie entgegen, und die unverhüllte Rivalität zwischen Sparta und Athen stellte die entscheidende Schwäche des Bundes dar.

So kam es, daß Sparta den Griechen Kleinasiens und der Ionischen Inseln, die sich gegen die persische Herrschaft auflehnten, jede Hilfeleistung verweigerte, während Athen sie unterstützte – fälschlicherweise, wie Herodot hinterher meint. Die Intervention Athens, die den Ioniern nicht helfen konnte, schürte den Zorn der Perser. Nach fünf Jahren vergeblichen Widerstands wurden die Ionier geschlagen. Der Großkönig von Persien sammelte seine Kräfte gegen das Festland und landeten im Spätsommer des Jahres 490 v. Chr. mit einer Armee in Attika, auf der Ebene von Marathon, etwa 40 Kilometer vor Athen.

Die Athener Infanterie, die vorzüglich ausgebildeten, schwer bewaffneten Hopliten, zog ihnen entgegen. Ein Kontingent aus Platäa schloß sich an, aber die Spartaner, mit deren Hilfe sie gerechnet hatten, hegten fromme Bedenken und wollten nicht vor Vollmond antreten. Durch diese Verspätung verscherzten sie sich ihren Anteil am Sieg.

Die persischen Streitkräfte waren den Athenern zahlenmäßig weit überlegen, hatten aber nicht hinreichend mit dem Geschick und der Kühnheit des athenischen Generals Miltiades gerechnet, dem sie nicht zum ersten Mal gegenüberstanden. Auch das Tempo und die Wucht der Hoplitenattacke traf sie völlig unvorbereitet. Dennoch leisteten sie heftigen Widerstand und hätten fast die griechische Mitte durchbrochen. Die Griechen aber überrannten und zerstreuten die Flügel des persischen Heeres und schlossen die Mitte ein. Als die Spartaner in Marathon eintrafen, war die Schlacht vorbei, Athener und Platäer hatten gesiegt, 6000 Perser waren gefallen, die übrigen hatten sich eingeschifft und über See die Flucht ergriffen.

Das war nur ein Vorspiel. Das persische Reich mit seinen fast unbegrenzten materiellen und personellen Mitteln würde erneut zuschlagen. Doch Marathon machte die Legende von der persischen Unbesiegbarkeit zunichte. Herodot spricht von den Infanteristen in Marathon als »den ersten Griechen, die im Laufschritt angriffen, und den ersten, die persische Kleidung und die Männer, die sie trugen, betrachteten, ohne mit der Wimper zu zukken. Denn bis zu diesem Tag hatte kein Grieche das Wort ›Perser‹ hören können, ohne in Angst und Schrecken zu verfallen.«[2] Marathon war von unvergleichlichem Wert für die Moral der Truppe und verschaffte den Griechen eine Atempause, in der sie ihre Verteidigungspositionen ausbauen konnten. Wieder übernahmen die Spartaner die organisatorische Führung, sie brachten einen Bund von 30 Städten zustande, und die Athener bauten eine Flotte zur Verteidigung der Küste.

480 v. Chr. rückte Xerxes, der Sohn des Dareios, mit einer Armee an, die Herodot auf unwahrscheinliche 5000000 Mann schätzt, was erkennen läßt, wie groß das Entsetzen war, das sie verbreitete. Die Perser verfügten über eine Flotte, der als furchterregendster Bestandteil 300 phönizische Trieren angehörten. Das Heer überquerte den Hellespont auf einer Pontonbrücke, während Xerxes, um sich eine lange gefährliche Seereise zu ersparen, einen Kanal durch den Isthmus am Berg Athos graben ließ.

300 Spartaner versuchten vergeblich, den entscheidenden Paß der Thermopylen zu halten, wurden durch Verrat überlistet und fielen kämpfend bis auf den letzten Mann. Die Perser rückten zu Lande und zu Wasser vor. Die Athener überließen ihre geliebte Stadt den Angreifern, die an Land gingen und die Akropolis in Brand steckten, dann lockten sie die persische Flotte in die Bucht von Salamis, wo griechische Schiffe ihr den Fluchtweg abschnitten. Die schwer beladenen persischen Schiffe und phönizischen Trieren mit ihren drei übereinanderliegenden Ruderbänken wa-

ren den kleineren und wendigeren griechischen Booten gegenüber im Nachteil. Da sie nicht genug Platz zum Manövrieren hatten, rammten sie sich bei ihren Fluchtversuchen gegenseitig und wurden fast alle zerstört. Xerxes ergriff mit dem Rest gedemütigt und voller Zorn die Flucht und überließ es seinem Heer, den Krieg zu Lande fortzuführen. Im Jahr darauf brachten die Griechen unter Spartas Führung bei Platäa dem persischen Heer eine entscheidende Niederlage bei.

Im Nachglanz des Sieges gelangte der griechische Genius zu seiner Reife. Fast 2000 Jahre sollte es dauern, bis die westliche Welt wieder eine solche Fülle von Denkern, Lehrern, Dichtern, bildenden Künstlern und Kunsthandwerkern hervorbrachte wie im Griechenland des 5. Jahrhunderts v. Chr., als alles nach Athen drängte. Das Italien der Renaissance ist die einzige Parallele. In Sparta konnte sich keine vergleichbare Größe entwickeln oder Wurzeln schlagen, doch hätte es ohne die Führung und Organisation Spartas während des Krieges keinen Sieg bei Platäa gegeben, keine lange Erlösung von der persischen Gefahr, weder die Zeit noch die Chance für die unvergleichliche Pracht Athens. Erst die Vereinigung von Sparta und Athen ermöglichte den Sieg und schuf die wesentlichen Voraussetzungen für ein goldenes Zeitalter; die Feindschaft zwischen den beiden Staaten führte das vorzeitige und unnötige Ende dieser Epoche herbei.

Mit dem Verschwinden der unmittelbaren persischen Gefahr störte die Athener zunehmend der Vormachtanspruch Spartas; daher kündigten sie ihre Mitgliedschaft im »Peloponnesischen Bund« auf. Im Vertrauen auf ihre Flotte strebten sie statt dessen danach, die Ionischen Inseln und Städte unter ihren Schutz zu bringen und eine Seemacht zu schaffen, die stark genug war, sowohl den Persern als auch ihren phönizischen Vasallen Schach zu bieten.

Nach Anfangserfolgen scheiterte dieser »Attisch-Delische Bund« (so genannt nach seinem Hauptquartier auf der Insel Delos), weil die Athener sich ihre Verbündeten durch diktatorische Allüren entfremdeten und zu einer Zeit, als sie bei dem nunmehr ausbrechenden Krieg gegen Sparta dringend Hilfe gebraucht hätten, mit Aufstand und Desertion konfrontiert waren. Aber dazu kommen wir später.

Gegen Mitte des 5. Jahrhunderts v. Chr. erwuchs den Athenern ein großer Führer in Perikles, der in der Seemacht den besten Schutz und die größte Stärke Athens sah. Überdies glaubte er an die Intelligenz seiner Mitbürger und fand, daß sie Anrecht auf eine weitergehende Beteiligung an der Regierung hatten. Er stärkte deshalb die Macht der Volksversammlung und der Volksgerichtshöfe, deren Mitglieder aus einem breiten Querschnitt der Bevölkerung gewählt wurden. Er unterstützte die Politik verstärkter Seemacht und des »Attisch-Delischen Bundes«, gründete an strategisch günstig gelegenen Stellen zahlreiche kleine Siedlungen als ständige Garnisonen und stellte die sogenannte »Lange Mauer« fertig, die die Hauptstadt mit dem Hafen Piräus verband. Diese stellte bei Belagerungen den Zugang zum Meer sicher und umschloß genug Land, um im Fall einer Invasion Flüchtlinge aus dem Umland aufzunehmen und zu ernähren.

Obgleich er fünfzehnmal durch Volksabstimmung als *strategos* (wörtlich General, aber in Wirklichkeit viel mehr als das) wiedergewählt wurde, verkörperte er nicht den gängigen Typ einer populären Führungspersönlichkeit. Zwar war er beredt und imposant, jedoch in seiner Art reserviert, fast unnahbar. Die Humoristen jener Zeit nannten ihn »den Olympier«, und tatsächlich ist der unmittelbare Eindruck, den erhaltene Darstellungen seiner noblen, anspruchsvollen Züge vermitteln, der einer vornehmen Zurückhaltung.

Doch unter seiner Herrschaft funktionierte die Athener Demokratie. Es herrschte Redefreiheit, seine Gegner hatten weder Zwang noch Verfolgung zu fürchten. Die Bürger schritten ungehindert zur Abstimmung und äußerten sich frei und ungehindert zu öffentlichen Angelegenheiten. Er hütete sich, seine natürliche Autorität durch häufige Interventionen abzuwerten; vielmehr behielt er sich seine Rednergabe und glänzende Eloquenz für kritische Fälle vor, in denen das Volk richtungweisende Erklärungen von ihm erwartete.

Sein Zeitgenosse Thukydides, ein erfolgloser General und großer Historiker, der in adeliger Opposition zu Perikles begonnen hatte, erkannte schließlich seine einmaligen Qualitäten an:

»Perikles vermochte aufgrund seiner Stellung, seiner Intelligenz und seiner bekannten Integrität die Freiheit des Volkes zu achten und es dennoch in Schach zu halten. Er war es, der das Volk führte, nicht umgekehrt, und da er nie aus falschen Motiven nach Macht strebte, hatte er es nicht nötig, dem Volk zu schmeicheln. Es achtete ihn so hoch, daß er sogar Zorn zum Ausdruck bringen und dem Volk widersprechen konnte. Wenn er sah, daß es in übersteigertem Selbstbewußtsein zu weit gegangen war, machte er ihm die Gefahren erneut bewußt, und wenn es ohne guten Grund den Mut verlor, gab er ihm die Selbstsicherheit zurück. So lag in einer nominellen Demokratie die Macht in Wirklichkeit in den Händen des ersten Bürgers.«[3]

500 Jahre nach dem Tod des Perikles, als Griechenland schon längst zu einer Provinz des Römischen Reiches geworden war, würdigte Plutarch als größte Leistung Perikles' die Tempel und öffentlichen Gebäude, die er Athen geschenkt hatte. Er sah in ihnen »das einzige Zeugnis dafür, daß die Geschichten von Macht und Ruhm Griechenlands nicht in den Bereich der Fabel gehören... Die Gebäude waren so eindrucksvoll durch ihre Größe wie unvergleichlich in der Eleganz ihrer Form, da die Künstler danach strebten, sich in der Schönheit ihrer Werke selbst zu übertreffen. Und dennoch war das Erstaunlichste an diesen Bauwerken die Geschwindigkeit, mit der sie errichtet wurden. Von jedem hatte man erwartet, daß Generationen daran arbeiten müßten, doch wurde das ganze Projekt unter der Ägide eines einzigen Mannes fertiggestellt... Jedes Bauwerk besaß eine Schönheit, die schon im Augenblick ihres Entstehens verletzlich schien, und gleichzeitig eine jugendliche Kraft, die bis heute den Eindruck vermittelt, als sei es gerade erst entstanden.«[4]

Die 19 Jahrhunderte, die über Athen hinweggegangen sind, seit Plutarch auf der Akropolis stand, haben gestürzte Säulen und bröckelnde Mauern hinterlassen, wo Plutarch Tempel, Tore und Portale sah. Und doch konnte man bis vor kurzem, wenn man durch den großen Torweg der Propyläen schritt und die Sonne an die Säulen des Parthenon rührte, mit Plutarch spüren, daß »ein Hauch ewiger Frische über diesen Werken liegt, als sei ihnen eine alterslose Lebenskraft eingehaucht worden«. Die Luftverschmutzung unserer Tage ist kräftig dabei, dieser Vision ein Ende zu bereiten.

Perikles gehört zu den wenigen Großen der Geschichte, deren ästhetische und intellektuelle Begabung seiner politischen Weitsicht gleichkamen. Er versammelte um sich als persönliche Freunde Philosophen, Dichter und Künstler, er ließ sich von dem Philosophen Anaxagoras zu dem Glauben an ein höheres Wesen als Weltenherrscher bekehren; er führte Gespräche mit Sophokles und fand in Phidias den genialen Architekten und Bildhauer für die Verwirklichung und Überwachung seines Bauprogramms.

Unter Perikles erreichte das bürgerliche Leben von Athen – im volkstümlichen wie im zeremoniellen Bereich – eine einzigartige Schönheit. Die Athener Akropolis war die glanzvollste in ganz

Griechenland, die Stadt erhielt Arkadengänge, Gymnasien, edle Denkmäler und prächtige Statuen. Überall waren Künstler und Handwerker an der Arbeit, nicht nur für private Auftraggeber, sondern auch zur Erbauung der Öffentlichkeit. Das griechische Theater erreichte seine höchste Blüte. Der alternde Äschylos schrieb noch, als Perikles an die Macht kam, Sophokles war auf dem Gipfel seines Könnens, der jüngere und eher umstrittene Euripides näherte sich der Reife. Bald nach dem Tod des Perikles sollte Aristophanes seinen brillanten Witz und seine bitter-satirische Begabung dazu benutzen, angesichts von Niederlage und Tod die Leute zum Lachen zu bringen. Das Theater war in Athen nicht nur zum Vergnügen da, sondern war lebendiger Bestandteil des bürgerlichen und politischen Lebens. Perikles richtete deshalb einen Sonderfonds ein, der ärmeren Mitbürgern Theaterbesuche ermöglichen sollte. Die Reste dieser unvergleichlichen dramatischen Dichtung sind uns überliefert – zerstört und in Bruchstücken wie die Tempel der Akropolis. Etwa 300 Stücke überlebten bis in die römische Zeit, weniger als 50 sind uns erhalten geblieben.

Das Theater bildete den Mittelpunkt athenischen Lebens und war ein Spiegel der öffentlichen Meinung. Ideen aber wurden auf den offenen Versammlungsplätzen der Stadt entwickelt, vorgebracht und erörtert. Aus ganz Griechenland kamen Philosophen und Weise, die Sophisten, und die jungen Athener umringten sie, um zu lauschen, zu lernen und zu debattieren. Manche waren hochgestochen oder konventionell, oder es handelte sich einfach um Scharlatane, andere hatten originelle Ideen zu bieten – Theorien und Beobachtungen über Leben, Gedanken und die Beziehung des Menschen zu seiner Umwelt. Alle gemeinsam schufen eine Atmosphäre, die offen für Argumentation und Hinterfragung war. Unter ihnen war es Sokrates, ein geborener Athener, häßlich, schlecht gekleidet und täuschend simpel im Angehen der Probleme, der die brillantesten unter den jungen Zuhörern am stärksten in seinen Bann zog.

Er war ein Denker von eindrucksvoller Originalität, der die traditionelle griechische Einstellung zur Philosophie als einer Betrachtung der natürlichen Welt ablehnte und sich statt dessen einer Analyse der Ethik widmete, wobei er mit unbeirrbarer Logik nach der Bedeutung von Gerechtigkeit und Wahrheit suchte. Er war ein unbarmherziger Kritiker wirrer Gedankengänge, ein Vorkämpfer für Logik, Klarheit und eine klare Definition von Begriffen, überaus anregend für Zuhörer, die miterlebten, wie er

Schritt für Schritt einen Gegner durch ein erbarmungsloses Frage-und-Antwort-Spiel in die Enge trieb, weniger erfreulich für seinen Kontrahenten, der in den Maschen der Logik zappelte wie ein Vogel im Netz.

Zu dieser Zeit brach die Rivalität zwischen Athen und Sparta offen aus; nach Jahren eines unsicheren Friedens kam es immer wieder zu Zusammenstößen. Die konträren politischen Positionen – auf der einen Seite die Seemacht Athens, auf der anderen Seite die Landmacht Spartas und des »Peloponnesischen Bundes« – kulminierten in einer Spannung, die sich letztlich nur in einem Krieg entladen konnte. Er begann 431 v. Chr., und faktisch war Sparta der Aggressor. Perikles nahm die Herausforderung an; er verließ sich darauf, daß Athen einem Angriff von Land widerstehen könne, solange der Seeweg offen war, und die Bergwerke von Laurium mit ihrem lebenswichtigen Silber den athenischen Wohlstand zu sichern vermochten.

Innerhalb der »Langen Mauer«, die den Zugang zum Meer gewährleistete, gab es genug Platz und Nahrung für die Flüchtlinge, die vor der spartanischen Invasion dort Zuflucht suchten. Doch dann brach unter ihnen eine Epidemie aus, die auf die Stadt übergriff und ein Drittel der athenischen Bevölkerung dahinraffte. Panik breitete sich aus. Perikles wurde abgewählt und gleich darauf wieder zurückgerufen, doch sein Mut war gebrochen – er hatte seine beiden Söhne verloren. Bei den Bestattungsfeierlichkeiten für den Jüngeren sah man ihn zum ersten Mal weinen. Er selbst starb noch im gleichen Jahr. Wäre er am Leben geblieben, hätte er vielleicht eine Möglichkeit gefunden, den Krieg zu beenden. So aber zogen sich aufgrund der Spannkraft und Hartnäkkigkeit der Athener die Kampfhandlungen noch weitere 25 Jahre hin, wobei sie abwechselnd Erfolge erzielten und Rückschläge hinnahmen, ohne einen konsequenten Plan vorgingen und ihre Freunde durch zunehmende Skrupellosigkeit vor den Kopf stießen. Bei einem unprovozierten Angriff auf die Insel Melos töteten sie fast die ganze Bevölkerung und verschleppten den Rest in die Sklaverei. Eine Expedition gegen Syrakus, die das Ziel hatte, den Städten des »Peloponnesischen Bundes« die Kornvorräte zu entreißen, endete mit einer Katastrophe: Die athenische Flotte wurde vernichtet, und die Überlebenden der Armee starben als Gefangene in den Steinbrüchen von Syrakus (415–413 v. Chr.).

Als sich die Lage verschlechterte, desertierten die in den Bergwerken und auf den Feldern fronenden Sklaven scharenweise. Geld war bald ebenso knapp wie Lebensmittel, und der Staat wurde durch die Intrigen ehrgeiziger Männer erschüttert. Schließlich vernichteten die Spartaner, kräftig unterstützt durch persisches Gold, die letzte athenische Flotte: Athen kapitulierte 405 v. Chr.

Not, Wirren und die Niederlage hatten das geistige Klima verändert. Die Betrachtung traditioneller Vorurteile im Lichte der Vernunft und die logische Analyse anstatt leidenschaftlicher Angriffe schienen den meisten Athenern jetzt irrelevant, ja, sogar schädlich. Aberglaube und okkulte religiöse Praktiken breiteten sich aus. Volkesstimme schrieb die Niederlage der Aufgabe traditioneller Werte zu. Der Dichter Aristophanes überschüttete in *Die Wolken* (423 v. Chr.) zum Entzücken der meisten Zuschauer die Sophisten und insbesondere Sokrates mit Hohn und Spott. Es ist bedauerlich, aber nicht zu leugnen, daß sich unter den berühmtesten Schülern des Sokrates Alkibiades und Kritias befanden. Alkibiades war ein tüchtiger Soldat, der zwischendurch zum Verrat neigte, Kritias wurde der führende der sogenannten »Dreißig Tyrannen«, der später unter spartanischer Protektion die besiegten Athener beherrschen und 1500 seiner Mitbürger umbringen sollte.

Mit dem Mut der Verzweiflung erhoben sich die Athener, warfen das spartanische Joch ab und begannen langsam, ihre zerschlagene Demokratie wieder aufzubauen (403 v. Chr.). Die neuen Herrscher erließen eine Amnestie, aber vier Jahre später klagte ein privater Bürger Sokrates an, die Jugend Athens verdorben zu haben. Das in Athen übliche Vorgehen war die private Anklage und die öffentliche Anhörung vor einer Jury von 500 Bürgern. Das Urteil fiel durch Mehrheitsentscheid, und die Mehrheit erklärte Sokrates für schuldig. Über sie hat die Nachwelt ihr Urteil gefällt. Plato, der bedeutendste seiner Jünger, legte in der einige Jahre später verfaßten *Apologie* dem toten Meister Worte von unvergleichlicher Würde, Ironie und Kraft in den Mund. Sie spiegeln den Geist der sokratischen Lehre wider, besitzen aber vermutlich wenig Ähnlichkeit mit dem, was er anläßlich seines Prozesses sagte. In den uns erhaltenen Erinnerungen seines prosaischeren, aber nicht weniger ergebenen Jüngers Xenophon klingt es anders, und einiges spricht dafür, daß Sokrates nur wenig und kaum Überzeugendes zu seiner Verteidigung äußerte. Schließlich war er gewohnt, in einem kleinen Kreis philosophisch gesinnter junger Männer zu sprechen, nicht aber vor einer großen Anzahl feindlich gesinnter Bürger. Er wurde zum Tod verurteilt, hätte sich jedoch problemlos durch eine rechtzeitige Flucht retten können, was er aber ablehnte. Als gewissenhafter Bürger, der in seiner Jugend als Hoplit im Heer gedient hatte, zog er es vor, um mit Xenophon zu sprechen, lieber »durch die Treue zum Gesetz zu sterben, als zu leben, indem er es verletzte«. Am Tag der Hinrichtung leerte er den Schierlingsbecher ohne Groll und ohne Bedauern.

Er hat nichts Schriftliches hinterlassen. Für uns lebt er in den nach seinem Tod entstandenen Aufzeichnungen seiner Schüler, den subtil formulierten Dialogen des Plato und den prosaischeren *Erinnerungen* des Xenophon. Wie in all solchen posthumen Aufzeichnungen wird der Meister durch den Geist seiner Schüler gesehen. Seine Logik, die beharrliche Fragetechnik, seine Wertschätzung von Wahrheit und Gerechtigkeit schildern beide.

Doch der Sokrates des Xenophon wirkt nüchtern und humorvoll und besitzt einen gesunden Menschenverstand, während der Sokrates des Plato subtil, ironisch, tiefsinnig ist, das Absurde überkommener Ideen bloßlegt und akzeptierte Konventionen erbarmungslos seziert. Zweifellos hat in diese Version Plato etwas von seinem eigenen originellen und reich ausgestatteten Geist einfließen lassen, während Xenophon möglicherweise der präzisere Berichterstatter war. Zumindest aber das Wesentliche wird deutlich: Sokrates erhob Logik und Ethik zu den wichtigsten Elementen griechischer Philosophie und schuf so eine Denkweise, die immer wieder von den besten Köpfen der westlichen Welt aufgegriffen wurde.

Athen pflegte weiterhin seinen guten Ruf als Stätte philosophischer Lehren. Die von Plato begründete *Akademie* war lange Zeit die bedeutendste Philosophenschule, der allerdings bald nach seinem Tod die seines Schülers Aristoteles im *Lyceum* Konkurrenz machte. Als im 3. Jahrhundert v. Chr. der liebenswürdige Epikur eine Schule gründete, richtete er sie passenderweise in einem Garten ein. Die gegnerische Schule des Zeno traf sich in einer Säulenhalle, der *Stoa,* auf der Nordseite der Agora, was ihren Anhängern zu der Bezeichnung *Stoiker* verhalf. Über viele Jahrhunderte kamen junge Männer von nah und fern, um in den Hainen und Wandelgängen Athens zu disputieren und zu studieren. Die Stadt blieb noch lange, nachdem alle politische Größe verloren war, die geistige Kapitale der westlichen Welt.

Aristoteles war praxisbezogener als Plato, erfüllt von einem unersättlichen Wissensdurst und besaß die besondere Begabung, das von ihm angesammelte Wissen zu klassifizieren. Dank seiner breit gefächerten Interessen und der Brauchbarkeit seiner Klassifikationen war er posthum sehr einflußreich; insbesondere im mittelalterlichen Europa wurden seine Lehren verbreitet und diskutiert. Zu Lebzeiten brachte ihm sein Name als Lehrer und Universalgelehrter einen nützlichen Ruf an einen Königshof ein; Philipp von Makedonien ließ ihn als Erzieher für seinen Sohn Alexander kommen.

Diesem halb barbarischen König aus einer Region, die den Athenern als unzivilisiert galt, war es im Lauf von 20 Jahren durch eine Mischung aus Gerissenheit, Diplomatie und Kriegskunst gelungen, sich zum Gebieter über Griechenland aufzuschwingen. Er hatte die streitsüchtigen Stämme seines Reiches geeint und ein starkes, gut organisiertes Heer geschaffen. Er hatte den Persern die Silberbergwerke Thrakiens entrissen und systematisch seine Autorität einem griechischen Stadtstaat nach dem anderen aufgezwungen. Sparta, ein vom Krieg erschöpftes Land mit sinkender Einwohnerzahl, ergab sich kampflos. Athen tat sich mit Theben zum Widerstand gegen Philipp zusammen; er aber schlug die vereinten Heere in Chaironeia (338 v. Chr.).

Nach der gewaltsamen Einigung Griechenlands beabsichtigte Philipp von Makedonien die Eroberung Persiens, wurde aber ermordet, ehe er seine Pläne verwirklichen konnte (336 v. Chr.). Lautstark hob das Heer den jungen Alexander auf den Schild. Nachdem er den Thron bestiegen hatte, exekutierte er mit Unterstützung der Armee alle Mitglieder der Opposition, die töricht genug gewesen waren, sich nicht in Sicherheit zu bringen.

Er stand im 20. Lebensjahr, als er sich – mit noch größerem Können als sein Vater – dessen Pläne aneignete. Mit 16 Jahren hatte er in Philipps Abwesenheit als dessen Regent fungiert und einen Angriff der Thraker zurückgeschlagen, als Achtzehnjähriger den linken Flügel in Chaeroneia befehligt.

Zu einem außergewöhnlichen Intellekt kamen bei ihm ein Talent für langfristige Organisation und Entschlußfreudigkeit in Kriegszeiten. Dank seines Lehrers Aristoteles war er vielseitig interessiert; der Philosoph hatte auch seine schlummernde Begabung für Musik und Literatur gefördert – seine Lieblingslektüre war die Ilias, sein Lieblingsdichter Pindar –, aber unter dem

Furnier griechischer Kultur war Alexander ein makedonischer Häuptling geblieben: gerissen, furchtlos, rachsüchtig, mit der Liebe zum Krieg und der Leidenschaft für das Zureiten wilder Pferde im Blut. Auch war er von den Mythen und Legenden seiner Familie durchdrungen – väterlicherseits stammte er von dem Halbgott Herakles, von seiten seiner heißblütigen Mutter, die okkulten Religionen anhing, von Achilles ab. Er besaß den unbezähmbaren Mut eines natürlichen Führers sowie persönlichen Charme, mit dem er die Menschen an sich fesselte. Überdies war er ein genialer Mensch.

Sein Vater hatte eine überlegene Armee geschaffen und ausgebildet. Eine gute Kavallerie in Makedonien zusammenzustellen war kein Kunststück, und Philipp hatte den Skythen eine keilförmige, im Angriff ungewöhnlich wirksame Formation abgesehen. Waren die gegnerischen Linien erst einmal durchbrochen, machte die Infanterie mit Bogen und Schleudern das Chaos vollkommen. Philipp konnte sich ein stehendes Heer leisten, denn er schickte alle Kriegsgefangenen auf die Felder, so daß kräftige Makedonier für die Armee frei wurden.

Alexander fiel es nicht schwer, die griechischen Städte für die Unterstützung in dem bereits von seinem Vater geplanten Krieg gegen Persien zu gewinnen. Ein falsches Gerücht über seinen Tod jedoch veranlaßte die Thebaner zum Rückzug, woraufhin Alexander die Stadt bis auf die Grundmauern zerstörte, angeblich 6000 Bürger hinmordete und den Rest in die Sklaverei verschleppte. Er verschonte nur diejenigen, die Beweise für ihre Abstammung von dem Dichter Pindar beibringen konnten, dessen Haus er ebenfalls unversehrt ließ.

Sein Heer – Makedonier, Skythen und nur teilweise Griechen – bestand jetzt aus 30000 Mann Fußvolk und 5000 Mann Kavallerie. Er nahm Historiker mit, um den Feldzug aufzuzeichnen, Landvermesser, um die Länder, die er zu erobern gedachte, zu erforschen und aufzuzeichnen. Alexander ordnete auch an, seinem früheren Erzieher Aristoteles, der jetzt in Athen lehrte, ausgewählte Exemplare seltener Pflanzen und Tiere für sein naturgeschichtliches Museum zu schicken.

Die Gelegenheit zum Angriff auf Persien war günstig. Ein großer Teil der persischen Armee und nahezu die ganze Flotte waren durch einen Aufstand in Ägypten gebunden. Überdies war das Muster von Intrigen und Morden am persischen Hof noch komplizierter als gewöhnlich dank den Machenschaften eines Eunuchen, der sich systematisch mit Gift quer durch die königliche Familie mordete, um seine eigene Position zu festigen. König Dareios III., der nach etlichen mysteriösen Todesfällen auf einen entfernten Vetter gefolgt war, bediente sich zunächst dieses Eunuchen, um ihn dann hinrichten zu lassen; dennoch konnte er seines Thrones keineswegs sicher sein. Die unter Dareios dem Großen so furchterregende persische Armee hatte im Laufe des vergangenen Jahrhunderts an Schlagkraft eingebüßt. Alexander besiegte sie zunächst in Kleinasien, dann in Persien auf der Ebene von Issos, wo er wertvolle Gefangene machte: Mutter, Frau und Töchter des Dareios, die er mit ausgesuchter Ritterlichkeit behandelte.

Mit einer wohlüberlegten Strategie unterwarf er die Städte an der phönizischen Küste; Tyrus leistete dabei am längsten Widerstand. Alexanders Flotte hatte indessen die wichtigsten Stützpunkte besetzt, die persische Seemacht war am Ende. Dareios erkannte seine Niederlage an und erbot sich, alle Gebiete westlich des Euphrat zu räumen, wenn Alexander seine Mutter, seine Frau und seine Kinder freiließ. Alexander sah keinen Grund, sich mit einem Teil des persischen Reiches zufriedenzugeben, wenn er es ganz haben konnte. Er lehnte das Angebot ab und wandte sich Ägypten zu, wo er als Befreier und Erbe der Pharaonen begrüßt wurde.

Hier gründete er Alexandria als wichtigen Flottenstützpunkt, gleichzeitig aber auch als Mittelpunkt griechischer Kultur. Als Handelshafen trat es bald an die Stelle von Tyrus, das er im Jahr zuvor geplündert hatte. Doch diese erste Stadt, der er seinen eigenen Namen gab, sollte noch viel größeren Ruhm erlangen als Heimstatt der über viele Jahrhunderte lang größten Bibliothek der westlichen Welt, als ein Zentrum für Gelehrte vieler Nationen und Religionen, als ein Licht, das in der Finsternis leuchtete.

Ehe er Ägypten verließ, besuchte er den Tempel des Amun in der lybischen Wüste, wo er allein das Heiligtum betrat und man ihm als König und Gott zujubelte. Es war die für Pharaonen übliche Begrüßung; es ist jedoch denkbar, daß Alexander das nicht wußte und das Heiligtum in der Überzeugung verließ, er selbst sei ein Gott, der über Herakles von Zeus-Amun abstammte.

Indessen hatte Dareios ein Heer aus den östlichen Satrapien, aus Afghanistan und Indien zusammengezogen, ein furchterregendes Aufgebot mit 200 Kriegswagen, etwa 20 000 Mann Kavallerie und einem Kontingent indischer Elefanten als weitere Abschreckung. Alexander, zahlenmäßig bei weitem unterlegen und völlig unbeeindruckt, siegte allein dank seines taktischen Genies (331 v. Chr.). Diese Schlacht bei Arbela oder Gaugamela (die Bezeichnungen sind unterschiedlich) hätte nie stattfinden dürfen: Dareios hätte Alexanders Heer durch eine Taktik der verbrannten Erde aushungern und ihn zwingen können, Zeit und Menschenmaterial auf die Belagerung persischer Garnisonen zu verwenden. Die direkte Konfrontation war verhängnisvoll. Dareios setzte alles auf eine Karte und verlor. Er floh nach Medien, während Susa, Babylon und Persepolis sich ergaben.

In Persepolis feierte Alexander ein Fest, das durch die Zerstörung des prachtvollen Xerxes-Palastes in die Geschichte eingegangen ist. Es könnte Zufall gewesen sein, wahrscheinlicher aber ist ein absichtsvolles Vernichtungswerk, mit dem er ein Zeichen für das Ende des Krieges und den griechischen Triumph über Persien setzen wollte. Die reichen Schatzkammern des Dareios wurden aufgebrochen und ihr Inhalt an die Armee verteilt.

Alexander verfolgte Dareios nach Ekbatana, von wo der unglückliche Monarch mit so viel Gold, als er zu tragen vermochte, mit Frauen, Kindern und einer gebrochenen, demoralisierten Armee entkam. Wenig später wurde er gefunden – verlassen und im Sterben, ermordet von einem ungetreuen Satrapen. Alexander ließ ihn bestatten, wie es einem König zukam, dann spürte er den Königsmörder auf und ließ ihn hinrichten.

Alexander war jetzt vier Jahre nicht mehr in Griechenland gewesen, doch noch immer nicht zur Umkehr bereit. Er sah vor sich die Vision eines großen Reiches, in dem Griechen und Perser, Ägypter, Phönizier, Araber und Inder einträchtig zusammenleben und über das er als Großkönig herrschen würde. Ehe er in Persiens indische Provinz vorrückte, verbrachte er fast drei Jahre damit, seine östliche Flanke – vom Kaspischen Meer bis zu den Vorgebirgen des Hindukusch – zu sichern, indem er die nomadisierenden Bergvölker unterwarf und Baktrien und Sogdiana eroberte, wo er die Tochter des Königs, Roxana, zur Frau nahm. Er begann jetzt persische Gebräuche anzunehmen und legte gelegentlich persische Tracht an, während die orientalische Auffassung des Gottkönigtums zunehmend Einfluß auf ihn gewann. Im Krieg setzte er sein Leben aufs Spiel, teilte Not und Elend mit seinen Leuten und erhielt sich so ihre Loyalität. Aber im Umgang mit seinen Freunden wurde er argwöhnisch und unberechenbar. Anstrengung, Erschöpfung, vielleicht die Schmerzen alter Wunden ließen ihn immer häufiger zum Alkohol greifen. Er verlangte nach dem Vorbild persischer Monarchen, daß sich jeder vor ihm zu Boden zu werfen habe. Er erstach im Rausch einen ergebenen Freund, einen anderen ließ er unter dem Verdacht ermorden, der Mann habe eine Verschwörung gegen ihn angezettelt.

Doch er führte seine Armee erfolgreich über die gefährlichen Pässe Afghanistans, besiegte den indischen König, den die Griechen Poros nannten, machte ihn zu seinem Verbündeten und rückte in den Punjab vor. Die Grenzen des persischen Reiches hatte er jetzt hinter sich gelassen, doch sein Eroberungshunger war noch nicht gestillt. Man hatte ihm gesagt, daß ein Fluß, größer als der Indus, der gewaltige, heilige Ganges, in den östlichen Ozean am Ende der Welt mündete. An seinen Ufern standen Städte, die zum Königreich Magadha gehörten. Ihre Herrscher, so hatten die Griechen gehört, konnten 200000 Mann Infanterie, 20000 Mann Kavallerie, 2000 Streitwagen und 3000 Elefanten aufbringen. Solche Berichte reizten natürlich Alexanders Eroberungslust; seine Soldaten jedoch murrten, eine Meuterei drohte. Sie waren jetzt seit acht Jahren im Feld, fern der Heimat, in einem fremden Land mit entkräftendem Klima, in dem sie an Fieber litten und viele an Schlangenbissen starben.

So marschierte denn Alexander über Shelum und das Industal zur Küste und schlug die indischen Truppen zurück, die sich ihm entgegenstellten. Hier baute er eine Flotte, um das schwere Gerät nach Persien zurückzuschaffen. Seinen Admiral wies er an, der Küste zu folgen, sie sorgfältig zu beobachten und aufzuzeichnen. Alexander selbst trat den Rückweg durch das Gebirge und durch die Steinwüsten von Belutschistan an und teilte mit seinen Soldaten die Gefahren eines langen, beschwerlichen Marsches, auf dem viele seiner Männer starben.

Zehn Jahre nach seinem Auszug aus Griechenland schlug er sein Winterlager in der alten persischen Hauptstadt Susa auf. Hier proklamierte er eine Politik der Völkerverschmelzung in seinem Reich. Makedonier, Griechen und Perser sollten untereinander heiraten und Familien gründen; er selbst hatte durch die Ehe mit Roxana den Weg gewiesen. Jetzt nahm er noch zwei Frauen, beides persische Prinzessinnen, während acht seiner führenden Offiziere Töchter des persischen Adels heirateten. Seine Soldaten wurden gedrängt, die Konkubinen zu heiraten, die sie sich zugelegt hatten; eine von Alexander den Bräuten gezahlte Mitgift verlieh der Forderung Nachdruck. Nach einem Bericht wurden nicht weniger als 10000 Ehen geschlossen.

Im fernen Makedonien wurden Stimmen der Kritik über Alexanders Abwesenheit laut; in Persien kam es zu Unruhen, Aufständen, und hier und da gab es auch Verrat. Alexander war nach wie vor von Plänen für ein geeintes Reich aus Ost und West erfüllt, befaßte sich aber auch mit praktischen Projekten zur Verbesserung der Bewässerung in der Euphrat-Ebene und der Erkundung neuer Seewege zwischen Indien, Persien und Ägypten. Im Juni 323 v. Chr. erkrankte er an einem heftigen Fieber und starb dreiunddreißigjährig in Babylon. Niemand hatte Vorsorge für seinen Nachfolger oder Regenten getroffen. Roxana war schwanger, wurde aber wenige Jahre später mit ihrem Sohn ermordet.

Es blieb nicht aus, daß sich früher oder später Alexanders Heerführer zu Herrschern über die von ihnen befehligten Gebiete aufschwangen, und sei es nur, um dort einigermaßen die Ruhe und Ordnung aufrechtzuerhalten. Von den auf diese Weise geschaffenen Dynastien hielten sich die Ptolemäer in Ägypten (303 v. Chr. – 30 n. Chr.) und die Seleukiden in Syrien und Persien (312 v. Chr. – 65 n. Chr.) am längsten.

Alexander hinterließ ein Erbe, von dem die spätere Geschichte der Ptolemäer oder der Seleukiden nur einen Bruchteil darstellt. Durch seine Eroberungszüge hatte er den Schwerpunkt der Zivilisation nach Osten verlagert und eine griechische Kolonialisierungswelle im Nahen und Mittleren Osten ausgelöst. Aramäisch blieb die gemeinsame Sprache des Volkes, Griechisch arrivierte zur Sprache der Gebildeten, und die griechische Kultur beeinflußte über Generationen Persien, Ägypten und den Nahen Osten. Mit der Unterwerfung des persischen Reiches hatte Alexander neuen Denkweisen und Einflüssen Tür und Tor geöffnet. Nie mehr sollte dieser Teil der Welt unter einem einzigen Herrscher so geeint sein, wohl auch nie mehr so wirkungsvoll regiert werden wie unter der Dynastie des Kyros. Doch dank des griechischen Einflusses wurden im ganzen Reich Kunst und Geisteswelt neu und nachhaltig belebt.

Wäre Alexander länger am Leben geblieben, hätte er sein Genie vielleicht darauf verwandt, von seiner Neugründung Alexandria aus die griechische Herrschaft im Mittelmeerraum zu festigen. Phönizien war unterworfen, Karthago jedoch, nach wie vor mächtig und unabhängig, stritt sich seit 100 Jahren mit Griechenland um Sizilien. In Griechenland selbst nahmen nach Alexanders Tod die einzelnen Staaten ihre früheren Zwistigkeiten wieder auf, so daß der Norden für Eroberer erneut geöffnet wurde.

Dabei handelte es sich um die keltischen Gallier, eine Rasse kräftiger, begabter Barbaren, die zunächst in Italien eingefallen waren, die Etrusker unterworfen und im Jahr 300 v. Chr. Rom eingenommen und geplündert hatten. Später wurde das Donautal Opfer ihrer Angriffslust, und um 279 v. Chr. tauchten sie in Nordgriechenland auf. Mit ihrem weitesten Vorstoß erreichten sie das Heiligtum Delphi, wurden aber unter schweren Verlusten geschlagen, als sie durch Thessalien den Rückzug antraten.

In Italien unterwarf nach den Einfällen der Gallier Rom Stück für Stück die etruskischen Städte, behindert allerdings durch die internen Streitigkeiten zwischen Patriziern und Plebejern, einem ähnlichen Problem, wie es ein Jahrhundert zuvor den griechischen Städten zu schaffen gemacht hatte. Kaum jemand hätte am Ende des 4. Jahrhunderts prophezeit, daß Rom einmal die ganze Mittelmeerküste, Karthago, Ägypten und Griechenland, Kleinasien, Syrien und Palästina beherrschen würde.

Dazu brauchte es Zeit. Unmittelbarer Nutznießer der Alexanderfeldzüge und seines frühen Todes war der Staat Magadha in Nordindien.

3. *Indien – Chandragupta Maurya – Asoka*

Bei seiner Expedition nach Indien hatte Alexander nur den nordwestlichen Staat Gandhara erobert, der schon lange Teil des persischen Reiches war. Es war ihm nicht gelungen, seine Armee weiterzuführen, um das Hauptreich Magadha am Ganges herauszufordern. Magadha war durch Flußverkehr und Küstenhandel mit Südindien wohlhabend geworden, es war reich auch an Ackerland, Wäldern, die Bauholz und Elefanten für das Heer lieferten, und Eisenerz, das sowohl exportiert wurde, als auch für die Waffenherstellung Verwendung fand. Seine größte Stärke war jedoch der breite, heilige Fluß.

Magadha war von dem Eroberer Bimbisara gegründet worden, und zwar etwa um die Zeit, als Kyros der Große das persische Reich befestigte.

Wie die Abkömmlinge des Kyros, schreckten die Nachfolger von Bimbisara sogar vor Vatermord nicht zurück, doch wie diese suchten auch sie sich fähige Minister, besaßen auch sie eine leistungsfähige Verwaltung und bauten gute Straßen. Ihr System stützte sich auf die natürliche indische Einheit, die Dorfgemeinschaft. Die dörflichen Äcker Indiens waren von Dschungel umgeben; erforderlich für neue Rodungen war die Erlaubnis des Monarchen. Die in Naturalien zu zahlenden Steuern galten als legitimer Tribut für die Benutzung des Bodens.

Die Bauern – die Schudra-Kaste – waren nicht die Besitzer des Landes, das sie bearbeiteten. Sie waren keine Sklaven, wenn auch durch Gewohnheitsrecht an die Scholle gebunden und durch die Steuerlast bedrückt. Der Unterschied zwischen einem hart arbeitenden Bauern und einem Sklaven erscheint vom materiellen Wohlstand her betrachtet vielleicht als minimal, ist aber dennoch bedeutungsvoll. Als die Landwirtschaft sich allmählich auf die Arbeitskraft importierter Sklaven stützte (wie auch in Griechenland und später in Rom), wurden bäuerliche Landbesitzer durch Großgrundbesitzer verdrängt, die Sklaven besaßen; ein sozialer Wandel vollzog sich, der schließlich die ganze Gesellschaft zersetzte.

In Magadha sahen die unterdrückten, theoretisch aber freien Schudra auf eine Volksgruppe herab, die auf einer noch niedrigeren Stufe stand als sie selbst, was in unserem unwürdigen menschlichen Dasein oft tröstlich erscheint. Dabei handelte es sich um Stämme von Ureinwohnern, die keine Landwirtschaft kannten, als Jäger und Sammler lebten und als einziges einträgliches Handwerk das Weben von Matten und Körben aus Schilf beherrschten. Sie standen außerhalb des Kastensystems, und nach und nach wurden ihnen die minderwertigsten, verächtlichsten Tätigkeiten aufgebürdet. Später schufen sie Abstufungen und Unterschiede untereinander, eine Hierarchie der Armut, in der niemand sich für den Niedrigsten hielt.

Der Staat Magadha stand bis etwa zur Zeit Alexanders in Blüte. Dann riß eine neue Dynastie von Emporkömmlingen, die Nanda, die Macht an sich, vergrößerte die Armee und optimierte die Landwirtschaft durch neue Bewässerungssysteme. Eine Konfrontation mit Alexander war ihnen erspart geblieben, doch sahen sie sich sehr bald nach dessen Tod einem anderen Eroberer gegenüber.

Während Alexanders Indien-Expedition erregte ein junger Krieger, von den Griechen Sandrocottus genannt, einiges Aufsehen in Alexanders Lager. Es war der in die indische Geschichte als *Chandragupta Maurya* eingegangene militärische Abenteurer, Gründer der Maurya-Dynastie und des Maurya-Reiches. Nach Alexanders Tod begann er selbst mit Eroberungszügen. Zuerst einte er den Punjab, dann unterwarf er die Nanda und erhob sich selbst zum König von Magadha (ca. 321 v. Chr.); anschließend überrannte er einige der kleineren Staaten an seiner südlichen Flanke. Da er sich sicher fühlte, wandte er sich nach Nordwesten und forderte den griechischen Herrscher von Gandhara, Seleucus I. Nicator, zum Kampf heraus.

Seleucus, dem begabtesten von Alexanders Nachfolgern, lag mehr an der Konsolidierung seiner Herrschaft über Persien, Syrien, den Mittleren Osten und Kleinasien als an Gandhara. Er überließ es Chandragupta und erhielt als Gegengabe 500 gut abgerichtete Elefanten, die ihm bei seinen Kriegszügen sehr nützlich waren (ca. 304 v. Chr.). Es ist möglich, daß er dem Inder auch eine Tochter zur Frau gab. Jedenfalls hielt dieses diplomatische Bündnis drei Generationen lang stand. Megasthenes, der griechische Botschafter an Chandraguptas Hof, hinterließ uns viele, nicht immer ganz zutreffende, Aufzeichnungen über das indische Leben. Er schildert die gute Konstitution der Männer, die schlank, groß und frugal in ihren Gewohnheiten waren und Currygerichte liebten, die Fakire, die tagelang fasteten und regungslos verharrten; er beschreibt den gewaltigen Fluß, die »Bäume, auf denen Wolle wächst«, Baumwolle, aus der sich leichte Stoffe weben ließen, erzählt von zahmen Affen, von Papageien, die sprechen konnten, und von wilden Tigern. Manchmal ging offensichtlich seine Phantasie mit ihm durch, und er bereicherte seine Erzählungen durch Einhörner mit weicher gelber Mähne, geflügelte Schlangen, die einen ganzen Hirsch verschlingen konnten und goldgrabende Ameisen von der Größe eines Fuchses – Erscheinungen, die er nicht persönlich gesehen haben konnte.[5]

Als mächtigster Herrscher Nordindiens zwang Chandragupta seinen Untertanen ein Verwaltungssystem auf, das er sich in Magadha abgesehen hatte. Es wurde von seinem engsten Vertrauten, dem Brahmanen Kautalya, rationalisiert und ausgebaut. Kautalya, Intellektueller und Praktiker zugleich, war überzeugt, daß sich Wohlstand nur aus einer gesunden Landwirtschaft entwickeln könne. Nur wenn die Nahrungsmittelproduktion das Existenzminium überstieg, ließ sich Korn für Hungerzeiten einlagern, konnten Vorräte für wachsende Städte angelégt und höhere Beträge aus der Landsteuer erzielt werden.

Die erste wesentliche Voraussetzung war eine zuverlässige Wasserversorgung, geplant, gebaut und unterhalten von der Regierung, die eine Wassersteuer erhob, um die Kosten wieder hereinzubekommen: Bewässerungskanäle, Deiche, Stauseen und Dämme entstanden. Die Rodung von Dschungel und Ödland wurde mit drastischen Maßnahmen durchgesetzt. Bauern in großer Zahl, Angehörigen besiedelte Völker, wurde unbebautes Land zugewiesen; sie bekamen die wichtigsten Werkzeuge zur Verfügung gestellt und erhielten den Befehl, das Land urbar zu machen und zu bestellen. Überschüsse aus der Ernte wurden von der Regierung beschlagnahmt. Nach und nach folgten diesen unfreiwilligen Kolonisten bereitwilligere Zuwanderer, und allmählich entwickelten sich die Pionierdörfer zu regulären Dorfgemeinschaften.

Kautalya wird die Urheberschaft des ersten Handbuches für Politik in der indischen Geschichte, dem *Arthashastra,* zugeschrieben. Der älteste überlieferte Text stammt zwar aus einer späteren Epoche, enthält aber wahrscheinlich die Überlieferung und Praxis der Regierungsgeschäfte bei den Maurya. Zwar wirkt diese »angewandte Sozialwissenschaft«, die die Nahrungsversorgung absicherte, hart; das Verfahren zur Festlegung und Eintreibung von Steuern war jedoch relativ fair und basierte auf Gerechtigkeit, Ordnung und einer angemessenen Besoldung der Beamten, um erpresserischen Machenschaften vorzubeugen. Das Werk enthielt auch Passagen, die Frauen und Sklaven einen gewissen rechtlichen Schutz zusicherten.

Nachdem er lange Jahre ein großes Reich erobert, geeint und regiert hatte, bekehrte sich der Gründer der Maurya-Dynastie zu der asketischen Lehre der Jaina, dankte zugunsten seines Sohnes ab und fastete sich einsam zu Tode (ca. 296 v. Chr.). So zumindest ist es überliefert, und es könnte durchaus die Wahrheit sein, denn das indische Wesen neigt zu Extremen zwischen aktiver Energie und passiver Duldung. Ähnliche Charakterzüge sollten sich später auch bei Chandraguptas Enkel Asoka zeigen.

Chandraguptas unmittelbarer Nachfolger Bindusara dehnte die Herrschaft der Maurya bis nach Mysore aus und beherrschte, kurz vor seinem Tod, durch Eroberungen oder durch Bündnisse fast ganz Indien. Wie sein Vater unterhielt er gute diplomatische Beziehungen zu den griechisch-persischen Reichen, und sein Sohn Asoka, von ihm zum Vizekönig im Nordwesten erhoben, war eng vertraut mit hellenischen und persischen Strömungen. Asoka (ca. 268–231 v. Chr.) erbte eine kämpferische Tradition und rundete schon in der Frühzeit seiner Herrschaft die Gebiete seines Vaters ab, indem er das Königreich Kalinga eroberte. Dem gängigen Brauch folgend, deportierte er die meisten bäuerlichen Überlebenden und metzelte alles nieder, was eine Waffe trug. Ein plötzlicher Sinneswandel brachte ihm das Entsetzliche seiner

Handlungsweise zu Bewußtsein; er bekehrte sich zum Buddhismus und entsagte allen weiteren Eroberungskriegen. Soweit die Legende, in der die totale, plötzliche Umkehr, die unwiderrufliche Ablehnung von Gewalt betont wird. Ganz so dramatisch wird es sich kaum abgespielt haben; Herz und Seele werden sicherlich längere Zeit auf eine solche Entscheidung vorbereitet gewesen sein.

Bis zum Ende seiner langjährigen Regierungszeit wandte er die Grundsätze des Buddhismus auf die Regierungsführung an. Er schickte missionierende Mönche nicht nur in alle Teile Indiens und nach Ceylon – das erfolgreich bekehrt wurde –, sondern auch zu seinen Mitmonarchen in Ägypten, Syrien und Makedonien. Die Asche Buddhas wurde ehrfurchtsvoll aufgeteilt, so daß es durchaus sein kann, daß die vielen *stupas*, in ganz Indien über seinen Reliquien errichtet, alle ihren Anteil bekommen haben.

Es war Asokas edles Ziel, in seiner Regierungszeit den Grundsatz des *Dharma* durchzusetzen. Das Sanskrit-Wort besitzt kein genaues Äquivalent in anderen Sprachen; der Ausdruck »Rechtschaffenheit« kommt ihm vielleicht am nächsten. Das gesellschaftliche, politische und wirtschaftliche Leben sollte sich von dieser Idee leiten lassen. Asoka tat diese Absicht kund, indem er seine Edikte in Klippen und Felsen ritzen ließ, wo immer seine Untertanen sich versammelten – eine Praxis, die er vielleicht von den Persern abgeschaut hatte. Wo es keine Felsen gab, ließ er hohe beschriftete Säulen aufrichten. Seine Edikte waren praktisch und didaktisch zugleich. So bestimmte er beispielsweise, die indischen Straßen mit Bäumen zu bepflanzen, in bestimmten Abständen Brunnen zu graben und Rasthäuser zu bauen, um so Mensch und Tier Schatten, Erfrischung und Ruhe zu bieten, »damit mein Volk dem *Dharma* entsprechen mag«. Er meinte damit, daß seine Untertanen in die Lage versetzt werden sollten, die Freuden und Notwendigkeiten des Lebens dankbar miteinander und mit ihren Tieren zu teilen. In einem anderen Edikt empfiehlt er Rücksichtnahme gegenüber Sklaven und Dienern, verlangt Gehorsam gegenüber den Eltern, fordert Großzügigkeit gegenüber Freunden und Achtung vor der Meinung anderer.

Seine Ansichten waren tolerant, Diskussionen jedoch lehnte er ab. Buddhismus und Jainismus waren nur zwei, allerdings die bedeutendsten unter vielen anderen indischen Religionen. Die freie Diskussion über solche ethischen Grundsätze, die (zu einem sehr viel späteren Zeitpunkt freilich) im Westen zum wesentlichen Kennzeichen einer toleranten Gesellschaft werden sollte, hätte in Asokas Indien (wie dies auch oft im Westen der Fall ist) gewiß zu Äußerungen des Zorns, der Arroganz und der Verachtung geführt, Reaktionen, die gegen das *Dharma* verstoßen hätten.

Für die Verwaltung seines Reiches übernahm Asoka das zuerst in Magadha entwickelte, von Kautalya später vervollkommnete System: Die örtliche Einheit bildete der Dorfrat mit seinem Dorfältesten; Dörfer wurden zu Distrikten, Distrikte zu Provinzen zusammengefaßt. Der Provinzgouverneur war das letzte Glied in der Kette zwischen dem Herrscher und seinem Volk, so daß, wenn nichts die Kette unterbrach, eine lückenlose Kommunikation von der obersten bis zur untersten Stelle gewährleistet gewesen wäre. Asoka setzte Inspektoren ein, die in seinem Auftrag in regelmäßigen Abständen das Land bereisten, um das System zu kontrollieren, über Mißstände zu berichten oder sie zu beheben und für eine gerechte Besteuerung zu sorgen. Diese Beamten wurden gut bezahlt, um sie gegen Bestechungsversuche zu immunisieren.

Asoka beschäftigte auch Agenten – schlichter gesagt Spione –, die in der Bevölkerung lebten und ihn über die Meinung des Volkes informierten. In Ermangelung moderner Kommunikationsmethoden hätte sich Asoka kaum anders über die Wünsche, Hoffnungen und Ängste seines Volkes orientieren können.

Seine Regierung strebte Harmonie und Wohlstand an und scheint dies, zumindest zeitweise, erreicht zu haben. Die spezielle Struktur des bereits durch Tradition und religiöse Billigung etablierten Kastensystems war alles in allem für das Volk tragbar. Sein Vorteil war, daß sich dadurch die Sklaverei in Grenzen hielt. Da die niedrigste Kaste, die der Schudra, in der Landwirtschaft beschäftigt war, und die unerfreulicheren niederen Dienste den Land- und Besitzlosen zugefallen waren, bestand wenig Bedarf an Sklaven, außer in den Haushaltungen der verhältnismäßig Wohlhabenden, wo die Sklaven zur Familie gehörten. Die brutale Behandlung der Sklaventrupps, die in den Bergwerken Griechenlands und Etruriens und auf den heißen, ungeschützten Getreidefeldern Siziliens schufteten, war in Indien unbekannt. Auch der Mißbrauch von Sklavinnen wurde durch ein Gesetz eingeschränkt, das einer Sklavin, die einen Sohn von ihrem Herrn bekam, die Freiheit zusicherte und das Kind von Geburt an zum Freien machte. Sklaven konnten sich auch ihre Freiheit erkaufen. Sklaverei war, anders als die Kastenzugehörigkeit, kein unveränderlicher Zustand.

Der Wohlstand des Maurya-Reiches gründet sich zum einen auf den Handel, der auf dem Ganges betrieben wurde, zum anderen auf die Landwirtschaft und eine einigermaßen wirkungsvolle Landsteuer. Der Handel war durch Chandragupta gefördert und die Gesetze Kautalyas angeregt worden. So erbte Asoka eine gesunde Wirtschaft, während der Frieden in Indien, den er über 30 Jahre lang bewahrte, ideale Bedingungen für eine Expansion schuf: Handel und Industrie entwickelten sich rasch; schon untergliederte sich die *Vaisya* (Kaufmanns)-Kaste in verschiedene, nach den einzelnen Handwerken und Berufen geordnete Gruppen. Sie ähnelt in mancher Beziehung den europäischen Zünften.

Die Invasionen im Nordwesten – erst durch die Perser, dann durch die Griechen – hatten neue Absatzmärkte eröffnet; zusätzlich angeregt wurde der Handel durch die Religion der Jainas, die, vielleicht weil so viele ihrer frühen Anhänger der *Vaisya*-Kaste angehörten, das Gebot, nicht zu töten, in die Praxis umsetzten, indem sie Handelsleute und Geldverleiher wurden und das Bankwesen entwickelten.

Entlang des Ganges wurde von der Maurya-Hauptstadt Pataliputra (= Patna) eine Straße gebaut, die sich beim heutigen Allahabad teilte, östlich zur Küste und nordöstlich nach Taxila, der Hauptstadt Gandharas, führte. In Taxila trafen sich Karawanen aus Persien und dem Mittleren Osten mit Karawanen aus Indien und tauschten ihre Waren aus. Eine weitere Route führte über Land zur Westküste und von dort über See zu den Häfen des Persischen Golfes und zum Roten Meer. Indische Entdeckerschiffe fanden den Weg durch die Meerenge von Malakka zur chinesischen Küste und brachten Seide mit, die sie zunächst in Indien absetzten, später aber zu den Luxusmärkten des Mittelmeerraumes schafften.

Im Gefolge der von Asoka veranlaßten buddhistischen Missionierung entwickelte sich auch der Handel mit Burma. Die heiligen Männer wurden freundlich empfangen, bauten ein Kloster, knüpften Beziehungen zu den Burmesen und scheinen über mehrere Generationen hinweg eine Mischung aus kulturellem und kommerziellem Austausch mit ihren Gastgebern betrieben zu haben.

Schnellere Erträge brachte der Binnenhandel. Unter Asoka florierte bereits eine ertragreiche Produktion von Baumwolltextilien, die meist in Indien selbst abgesetzt wurden. Auch Keramik war gefragt. Der Töpfer, der 500 Werkstätten einrichtete und über seine eigene Flotte für den Flußtransport auf dem Ganges verfügte, dürfte sicherlich eine Ausnahme gewesen sein; sein Beispiel jedoch ist exemplarisch für Umfang und Ausmaß der wirtschaftlichen und »industriellen« Tätigkeiten.

Asoka unterhielt diplomatische Beziehungen zu mindestens fünf von Alexanders Nachfolgern – den Herrschern von Syrien, Ägypten, Makedonien, Griechenland und Epirus – und tauschte möglicherweise auch Botschafter mit Rom aus. Der Überlieferung nach soll er seine Herrschaft auf Kaschmir ausgedehnt und die Stadt Srinagar gegründet haben. Fest steht, daß er einen gewissen Einfluß in den Vorgebirgen Nepals besaß; vielleicht gab er einem der Häuptlinge aus dem Hochland eine seiner Töchter zur Frau.

Engere Beziehungen bestanden zu Südindien, obgleich der direkte Einflußbereich nicht über Mysore hinausging. Er unterhielt jedoch freundschaftliche Kontakte zu den wichtigsten Reichen des Südens, wo der Überlieferung nach die *Brahmi*-Schrift, in der Tamil (die älteste Schriftsprache des Südens) geschrieben wurde, etwa um diese Zeit von Norden her eingeführt worden ist. Nach einem seiner Felsedikte steht fest, daß Asoka buddhistische Mönche nach Ceylon schickte. Der Sage nach soll einer seiner Söhne darunter gewesen sein, dem es gelang, den König zu bekehren. Asoka schickte daraufhin ein Reis des Baumes aus Sarnath hinüber, unter dem Buddha seine Erleuchtung gehabt hatte, das, in Anurhadapura auf Ceylon gepflanzt, zu dem berühmten Bobaum heranwuchs, der noch immer wächst und gedeiht.

Asoka regierte 37 Jahre lang; nach seinem Tod im Jahre 232 v. Chr. verfiel das Maurya-Reich. Man hat vermutet, er habe über seinem Engagement für den Buddhismus soziale und finanzielle Probleme vernachlässigt, das uns vorliegende dürftige Material jedoch läßt keine Verallgemeinerungen zu. Unzureichende Staatseinkünfte und die dadurch häufig auftretende Bestechung, Korruption und Zerrüttung der Verwaltung dürften der wahrscheinlichste Grund für den Zerfall des ersten großen Reichs in Indien gewesen sein. Provinzen sagten sich los und erklärten ihre Autonomie oder teilten sich in Splitterreiche und kleine Stammesgebiete auf.

Die Erinnerung an ein geeintes Indien und einen großen Herrscher blieb bestehen, obgleich in Jahrhunderten der Teilung und ständig neuer Invasionen die meisten Zeugnisse verlorengegangen sind. Erst im 20. Jahrhundert, nachdem die in den Fels geritzten Edikte und Schriftsäulen gefunden und entziffert worden waren, lebte die Erinnerung an Asoka wieder auf. 1947 wählte man die aufrechten Löwen, die die edle Säule in Sarnath krönen, zum Emblem des unabhängigen Indien und verband so die Zukunft des Landes mit dem Andenken an einen großen Herrscher und seine Ideale.

4. China – Shih Huang Ti – Die Han – Wu Ti – Ssu Ma Ch'ien – Chang Ch'ien – Baktrien und die Seidenstraße

Nach einer unzuverlässigen tibetanischen Überlieferung soll Asoka eine indo-chinesische Siedlung im zentralasiatischen Khotan jenseits des tibetischen Hochlandes besucht haben. Es ist möglich, daß einige wenige unternehmungslustige indische Kaufleute Handelsbeziehungen bis nach China unterhielten; die Kontakte aber waren dürftig. Die chinesische Kultur entfaltete sich weiterhin im Verborgenen. Zur Zeit Asokas erreichte China das Ende jener Epoche der Teilung, die wir unter dem Namen »Streitende Staaten« kennen. Trotz aller Wirren haben die Menschen in dieser Epoche technische Verbesserungen erreicht und philosophische Spekulationen erdacht. In einigen Staaten, vor allem den Reichen der Wei und Ch'u, war dieser Zeitraum eine günstige Phase für Literatur, Malerei und bildende Künste.

Zwischen dem fruchtbaren Staat Ch'u im schönen Tal des Yangtse und den gefährlichen Steppen Zentralasiens lag das Bergreich der Ch'in, des unzivilisiertesten und kriegerischsten der chinesischen Völker. Ihre Herrscher hingen den Ideen des politischen Philosophen Wei Yang an, der lehrte, daß eine erfolgreiche Regierung auf Landwirtschaft und Krieg beruhen müsse, und daß das gemeine Volk, da es weder die Arbeit noch den Kampf schätze, nur durch Zwang und strenge Strafen regiert werden könne. Durch Umsetzung dieser Grundsätze in die Praxis wurde der Staat Ch'in zum mächtigsten in ganz China. Um das Jahr 256 v. Chr. setzte der Herrscher von Ch'in den letzten Chou, einen schwachen Schattenkaiser, ab. In den folgenden 30 Jahren unterwarfen die disziplinierten Heere von Ch'in alle anderen Staaten, und 221 v. Chr. wurde der König von Ch'in zum Kaiser des ganzen Landes proklamiert, das seither unter dem Namen des eroberten Staates bekannt ist, der in der westlichen Welt als »China« übernommen wurde.

Der siegreiche Monarch legte sich den Namen Shih Huang Ti

zu. Huang Ti (= der Gelbe Kaiser) war der legendäre Begründer des chinesischen Staates gewesen. »Shih« – der Erste – nannte er sich, weil er behauptete, der wiedergeborene Gelbe Kaiser zu sein. Er war jedoch keine gütige Vaterfigur. Seine Feinde sagten ihm nach, er habe »die Brust eines Raubvogels, die Stimme eines Schakals, das Herz eines Tigers... Mit einer langen Peitsche knallend, trieb er das Weltall vor sich her... seine Macht erschütterte die vier Meere... die hundert Herren von Yüeh beugten die Häupter, hängten sich Stricke um den Hals und baten um ihr Leben... er verbrannte die Schriften der »Hundert Schulen«, um das Volk unwissend zu machen.«[6]

Seine kaiserliche Herrschaft dauerte nur 11 Jahre lang. Mit einem nahezu einzigartigen Gemisch aus Aufklärung und Obskurantismus, Phantasie und Brutalität preßte er das chinesische Reich in eine Form, die auch nach 2000 Jahren noch erkennbar war. Erst unter Mao Tse-tung sollte das chinesische Volk eine vergleichbare Umwälzung erleben.

Seine Arbeitswut wie auch seine Skrupellosigkeit waren legendär. Es hieß, er habe an einem einzigen Tag seinen Beamten 120 Memoranden diktiert. Von seiner Hauptstadt ließ er eine strategisch wichtige Straße, die Berge durchschnitt und Täler einebnete, bis zur Grenze bauen. Tatsache ist, daß er die Beamtenhierarchie rationalisierte, die Provinzen in überschaubare Einheiten unterteilte, die Zahl der Staatsdiener erhöhte; er sorgte durch gute Gehälter, Leistungszulagen und durch grausame Bestrafung von Pflichtversäumnissen für ein hohes Niveau bei der Beamtenschaft. Er zerstörte regionale Bindungen, oder versuchte es jedenfalls, indem er Tausende von Landbesitzern enteignete. Sie und ihre Familien wurden in Wüstengebiete an der Grenze deportiert, um dort das Land zu bestellen, während ihre Güter unter den ansässigen Bauern aufgeteilt wurden. Um den Einfluß der verbleibenden Aristokratie zu verringern, zwang er die Adligen, regelmäßig und mit großem Kostenaufwand seinen Hof zu besuchen – eine Maßnahme, die sich fast 2000 Jahre später in Japan die Tokugawa-Dynastie und in Frankreich Ludwig XIV. zu eigen machten.

Schon zu Beginn seiner Regierungszeit setzte Shih Huang Ti den Einfällen der Nomaden ein Ende. Seit undenklicher Zeit war China von dem Nutzen von Schutzwällen überzeugt und hatte sie in großer Zahl an der Nord- und Nordwestgrenze errichtet. Shi Huang Ti ließ sie reparieren und verstärken und verband sie zu einer circa 2300 Kilometer langen Mauer von der Breite einer

Straße, die im Abstand von jeweils zwei Bogenschüssen mit Wachtürmen versehen war. Rauchsignale bei Tag und Leuchtfeuer bei Nacht warnten vor Überfällen. Für dieses Riesenwerk setzte er fronende Bauern, Kriegsgefangene, Bettler, Verbrecher und Sklaven ein. Der Bau der »Großen Mauer« soll 1000000 Menschenleben gekostet haben.

Ihre Instandhaltung forderte weitere Opfer. Jeder Wachturm mußte besetzt werden, und wer als Wehrpflichtiger an die Mauer geschickt wurde, sah selten die Heimat wieder. Die in nahezu ausgestorbenen Dörfern zurückgebliebenen Frauen bestellten nicht nur die Felder, sondern mußten das Garn zum Zeltemachen spinnen, eine Art der Besteuerung, die eine unerträgliche Last für sie darstellte.

Die »Große Mauer« war nur eine, wenn auch die spektakulärste von Shih Huang Tis Leistungen. Er ließ ein Netz von Straßen durch das ganze Land ziehen und versuchte, den Gelben Fluß durch ein System von Dämmen und Wehren in den Griff zu bekommen. Auch dazu setzte er Zwangsarbeiter ein. Die Bauern, die aus der Deportation und Enteignung der Gutsherren Nutzen gezogen hatten, waren jetzt stärker belastet als zuvor. Dennoch schuf die tyrannische Herrschaft des Kaisers ein geeignetes, gut organisiertes Reich. Er normte Maße und Gewichte, legte die genaue Breite der neuen Straßen, die Größe der Karren und die Breite der Wagenachsen fest. Er beauftragte Gelehrte damit, das Durcheinander der Schriften zu entwirren, das in den letzten Jahrhunderten in den einzelnen Staaten entstanden war. Nach seinem Willen sollte es zukünftig nur eine offizielle Möglichkeit geben, die chinesische Sprache zu schreiben, eine Entscheidung von ausschlaggebender Bedeutung für die künftige Verwaltung. In China wurden so viele unterschiedliche Dialekte gesprochen worden, daß keiner der *gesprochenen* Dialekte allgemein verständlich war. Die chinesische Schrift dagegen, im Unterschied zu alphabetischen Schriften an die Bedeutung und nicht an den Klang der Worte gebunden, wird von allen verstanden, die lesen können. Natürlich konnte damals die breite Masse der Bevölkerung weder lesen noch schreiben.

Die Schrift blieb der Übermittlung wichtiger Nachrichten vorbehalten. Schreiben und Lesen für alle anderen Zwecke erschienen verdächtig. So war der Privatbesitz und die Verbreitung von Büchern verboten. Von jedem Klassiker wurde je ein Exemplar in der Kaiserlichen Bibliothek aufbewahrt. Die Werke durften nur zu Forschungszwecken und selbst dann nur mit ausdrücklicher behördlicher Genehmigung gelesen werden. Alle anderen Bücher wurden beschlagnahmt und verbrannt. Auf die Nichtabgabe, das Lesen oder auch nur Diskutieren eines Buches stand als Strafe Zwangsarbeit oder sogar der Tod für die ganze Familie. Etwa 460 Menschen wurden hingerichtet. Es ist daher kaum verwunderlich, daß diese »gigantische Bücherverbrennung« ihr Ziel schließlich erreichte. Shih Huang Ti befahl auch die Vernichtung aller regionalen Chroniken und Aufzeichnungen, um die darin beschlossenen lokalen Bindungen zu zerstören.

Shi Huang Ti war ein Megalomane, der große Angst vor dem Tod hatte; wiederholt versuchte er erfolglos, ein Lebenselixier zu entdecken. Seine vielen Paläste verbanden Geheimgänge miteinander, um bei Gefahr einen sicheren Rückzug zu ermöglichen. Kein Höfling durfte bewaffnet vor ihn treten – eine Vorschrift, die ihn fast das Leben gekostet hätte, als ein Attentäter kühn bis zu ihm vordrang und sein Schwert zog. Da alle Höflinge unbewaffnet waren, griff der kaiserliche Arzt beherzt zu seiner Tasche und schlug mit ihr auf den Eindringling ein. Der Attentäter war der Situation nicht gewachsen, und nach einem unwürdigen Haschmich-Spiel um eine Säule herum, gelang es Shih Huang Ti, selbst zur Waffe zu greifen. Die Höflinge, so berichtet der Historiker Ssu Ma Ch'ien, waren »völlig fassungslos und rannten ziellos umher«.[7]

Schließlich starb er noch vor Vollendung seines 50. Lebensjahres eines natürlichen Todes und wurde zusammen mit 6000 lebensgroßen Tonsoldaten begraben, die ihn schützen sollten (210 v. Chr.). Er glaubte, seine Dynastie würde »10000 Generationen« bestehen – sie überlebte ihn nicht einmal fünf Jahre.

Seine Generäle verstrickten sich in einen Bürgerkrieg. Nach diesem Zwischenspiel fiel der Sieg Liu Pang zu, dem Begründer der Han-Dynastie, der in Wirklichkeit Kao Tsu hieß. Er stammte aus der Provinz Han und kam aus dem Bauernstand. In schlechten Zeiten hatte er sich als Bandit durchgeschlagen; schließlich entwickelte er sich zum erfolgreichen Kriegsmann. Er pflegte zu sagen, er habe sich nur mit einem Leinenkittel und einem ein Meter langen Schwert zum Kaiser gemacht, und bis an sein Lebensende trug er gern einen bäuerlichen Bambushut. Seine schlaue alte Ehefrau, eine Bäuerin, wurde als Kaiserin verehrt; sie tolerierte – wie andere Kaiserinnen vor ihr und nach ihr – seine Konkubinen, intrigierte aber zugunsten ihrer eigenen Kinder.

Kao Tsu übernahm Shih Huang Tis Verwaltungssystem, die

Straßen, die Bewässerung, die geplanten Bauwerke und natürlich die Große Mauer. Sie war zu dieser Zeit noch unvollendet und wahrscheinlich personell unterbesetzt. In der Frühzeit seiner Regierung marschierte Kao Tsu kühn gegen die Nomaden, wurde jedoch umzingelt und gefangengenommen. Er erkaufte sich die Freiheit, indem er einem wichtigen Barbarenhäuptling eine Prinzessin und einen jährlichen Tribut bot. Zu den Tributlieferungen gehörte auch Seide; voller Verachtung stellten die Chinesen fest, daß die Nomaden sie zur Jagd, im Krieg und zu anderen groben Arbeiten trugen, sie in Fetzen rissen und sich dann beschwerten, sie halte sich nicht gut.

Historiker bezeichnen eine Spanne von über 400 Jahren als »Han-Dynastie« – von der Regierungszeit des Kao Tsu im Jahre 202 v. Chr. bis zum Jahre 220 n. Chr. Die ersten Jahrhunderte gehören zu den bedeutendsten Epochen chinesischer Kultur. (Man ist versucht, diese Daten mit jenen der Größe Roms für etwa die gleiche Zeitspanne zu vergleichen.) Der Begründer der Dynastie gehörte nicht zu ihren bedeutendsten Herrschern, man muß es ihm jedoch hoch anrechnen, daß er trotz Beibehaltung der Verwaltungsstruktur des Shi Huang Ti mehr Menschlichkeit in seinen Regierungsgeschäften verwirklicht hat. Er selbst bezeichnete sich als Konfuzianer und war im wesentlichen tolerant. Nicht intellektuell genug, um Intellektuelle für gefährlich zu halten, lockerte er das Lese- und Diskussionsverbot: Sollten die Gebildeten nur schwatzen, soviel sie wollten – Schaden würden sie damit nicht anrichten. Weiterhin gewährte er dem Volk die Freiheit, nach Belieben Lokalgötter zu verehren; sogar in seiner Hauptstadt Chang-an durften sie ihre Schreine errichten und ihre Gottesdienste abhalten. Nach Shih Huang Ti erfreute sich Kao Tsu großer Beliebtheit. Er war zwar gewöhnlich, launenhaft und manchmal grausam, andererseits durchaus zugänglich, einem Scherz nicht abgeneigt und ein Mann mit gesundem Menschenverstand. Er liebte seine Familie und zeigte sich seinen Anhängern dankbar. 143 seiner Freunde erhob er in den Adelsstand, viel zu vielen Angehörigen seiner Sippe verschaffte er hohe Staatsämter. Das Ende vom Lied war ein halbes Jahrhundert voller Morde, Intrigen und erneutem Bürgerkrieg nach seinem Tod.

Die große Zeit der Han kam mit dem Kaiser Wu Ti, der 53 Jahre lang herrschte (von 141–84 v. Chr.), und für die Geschichte Chinas und Ostasiens eine ähnlich wichtige Bedeutung besitzt wie Kaiser Augustus für den römischen Westen. Aber er war kein

Neuerer. Seine Leistung war es vielmehr, Regierungsmethoden zu stabilisieren und politische und moralische Traditionen zu konsolidieren, die sich als weit einflußreicher als die des Römischen Reiches erwiesen und sich ihre Lebenskraft sehr viel länger bewahrten.

Wu Ti hatte begriffen, wie geeignet die konfunzianische Lehre für die Beamtenschaft war. So machte er für Kandidaten, die sich den 124 v. Chr. eingeführten Aufnahmeprüfungen für den Staatsdienst unterzogen, eine gründliche Kenntnis der Werke des Konfuzius zur Pflicht. Die Verwaltung lag auf diese Weise in den Händen einer notwendigerweise kleinen, aber hochgebildeten Schicht. Natürlich funktionierte dieses System nicht immer. Ein gewisses Ausmaß an Bestechung schlich sich ein, und unter weniger gewissenhaften Kaisern und weniger gestrengen Prüfern sank das Niveau der Beamtenschaft. Aber unter Wu Ti wurde die Qualität beibehalten, und eine Verschlechterung unter späteren Kaisern führte fast immer zu Reformen. Wu Ti war zwar von der Bedeutung der konfuzianischen Lehre für den Staat überzeugt, fühlte sich aber privat zu dem Naturmystizismus der Taoisten hingezogen. Schmerzlich empfand er das Fehlen eines religiösen Konzeptes, das es vermocht hätte, die Nation zu einen und die Autorität des Kaisers zu sanktionieren. Er führte zwei Jahresfeste ein; das eine war dem »Höchsten Wesen« auf dem Heiligen Berg T'ai Shang in Shantung geweiht, dessen Gipfel angeblich den Himmel berührt, das andere dem Erdgeist. Letzteres war zum Teil ein Zugeständnis an die vielen lokalen Götter, die von den Bauern verehrt wurden, zum Teil ein Symbol für die Stellung des Kaisers als Vermittler zwischen Himmel und Erde zum Wohle seines Volkes.

Wu Ti hielt sich nicht an das überlieferte chinesische Diktum von der Weisheit des Alters, sondern suchte sich stets jüngere Ratgeber. Er förderte die Gelehrsamkeit durch Gründung der Kaiserlichen Akademie, einer Einrichtung für die höhere Schulbildung der Jugend, die für sich in Anspruch nehmen kann, die erste formelle Universität der Welt zu sein. Er gab auch den Anstoß zur Erstellung einer Enzyklopädie des Wissens, deren Fertigstellung er zwar nicht mehr erlebte, die aber von späteren Generationen vollendet wurde. Zu seiner Zeit setzte in China auch das Studium der Zahlentheorie ein, die ersten Landkarten entstanden, die Sonnenuhr wurde eingeführt, und man begann mit der Beobachtung der Sonnenflecken.

Zu den Glanzstücken seiner Herrschaft gehört das *Shih Chi,* ein von dem Gelehrten Ssu-ma Ch'ien verfaßtes chinesisches Geschichtswerk. Ssu-ma Ch'ien behandelt in seiner historischen Darstellung mit großem Verständnis und umfassendem Interesse den menschlichen Aspekt. Er schreibt über politische Geschichte, ihren geographischen Hintergrund, die Bedeutung von Flüssen und Kanälen, über Sozial- und Kulturgeschichte (wobei er ein profundes musikalisches Wissen an den Tag legt); er stellt Währungs- und Kreditprobleme dar, untersucht Zustand und Wandel wirtschaftlicher Strukturen und schildert anschaulich die Lebensgeschichte großer Männer – unermüdlicher Forscher und begeisterter Historiker zugleich. In seiner Lebensmitte hatte er das Unglück, fälschlich in den Verdacht der Untreue gegenüber dem Kaiser zu geraten. Vor die Wahl zwischen Tod und Kastration gestellt, kam er nach qualvollen Überlegungen zu dem Schluß, daß es besser sei, die größte Demütigung über sich ergehen zu lassen, die für einen chinesischen Edelmann denkbar war, als sein Werk unvollendet zu lassen.

Während der langen Regierungszeit von Wu Ti erreichte die Han-Kultur ihren Höhepunkt. Nie waren die Jadeschnitzereien zierlicher; die Reichen schätzten sie als Siegel, Anhänger, Schnallen und Spangen. In diesen Kunstwerken verbanden sich für den gebildeten Chinesen die Freude am Schönen und der sinnliche Genuß an der Berührung. Zur gleichen Zeit erreichte die Lackkunst große Vollkommenheit: Schachteln, Schalen, Tabletts, Tische und Griffe aus diesem Material waren sehr begehrt. In Szechuan, dem Mittelpunkt der Lack-Industrie, belieferten gut ausgelastete Werkstätten in großer Zahl den Luxusmarkt. Seidenmalereien in seltener Vollendung wurden geschaffen, während die Erfindung des Papiers im 1. Jahrhundert v. Chr. dem Pinsel des Künstlers ein neues Arbeitsgebiet bot. Die Häuser der Reichen waren mit großen Wandgemälden geschmückt, die Kaiserpaläste voll von Intarsienarbeiten und Malereien auf Holz. Mit Flüssen, Seen und Wasserfällen waren die kaiserlichen Parks liebevoll gestaltet; seltene Vögel und Säugetiere bevölkerten sie.

Da alle chinesischen Bauwerke aus Holz bestanden, haben nur wenige überdauert; dank des Brauchs bemalter Keramikmodelle als Grabbeigaben jedoch können wir uns trotzdem einen gewissen Begriff von ihrer Pracht machen, während bescheidenere Modelle von Bauernhöfen und -häusern uns eine Vorstellung davon geben, wie die wohlhabenderen Bauern lebten.

Die meisten chinesischen Bauern freilich lebten nicht im Überfluß, und unter Wu Ti gab es nicht nur gute Zeiten. Er hatte seinem Volk Frieden und Wohlstand gebracht und dennoch dachte er sich nichts dabei, Gehöfte zu zerstören und ganze Dörfer umzusiedeln, um Platz für seine Jagdreviere zu schaffen. Der Fürst, sein Bruder und die Prinzessin, deren Grabgewänder aus Jade nach ihrem Fund 1968 so großes Aufsehen erregten, sind überzeugende Beispiele für die materialistische Einstellung und den Aberglauben, die noch immer bei gebildeten Chinesen hoch im Kurs waren. Kunstwerke von großer Schönheit wurden mit dem königlichen Paar in die Erde versenkt; die Grabgewänder jedoch, die so viel Sorgfalt und handwerkliches Können erforderten, sind unschöne Kuriositäten, die ihren Zweck, die Toten auf ewig zu bewahren, sichtlich verfehlt haben.

Neben Wu Tis Rücksichtslosigkeit bei der Ausgestaltung seiner Jagdparks muß man freilich auch seine erfolgreichen Projekte zur Wiedergewinnung von Wüsten- und Sumpfland sehen, die Eindeichung und Eindämmung des Gelben Flusses und die Bewässerungsmaßnahmen in Verbindung mit einem Kanalschiffahrtssystem. All dies erhöhte die Produktivität von Landwirtschaft und Handel und half den Bauern. Als im Norden eine Hungersnot ausbrach, die durch neuerliche Nomadeneinfälle noch verschlimmert wurde, siedelte der Kaiser große Teile der geschlagenen Bevölkerung um und machte sie im Süden seßhaft. Das kann sicherlich nicht ohne schwere Leiden und Verluste für den einzelnen geschehen sein, war aber langfristig eine konstruktive Maßnahme, die viele Menschen vor dem Verhungern rettete und die Lebensmittelversorgung ganz allgemein verbesserte.

Bedeutsamer für das Wohl seiner Untertanen waren seine entschlossenen und letztlich erfolgreichen Pläne, den Einfällen der Hsiung-nu Einhalt zu gebieten: Er verlängerte die Große Mauer nach Westen bis zu dem sogenannten Jade-Tor, einem Paß in Kansu. Inzwischen entwickelten seine Generäle in kaiserlichem Auftrag eine neue Taktik, um die Eroberer zurückzuschlagen, wenn sie versuchten, die Mauer zu umgehen. Bisher hatten die Chinesen entweder zu Fuß oder im Streitwagen gekämpft. Der Streitwagen wurde jetzt zugunsten leichter Kavallerie aufgegeben, die, wie die Nomaden, auf Steppenpferden kämpfte. Damit konnte man den Angreifern mit ihren eigenen Mitteln – Geplänkeln und Störmanövern – begegnen. Doch die wirkungsvollste Verteidigung war nach ihrer Fertigstellung die Chinesische Mauer selbst, voll besetzt mit zwangsverpflichteten Bauern, von denen viele mit einer neuartigen Armbrust ausgerüstet waren. Über mehrere Generationen ließen die Hsiung-nu von China ab.

Noch vor der Fertigstellung der Mauer war Wu Ti auf den Gedanken gekommen, sich nach Verbündeten gegen die Angreifer umzusehen. Ein anderes Nomadenvolk, die Ta-Yüeh-Chi, hervorgegangen aus einer Gruppe von Stämmen an der südwestlichen Grenze, war von den Hsiung-nu von ihren Weidegründen vertrieben worden und hatte sich angeblich nach Westen in das asiatische Hinterland zurückgezogen. Wenn es gelang, sich mit ihnen in Verbindung zu setzen, konnten sie sich mit den Chinesen zusammentun und den Hsiung-nu in den Rücken fallen.

Chang Ch'ien, ein unerschrockener Mann, halb Boschafter und halb Entdecker, wurde ausgeschickt, um sie zu suchen. 13 Jahre später kam er zurück; inzwischen war die Mauer fertiggeworden, die Hsiung-nu hatten sich zurückgezogen, und ein Bündnis erschien nicht mehr so dringlich. Doch seine erstaunliche Reise brachte wichtige Ergebnisse: Er hatte China durch das Jade-Tor verlassen, war am Rand der Wüste von Taklamakan von den Nomaden gefangengenommen und mehrere Jahre festgehalten worden. Später setzte er seine Reise fort und erlebte eine seltsame und erfreuliche Überraschung. Die Ta-Yüeh-Chi hatten auf ihrem langen Treck nach Westen das Bergreich Baktrien erreicht. Dieses von Alexander dem Großen eroberte Gebiet war nach seinem Tod Teil des syrisch-persischen Reiches von Seleucus I. Nikator geworden, eben jenes Monarchen, der gegen 500 Elefanten Chandragupta seine indische Provinz Gandhara überlassen hatte. Im Lauf der Zeit löste sich Baktrien unter einem aufständischen Statthalter vom Seleukidenreich und wurde zur unabhängigen Monarchie, in der sich griechische und indische Einflüsse verbanden. Der interessanteste ihrer Könige, Menander (von den Indern Melinda genannt), war Buddhist geworden; in der buddhistischen Literatur hat er aufgrund eines Berichtes über seine Bekehrung in dem Werk *Dialog des Melinda* eine gewisse Bedeutung erlangt. Kurz nach seinem Tod fielen die flüchtenden, aber noch immer furchterregenden Ta-Yüeh-Chi auf der Suche nach neuen Siedlungsplätzen in das indo-griechische Baktrien ein. Sie übernahmen zwar die Macht, aber sie waren keine Zerstörer und adaptierten im Lauf ihrer Herrschaft viele indogriechische Wesenszüge.

Dies war das Land, in das Chang Ch'ien nach seiner langen Irrfahrt geraten war: Ein zivilisiertes Land mit schönen Bauwerken und Skulpturen und einer gebildeten Oberschicht. Er kehrte wohlbehalten nach China zurück, ohne große Hoffnungen auf ein Bündnis, aber mit anderen Schätzen: der Weintraube, dem

Halfagras und der Kunde von einer prachtvollen Pferderasse. Der Kaiser war sofort Feuer und Flamme, und die sogenannten »himmlischen Pferde«, die Pferde Baktriens, wurden in China eingeführt, avancierten zum Stolz und zur Freude des kaiserlichen Gestüts und dienten – zum Entzücken der Nachwelt – als Modell für einige der schönsten Bronzen und Jadefiguren der Han-Zeit.

In Baktrien hörte Chang Ch'ien von großen Ländern weiter im Westen – von Syrien, Ägypten, Karthago, Griechenland. Vermutlich sah er in Baktrien chinesische Seide und erfuhr, daß sie aus Indien eingeführt worden war. Hier zeichneten sich deutlich Möglichkeiten für einen direkten Handel mit Baktrien und dem ferneren Westen ab. Auf dem Weg, den die Ta-Yüeh-Chi gewählt hatten und auf dem Chang Ch'ien ihnen gefolgt war, konnte eine Handelsroute eröffnet werden, indem man eine Karawanenstraße mit Rastplätzen und Militärposten einrichtete. Kaiser Wu Ti schickte, die organisatorischen Möglichkeiten seines Reiches nutzend, ein auf 30 000 Mann geschätztes Heer aus, teilweise, um den chinesischen Anspruch auf unbehelligte Durchreise zu dokumentieren, vor allem aber, um die »himmlischen Pferde« zu holen. Die Demonstration gelang, allerdings um den Preis vieler Menschenleben. Im folgenden Jahrhundert entstand die berühmte Seidenstraße von China in den Westen – über Kashgar, dann südlich abzweigend nach Baktrien und Indien, westlich nach Persien, Syrien und zum Mittelmeer. Seide, jener glänzende Stoff, dessen Herstellung über viele Generationen ein Geheimnis der Chinesen blieb, bildete den wichtigsten Exportartikel. Aber auch andere Waren verließen über diese Route das Land: Stickereien, Elfenbeinschnitzereien und viele kleine, leicht transportierbare Kunstwerke aus Bronze und Jade. In späteren Jahrhunderten kamen Tee und Porzellan hinzu. Als Gegengaben für die Weintraube und das Halfagras erhielt Europa aus China die Aprikose und den Pfirsich.

Die Reise des Chang Ch'ien hatte weiterreichende Folgen: Warum sollten nicht die Chinesen ihre Kenntnisse und Waren auch auf dem Seeweg transportieren? Chinesische Schiffe wagten sich weiter von den Küsten weg und erreichten Korea, das sie zum größten Teil kolonisierten. Sie kamen auch nach Japan, fanden jedoch an dem kahlen, rückständigen Land keinen Gefallen. Dafür machten sie bald den indischen Handelsschiffen auf den südlichen Meeren Konkurrenz.

VIER

CIRCA 300 V. CHR. – 70 N. CHR.

1. Rom und Karthago – Die Sklaverei in der römischen Gesellschaft – Patrizier und Plebejer – Die Gracchen – Sklavenaufstände – Marius und Sulla – Pompejus, Crassus, Julius Cäsar und der Untergang der Republik – Das Römische Reich unter Augustus

Nach der Plünderung Roms durch die Gallier wurde die Stadt wieder aufgebaut, die Befestigungsanlagen wurden repariert und verbessert. Rom war bereits dicht besiedelt, allerdings stellte es damals nicht mehr als eine ungeplante Ansammlung krummer, ungepflasterter Gäßchen dar. Der große Saturntempel am Hang des Kapitolinischen Hügels war vermutlich das einzige auch nur annähernd eindrucksvolle Bauwerk. Die neue Umfassungsmauer besaß einen Umfang von 11 Kilometern. Da sich die ursprünglichen Siedlungen auf den Hügeln befanden, lag der zentrale Marktplatz, das *Forum*, im Tal, durch das auch die Hauptkanalisation, die *Cloaca maxima*, floß. Der erste Ansatz zu einer Verbesserung der Wasserversorgung, der Bau eines 16 Kilometer langen gedeckten Aquädukts, wurde erst 312 v. Chr. unternommen.

Intellektuell waren die Römer weniger rege als die Griechen, sie besaßen jedoch Energie, Ausdauer und einen ausgeprägten Erwerbssinn. Außerdem waren sie entschlossene Krieger und hervorragende Organisatoren, was sie bereits im 3. Jahrhundert v. Chr. bewiesen, als die wachsende Bevölkerungszahl sie zwang, Pläne für die Lieferung und Verteilung von Getreide zu einem angemessenen Preis in großem Maßstab auszuarbeiten.

Wenn auch die Gallier Rom nie mehr so bedrohlich nahekamen, so blieben sie über mehr als ein Jahrhundert doch eine immer wiederkehrende Gefahr; überall – bis hinunter nach Sizilien – mußte man mit ihren Überfällen rechnen. Erst gegen Ende des 3. Jahrhunderts v. Chr., nach dem Sieg der Römer bei Telamon, gelang es, sie auf das Gebiet zwischen Alpen und Apennin zurückzudrängen.

Militärischer Erfolg galt für den römischen Adel als anerkannter Weg zur Macht; die Einigung Italiens unter römischer Herrschaft wurde das Ziel der Aristokratie. Das bedeutete die Unterwerfung der griechischen Kolonien im Süden. Diese wandten sich hilfesuchend an Pyrrhus, den König von Epirus, einen kühnen Abenteurer, der sich fälschlicherweise für einen zweiten Alexander hielt. Tatsächlich schlug er die Römer zweimal, allerdings unter so schweren Verlusten, daß er den Krieg nicht fortsetzen konnte. Seine Verbündeten ihrem Schicksal überlassend, kehrte er nach Griechenland zurück und kam wenig später bei einem Straßenkampf ums Leben. Der Ausdruck »Pyrrhussieg« für einen zu teuer bezahlten Erfolg in der Schlacht ist sein einziges Denkmal. Die Römer setzten ihre Expansionspolitik fort und waren Ende des 3. Jahrhunderts v. Chr. die Herren Italiens.

Nach Möglichkeit versöhnten sie die Besiegten durch freundliche Behandlung, Widerstand aber wurde energisch gebrochen. Den willfährigeren unter den von ihnen unterworfenen Kolonien billigten sie das römische Bürgerrecht zu; andere mußten Tribut zahlen und Truppenkontingente für das römische Heer stellen, durften sich aber selbst verwalten. Die widerspenstigsten wurden der direkten Kontrolle Roms unterstellt. In allen hinzugewonnenen Gebieten gründeten die Römer eigene Kolonien, zunächst nur an strategisch günstig gelegenen Punkten, später überall dort, wo sich fruchtbares Ackerland fand. Das wachsende Imperium war durch gute Straßen verbunden, bei deren Bau die Römer ihre mathematische Begabung praktisch umsetzen konnten. Die erste dieser Straßen war die Via Appia von Rom nach Capua; mit ihrem Bau war Ende des 4. Jahrhunderts v. Chr. begonnen worden, und sie wurde nach der Ausdehnung des römischen Machtbereichs bis nach Brindisi verlängert. Es folgte die Via Flaminia, die Rom mit Rimini und der Adriaküste verband. Zunächst hauptsächlich für militärische Zwecke gedacht, war sie später auch eine Hilfe für den privaten Verkehr und Handel, der durch die Prägung von Silber- und Bronzemünzen mit festgelegtem Gewicht angeregt wurde.

Die Karthager, bisher Herren des westlichen Mittelmeers, bekamen es mit der Angst zu tun, als Rom seine Machtsphäre bis nach Süditalien hinein ausweitete. Einst war man der Hirtenstadt am Tiber herablassend-freundschaftlich entgegengekommen; so ist die älteste authentische römische Aufzeichnung ein Vertrag mit Karthago aus dem 6. Jahrhundert v. Chr. Die spätere Feindschaft mit Rom erwuchs aus Rivalität und Angst. Die Karthager besaßen Siedlungen auf Malta, Sardinien, Menorca, Westsizilien und an der Südküste Spaniens. Doch als sie das direkt gegenüber der Meerenge von Italien gelegene Messina besetzten, wehrten sich die Römer. Damit begann der 1. Punische Krieg, der 23 Jahre dauerte (264–242 v. Chr.) und damit endete, daß die Römer, die rasch ihr nautisches Können entwickelt hatten, die karthagische Flotte zerstörten.

Die Karthager zahlten eine Entschädigung und gaben Sizilien auf. Noch waren sie nicht geschlagen, aber durch die unvermeidliche Wartezeit bis zum Wiederaufbau ihrer Flotte gehandicapt. Überdies war ihre eigene Bevölkerung nicht groß genug, um das Heer zu bemannen, so daß sie auf Söldner zurückgreifen mußten, die meuterten, wenn der Sold ausblieb. Die Römer nutzten diese Notlage des Gegners, um Sardinien und Teile der illyrischen Küste zu besetzen. Inzwischen jedoch konnten die Karthager ihre Macht in Spanien ausbauen.

Noch ehe den Römern diese Entwicklung richtig bewußt geworden war, setzte sich der karthagische General Hannibal mit einer imposanten Armee, die ein Elefantenkontingent einschloß, von Spanien aus in Marsch und zog durch Südfrankreich zu den Alpen, der großen Bastion Italiens nach Norden hin. Es steht nicht fest, welchen Paß er für seine berühmte Alpenüberquerung ins Tal des Po wählte, wo viele Gallier zu ihm stießen. Zwei römische Armeen stellten ihn am Po, beide wurden geschlagen. Eine dritte Armee, die ihm nach Überquerung des Apennin den Weg abschneiden wollte, wurde am Trasimenischen See besiegt. Jetzt schickte Rom ein weit größeres Kontingent, das bei Cannae in die Flucht geschlagen wurde, wobei die Verluste der Römer auf 50 000 Mann geschätzt werden (216 v. Chr.). Daraufhin erhoben sich die Städte Süditaliens und Siziliens gegen Rom.

Doch die römische Marine blockierte Syrakus, das sich nach dreijähriger Belagerung ergab. Das Ereignis ist hauptsächlich deshalb denkwürdig geworden, weil in dieser Schlacht Archimedes, der größte Mathematiker der Antike, versehentlich getötet wurde; er war zu sehr in seine Berechnungen vertieft gewesen, um auf den Anruf eines römischen Soldaten zu reagieren.

Indessen lehnte Rom, von den Städten Süditaliens im Stich gelassen, Hannibals Bedingungen ab. Damit war er trotz seiner Siege in einer prekären Lage: Er verfügte über keine Seemacht, erhielt keine wirksame Unterstützung aus Karthago, und die Römer eroberten langsam, aber sicher Sizilien zurück. Auch bei den griechischen Staaten warben sie um Unterstützung, allerdings gelang es ihnen nicht, den König von Makedonien auf ihre

Seite zu ziehen. Hannibal eroberte jetzt Tarent, was Rom jedoch die Chance eröffnete, Capua zu belagern. Einmal wurde die Stadt von Hannibal entsetzt, aber die Römer nahmen die Belagerung wieder auf und ließen diesmal nicht locker, obgleich Hannibal fast bis vor die Tore Roms zog, um sie abzulenken. Rom verteidigte sich wacker; es war Capua, das sich ergab.

Inzwischen vertrieb der römische Kommandant in Spanien, Scipio, später Africanus genannt, die dort stationierten karthagischen Truppen, wandte sich dann nach Griechenland und schlug den Herrscher Makedoniens, einen Verbündeten Karthagos. Nun trennte ihn nichts mehr von Karthago selbst; Hannibal blieb nichts anderes übrig, als nach Afrika zurückzukehren. Die entscheidende Schlacht fand bei Zama statt, wo Scipio Hannibal besiegte (202 v. Chr.). Die Karthager lagen am Boden; die Römer eroberten alles – bis auf die Stadt Karthago selbst.

Der 2. Punische Krieg hatte 17 Jahre gedauert, das von beiden kriegführenden Parteien verwüstete Süditalien – mehr durch Hunger als durch den Krieg selbst – die Hälfte seiner Bevölkerung verloren. Es dauerte Jahrhunderte, bis sich die einst blühende Landwirtschaft wieder erholt hatte. Die Römer beherrschten jetzt Sizilien, Korsika, Sardinien und ganz Spanien bis auf dessen äußersten Westen. In den nächsten 50 Jahren liefen sie allmählich Griechenland den Rang ab, indem sie sich gezielt in den Kriegen und Rivalitäten der einzelnen Staaten engagierten. In der Schlacht von Pydna (168 v. Chr.) stand die berühmte griechische Phalanx – fast zwei Jahrhunderte lang unschlagbar – der römischen Legion gegenüber und wurde in weniger als einer Stunde vernichtet. Die Sieger verleibten sich Makedonien ein und schickten die Elite ihrer männlichen und weiblichen makedonischen Gefangenen nach Rom, wo sie als Sklaven verkauft wurden. Als der Seleukidenkönig Antiochos IV. versuchte, Ägypten zu erobern, machten die Römer deutlich, daß Ägypten unter ihrem Schutz stand. Antiochos mußte sich damit zufriedengeben, die Juden Palästinas zu schikanieren. Korinth, das leichtsinnigerweise den Römern die Stirn geboten hatte, wurde dem Erdboden gleichgemacht; im selben Jahr (146 v. Chr.) erging es Karthago, das einen Aufstand gewagt hatte, ebenso. Kaum mehr als ein halbes Jahrhundert hatte Rom gebraucht, um seine mächtigsten Feinde zu vernichten.

Seit vielen Generationen galt die Insel Rhodos als wichtigster Hafen im östlichen Mittelmeer. Die Römer eröffneten die Insel Delos als Freihafen und ruinierten damit die Wirtschaftsmacht von Rhodos. Die immer mehr an Kraft verlierende Dynastie der Ptolemäer in Ägypten bewahrte ihre Unabhängigkeit; das Mittelmeer aber war zu einem römischen Gewässer geworden.

Die Machtexpansion änderte den Charakter Roms und verwandelte Italiens Wirtschaft. In der Stadt drängten sich jetzt die Menschen, die auf importiertes Getreide angewiesen waren. Drei Aquädukte sicherten die Wasserversorgung, zwei davon verliefen unterirdisch, der dritte aber, der Aqua Marcia, führte das Wasser in einem von Bogen gestützten Kanal über unebenes Gelände. Es war dies das erste Beispiel römischer Ingenieurkunst und der Vorläufer jener gewaltigen Aquädukte, die noch heute das spanische Segovia und das französische Rhônetal an der Pont du Gard beherrschen.

Doch Rom fehlten die Wandelgänge und die Theater, Wahrzeichen selbst kleinerer griechischer Städte. Tempel und Schreine bestanden aus Backstein, und das Forum besaß bisher nur wenige bedeutende Bauwerke. Gegen einen Plan für ein öffentliches Theater legte der Senat 154 v. Chr. aus moralischen Gründen sein Veto ein. Die Römer der alten Schule klammerten sich an ein Ideal der Männlichkeit und Kargheit, ein Ideal, das der Kontakt mit der hellenischen Welt und der Handel mit dem Nahen Osten bereits unterminiert hatten. Seltene Gewürze, verfeinerte Lebensmittel, reicher Schmuck und silberner Zierat kamen ebenso in Mode wie orientalischer Luxus in Gestalt von Bettvorhängen und Tänzerinnen. Es gab auch nützliche Neuerungen: Zu dieser Zeit erfanden die Römer eine Laterne mit Scheiben aus durchsichtigem Horn.

Doch das waren Nebensächlichkeiten im Vergleich mit dem Wandel, der sich aufgrund der Kriegserfolge in der städtischen und ländlichen Gesellschaft vollzog. Lange hatten hauptsächlich Kriegsgefangene für den Nachschub an Sklaven gesorgt. In früheren Konflikten mit benachbarten Völkern waren Gruppen von 20, gelegentlich auch bis zu 100 Gefangenen auf dem Sklavenmarkt gehandelt worden. Für sie fanden sich ohne weiteres Tätigkeiten im häuslichen Bereich; die weniger Glücklichen wurden im Straßenbau und in den Bergwerken beschäftigt. Die bäuerliche Landwirtschaft, der Eckpfeiler der Wirtschaft in Italien, wurde dadurch kaum tangiert. Durch die Punischen Kriege änderte sich das: Eine gewaltige Flut von Sklaven schwemmte Arbeitskräfte nicht nur für Bergwerke und öffentliche Bautätigkeiten, sondern auch für die Feldarbeit ins Land. Die für Rom so lebenswichtigen Ernten auf Sizilien und Sardinien hätten ohne Sklavenarbeit nicht eingebracht werden können. Sklavenkolonnen arbeiteten in den Silberminen der Sierra Morena in Spanien und anderswo.

Indessen kauften die durch die Kriegsbeute reich gewordenen römischen Grundbesitzer den Bauern das Land ab, um ihren Familienbesitz zu vergrößern. Das fiel ihnen umso leichter, als die Bauern, deren gesunde Söhne eingezogen waren, häufig ihre Höfe nicht halten konnten. Den meisten Großgrundbesitzern ging es nur darum, alles Erforderliche für ihre Haushaltungen bequem bei der Hand zu haben. Sie gestalteten ihre Güter so, daß sie alles Lebensnotwendige und viele Luxusartikel selbst produzierten – Getreide und Öl, Wein und Obst, Fleisch und Geflügel, Vliese und Flachs, die in den Gutswerkstätten zu Stoffen gewoben wurden; Holz aus den Wäldern, manchmal Baumaterial aus den eigenen Steinbrüchen. Solche Selbstversorger beschäftigten Haus- und Ackersklaven in großer Zahl, nicht nur für die Arbeit im Haus und auf den Feldern, sondern oft auch als Verwalter, Aufseher, Buchhalter, Lehrer und Sekretäre.

Einige eher kommerziell eingestellte Gutsherren trachteten danach, sich auf ihren Gütern nicht nur ein schönes Leben zu machen, sondern auch Profite zu erzielen, indem sie die Märkte in Rom und den größeren Städten mit Wein, Öl, Honig, seltenen Früchten und Delikatessen wie Truthähnen, Fasanen und Tauben belieferten. Die Vermarktung erfolgte meist über Mittelsmänner, da der römische Adel den Handel Ausländern – Griechen, Syrern und Juden – oder der wachsenden Schicht der Freigelassenen überließ, gelegentlich sogar Sklaven, die die Geschäfte in Absprache mit ihren Herren führten und am Gewinn beteiligt waren.

Die Sklaverei war für die Wirtschaft und den Lebensstil Roms ebenso unabdingbar geworden, wie sie es lange Zeit bei den Griechen gewesen war. Wenn der Nachschub an Kriegsgefangenen stockte, sah man sich nach anderen Beschaffungsmöglichkeiten um. Nach Stammesfehden zwischen den Barbaren am Rande der griechisch-römischen Welt konnten die Händler Gefangene bei siegreichen Häuptlingen einkaufen; die Seeräuberei im Mittelmeer stellte eine weitere Quelle dar. Zentrum dieser Geschäfte war Delos, wo angeblich bis zu 10 000 Stück »menschlicher Ware« pro Tag umgesetzt wurden.

Kleinbauern, die den neuen Methoden nicht gewachsen waren, verließen das Land und vermehrten die Schar der städtischen Habenichtse. Damit waren auch die Bauernsöhne, aus denen sich einst das römische Heer rekrutiert hatte, nicht mehr greifbar. Den freien Handwerkern in den Städten wiederum fiel es zunehmend schwerer, Arbeit zu bekommen, weil viele Unternehmer in ihren Werkstätten lieber gut ausgebildete Sklaven beschäftigten. Dieser elementare Wandel in der Wirtschaft Roms war einer der Gründe für die Umwälzungen, die die römische Republik zugrunde richteten, wenngleich auch die ständigen internen Streitigkeiten in der Stadt selbst diesem Ende zutrieben.

Die Unterteilung in Patrizier und Plebejer geht bis in geschichtlich nicht zuverlässig belegte Zeiten zurück. Die Patrizier – die Oberschicht – waren vermutlich die Abkömmlinge der ursprünglich in Rom ansässigen Viehzüchter, die Plebejer hingegen die Abkömmlinge späterer Einwanderer. Mischehen zwischen den beiden Klassen waren untersagt, die Plebejer von allen Staatsämtern und der Mitwirkung an der Regierung ausgeschlossen.

Den Plebejern stand alsbald ein Druckmittel zur Verfügung: Sie erfanden die »secessio«, Auszug oder, wie wir heute sagen, Streik. Sie hörten einfach auf zu arbeiten und zogen sich vor die Stadtmauern zurück. Dank dieser Maßnahme erreichten sie zunächst, daß sie zwei Tribunen zur Wahrung ihrer Rechte wählen durften; später gelang ihnen die Gleichstellung mit den Patriziern vor Gericht, sie erhielten das Recht auf Einheirat in die Oberschicht, die Wählbarkeit in die verschiedenen Verwaltungs- und Staatsämter und in den Senat und das Recht auf eine eigene beratende Versammlung. Ende des 4. Jahrhunderts v. Chr. setzten sie die Bestimmung durch, daß einer der zwei jährlich gewählten Konsuln, der obersten Verwaltungsbeamten Roms, ein Plebejer sein mußte. Schließlich erhielten sie 287 v. Chr., nach dem längsten aller »Auszüge«, gesetzgebende Befugnisse. Eine von einer Mehrheit der Versammlung des *plebs* verabschiedete Resolution – ein Plebiszit – sollte Gesetzeskraft besitzen.

Soweit die Theorie; die Praxis sah ein wenig anders aus. Im allgemeinen wurde die gesetzgebende Gewalt von den Plebejern nicht genutzt und bestand gewissermaßen nur auf dem Papier.

Überdies hatte sich die einst scharfe Abgrenzung zwischen Patriziern und Plebejern durch den wirtschaftlichen Wandel verwischt. Seit urdenklichen Zeiten gab es ein System, das für Unbemittelte oder gesellschaftlich Tieferstehende die Möglichkeit vorsah, *clientes* von Patriziern zu werden. Das war eine sehr enge, häufig erbliche Beziehung. Der *cliens* konnte von seinem Herrn zu Hilfeleistungen, auch zu Kriegsdiensten, herangezogen werden. Der *patronus* hatte die Verpflichtung, dem *cliens* zu seinem Recht zu verhelfen. Fast alle achtbaren Plebejer waren durch

Klientschaft an eine Patrizierfamilie gebunden. Das Klientensystem bestand zumindest so lange, wie es die relativ wenigen großen Patrizierfamilien gab. Es verschaffte den Patriziern Ansehen und Macht, die nicht ausschließlich auf ihrem materiellen Wohlstand basierten. Aber im Lauf der Jahrhunderte wurden viele Plebejerfamilien ebenso wohlhabend und mächtig wie die Patrizier. Sie besaßen zwar keine *clientes,* sicher aber dankbare Gefolgsleute, und konnten sich Rückenstärkung bei der breiten Masse verschaffen, indem sie sich, wenn es ihnen zweckmäßig erschien, für ärmere Plebejer verwandten.

Ein echter Interessenkonflikt zwischen reichen Patriziern und reichen Plebejern bestand nicht. Natürlich gab es Bündnisse und Fraktionen, verschiedene Meinungen und verschiedene Richtungen in der herrschenden Klasse, zu der sowohl Patrizier als auch Plebejer gehörten. Hinzu kam das permanente Problem der Schuldner, der Landlosen und des städtischen Proletariats, für das in Krisenzeiten die eine oder andere der herrschenden Gruppen Lösungen vorbringen mochte.

Weiterhin kompliziert wurde die Situation durch die Entstehung einer dritten Gruppe, der *equites,* wörtlich Reiter oder Ritter. Diese hatten ursprünglich die Kavallerie des römischen Heeres gestellt. Sie waren Abkömmlinge kleiner Landbesitzer, immerhin reich genug, um ihren Söhnen Pferde zur Verfügung zu stellen. Die *equites* waren selten Großgrundbesitzer, verfügten aber über genug Land, um sich ihre finanzielle Unabhängigkeit zu bewahren: Die Grundsumme war der Wert von 400 000 Sesterzen. Sie lehnten es ab, ihre Unabhängigkeit durch Klientschaft zu gefährden, und da sie weder Patrizier noch Plebejer waren, besaßen sie keinen offiziellen Status im politischen Leben. Es ist deshalb irreführend, sie mit dem modernen Mittelstand gleichzusetzen. Eine Minderheit von ihnen war im Handel oder im Gewerbe tätig; sie übernahmen die Leitung von Bergwerken, den Bau von Straßen und die Ausführungen öffentlicher Arbeiten im Ausland, die Einziehung von Steuern, Zöllen und Hafengebühren. Einige wurden Geldverleiher, obwohl in diesem Geschäft manchmal auch Patrizier tätig waren. Die *equites* stellten eine große, unentbehrliche Gruppe dar, die freilich nicht in den Senat wählbar war.

Die neu erworbenen Gebiete mußten verwaltet werden. Den römischen Statthaltern und ihren Mitarbeitern, die Machtpositionen fern der Zentralverwaltung übernahmen, boten sich mannigfache Möglichkeiten zur Bereicherung. Das begann damit, daß sie von den Erträgen – aus einer gemäßigten Besteuerung – ihre eigenen tatsächlichen Ausgaben einbehielten, und hörte damit auf, daß sie eine Provinz nach allen Regeln der Kunst ausnahmen – durch Korruption, Erpressung und Berechnung von Wucherzinsen den Provinzstädten gegenüber, die in Geldnot geraten waren. Die Statthalter nutzten ihre Möglichkeiten ganz unterschiedlich, und gerechterweise muß man sagen, daß die Korruption in fast allen neuen Kolonien der Römer bereits vor ihrer Ankunft blühte und gedieh. Die örtlichen Steuereinnehmer und andere Beamte pochten nachdrücklich auf eigene feste »Rechte«, die selbst der mit den besten Absichten angetretene römische Statthalter nicht beschneiden konnte. In manchen Fällen war es sicher so, daß die Provinzen die Römer korrumpierten und nicht umgekehrt. Der Statthalter, der in die eigene Tasche wirtschaftete, war ein Unglück – nicht nur für die Regierten, sondern auch für Rom. Im 2. Jahrhundert v. Chr. war Reichtum der Schlüssel zur Macht geworden, und viele Angehörige der herrschenden Klasse – nach außen hin wohlhabend und verschwenderisch – hatten sich in Wirklichkeit in einem Labyrinth von Spekulationen und Schulden verrannt. Ihre mißliche Lage wurde durch die offizielle Vorherrschaft des Münzverkehrs nicht besser: Kredite wurden in Form von reichgefüllten Silbertruhen vergeben, Zinsen auf die gleiche Weise bezahlt, was zwangsläufig zu Verlusten und Diebstählen – zu Wasser und zu Lande – führte.

Das fürchterliche Vorspiel zum Zerfall der Republik stellte der Sklavenaufstand auf Sizilien im Jahre 135 v. Chr. dar, der erst nach drei Jahren unter Kontrolle gebracht werden konnte. Er unterbrach die Getreidelieferungen für Rom, was zu bitterer Not, zu Hunger und Aufständen unter den Armen der Stadt führte.

Inmitten all dieser Unruhen wurde Tiberius Gracchus zum Volkstribun gewählt. Er war bei seiner verwitweten Mutter, einer Tochter des Scipio Africanus, in einer kargen, intellektuellen und selbstgerechten Atmosphäre mit hohen Idealen aufgewachsen und hatte im Numantinischen Krieg gekämpft. Aus Erfahrung und eigenem Augenschein wußte er, daß es vordringlich war, wieder Kleinbauern aufs Land zu bringen, um den Nachschub an zuverlässigen Rekruten für das Heer zu sichern.

Als Volkstribun hatte er sich vorgenommen, durch Aufteilung und Beschlagnahme von Grund und Boden, den sich wohlhabende Bürger illegal angeeignet hatten, das Volk wieder auf dem

Land anzusiedeln und eine Obergrenze für die Landkäufe der Reichen festzulegen. Für diese Pläne fand er durchaus Unterstützung: bei einem der Konsuln, dem Vorsitzenden des Senats, und überraschenderweise bei dem Bruder des Konsuls, dem reichsten Mann Roms. Die Gegner des Plans waren zahlreicher als seine Befürworter, es fehlte ihnen jedoch an einer tatkräftigen Führung. Der Mittribun des Tiberius, ein gewisser Marcus Octavius, war ein Zauderer, der offenbar für den Fall, daß Tiberius auf seinen Absichten bestand, eine ernsthafte Krise prophezeite.

Tiberius ließ sich nicht von seinem Ziel abhalten und brachte die Resolution in die Volksversammlung ein, illegal in Besitz genommenes Land zu beschlagnahmen und umzuverteilen. Marcus Octavius legte gegen die Vorlage sein Veto ein. Tiberius setzte ihn ab (was ungesetzlich war), ließ Beschlagnahme und Wiederansiedlung anlaufen und überzeugte den Senat sogar, Mittel für diese Maßnahmen zur Verfügung zu stellen. Der kinderlose König von Pergamon in Kleinasien, seit langem ein Verbündeter Roms, hatte kürzlich sein ungeheuer reiches Land den Römern hinterlassen. Aus dieser Quelle erhielten Tausende von Kleinbauern eigene Höfe.

Tiberius hatte jedoch den giftigen Haß unterschätzt, der ihm nun entgegenschlug. Nach Ablauf seines Amtsjahres stellte er sich zur Wiederwahl. Dieser fast beispiellose Schritt kostete ihn viele Anhänger und versetzte seine Gegner in Wut. Sie ermordeten ihn während des Wahlgangs; später spürten sie noch 300 seiner Gefolgsleute auf, die sie ebenfalls umbrachten.

Damit endete in Rom die traditionelle Achtung vor dem Gesetz. Die Abfolge von Massenaufwiegelung, Furcht, Vergeltung und Mord wurde zum Schema für die künftige Entwicklung.

Zehn Jahre später wurde Gaius Gracchus, der jüngere Bruder des Tiberius, zum Volkstribun gewählt. Fähiger als sein Bruder, hofierte er gleichzeitig die *equites* (die Ritterschaft) und die unterdrückten Massen. Er erließ die *Lex Frumentaria,* ein Gesetz, das die Abgabe von Getreide an das Volk zu einem stark subventionierten Preis vorsah, und setzte die Siedlungspolitik seines Bruders fort, indem er neue bäuerliche Kolonien in Süditalien und Afrika gründete. Die *equites* gewann er durch ein Programm öffentlicher Straßen- und Hafenbauarbeiten für sich, bei denen sie ihre organisatorischen Fähigkeiten einsetzen konnten und das ihnen gewinnträchtige Kontrakte, Steuerverpachtungen in Pergamon und anderswo garantierte. Indem er ihnen das Recht einräumte, als Geschworene in Erpressungsverfahren zu fungieren, versuchte er, die Habgier der Provinzstatthalter einzudämmen.

Dank seiner Erfolge im ersten Amtsjahr, der Großzügigkeit und Weisheit seiner Maßnahmen schien seine Zukunft gesichert.

Nach der Wiederwahl zum Tribun tat er seine Absicht kund, allen Italienern das Bürgerrecht zu verleihen, das bisher Rom und den Römern vorbehalten gewesen war. Die Wirkung dieser Ankündigung war katastrophal: Der Großstadtpöbel schäumte, weil ein Vorrecht, auf das man stolz gewesen war, jetzt Allgemeingut werden sollte. Die *equites* und Senatoren waren tief gekränkt. Gaius mußte sich eine Leibwache zulegen; der Senat erklärte ihn – mit der Begründung, die Republik sei in Gefahr – zum Staatsfeind und schickte Militär, um ihn zu verhaften. Er versuchte aus Rom zu fliehen, wußte aber, daß er das Spiel verloren hatte, und stoizistischen Grundsätzen getreu – sein berühmter Großvater wäre mit ihm zufrieden gewesen – wies er einen seiner Sklaven an, ihn zu töten (121 v. Chr.). Wie sein Bruder hatte er die Skrupellosigkeit seiner Gegner unterschätzt, die ihren Triumph mit einem Gemetzel unter seinen Anhängern feierten. Nach glaubhaften Zeugnissen soll es 3000 Opfer gegeben haben.

Inzwischen plünderten Senatoren und *equites* – jeweils in ihrem Zuständigkeitsbereich – das Königreich Pergamon aus, das jetzt als römische Provinz Asia hieß. Es war ein Land mit blühender Landwirtschaft und berühmter Viehzucht, dessen Häfen einen schwunghaften Handel mit dem Orient trieben. Auch die Bildhauerkunst, die auf griechische Einflüsse zurückging, besaß dort eine lange Tradition, und es lag nahe, daß man die besten Stücke nach Rom schaffte. Der sogenannte »Sterbende Gladiator«, heute im Kapitolinischen Museum zu besichtigen, ist eins der schönsten Beispiele. Pergamon war über mehrere Generationen ein loyaler und wertvoller Bundesgenosse gewesen. Die Römer brauchten wenig mehr als 50 Jahre, um das Land durch Plünderung und Korruption restlos auszubluten.

Die Patrizier nannten sich nun *Optimates*, die Besten, ihre Gegenspieler legten sich die Bezeichnung *Populares* zu. Die Maßnahmen der Gracchen – Neuansiedlung auf dem Land und Abgabe von billigem Getreide – wurden später erfolgreich nachgeahmt. Daß es ihnen mit ihrem Versuch ernst war, das Problem städtischer Armut zu lösen, kann kaum bezweifelt werden, aber beide Gruppen gefielen sich in übersteigertem Selbstbewußtsein und starken persönlichen Machtgelüsten. Sie tragen zumindest zum Teil die Verantwortung für die von ihnen ausgelösten Gewalttätigkeit, die zum Merkmal römischer Politik werden sollte.

14 Jahre später wurde Marius, ein tüchtiger Soldat mit wenig Bildung und ohne Illusionen, zum Konsul gekürt, hauptsächlich, um den Aufstand des Jugurtha in Afrika niederzuschlagen. Nachdem ihm dies geglückt war, wurde er drei Jahre hintereinander (104–102 v. Chr.) zum Konsul gewählt, um die Barbareneinfälle in Norditalien zu beenden. Da er genötigt war, rasch Truppen auszuheben, verzichtete er auf die übliche Form der Einberufung und forderte Römer zur Meldung als Freiwillige auf, denen er als Belohnung nach Ende der Kampfhandlungen Land versprach. Tausende von Armen – die nur an Kindern reichen *proletarii* – eilten zu den Waffen. Marius schweißte sie zu einer schlagkräftigen Armee zusammen, ihm treu ergeben. Sein Stellvertreter Sulla (ein verarmter Patrizier, den Marius um sein militärisches Können heftig beneidete) erkannte – im Gegensatz zu Marius – sofort die Bedeutung dieses Geschehens: Eine neue politische Waffe war geschmiedet worden, ein Heer von *clientes* entstanden, das nur seinem Feldherrn treu war.

Nach seinem Sieg über die Barbaren wurde Marius mit lautem Jubel in Rom empfangen; durch gezielte Machenschaften und mit Hilfe einiger Demagogen gelang ihm die erneute Wahl zum Konsul. Er galt nun zwar als Held der *Populares,* die in Opposition zu den *Optimates* standen, doch die von einigen seiner Anhänger betriebene Einschüchterungstaktik und deren Bandenkriege brachten auch Marius selbst in Mißkredit; sein Ansehen sank noch weiter, als es Sulla gelang, den Aufstand der italischen Städte niederzuschlagen, die das römische Bürgerrecht forderten. Später führte dieser sogenannte »Bundesgenossenkrieg« tatsächlich dazu, daß den Städten das Bürgerrecht zuerkannt wurde.

Als Mithridates, König von Pontos in Kleinasien, sich kurz darauf gegen Rom erhob, schloß sich ihm das verbitterte und unterdrückte Volk von Pergamon an, überfiel die italischen Ausbeuter und schlachtete sie ab. Sulla wurde zum Oberbefehlshaber in diesem Krieg bestimmt. Die *Populares* riefen nach Marius. Es kam zu Straßenkämpfen, der Konsul floh, und Marius übernahm das Kommando. Sulla kehrte an der Spitze der jetzt *ihm* ergebenen Truppen zurück und überwältigte die römischen Banditen. Marius floh nach Afrika, Sulla stellte in Rom die Ordnung wieder her, dann setzte er sich nach Kleinasien in Marsch.

Nur wenige Monate später war Marius an der Spitze seiner Veteranen wieder in Rom. Ein Konsul beging Selbstmord, der andere wurde umgebracht. Marius machte sich an die systematische Ausrottung aller, von denen er keine Unterstützung erhalten hatte, starb aber glücklicherweise wenig später, sonst hätten nur wenige Patrizier überlebt (86 v. Chr.).

Vier Jahre später kämpfte sich Sulla, beladen mit Siegesbeute – unter anderem auch der Bibliothek des Aristoteles –, aber mit dem Makel der Plünderung Athens belastet, nach Rom zurück. Von den überlebenden *Optimates* zum Diktator erklärt, machte er sich daran, die *Populares* (und alle anderen, denen er mißtraute) zu eliminieren und seine Freunde mit dem konfiszierten Besitz zu belohnen. Einen großen Teil davon verwendete er allerdings konstruktiver zur Ansiedlung seiner Veteranen auf dem Land. Er hatte sich Reste patrizischer Bildung und Tugend bewahrt, stellte – zumindest theoretisch – die Vorherrschaft des Senats wieder her und verbesserte die Rechtsprechung, indem er die Zahl der Gerichtshöfe vermehrte. Wenige Monate vor seinem Tod (78 v. Chr.) legte er sogar alle Ämter freiwillig nieder.

Die Nachfolger von Marius und Sulla im Kampf um die Macht waren drei Rivalen von weniger abstoßender Wesensart; einer von ihnen war ein Genie. Pompejus, Crassus und Julius Caesar hielten sich an die Konventionen ihrer korrupten Zeit. Crassus, der mit Sulla im Krieg gewesen war, wurde reich als Bauherr, Sklavenhändler und Geldverleiher. Er nützte die vielen Brände, von denen Rom heimgesucht wurde, indem er (wahrscheinlich mit Hilfe von Agenten an Ort und Stelle) die brennenden Häuser und andere in der Feuerschneise gelegenen Baulichkeiten billig aufkaufte. Dann machte er sich an den Wiederaufbau und verkaufte mit Gewinn. Pompejus hatte sich als hervorragender Soldat die Gunst Sullas erworben, der ihm den Titel *Magnus* – der Große – verlieh. Julius Caesar, ein angeheirateter Neffe des Marius, entging bei Sullas Proskriptionsmaßnahmen nur um Haaresbreite dem Tod und machte sich später bei der Bevölkerung durch großzügige, mit geliehenem Geld veranstaltete Volksfeste beliebt. Intellektuell war er den anderen beiden weit überlegen, besaß großen politischen Scharfblick und verfaßte Schriften in einem Prosastil von überzeugender Kraft und Schlichtheit.

Die römische Aristokratie, der alle drei angehörten, führte zwar kein sicheres Leben, konnte sich dafür aber großen Komforts und einer reichen Kultur erfreuen. Der Epikuräer Lucullus war der berühmteste unter den vielen Adligen, die in der Hauptstadt und auf ihren Landgütern philosophische Gespräche führten, griechische Dichter lasen – deren Bücher in Schreibwerkstätten gewissenhaft kopiert worden waren – und die geistigen und sinnlichen Freuden des Lebens genossen. Es war Lucullus, der den ersten Kirschbaum aus Kleinasien nach Rom brachte; später verbreitete sich die Kirsche über ganz Europa.

Die römische Literatur, die sich zunächst langsam entfaltet hatte, entwickelte sich jetzt in stürmischem Tempo. Lucrez (99–54 v. Chr.) schrieb in sechs Büchern sein gewaltiges Lehrgedicht *Über die Natur* (»De rerum naturae«), eines der größten und doch selten übersetzten Epen der westlichen Welt. Die Lyrik des jungen Catull (87–57 v. Chr.), der ein kluger Kopf, ein Freigeist und unglücklicher Liebhaber war, leitete sich teilweise von griechischen Vorbildern her und führte einen neuen, intim-umgangssprachlichen Stil in den lateinischen Vers ein, vermittelte aber zugleich Qual und Verbitterung ebenso eindrucksvoll wie gefühlvolle Liebe.

Unter diesem dünnen Firnis der Zivilisation vollzog sich der Zerfall einer Gesellschaft. Die Angst vor Sklavenaufständen war allgegenwärtig, die Armen Roms ließen sich durch billiges Getreide und kostenlose Spiele kaufen. Es war einer der sittenlosesten und mordlustigsten Politiker dieser Epoche, Publius Clodius, der anstelle der Abgabe von billigem Getreide an die Armen die kostenlose Verteilung einführte, eine Maßnahme, die später nie mehr rückgängig gemacht wurde. Die politische Macht besaß, wer die effektivsten Schlägerbanden bezahlen konnte. Senatoren wurden auf offener Straße geprügelt, ermordet, gelyncht, zum Selbstmord getrieben. Vor Gericht wurde das Recht gekauft und verkauft; wo Bestechung nicht fruchtete, griff man zur Einschüchterung. Gelegentlich brüllten sich rivalisierende Banden gegenseitig nieder und fielen dann im Gerichtssaal übereinander her. Selbst Männer, die die alten römischen Tugenden der Seelenstärke und Mäßigung pflegten, engagierten sich in spekulativem Geldverleih. Brutus, »der edelste aller Römer«, schockierte Cicero, indem er einer Stadt auf Zypern Geld mit 48 Prozent Zinsen vorstreckte; 12,5 Prozent, fand Cicero, seien genug.

Nicht lange nach Sullas Tod wurde Süditalien von einem weiteren Sklavenaufstand erschüttert, der in Capua begann und an dessen Spitze der thrakische Gladiator Spartakus, eine außergewöhnliche Führerpersönlichkeit, stand. Er versammelte ein Heer von Deserteuren, Gladiatoren, geflüchteten Sklaven und Renegaten aller Art um sich; der Haufen wurde auf 90 000 Mann geschätzt. Eine Weile verschanzten sie sich auf dem damals für erloschen gehaltenen Vesuv. Nachdem sie Süditalien in ihre Gewalt gebracht hatten, marschierten sie nach Norden und besiegten zunächst alles, was ihnen in den Weg kam – bis Crassus sich ihnen an der Spitze disziplinierter Truppen entgegenwarf. Die Männer des Spartakus wichen zurück, wurden ausmanövriert, in den lukanischen Bergen abgeschnitten und besiegt. Die Überlebenden wurden ans Kreuz geschlagen. Crassus aber wurde von Pompejus um den militärischen Lorbeer betrogen, da jener noch rechtzeitig genug eintraf, um die letzten Reste der Aufständischen zu erledigen und den meisten Ruhm einzustreichen.

Nach diesem Sieg im Jahre 70 v. Chr. amtierten die beiden Rivalen gemeinsam als Konsuln; in den nächsten zehn Jahren jedoch machte sich Pompejus daran, weitere Lobeeren zu erringen. Er beendete das Piratenunwesen und ermöglichte somit eine sichere Handelsschiffahrt im Mittelmeer, errang endgültig den Sieg über den Rebellenkönig Mithridates in Kleinasien, annektierte Kreta, Syrien und Judäa. Nach seiner Rückkehr nach Rom im Jahre 60 v. Chr. wurde ihm ein Triumphzug zugebilligt; es war sein dritter. Crassus, der indessen auf seinen Geldsäcken gesessen hatte, barst vor Neid und machte sich daran, Caesar auf seine Seite zu ziehen, indem er dessen Schulden beglich.

Julius Caesar hatte inzwischen in Spanien gekämpft und sich in Rom darum bemüht, die Volksgunst zu erringen, was eine kostspielige Angelegenheit war. 59 v. Chr. zum Konsul gewählt, bewies er ein geradezu unheimliches diplomatisches Geschick, indem er sich der Unterstützung sowohl des Pompejus als auch des Crassus versicherte, die kaum mehr miteinander sprachen. Pompejus band er in die Allianz ein, indem er ihm Land für seine Veteranen versprach und ihm Julia, sein einziges Kind, zur Frau gab. Pompejus besaß das Ansehen, Crassus das Geld, Caesar die Ideen. Mit diesen mächtigen Verbündeten im Rücken konnte Caesar unbeschadet tun, was für Tiberius Gracchus so verhängnisvolle Folgen gehabt hatte: Er überging seinen Mitkonsul (einen Konservativen, der ständig gegen ihn opponierte) und legte seine Gesetzesvorschläge nicht dem Senat, sondern der Volksversammlung direkt vor. Zu den von ihm vorgesehenen Maßnahmen gehörten Agrargesetze, die früheren Soldaten und dem Volk mehr Land zubilligten. Ebenso wichtig war seine Strafgesetzgebung, die sich gegen korrupte Beamte richtete. Diese Gesetze lassen das Ausmaß seiner staatsmännischen Fähigkeiten erkennen.

Er wußte, daß er sich mit diesen Vorschlägen mächtige Feinde gemacht hatte, und veranlaßte deshalb den Senat, ihn zum Prokonsul der Provinzen Gallia Cisalpina et Transalpina (Norditaliens und Frankreichs) zu machen. Nach Ende seiner Amtszeit als Konsul reiste er in seine Provinzen, wo er neun Jahre blieb. Er war bedacht, sich einen militärischen Ruf aufzubauen, der den des Pompejus noch übertreffen sollte, und sich durch den Verkauf von Beutegut und Gefangenen finanzielle Rücklagen zu schaffen, um seine Schulden zu bezahlen und die noch fehlende materielle Grundlage zu schaffen. Wenn man ihn dann wieder zum Konsul wählen würde, könnte er diktatorisch regieren. Durch die erfolgreiche Mißachtung eines Mitkonsuls und des Senats hatte er bereits während seiner Amtszeit bewiesen, daß die Verfassung der Republik tot war.

In den nächsten neun Jahren unterwarf er Gallien und trieb die angreifenden Germanen über den Rhein zurück. Ihre bedeutendsten Anführer – Ariovist, der germanische Häuptling, der Gallien überfiel und über den Rhein zurückgeschlagen wurde, und Vercingetorix, der gallische Stammesführer, der einmal Caesar besiegte, ehe er selbst geschlagen und als Gefangener nach Rom gebracht wurde – sind mit Namen und Taten in Caesars Bericht über den Gallischen Krieg verzeichnet. Von dort zogen sie, mit der entsprechenden Schwerpunktverschiebung, als Nationalhelden in die deutsche und französische Geschichte ein.

Gallien war reich an Schafherden und schönen Pferden. Die Gallier werden den Völkern zugerechnet, denen man die Erfindung des Steigbügels zugeschrieben hat. Ihr Kampfesmut ist über jeden Zweifel erhaben, und die erhaltenen Metallarbeiten – Broschen, Spangen, Halsketten und polierte Spiegel – zeugen von ihrem Schönheitssinn. Während ihrer Zugehörigkeit zum Römischen Reich entstand, zumindest im Süden, eine gallisch-römische Kultur mit einer beachtlichen Dichtung und bildenden Kunst, rege, wagemutig, flexibel auch im Unglück, – ein Erbe, das bis heute fortlebt.

Zwei unnötige und mißlungene Expeditionen gegen die Insel Britannien waren zwar Caesars Ruf nicht förderlich, erfreuten sich aber in späteren Zeiten einer unverhältnismäßig großen Beachtung, weil sich das erste bestimmte, schriftlich festgehaltene Datum in der Geschichte der Insel (55 v. Chr.) aus seinen *Kommentaren* ableiten läßt. (Die römische Eroberung Britanniens wurde um ein Jahrhundert verschoben und vollzog sich schließlich unter dem unscheinbar-gütigen Kaiser Claudius, der den herkömmlichen Brauch verletzte und dem bedeutendsten seiner nach Rom gebrachten Gefangenen das Leben schenkte).

Während seiner Abwesenheit informierte sich Caesar durch Spitzel über die politische Entwicklung in Rom. Je größer Caesars Wohlstand und sein militärischer Ruhm wurden, desto stärker entwickelte sich auch das Mißtrauen des Pompejus. Caesar strebte seit seiner Zeit als Konsul die Führung der Volkspartei an. Pompejus hatte in seiner Laufbahn zwischen *Optimates* und *Populares* geschwankt, doch der Tod seiner jungen Frau Julia, Caesars Tochter, zerriß das letzte Band zwischen ihm und seinem Rivalen. Um seine Beliebtheit zu erhöhen, schenkte er Rom das erste nichtmobile Theater aus Stein mit Sitzplätzen für bis zu 10 000 Zuschauer.

Crassus wurde das Opfer seiner eigenen Ruhmgier. Er zog aus, um die Macht der Parther an der Ostgrenze des Reiches zu brechen, plünderte auf seinem Weg den Tempel in Jerusalem und verlor in einer vernichtenden Niederlage bei Carrhae (53 v. Chr.) zwei Drittel seiner Armee – und sein Leben. Die Reste seiner Truppen wurden durch das Können und den Mut eines Jüngeren, Gaius Cassius, gerettet, der historisch in anderen Zusammenhängen besser bekannt geworden ist.

Im Ring zurück blieben Pompejus und Caesar. Der Senat, der hinter Pompejus stand, nahm Caesar den Oberbefehl in Gallien und drohte, ihm bei seiner Rückkehr den Prozeß zu machen, weil er sich während seiner ersten Amtszeit als Konsul gegen das Gesetz vergangen hatte. Die *Optimates* warfen sich in die Brust und sprachen von der Rettung der Republik. Die beiden Konsuln schenkten Pompejus ein Schwert, um »Caesar im Namen Roms entgegenzutreten«, dann ließen sie und zahlreiche Senatoren Pompejus samt Schwert in Rom zurück, um Caesar aus sicherer Entfernung zu bekämpfen. Strategisch war das vertretbar, psychologisch jedoch eine Katastrophe. Caesar hörte nicht auf die Drohungen des Senats, sondern überquerte den Rubikon, der die Grenze seiner Provinz bildete, und marschierte an der Spitze seines Heers auf Rom, in das er ohne Gegenwehr und unter dem Jubel des Volkes einzog (49 v. Chr.). Er sprach davon, sich »mit den Waffen der Barmherzigkeit und des Großmuts zu rüsten« und verzichtete auf jede Proskription. Nachdem er Italiens sicher war, brachte er das übrige Reich unter seine Botmäßigkeit. Pompejus wurde in Griechenland geschlagen und in Ägypten – nicht auf Wunsch Caesars – ermordet. In Ägypten erwuchs Caesar ein enger Bündnispartner, nachdem er seiner jungen Geliebten Kleopatra, der letzten Königstochter aus dem Geschlecht der Ptolemäer, zum Thron verholfen hatte. Als Sieger kehrte er nach Rom zurück, erweiterte den Senat auf 900 Mitglieder und besetzte ihn mit seinen Anhängern. Sie erklärten ihn zum Diktator auf zehn Jahre.

Unverzüglich begann er mit der Wiederherstellung und Erneuerung des Römischen Reiches. Er machte den Bandenkriegen und dem Straßenterror ein Ende. Er verschärfte die Gesetze gegen Erpressung und die Bestechung von Geschworenen, stellte Mißbräuche bei der Verteilung des kostenlosen Getreides ab, bestimmte, daß auf großen Gütern ein Drittel der Arbeiter Freie zu sein hätten, dehnte das römische Bürgerrecht auf Sizilien und Norditalien aus, begann mit dem Wiederaufbau der beiden von den Römern zerstörten Großstädte Korinth und Karthago und förderte die Auswanderung dorthin. Er siedelte seine Veteranen auf eigenem Land in Italien, in Spanien oder auch im transalpinen Gallien an, wo er Kolonien in Narbonne, Arles und Fréjus gründete.

Caesar versuchte, die krasse Verschwendungssucht der reichen Römer durch Lebensmittel- und Kleidervorschriften einzudämmen, und nahm die Planung öffentlicher Bibliotheken, neuer Gerichtshöfe, eines neuen Tempels und eines neuen Forums in Angriff. Er erfreute das Volk mit prachtvollen Spielen und Raubtiervorführungen, bei denen zum ersten Mal in Europa der scheue, langhalsige, gefleckte »camelopard« auftrat – die Giraffe aus Afrika.

Mit Hilfe ägyptischer Astronomen reformierte er auch den römischen Kalender, der den natürlichen Jahreszeiten um zwei Monate nachhinkte. Um reinen Tisch zu machen, wurde ein Jahr (nach unserer Rechnung das Jahr 46 v. Chr.) auf 445 Tage verlängert und der neue Kalender am Januar des folgenden Jahres eingeführt. Er hatte 365 Tage, jedes vierte Jahr bekam einen zusätzlichen Tag, eine Regelung, die sich, abgesehen von einigen späteren Berichtigungen, im Westen bis in unsere Zeit gehalten hat.

Doch es gelang ihm nicht, seine Gegner durch eine Politik der Milde für sich zu gewinnen. Es fehlte ihm an jener Liebenswürdigkeit, die einen Teil der Popularität ausmacht. Bei aller funkelnden Brillanz besaß er keinen überzeugenden Charme. Caesar hatte erklärt, die Republik sei tot, und das konnte jeder mit eigenen Augen sehen. Aber noch immer gab es etliche, die das nicht zugeben wollten. Der ehrwürdige Cicero, mit dem Caesar freundschaftlich verkehrte, betrug sich äußerlich korrekt, war innerlich aber feindselig eingestellt; doch gedachte er nicht, sich in seinem Alter noch in Verschwörungen hineinziehen zu lassen. Er zog es vor, jene literarischen Essays zu vollenden, die in ganz Europa von der Renaissance bis ins 19. Jahrhundert hinein zum festen Bestandteil klassischer Bildung werden sollten und die noch heute ihren Einfluß geltend machen.

Im Februar des Jahres 44 v. Chr. verlängerte der willfährige Senat Caesars Diktatur auf Lebenszeit. Eine Gruppe hartnäckiger Reaktionäre unter den Optimates sah darin die Zerstörung der Republik, auf deren Wiedererrichtung sie noch immer hofften, und beschlossen, Caesar zu ermorden, ehe die Republik endgültig verloren wäre. Führend in dieser Gruppe waren Brutus und Cassius.

Sie stachen Caesar an den Iden (= 15. März) des März im Jahr 44 v. Chr. im Senat nieder und beschworen damit – wie er ihnen hätte voraussagen können – weitere 17 Jahre des Kampfes, der Proskription, der Massaker, der Selbstmorde und der Zerstörung herauf.

Der eigentliche Gewinner war Caesars Großneffe und Erbe Oktavian, der unmittelbar nach dem Mord in Rom eintraf. Er zählte damals 18 Jahre und war vom Äußeren her weder imponierend noch attraktiv, er zeigte sich aber bald als kalt abwägender, politischer Stratege, der seine Feinde untereinander entzweite, seine Verbündeten benutzte und dann fallenließ. Er beteiligte sich an der blutigen Proskription, die auf Caesars Tod folgte, und stimmte zu, auch Ciceros Namen in die Todesliste aufzunehmen, der, obgleich Caesar ihm seine Gunst geschenkt hatte, mit verhängnisvollem Unbedacht davon gesprochen hatte, »den jungen Mann zu beseitigen«, wenn er seine Amtszeit beendet hätte.

Der nächste wichtige Schritt war, Brutus und Cassius zu eliminieren, die Rom verlassen hatten, um ihre Ämter als Statthalter von Makedonien, beziehungsweise Syrien anzutreten. Zusammen verfügten sie über ein beachtliches Heer, wurden aber an zwei aufeinanderfolgenden Tagen bei Philippi von den Truppen des Oktavian und Mark Anton geschlagen; beide Besiegten begingen Selbstmord.

Mark Anton entwickelte sich zu einer potentiellen Gefahr für Oktavian, als dieser, nachdem er Oktavians Schwester zur Frau genommen hatte, in Ägypten Kleopatras Geliebter wurde. Flugs schritt Oktavian zur Eroberung Ägyptens und verleibte es als neue Provinz dem Römischen Reich ein. Antonius und Kleopatra starben im Abstand von wenigen Tagen durch Selbstmord; Alexandria blieb Hauptstadt. Oktavian ließ die beiden großen Obelisken des Thutmosis III. von Heliopolis dorthin schaffen. Ein moslemischer Schriftsteller des 12. Jahrhunderts n. Chr. nannte sie daher die »Nadeln der Kleopatra«, und unter diesem Namen ist der eine, der jetzt auf dem Embankment an der Themse steht, bis heute bekannt.

Oktavian besaß jetzt den alleinigen Oberbefehl über das Römische Reich. Alle Macht lag in seinen Händen, und nachdem er sie so gesichert hatte, verstand er sie optimal zu nützen. 13 Jahre hintereinander wurde er zum Konsul gewählt, zum Oberkommandierenden auf Lebenszeit gemacht (allerdings ist nichts davon bekannt, daß er seine Truppen in die Schlacht angeführt hätte) und bekam den Beinamen *Augustus* verliehen – d. h. verehrungswürdig und majestätisch. Er setzte sich selbst als höchste Regierungsgewalt an die Spitze eines entsprechend umgestalteten Staatsgebildes. Er erklärte die Republik nicht für tot, sondern verkündete ihre »Restauration«. Den Senat behielt er als ehrenwerten Debattierklub bei; die höchsten Staatsämter blieben dem Namen nach unverändert, er besetzte sie aber nicht selbst, sondern gab Listen heraus, nach denen die Amtsinhaber gewählt wurden. Später, im Jahre 2 n. Chr., installierte er die Prätorianergarde als kaiserliche Leibwache mit neun Kohorten mit je 1000 Mann Berittenen und Fußvolk. Diese Prätorianer, die im ersten Jahrhundert ihres Bestehens den Kaiser schützten, sollten sich später zu dessen Herren aufschwingen und nach einigem Gutdünken Kaiser töten, absetzen und proklamieren.

Kriege und Proskription hatten die herrschende Klasse Roms, aus der sich weitgehend die ehrgeizigen Politiker beider Parteien rekrutiert hatten, zahlenmäßig dezimiert und ihre Macht untergraben. Niemand hinderte daher Augustus daran, ein neues, stabileres Gleichgewicht zwischen den Ständen und Interessengruppen herzustellen. Provinzler wie er selbst drangen in die in Auflösung befindliche Aristokratie ein und füllten sie auf. Er bemühte sich auch um eine Neubelebung der italischen Bauernschaft, indem er über die Hälfte der Armee demobilisierte und die Veteranen auf dem Land ansiedelte.

Auch der Ausplünderung der unterworfenen Provinzen durch aufstrebende Politiker gebot Augustus Einhalt. Nachdem wieder Frieden im Land herrschte, setzte er Gesetze gegen Erpressung und Bestechung durch, indem er sich Ernennungen für wichtige Ämter selbst vorbehielt und Petitionen förderte, die Mißbrauch entgegenwirkten. Ägypten und Nordafrika liefen jetzt als Kornkammern Roms Sizilien und Sardinien den Rang ab. Römische Legionen setzten die Bewässerungssysteme des Nils wieder in Gang und brachten zusätzliches Land unter den Pflug. Dadurch waren die regelmäßigen Getreidespenden für die Armen Roms gesichert. Die Händler und Seeleute Alexandrias dankten Augustus für ihren expandierenden Handel und die Sicherheit der Meere, denn er hatte der wieder aufflackernden Seeräuberei ein Ende gemacht. Italische – und nicht nur italische! – Kaufleute priesen sich glücklich, unter einem Herrscher zu leben, der den Frieden zurückgebracht hatte, den Handel förderte und während seiner Kriege ein Netz militärischer Straßen errichtet hatte, die jetzt den Verkehr erleichterten. Das Volk von Pergamon segnete ihn, weil er die korrupte, raubgierige Regierung reformiert und den früheren Wohlstand des Landes wiederhergestellt hatte.

Der Handel zwischen den Provinzen des Reiches und über die Grenzen des Römischen Reiches hinaus florierte. Die Soldaten des Pompejus waren die ersten, die während des Syrienfeldzugs chinesische Seide zu Gesicht bekommen hatten. Die zum Untergang verurteilte Armee des Crassus soll geblendet worden sein, als sich die hellen Sonnenstrahlen in den seidenen Bannern der Parther brachen. (Die Parther beherrschten die direkte Seidenroute nach China.) Zur Zeit des Augustus kam Seide als Luxusstoff für die Reichen nach Rom – manchmal über Indien, häufiger über die Karawanenstraße durch Asien zum Schwarzen Meer. So hörten denn die Römer von einem anderen Weltreich im Fernen Osten munkeln, und die chinesischen Kaufleute erfuhren von einem wachsenden Absatzmarkt im Westen und einem großen, wohlhabenden, aber in ihren Augen zweitklassigen Reich. Orientalische Luxusgüter aus näher gelegenen Regionen, aus Indien und dem Mittleren Osten, strömten ungehindert nach Rom: Spezereien, Textilien und Schmuck, Papageien, Affen und Pfauen zur Belustigung der Reichen. Um etwa 25 v. Chr. brachten Abgesandte aus Indien Tiger, Fasanen, Schlangen, Schildkröten, einen buddhistischen Mönch und einen armlosen Knaben nach Rom, der Pfeil und Bogen mit den Zehen handhabte.

Von allen unterworfenen Völkern erfuhren die Griechen die günstigste Behandlung. Die Römer besaßen großen Respekt vor ihrer Überlegenheit in den bildenden Künsten, der Philosophie, der Dichtung und den Naturwissenschaften. Wir heutigen Menschen können uns sehr glücklich schätzen über die Ehrfurcht, mit der die Römer nicht nur griechische Texte, sondern auch griechische Skulpturen kopierten. Viele Bücher wurden später von des Lesens und Schreibens unkundigen Barbaren vernichtet, Skulpturen aber lassen sich nicht so leicht zerstören, so daß wir viele der edelsten Werke Griechenlands nur durch römische Nachbildungen kennen.

Das Reich des Augustus ist verglichen worden mit »einem großen Sammelbecken, in das die Ströme alter Kulturen mündeten und dem alle Ströme der späteren Geschichte in der westlichen Welt entsprangen«. Er wurde von Dichtern und Gelehrten um der Wiederherstellung des Friedens willen gepriesen, der es ihnen gestattete, ihre Talente zu entwickeln, unterstützt durch die staatlichen Bibliotheken, die er in den wichtigsten Tempeln hatte einrichten lassen und durch das Mäzenatentum wohlhabender Bürger, die jetzt ihr Geld in Kunstgegenständen statt in Bestechungszahlungen und Privatarmeen anlegten.

Das Wesen der römischen Aristokratie hatte sich in den vergangenen 50 Jahren verändert, Bürgerkrieg und Proskriptionen hatten ihren Tribut gefordert, während der lautstarke Ruf etlicher Provinzstädte nach Verleihung des römischen Bürgerrechts folgerichtig einen neuen Typ des Bürgers hatte entstehen lassen. Viele *equites* aus der Provinz zog es nach Rom, als wieder friedliche Zeiten angebrochen waren, wo sie endgültig seßhaft wurden. Das brachte der Regierung des Augustus eine wesentliche Unterstützung und verwischte die scharfen gesellschaftlichen Unterschiede, zumindest im Mittelstand, bis zu einem gewissen Grade auch unter Patriziern und Senatoren. Das Römische Reich des Augustus war seinem Wesen nach ebensosehr italisch wie römisch. Diese Entwicklung wurde vermutlich von Augustus gefördert, der nach dem Sieg über Caesars Mörder und der Expedition nach Ägypten viel dazu tat, den Glanz römischer Kultur und Architektur wieder aufleben zu lassen.

Zwei der größten Kunstpatrone waren gute Freunde von Augustus – Agrippa, der das Pantheon in Rom baute und eine Karte des Römischen Reiches anfertigen ließ, und Maecenas, ein gebieterischer Etrusker, der Schirmherr von Vergil, Horaz und Properz. Vergil, dessen Ruhm sich zu seinen Lebzeiten auf die *Eclogae* und die *Georgica* gründete, hatte sein Epos *Aeneis* kaum fertiggestellt, als er starb. Er bestimmte, das Gedicht solle – da noch nicht vollkommen – verbrannt werden. Augustus griff persönlich ein, um es zu erhalten.

Augustus gab Rom ein Aussehen, das einer so großen Stadt würdig war, er schuf ein neues Forum und schmückte die Kolonnaden mit Standbildern römischer Helden, die dem Volk als Beispiel dienen sollten. Er sorgte dafür, daß 80 Tempel restauriert wurden, ließ den Tiber eindeichen und für die Wasserversorgung der Stadt drei neue Aquädukte errichten, die das Wasser in 500 Brunnen und durch zahllose kleine Rohre, Hähne und Becken leiteten. (Die von ihm eingerichtete Feuerwehr wurde allerdings ihrer Aufgabe nicht gerecht. Der erste große Brand unter Nero – 64 n. Chr. – wütete sechs Tage und führte zu einer noch umfangreicheren und gut geplanten Neubautätigkeit.) Der Palatin entwickelte sich zur beliebten Wohngegend. Hier lebte Augustus ohne großen Aufwand in einem bescheidenen Palast. Die Wandgemälde in den Räumen seiner Frau Livia, schwungvolle grüne Verzierungen, sind uns erhalten geblieben: Himmel, Bäume, Früchte, Girlanden und Vögel.

Augustus war körperlich nie sehr robust, und niemand hätte zu prophezeien gewagt, daß er 76 Jahre alt werden und über 40 Jahre herrschen würde. Er traf deshalb gewissenhaft Vorsorge für die Kontinuität des Reiches, denn er hatte keinen Sohn und hegte einige Zweifel an den Fähigkeiten seines Stiefsohns Tiberius, der sein Erbe antreten sollte. Er bestellte sich einen Beraterkreis und schuf durch umsichtige Ernennungen seine Verwaltungselite, die sich in gewissem Maße stets selbst erneuerte. Die Staatsdiener rekrutierte er vornehmlich aus den Reihen der *equites*, sah aber auch, daß Freigelassene – intelligente Sklaven, die von ihren Herren mit der Freiheit belohnt worden waren – geeignet für die niederen Ränge im Staatsdienst waren. Die von ihm hinterlassene Verwaltungsstruktur war stark genug, um den unverantwortlichen Torheiten eines Nero oder Caligula standzuhalten. Sie mochten die Hauptstadt in Mitleidenschaft ziehen, störten aber selten den gleichförmigen Verlauf des Lebens in der Provinz.

Die letzten Jahre des Augustus waren von einer militärischen Katastrophe überschattet: Die germanischen Stämme jenseits des Rheins hatten einen überragenden Heerführer in Arminius gefunden (so lautet zumindest sein latinisierter Name; Hermann käme vermutlich der tatsächlichen Form näher). Er hatte im Heer der Römer gedient, sprach ihre Sprache und kannte sich in ihrer Art der Kriegführung aus. Im Jahre 9 n. Chr. erhob er sich gegen Rom. Augustus ernannte Varus, den Statthalter von Syrien, der ein erfahrener Soldat gewesen sein dürfte, zum Oberbefehlshaber der Legionen, die gegen Arminius aufgeboten wurden. Dieser hatte den Vorteil der Geländekenntnis auf seiner Seite und schlug Varus, der drei Legionen verlor; Varus beging Selbstmord.

Die vernichtende Niederlage verdunkelte die letzten Jahre des Augustus. In schlaflosen Nächten, so heißt es, stöhnte er: »Varus, Varus, gib mir meine Legionen zurück.«

Legt man Augustus' Erfolge zugrunde, so zählt er sicherlich zu den größten Staatsmännern des Westens. Er sicherte dem Mittelmeerraum bleibende Vorteile und der Kultur bleibenden Gewinn. Er erreichte für Westeuropa, was Shih Huang Ti für China erreicht hatte. Beider Werk war für sich gesehen außergewöhnlich und von Wert für die Nachwelt. Es ist ein einschränkendes Lob, wenn man sagt, Augustus habe bessere moralische Anlagen besessen als Shih Huang Ti, dessen weitsichtige Planungen mit Egoismus und einer an Wahnsinn grenzenden Grausamkeit einhergingen. Augustus ließ sich von kalter Vernunft leiten. In seiner Jugend hatte er das gefährliche Spiel der römischen Politik gespielt, unbeeindruckt von Ansprüchen an Dankbarkeit, Freundschaft oder Gnade. Der Wiederherstellung von Ordnung und Wohlstand ging die skrupellose Beseitigung aller seiner Gegner voraus. Er begehrte und liebte die Macht, aber er bediente sich ihrer sehr verantwortungsbewußt. Er hielt sich nicht an eine starre politisch-philosophische Richtung, sondern strebte die beste praktisch mögliche Regierungsform an. Er war kein liebenswerter Mann und bemühte sich nie um Popularität. Seine Gesetze gegen luxuriöse Kleidung und lockeren Lebenswandel, die der Wiederherstellung der angeblichen Moral primitiverer Tage dienen sollten, waren weder erfolgreich noch beim Volk beliebt. Die Fehltritte seiner lasterhaften Tochter Julia waren sehr viel typischer für römische *mores* (= Sitten). Er war ein harter Mann, der nur Sinn für Arbeit und Pflichterfüllung hatte, doch er verstand, die eigene Zielstrebigkeit auf seine Minister zu übertragen. Einigen wenigen Menschen vermochte er Freundschaft zu schenken, und seine Frau Livia, deren Charakter so undurchschaubar und herb war wie der seine, scheint er aufrichtig geliebt zu haben.

2. *Die Hasmonäer und Judäa – Jesus von Nazareth – Paulus von Tarsus – Die frühen Christen – Belagerung und Fall Jerusalems – Rabbinische Tradition – Philon von Alexandria*

Viele Völker haben in dem Glauben gelebt, sie oder ihre Herrscher besäßen eine besondere Beziehung zu den Göttern. Zur Zeit des Augustus standen die Gebildeten im Mittelmeerraum solchen Anschauungen eher zynisch gegenüber, obgleich der

Staat sie diplomatischerweise unterstützte. In Rom war der Kaiser gleichzeitig *Pontifex Maximus* oder Hohepriester. Er vollzog öffentliche Rituale, an deren Wirksamkeit er kaum geglaubt haben dürfte, und wurde bei seinem Tod von dem ebensowenig gläubigen Senat mit göttlichen Ehren bedacht. Diese Rituale waren vermutlich seinem Ansehen bei den abergläubischen Massen, vielleicht sogar bei etlichen Barbarenvölkern des Reiches förderlich.

Religionen, die in die Struktur des Staates eingebunden sind, zerfallen gewöhnlich mit ihm; so war es bei den Religionen von Babylon, Karthago und Ägypten gewesen. Von der Landbevölkerung wurde den Lokalgöttern größere Bedeutung zugemessen. Dies waren Geister, von denen man glaubte, sie könnten – günstig gestimmt – Regen bringen, Hungersnöte abwenden und Frauen im Kindbett helfen. Es waren fest verwurzelte Institutionen des Aberglaubens, die den Triumph der Hoffnung über die Erfahrung und damit einen unzerstörbaren menschlichen Wesenszug verkörperten.

Unter den Staats- oder Nationalreligionen war es der Glaube der Juden an ihren einzigen Gott, der immer wieder Katastrophen überlebte. Dieser Gott hatte sie – zumindest einige von ihnen – aus der ägyptischen Sklaverei ins »Gelobte Land« geführt. Das »Gelobte Land« hatte kurze glanzvolle Epochen erlebt, besonders unter David und Salomo; es war jedoch klein, verletzlich und geographisch gesehen ein Pufferstaat, eine willkommene Beute angriffslustiger Nachbarn.

Überfallen von den Assyrern, erobert von Babyloniern, bedroht von dem griechisch-syrischen Reich der Seleukiden auf der einen, dem Ägypten der Ptolemäer auf der anderen Seite, stets an den einen oder anderen stärkeren Nachbarn Tribut zahlend, setzten die Juden dennoch ihr Vertrauen in den Gott Abrahams. Noch immer lebten sie nach einem Verhaltenskodex, der sie von ihren Nachbarn unterschied, noch immer sahen sie die Hand Gottes in ihren Heimsuchungen, noch immer waren sie davon überzeugt, daß er sie, wenn es an der Zeit war, wieder aufrichten und erlösen würde.

Um die Mitte des 2. Jahrhunderts v. Chr. riß der Seleukide Antiochos IV. Jerusalem an sich, übernahm den Tempel und ließ dort – um darzutun, daß alle Götter eins sind – neben Jehova auch Zeus und Baal verehren. Den empörten Juden erwuchs ein Anführer in Judas Makkabäus, einem Priestersohn, dem ältesten und berühmtesten Oberhaupt einer Familie von Militärs, die in die Geschichte als die Hasmonäer-Dynastie eingegangen ist. Die Hasmonäer befreiten Jerusalem und stellten für eine Weile die Unabhängigkeit ihres Landes wieder her.

Spätere Generationen erwiesen sich ihrer Vorfahren als unwürdig und verzettelten sich in Eifersüchteleien. Die Römer erweiterten inzwischen ihren Machtbereich nach Osten, und 63 v. Chr. besetzte Pompejus der Große, wie er sich gern nennen ließ, Jerusalem und machte Palästina zu einem Teil der römischen Provinz Syrien.

Einige Jahre später reiste ein fähiger und attraktiver junger Mann arabischer Abstammung namens Herodes nach Rom, wo die Großen des Reiches an ihm Gefallen fanden. Nach Palästina zurückgekehrt, heiratete er Mariamne, die Letzte der Hasmonäer, und wurde als von Rom unabhängiger König von Judäa anerkannt.

Herodes der Große, wie er später genannt wurde, war nie beliebt, obgleich er die jüdische Religion schützte, den Tempel in hellenistischem Stil wiederherstellen ließ, Märkte und, um dem Volk zu gefallen, Theater baute, in Hungerjahren Hilfsmaßnahmen organisierte und vor allem die Unabhängigkeit seines Reiches bewahrte.

Er hatte in Rom erfahren, daß Griechisch die Modesprache für die Gebildeten war. Gefördert durch den Strom griechischer Besucher und Kaufleute, die nach Judäa kamen, breitete sich die Mode über den Hof hinaus auch in den wohlhabenden Gesellschaftsschichten aus. Sie vergrößerte die Distanz zwischen der herrschenden Klasse und der breiten Masse des Volkes, das Griechisch gar nicht, das Hebräische nur unvollkommen beherrschte und Aramäisch sprach.

In den letzten Jahren seines Lebens war Herodes geistesgestört. An Arteriosklerose leidend, ständig von Schmerzen geplagt, wurde er wahnsinnig vor Eifersucht. Er brachte sein einst geliebtes Weib Mariamne, ihre beiden Söhne, seinen eigenen ältesten Sohn um. Niemand bei Hofe, niemand in einer Machtstellung war seines Lebens sicher. Die Schreckensherrschaft endete erst mit dem Tod des Herodes.

Die nach seinem Hinscheiden ausbrechenden Streitigkeiten lieferten den Römern den Anlaß, das Land zu besetzen und einen römischen Statthalter nach Judäa zu entsenden. Es war eine Zeit der tiefen Verbitterung und Spaltung unter den Juden. Die Priester, die im Tempel von Jerusalem Dienst taten, unterstützten die weltliche Autorität Roms, gleichzeitig hielten sie aber an den traditionellen Gottesdiensten und an dem mosaischen Gesetz in seiner ursprünglichen strengen Form fest. Sie gehörten zu der erblichen Kaste der *Sadduzäer*, die den Glauben an ein Leben nach dem Tod ablehnten und sich – exklusiv und korrupt – in ihrer derzeitigen Macht sicher wähnten. Der in den ersten Jahren der römischen Herrschaft amtierende Hohepriester Annas wurde abgesetzt, behielt aber seinen Einfluß, indem er nacheinander fünf Söhne und einen Schwiegersohn – Kaiphas – in das Amt des Hohepriesters lancierte.

In scharfer Opposition zu den Sadduzäern standen die *Pharisäer*, deren Einfluß unter den Gebildeten zunahm. Sie verteidigten jüdische Traditionen gegen ausländische Einflüsse, waren gewissenhafte Interpreten der Schriften und hielten sich strikt an das Gesetz. Sie unterschieden sich von den Sadduzäern durch ihren Nationalstolz und die Überzeugung, daß das mosaische Gesetz, von den Propheten verändert und erweitert, mit stärkerer geistiger Kraft erfüllt worden war. Sie führten ein tugendhaftes Leben und galten häufig als große Gelehrte, auch wenn sie sich manchmal ihrer Rechtschaffenheit ein wenig zu sehr bewußt waren.

Es gab eine Unzahl weiterer Sekten. Die weißgewandeten *Essener*, der »heilige Rest Israels«, wie sie sich nannten, lebten in Gemeinschaftssiedlungen, wo sie das Land bebauten, sich mit Heilkräutern beschäftigten und die Schriften kopierten. Sie glaubten, der Tag des Gerichts und das Ende der Welt sei nahe. Es war eine verschwiegene, engagierte Gruppe, von der in der Geschichte wenig bekannt war, ehe 1947 die Schriftrollen vom Toten Meer gefunden wurden, Dokumente, in denen sie ihre Glaubenssätze schriftlich festgehalten hatten.

Eine sehr viel primitivere Untergrundbewegung waren die *Zeloten*, die der römischen Provinzverwaltung durch Störmanöver zu schaffen machten und sporadisch bewaffnete Aufstände anzettelten. Sie besaßen eine große Gefolgschaft in der Provinz Galiläa und waren am aktivsten in Gegenden, wo sie rasch untertauchen und auf – freiwillige oder unfreiwillige – Unterstützung der Bevölkerung zurückgreifen konnten. Unter ihren Anhängern waren einige wohlhabende Leute und Pharisäer, ein paar Idealisten, viele tapfere, aufopfernde Kämpfer, aber noch mehr Briganten, Räuber und flüchtige Kriminelle. Die Römer unterdrückten sie erbarmungslos, indem sie Aufstände durch Massenkreuzigungen bestraften, aber die Zeloten waren unausrottbar.

Die Hoffnung der Juden wurde häufig durch neue Lehren oder rätselhafte Sequenzen in den Prophezeiungen aufrechterhalten. Die Pharisäer hatten den Glauben an die Unsterblichkeit der Seele und an ein Leben nach dem Tode eingeführt, ein Gedanke, der Tausenden, die nicht auf einen Lohn in dieser Welt hoffen konnten, Trost versprach. Einige Essener und andere asketische Sekten sagten einen zweiten David, einen Messias – den Gesalbten – voraus, der geistige Freiheit schaffen und das Reich Gottes auf Erden errichten würde.

In dieser unruhigen Zeit wuchs in dem galiläischen Dorf Nazareth in einem von politischem Zwist zerrissenen Volk, das hungrig nach geistiger Nahrung war, ein Zimmermannssohn heran. Obgleich der größte Teil der westlichen Welt das angebliche Jahr seiner Geburt als den Beginn der christlichen Zeitrechnung hingenommen hat, gibt es keine historischen Belege für das genaue Geburtsdatum Jesu; das Jahr 4 v. Chr. scheint das in weitesten Kreisen akzeptierte Datum zu sein.[1]

Jesus war ein Mann aus dem Volke, seine Sprache das Aramäische. Seine Kenntnisse von griechischer und römischer Kultur, die einen starken Einfluß auf die wohlhabenderen und weltlicheren Einwohner seines Landes ausgeübt hatten, waren dürftig. Er kannte die Getreidepreise und Steuerlasten und wußte um die täglichen Sorgen und seltenen Freuden der Arbeiter, unter denen er lebte.

Als Jesus ungefähr 30 Jahre war, erschien ein hagerer, asketischer Prediger an den Ufern des Jordan. Johannes war einer jener heiligen Männer und geistigen Abkömmlinge der alten Propheten, die in dieser unruhigen Epoche von Zeit zu Zeit das Volk dazu aufriefen, Buße zu tun und sich durch die Taufe für ein neues Leben und das Kommen des Messias zu reinigen. Jesus von Nazareth schloß sich der Menge an, die Johannes lauschte, und ließ sich von ihm taufen. Wenig später wurde Johannes von dem dekadenten Nachfolger Herodes des Großen, der von Roms Gnaden in Galiläa herrschte, gefangengenommen und getötet.

Inzwischen hatte Jesus selbst begonnen, in Galiläa zu lehren und zu predigen. Seine Beredsamkeit, das Unmittelbare seiner Lehre und seine zwingende Persönlichkeit verschafften ihm bald viel Zulauf. Er drückte sich in der unzweideutigen Sprache des Volkes aus und verdeutlichte seine Lehre durch Gleichnisse, die er dem täglichen Leben entnahm, den Obliegenheiten des Bauern, des Schäfers und des Fischers, den Erfahrungen der Tagelöhner zur Erntezeit und der Frauen, die zerrissene Kleidung flickten oder nach einer verlorenen Münze ihres Haushaltsgeldes suchten.

Einige seiner Ideen zeigten Ähnlichkeit mit den Lehren der Essener und anderer heiliger Männer, so auch denen des Johannes. Denn er predigte die Ankunft von Gottes Reich auf Erden. In dem rebellischen, leicht erregbaren Galiläa glaubten allzuviele, Gottes Reich bedeute die reale Befreiung von Rom. (»Wir aber hofften, Er solle Israel erlösen«, klagte einer seiner Jünger nach Jesu Hinrichtung.)

Jesus predigte vor allem eine hingebungsvolle, vertrauensvolle Liebe zu Gott. Gott war der Vater der Menschheit, nicht nur im Sinne von Autorität, Lohn und Strafe (was schon andere vor ihm geglaubt hatten), sondern im Sinne einer unendlichen Liebe, die als Reaktion nur die Liebe seiner Kinder zu ihm und zueinander erwartete.

Als frommer Jude kannte er die Schriften und achtete das Gesetz, war aber bereit, davon abzuweichen, wenn es seinem Evangelium der göttlichen Liebe entgegenstand. Er schockierte die Pharisäer, indem er manchmal gegen das Sabbatgebot verstieß und mit »Zöllnern und Sündern« Umgang pflegte. Zöllner waren die verachteten, oft aber reichen Juden, die die römischen Steuern eintrieben, Sünder die gesellschaftlich Ausgestoßenen, die sich verständlicherweise durch die Lehre der Vergebung und der Liebe zu Jesus hingezogen fühlten.

Bald behaupteten seine Anhänger, er könne Wunder wirken. Es hieß, daß die Blinden sehend wurden, Krüppel wieder liefen, Wahnsinnige normal würden, Tote ins Leben zurückkehrten. Wundertäter bedeuten für die Staatsmacht häufig eine Gefahr. Um so mehr mußte das in einem Fall gelten, da die Wunder in Verbindung mit der prophetischen Vision vom kommenden Reich Gottes auf Erden standen, in einem Volk, das reif zum Aufstand war.

Jesus betonte zwar immer wieder das geistige Wesen des Gottesreiches, doch das Volk assoziierte das nur zu leicht mit politischer Befreiung. Es ist möglich, daß er Galiläa und die Massen, die ihm dort nachfolgten, verließ, um dem Anwachsen dieses Irrglaubens Einhalt zu gebieten. In den späteren Monaten seiner Missionstätigkeit lehrte er in Dörfern und Städten in der Nähe von Jerusalem. Wie lange seine Mission währte, ist ungewiß. Nach der Überlieferung waren es drei Jahre, einige Gelehrte setzen aber auch einen kürzeren Zeitraum an. Fest steht, daß er, als er mit einer kleinen Schar von Jüngern zum Passahfest nach Jerusalem zog, Galiläa noch nicht allzu lange verlassen haben kann, denn bei seinen Anhängern war er unvergessen. In der Heiligen Stadt wimmelte es – wie immer um diese Zeit – von Pilgern; unter ihnen waren auch viele Galiläer, die ihm einen lautstarken Empfang bereiteten, Palmwedel schwenkten und ihn »Sohn Davids« nannten. Die Demonstration kennzeichnete ihn in den Augen der Tempelpriester als potentiellen Störenfried, der so schnell wie möglich zum Schweigen gebracht werden mußte. Wenn man an die Belagerungen, Aufstände und Massaker denkt, die Jerusalem im vergangenen Jahrhundert erlebt hatte, ist es verständlich, daß sie Angst vor neuen Unruhen hatten.

Jesus wußte, daß er gefährdet war. Tagsüber konnte er im Tempelbezirk ungestört lehren, denn seine Verhaftung unter den Augen einer großen Zuhörerschaft hätte zu einem Aufruhr führen können. Nachts kampierte er zusammen mit Tausenden von Pilgern vor der Stadt auf dem Ölberg, und hier wurde er am dritten Abend nach Anbruch der Dunkelheit festgenommen. Der Hohepriester Kaiphas leitete die Verhandlung. Auf die Frage, ob er für sich in Anspruch nehme, der Messias zu sein, gab Jesus eine dunkle Antwort, die als Blasphemie ausgelegt wurde. Sie ließ sich auch als Verrat gegen Rom deuten, was Kaiphas das Stichwort gab, den Gefangenen an Pontius Pilatus, den Statthalter der Provinz, weiterzureichen. Pilatus war ein phantasieloser Mann, der häufig durch Schnitzer die religiöse Empfindung der Juden traf. Er beurteilte den Gefangenen als harmlos; er stammte jedoch aus Galiläa, der berüchtigten Provinz der unruhigen Geister, und hatte offenbar von sich behauptet, König der Juden zu sein, was natürlich den Tatbestand der Meuterei erfüllte. Trotzdem war es vielleicht ratsam, ihn zu entlassen, wenn er ein heiliger Mann und beliebt war; Gnadenerweise dieser Art waren an hohen Feiertagen üblich. Pilatus machte der Menge dieses Angebot, die aber – vielleicht enttäuscht darüber, daß Jesus sich so willig in seine Gefangennahme geschickt hatte – verlangte statt dessen die Freilassung eines beliebten zelotischen Briganten namens Barrabas. Jesus von Nazareth wurde gekreuzigt.

Damit hätte es sein Bewenden haben können; wieder war ein jüdischer Idealist durch Zwietracht im eigenen Volk und durch die Macht Roms umgekommen. Doch die Jünger, die entsetzt und verzweifelt auseinandergelaufen waren, faßten jetzt neuen Mut. Sie behaupteten Seltsames: Das Grab, in das Jesus gelegt worden war, sei leer aufgefunden worden. Er sei, von den Toten auferstanden, gesehen worden, zuerst von wenigen, dann von vielen. Er sei einen oder mehrere Monate nach seinem Tod unter sie getreten, habe das Brot mit ihnen gebrochen und sei schließlich leiblich zum Himmel aufgefahren.

Die Jünger drückten sich nicht allegorisch aus, sie sprachen nicht von einer Vision oder einem Geist; sie waren vielmehr von der materiellen Wiederauferstehung ihres Herrn überzeugt. Sie glaubten jetzt, daß er Christus war, der Gesalbte, der von den Propheten angekündigte Messias. Seine Auferstehung hatte den Beweis für den Sieg des Lebens über den Tod und die Herrschaft Gottes erbracht, als dessen Sohn sie ihn jetzt betrachteten. Aus diesem Glauben heraus wurde die christliche Kirche geboren.

Sogleich begannen seine Jünger in Jerusalem zu missionieren. Der impulsivste und redegewandteste unter ihnen, Petrus, ein Fischer vom See Genezareth, wurde zu ihrem Wortführer. Zunächst hatte niemand daran gedacht, mit dem jüdischen Glauben zu brechen; man wollte vielmehr die Prophezeiungen der Schrift erfüllen. Gottes Reich, so dachten die Jünger, sei nah; sie riefen das Volk auf, sich im Namen Jesu taufen zu lassen, um sich in Vorbereitung auf diesen großen Tag zu reinigen. So wuchs die Zahl der Bekehrten rasch.

Die Tempelpriester fürchteten die politischen Folgen der neuen Lehre, die Pharisäer ihre brisante Wirkung auf den Judaismus. Viele Bekehrte kamen aus den Gemeinden griechisch sprechender Juden, waren Besucher oder Einwanderer aus den jüdischen Kolonien in den griechischen Städten Kleinasiens. Diese jüdischen Mitbürger waren bei der einheimischen Bevölkerung nicht immer beliebt. Einer von ihnen, der junge Enthusiast Stephanus, wurde als Gotteslästerer gesteinigt – und damit zum ersten Märtyrer des christlichen Glaubens. Sein Tod bildete das Signal für eine Verfolgung, durch die die Jünger Jesu in verschiedene Städte zerstreut, und die neue Religion über die Grenzen Judäas hinaus verbreitet wurde.

Unter den Zuschauern, die dem Martyrium des Stephanus beigewohnt hatten, war auch ein eifernder junger Pharisäer namens Saulus. Er war in der griechischen Stadt Tarsus zur Welt gekommen und ein gebildeter Mann, hatte bei Gamaliel, einem der angesehensten Rabbis von Jerusalem, studiert und war entschlossen, diese unwissende und lästige neue Sekte zu unterdrücken. Aber unterwegs in andere Städte, wo er gegen die Christen vorgehen wollte, erschien ihm auf der Straße nach Damaskus eine lichte Vision von Christus, dem Messias. Betäubt und noch mehrere Tage blind durch den Schock, wurde er selbst bekehrt.

Von Stund an war er unter dem Namen Paulus der fanatischste unter den Aposteln, setzte sich jeder Gefahr zu Wasser und zu Lande aus und weidete sich an seinen Leiden: »Ich bin dreimal gestäupt, einmal gesteinigt worden, dreimal habe ich Schiffbruch erlitten... ich bin oft gereist; ich bin in Fährlichkeit gewesen durch die Flüsse, in Fährlichkeit durch die Mörder, in Fährlichkeit durch die Juden, in Fährlichkeit unter den Heiden, in Fährlichkeit in den Städten, in Fährlichkeit in der Wüste... in viel Wachen, in Hunger und Durst, in viel Fasten, in Frost und Blöße...«

Paulus verkörperte viel mehr als einen »Freiheitskämpfer«, der sich gegen die Staatsgewalt auflehnte und den Märtyrertod suchte. Er war ein Denker von hohen Graden, der es verstand, den Heiden den neuen Glauben verständlich zu machen. Er gründete christliche Gemeinden in Städten wie Korinth und Antiochia – wo der Begriff »christlich« zuerst aufkam – und in vielen kleineren Orten Kleinasiens, Griechenlands, Nordafrikas, Makedoniens und Italiens. Bald entstand eine Christengemeinde im Herzen des Reiches, in Rom. Paulus korrespondierte mit den meisten dieser Gemeinden auf Griechisch. Er löste das Christentum vom Judaismus und bereitete es darauf vor, die klassische Welt zu erobern.

Die zur Verbreitung des Evangeliums ausgesandten Missionare besuchten zunächst die jüdischen Kolonien, die in jeder Handelsstadt des Reiches existierten. (Die *Pax Romana*, das kaiserliche Werk des Augustus, kam den Christen sehr gelegen. Reisen und Briefverkehr waren innerhalb der Grenzen des Römischen Reiches relativ problemlos). Einige jüdische Gemeinden nahmen die neue Lehre an, die Orthodoxen aber lehnten sie meist ab, und es wurde bald klar, daß die christliche Botschaft am stärksten religiös eingestellte Heiden ansprach, die die Riten ihrer eigenen Kulte als enttäuschend und leer empfanden.

Legenden von einem Gott, der gestorben und wiedererstanden war, gab es unter den Völkern südlich und östlich des Mittelmeers schon lange. Die Geschichte von Christi Tod und Auferstehung war den alten Legenden ihrer Länder und ihren eigenen Ängsten und Wünschen nah genug, um den Morallehren der christlichen Missionare neue Anziehungskraft zu verleihen. Aber es war die Vorstellung, daß Gott *alle* Menschen liebte und den Reuigen und wahrhaft Gläubigen die ewige Seligkeit winkte, von der sich die Armen, die Unglücklichen und Sklaven am meisten angesprochen fühlten. Tausenden, die davon hörten, schenkte dieser Gedanke Hoffnung, Trost und Selbstachtung. Der ursprüngliche Glaube, daß die Wiederkehr Christi und das Reich Gottes nah waren, trat mit den Jahren in den Hintergrund. Die Christen stellten, nachdem sie nicht mehr auf ihre apokalyptischen Hoffnungen fixiert waren, keine so starke Provokation für die Öffentlichkeit mehr dar und traten allgemein mehr in den Hintergrund. Sie setzten ihre Bekehrungen stetig und unauffällig im Untergrund fort.

Wie zuverlässig sind die erhaltenen Aufzeichnungen der Worte Jesu? Er selbst schrieb nichts nieder, und alles, was er nach dem Bericht in den Evangelien gesagt hat, ist in wenigen Stunden gelesen. Angefangen mit Paulus sollten Erklärungen, Ausführungen, Kommentare und Analysen hinzukommen, die Bände und Bibliotheken füllten; der Ausgangstext selbst ist knapp.

Die uns vorliegenden Zeugnisse der Aussagen Jesu sind nicht zeitgenössisch. Zeitlich gesehen macht die Aussage des Paulus den Anfang; dabei hatte Paulus Jesus nie gesehen, nahm aber für sich in Anspruch, aufgrund seiner Vision auf dem Weg nach Damaskus die Botschaft direkt erhalten zu haben. Er *glaubte,* Jesus gesehen zu haben. Was er über ihn wußte, muß er von Jüngern erfahren haben, die ihn persönlich kannten. Von Paulus, der kein Augenzeuge war, haben wir den ersten Hinweis auf ein Ereignis, das zum Mittelpunkt des christlichen Gottesdienstes wurde, jenem letzten Abendmahl in Jerusalem, bei dem er mit den Worten: »Dies ist mein Leib ... dies ist mein Blut ...« das Brot brach und den Wein gab. Als Paulus etwa 57 n. Chr. an die Christen in Korinth schreibt, erkennt man an seiner Formulierung, daß das sakramentale Mahl mit Brot und Wein schon zum feststehenden Ritus geworden ist.

Das Evangelium des Markus scheint zwischen 45 und 60 n. Chr. entstanden zu sein, das des Matthäus zwischen 40 und 60 n. Chr., das des Lukas zwischen 50 und kurz nach 60 n. Chr., das des Johannes zwischen 40 und 65 n. Chr. oder etwas später.[2] Es handelt sich deshalb nicht um zeitgenössische Belege, sondern um Ableitungen aus Berichten von Zeitgenossen. Ohren- und Augenzeugen mögen das eine oder andere vergessen oder unbewußt das, was sie in Erinnerung behielten, durch Ausschmükkung den Überzeugungen einer Religion angepaßt haben, die sich bereits in der zweiten Generation befand.

Dennoch sind die Zeugnisse, die wir über Jesus besitzen, zeitlich seinem Leben näher als die Zeugnisse aller anderen großen Religionsstifter. Fast drei Jahrhunderte trennen die frühesten bekannten Aussprüche des Buddha von seinem Leben. Die erhaltenen Texte des Konfuzius wurden 400 Jahre nach seinem Tod erstellt. Die Meinung der Gelehrten hinsichtlich der Daten Zoroasters variieren um fast 400 Jahre, eine Dokumentation existiert praktisch nicht. Mohammed hat – wie Christus – nichts Schriftliches hinterlassen, und die älteste erhaltene Biographie stammt von einem Jünger, der 75 Jahre nach dem Tod des Propheten geboren wurde. Die Evangelien sind, nach den Worten von Dr. C. H. Dodd, »unzuverlässig als Dokumentargeschichte«, besitzen aber dennoch eine Geltung, die sich auf gemeinschaftliche Erinnerung stützt.

Die relative Überzeugungskraft und Ausführlichkeit der Geschichte Jesu, wie sie uns in den Evangelien berichtet wird, erklärt sich aus der jüdischen Geschichtstradition. Geschichte war für die Juden immer das Zeugnis von Gottes Willen auf Erden und mußte daher unter sorgfältiger Beachtung aller Einzelheiten aufgezeichnet werden, umso mehr, als die Geschichte, die es hier zu erzählen galt, die von Gott selbst auf Erden war.

Derlei Textfragen kümmerten weder die ersten Christen noch die von ihnen Bekehrten. Sie hatten andere Sorgen; in Jerusalem waren die näheren Verwandten Jesu, die ihn zu Lebzeiten nicht auffällig unterstützt hatten, prominente Mitglieder der christlichen Gemeinde. Aber sie betrachteten seine Lehre als etwas, was ausschließlich den Juden vorbehalten war. Wenn Heiden ihrer teilhaftig werden wollten, mußten sie sich zunächst nach jüdischem Gesetz und Brauch richten. Sowohl Petrus als auch Paulus gingen später von dieser Auffassung ab, so daß es zu der ersten von vielen Spaltungen im christlichen Glauben kam.

Die Bekehrten in anderen Städten – in Antiochia, in Korinth oder Rom – waren, sofern sie nicht zu den jüdischen Kolonien gehörten, verständlicherweise nicht bereit, sich beschneiden zu lassen und mit den moralischen Lehren Jesu auch das ganze mosaische Gesetz zu übernehmen. Ihnen genügte die Taufe »in seinem Namen« und das Recht, an dem mystischen Sakrament von Brot und Wein teilzuhaben, das ihren Glauben an eine Erlösung im Jenseits besiegelte.

Der Buddhismus hatte seinen Anhängern die Nichtbeachtung des »Ich«, das Verlöschen der Begierde und schließlich, wenn das ungeduldige »Ich« in der Weltseele aufgeht, seliges Vergessen geschenkt. Der Hinduismus – und die spätere Form des Taoismus – boten etwas, was die ägyptischen, griechischen und römischen Götter letztlich nicht bieten konnten, nämlich ein Gefühl der Einheit mit den Kräften der Natur. Diese waren in der Vielzahl der Hindugötter personifiziert und durch den Kult gefaßter Hinnahme bei den Taoisten poetisiert. Beide Religionen eliminierten oder milderten den zwanghaften menschlichen Egoismus. Und doch verkörpert Egoismus Lebenskraft, ist er die Quelle allen Unglücks, die Quelle aller Mühen. Im Westen nennt man ihn zuweilen Individualismus, was schöner klingt.

Jesu Lehre drang in den Kern dieses menschlichen Wesenszuges vor. Jesus betonte immer wieder, daß die Liebe Gottes jedem einzelnen menschlichen Wesen gelte. Er lehrte nicht die Zerstörung des »Ich«, sondern ermunterte zu einer phantasievollen Projektion des eigenen Ich auf das Leben anderer. »Tuet anderen...« Ihr wißt, was ihr selbst braucht und wünscht; benützt dieses Wissen, um die Bedürfnisse anderer zu begreifen. Die Erlösung, die er lehrte, war eine individuelle Erlösung, die sich nicht durch Leugnen des Ichs, sondern durch Selbstdisziplin, Opferfreude und Nächstenliebe erreichen ließ.

Diese Doktrin sagte der aktiven griechisch-römischen Welt zu, in der man seit eh und je die Tugenden der Selbstbescheidung und Zurückstellung persönlicher Ziele im Interesse des Staates, der Nation oder der Familie sowie die persönliche Ehre geschätzt hatte. Das Christentum verbreitete sich deshalb zielstrebiger in westlicher als in östlicher Richtung, obgleich der Überlieferung nach der Jünger Thomas den Glauben auch nach Indien brachte. Es ist denkbar, daß er sich dabei der Handelsrouten bediente. Fest steht, daß 1300 Jahre später christliche Reisende in Südindien in der Gegend von Madras eine erkennbare Form des Christentums in Verbindung mit dem Namen Thomas vorfanden; der Hauptstrom jedoch floß nach Westen.

Zunächst nahm die kaiserliche Regierung trotz der örtlich begrenzten Opposition das Christentum kaum zur Kenntnis. Der Umschwung vollzog sich unter Nero, nach dem großen Brand von Rom im Jahre 64 n. Chr. Gerüchte schrieben das Unglück Nero selbst zu, der zu jener Zeit nicht in Rom weilte. Um den Verdacht von sich abzulenken, soll er den Christen die Schuld zugeschoben haben. Mehrere hundert unschuldige Opfer wurden hingerichtet, unter ihnen – der Überlieferung nach – Petrus und Paulus.

Diese Verfolgung war der erste Hinweis auf die Verwundbarkeit und die Standhaftigkeit der Christen. Ihre Weigerung, einen anderen Gott als ihren eigenen anzuerkennen, erschien aus römischer Sicht intolerant und respektlos den Göttern anderer Völker gegenüber. Der springende Punkt aber war, daß sie sich weigerten, Weihrauch für den vergöttlichten Kaiser abzubrennen. Dieser von Kaiser Augustus eingeführte Brauch war eher ein Staats- als ein Glaubensakt, wenn auch formell damit implizit die Göttlichkeit des Kaisers anerkannt wurde. (Nur wahnsinnige Kaiser hielten sich tatsächlich für göttlich.) Der Bedeutung und der Funktion nach war der Brauch eher dem mittelalterlichen Treueid vergleichbar. Aber so vermochten die Christen es nicht zu sehen. Nach Möglichkeit vermieden sie die Konfrontation mit dem Staat; sie hielten den Gottesdienst in Privathäusern oder in Zeiten akuter Gefahr in Kellern und Katakomben ab. Auf die Probe gestellt, weigerten sich die meisten tapfer, einem Sterblichen Opfergaben darzubringen, und wurden entsprechend bestraft. Selbst einem so vernünftigen Mann wie Kaiser Mark Aurel, dessen Religion die Philosophie war, galten die Christen als politische Dissidenten und erschienen deshalb als Gefahr für den Staat.

Die den Christen aufgezwungene Geheimhaltung erweckte unweigerlich Argwohn. Man verdächtigte sie obszöner und okkulter Praktiken. Der Historiker Tacitus bezeichnete sie als »Feinde der menschlichen Rasse«, weil sie ihren Gott über die Treue zur Familie oder zum Staat stellten. Kaiser Trajan bat seinen Freund, den jüngeren Plinius, damals Statthalter von Bithynien, ihr Verhalten zu erforschen. Der gutherzige Plinius konnte erleichtert berichten, daß sie relativ harmlos waren. Sie kamen zusammen, um Verse zu Ehren Christi »wie zu einem Gott« zu singen, hatten dem Diebstahl, dem Raub und dem Ehebruch abgeschworen und nahmen ein harmloses Mahl zusammen ein. Ihr Glaube sei »lediglich ein entarteter, entschieden zu weit getriebener Kult«. Wenn sie sich weigerten, das Standbild des Kaisers oder die Götterbilder zu ehren, war das natürlich etwas anderes, dann mußten sie bestraft werden.[3]

Es gab viel Opfermut, ehrliches Bemühen und hingebungsvolles Lehren in der jungen christlichen Kirche. Aber Geheimhaltung und Unterdrückung veränderten unweigerlich die klare Botschaft Christi. Als die Christen 300 Jahre später an die Macht und ans Licht des Tages kamen, hatten sie bereits gelernt, ihre eigenen Ketzer zu verfolgen, und viele Priester, die in Zeiten der

Verfolgung von heldenhafter Festigkeit im Glauben gewesen waren, hatten die zur Ausübung von Amtsgewalt nun einmal notwendigen Gewohnheiten angenommen und Geschmack an der Macht gefunden.

Die größte und wohlhabendste jüdische Gemeinde der römischen Welt war in Alexandria entstanden. Hier, in einer von Jerusalem, Babylon oder Rom gänzlich verschiedenen Atmosphäre, waren hauptsächlich griechisch sprechende Juden für den Einfluß hellenischen Gedankenguts aufgeschlossen. Bereits im 3. Jahrhundert v. Chr. hatten alexandrinische Gelehrte die heiligen Schriften für ihre Landsleute, von denen viele kein Hebräisch mehr sprachen, ins Griechische übersetzt. Die *Septuaginta*, wie diese Übersetzung genannt wird, weil der Überlieferung nach 70 Gelehrte daran gearbeitet haben sollen, erschien den Juden in Babylon und Jerusalem äußerst suspekt, wurde aber von griechisch sprechenden Juden und von Christen und Mohammedanern benutzt.

Während das kurze Leben des Jesus von Nazareth in Judäa seinen Lauf nahm, tauchte ein großer Lehrer in Alexandria auf: Philo Judäus oder Philon von Alexandria wurde um 15 v. Chr. geboren und lebte bis mindestens 40 n. Chr. Als überzeugter Platoniker und frommer Jude betrachtete er es als sein Lebenswerk, diese beiden Richtungen miteinander zu versöhnen. Von Zeno und den Stoikern übernahm er das Konzept des *Logos* – das Wort, die alles durchdringende Weisheit Gottes –, eine Auffassung, die durch das Evangelium des Johannes Eingang in das christliche Gedankengut fand.

Solche Ideen waren für die jüdischen Intellektuellen Alexandrias annehmbar, wo niemand Philons Loyalität seiner eigenen Religion gegenüber bezweifelte. So setzte er sich im Jahre 40 n. Chr., zur Regierungszeit des wahnwitzigen, mordlustigen Caligula, mutig an die Spitze einer Delegation, die in Rom gegen die Aufstellung einer Kaiserstatue im Tempel von Jerusalem protestierte. Die orthodoxer eingestellten Lehrer in Judäa und Babylon aber begegneten seinen Gedanken mit Argwohn, und letztlich hatte Philons Werk mehr Einfluß auf christliches, ja, sogar mohammedanisches Denken als auf die jüdische Theologie.

Die Gemeinde von Alexandria erhob sich wenige Jahre nach seinem Tod aus Solidarität mit dem 67 n. Chr. von den Zeloten in Judäa angezettelten Aufstand und hat sich von dem nachfolgenden Vernichtungswerk nie mehr ganz erholt.

Wenige Tage vor seinem Tod hatte Jesus den Sturz Jerusalems vorausgesagt. Es ist denkbar, daß die Prophezeiung eine Allegorie war, aber angesichts der herrschenden Unruhe in Judäa brachte sie durchaus die Ängste zum Ausdruck, von denen die Nation schon lange geplagt wurde. Zur Katastrophe kam es im Jahre 70 n. Chr.: Die von Rom eingesetzten Statthalter waren durchweg unfähig; im Jahr 67 n. Chr. entfesselten die Zeloten einen allgemeinen Aufstand und konnten Erfolge verzeichnen, bis Vespasian, ein erfahrener Veteran, anrückte und Jerusalem belagerte. Als er nach Rom zurückgerufen und zum Kaiser gewählt wurde, überließ er es seinem Sohn Titus, die Stadt zu Fall zu bringen. Trotz Überfüllung – Jerusalem wimmelte von Flüchtlingen und Pilgern –, trotz Hungersnot, Durst und Seuchen hielten die Verteidiger 139 Tage stand; erst dann wurde die Stadt im Sturm genommen. Titus schleifte die Stadtmauern, plünderte den Tempel und ließ den siebenarmigen Leuchter bei seinem Triumphzug durch Rom tragen. Er ist noch heute auf einem jetzt recht mitgenommenen Relief seines Triumphbogens auf dem Forum Romanum zu sehen.

Noch einmal drei Jahre lang widerstanden die Zeloten in Massada, einer gewaltigen Festung aus Naturstein. Als alle Hoffnung dahin und der letzte Rest ihrer Vorräte erschöpft war, töteten sie sich samt Frauen und Kindern, da sie den Tod der Sklaverei vorzogen. (Zwei verängstigte Frauen, wahrscheinlich Sklavinnen, die sich offenbar versteckt hatten, überlebten und berichteten den Siegern davon.)

Das schien das Ende der Nation zu bedeuten – war es aber nicht. Die Zerstörung des Tempels und die Vernichtung der privilegierten Priesterschaft bereiteten einer geistigen Wiedergeburt den Weg. Eine Gruppe von Pharisäern unter Führung von Jochana ben Zakkai, einem berühmten Lehrer, interpretierte die alten Schriften im Licht der neuen Lage. Die Diaspora hatte sich inzwischen auf den größten Teil des römischen Reiches ausgedehnt. Sie brauchten nur den verstreuten jüdischen Gemeinden einzuprägen, daß die Beibehaltung ihres Gesetzes und ihres Glaubens jetzt das Band war, das sie einte. Die noch immer wohlhabende Gemeinde Babylons brachte ihre lange Tradition der Gelehrsamkeit zur Stütze und Stärkung der heimatlos Gewordenen ein. So entstand der *Talmud,* das große Gesetzes- und Geschichtswerk, das die Kontinuität und das Nationalbewußtsein der Juden bewahrte.

60 Jahre nach dem Fall Jerusalems leitete ein kühner Guerilla-

führer, Simeon Bar Kochba, einen letzten Aufstand gegen Rom und war eine Zeitlang so erfolgreich, daß er einen lebensfähigen Staat errichten, Münzen prägen lassen und sich von einigen als Fürst Israels, von anderen als Messias bejubeln lassen konnte. Doch gegen die erdrückende Macht Roms hatte er keine Chance und fand in der Stunde seiner Niederlage den Tod. Über den Ruinen Jerusalems wurde eine römische Siedlung errichtet, die für Juden verboten war, und ihrem Land wurde der lateinische Name Palästina aufgezwungen (135 n. Chr.).

FÜNF
CIRCA 50 – 500 N. CHR.

1. China – Die späten Han – Die »Streitenden Staaten« – Die Seidenstraße – Korea – Japan

Selbst auf der Höhe ihrer Macht wußten die beiden Großmächte China und Rom recht wenig voneinander. Der griechische Geograph und Reiseschriftsteller Pausanias vermutete, China liege irgendwo südlich des Roten Meeres und werde von Äthiopiern bewohnt. Ptolemäus zeichnete es mit einer Meeresküste im Süden und als Teil Afrikas.

Angeblich sind kleine Gruppen europäischer Kaufleute im 2. nachchristlichen Jahrhundert und noch einmal etwa 60 Jahre später bis nach Tongking gelangt. Zwar tauchten gelegentlich römische Münzen in Zentralasien auf, aber die Handelsbeziehungen liefen meist über indische, arabische, griechische, syrische und jüdische Mittelsmänner. Belegt ist ein ungewöhnliches Vorkommnis, nämlich daß ein Trupp römischer Soldaten, wahrscheinlich Flüchtlinge oder entkommene Gefangene aus der geschlagenen Armee des Crassus, als Söldner für die Chinesen kämpften, denen später die Gründung einer eigenen Stadt im chinesischen Reich erlaubt wurde.[1]

Während Augustus in der römischen Welt wieder Ordnung schaffte, wurde die Han-Dynastie zeitweilig von einem Usurpator gestützt. Wang Mang war ein asketischer Reformer mit weitreichenden Ideen, der den Han lang treu gedient hatte. Als die ältere Linie der Dynastie mit dem Tod zweier noch nicht volljähriger Prinzen erlosch, riß Wang Mang den Thron an sich. Seine Absicht war es, den Adel zu enteignen und das Land umzuverteilen, wobei jede Familie – ob Bauer oder Edelmann – nicht mehr als 100 Morgen erhalten sollte. Auch der Preis für Grundnahrungsmittel sollte reglementiert und die Sklaverei abgeschafft werden, die allerdings in China lange nicht so verbreitet war wie im Mittelmeerraum. Die Durchführung seiner Reformen wurde zunächst durch neuerliche Nomadeneinfälle verzögert, schließlich durch den Gelben Fluß vereitelt, der zweimal seinen Lauf änderte, Dörfer und Ernteerträge zerstörte und Tausende von Bauern zu hungernden Flüchtlingen machte. Unter Gutsbesitzern und Kaufleuten herrschte schon längst Empörung über die Bestrebungen des Kaisers; das Militär wurde unruhig, die Fluten des Gelben Flusses trugen die Unterstützung der Bauern davon. Das Gerücht, Wang Mang sei an die Macht gelangt, indem er zumindest einen der beiden jungen Prinzen beseitigt habe, schien weiten Kreisen glaubwürdig. Eine tobende Menge stürmte den Palast, und der Kaiser ward nicht mehr lebend gesehen; er hatte 15 Jahre regiert (8–23 n. Chr.).

Die wiedererstandene Han-Dynastie konnte sich noch ein Jahrhundert an der Macht freuen. Unter Kaiser Han Ming Ti (58–75 n. Chr.) wurden Grenzverletzungen entscheidend zum Stillstand gebracht, die durch marodierende Stämme unpassierbar gewordene Seidenstraße wurde wieder geöffnet. Die Oasen in der Wüste Gobi und Lagerplätze im Tarimbecken wurden befestigt, die Stämme unter Kontrolle gebracht. All das war das Werk eines bedeutenden Soldatenkaisers, Pan Ch'ao, der die chinesische Herrschaft bis zum Pamir ausdehnte, Khotan, das Herkunftsland der edelsten Jade, unter kaiserliche Oberherrschaft brachte, und sich sogar die Stämme Nordwestindiens tributpflichtig machte.

Die Grenzen des chinesischen Reiches erstreckten sich nach Süden bis in die Provinz Kwantung, nach Tongking und zu dem ständig umstrittenen Land, das wir jetzt unter dem Namen Vietnam kennen. Ohne besonderes Interesse betrachteten die Chinesen eine rund 360 Kilometer vor ihrer Küste im Pazifik liegende Inselkette. Die Japaner waren noch kaum aus dem Stadium der Stammesfehden heraus; auf ihren nördlichen Inseln lebte ein primitives Volk, das sich tätowierte, die zottigen Ainu. Vermutlich zur Zeit des Ming Ti schickte der Herrscher Japans Gesandte an den chinesischen Hof, der Grüße »vom Kaiser im Land des Sonnenaufgangs an den Kaiser im Land des Sonnenuntergangs« überbrachte. Solche Gleichberechtigungsallüren ferner Barbaren empfanden die Chinesen eher als amüsant denn als kränkend.

Damals kam es nicht zu engeren Kontakten zwischen den Chinesen und jenem wachen, aktiven Volk, das sie so gern näher kennengelernt und nachgeahmt hätte; die Kluft war noch zu tief. Auf dem Zenit der späteren Han-Zeit war China geistig eine der führenden, in mancher Hinsicht sogar die führende Nation der Welt. An der Universität von Loyang arbeiteten 30 000 Studenten; die kaiserlichen Büchereien, die Bibliotheken der Hochschulen und der gebildeten Familien besaßen einen reichen Bestand an schöngeistiger Literatur, an naturwissenschaftlichen Lehrbüchern und Nachschlagewerken. Von Gelehrten war ein Wörterbuch mit über 10 000 Schriftzeichen erstellt worden, und das zu Beginn des 2. vorchristlichen Jahrhunderts in China erfundene Papier erleichterte die Buchherstellung ungemein. In der Mathematik und der Astronomie hätten die Chinesen – falls sie Wert darauf gelegt hätten – keinen Vergleich mit den Griechen zu scheuen brauchen.

Nach der Regierungszeit des Ming Ti schwächte der zunehmende Einfluß von Frauen und Eunuchen allmählich die Dynastie; Korruption sickerte nach und nach in die Verwaltung ein. Die Ernennung von Beamten erfolgte aufgrund des Einflusses einer bestimmten Familie oder durch Bestechung; die konfuzianischen Prüfungen gerieten in Vergessenheit. Von Grundbesitzern ausgebeutete, von der Regierung besteuerte und von korrupten Beamten schikanierte Bauern flohen in die Berge und schlossen sich Räuberbanden an. In der gefährlichsten dieser Banden hatte eine Gruppe mit dem Namen »Die Gelben Turbane« die Führung übernommen. Sie bezeichneten sich als Taoisten, obschon ihre skrupellose Brutalität von dem wahren Wesen taoistischer Glaubenssätze weit entfernt gewesen sein dürfte. Das kaiserliche Heer – soweit man von einem solchen noch sprechen konnte –, vermochte den Banditen auf Dauer keinen Widerstand zu leisten. Der Palast von Loyang mit all seinen Schätzen, Büchern, Textilien und Kunstwerken ging in Flammen auf. 221 n. Chr. dankte der letzte Han-Kaiser ab; damit endete eine große Dynastie, die ihre Größe verloren hatte.

Dreieinhalb Jahrhunderte liegen zwischen dem Zerfall des Han-Reiches und der Wiedervereinigung Chinas unter den Sui (581 n. Chr.) und den T'ang. Chinesische Geschichtsschreiber unterteilen diese lange Zeit der Wirren in eine Phase der »Drei Reiche« (221–265 n. Chr.) und der »Sechs Dynastien« (265–581 n. Chr.). Diese Bezeichnungen sind ungenau und nahezu bedeutungslos. In den verschiedenen Teilen Chinas kamen etwa 30 Dynastien an die Macht, bekriegten sich und verschwanden wieder in der Versenkung. »Das Land wurde zerschnitten wie eine Melone oder verteilt wie Bohnen«, schrieb der Dichter Pao Chao.[2]

Der Norden hatte zunehmend unter Überfällen nomadisierender Stämme aus Zentralasien zu leiden, von denen er schließlich ganz erobert wurde. Loyang wurde erneut geplündert, die Bevölkerung abgeschlachtet. Die chinesischen Edelleute, die sich nicht in der Lage sahen, ihr Land zu verteidigen, nahmen ihre Habe und zogen samt Gesinde und Pächtern an den fruchtbaren Unterlauf des Yangtse oder in das ferne, aber um so sicherere Szechuan. 16 verschiedene Stämme stritten um den Besitzanspruch im Norden. Im 5. Jahrhundert n. Chr. gewann das Turkvolk der Toba Wei die Oberhand, das sich nicht ohne Erfolg daran machte, die Verwaltung und die Gebräuche der Chinesen nachzuahmen; es übernahm schließlich offiziell die chinesische Sprache. Im Lauf der Zeit bauten die Toba Wei Loyang wieder auf und machten es zu ihrer Hauptstadt.

Im Süden herrschte zwar einige Unruhe durch dynastische Wirren, dieser Landesteil aber war wohlhabender und dichter bevölkert. Die Landwirtschaft zog Nutzen aus dem Zustrom der Einwanderer aus dem Norden, der auch dem Lebensstandard und dem Bildungsniveau zugute kam. Diese unruhigen Jahrhunderte waren eine wichtige Periode des Umbruchs, in deren Verlauf der Süden zum Mittelpunkt der chinesischen Kultur wurde.

Die Herrscher der entfernt mit den Han verwandten Chin-Dynastie in Nanking bezeichneten sich als Kaiser, obgleich sie außerhalb ihres eigenen Reiches keinerlei Machtbefugnisse besaßen. An ihrem Hof herrschten Gewalttätigkeit, Neid und Korruption. Auf den ersten flüchtigen Blick allerdings beeindrucken ihre Eleganz und kultuvierte Lebensart; die Chin sammelten Bücher und Kunstwerke. Zu ihrer Zeit entstanden Lyrik-Anthologien und zahlreiche Abschriften klassischer Werke. Die herrschende Klasse verstand sich zwar nicht allzu gut aufs Regieren, entwickelte dafür aber interessante Theorien ästhetischer Kritik. Sensiblere Geister flüchteten sich zu den Schönen Künsten. Der Dichter Lu Chi, der kurz danach als Opfer politischer Intrigen ums Leben kam, schrieb eine glänzende Analyse über Freuden und Leiden des Schreibens (ca. 300 n. Chr.). Er kannte – welcher Schriftsteller kennt sie nicht? – jene Augenblicke, da »die sechs Sinne gestrandet sind, da das Herz verloren ist und der Geist zu stagnieren scheint« und jene anderen Momente, da »das Schreiben selbst eine Freude ist ... ein Ton, der tiefen Stille abgerungen; in einem Bogen Papier liegt die Unendlichkeit beschlossen, und aus einem zollgroßen Herzen entfaltet sich ein grenzenloses Panorama«.[3]

Dem Dichter T'ao Ch'ien (365–427 n. Chr.) widerfuhr das Pech, über ein Jahrzehnt in dem »staubigen Netz« des Staatsdienstes gefangen zu sein, doch schließlich gelang es ihm, daraus zu entkommen:

Die Vogelschwärme
sind glücklich ob ihrer Zuflucht.
Nicht weniger als sie
liebe ich mein Häuschen.
Der Pflug hat sein Werk getan,
Und auch ich habe gesät.
Es ist Zeit, zurückzukehren
Und meine Bücher zu lesen.[4]

Andre, wie die »Sieben Weisen vom Bambushain«, zogen sich in Gruppen zurück, um ein einfaches, aber beschauliches Philosophenleben zu führen. Den besten Rat für schlechte Zeiten verdanken wir Pao Chao:

Halt fest an deinen edlen Zielen,
Freu dich des Essens und der Freunde,
Denn sie allein vermögen es,
Deine Sorgen und Ängste zu vertreiben.[5]

Wie die Dichter fanden auch die Maler Entspannung und Erfüllung in ihrer Kunst, indem sie eine fast mystische Einheit mit der Natur pflegten. Auch so etwas wie vergleichende Kritik entwikkelte sich: Hsieh Ho stellt einem ziemlich schwerfälligen Bericht über berühmte chinesische Maler seine »Sechs Grundsätze« voran, die zur Basis der chinesischen Kunstkritik wurden, und zu denen unter anderem Einklang mit der Natur, gewissenhafte Beobachtung und Harmonie der Farben gehören. Eine gewinnendere Gestalt war der Wandermaler Tsung Ping, der gern ein taoistischer Mystiker geworden wäre, aber feststellen mußte, daß dies ein zu mühsames Unterfangen war. So wanderte er mit seiner Frau bescheiden und beseligt übers Gebirge und versuchte später, die Stimmung dieser Landschaften mit dem Pinsel einzufangen.

Nur wenige Schätze aus dieser Epoche haben die Wirren der Zeit überlebt. Ein Kaiser verbrannte, als er zur Abdankung gezwungen wurde, absichtlich seine Bibliothek mit 200 000 Büchern und vernichtete alle von ihm gesammelten Kunstwerke. Die Regierung war korrupt, die Steuerlast drückend. Hungrige Bauern gingen auf Raubzüge aus, Banditen terrorisierten das flache Land. Gebildete und Ungebildete sehnten sich gleichermaßen nach geistigem Trost, sei es nun Religion, Philosophie oder Magie. Die Lehre des Konfuzius reichte für die Bedürfnisse verunsicherter Gemüter nicht mehr aus.

Buddhistische Mönche aus Indien waren im letzten Jahrhundert der Han-Dynastie unauffällig nach China gelangt. Je schwerer die Zeiten wurden, desto mehr setzte sich ihr Glaube durch. Immer mehr Wanderprediger begaben sich über eine Abzweigung der Seidenstraße auf die weite Reise. Die Zahl der Bekehrten vervielfachte sich, längs der Seidenstraße oder in ihrer Nähe schossen buddhistische Tempel aus dem Boden; vom 4. bis zum 14. Jahrhundert n. Chr. entstanden vielerorts Tempel und Klöster. Höhlen wurden freigelegt und ihre Wände mit Szenen aus dem Leben des Buddha oder mit zahllosen Darstellungen des Buddha selbst ausgemalt. Später, als der Seeweg sicherer geworden war, und die Seidenstraße allmählich verfiel, wehte Treibsand darüber. Erst in unserem Jahrhundert brachten die bahnbrechenden Ausgrabungen von Sir Aurel Stein die erste der Tausend-Buddha-Höhlen ans Licht und wiesen den nachfolgenden Entdeckern den Weg zu lange verschütteten Schätzen.

Doch im 4. nachchristlichen Jahrhundert war das Ziel der buddhistischen Missionare China selbst. Die Toba Wei, gerade erst in Nordchina ansässig geworden, begrüßten ihre Botschaft. Sie bewunderten zwar chinesische Institutionen, doch die Lehre des Konfuzius erschien ihnen zu unpersönlich. Bald entstanden rund um die alte Hauptstadt Loyang über 40 buddhistische Klöster.

Der Taoismus in seiner reinen Form – Chinas ureigene Form der Weltflucht – entwickelte sich im Lauf der Zeit weiter und war verschiedenen Veränderungen unterworfen. Naturmystizismen und magische Rituale überlagerten schließlich die ironische Reinheit der ursprünglichen Lehre. Der ältere, kontemplative Taoismus verschmolz mit dem Buddhismus; mit der wachsenden Zahl der Bekehrten schwand jedoch die geistige Kraft. Die Gläubigen fanden die Befriedigung ihrer Bedürfnisse in der weihrauchgeschwängerten Atmosphäre der Tempel, in rituellen Floskeln und dem Drehen der Gebetsräder.

Wissenschaftliche Fortschritte wurden gemacht: Die rasche Entwicklung der Landwirtschaft und der Bevölkerungszuwachs im Tal des Yangtse förderten den Handel mit Indien und Südostasien. Aus Burma wurde der Tee eingeführt; man begann mit dem Anbau von Orangen und Lychees. Aufmerksame Gärtner entdeckten, daß sich die Befruchtung durch den Einsatz von Insekten steuern läßt. Im Norden führten die Mongolen neue Verfahren zum Schweißen und Härten von Schwertklingen ein.

Weitere praktische Erfindungen kamen auf, die Wassermühle, der Schubkarren, Glimmer für Laternen und Fensterscheiben. Das Kummet war noch nicht vervollkommnet, aber die Chinesen entwickelten ein Geschirr, mit dem das Hauptgewicht der Lasten vom Hals des Pferdes auf seine kräftigen Schultern verlagert wurde.

P'ei Hsin, Geograph am Hof der Chin, ersann für eine Karte von China ein Übertragungs-Gittersystem von etwa 48 Kilometern auf einen Zoll (ca. 3 cm), eine praktische Erfindung, die der übrigen Welt um Jahrhunderte vorauseilte, wenn auch die Landkarte, auf der sie Anwendung fand, im wesentlichen ein Phantasieprodukt war. Mathematiker beschäftigten sich intensiv mit der Struktur des Kreises, und es gelang ihnen, den Wert für π genauer zu berechnen, als es bisher selbst die mathematisch begabten Griechen vermocht hatten.

Von ihren gebirgigen Inseln aus sahen die Japaner mit berechtigter Hochachtung auf die überlegene Kultur Chinas, waren jedoch selbst entwickelt genug, um die politischen Zwistigkeiten der fernen Nachbarn auszunutzen. Schon früh hatten sie mehrmals versucht, in Korea Fuß zu fassen, wo drei Reiche China Tribut zollten. Das größte japanische Reich, Yamota, rüstete zum Angriff auf Korea (die Japaner waren zu Wasser und zu Lande beherzte Krieger), und um 369 n. Chr. errichteten sie an der Südspitze einen Brückenkopf, von dem aus sie in Fehden zwischen den koreanischen Reichen eingriffen; als Lohn erhielten sie, neben handfesten materiellen Vorteilen, die Analekten des Konfuzius und das 10 000 Zeichen umfassende klassische chinesische Wörterbuch einschließlich einer Gruppe von Gelehrten zur Übersetzung beider Werke. Die Japaner begriffen rasch, lernten Lesen und Schreiben und glichen die chinesische Schrift nach und nach ihrem eigenen, sehr unterschiedlichen Idiom an. Ende des 4. Jahrhunderts n. Chr. besaßen sie blühende Kolonien und übten beträchtlichen Einfluß in Korea aus.

Dennoch schickten sie weiterhin respektvolle Gesandtschaften an den Hof des jeweiligen Fürsten, der sich gerade Kaiser von China nannte. Ihre Hochachtung vor der Gelehrsamkeit der Chinesen war ungebrochen. Als ein koreanischer König ihnen eine Schatulle mit buddhistischen Schriften und eine goldene Buddhastatue schickte, standen sie zunächst ratlos vor dem Ausdruck des Buddha – »von einer strengen Würde, wie wir sie noch nie zuvor erblickt haben«.[6]

War dies nun der neue Gott, den es zu verehren galt, oder

nicht? Die Tatsache, daß die Skulptur ursprünglich aus China kam, gab den Ausschlag, und sie beteten ihn an.

An ihrem Stützpunkt in Korea hielten sie fest, bis die Koreaner selbst sie vertrieben. So wird schon früh ein vielleicht unvermeidliches Schema der chinesisch-japanischen Beziehungen festgelegt: Die Japaner liebten und haßten, achteten und beneideten die Chinesen und waren ebenso gern bereit, von ihnen zu lernen wie sie auszunutzen.

2. *China – Die Kushana – Der Süden – Entwicklungen des Buddhismus – Handel und Industrie – Die Gupta*

Als die mongolischen Stämme Nordostasiens sich durch die Verstärkung der Chinesischen Mauer und die Ausweitung chinesischer Militärkontrolle bis nach Zentralasien unter den Han und dem großen Pan Ch'ao ihrer leichten Beute in China beraubt sahen, waren sie genötigt, sich anderswo nach Raubgut und Weidegründen umzusehen. Damit lösten sie eine Kettenreaktion aus, die im Lauf der Zeit die ganze Bevölkerung südlich des Aralsees und an den Grenzen Persiens und Afghanistans in Unruhe versetzte. Ein Volk, das die Inder Sakas nennen, wahrscheinlich ein skythischer Stamm, kam über die Berge Afghanistans und eroberte um 80 v. Chr. Gandhara, die indische Provinz aus dem Reich Alexanders. Etwa 60 Jahre später machte sich eine zweite, stärkere Welle von Eroberern, in der indischen Geschichte als Kushana bekannt, den ganzen Norden von Kabul bis zum Ganges untertan. Die Kushana stammten aus Baktrien und brachten als Abkömmlinge der Yueh-Chi ein komplexes Erbe mit. In ihrer Kultur mischten sich asiatische, hellenistische und persische Einflüsse, was jedoch die Masse ihrer indischen Untertanen kaum berührte. Am seßhaften Leben der Bauern und an ihrer Selbstverwaltung unter einem Rat der Dorfältesten änderte sich wenig.

Die Herrschaft der Kushana in Indien dauerte etwa 200 Jahre. Sie entwickelten sich zu großzügigen Schutzherren der Sanskritgelehrsamkeit und des buddhistischen Glaubens. Ihr hybrider Skulpturenstil, bei dem sich das menschlichere Element des Griechisch-Römischen mit dem Formalismus persischer Kunst verband, wirkte stark auf indische Bildhauerarbeiten, besonders die Kunst von Gandhara und später von Mathura ein.

Kanishka, der bedeutendste König der Kushana, soll angeblich einen Rat der Weisen einberufen haben, um das Durcheinander, das sich im Lauf der sieben Jahrhunderte seit dem Tod Buddhas in seiner Lehre breitgemacht hatte, aus der Welt zu schaffen. Da nicht feststeht, wann Kanishka regiert hat (zwischen 78 und 96 n. Chr.) oder wann der Rat einberufen wurde, ist es durchaus denkbar, daß er gar nichts damit zu tun hatte. Tatsächlich aber fand unter der Schirmherrschaft der Kushana ein Konzil statt, nach unseren Aufzeichnungen das vierte seit dem Tod des Buddha, der inzwischen von einem Gott fast nicht mehr zu unterscheiden war. Die Beratungen endeten mit einer Spaltung. Die orthodoxe Minderheit hielt an den aufgezeichneten Aussprüchen des Buddha als Leitfaden fest. Für sie war die einzige Möglichkeit, Vollkommenheit anzustreben, dem »Achtteiligen Pfad« zu folgen. Die weniger strenggläubige Mehrheit meinte, auch die vielen Bodhisattvas um Hilfe angehen zu können, jene heiligmäßigen Anhänger des Buddha, die zwar bereits Vollkommenheit erlangt, aber aus Mitleid den Kontakt mit der leidenden Menschheit aufrecht erhalten hatten. (Die Parallele zum christlichen Heiligenkult ist unübersehbar). Diese Spielart des Buddhismus nannte sich *Mahayana* oder »Großes Fahrzeug«, da es offensichtlich als Vehikel zur Erlösung mehr Platz bot als der reinere Glaube. Die orthodoxe Lehre verunglimpfte die Anhänger des *Mahayana* als *Hinayana* (kleines oder schmales Fahrzeug).

Die reinere Form des Buddhismus erhielt sich in Ceylon, Burma und Südostasien. *Mahayana* blieb noch einige Zeit in Indien bestehen, verlor aber in dem Maße an Bedeutung, wie die Bodhisattvas als volkstümliche Gottheiten in das Hindu-Pantheon aufgenommen wurden, so daß der buddhistische Glaube fast gänzlich im Hinduismus aufging. Inzwischen hatte er sich bis nach Tibet und Nepal verbreitet, wo eine Vielzahl weiterer Götter, Riten und magischer Bräuche hinzukamen, so auch die Gebetsmühle und die den tantristischen Buddhismus kennzeichnende Verbindung von sexueller und mystischer Vereinigung.

In einer gedankenreicheren, mehr philosophischen Form drang der Buddhismus in China, Korea und Japan vor. Die Missionierung des Fernen Ostens geht auf die Beratungen des Vierten Konzils zurück. Sie waren es, die den Mönchen neue Impulse gaben, deren Lehre in der schweren Zeit nach dem Sturz der Han in China Fuß faßte. Die Kushana wurden im 3. Jahrhundert n. Chr. durch die aufstrebende persische Dynastie der Sassaniden überwältigt, die Afghanistan eroberten und das indische Reich zu einem Vasallenstaat machten.

Mittel- und Südindien wurden zwar nicht, wie der Norden, ständig von Überfällen heimgesucht; durch die große Zahl rivalisierender Kleinstaaten jedoch kam es häufig zu Kriegen. Gelegentlich gelang es einer starken Dynastie, für eine Weile einen größeren Bereich zu befrieden, so etwa der Satavahana- oder Andhra-Dynastie, die drei Jahrhunderte (ca. 100 v. Chr.–225 n. Chr.) im Dekkan herrschte.

Weiter südlich, wo trotz arischer Infiltration die dravidischen Ureinwohner noch die Oberhand besaßen, stritten lange drei Völker um die Macht, die Chera und Kerala an der Malabarküste und die Pandya im äußersten Süden. Ihre Fehden waren zumindest insofern »ergiebig«, als sie in zahlreichen Liedern und Legenden in Tamilisch, der reichsten der erhaltenen dravidischen Sprachen, ihren Niederschlag fanden.

Später – nach 300 n. Chr. – entstanden die beiden großen tamilischen Klassiker, *Chilappatakaram* (»Das juwelenbesetzte Fußkettchen«) und die Fortsetzung *Manimekalai*. Das erste Werk erzählt die traurige Geschichte eines ungetreuen Ehemannes und seines ergebenen Weibes. Das zweite verfolgt das Schicksal der Tochter, die der ungetreue Ehemann von seiner Geliebten hat. Hauptsächlich geht es in der Erzählung darum, die Hingabe tugendhafter Frauen zu rühmen, aber auch Könige, Götter und das Übernatürliche spielen eine Rolle. Für Leser unserer Zeit ist das Reizvollste an diesen Epen, daß wir uns dank ihrer Schilderungen ein anschaulicheres Bild vom häuslichen Leben, dem Ackerbau und Handel in den tamilischen Reichen machen können.

Die Kriege zwischen rivalisierenden Fürsten, deren Heere sich aus einer erblichen Kriegerkaste rekrutierten, waren örtlich begrenzt und betrafen nur die unglückliche Minderheit, die direkt im Einzugsbereich der Kämpfenden wohnte. Diese politisch undurchsichtigen Jahrhunderte waren deshalb für ein so großes Land wie Indien eine Zeit steigenden Wohlstands und stetiger wirtschaftlicher Expansion.

Ein starker Kaufmannsstand und blühende Industrien entwickelten sich. Indische Textilien, besonders das spinnwebfeine Baumwolltuch aus dem Gangestal, waren besonders in Rom sehr gefragt. Durch Hausweberei konnte der Bedarf nicht gedeckt werden, und so kam es zur Errichtung großer Werkstätten und kommerzieller Manufakturen. Auch der Abbau und die Verarbeitung von Eisen, Kupfer und Salz waren organisierte Industrien, ebenso der Anbau von Moschus und Safran im Vorgebirge des

Himalaya. Asokas Straßen, die noch in einem durchaus annehmbaren Zustand waren, beschleunigten den Warenaustausch zwischen den indischen Städten; indische Kaufleute segelten nach China und zu den pazifischen Inseln und kamen mit Seide und Gewürzen für den indischen Markt oder zum Export über das Rote Meer nach Ägypten und zum Mittelmeer zurück.

Der Binnenhandel blühte, der Wohlstand der Kaufleute mehrte sich, der Bedarf an Luxusgütern im In- und Ausland wuchs; Wein aus dem Mittelmeerraum, italienisches und griechisches Glas, Leinwand und Purpur wurden eingeführt. In Massawa am Roten Meer verkauften arabische Mittelsmänner den Afrikanern billigen Baumwollstoff, Eisen für ihre Speerspitzen, Kupfer für ihre Armbänder und anderen Schmuck. Für den indischen Markt nahmen sie Elfenbein, Schildpatt, Gold und schwarze Sklaven mit. In östlicher Richtung trieben sie Handel bis nach Kambodscha und China; der größte Abnehmer für Luxusartikel war freilich Rom. Hauptsächlich gefragt waren feine indische Baumwolle, Textilien, aus China importierte oder in Indien hergestellte Seide, Juwelen, Gewürze und exotische Haustiere wie Pfauen, Papageien und Affen. In Südindien entstanden auch einige römische Siedlungen, wo Kaufleute die besonders begehrten Waren bestellten und sammelten, bis eine Schiffsladung komplett war. Plinius klagte, daß 50 Millionen Sesterzen jährlich aus dem Land abgezogen wurden und nach Indien gingen. Seine Zahl dürfte zu hoch gegriffen sein, andererseits wurden ja auch römische Keramik, Perlen, Wein, Glas und manchmal auch Kunstwerke ausgeführt. Fest steht jedoch, daß letztlich die Bilanz zugunsten Indiens ausfiel.

Das Kastensystem bot Vorteile für Handel und Handwerk. Die Handwerker, die Indiens Textilien, seine Keramik-, Schnitz- und Metallarbeiten fertigten, bildeten geschlossene Kastengruppen, die ihr Können und ihre Zunftgeheimnisse von einer Generation auf die nächste vererbten, untereinander streng solidarisch und von einem fast religiösen Berufsstolz erfüllt. Dadurch entstand eine Tradition handwerklichen Könnens, die einen festen Bestandteil der indischen Kultur darstellte. Auch der buddhistische Glaube und der Jainismus im Süden förderten merkantilen Unternehmungsgeist. Buddhisten und Jainas lehnten Gewalt in jeder Form ab; so konnten die Kaufleute ihren friedfertigen Beruf auch religiös rechtfertigen. Der Widerspruch zwischen einer Religion, die die Verachtung weltlichen Besitzes lehrte, und einem Lebensstil, der die Mehrung des Besitzes förderte, ließ sich immer durch die Reinkarnation entschuldigen: Erst nach zahlreichen Wiedergeburten und Tausenden von Jahren war es möglich, Vollkommenheit zu erlangen. Zunächst konnte man es mit der Ablehnung der Gewalt genug sein lassen.

Kaufleute, Fabrikanten und Handwerker zollten geistlichen Belangen Tribut, indem sie Eremiten unterstützten und Bau und Ausschmückung von Tempeln und heiligen Grotten finanzierten. Vom 2. Jahrhundert n. Chr. an wurden zahlreiche Höhlen in Ajanta ausgebaut und mit harmonischen Szenen aus dem Leben des Buddha bemalt. Über viele Jahrhunderte vollzog sich der Bau des edelsten aller buddhistischen Heiligtümer, der Stupa von Sanchi bei Bhopal. Sie ist umgeben von einer steinernen Balustrade und besitzt Tore von erstaunlich feiner Steinmetzarbeit. All diese schönen Dinge, die Opfer und Gottesdienste, die dazugehörten, waren nicht die Ziele, die sich die Gründer des Buddhismus oder Jainismus gewünscht hätten, aber sie waren das, was sehr, sehr viele gewöhnliche Sterbliche sich wünschten, sich immer gewünscht haben, sich vielleicht immer wünschen werden: Die sichtbaren Symbole einer teils spirituellen, teils magischen jenseitigen Macht, die erhebt, aufrichtet und tröstet.

Um 405 n. Chr. kam Fa Hsien, ein buddhistischer Gelehrter aus China, nach Indien, um die heiligen Stätten Nordchinas, an denen schon Buddha gepredigt hatte, zu besuchen und um – chinesische Gelehrte machten ihre Sache gründlich – buddhistische Schriften in Sanskrit und Dali zu sammeln. Der Besucher aus einem unruhigen, zerfallenen Land war überrascht von dem Frieden, der Ordnung und dem Wohlstand Indiens und beeindruckt von der kultivierten Pracht bei Hof. Nordindien hatte Glück gehabt: Nach dem persischen Angriff, der die Vorherrschaft der Kushana zerschlug, hatte es seit über zwei Jahrhunderten keine Invasion mehr erlebt. Ganz Indien nördlich des Dekkan war unter den Gupta geeint. Es war eine langlebige Dynastie, die 130 Jahre an der Macht blieb. Zur Zeit des Gelehrtenbesuches aus China saß der bedeutendste ihrer Herrscher, Chandragupta II. (ca. 375–414 n. Chr.) auf dem Thron. Eine spätere Legende, die in einem Drama verewigt wurde, stellt Chandragupta als Abenteurer dar, der um der Liebe und der Ehre willen große Gefahren auf sich nimmt. Mit Bestimmtheit läßt sich über ihn nur so viel sagen, daß er die Vorzüge eines Kriegers, eines Diplomaten und eines Schirmherrn der Schönen Künste in sich vereinte. Er gebot den Einfällen feindlicher Stämme an der Nordwestgrenze Einhalt, festigte den Bund der Fürsten und Häuptlinge des Dekkan durch geschickt arrangierte Ehen und zog Dichter, Philosophen und Künstler an seinen Hof in Ujjain.

Zahllose buddhistische Klöster säumten jetzt Asokas Straßen, in denen Reisende rasten und sich erfrischen konnten. Einige dieser Klöster waren gleichzeitig Schulen und höhere Bildungsanstalten. Manche hatten sich auf das Studium der Mathematik, der Astronomie oder Medizin spezialisiert. Der indische Geist ist weniger auf das unmittelbar Praktische gerichtet als der des Chinesen, er neigt mehr zu abstrakten Spekulationen, zum Mystischen und Visionären. Aber die Inder waren gute Mathematiker; sie erfanden die Dezimalzahlen und den Gebrauch der Null. Die in anderen Bereichen so praktischen Römer behalfen sich noch immer mit einem der unhandlichsten Zahlensysteme, die die Welt je kennengelernt hat. Selbst die Chinesen brauchten lange, um zu erkennen, wie praktisch die Zehnerteilung war. Sehr viel später erreichte das Dezimalsystem über arabische Vermittlung den Westen; seit dieser Zeit werden unsere Zahlen allgemein und unzutreffend als »arabische« Zahlen oder Ziffern bezeichnet. (Dennoch haben viele Völker – auch die Inder – das Dezimalsystem jahrhundertelang in der Mathematik benutzt, ehe sie auf den naheliegenden Gedanken kamen, es auch für Münzen, Maße und Gewichte einzuführen.)

Anders als Asoka erhob Chandragupta II. weder Wohltätigkeit noch buddhistische Grundsätze zum öffentlichen Regierungsprogramm. Er selbst war Hindu, aber aus Fa Hsiens Bericht geht hervor, daß er nicht nur den Kaufleuten in den Städten, sondern auch den Bauern ein gütiger Herrscher war. Fa Hsien kam viel in Nordindien herum und maß seinen Wohlstand an den niedrigen Maßstäben seiner Zeit, es schien ihm im Vergleich zu seinem eigenen Staat jedoch ein glückliches Land zu sein.

Der Unterschied erklärt sich vielleicht zum Teil auch aus der Tatsache, daß Chinesen und Inder dem Staat gegenüber eine unterschiedliche Einstellung pflegten. In beiden Ländern war der oberste Herrscher – mochte er sich nun Kaiser, Radscha oder König nennen – ein Autokrat. In Indien jedoch besaß jedes Dorf seinen Ältesten und seinen Ältestenrat, der den Dorfbewohnern ebenso verantwortlich war wie der Zentralregierung und seit alters her dort die Sorgen des Dorfes vortrug. Die Zentralregierung war nicht so straff durchorganisiert wie in China, es gab keine Beamtenprüfungen; das tief verwurzelte, von Generation zu Generation überlieferte Pflichtbewußtsein gegenüber dem Staat fehlte. In China gestaltete sich das Verhältnis der Beamten zur Bevölkerung ganz anders: Von Staatsbeamten wurde erwartet, daß sie sich ihrem hohen Amt entsprechend kleideten und in Kutschen reisten. Sie mußten als »Führer des Volkes« und Abgesandte der kaiserlichen Autorität Abstand halten, selbst wenn diese Autorität in Trümmern lag. Der Dorfälteste in China war dem Beamten, der den Willen des Kaisers verkörperte, weit unterlegen; sein Recht, Beschwerden vorzubringen, bestand im wesentlichen theoretisch, und die Möglichkeiten einer gewissen Selbstverwaltung in der Dorfgemeinschaft waren durch die vielen kaiserlichen Edikte über Aushebungen für das Heer und öffentliche Bauarbeiten, mit denen die Dörfer geplagt wurden, stark eingeschränkt. Im besten Falle funktionierte das chinesische System gut, in schlechten Zeiten aber war es korrupt, tyrannisch und inkompetent.

Das indische System war nicht weniger bestechungsanfällig, dafür aber menschlicher. Der Dorfrat trat häufig zusammen und entschied demokratisch. Die Beamtenschaft spiegelte die Einstellung der Regierung wider; unter einem gütigen Herrscher half es nichts, die Armen zu schikanieren, weil Beschwerden und Petitionen bis an die Spitze gelangten und der Beamte Gefahr lief, zur Rechenschaft gezogen zu werden.

So also erklärt sich der günstige Eindruck, den Fa-Hsien erhielt und wiedergibt. Es ist denkbar, daß er sich zu leicht hat beeindrucken lassen, aber seine Ansicht, daß der Bauer, so arm er auch war, zu jener Zeit in Indien besser lebte als in China, kann nicht ganz falsch gewesen sein.

Auch die kostenlose Krankenhausbehandlung im ganzen Land lernte er kennen. Im Westen hatten indessen mildtätige Christen ebenfalls mit der Gründung von Hospitälern für Arme und Kranke begonnen. Indien jedoch scheint das erste Land mit dem Konzept staatlich betriebener Krankenhäuser gewesen zu sein.

Der Hinduismus der Guptaherrscher war von großer Toleranz geprägt; er basierte auf alten Traditionen und einer Mythologie, in der sich die drawidischen mit den arischen Göttern mischten. Schlichte Legenden und eine Vielzahl örtlicher Götter stellten die Abergläubischen zufrieden, während sich die Intellektuellen eine symbolisch-spirituelle Deutung suchen konnten. Auch Buddha hatte sich ja nicht gegen den Hinduglauben seiner Ahnen ausgesprochen, sondern ihn mit tieferer Bedeutung erfüllt. Zur Zeit der Gupta wurde der Buddhismus allmählich wieder von der älteren Religion absorbiert.

Unter den Gupta vollzog sich eine fruchtbare Wiederbelebung der glorreichen Vergangenheit. Das große Epos *Mahabharata* wurde überarbeitet und verherrlichte nun ein geeintes Indien unter gottgleichen Kaisern. Sowohl Buddha als auch Wischnu wurden von den Bildhauern als majestätisch-idealisierte Persönlichkeiten dargestellt. Der persische und der hellenistische Einfluß waren nur in der indischen Kunst vollständig assimiliert. Höchstleistungen der Bildhauer waren Gestalten wie der liegende Wischnu in den Tempelruinen von Deogarh und die unvergleichlichen Buddhas der Sarnath-Schule. Die besten Werke dieser Zeit sind griechisch in den Proportionen und ihren edlen Körperformen, aber die formalisierte Haltung, die symbolische Geste, der in Stein gemeißelte Heiligenschein, der einen vollkommenen Rahmen für Kopf und Schultern des Buddha abgibt, – das alles ist Ausdruck des indischen Geistes und stellt religiöses und ästhetisches Empfinden gleichermaßen zufrieden.

In der Gupta-Epoche entstand auch eine reichhaltige Literatur: Neben wiederbelebten Klassikern tauchen die Werke zeitgenössischer Dichter und Dramatiker auf. Chandragupta II. gilt als der Schirmherr vieler Künstler, Gelehrter und Dichter. Einer der strahlendsten unter diesen »Kronjuwelen« war möglicherweise Kalidasa, ein produktiver Lyriker und Dramatiker, dem manche Chronisten den Beinamen »der indische Shakespeare« gegeben haben. Die Aussage muß unbestimmt bleiben, weil seine Lebensdaten nicht genau feststehen. Bekannt ist nur, daß er zur klassischen Guptaperiode der Sanskritliteratur gehört. Sein berühmtestes Werk, das *Shakuntala,* ein Schauspiel in Versform, 1789 ins Englische übersetzt, regte Goethe zu einem Gedicht zum Lob des Dichters an und beeinflußte die westliche Romantik. Es ist eine sagenhafte Liebesgeschichte voller Zufälle, Verwechslungen und Abenteuer, die aber dank Kalidasa zu einer einfühlsamen Darstellung menschlicher Befindlichkeit wird; in ähnlicher Weise hat Homer in einer naiven Heldensage allgemeingültige Aussagen gemacht, hat Shakespeare triviale Novellen und unwahrscheinliche Märchen umgestaltet.

Die Zeugnisse über die Politik, das gesellschaftliche Leben und die schönen Künste in diesen Jahrhunderten sind, obschon unvollständig, reichhaltig genug, um uns Einblick in die Entwicklung einer vielseitigen, vorwärtsblickenden Kultur zu gestatten. Wenig Information findet sich – in Indien wie auch anderswo – über das Leben der Bauern, an deren körperlicher Mühsal sich im Lauf der Jahrhunderte kaum etwas änderte. Nur unvollkommen läßt sich ihr Schicksal anhand von Gesetzessammlungen, überlieferten Märchen und Sagen und – ganz am Rande – in der Literatur verfolgen.

3. *Das Römische Kaiserreich im 2. Jahrhundert n. Chr.*

Das Römische Reich reichte auf dem Gipfel seiner Macht von den Ausläufern des schottischen Hochlandes bis nach Nordafrika, von der Atlantikküste Spaniens bis nach Syrien, Kappadokien und zum Schwarzen Meer. Die Beziehungen Roms über den Handel und auf diplomatischem Weg reichten bis nach Indien und China; Kaiser Claudius soll eine Gesandtschaft aus dem Inselreich Ceylon empfangen haben.[7]

Gegen Mitte des 1. Jahrhunderts n. Chr. begann das Reich von innen heraus zu faulen. Claudius hatte die wertvolle Provinz Britannien mit ihren reichen Metall- und Holzvorräten erobert. Die Nachfolge des Claudius trat sein Stiefsohn Nero (54–68 n. Chr.) an, der nach einem vielversprechenden Anfang nur noch Interesse an seinem eigenen Glanz und Ruhm fand – er gefiel sich insbesondere als Sänger, Dichter und Schauspieler. Eine erste Verschwörung gegen ihn wurde aufgedeckt, die Verschwörer trieb man – soweit sie nicht hingerichtet worden waren – zum Selbstmord; unter ihnen befanden sich auch Neros früherer Lehrer Seneca und der Dichter Lucan. Die Feuersbrunst, die kurz darauf Rom verwüstete, war nach Meinung der Zeitgenossen Neros Werk. Er baute die Stadt mit großer Prachtentfaltung wieder auf, was aber die Gerüchte gegen ihn nicht zerstreute. Nach einer weiteren Verschwörung, bei der sich auch Gallien gegen ihn erhob, fand sich Nero isoliert und ohne Freunde. Er floh aus Rom, zögerte, bis die Soldaten, die man ausgeschickt hatte, um ihn zu töten, im Anmarsch waren, und beging dann Selbstmord. Seine letzten Worte sollen gewesen sein: »Was für ein Künstler geht mit mir verloren.«

In den folgenden 18 Monaten kamen und gingen drei Kaiser. Der erste, den die Prätorianergarde zur Macht brachte – ein gefährlicher Präzedenzfall –, war der bereits über siebzigjährige Galba, ein tüchtiger Soldat, der, wäre er jünger gewesen, ein guter Herrscher hätte sein können. Tacitus meint lakonisch dazu: *Omnium consensu capax imperii nisi imperasset* – »Nach allgemeiner Meinung wert, Kaiser zu sein, wenn er nicht geherrscht hätte.« Nach knapp acht Monaten wurde er von Otho ermordet. Otho, der ein Freund Neros gewesen war, bis dieser ihm die Frau abspenstig machte, hatte sich Chancen auf Galbas Nachfolge ausgerechnet. Als Galba sich anders entschied, ließ Otho ihn von der Prätorianergarde umbringen. Seine eigene Herrschaft währte von Januar bis April 60 n. Chr.

Als Otho zum Kaiser gewählt wurde, hatten sich auch die Legionen am Rhein für einen neuen Kaiser entschieden. Ihre Wahl fiel auf Vitellius, der hauptsächlich als unersättlicher Genießer in die Geschichte eingegangen ist, obgleich es ihm nicht an Intelligenz und Loyalität fehlte. Er verdankte Galba seinen Posten am Rhein und sah es daher als seine Pflicht an, Galbas Mörder zu rächen. Er fiel in Italien ein, wo seine Legionen Otho bei Cremona stellten und schlugen. Otho beging Selbstmord.

Vitellius, sogleich vom Senat als neuer Kaiser anerkannt, zog nach Rom, hatte aber nicht viel Zeit, sich seines kaiserlichen Glanzes zu freuen. Er erfuhr, daß die Truppen in Alexandria Vespasian zum Kaiser ausgerufen hatten. Vespasian war nicht römischer und noch viel weniger kaiserlicher Abstammung. In Spanien als Sohn eines Steuereinnehmers geboren,war er in sehr jungen Jahren Soldat geworden; von Claudius mit Führungsaufgaben betraut, hatte er entscheidenden Anteil an der Eroberung Britanniens. Im Jahr 68 n. Chr. hatte man ihn zur Niederschlagung eines jüdischen Aufstandes abkommandiert; er lag vor Jerusalem, während Vitellius nach Rom marschierte. Vespasian ließ seinen ältesten Sohn Titus, dem er uneingeschränkt vertraute, vor der belagerten Stadt zurück und marschierte auf Alexandria, wo ihm die Truppen als dem neuen Kaiser zujubelten. Sämtliche Legionen im Orient folgten dem Beispiel Alexandrias.

Vespasian war von bedächtiger Wesensart und ließ sich nicht drängen. Er erteilte zwei Vertrauten den Auftrag. Rom für ihn einzunehmen. Die Armee, die ihnen Vitellius entgegenschickte, wurde – wie das Heer des Otho im vergangenen Jahr – bei Cremona besiegt. Die Sieger marschierten auf Rom und trafen zunächst auf starken, aber unorganisierten Widerstand, der bald zusammenbrach. Vitellius, ein wenig mitreißender Heerführer, wurde gefaßt und ermordet. Der entgegenkommende Senat erkannte Vespasian als Kaiser an.

Nun näherte sich Vespasian selbst in gemächlichem Tempo der Hauptstadt des Römischen Reiches. Unterwegs inspizierte er die Grenzbefestigungen und besetzte den Oberlauf des Rheins und der Donau, um die Verteidigungslinie zu verkürzen und zu verstärken; den Ausbau seiner Position in Rom überließ er seinen

Vertrauten am Ort. Zehn Monate, nachdem der Senat ihn zum Kaiser proklamiert hatte, zog er in die Stadt ein.

Titus hatte indessen Jerusalem genommen und stieß mit reicher Beute zu seinem Vater in Rom. Vater und Sohn feierten einen gemeinsamen Triumph und machten sich dann an das ernste Geschäft des Regierens. Durch die hohen Kosten für die Kriege der vergangenen Jahre waren alle Mittel erschöpft, doch rigorose Sparmaßnahmen brachten genug Geld, um die östlichen Grenzen zu sichern.

Vespasian, der selbst aus der Provinz stammte, lag seit jeher das Wohl der Provinzen am Herzen. Er erweiterte den Senat um zusätzliche Mitglieder aus Italien und anderen Provinzen. Er verstand etwas von Verwaltung und berief Mitarbeiter nach ihrem Verdienst, ohne auf das Murren junger Adelssprosse zu achten. Auch das Bildungswesen war ihm wichtig; er berief und finanzierte Gelehrte als Lehrer. Nach der peinlichen Herrscherkette von Nero bis Vitellius besaß Rom in der Gestalt Vespasians wieder einen seiner Sinne mächtigen, ausgeglichenen Herrscher mit Erfahrungen in Kriegsführung wie Verwaltung, unermüdlich in dem Bemühen um eine fundierte Führung des Staates. Mit 60 war er Kaiser geworden, zehn Jahre später starb er, nachdem er Titus zum Erben eingesetzt hatte.

Titus besaß neben dem fachlichen Können seines Vaters eine persönlich gewinnende Art, die Vespasian nicht gehabt hatte. Allerdings ergab sich ein gesellschaftliches Problem: In Judäa hatte er sich in die jüdische Prinzessin Berenice verliebt, die in Rom nicht beliebt war, so daß er sich von ihr trennen mußte. (Racines Drama, das dieses Thema behandelt, gehört zu den berühmtesten klassischen Werken Frankreichs und wird dem tragischen Konflikt der historischen Vorlage vollauf gerecht).

Doch Titus herrschte nur zwei Jahre. Im ersten Jahr seiner Regierung erschütterte der schreckliche Ausbruch des Vesuvs, der seit Menschengedenken als erloschen gegolten hatte, ganz Italien. Die völlige Zerstörung Pompejis und der umliegenden Ortschaften – Pompeji war ein dicht besiedelter und beliebter Kurort, in dem zahlreiche wohlhabende Römer Landhäuser hatten –, war eine Naturkatastrophe ersten Ranges.

Auf Titus folgte sein Bruder, der rätselhafte Domitian, der als Herrscher zunächst zu großen Hoffnungen berechtigte. Als ihm in verschiedenen Grenzkriegen der Erfolg versagt blieb, wurde er mürrisch und verbittert. Vespasian hatte einen großartigen Statthalter, Agricola, nach Britannien geschickt, doch Domitian rief ihn aus reiner Eifersucht zurück. Diese Eifersucht wurde immer schlimmer; es ist denkbar, daß er an einer organischen Gehirnkrankheit litt. In seinen letzten sieben Lebensjahren sah er sich ringsum von Verschwörern umgeben und ließ alle ihm Verdächtigen hinrichten. Die Lage wurde schließlich unerträglich; die Ermordung des Kaisers ließ nicht lange auf sich warten.

Doch der Tod des Domitian führte nicht zu einer Kette von Kaisermorden wie zur Zeit Neros und seiner drei Nachfolger. Der vom Senat anerkannte neue Kaiser Nerva war ein gerechter und friedliebender Mann. Er schaffte die Spitzel ab, mit denen sich Domitian umgeben hatte, und erklärte, solange er lebe, würde kein Senator hingerichtet werden. Seine kurze Regierungszeit (96–98 n. Chr.) war eine Atempause für die Normalität. Vor seinem Tod adoptierte er als seinen Nachfolger Trajan, der wie Vespasian aus Spanien stammte und ein erfahrener Soldat war.

In neunzehnjähriger Regierungszeit vergrößerte Trajan das Reich durch erfolgreiche Kriege. Er machte Dacien (= Rumänien) zur römischen Provinz, besiegte die Parther und verleibte ihr Land als Provinz Mesopotamien dem Reich ein. Er war auch ein umsichtiger Verwalter, dem das Wohl seiner Untertanen am Herzen lag. Trajan verbesserte das Straßennetz des Reiches, stiftete öffentliche Bibliotheken, ließ Thermen errichten und schenkte Rom ein zusätzliches Forum, das seinen Namen trägt. Er begann auch mit den *alimenta,* einer regelmäßigen Verteilung von Lebensmitteln an arme Kinder. Nach seinem Tod kam ein weiterer Spanier, Hadrian, auf den Thron; Trajan hatte ihn als zehnjährigen Knaben in seine Familie aufgenommen.

Hadrian (117–48 n. Chr.) gilt als der größte in einer Reihe von fünf fähigen Kaisern, die von Nerva bis Mark Aurel reicht und eine Spanne von 84 Jahren (96–180 n. Chr.) umfaßt. Hadrian, ein Intellektueller mit verfeinertem Geschmack, vielseitigen Interessen und außergewöhnlichen Fähigkeiten, ein guter Soldat und guter Verwalter, bereiste alle Provinzen des Reiches, informierte sich selbst über die Lage, stellte Mißstände ab und verstärkte die Befestigungen. Er straffte die militärische Disziplin an der germanischen Grenze und befahl in Britannien den Bau der berühmten, vom Tyne zum Solway reichenden und mit Forts und Wachtürmen verstärkten Mauer, die Eindringlinge aus Schottland fernhalten sollte. Der Schutzwall Hadrians war vom Standpunkt der Kriegsbaukunst nicht mit der Chinesischen Mauer zu vergleichen, nahm aber dafür mehr Rücksicht auf den Kampfgeist und das Wohl der Truppen.

Die römischen Befehlshaber waren zwar in erster Linie um strenge Disziplin bemüht. Sie wußten aber auch, wie wichtig es war, auf den Gesundheitszustand der Truppe zu achten, genug Chirurgen und Ärzte für die Verwundeten und Kranken zur Verfügung zu haben, in den Lagern Frischwasserversorgung und Kanalisation zu sichern und notfalls bei unwirtlichem Wetter Heizmöglichkeiten sowie Räumlichkeiten zur körperlichen Ertüchtigung und zur Erholung bereitzustellen. Die Ärzte verwendeten meist Kräuterheilmittel. Zur Erstellung der Rezepte mußten die Eigenschaften und Merkmale einer Vielzahl von Kräutern studiert und genügende Mengen beschafft werden. Die medizinische Vorsorge war natürlich nicht auf die Garnisonen am römischen Schutzwall beschränkt, sondern wurde soweit wie möglich im gesamten römischen Heer sichergestellt.

Hadrian war sich der Bedrohung durch die Barbaren wohl bewußt. Seit den Tagen der Republik und der gallischen Invasionen lebte Rom mit ihren Aufständen, und immer wieder störten Übergriffe die *Pax Romana*. Die Stämme jenseits der Grenzen stellten eine Gefahr dar, mit der man ständig rechnen mußte. Zwar waren die Völker Galliens und Spaniens, die Briten und Belgier zum größten Teil romanisiert, doch die germanischen Stämme mußten sehr sorgsam beobachtet werden, und die Völker hinter Elbe und Donau waren ständig auf Wanderschaft.

In seinen letzten Jahren hatte Trajan Mesopotamien und Armenien erobert, um die Grenzen des Reiches zu stärken. Hadrian jedoch zog die Konsolidierung der römischen Vormachtstellung der Expansion vor. Er gab einige von Trajan eroberte Regionen wieder auf, weil dort zu viele Truppen gebunden waren, und konzentrierte sich darauf, Kleinasien, die Mittelmeerküste und das Südufer der Donau zu halten. Dafür stationierte er den größten Teil der römischen Armee in Kastellen. Für Ausfälle wurden zunehmend Kavallerieregimenter eingesetzt, die sich aus verbündeten Barbarenstämmen rekrutierten.

Trajan ist als gewaltiger Bauherr in die Geschichte eingegangen: Der Stadt Nîmes schenkte er einen neuen Tempel, der von späteren Generationen den Namen *La Maison Carrée* erhielt. Er erweiterte Agrippas Pantheon in Rom, indem er die majestätischen Säulen des Portals mit einer Kuppel überwölbte und damit den ersten großen Kuppelbau des Westens schaffen ließ. In dem von ihm besonders geliebten Athen vervollständigte er den Tempel für den Olympischen Zeus unterhalb der Akropolis, restaurierte das Theater des Dionysos und ließ eine Bibliothek und öffentliche Bäder bauen. Nur in Jerusalem übernahm er sich mit dem Versuch, die Juden zu »richtigen Römern« zu machen, indem er an die Stelle von Salomos Tempel ein Heiligtum für Jupiter setzte. Diese Maßnahme löste einen letzten Aufstand aus, der mit der Vertreibung und Zerstreuung der Juden endete.

Zweimal im Lauf seiner einundzwanzigjährigen Herrschaft unternahm Hadrian im Lauf von jeweils sechs Jahren Reisen durch sein ganzes Reich. Bei der ersten Inspektionsfahrt besichtigte er den römischen Schutzwall in Britannien. Allgemein begrüßte man seine Maßnahmen und seine Gesetzgebung. Er setzte Bezirksrichter ein, um die Erledigung anstehender Prozesse zu beschleunigen, legte feste Gehaltssätze und Dienstgrade für die Beamten fest, förderte Kunst und Wissenschaft und machte sogar durch gezielte Maßnahmen das Los der Sklaven erträglicher.

Seine letzten Lebensjahre verbrachte er in der friedlichen Villa, die er sich in Tibur (= Tivoli) gebaut hatte, und freute sich an der Unterhaltung mit Philosophen und Freunden. Von dem kaiserlichen Philosophen, Musiker und Poeten heißt es, er habe gegen Ende seiner Tage einen sanft-ironischen Abschied an die Seele verfaßt:

> Anima vagula blandula
> Hospes comesque corporis...
> (Sanftes wanderndes Seelchen, Gast
> und Gefährte des Körpers...)[8]

Der von ihm gewählte und adoptierte Nachfolger Antoninus Pius herrschte 23 Jahre lang in Frieden (138–161 n. Chr.). Sein Anliegen war der Erhalt der sozialen Ordnung, die er durch einige vorsichtig-humane Reformen sicherzustellen suchte.

Die Eroberer, denen die Verteidigungsmaßnahmen des Hadrian gegolten hatten, erhoben sich zur Zeit des Philosophenkaisers Mark Aurel (161–180 n. Chr.) wieder. In Syrien mußte er sich der Parther erwehren, später die Markomannen, den wildesten aller germanischen Stämme, an der Donaugrenze zurückschlagen. Er führte seine Armeen gewissenhaft und alles in allem erfolgreich, und tröstete sich in Mußestunden mit dem Schreiben seiner *Selbstbetrachtungen*, einem Handbuch stoischer Geduld, das im Laufe der Jahrhunderte Tausende gestärkt und aufgerichtet hat. Er starb auf dem Donaufeldzug, fern von Zivilisation und Komfort in einem trostlosen Militärstützpunkt, den die Römer Vindobona nannten und aus dem später das zauberhafte Wien entstand.

Seit den Tagen des Mark Aurel bis zum Zerfall der römischen Macht im Westen war das Reich nie mehr frei von Unruhen. In der einen oder anderen Provinz regte sich immer Aufruhr unter den Stämmen, die Bauern erhoben sich, an irgendeinem Punkt der langen Grenzen brachen Eindringlinge durch. Mark Aurel hatte geplant, durch Ansiedlung romfreundlicher Stämme nördlich der Donau eine neutrale Zone zu schaffen, um andere Barbaren fernzuhalten. Aber würde die Rom günstige Stimmung der Ansiedler von Dauer sein? Der Mangel an Arbeitskräften und an Rekruten für das Heer ließ dem Kaiser keine andere Wahl.

Ein schlimmerer Feind suchte das Reich noch vor dem Tod des Mark Aurel heim. Die vom Partherfeldzug zurückkehrenden Truppen brachten eine Seuche mit, die Italien und die Provinzen über fast ein Jahrzehnt verwüstete und endemisch wurde. Die Bevölkerungszahlen waren schon lange rückläufig, obgleich verschiedentlich Anstrengungen unternommen wurden, das Bevölkerungswachstum zu fördern, so etwa durch die *alimenta,* von Trajan eingeführt, um die Gründung größerer Familien anzuregen. In Mittelitalien mag zu der Misere auch der Verfall der Campagna beigetragen haben. Diese blühende Landschaft, einst der Gemüsegarten Roms, war zu einem Malariasumpf verkommen. Denkbar ist auch, daß gerade die gut funktionierende Wasserversorgung in Rom und in anderen Städten das Auftreten von Krankheiten förderte, deren Erreger sich über die Wasserleitung verbreiteten.

Es liegt kein Grund dafür vor, die sinkende Bevölkerungszahl und den Niedergang der römischen Macht mit moralischer Dekadenz zu assoziieren, wie es früher in der historischen Forschung üblich war. Die Soldaten und Verwaltungsbeamten in den späteren Jahren des Römischen Reiches – von Zeit zu Zeit auch angeregt durch ungewöhnlich fähige Kaiser wie Septimius Severus, Aurelian, Diokletian, Konstantin und Theodosius – vermochten den Zusammenbruch des Reiches um mindestens 200 Jahre hinauszuzögern; diese Leistung ist alles andere als dekadent.

Gegen Ende des 2. Jahrhunderts n. Chr. konnten aus dem Einkommen einer verringerten Bevölkerung die Kosten für Verwaltung und Heer nicht mehr gedeckt werden. Seit Domitian lasteten immer höhere Steuern zur Erhaltung einer größeren Armee immer schwerer auf den Provinzen. Im Jahr 212 n. Chr. eröffnete Kaiser Caracalla allen Bewohnern des Reiches die Möglichkeit, das römische Bürgerrecht zu erwerben; ausgenommen blieben lediglich Sklaven. Was einst begehrtes Vorrecht gewesen war, diente jetzt dazu, Tausende bescheidenere Bürger zur Zahlung höherer Steuern zu zwingen. Dennoch blieben die Finanzprobleme ungelöst. Das Heer wuchs ständig, um insbesondere die Verteidigung sicherzustellen, die Steuern stiegen immer weiter. Zu Beginn des 3. Jahrhunderts n. Chr. schwand der Wohlstand des Reiches so rasch dahin wie seine Bevölkerung.

Altmodische Römer schüttelten bedenklich den Kopf über die Ströme römischen Goldes, die für Gewürze, Seide und andere Luxusgüter nach Indien und in den Fernen Osten flossen, aber der Handel expandierte. Der Bedarf an Bargeld führte zu einer Vervielfältigung örtlicher Münzen, die keineswegs alle autorisiert waren. Allenthalten waren mit einer dünnen Silberschicht überzogene Kupfermünzen in Umlauf, Goldmünzen dagegen verschwanden in den Schatullen weitsichtiger Spekulanten.

Eigentlich basierte die Wirtschaft des Römischen Reiches auf der Landwirtschaft. Es gab ein paar Manufakturen, deren Erzeugnisse aber kaum exportiert wurden. In einigen örtlich begrenzten Gebieten florierte das Töpferhandwerk. Die berühmte rotglasierte Keramikware von Arezzo war in den frühen Tagen des Kaiserreiches in vielen Provinzen zu finden. Markenkeramik – *terra sigillata* – stammte aus Werkstätten in Gallien, Britannien und dem Rheinland. Samische Töpferwaren kamen aus Gallien. Mosaike mit beliebten Themenstellungen gingen – auch in transportablen Abschnitten – an Abnehmer in der Provinz. Früher hatte das Reich als Absatzmarkt ausgereicht; im 3. Jahrhundert n. Chr. aber war seine größte Ausdehnung vollendet – und bereits überschritten. Der Bedarf ging zurück und schwand ganz, je knapper das Geld wurde.

Auch die römische Landwirtschaft war im Niedergang begriffen. Die Sklavenwirtschaft auf den großen Gütern – ob es sich nun um private Haushaltungen mit ihrer luxuriösen Lebensführung oder um kommerzielle Unternehmen handelte –, ging zu Ende. Durch das Ende der römischen Eroberungszüge geriet der Nachschub ins Stocken. Konstruktiver war ein weiterer Grund für diesen Wandel, nämlich der Brauch, Veteranen auf dem flachen Land anzusiedeln, mit dem schon Tiberius Gracchus begonnen und den Marius im letzten Jahrhundert der Republik wieder aufgenommen hatte. Der Kleinbauer war für die römische Landwirtschaft wieder wichtig geworden. Auf den verbleibenden großen Gütern behielten sich die Besitzer nur die unmittelbare Kontrolle über soviel Land vor, wie für ein bequemes Auskommen der Familie nötig war; alles andere wurde Pächtern überlassen.

Dabei handelte es sich praktisch um Ackerbau ausschließlich für den Eigenbedarf. In ganz Italien entwickelten sich mit sinkender Bevölkerungszahl nicht mehr bebaute Felder wieder zu Brachland zurück.

Rom mit seinen 250000 Einwohnern deckte seinen Getreidebedarf aus Nordafrika – ein Grund mehr, warum die Stadt es sich nicht leisten konnte, die Kontrolle über das Mittelmeer zu verlieren.

Erkennbar waren diese Schatten bereits in antoninischer Zeit, jenem goldenen Nachmittag römischer Herrschaft vor dem langen Sonnenuntergang. Literatur, Kunst und Denken der Zeit waren nicht mehr groß, nur noch interessant – ein Rückschritt gegenüber früheren Jahrhunderten.

Das 1. nachchristliche Jahrhundert hatte den Moralisten und Dramatiker Seneca hervorgebracht, von unseren Vorfahren im 17. Jahrhundert n. Chr. mehr geschätzt als heute, und seinen Neffen Lukan, dessen Epos *Pharsalia* die Geschichte von Caesars Krieg gegen Pompejus erzählt, und der sich – wie Seneca – unter Nero umbrachte.

Sympathischer als diese beiden war Plinius der Ältere, der eine Enzyklopädie der Naturgeschichte erstellte. (Er prägte beide Begriffe, indem er in seinem Vorwort die Worte »enkyklios paideia« benutzte und sein Buch *Historia naturalis* nannte). In diesem Werk sammelte er alles, was seine Vorgänger, Griechen wie Römer, in Flora und Fauna beobachtet und in sie hineinphantasiert hatten. Seine Glaubwürdigkeit wurde bis zur Renaissance nicht in Frage gestellt, und sein Buch – ob wissenschaftlich oder nicht – dient nach wie vor zum Entzücken des interessierten Lesers. Der mutige alte Herr kam im Alter von 56 Jahren bei von ihm organisierten Rettungsmaßnahmen für die Opfer von Pompeji in den Gasschwaden des Vesuvs ums Leben.

Der als Sklave geborene Philosoph Epiktet, in Rom aufgewachsen, aber fast sein ganzes Leben lang in Griechenland tätig, lehrte Selbstdisziplin und postulierte die Pflege des Intellekts und der Gleichgültigkeit gegenüber weltlichen Gütern. Er selbst hatte ein schweres Leben geführt und behauptete zu Recht, in dieser vereinfachten stoischen Philosophie eine Lösung für die Probleme der Menschheit gefunden zu haben. Sein späterer Einfluß auf europäische Moralbegriffe reicht von der Renaissance bis zum viktorianischen Zeitalter.

Juvenal, der schärfste unter den römischen Satirikern, schuf sein bestes Werk unter der Herrschaft Hadrians. Darin zeigte er die Schattenseiten der römischen Gesellschaft in einem Stil auf, der zwanglos Rhetorisches, Umgangssprachliches und Pornographisches in sich vereinte.

Der – zumindest Historikern – sympathischste Schriftsteller der Epoche ist der Grieche Plutarch (ca. 50–120 n. Chr.), der die Verschmelzung griechischer Ideen mit dem politischen Denken Roms für die Grundlage einer guten Regierung hielt; seine berühmten *Vitae parallelae* verdeutlichen diese Überzeugung. Dank der Sorgfalt, mit der er seine Fakten sammelte, und der Menschlichkeit seiner Interpretation sind dies Biographien, darüber hinaus jedoch das vielleicht vollständigste und ansprechendste Gesamtbild, das wir von der verlorenen Welt der Antike besitzen.

Galen und Ptolemäus, deren Namen der Naturwissenschaft in den nächsten 1200 Jahren geläufig blieben, lebten ebenfalls im 2. nachchristlichen Jahrhundert. Galen, der aus Pergamon stammte, studierte als Arzt einer Gladiatorentruppe Anatomie, machte Experimente mit Tieren, avancierte später in Rom zum Modearzt und hinterließ ein Gesamtwerk, das in verfälschter Form die westliche Medizin bis hinein ins 16. Jahrhundert n. Chr. beeinflußte. Einige seiner Beobachtungen waren durchaus nützlich; nach Galen besitzt der Mensch vier Körpersäfte, deren richtige Mischung Gesundheit, deren Ungleichgewicht dagegen Krankheit bedeutet. Ein weiterer zu seiner Zeit berühmter Arzt war Aulus Celsus, dessen *De Medicina* in acht Bänden in vielen Übersetzungen vorliegt.

Von Ptolemäus ist nur so viel bekannt, daß er in Alexandria lebte und arbeitete, das damals (trotz des Ansehens, das Athen von alters her genoß) die geistige Hauptstadt des Reiches war. Er war Mathematiker, Geograph und Astronom zugleich; sein nützlichstes Werk war die Zusammenfassung, Erweiterung und Richtigstellung der Schriften des Hipparch, eines griechischen Astronomen (161–126 v. Chr.). Ptolemäus erstellte Himmelskarten mit über 1000 Gestirnen in seinem *Großen Astronomischen System* – im Mittelalter unter dem Namen *Almagest* bekannt –, wobei er zu seiner Zufriedenheit belegte, daß die Erde der Mittelpunkt des Weltalls sei, eine Ansicht, die Schule machte, bis Kopernikus im 16. Jahrhundert n. Chr. das Gegenteil bewies. Dennoch war der *Almagest* der Schiffahrt eine echte Hilfe. Die geographischen Werke des Ptolemäus sind weniger genau und irreführender, wurden aber von späteren Geographen benutzt und von Kolumbus zu Rat gezogen.

Als Restaurator berühmter Bauwerke folgte Herodes Atticus, ein schwerreicher Gutsbesitzer, dessen Familie aus Marathon stammte, Hadrian auf dem Thron. Er baute in Athen das größte Odeion für Musikveranstaltungen und ließ das Athener Stadion herrichten. Er ließ den Brunnen von Peirene verschönern und das Theater in Korinth wieder aufbauen, schenkte Delphi ein neues Stadion, Olympia ein Staubecken und rettete zahllose weitere griechische Baudenkmäler vor dem Verfall. So ein Wohltäter verdient es, in die Geschichte einzugehen. Auch der griechische Reisende Pausanias hat sich um seine Zeitgenossen und um die Nachwelt verdient gemacht. Sein Buch über die Wunderwelt Griechenlands, zu seiner Zeit ein vorzüglicher Reiseführer, ist in unserer Zeit von unschätzbarem Wert für Archäologen.

Bauherrlicher Stolz überdauerte die große Zeit Roms. Der prachtvolle Triumphbogen des Septimius Severus, die gewaltigen Ruinen der Caracalla- und Diokletiansthermen, die Kolossalapsis der Maxentius-Basilica zeigen, daß Phantasie und technisches Können der römischen Architekten den politischen Verfall überlebten. Dekorative Skulpturen waren nicht die Stärke der Römer. Sie brillierten im wesentlichen als Illustratoren und Geschichtenerzähler; so sind die Reliefs auf dem Triumphbogen des Titus an einem Ende des Forums und auf dem des Severus am anderen, mehr noch die Bronzen auf der Trajanssäule eher historische Dokumente als große Kunstwerke: Jeder Mensch und jeder Gegenstand sollte dargestellt werden, ohne Rücksicht auf Probleme des Raums, der Bauweise oder der Perspektive.

Einen Sektor der Bildhauerkunst jedoch beherrschten die Römer meisterhaft, nämlich den der Porträtbüste. Vom letzten Jahrhundert der Republik bis zum Niedergang des Weströmischen Reiches pflegten sie diesen Zweig der Kunst. Geschmack und Technik wandelten sich: Trocken und streng war die Darstellung in der Republik, weich und sanft wurden die Züge durch neohellenistische Einflüsse im Kaiserreich, eine nahezu barocke Üppigkeit setzte unter Mark Aurel ein. Auf dem Höhepunkt ihres Könnens, im ersten nachchristlichen Jahrhundert, gehörten die anonymen römischen Porträtbildhauer zu den besten, die die Welt je gekannt hat.

4. *Persien – Der Aufstieg der Sassaniden – Der Niedergang der Macht Roms – Mithraskult und Christentum – Diokletian und Konstantin*

Die Parther, jene ruhelosen, berittenen Bogenschützen vom Kaspischen Meer, die das Seleukidenreich in Persien zerstört und mehrmals die Römer besiegt hatten, waren zwischen 100 v. Chr. und 200 n. Chr. mehrfach die Herren in Armenien, Kleinasien, Mesopotamien und dem größten Teil des alten Perserreiches.

Da sie der Staatskunst gleichgültig gegenüberstanden oder sich vielleicht über sie erhaben dünkten, traten sie in Persien eher als Oberherren denn als Herrschende auf; nur ihre stärksten Könige übten effektiv die unumschränkte Herrschaft über den einheimischen Adel aus. Die etablierte persische Verwaltung unter Provinzsatrapen funktionierte meist zufriedenstellend, weitgehend unabhängig von dem jeweiligen Staatsoberhaupt.

Hadrians Vorgänger Trajan hatte den größten Teil des Partherreiches erobert (115–166 n. Chr.); Hadrian jedoch gab es wegen der schwierigen Verteidigungslage wieder auf. 100 Jahre später stürzte in einem von Zoroaster-Priestern unterstützten und angeregten Aufstand ein persischer Adliger den Partherkönig und gründete die Sassanidendynastie, die erste echte Perserdynastie, seit Dareios III. von Alexander dem Großen geschlagen worden war. Das Sassanidenreich hielt sich dank der Unterstützung einer mächtigen Priesterschaft und einer Reihe von Kriegerkönigen, die stark genug waren, um den Adel in Schach zu halten, über 400 Jahre (226–640 n. Chr.). Die Regierungsform blieb im wesentlichen unverändert bis auf die Einführung eines Ersten Staatsministers: ganz vom König abhängig, konnte man ihm unpopuläre Maßnahmen anlasten, ihn entlassen – oder hinrichten –, wenn etwas fehl schlug, so daß der Glanz der Krone nicht getrübt wurde. Dieses Amt wurde später von den islamischen Eroberern unter der Bezeichnung *Großwesir* weitergeführt.

Zum ersten Zusammenstoß mit Rom kam es, als ein unerfahrener junger Kaiser, Gordianus III., einen Präventivschlag gegen Persien unternahm und auf diesem Feldzug von seinen Truppen zugunsten eines Kaisers ermordet wurde, der mehr nach ihrem Geschmack war. Der neue römische Kaiser, Philippus der Araber, bat um Frieden und trat den Rückzug an. Nach Rom zurückgekehrt, feierte er mit großem Pomp den 1000. Jahrestag der Stadtgründung. Solch feierlicher Rückgriffe auf die Vergangenheit bedient man sich gern, wenn das Volk den Glauben an die Zukunft verloren hat. Nur Monate später wurde Philipp durch den Rivalen Decius beseitigt, der wiederum nur wenig später von gotischen Eroberern an der Donaugrenze geschlagen und getötet wurde.

Zehn Jahre später unternahm Kaiser Valerian, ein geachteter und erfahrener Heerführer, einen weiteren Versuch, das Reich vor den Persern zu schützen. Auch ihn ließen die Truppen im Stich; König Schapur I. von Persien nahm ihn gefangen, überrannte Armenien, plünderte Antiochia, überfiel Syrien, gelangte zur Mittelmeerküste und begann mit dem Bau einer Flotte. Niemand weiß genau, was aus Valerian geworden ist. Nachdem die Perser am Mittelmeer standen, und die Goten, der mächtigste aller germanischen Stämme, die Donau überschritten hatten und ungestraft Athen plünderten, schien das Römische Reich rettungslos verloren.

Gallienus, Sohn des unglücklichen Valerian, zu dessen Rettung er keinen Finger gerührt hatte, reorganisierte die Armee, verlegte das Hauptquartier nach Mailand und verstärkte die Kavallerie. Eben diese Kavallerie war es, die die Goten bei Naissus (dem heutigen Nis in Jugoslawien) vernichtend schlug, als sie von einem ihrer Beutezüge zurückkehrten. 50 000 Tote blieben auf der Strecke. Gallienus, der jetzt das Amt des Kaisers anstrebte, wurde von den Anhängern eines Rivalen, des Kaisers Aurelian, ermordet, der den Beinamen *Manu ad ferram* (= Hand am Schwert) trug.

In der Tat war er ein Mann ungewöhnlich rascher Entschlüsse und großer Schlagkraft, ein strenger Zuchtmeister und großer Kavalleriegeneral zugleich. Er vertrieb die Goten und besiegte in zwei Schlachten die germanischen Stämme, die jetzt über den Brenner drängten. Er stürzte eine Horde kleinerer Generäle, die sich als Kaiser in Britannien, Spanien und Gallien etabliert hatten, feierte dann einen Triumph in Rom, wobei er unter den Gefangenen Zenobia, die Königin des Reiches Palmyra, mitführte, das mehrere Jahre erfolgreich seine Unabhängigkeit von Rom behauptet und einen wichtigen Handelsweg nach Asien beherrscht hatte.

Aurelian umgab Rom mit einer starken neuen Mauer, da die Stadt über ihre alten Befestigungen längst hinausgewachsen war. Er führte auch den neuen Kult des *Sol Invictus* (der »unbesieglichen Sonne«) ein, durch den er die Moral der Truppen zu heben hoffte. Er versuchte sich an einer Aufwertung der Währung, indem er auf die allenthalben umlaufenden Kupfermünzen eine dickere Silberschicht aufbringen ließ. Sein nächstes Ziel war eine Einigung mit den Persern, aber er wurde von meuternden Truppen ermordet, als er 275 n. Chr. nach Kleinasien einmarschierte.

Die Römer hatten unverdientes Glück; einem Jahrzehnt der Wirren folgte die Wahl Diokletians zum Kaiser. Er war von obskurer dalmatinischer Herkunft, hatte sich aber durch Begabung und Können emporgearbeitet. Diokletian war der erste römische Kaiser, der von Sklaven abstammte. In seiner zweiundzwanzigjährigen Regierungszeit brachte dieser unermüdliche Soldat, ein Organisations- und Improvisationsgenie, das Reich wieder auf die Beine. Er vertrieb die Perser aus Syrien und Kleinasien, schlug einen Aufstand in Ägypten nieder, brachte das Mittelmeer wieder unter römische Kontrolle, drängte die Barbaren an Rhein und Donau zurück und errichtete an allen Schwachpunkten der Grenze ständige Garnisonen mit starken Kavalleriekontingenten. Er reorganisierte die Armee, verstärkte die Kavallerie erheblich und setzte zur Verstärkung der Infanterie ausgebildete Bogenschützen ein. Die neue Kavallerie und die Bogenschützen rekrutierten sich hauptsächlich aus den Reihen der verbündeten Barbaren, die geborene Reiter und versierte Bogenschützen waren. Diokletian blieb keine andere Wahl; mit abnehmender Bevölkerungszahl wurde die Armee mit jeder Generation weniger »römisch«. Im 4. Jahrhundert n. Chr. war die Rekrutierung von Barbaren bereits zu einer Selbstverständlichkeit geworden. Legionäre, die in weiter entfernten Teilen des Reiches stationiert waren, heirateten einheimische Frauen; Garnisonen schafften sich ihren Nachwuchs selbst, wenn die Söhne heranwuchsen und die Posten der Väter übernahmen.

Aus strategischen Gründen schuf Diokletian drei zusätzliche Hauptstädte. Rom lag geographisch ungünstig; der verknöcherte Senat hatte allen Einfluß verloren. Die neuen Hauptstädte waren Treves (Trier) im Rheinland, Sirmium an der Sava, (etwa 80 Kilometer vom heutigen Belgrad entfernt) Hauptquartier der Donauregion, und Nikomedia in Kleinasien. Er bestellte einen zuverlässigen Waffenbruder als Mitkaiser und stellte ihm und sich zwei weitere *Caesaren* (Mitkaiser) an die Seite. Die erste Aufgabe seines Mitkaisers Maximian bestand darin, einen ausgedehnten Bauernaufstand niederzuschlagen, der die Zivilverwaltung in Südgallien und großen Teilen Spaniens fast zum Erliegen gebracht hatte. (Kleinere Bauernaufstände waren inzwischen so häufig wie Streiks im heutigen Europa).

Dann nahm er sich die Finanzen vor, vereinfachte die Besteuerung, indem er eine einheitliche Landsteuer einführte, übernahm die Kontrolle über die Münze, führte eine Währungsreform durch, versuchte den Standard der Silbermünzen anzuheben und führte Gold und Festpreise wieder ein. Es war ein kühner Versuch, der allerdings nur wenige Jahre Bestand hatte. Die Landsteuer erwies sich als praktisch undurchführbar, der Nachschub an Edelmetallen aus den Minen kam bald ins Stokken, weder die Festpreise noch die – zeitweilig – verbesserte Währung belebten die stagnierende Wirtschaft.

Mehr Erfolg war seinen Verwaltungsreformen beschieden. Gesetzlich regelte er die Hierarchie von Richtern und Beamten, teilte die übergroßen Provinzen in Regionen ein, erhöhte die Zahl der Beamten und trennte die zivilen Einrichtungen von den Militärbehörden. Auf unterer Ebene organisierte er die Müllabfuhr und den Postverkehr neu. All das beschleunigte die Lösung örtlicher Probleme – oder hätte sie beschleunigen können, wären genug Leute dagewesen, um die Arbeit zu machen. Doch in der Verwaltung fehlte es, wie in der Landwirtschaft, an Menschen. Diokletian versuchte dieses Problem zu lösen, indem er alle wichtigen Berufe – vom Beamten bis zum Bäcker und Bauern – für erblich erklärte. Allerdings eine sinnlose Maßnahme, wenn kein Sohn als Erbe vorhanden war; so ließen auch im ganzen Reich solche »gebundenen« Arbeitskräfte häufig ihre Arbeit im Stich, um herumzuvagabundieren oder sich – in Grenznähe – den Barbaren anzuschließen. Diokletian war kein Theoretiker, er löste die anstehenden Probleme rein pragmatisch. Dennoch konnten durch seine Kriegserfolge, seine Heeres- und einige seiner Verwaltungsreformen die Auflösung des Reiches noch um ein Jahrhundert hinausgeschoben werden. Sein starker Charakter, seine rastlose Schaffenskraft und seine Konzentration auf Reform und Neuordnung waren belebend in einer Atmosphäre des Zauderns und der Resignation, die im vergangenen Jahrhundert allenthalben lähmend gewirkt und notwendige Verbesserungen verhindert hatten.

Im 19. Jahr seiner Herrschaft feierte er mit seinem Mitkaiser einen gemeinsamen Triumph in Rom und schenkte der degradierten Hauptstadt die letzte ihrer luxuriösen Thermen. Sie war so riesig, daß heute in den Ruinen vier Kirchen und das »Museo Nazionale« Platz finden.

Diese Misere der römischen Welt trieb Männer und Frauen okkulten und mystischen Religionen zu. Mithras, ein persischer Sonnengott, dessen Riten im Untergrund gefeiert wurden und in deren Verlauf Stiere geopfert wurden, war besonders unter den Soldaten beliebt. Die von Aurelian eingeführte Inschrift *Sol Invictus* auf den Münzen (ein Brauch, der von den nachfolgenden Kaisern übernommen wurde) könnte eine Geste gegenüber den Mithrasanhängern gewesen sein. Geheimhaltung war ein wesentliches Element des Mithraskultes, zu dem übrigens Frauen nicht zugelassen waren.

Die das Christentum umgebende Geheimhaltung hatte ihren Grund in der Angst vor Verfolgung; im 3. nachchristlichen Jahrhundert hatten sowohl Angst als auch Verfolgung nachgelassen. Christen, die in aller Öffentlichkeit heidnische Götter brandmarkten oder sich ostentativ weigerten, an öffentlichen Feiertagen Weihrauch für sie abzubrennen, forderten Schwierigkeiten heraus. Wer einigermaßen diskret vorging, blieb meist unbehelligt. Die Christen stellten noch immer – wie die Mithrasjünger – Anhänger einer Minderheitenreligion dar. Doch die Zahl der Bekehrten wuchs, auch unter den Beamten und Soldaten.

Man hat die Eroberung der klassischen Kultur durch das Christentum als »Wunder der Geschichte« bezeichnet. Schließlich übten die Christen keinerlei Zwang aus, bekamen keine Unterstützung durch die herrschenden Klassen und bekehrten allein mit Überzeugung. Aber die christlichen Gemeinden in Großstädten wie Alexandria, Rom und Nikomedia waren hervorragend organisiert, und in unruhigen Zeiten griffen die überarbeiteten Zivilbeamten nicht ungern auf die Hilfe christlicher Bischöfe und Priester zurück, wenn es darum ging, die Ordnung aufrechtzuerhalten oder Not zu lindern.

Von Zeit zu Zeit kam es zu neuen Verfolgungen, ohne daß sich dafür ein besonderer Grund hätte ausmachen lassen; eine dieser Verfolgungen setzte um 250 n. Chr. ein. Gegen Ende seiner Regierungszeit erließ Diokletian unvermittelt ein Edikt, das die Vernichtung aller christlichen Schriften und Kultstätten anordnete und alle, die Widerstand leisteten, mit dem Tode bedrohte. Christen, die nicht widerriefen, gingen der römischen Bürgerrechte verlustig, ihre Priester mußten zum Beweis dafür, daß sie ihrem Glauben abgeschworen hatten, den Göttern Opfer bringen. Der Anlaß für dieses Edikt liegt im Dunkeln. Es ist denkbar, daß Diokletian, der bis dahin die Sekte wenig beachtet hatte, sich plötzlich ihres stetigen Wachstums bewußt geworden war und in dem beginnenden »Staat im Staate« eine Gefahr für seine Regierung sah.

Die Verfolgungen überdauerten seine Regierungszeit und währten – mehr oder weniger – zehn Jahre lang (303–313 n. Chr.). Die Legende hat die Zahl der Märtyrer stark anschwellen lassen; in Wirklichkeit paßten sich viele Christen zeitweise an, andere blieben unbehelligt. Ihre Schriften wurden manchmal mit Duldung der Behörden versteckt, denn die kaiserliche Bürokratie litt – in diesem wie auch in anderen Bereichen – an Personalmangel. Dennoch wurde eine große Zahl von ihnen hingerichtet, viele andere zur Zwangsarbeit in die Bergwerke geschickt. Die Attacke war umfassender und länger als alles, was die Christen bisher erlebt hatten.

Nach 20 Jahren unermüdlichen Schaffens dankte Diokletian ab und zwang seinen widerstrebenden Mitkaiser, es ihm nachzutun. Die Caesaren traten ihre Nachfolge an. Der fähigere von ihnen, Constantius Chlorus, war zu jener Zeit in Britannien und starb ein Jahr später in Eboracum (= York) im Norden der Insel (306 n. Chr.). Sein Sohn Konstantin wurde unverzüglich von den Truppen zum Kaiser proklamiert; die Berufung wurde von dem überlebenden Kaiser und den beiden neuen Caesaren energisch angefochten.

Konstantin war geduldig, skrupellos und gerissen zugleich. Erst, nachdem er Britannien in geordnetem Zustand verlassen hatte, etablierte er sich in Gallien, dann fiel er – nicht ohne Provokation – in Italien ein, besiegte und tötete seinen Rivalen Maxentius und zog nach Rom (312 n. Chr.). Hier nützte er seinen Sieg, um die Prätorianergarde abzuschaffen, die seit 200 Jahren der Fluch des Reiches gewesen war.

Nachdem er die Grenzen zwischen sich und dem Kaiser des Ostreiches, einem gewissen Licinius, bereinigt hatte, gab er mit ihm zusammen das Edikt von Mailand heraus, das der Verfolgung der Christen im Westen Einhalt gebot (313 n. Chr.). Licinius, der die Christenverfolgung im Osten fortsetzte, wurde zehn Jahre später ermordet. Danach herrschte Konstantin als alleiniger Kaiser bis zu seinem Tod im Jahre 337 n. Chr.

Er behauptete, es sei ihm in einem Traum befohlen worden, vor seinem entscheidenden Sieg vor Rom das christliche Symbol auf seine Fahnen zu setzen. Verständlicherweise zeigte er daher großen Respekt vor der Macht des Christengottes. Seine Mutter, die ebenfalls bekehrt worden war, widmete sich, wie es Frauen zukam, der eher spirituellen, um nicht zu sagen magischen, Kraft des christlichen Glaubens. Mit kaiserlicher Unterstützung machte sie sich auf den Weg nach Jerusalem, fand die Kreuzigungsstätte und entdeckte am Grunde eines Brunnens drei Kreuze. Das Kreuz Christi galt als echt, nachdem sich ein Kranker daraufgelegt hatte und genesen war. Während seine Mutter ihren Teil zum Anwachsen der christlichen Wunder und Legenden beitrug, blieb die Standhaftigkeit der Christen in der Verfolgung nicht ohne Wirkung auf Konstantin. Er begriff, daß eine gut organisierte Kirche der Zivilverwaltung des Reiches eine wertvolle Stütze sein konnte. Wichtig war jetzt zunächst, die Gläubigen zu einen und zu organisieren. Mit diesem Ziel lud er zu einem Konzil in Nicäa ein, um die Gefahren theologischer Streitigkeiten zu bannen – womit er die arianischen Ketzer meinte, die die Kirche zu spalten und für seine Zwecke nutzlos zu machen drohten.

Der Priester Arius hatte die Wesensgleichheit Christi mit Gott verneint und behauptet, Christus sei nicht ein Bestandteil der Substanz Gottes, sondern ein von Gott geschaffenes Geschöpf von Wesensähnlichkeit. Bei dem von Konstantin geleiteten Konzil siegten Einheit und Orthodoxie – aber nicht auf lange. Die arianische Häresie, die immer mehr auch in die Politik hineinspielte, konnte erst 50 Jahre später endgültig unterdrückt werden. Indessen waren etliche gotische Stämme durch arianische Missionare bekehrt worden, was zu weiteren Komplikationen unter den Christen im Römischen Reich führte.

Trotzdem erwies sich Konstantins Entscheidung, die christliche Priesterschaft eng an den Staat zu binden, als vernünftig. Ansonsten führte er im militärischen wie im zivilen Bereich Diokletians Politik fort. Allerdings verlegte er die Hauptstadt im Osten von Nikomedia in die alte griechische Stadt Byzanz, die den Zugang zum Schwarzen Meer beherrschte. Umbenannt, vergrößert, mit einem gigantischen unterirdischen Staubecken versehen, durch Schlösser, Kirchen und ein riesiges Stadion verschönt, blieb Konstantinopel, die Stadt Konstantins, über ein Jahrtausend Reichshauptstadt. Als Zentrum einer fruchtbaren hellenistisch-christlichen Kultur mit einem soliden Unterbau des römischen Rechts war sie die beherrschende Einflußsphäre für das griechische Festland und das östliche Mittelmeer, für Kleinasien und das Donaubecken und bis weit nach Rußland hinein. Rom, dem Konstantin den letzten und unspektakulärsten seiner Triumphbögen schenkte, stagnierte in langsamem Verfall.

Weniger beachtet wurde der Niedergang Pergamons, das seit Jahrhunderten Schnittpunkt der Handelswege von Ost nach West, die Heimat von Künstlern und Bildhauern gewesen war. Handelswege und Kaufleute trafen sich jetzt in Konstantinopel, und Pergamon starb langsam dahin. Konstantins Bekehrung zum Christentum war mit ziemlicher Sicherheit nicht so sehr Berechnung als vielmehr Überzeugung – wobei zugegebenermaßen auch Aberglaube mit im Spiel gewesen sein dürfte. Der Christengott hatte ihm in der entscheidenden Schlacht vor Rom den Sieg geschenkt und war folglich mächtiger als Mithras, *Sol Invictus,* Jupiter oder sonst eine Gottheit. Konstantins Bekehrung nahm weder auf sein politisches noch sein persönliches Verhalten den mindesten Einfluß. Taufen ließ er sich erst auf dem Sterbebett, ein zu jener Zeit durchaus üblicher Brauch bei den Heidenchristen, denen es darum ging, sich von ihren Sünden im letztmöglichen Augenblick reinzuwaschen. Er bezeigte Achtung vor dem Erlöser, indem er die Kreuzigung durch andere – durchaus nicht barmherzigere – Hinrichtungsarten ersetzte. Es sei unschicklich, meinte er, gemeine Verbrecher denselben Tod wie Christus erleiden zu lassen; in Zukunft sollten sie bei lebendigem Leibe verbrannt werden.

Konstantin besaß die für einen zähen, erfolgreichen Soldaten seiner Zeit typischen Wesenszüge. Moralisch jedoch war er den von ihm gestürzten, unwürdigen Nachfolgern des Diokletian – dessen Politik er mit einer Ausnahme bestätigte, weiterentwikkelte und ergänzte –, nicht unterlegen, intellektuell sogar weit überlegen.

5. Der Untergang des Römischen Reiches im Westen

Ihren Erfolg gegen die Perser zur Zeit Diokletians verdankten die Römer ebensosehr dem Mißgeschick Persiens wie der Erneuerung ihres Reiches. Eine Reihe unglücklicher oder kurzlebiger Könige schwächte den persischen Staat, der zudem noch von religiösen Unruhen erschüttert wurde. Der Prophet Mani, dessen Einfluß seine Gefangennahme und Hinrichtung (ca. 273 n. Chr.) lange überdauerte, hatte gelehrt, daß alle Materie im wesentlichen böse und nur der Geist gut sei. Diese manichäische Häresie ging später auf das christliche Nordafrika über, verschwand dann im Untergrund und tauchte sporadisch im mittelalterlichen Europa wieder auf, etwa bei den Bogomilen im Byzantinischen Reich, den Albigensern und den Katharern in Frankreich und Italien.

Während Schapur II. (der nach dem vorzeitigen Tod seines Vaters bereits im Mutterleib symbolisch zum König gekrönt worden war) noch als Minderjähriger herrschte, wurde Persien durch arabische Eindringlinge verwüstet. Mit 17 Jahren setzte sich König Schapur an die Spitze einer Strafexpedition, die der Bedrohung aus dieser Richtung ein Ende bereitete. Während seiner langen Regierungszeit sicherte Schapur der Große, wie er genannt wurde (309–379 n. Chr.), seinem Volk die Vorherrschaft im Ausland und sorgte für eine lange Periode des Friedens.

Es lag nahe, daß die Perser wieder gegen die römische Grenzziehung aufbegehrten. Kaiser Julian (361–63 n. Chr.) erzwang die Überquerung des Tigris und brachte ihnen eine schwere Niederlage bei, wurde aber wenige Wochen später tödlich verwundet. Sein Nachfolger gab Armenien auf, um den Frieden zu retten, und mit dieser verbesserten Grenzziehung gab sich Schapur eine Zeitlang zufrieden.

Julian, letzter männlicher Nachkomme des Hauses Konstantin, hatte sich zuerst als Soldat beim Kampf gegen die Franken am Niederrhein bewährt. Verbittert von den Intrigen und Morden in seiner angeblich christlichen Familie und bewandert in der klassischen Philosophie, wandte er sich wieder dem Heidentum zu; hätte er länger als zwei kurze Jahre regiert, wäre es ihm vermutlich gelungen, der Bekehrung des Römischen Reiches massiv Einhalt zu gebieten. Seine Politik war nicht sehr populär, rief aber auch keinen besonderen Widerstand hervor. Die Christen waren nach wie vor eine Minderheit, und der Mithraskult war beim Heer noch immer beliebt. Es ist nur eine dramatische Legende, daß Julian mit den Worten »Vicisti Galilei!« (Du hast gesiegt, Galiläer!) auf den Lippen gestorben sei.

Sein Nachfolger Jovian, von Julians Heer gewählt, schloß Frieden mit Schapur, zog sich aus Persien zurück und stellte die Christenverfolgungen ein. Es ist zweifelhaft, ob der Mithraskult wirklich auf lange Sicht zu einer ernsthaften Konkurrenz des Christentums geworden wäre. Er schloß Frauen von seinen Riten aus und verfügte auch nicht über die ausgedehnte Organisation, die das Christentum zusammenhielt. Julian hatte ohnehin nicht die Absicht gehabt, irgendeinem speziellen heidnischen Kult den Vorzug zu geben. Er verehrte die Schule von Athen und erhoffte sich bei den Gebildeten eine Rückkehr zu ernsthafter Philosophie; abergläubische Riten jeder Art sollten der Masse des Volkes überlassen werden. Damit stand er nicht im Einklang mit seiner Zeit. Im 4. nachchristlichen Jahrhundert wurde viel mystischer Unsinn geschwatzt, gedacht und geglaubt; dominierend jedoch war nicht philosophischer Zweifel, sondern Glaube.

An der Ostgrenze des Reiches herrschte nun zunächst einmal Ruhe. Eine ständige Gefahrenzone bildete jedoch die Donaugrenze. Die Goten, die sich an ihrem Nordufer festgesetzt hatten, wurden hart von den Hunnen bedrängt, dem zerstörerischsten Stamm, der bisher aus Asien gekommen war. Die Goten, seit 30 Jahren arianische Christen, baten mit ungewohnter Demut, in das Römische Reich aufgenommen zu werden. Sie legten die Waffen nieder und überquerten die Donau als Flüchtlinge und Freunde. Doch ihre Ankunft erregte die Mißgunst der Einheimischen, und nach ein, zwei Jahren griffen die Neusiedler ihre Gastgeber an. Kaiser Valens wehrte sich, wurde bei Adrianopel vernichtend geschlagen und ward nicht mehr gesehen. In der Zwischenzeit verwüsteten die Goten den Balkan (378 n. Chr.).

Theodosius, ein erfahrener Soldat aus Spanien, der gleich nach dieser Katastrophe zum Kaiser gewählt wurde, rettete die Lage – oder stabilisierte sie zumindest. Durch militärisches Geschick, Diplomatie und Geduld säte er Zwietracht zwischen den Gotenfürsten, nahm einige ins römische Heer auf und machte andere als sogenannte *foederati* (Verbündete) seßhaft. Diese Politik rettete das Ostreich, indem es die Stämme an seinen Thron band, die dem Siedlungsgedanken positiv gegenüberstanden, während die aggressiveren nach Westen umgeleitet wurden.

Im zivilen Bereich stützte sich Theodosius zur Einigung des Reiches auf die christliche Kirche, proklamierte entsprechend dem Glaubensbekenntnis von Nicäa die Lehre von der Dreieinigkeit, untersagte alle Debatten über Religion und verbot alle heidnischen Riten. Sogar die Olympischen Spiele schaffte er als gefährliches Relikt des Heidentums ab. Er hatte jedoch nicht die Kontrolle über die Priesterschaft, wie sie Konstantin besessen hatte: Dieser hatte sich ihrer bedient, Theodosius aber brauchte sie. Nachdem Theodosius den Erzbischof von Mailand gekrönt hatte, mußte er dessen Zorn besänftigen, indem er Buße tat, weil er es sich nicht leisten konnte, ihn gegen sich aufzubringen. Die Aufrechterhaltung der Ordnung ging zunehmend in die Hände der Kirche über.

Nach dem Tod des Theodosius im Jahre 395 n. Chr. wurde das Reich unter dessen beiden unfähigen Söhnen aufgeteilt. Das Ostreich mit seinem Mittelpunkt Byzanz konnte als einigermaßen sicher gelten. In Italien aber fielen bald die Goten ein. 410 n. Chr. nahmen sie Rom, plünderten es mit Begeisterung, wobei sie »fromm« die Kirchen verschonten, und zogen mit ihrem Beutegut ab. Darunter war auch die Schwester des Kaisers, Galla Placidia, die sie mit einem ihrer Fürsten vermählten; der Kaiser selbst hatte sich nach Ravenna geflüchtet.

Der Fall der Ewigen Stadt war unvermeidlich; die Erinnerung an Roms Größe jedoch war nicht verblaßt, und nach der Verwüstung durch die Barbaren erhob sich ein Aufschrei der Empörung im Mittelmeerraum: Das hätte nicht geschehen dürfen, das wäre nicht geschehen – das Flüstern der Heiden schwoll an –, hätte man die alten Götter geachtet.

Ein Teil der Gotenstämme, die sogenannten Westgoten, ließ sich dazu überreden, sein Wirkungsfeld anstatt in Italien in Spanien zu suchen und dort gegen die Vandalen zu kämpfen, die vor ihnen dort eingefallen waren. Die Vandalen zogen plündernd weiter nach Süden und hinterließen ihren Namen der Provinz (V)Andalusien, von wo aus etwa 80000 unter dem Druck der Goten nach Afrika übersetzten. Hier überrannten sie die nördliche Küste bis Karthago und schnitten Rom die so wichtige Getreidezufuhr ab. Inzwischen wurde Spanien unter den sich befehdenden Westgotenfürsten aufgeteilt. Die römische Verwaltung und der Gebrauch der lateinischen Sprache in der einen oder anderen Form überlebten, aber der Niedergang dieser ehemals kultiviertesten Provinz des Reiches wurde durch die Zänkereien zwischen den spanischen Christen – vom Bischof abwärts – und den arianischen, also ketzerischen Goten noch beschleunigt. Erst ein Jahrhundert später konnte dieser Konflikt beigelegt werden.

Eine neue Gefahr tauchte in Gestalt der Hunnen auf, die ihr Hauptquartier an der Donau aufgeschlagen hatten und begannen, unter ihrem Anführer Attila jährliche Ausfälle gen Westen zu unternehmen. Sie kamen nicht als Eroberer, sondern machten ihre Attacken, um sich Beutegut und Sklaven zu holen. Erschüttert schrieb der zeitgenössische Historiker Ammianus: »Diese Rasse ungezähmter Männer ohne Herd und Gesetz, entflammt von dem unmenschlichen Drang, den Besitz anderer an sich zu reißen, bahnt sich ihren gewalttätigen Weg raubend und mordend durch das Gebiet ihrer Nachbarn.« Nachdem ihnen in Gallien eine kaiserliche Armee mit gotischen Verbündeten Einhalt geboten hatte, wandte sich Attila nach Italien, plünderte Padua, Verona und Mailand und rückte auf Rom vor. Angsterfüllt wandte sich der Kaiser an den Bischof von Rom, Leo I., der als Primas, (d. h. Papst) der ganzen Christenheit anerkannt worden war, und ernannte ihn zum Anführer einer Abordnung an Attila. Unerschrocken machte sich Leo mit zwei Begleitern auf den Weg. Später wurde von einem Wunder gesprochen, einer Vision des

Heiligen Petrus und des Heiligen Paulus mit gezogenen Schwertern, vor denen Attila zurückgewichen sei. In Wirklichkeit war es spät im Jahr, und die Hunnen hatten schon so viel Beute gemacht, wie sie transportieren konnten; Attila befand sich also ohnehin auf dem Rückzug. So war es Zufall und kein Wunder, daß er noch im gleichen Winter (453 n. Chr.) starb.

Dennoch schmälern diese Tatsachen kaum den Mut des Papstes und ändern nichts an der Bedeutung seiner Konfrontation mit Attila. Der Kaiser hatte es der Kirche überlassen, seine Untertanen zu verteidigen, was eigentlich seine Aufgabe gewesen wäre. Drei Jahre später erreichten vandalische Piraten den Tiber und raubten Rom nach allen Regeln der Kunst aus. Der Kaiser hatte sich wie üblich ins sichere Ravenna geflüchtet; der Papst blieb in der Stadt, um mit den Vandalen zu verhandeln und der Bevölkerung zu helfen, soweit es in seiner Macht lag.

Flüchtlinge aus einigen Städten des Nordens siedelten sich an den Lagunen der Adria an (452 n. Chr.). Diese Ansammlung armseliger Fischerdörfer nützte ihre geschützte Lage, um nach und nach einen Handel mit Salzfischen aufzubauen; im 9. Jahrhundert wurde sie unter dem Namen Venedig bekannt.

Während dieser endgültigen Auflösung des Reiches hielten der Kaiser und sein Anhang mit unverminderter Prachtentfaltung Hof in Ravenna: Der schwache und gleichzeitig bösartige Kaiser Valentinian III. war der Sohn der Galla Placidia, die die Goten als junge Prinzessin verschleppt und mit ihrem Fürsten verheiratet hatten. Später freilich war sie zurückgekehrt, die Frau eines achtbaren Römers und schließlich Kaiserinmutter geworden. Die Mosaiken in ihrem Grab in Ravenna gehören zu den schönsten der Welt: Der Gute Hirte weidet seine zutrauliche Herde unter einer Sternenkuppel aus zartestem Blau – zärtlich, würdevoll, edel. Nichts verrät das Unheil ringsum, vor dem sich der kaiserliche Hof abgeschirmt hatte.

In der zweiten Hälfte des 5. Jahrhunderts lag in Italien die Macht in den Händen der Barbarengeneräle im römischen Heer. Aus Respekt vor der kaiserlichen Vergangenheit bedienten sie sich römischer Titel. Der »Patrizier« Rikimer (in Wirklichkeit ein Suebe und durchaus kein Patrizier) setzte in 15 Jahren vier Marionettenkaiser ein und wieder ab. Der in seinem eigenen Territorium mächtige Kaiser in Konstantinopel besaß nicht genügend Einfluß, um im Westen zu intervenieren. Nur nominell übte er eine gewisse Kontrolle aus, indem er die römischen Marionetten anerkannte. Rikimers Nachfolger Odoaker, ein weiterer »Patrizier« germanischer Herkunft, beendete die tragische Komödie, setzte die letzte Marionette ab und übernahm selbst das Regiment. Der Kaiser in Konstantinopel, der das Westreich nicht aufgeben mochte, beauftragte Theoderich, den Anführer der Ostgoten, ihn zu beseitigen.

Theoderich besiegte Odoaker, etablierte sich in Ravenna als Herrscher eines unabhängigen Ostgotenreichs in Italien, und schwor nominell dem Kaiser in Konstantinopel den Treueid. Er war geschmeichelt, als sein Sohn durch kaiserliche Gunst in den – jetzt allerdings bedeutungslosen – Stand eines Konsuls erhoben wurde. Praktisch regierte Theoderich als unabhängiger Herrscher, der seine disziplinierte Armee hinter sich wußte und die Zivilverwaltung nach den Konventionen römischen Rechts und mit Hilfe der verbliebenen Bürokratie bestehen ließ. Als Berater wählte er sich Mitglieder der alten Familien in der Verwaltungshierarchie, ehrbare und integerer Männer wie beispielsweise den Philosophen Boethius. Theoderich war der beste Herrscher, den Italien seit dem Tod des Theodosius erlebt hatte.

Indessen waren die letzten römischen Truppen aus Britannien abgezogen worden, das wegen der ungünstigen Lage eine Verteidigung nicht lohnend erscheinen ließ. Die Einheimischen waren Eroberern aus dem Norden Germaniens ausgeliefert, den Angeln, Sachsen und Friesen, die übers Meer kamen und in dem kommenden »finsteren Jahrhundert« drei Viertel der Insel überrannten. Die überlebenden Briten zogen sich in die Berge von Wales und auf die Halbinsel Cornwall zurück, wo sie ihre Sprache, Relikte ihrer römisch-britischen Kultur und ihre christliche Religion bewahrten. Ein zeitweiliges Innehalten der heidnischen Eroberer, eine Atempause unter einem erfolgreichen Heerführer mag irgendwo im Westen vage Erinnerungen im Volk hinterlassen haben, aus denen die Sage von König Arthur erwuchs. Etwas bestimmter, wenn auch in den Umrissen nicht klar, ist die Geschichte von dem Britenknaben – der edlen Geblüts gewesen sein mußte, da sein Name Patricius war –, der von Seeräubern verschleppt und als Sklave nach Irland verkauft wurde. Er entkam von der Insel, um später auf sie zurückzukehren, weil ihm im Traum befohlen worden war, den Iren das Christentum zu predigen – das heißt eigentlich, die vorhandenen Christen zu organisieren und die Verbindung zwischen Irland und Rom herzustellen. Die Lebensbeichte des Heiligen Patrick – fragmentarisch, schlicht, seltsam anrührend – ist erhalten geblieben.

Der überlieferte Zeitpunkt für das Ende des Römischen Reiches im Westen war das Jahr 476 n. Chr., in dem Odoaker die letzte kaiserliche Marionette absetzte. Damals wurde dieses Ereignis wenig beachtet. Das Ende des Reiches kam nicht plötzlich, es verlosch vielmehr über mehrere Generationen hinweg. Italienische Großgrundbesitzer und deren Familien mußten einen jähen Abfall ihres Lebensstandards hinnehmen, als Italien nicht mehr länger seine Stellung als »Herz des Reiches« behaupten konnte: Handel, Landwirtschaft und Bevölkerungszahl gingen zurück, Felder blieben unbestellt, und im spätrömischen Gallien wurde der Ausdruck *agri in deserti* (brachliegendes Ackerland) zum gängigen Begriff. Dieser Niedergang vollzog sich ganz allmählich; für die Menschen dieser Zeit blieb genügend Zeit zur Anpassung. Die Gutsbesitzer lernten, sich mit ihren eigenen Erzeugnissen, wenigen Luxusgütern und einem Minimum an Sklaven einzurichten; alles in allem war ihre Lage nicht so katastrophal wie die des Landadels, der seinerzeit in den Strudel der zusammenbrechenden römischen Republik geraten war.

Die Überfälle der Barbaren konnten schreckliche Zerstörungen anrichten, auf dem Land jedoch blieb es meist friedlich. An manchen Orten konzentrierte sich die Zahl der Eindringlinge, meist jedoch erschienen sie aber in Wellen und Gruppen, wobei die Gesamtzahl jeweils nicht überwältigend war. Der Zusammenbruch der Verwaltung auf der unteren Ebene vollzog sich ebenfalls langsam. Man gewöhnte sich an die Verschlechterung der Straßen, an die ungenügende Wasserversorgung, den Geldwertverfall, den allmählichen Rückgriff auf den Tauschhandel, die Verwechslungen und Verzögerungen bei allen rechtlichen und behördlichen Maßnahmen. Der Landadel hielt an den altmodisch-kultivierten Traditionen fest, las Bücher, schrieb Briefe, musizierte, legte ab und zu ein wenig Geld für die Verschönerung von Haus und Garten an. Den Kleinbauern, die dem Boden mit Mühe das Lebensnotwendigste abrangen, mag sogar der Mangel an Steuereinnehmern die drückende Steuerlast ein wenig erleichtert haben; ohnehin machte ihnen schlechtes Wetter stets mehr zu schaffen als die Barbaren.

Am meisten litten die Städter. Sie waren das erste Ziel plündernder Barbaren, und viele von ihnen waren nun auf importiertes Getreide angewiesen, das jetzt freilich ausblieb. Doch selbst in Rom, wo Tausende von kostenlosem Korn gelebt hatten und nun, als es nicht mehr kam, hungern mußten, führten die Abkömmlinge alteingesessener Familien ein erstaunlich müßiges Leben inmitten der Katastrophe: Sie begaben sich in den jetzt völlig machtlosen Senat, bewirteten mit herablassender Gastfreundschaft Besucher aus der Provinz und glaubten, Rom würde auch diesmal einen Ausweg aus seiner mißlichen Lage finden.

Rutilius Namatianus, Sproß einer Beamtenfamilie und provenzalischer Dichter, war 412 n. Chr., zwei Jahre nach der Plünderung durch die Goten, Stadtpräfekt von Rom. Vier Jahre später schrieb er ein Gedicht über seine Rückkehr nach Gallien. Darin beklagt er die »langen Kriege und zerstörten Felder« seiner Heimat, aber er pries die Pracht Roms mit seinen herrlichen Bauten und seinem geschäftigen Leben, als habe sich dort nicht gerade erst Schreckliches ereignet. Er mußte den Seeweg für seine Heimfahrt wählen, weil sich die Via Aurelia in den Händen der Goten befand und sämtliche Brücken in Trier zerstört waren, aber er kehrte unterwegs bei alten Freunden an der Küste ein und wurde in Pisa freudig begrüßt, wo sein Vater Statthalter gewesen war, dem die dankbaren Bürger kürzlich ein Denkmal errichtet hatten. Sein Gedicht spiegelt ein unerschütterliches Vertrauen in das Überleben des Reiches wider; schließlich hatte Rom so viele Widrigkeiten erlebt und war am Ende immer siegreich daraus hervorgegangen:

> Laß die Goten voll Angst den entblößten Nacken dir bieten,
> Laß die friedlichen Länder dir Spenden bringen.
> Möge dein Schoß sich füllen mit den Schätzen der Barbaren.
> Das Schicksal, das heute grausam ist, wird morgen Güte dir zeigen.
> Laß dein Recht ausgehen in die ganze bekannte Welt,
> Es wird nicht sterben.[9]

Zumindest diese Voraussage sollte sich bewahrheiten. Das römische Recht fand Eingang in das Alltagsleben der Barbaren, als die Kirchenmänner des Westens die Franken und Goten dabei unterstützten, ihre Bräuche zu kodifizieren – das war Roms dauerhaftestes Erbe.

Was blieb noch? Lateinisch überlebte als Sprache der Kirche, obgleich ein großer Teil der lateinischen Literatur später der Mißbilligung der Kirche und dem Analphabetismus der Barbaren zum Opfer fallen sollte. Eine gewisse Konzeption der *Pax Romana* – des Friedens und der Einheit –, die, wie unzulänglich auch immer, der Leitgedanke der Römerherrschaft gewesen war, wurde kommenden Generationen überliefert. Unter den Älteren hielten sich Erinnerungen an eine Zeit, als der Westen durch eine gemeinsame Sprache, ein gemeinsames Gesetzeswerk und ein Netz gut gepflegter Straßen geeint gewesen war, als römische Armeen die Grenzen verteidigt und römische Schiffe das Mittelmeer beherrscht hatten – ein schmerzlicher Kontrast zu dem jetzt von Seeräubern kontrollierten Meeren und den Fehden sich bekriegender Stammesfürsten. Die Wiedervereinigung Europas durch Waffengewalt, Diplomatie oder als wirtschaftliche Notwendigkeit blieb als politisches Ideal bestehen.

Einige Straßen, die den Barbaren von Nutzen waren, erhielt man funktionstüchtig, die meisten öffentlichen Bauwerke jedoch verfielen. Auf dem Höhepunkt des Kaiserreiches waren prachtvolle Bauwerke für römische Städte Ehrensache; häufig waren sie großzügig von den reichen Bürgern gestiftet worden. Selbst kleine, ferne Städte blickten stolz auf gut geplante Foren, Thermen, ein Theater, auf Standbilder geachteter Wohltäter. Solche Bauten verfielen langsam; mehr schlecht als recht überlebten einige öffentliche Bäder bis ins Mittelalter. Grabmäler und Theater wurden zu Festungen umgebaut, Tempel dienten demselben Zweck oder wurden zu Kornkammern umgewidmet; einige wenige wurden als christliche Kirchen übernommen.

Die Römer waren hervorragende Architekten und Ingenieure gewesen; auf anderen Gebieten jedoch hatten sie kaum technische Leistungen vorzuweisen gehabt. Ihre Wasserversorgung und ihre Zentralheizung über das Hypokaustsystem sind zu Recht gepriesen worden; in der Entwicklung besserer Beleuchtung hatten sie jedoch keinerlei Fortschritt erzielt: Nach wie vor hatten sie sich nach Anbruch der Dunkelheit mit rußenden Fackeln und dürftigen Öllämpchen beholfen. Ihr militärischer Erfolg war das Ergebnis überlegener Organisation gewesen und nur selten auf taktische Neuerungen oder neue Waffen zurückzuführen. Der Wohlstand der italienischen Landwirtschaft im letzten Jahrhundert der Republik erklärt sich aus der weitblickenden Spezialisierung einiger weniger Bürger und der unbegrenzten Ausbeutung von Sklaven.

Die sozialen Unruhen, die sich aus dem Verfall einer unabhängigen Bauernschaft ergaben, hatten die Republik vernichtet, der spätere Brauch jedoch, Veteranen mit kleinen Landschenkungen zu bedenken, hatte dann im Lauf etlicher Generationen wieder eine bäuerliche Landwirtschaft erstehen lassen. Als Diokletian angesichts des Bevölkerungsschwunds mit den besten Absichten die Bauern ans Land band, schuf er eine Art erblichen Besitzstand, einen Vorgeschmack auf die Leibeigenschaft des Mittelalters, der Experimente und unternehmerisches Wagnis unmöglich machte. Die Landwirtschaft Italiens sank auf ein Existenzminimum herab.

Die Römer hatten wenig über Staatstheorien spekuliert, ihre Tradition und Ausbildung jedoch das soziale Verantwortungsbewußtsein und Bürgerstolz gefördert. Die zunächst in Rom, später in den meisten Städten gewährten kostenlosen Kornspenden und die Spiele für die Armen mochten ursprünglich Schachzüge in einem politischen Kampf oder vorbeugende Maßnahmen gegen einen Bürgerkrieg gewesen sein, sie sind aber auch als eine Art sozialer Dienst zu sehen. Als Plinius in seinem Testament die Kinder der Armen in seiner Geburtsstadt Como bedachte, hatten ihn Bürgerstolz und der Wunsch, die Geburtenrate anzuheben, aber auch echte Wohltätigkeit angeleitet: Ein Teil des Geldes sollte jedes Jahr für ein Kinderfest Verwendung finden. Auch mit den *alimenta,* die den Armen in Rom und später in fast allen größeren Städten zur Verfügung standen, gelang es nicht, die Geburtenrate zu steigern; dennoch stellten sie eine durchaus bedeutende soziale Maßnahme dar. Daß in den späteren Jahrhunderten des Kaiserreiches die Sklaven besser behandelt wurden, erklärt sich teilweise aus der Tatsache des fehlenden Nachschubs, aber auch durch eine großzügigere Einstellung. Noch ehe Rom christlich wurde, hatte Kaiser Vespasian die Verpflegung, Arbeitsbedingungen und Arbeitszeiten für die unglücklichste aller Gruppen, die Bergarbeitersklaven, gesetzlich festgelegt und verbessert. Die christliche Kirche verdammte eine unmenschliche Behandlung von Sklaven, aber nicht die Sklaverei selbst. Als Konstantin ein Edikt Hadrians bestätigte, machte er keinen Unterschied zwischen dem Mord an einem Sklaven und dem Mord an einem Freien; auf beide Taten stand die Todesstrafe. Den grauenvollen Kämpfen versklavter Gladiatoren wurde durch christlichen Einfluß endlich ein Ende gemacht.

Es gab unausrottbare Übel in der Herrschaft Roms, aber auch Ideale, die zu bewahren sich lohnte. In fernen Zeiten, vor dem Entstehen des Kaiserreiches, vor dem Zusammenbruch der Republik, hatten die Römer die Tugenden der Tapferkeit, der Standhaftigkeit und der Treue gepflegt (oder zumindestens nahmen das ihre Nachfahren an). Über alles hatten sie die Freiheit gestellt, die Opferbereitschaft für den Staat und die Gemeinschaft, die Integrität im öffentlichen Leben, eine gewisse edle Kargheit im Privatleben. Die Historizität dieser Konzeption römischer Tugenden ist bestenfalls ungewiß. Im 5. nachchristlichen Jahrhundert erinnerte kaum noch jemand daran, und sie hätte wohl auch die Barbaren kaum interessiert.

Die verschütteten römischen Tugenden, die ein Livius, ein Tacitus und ein Seneca gepriesen hatten, kamen erst mit der Veröffentlichung klassischer Texte in der Renaissance wieder zu ihrem Recht. Vom 16. Jahrhundert ab beschäftigte man sich wieder zunehmend mit der römischen Geschichte. Ende des 17. Jahrhunderts gehörte sie als »klassisches Wissen« fest zur Ausbildung eines jungen Mannes von Stand in Westeuropa. Schon vorher waren in der europäischen Politik römische Präzedenzfälle herangezogen worden. Gelehrte Zeitgenossen meinten, die Hochachtung vor den alten republikanischen Tugenden Roms habe den Widerstand gegen Karl I. von England gestärkt. Eben diese Tugenden wurden Ende des 18. Jahrhunderts in der amerikanischen Revolution beherzt Georg III. entgegengehalten. Sie blieben noch nahezu das ganze 19. Jahrhundert hindurch fester Bestandteil politischer Rhetorik in Europa. Dieser posthume Einfluß schwächte sich mit dem Aufkommen einer mehr wissenschaftlich betriebenen Geschichtsforschung und dem Niedergang der klassischen Bildung ab. Aber vielleicht ist ja mit diesen Wechselfällen der Zeit das römische Erbe noch nicht erschöpft.

6. *Das Byzantinische Reich – Justinian – Das Mönchstum*

Das Ostreich überlebte trotz vieler Heimsuchungen den Westen als der größte und einflußreichste Staat der christlichen Welt um über 700 Jahre. Selbst nach der mutwilligen Zerstörung durch die Kreuzfahrer im Jahre 1204 blieben Relikte seines Ansehens, seiner Kultur und seiner Gelehrsamkeit, bis es 1453 von den ottomanischen Türken endgültig vernichtet wurde. Seine Bürger betrachteten sich als Treuhänder griechischer Kultur und römischen Rechts und sahen sich auch als die Ersten unter den Christen, als das »Auserwählte Volk des Neuen Bundes«, besaßen sie ein Selbstvertrauen, das den Römern abhanden gekommen war.

Gegen Ende des 5. Jahrhunderts hatte der Kaiser des Ostreiches nur nominell die Oberherrschaft über Theoderich; trotzdem akzeptierten er wie auch seine Nachfolger das Regiment der Barbaren im Westen allenfalls als eine zeitweilige Erscheinung: Sie waren nach wie vor *römische* Kaiser und würden zu gegebener Zeit ihre Herrschaft in Italien wieder aufrichten.

Theoderich war noch nicht zehn Jahre tot, als Kaiser Justinian, angesichts des Wohlstand von Byzanz und dessen militärischer Stärke von gesundem Selbstbewußtsein erfüllt, sein Heer gegen die Goten in Marsch setzte.

Justinian war bäuerlicher Herkunft und stammte vom Balkan. Sein Onkel, Kaiser Justin, der aus kleinen Verhältnissen emporgestiegen war, hatte ihn nach Konstantinopel geholt und als seinen Erben erziehen lassen. Justinian war gelehrt, ernsthaft, fromm und voller Hochachtung für die römischen Institutionen, wie er sie verstand. Dennoch hatte er sich nicht davon abbringen lassen, eine Schauspielerin zu heiraten, die vielleicht keine Prostituierte, bestimmt aber die Geliebte anderer Männer gewesen war. Als er Kaiser wurde, ernannte er sie zur Mitregentin. Kaiserin Theodora war ihrer Rolle gewachsen, ihre Haltung würdevoll, sie besaß gesunden Menschenverstand und mehr Charakterstärke als ihr Ehemann.

Im Osten war der Kaiser– wie einst im Westen – allmächtig; seit dem Aufkommen des Christentums jedoch galt er nicht mehr als ein Gott auf Erden, sondern war nur Gottes gewählter Vertreter. Er berief einen eigenen Kreis von Beratern, unter denen sich auch zahlreiche Geistliche befanden. Wie in Rom hatte auch in Konstantinopel ein Senat überlebt, der aber keinerlei gesetzgebende Gewalt besaß und ungefragt keine Ratschläge erteilen konnte; im Grunde war er nur ein Gerichtshof zur Aburteilung von Staatsverbrechen.

Der Kaiser ernannte die Statthalter für die einzelnen Provinzen, so daß eine Zeitlang die von Diokletian vorgesehene Trennung zwischen Zivil- und Militärverwaltung noch durchgehalten wurde. Doch unter dem ständigen Druck von Invasionen war man schon vor Justinians Zeit in den Grenzprovinzen von diesem Prinzip abgegangen.

Der kaiserliche Hof pflegte Pomp und Zeremonien. An den großen Heiligentagen fanden kaiserliche Prozessionen statt, die das Volk erfreuten und ausländische Botschafter beeindruckten. Die geistige Führung, die in Athen langsam erloschen und für eine Weile auf Alexandria übergegangen war, hatte jetzt Konstantinopel übernommen. Justinian ließ dort eine Universität einrichten, die unter der Leitung der Kirche stand, nachdem er die wenigen noch verbliebenen heidnischen Philosophenschulen in Athen geschlossen hatte.

Gleich zu Beginn seiner Herrschaft führte er eine gründliche Regierungsreform durch. Die Rechtsprechung war langsam und korrupt, Bestechung im öffentlichen Dienst weit verbreitet, das Spitzeltum wucherte, die Steuerlast drückte. Justinian schaffte den Ämterverkauf ab, erhöhte die Gehälter seiner Beamten, um Bestechungsversuchen zu begegnen, und erließ Gesetze gegen Erpressung und Spitzel. Bleibender und denkwürdiger war seine Gesetzessammlung. Schon vorher hatte man versucht, die Fülle kaiserlicher Edikte zu vereinheitlichen, Unklarheiten und Widersprüchlichkeiten aber behinderten nach wie vor die Arbeit der Vollzugsorgane und der Gerichte. Justinian gab in Auftrag, alle kaiserlichen Erlasse, die seit der Regierung Hadrians ergangen waren, in einem Kodex zusammenzufassen; diesem ließ er eine Sammlung von juristischen Kommentaren, *Pandekten* genannt, folgen sowie eine Gesetzessammlung, die *Institutiones*. Sie enthielten in 50 übersichtlich geordneten Bänden den Ertrag aus circa 2000 Gesetzesbüchern. Bis zum Ende seiner langen Regierungszeit gab er in regelmäßigen Abständen *Novellae* heraus, kurze Zusammenfassungen neuer und Änderungen älterer Edikte. Hunderte von Abschriften wurden an die Richter im ganzen Reich verteilt. Justinian war zwar kein Neuerer oder Reformator, aber ein »großer Vereinfacher und Stabilisator«.[10]

Obgleich er für das Soldatenleben nicht geschaffen war und sich auch nicht dafür begeistern konnte, war es sein Ehrgeiz, das Reich notfalls durch Waffengewalt wieder zu einen. Schon zu Beginn seiner Regierungszeit hätte ihn ein Zirkusaufstand in Konstantinopel fast das Leben gekostet.

Die Stadt zählte 300 000 Einwohner. Mittelpunkt des öffentlichen Lebens war das Hippodrom, in dem der Kaiser proklamiert wurde und öffentliche Feiern und Prozessionen stattfanden. Hier traf man sich auch zu kostenlosen Volksbelustigungen; zu den Attraktionen gehörten Wagenrennen, Ringkämpfe, Schaukämpfe mit wilden Tieren, Akrobatik und Tanz. Gladiatorenkämpfe waren von der Kirche unterbunden worden, und Justinian selbst machte dem Brauch, Verbrecher hinrichten zu lassen, indem man sie den Löwen vorwarf, ein Ende. Gleichzeitig aber vermehrte er die Zahl der Schaukämpfe mit wilden Tieren, um das Volk bei Laune zu halten. Das Publikum selbst trug zu vermehrter Spannung bei, indem es sich in zwei Parteien spaltete, die Blauen und die Grünen, die sich unter den Athleten und Schauspielern ihre Favoriten wählten. Die maßlose und oft gewalttätige Parteinahme wurde gern politisch ausgebeutet. 532 entwickelte sich aus einer Erhebung gegen einen erpresserischen Beamten, die vom Hippodrom ausging, ein Aufruhr, der mit Plünderung, Brand und Mord die ganze Stadt erfaßte. Justinian wäre gern geflohen, Theodora jedoch zwang ihn zum Bleiben. Sie war im Zirkus geboren und aufgewachsen (es heißt, ihr Vater sei Tierwärter gewesen) und wußte, wie unbeständig der Volkszorn sein konnte. Die Aufständischen setzten die halbe Stadt in Brand, dann war der Schwung verpufft, und die kaiserlichen Truppen schlugen rücksichtslos zu.

Justinian, der durch das Verbleiben in der Hauptstadt wahrscheinlich seinen Thron gerettet hatte, setzte jetzt seine geplanten Reformen durch: Er ließ Staubecken restaurieren oder ausheben, Aquädukte und insbesondere Straßen erbauen, die Hauptverkehrsadern für den Handel, mit Rasthäusern für Kaufleute und Reisende. Besonders wichtig war ihm eine direkte Verbindung zwischen seinem Herrschaftsbereich und der Seidenstraße nach China, um das feindliche persische Reich umgehen zu können.

Als begeisterter Bauherr nützte er eine Feuersbrunst in Konstantinopel, um Neubauten in großem Stil errichten zu lassen. Majestätisch erhob sich die Hagia Sophia (»Heilige Weisheit«) aus den Trümmern. Die griechischen Architekten des Gotteshauses dürften die ersten gewesen sein, die das Problem eines Kuppelbaus über einem rechteckigen Fundament lösten. Etwa zur gleichen Zeit hatte man allerdings auch in Anatolien und in Persien eine Lösung für diese architektonische Schwierigkeit gefunden. Den technischen Aspekt beiseite gelassen – die Hagia Sophia ist bis heute unvergleichlich.

Ihre Fertigstellung war die Geburtsstunde des sogenannten »byzantinischen Stils«. Dieser ist gekennzeichnet durch üppige Details, eine Vielzahl von Bogen, Galerien und Apsiden, subtile Farbmuster in poliertem Marmor an Säulen und auf Bodenplatten und reiche Mosaike an Wänden und Decken – einem sicheren Gefühl für Würde und Form, das diese vielfältigen Stilelemente zu einem harmonischen Ganzen zusammenschmolz.

Systematisch begann Justinian, die verlorenen Provinzen zurückzuerobern. Innerhalb von sieben Jahren (523–533) nahm sein General Belisar (523–539) Nordafrika den Vandalen wieder ab, eroberte Sizilien zurück und kämpfte sich durch Italien; er schlug die Goten und eroberte zuerst Rom, dann Ravenna. Um die Wiederherstellung des Reiches zu feiern, ließ Justinian in Ravenna den Dom San Vitale errichten, ein von einer leichten, achteckigen Kuppel gekrönter Bau, dessen glitzernde Mosaike den Kaiser und die Kaiserin, umgeben von ihren Beratern, darstellen. Die

Beliebtheit des Kaisers wuchs mit den Siegen seiner Armee und dem wiederkehrenden wirtschaftlichen Wohlstand Konstantinopels, das jetzt erneut das östliche Mittelmeer beherrschte. Belisar wurde ein Triumphzug gewährt, seine Armee zog mit Wagenladungen von Beute und Scharen von Gefangenen, darunter auch dem Vandalenkönig, durch das Hippodrom.

Dann aber kam ein Rückschlag: Die Goten hatten in Italien neue Kräfte gesammelt und eroberten Rom zurück, die Bulgaren und Hunnen durchbrachen die Verteidigungslinie an der Donau und gelangten auf ihren Beutezügen bis nach Korinth, die Perser fielen in Syrien ein und besetzten Antiochia, die zweite Stadt des Reiches, und – was am schlimmsten war – von Osten her breitete sich die Pest aus. Doch Justinian weigerte sich, Italien aufzugeben. Nach fast 20 Jahren gelang ihm der endgültige Sieg über die Goten. Ein zerstörtes Italien und die Trümmer Roms – das fünfmal den Besitzer gewechselt und drei Viertel seiner Bevölkerung verloren hatte – wurden wieder Teil eines geeinten Reiches. Es ist eine Ironie des Schicksals, daß Justinians Feldzüge den endgültigen Zusammenbruch der römischen Kultur herbeiführten.

Der Hauptvorteil der Eroberung Italiens, dem wenige Jahre später die Eroberung der spanischen Mittelmeerküste folgte, war wirtschaftlicher Art. Mochte es im Binnenland zugehen, wie es wollte – mit den Häfen Italiens, Siziliens und Südspaniens hatten die byzantinischen Kaufleute den Mittelmeerhandel in der Hand. Um das Jahr 552 brachten Mönche – die ersten Industriespione? – Seidenwürmer und das Geheimnis der Seidenherstellung nach Konstantinopel. Bemerkenswert rasch lief unter staatlicher Kontrolle die Produktion an. Byzanz war nun nicht mehr auf Seidenimporte direkt aus China oder über Persien angewiesen und belieferte bald den größten Teil des Mittelmeerraums selbst. Die Einkünfte aus diesem kaiserlichen Monopol trugen dazu bei, die Kosten für die Grenzkriege zu decken und die Bulgaren und Hunnen – allerdings nie auf längere Zeit – zum Rückzug zu bewegen.

In Konstantinopel wachte Justinian alt, traurig und allein – er überlebte Theodora um 17 Jahre – über die Veröffentlichungen der *Novellae* und versuchte pedantisch, dogmatische Streitigkeiten beizulegen, die sein Volk spalteten und eine wachsende Kluft zwischen Ost- und Westchristentum aufrissen.

Er starb 565. Angetreten war er mit der Überzeugung, er könne das Reich wieder aufrichten, die verlorenen Provinzen zurückgewinnen, Verwaltung und Justiz reformieren. Er hatte das Unmögliche versucht, das Ergebnis war jedoch enttäuschend, wenn nicht katastrophal. Das Reich, das er seinen Nachkommen hinterließ, war verletzlicher, als er es vorgefunden hatte, seine wichtigste Grenze entscheidend geschwächt. Justinians Ehrgeiz galt einem vergeblichen Ziel: Das Römische Reich im Westen war schon vor seiner Geburt unwiderbringlich verloren. Dennoch dürften die meisten Bürger Konstantinopels mit seiner Auffassung vom griechisch-römischen Erbe und der Pflicht zur Wiederherstellung des Westreiches einverstanden gewesen sein.

Justinians Verwaltungsreformen waren – wie Reformen zu allen Zeiten – nur für eine gewisse Zeit wirksam. Ein bleibendes Denkmal hat er sich mit seiner Gesetzessammlung gesetzt, die die juristischen Abläufe klärte und sie seinen Untertanen nahebrachte. Die Leitgedanken dieses gewaltigen Werkes finden sich vom Mittelalter an in den Codices westlichen Rechts. Später war das »Römische Recht« das Fundament, auf dem die meisten Gesetzeswerke in Europa wie auch der Neuen Welt aufbauten.

Schon ein Jahr nach Justinians Tod überrannte eine neue Barbarenhorde, der Stamm der Lombarden, brandschatzend und plündernd Norditalien und bemächtigte sich unterschiedslos der Ländereien italienischer, byzantinischer und gotischer Gutsbesitzer. Am dichtesten siedelten sie im Norden, wo sie Padua zu ihrer Hauptstadt machten, aber ihre verstreuten Eroberungen reichten bis in die Toskana und darüber hinaus. Ravenna, die meisten Häfen im Osten und der Süden blieben unter der oft schwachen Herrschaft von Byzanz. Die Päpste jener Zeit bemühten sich nach Kräften, Rom und seine Stammlande zu schützen. Aber in den Wirren schwanden alle Reste römischer Verwaltung dahin; Aquädukte und Brücken sanken in Trümmer, Straßen wurden aufgegeben, der Tauschhandel breitete sich aus, und große bebaute Flächen wurden wieder Brachland.

In der von Konstantin begonnenen und von Theodosius konsolidierten Partnerschaft zwischen Kirche und Staat blieb die Kirche als naturgegebene Hüterin von Recht und Ordnung übrig, während der Staat zerfiel. Im 4. und 5. nachchristlichen Jahrhundert wurden römiche Beamte gelegentlich durch Volksentscheid zu Bischöfen gekürt. Ambrosius, der mächtige Bischof von Mailand, war Provinzstatthalter gewesen und wurde erst nach seiner Wahl zum Bischof ordiniert. Ein reicher Gutsbesitzer in Gallien, Sidonius Apollinaris, hatte zahlreiche weltliche Ämter inne, ehe er den Bischofssitz der Auvergne übernahm.

Der ungewöhnliche Heerführer Chlodwig, der das Königreich der Franken festigte und Paris zu seiner Hauptstadt machte, ließ sich von den gallisch-römischen Bischöfen seiner neuen Territorien beraten. Wie der Ostgote Theoderich, der die Schwester Chlodwigs geheiratet hatte, sah er Chancen für eine Koexistenz mit der gallisch-römischen Bevölkerung. Zu gegebener Zeit ließ er sich von Remigius, dem Bischof von Reims, taufen, der auch – als ersten Schritt in Richtung einer festen Gesellschaftsordnung – das ungeschriebene Recht der Franken kodifizierte. Wenig später kodifizierte Caesarius, Bischof von Arles, die Gesetze der Westgoten.

Als bedeutendster dieser staatsmännischen Priester gilt Papst Gregor der Große. Er stammte aus einer römischen Adelsfamilie, war Präfekt von Rom, dann Mönch gewesen und wurde als etwa Fünfzigjähriger während einer Pestepidemie zum Papst gewählt. In den 16 Jahren seines Wirkens (590–606) schloß er einen Vertrag mit den Lombarden, der ihren Verwüstungen Einhalt gebot und Mittelitalien als praktisch unabhängigen Staat unter päpstlicher Herrschaft konsolidierte. Durch Förderung des Ackerbaus wurde diese relativ friedliche Region die wohlhabendste in ganz Italien, was wiederum der päpstlichen Schatulle zugute kam. Der Verantwortung, die er seinem Volk gegenüber empfand, gab er dadurch Ausdruck, daß er sich *Servus servorum Dei* – Diener der Diener Gottes – nannte, ein Titel, den seine Nachfolger bis heute tragen. In die Geschichte eingegangen jedoch ist er besonders wohl wegen der Missionare, die er von Rom aus in die eroberten und verlassenen Stützpunkte des Reiches im Norden schickte, um dort den christlichen Glauben zu verbreiten; dies gilt insbesondere für Britannien, das von den heidnischen Angelsachsen erobert worden war, und das von Gregors Abgesandten zum Christentum zurückgeführt wurde.

Neben einigen bedeutenden Persönlichkeiten in Staat und Verwaltung waren es auch Gelehrte und Denker, die das Licht der Zivilisation nicht erlöschen ließen. Der größte unter ihnen war der heilige Augustinus, Bischof von Hippo in Nordafrika (354–430). Seine *Bekenntnisse* sind die ungewöhnlichste geistliche Autobiographie, die der Westen kennt. Während des Vandaleneinfalls, als um ihn herum das Reich zerfiel, erläuterte er in der »Stadt Gottes« sein Konzept der totalen Abhängigkeit des Menschen von Gott, ein Werk, das bis weit ins Mittelalter mit den nachhaltigsten Einfluß auf christliches Denken ausüben sollte.

Der heilige Hieronymus, der fast sein Zeitgenosse war

(348–452), floh die Welt und lebte als Eremit in der Nähe von Jerusalem, von wo aus er brieflich einige fromme Christinnen unterwies und das Evangelium in die lateinische Sprache übersetzte, wodurch er es Tausenden von Gläubigen, die das Griechische nicht beherrschten, unmittelbar nahebrachte.

Schon im 3. Jahrhundert waren etliche enttäuschte Christen in Ägypten Eremiten geworden, der berühmteste unter ihnen der heilige Antonius, dessen erstaunliche Halluzinationen später zu einem Lieblingssujet weltlicher Malerei wurden. Eine freundliche Gestalt war Pachomius, der um 318 – ebenfalls in Ägypten – die erste Mönchsgemeinschaft und später noch acht kleine Klöster gründete. Die Regeln waren nicht sehr streng: Jeder Mönch wohnte in seiner eigenen Zelle und verrichtete die ihm zugewiesene Arbeit selbständig, die Mahlzeiten wurden gemeinschaftlich eingenommen; das Kloster trug sich durch die Arbeit aller Brüder. Angeregt durch einen Besuch bei einigen dieser Ansiedlungen, gründete Basilius, ein asketischer Theologe aus Kleinasien, weitere Klöster in seinem Heimatland, in denen ebenfalls die Regeln des byzantinischen Mönchstums festgelegt wurden.

Ein Jahrhundert später schuf der heilige Benedikt die Grundlagen des Mönchstums in Italien. Er hatte zunächst als Eremit gelebt, eine so beachtliche Anzahl von Gläubigen jedoch hegte den Wunsch, sich ihm anzuschließen, daß er nicht weniger als 12 kleine Gemeinschaften gründete; 529 legte er den Grundstein für das größte und berühmteste Kloster auf dem Monte Cassino. Auch er unterstrich, wie wichtig das Leben in einer Gemeinschaft sei. Seine Mönche sollten mindestens ein Jahr Bedenkzeit haben, ehe sie die Gelübde des Gehorsams, der Demut und des Schweigens ablegten. Aller Besitz war Gemeinschaftsgut; das Kloster sollte sich selbst tragen, jedem Mönch wurde aufgegeben, vier Stunden täglich auf dem Feld oder im Garten zu arbeiten, weitere vier mit dem Lesen der heiligen Schriften und fünf oder sechs Stunden im Gebet zu verbringen.

Als die Klöster expandierten, kam es zur Arbeitsteilung: Manche Mönche arbeiteten auf dem Feld, andere lehrten die Jugend oder schrieben Manuskripte ab. Daß die Benediktiner nicht nur die Heilige Schrift, sondern auch einen Großteil der römischen Literatur bewahrt haben, ist Cassiodor zu verdanken. Einst römischer Beamter unter Theoderich, erlebte er die Schreckenszeit der Wiedereroberung Italiens durch Byzanz. Als alter Mann sammelte er eine kleine Gruppe von Schreibern um sich, die sich dem Kopieren der erhalten gebliebenen Bücher widmeten.[11]

SECHS
CIRCA 500 – 1000

1. Persien – Das Ende der Sassaniden – Mohammed – Das Kalifat: Bagdad – Cordoba – Kairo

Anfang des 6. Jahrhunderts wurde Persien durch die Lehren eines religiösen Reformers erschüttert: Mazdak predigte Gleichheit, forderte Vegetarismus und Gemeinschaftsbesitz, zu dem er auch die Frauen rechnete. Er verurteilte den Krieg, empfahl aber, die Reichen zu berauben, um den Armen zu helfen. Die durch ihn ausgelösten Unruhen wurden durch die ambivalente Haltung eines schwachen Königs noch verstärkt, der die Mazdakiten als Gegengewicht zu den übermächtig gewordenen Magi sah, den Priestern der jetzt recht heruntergekommenen Religion des Zoroaster, und sie entsprechend unterstützte.

Die dreißigjährigen Wirren fanden mit der Thronbesteigung eines energischen jungen Erben ein Ende, der die führenden Mazdakiten zu einer Besprechung zusammenrief und allesamt abschlachten ließ. Die dankbaren Magi bejubelten den jungen Herrscher als »Chosrau von der Unsterblichen Seele«. Unter diesem Namen regierte er 48 Jahre lang erfolgreich in Persien (531–79). Während dieser Zeit kämpfte er fast ununterbrochen gegen Byzanz, um das begehrte Seidenhandelsmonopol zu sichern. Er führte eine grundlegende Steuerreform durch; nun gab es in Persien regelmäßige Abgaben, die bar zu entrichten waren. Die Steuern waren zwar hoch, aber nicht unerträglich, zumal das eingestrichene Geld für nützliche Projekte Verwendung fand: für Straßenbau und Bewässerung, die Errichtung von Krankenhäusern und Schulen, die Finanzierung des Heeres und für die Hungerhilfe. Bei der Bekämpfung des Hungers ging jener Herrscher mit gutem Beispiel voran, indem er in Notzeiten kein Fleisch aß.

Als Schutzherr der Wissenschaften gewährte er an seinem Hof sieben flüchtigen Philosophen aus Griechenland Gastfreundschaft, die nach der Schließung der Athener Schulen durch Justinian ihre Heimat verlassen hatten. (Sie fanden allerdings Persien barbarischer, als sie erwartet hatten, und kehrten betrübt nach Griechenland zurück.)[1]

Chosrau leitete auch die Übersetzung des *Panchatantra* in die Wege, einer Sanskrit-Anthologie von Fabeln, die anschaulich menschliche Schwächen illustrieren. Später wurden sie aus dem Persischen ins Arabische übersetzt und wurden im Lauf der Jahrhunderte schließlich über das Hebräische ins Deutsche, Holländische und Dänische und über die griechische und lateinische Sprache ins Italienische übertragen. In Frankreich faßte La Fontaine sie in geistreiche Verse, in schlichterer Prosa bereicherten sie die Kinderbücher des Westens.

Der große arabische Historiker Ibn Chaldun überliefert uns eine angeblich von Chosrau selbst verfaßte klare Analyse seines Amtes und seiner Aufgabenstellung: »Die Macht des Königs beruht auf dem Heer, die Macht des Heeres beruht auf Geld, Geld auf Steuern, Steuern auf dem Ackerbau, Ackerbau auf Gerechtigkeit, Gerechtigkeit auf der Veredelung der Beamtenschaft... und das alles zuvörderst dadurch, daß der Herrscher persönlich über den Zustand seiner Unteranen wacht und es vermag, sie zu schulen, auf daß er sie beherrsche und nicht umgekehrt.«[2]

Chosrau war der letzte bedeutendste Sassanidenkönig. Sein großmäuliger Enkel Chosrau II. (591–628) soll einen Harem mit 300 Frauen besessen, sowie sich mit Schachfiguren aus massivem Smaragd vergnügt haben; seine Pracht jedoch nahm ein schmähliches Ende. Zunächst erreichten seine Truppen in einem langen Krieg gegen Byzanz die Tore Konstantinopels. Aber das Ostreich besaß in Kaiser Heraklius (610–641) einen fähigen Heerführer, dessen Flotte die Perser auf See ausmanövrierte, während sein Heer in Chosraus Herrschaftsgebiet einfiel und ihn dort vernichtend schlug. Nach Chosraus unvermeidlicher Absetzung und Ermordung schloß Heraklius Frieden mit dessen Nachfolger; die Macht der Sassaniden war jedoch gebrochen.

20 Jahre nach dieser Niederlage überrollte eine unaufhaltsame Eroberungswelle von Arabien aus das persische Reich und vernichtete die Dynastie. Der Auslöser für diesen stürmischen Eroberungszug war die Lehre des Propheten Mohammed.

Unter all den großen Religionsstiftern traf Mohammed die ungünstigste Ausgangsposition. Buddha war in die herrschende Klasse einer bereits uralten Kultur hineingeboren worden, Konfuzius lehrte als Weiser in einem Volk, das die Gelehrsamkeit hochhielt; Jesus von Nazareth lebte als Handwerker in einer von politischen Unruhen geschüttelten Provinz des Römischen Reiches, in seinem Volk jedoch hüteten heilige Männer eine lange Tradition, und die religiösen Bindungen waren seit jeher sehr eng.

Mohammed verwaiste früh und wuchs unter Menschen auf, die hauptsächlich an Geschäften interessiert waren. Mekka besaß einen blühenden Gewürz- und Sklavenhandel und verfügte über eine überaus günstige Lage auf dem Handelsweg vom Roten Meer zum Persischen Golf. Zwischen Byzantinern und Persern entstanden ständig Intrigen, manchmal kam es auch zu ausgewachsenen Kriegen um Mekka, weil beiden daran gelegen war, die Einwohner unter ihren Einfluß zu bringen. Diese wiederum kämpften gelegentlich auch gegen rivalisierende Städte Arabiens, waren aber gewöhnlich vollauf mit dem Abschluß gewinnbringender Geschäfte und der Organisation von Handelskarawanen beschäftigt. Ihre Religion speiste sich aus denselben Quellen wie die der Juden – beide waren sie Hirtenvölker gewesen. Sie verehrten ein im Zentrum ihrer Stadt gelegenes würfelförmiges Gebäude, die Kaaba, angeblich von Abraham selbst errichtet. Die Einwohner Mekkas jedoch erhoben keine Einwände, daß zahlreiche andere Götter und Idole bis in diese heilige Stätte vordrangen.

Wo konnte in so einer Gesellschaft ein Mann seinen Platz finden, der nach einem geistlich erfüllten Leben strebte? Mohammed wurde Kameltreiber; vermutlich war er Analphabet und lernte stückweise und vom Hörensagen die Religionen der Ausländer kennen, mit denen er auf seinen Karawanen in Berührung kam. Er erfuhr von den jüdischen Propheten, ließ sich bruchstückhaft von den christlichen Schriften berichten. Gründlich bedachte er alles, was er erfahren hatte. Seine Dienstherrin Khadidja, eine reiche Witwe, war über zehn Jahre älter als er; mit 25 Jahren heiratete er sie und nahm, solange sie lebte, keine weitere Ehefrau.

Mohammed war etwa 40, als er begann, sich an abgelegenen Orten in Meditation zu versenken. Bei Tagesanbruch erlebte er dann Visionen, in denen der Engel Gabriel ihm kundtat, daß er der Prophet Allahs sei, des einen wahren Gottes. Von diesem Zeitpunkt an war er überzeugt, der letzte der biblischen Propheten zu sein, und er betrachtete Jesus von Nazareth als den größten seiner Vorgänger, sah ihn allerdings nicht als Sohn Gottes an: Allah würde sich nie dazu herablassen, einen menschlichen Sohn zu zeugen. Auch die Kreuzigung Jesu tat er als üble Erfindung ab, denn Allah, »der Barmherzige, der Gütige«, hätte nie einen seiner Propheten zu einem so schrecklichen Tod verurteilt.

Mohammeds Frau und eine kleine, aber stetig wachsende Schar von Jüngern – von denen etliche sogar aus dem rund 300 Kilometer entfernten Medina kamen – nahmen seine Lehre an. Doch die Mehrheit der Bevölkerung von Mekka sah durch seinen Aufruf zur Bußfertigkeit, Ehrlichkeit und Barmherzigkeit ihren Lebensstil bedroht. Als ihm gerüchtweise zu Ohren kam, man habe sich verschworen, ihn zu töten, floh er mit seinem ihm ergebenen Schwiegersohn Ali und einer Schar von Jüngern von Mekka nach Medina. Das Jahr seiner Flucht, der *Hedschra* – 622 n. Chr. – wurde zum Geburtsjahr des Islam.

Mohammed hoffte auf Anerkennung durch die Juden von Medina; die jedoch waren schnell bei der Hand, ihm eine fehlerhafte Kenntnis ihrer Schriften nachzuweisen. Die Feindschaft zwischen ihnen und Mohammeds Anhängern gipfelte in der Vertreibung der Juden aus der Stadt – ein schlechter Anfang und ein böses Omen für die Zukunft. Mohammed führte den Brauch ein, in Richtung Mekka zu beten und nicht, wie seine Anhänger es vorher getan hatten, in Richtung Jerusalem. Seine zahlreichen Anhänger unter den Einwohnern Medinas folgten ihm, inspiriert durch seine Lehre und begierig, den neuen Glauben durchzusetzen, bereitwillig in die Schlacht. Nach einigen Scharmützeln in der Wüste zog er im Triumph in Mekka ein, sieben Jahre, nachdem er die Stadt als Verschmähter im Schutz der Dunkelheit verlassen hatte. Die Kaaba – von Idolen gereinigt – wurde als die heilige Stätte anerkannt, an der der Gott Abrahams, der eine wahre Gott, die Erde berührt hatte.

Noch vor Mohammeds Tod im Jahre 632 trugen die Moslem-Krieger den Islam nach Syrien (Islam bedeutet »Ergebung in den Willen Gottes«, Moslems, »die im Stand des Heils«, sind die Bekenner des Islam). Es sollten noch einige Jahre vergehen, ehe die Lehre des Propheten im Heiligen Buch, dem Koran, festgeschrieben wurde. Sie legte besonderes Gewicht auf die Barmherzigkeit Allahs, betonte aber auch gleichzeitig seine Strenge: »Jeder Mann ist die Geisel seiner eigenen Tage«, und seine Missetaten werden ein Mühlstein um seinen Hals sein.[3]

Das Leben des Gläubigen solle das tägliche Gebet zu festgelegten Zeiten bestimmen und erleuchten, er übe Selbstdisziplin, enthalte sich des Alkohols und helfe den Kranken, Armen und Waisen. Als die fünf Säulen der Weisheit gelten Glaube, Gebet, Mildtätigkeit, Fasten und Haddsch (Pilgern nach Mekka).

Was Mohammed zur Frage der Frau lehrte, muß vor dem Hintergrund arabischer Verhältnisse des 7. nachchristlichen Jahrhundert gesehen werden, einer Zeit, in der Polygamie allgemein üblich war, und Frauen häufig schlechter behandelt wurden als Sklaven. Der Prophet verpflichtete den Ehemann zu Liebe und Menschlichkeit, betonte, daß Frauen das Recht auf ein Erbe hätten, und verurteilte den skrupellosen Spekulanten, der eine Frau um ihrer Mitgift willen heiratete und sie verstieß, sobald er sich ihres Vermögens bemächtigt hatte. Er bestimmte, daß Frauen nicht ohne ihre Einwilligung verheiratet oder wie ein Haustier von einem Mann an den nächsten weitergegeben werden durften. Die Frau war vor übler Nachrede zu schützen; bei einer Anklage wegen Ehebruch waren vier Zeugen aufzubieten. Eine schwangere Ehefrau durfte nicht verstoßen werden, und wenn man auch von einem Ehemann nicht erwarten konnte, daß er seine Frauen alle in gleichem Maße liebte, so durfte er doch keine lieblos behandeln. Diese Forderungen können zwar kaum als eine Charta von Freiheiten und Rechten gelten, sind immerhin aber eine Art Schutzbrief, der den Frauen mehr Sicherheit bot, als sie zu jener Zeit in der monogamen christlichen Welt besaßen.

Später wurde festgesetzt, daß ein Mohammedaner höchstens vier Frauen heiraten dürfe; Mohammed selbst allerdings nahm nach Khadidjas Tod nicht weniger als neun. Er scheint mit allen harmonisch zusammengelebt zu haben, lebte aber mit der jungen Aisha eine besonders zärtliche und ergreifende Beziehung. Er hinterließ Töchter, aber keinen Sohn, der ihn überlebt hätte.

Nach 20 Jahren hatten die Gläubigen Syrien überrannt und das persische Reich vernichtet. Damit begann eine jahrhundertelange fanatische Bekehrung mit dem Schwert. Die Anhänger des Zoroaster gingen in den Untergrund; etliche von ihnen flohen nach Indien und gründeten die noch heute bestehende Gemeinschaft der Parsen. Die meisten Perser traten zum Islam über. Die jüdische Kolonie in Babylon, dem im Altertum bedeutendsten Zentrum der Hebraistik, wurde zerstreut; die Überlebenden brachten ihr Wissen in die Welt des Christentums ein.

Nachdem sich die mohammedanischen Krieger an der syrischen Küste festgesetzt hatten, machten sie das östliche Mittelmeer unsicher und eroberten Zypern. Zu Wasser und zu Lande näherten sie sich jetzt bedrohlich Byzanz, doch dank der überlegenen militärischen Organisation des Reiches, der vorzüglich befestigten Städte, der reichlichen Waffen- und Lebensmittelvorräte Konstantinopels und der als »Griechisches Feuer« bekannten Flammenwerfer, mit denen sie Angriffe zurückschlugen, waren die Byzantiner für diesmal den Arabern gewachsen. Die islamische Gefahr wurde abgewendet, Ägypten jedoch ging verloren. Das Hochland von Äthiopien bewahrte seine Unabhängigkeit, blieb isoliert und christlich. Auch die seit dem 6. Jahrhundert zum christlichen Glauben konvertierten nubischen Bogenschützen des Sudan schlugen die Fanatiker zurück.

Die Flutwelle der Eroberung überrollte Nordafrika und gelangte bis zur marokkanischen Atlantikküste, wo der arabische Heerführer ins Meer ritt und Allah zum Zeugen dafür aufrief, daß er den Glauben nicht weiter zu tragen vermochte. In 20jährigem Kampf wurden die wilden Berber im Atlasgebirge bekehrt. Inzwischen hatten die Eroberer von den Wüstengebieten jenseits des Atlas und von einem dahinter liegenden großen, unbekannten Reich gehört, das sich Ghana nannte, und dessen dunkelhäutige Bewohner Gold besitzen sollten. Wüsten stellten für die Araber kein unüberwindliches Hindernis dar: Sie legten zwischen den Oasen Karawanenstraßen an, um den Stämmen jenseits der Wüste Handelsgüter und den Glauben zu bringen – und sich ihr Gold zu holen.

Jenseits der Meerenge, die Marokko von Europa trennt, lockte ein weiteres Land. Unter Führung des Berberhäuptlings Tarik, dessen Name in Gibraltar verewigt worden ist (Dschebel al Tarik – Fels des Tarik), überquerten sie 711 die Meerenge und erkämpften sich den Weg ins westgotische Spanien, das eine leichte Beute für sie wurde. Unterdrückte Leibeigene und verfolgte Juden erhoben sich dort gegen die verhaßten Westgoten und öffneten in Toledo den Mohammedanern die Tore. Bald war das ganze Land mit Ausnahme des gebirgigen Nordwestens islamisch. Nur in Asturien hielt sich ein christliches Reich. In späteren Zeiten sollte daher der älteste Sohn des Königs von Spanien den Titel »Prinz von Asturien« tragen.

Knapp ein Jahrhundert nach der *Hedschra* drangen die Anhänger des Propheten über die Pässe der Pyrenäen in das Reich der Franken vor. Hier herrschten nominell noch immer die schwachen Nachfolger des Chlodwig, die in gewisser Weise als heilig galten. Alle Macht übten in ihrem Namen militärisch geschulte Verwalter aus, die den Titel »Majordomus« oder »Hausmeier« trugen. Zur Zeit des Arabereinfalls verwaltete dieses Amt Karl Martell (Karl der Hammer). Dank seiner Entschlußkraft und seines Einflusses gelang es, die fränkischen Fürsten zu einen und die islamischen Eroberer zu besiegen. Der Schwung ihres Angriffs war endlich erlahmt. Sie zogen sich im Jahr 732 hinter die Pyrenäen zurück. Indessen hatten die Moslemkrieger, nachdem es ihnen nicht geglückt war, dem Byzantinischen Reich im Osten in die Flanke zu fallen, auch den Versuch aufgegeben, den Kaukasus zu überqueren.

Die Moslems beherrschten noch immer das Mittelmeer und suchten die Küsten Frankreichs und Italiens heim, um sich Beute und Sklaven zu holen. Im Lauf des folgenden Jahrhunderts eroberten sie Sizilien, Korsika, Sardinien und die Baleareninseln, überfielen mit schöner Regelmäßigkeit die italienische Küste und plünderten zumindest einmal Rom. Zu ihren Gunsten ist zu verbuchen, daß sie Orangen, Zitronen und Pfirsiche sowie den Reis aus China einführten, der zum Grundnahrungsmittel armer Italiener wurde. Als sich nach den Wirren der Eroberung die Regierungsform in den von ihnen beherrschten Ländern stabilisierten, zeigte sich, daß die Mohammedaner Wissen und Gelehrsamkeit mit einer bis dahin den Franken und Westgoten gänzlich fremden Hochachtung betrachteten. Während Byzanz an seiner berühmten griechischen und christlichen Bildung festhielt, verbreiteten die mohammedanischen Herrscher in Nordafrika, Spanien und dem Mittleren Osten ihre astronomischen, medizinischen und naturwissenschaftlichen Kenntnisse und die Achtung vor dem Wissen.

Schon lange, ehe sich der erste Schwung der moslemischen Eroberung verausgabt hatte, war der Islam unwiderruflich gespalten. Bei dem Zerwürfnis ging es um die Führungsrolle, nicht um die Lehre, obgleich doktrinäre Streitigkeiten unweigerlich die Folge waren. Die ersten vier islamischen Führer nach Mohammed, die sich Kalif (= Nachfolger), nannten, waren seine überlebenden Gefährten. Der vierte, Ali, der Mann seiner Tochter Fatima, wurde ermordet, dessen Sohn und Nachfolger Hussein von einem konkurrierenden Kalifen gestürzt (680); er fiel in der Schlacht mit dem Rivalen. Diese beiden Todesfälle, besonders der des Hussein, waren der Beginn des Märtyrerkults unter ihren Anhängern, sie bildeten die Sekte der *Schiiten*. Nach Meinung der Schiiten muß der Kalif oder Imam (Führer, Vorbild) vom Propheten selbst abstammen. Eine größere Gruppe, die *Sunniten*, hielten dagegen, jeder Abkömmling aus dem Stamm des Propheten sei für dieses Amt wählbar.

Husseins Rivale begründete das Homaijadenkalifat mit der Hauptstadt Damaskus, das etwa ein Jahrhundert Bestand hatte (661–750) und dann von den Abbasiden, Abkömmlingen von Mohammeds Onkel, abgelöst wurden. Diese Familie heiratete in den alten persischen Adel ein, gründete nahe bei den Ruinen Babylons die Stadt Bagdad am Tigris (762) und ließ den Glanz des persischen Reiches wieder aufleben.

Ein flüchtiger Homaijadensproß gelangte nach Spanien und erhob Cordoba zu seiner Hauptstadt, wo der größte Herrscher seiner Linie, Abdar Rahman III., im Jahre 929 den Kalifentitel annahm. Noch komplizierter wurde die Lage, als plötzlich wieder Abkömmlinge des Ali und der Fatima, die Fatimiden, auftauchten, Ägypten eroberten und in ihrer Neugründung Kairo ein drittes Kalifat einrichteten (969). Alle drei Kalifate entwickelten sich zu wichtigen moslemischen Kulturzentren, deren Einfluß auf Asien, den Mittleren Osten, den Mittelmeerraum und, von Cordoba aus, auf Westeuropa ausstrahlte.

Die persischen Abbasiden bauten auf der Basis der alten Strukturen ihre Macht aus. Das fiel ihnen umso leichter, als die meisten Perser den Islam akzeptierten, sich den Eroberern anpaßten und bereit waren, sich starken Herrschern zu beugen. Vier aufeinanderfolgende bemerkenswerte Kalifen (754–833) mehrten Persiens Wohlstand. Al-Mansur (754–775) wehrte einen byzantischen Invasionsversuch ab, reparierte und verstärkte die Grenzbefestigungen, schlug innerpersische Aufstände nieder und gründete die Stadt Bagdad. Sein Sohn Al-Mahdi (775–85) förderte den Handel, indem er neue Straßen bauen, die transasiatische Seidenstraße wieder instandsetzen ließ. Er gründete Schulen und förderte neue Industrien. Al-Mahdi tat sich auch als Schutzherr der Wissenschaft und Künste hervor.

Der dritte große Kalif, Harun al Raschid (786–809), der sich würdevoll durch die später entstandene Märchen- und Geschichtensammlung *Tausendundeine Nacht* bewegt, war berühmt für die Pracht seines Hofes, den Wohlstand unter seiner Regierung und den gesunden Respekt, den ihm seine Nachbarn zollten.

Bagdad verdankte seinen Reichtum einer Schlüsselstellung als Schnittstelle der Handelsstraßen von Indien zum Persischen Golf und zum Mittelmeer oder nach Samarkand und den transasiatischen Karawanenrouten nach China. Die Araber zeigten sich von jeher als abenteuerlustige Händler zu Wasser und zu Lande. Ihre Schiffe beherrschten den Seeweg nach Indien. Die Kaufleute Kantons kannten sie, mit Textilien und Schmuck tauchten sie in

Ostafrika auf, um ihre Waren gegen Elfenbein und Sklaven einzutauschen. Um die Mitte des 10. Jahrhunderts unterhielten sie einen Streifen kleiner Siedlungen an der ostafrikanischen Küste mit dem Haupthafen Kilwa im heutigen Tansania.

Die Hauptstadt Bagdad wurde zum Treffpunkt vieler Völker – Araber, Griechen, Juden, Perser und asiatischer Stämme –, zum Umschlagplatz nicht nur für Waren, sondern auch für unterschiedliche Kulturen, zum Mittelpunkt von Ideen und praktischen Erfahrungen. Hier entdeckten arabische Mathematiker den Vorteil des Dezimalsystems, das in Indien schon lange in Gebrauch war, und führten es im Westen ein. Hier wurden unter der Schirmherrschaft des intellektuellsten unter den abbasidischen Kalifen, Al-Mamun (813–33), ein Observatorium und ein »Haus der Wissenschaft« gebaut, in dem philosophische und naturwissenschaftliche Werke mit großer Sorgfalt aus dem Griechischen, Persischen und dem Sanskrit übersetzt wurden, um arabische Gelehrte bei ihrem Studium der Medizin, der Mathematik und Astronomie zu unterstützen. Die Werke von Aristoteles, Galen, Ptolemäus, Euklid und Hippokrates versah man mit Kommentaren und verbreitete sie später im Mittelmeerraum.

Cordoba war Bagdad an Macht und Reichtum unterlegen, konnte jedoch zu seiner Blütezeit im 10. Jahrhundert als prächtigste Stadt des Westens gelten. Sie war gut befestigt, prunkte mit gepflasterten und beleuchteten Straßen, Brunnen und öffentlichen Bädern. Den Mittelpunkt bildete die große Moschee mit einem offenen Wandelgang, in den das Licht von Sonne und Mond ständig wechselnde Muster warf. Noch heute, da aus den Wandelgängen die Schiffe einer christlichen Kirche geworden sind, die das Sonnenlicht nicht mehr einlassen, besticht das Bauwerk durch seine einzigartige Schönheit.

Neben der Landwirtschaft im Umland hatte Cordoba eine florierende Textilindustrie und besaß das inzwischen im Westen schon weiter verbreitete Geheimnis der Seidenherstellung. Auch für Leder, Brokat und Schmuck war die Stadt berühmt. Die Eroberer heirateten hier wie auch anderswo in Spanien spanische Frauen; in der dritten Generation hatte sich das maurische mit gotischem, romanischen und altiberischem Blut vermischt. Nur die jüdische Gemeinde hatte sich verhältnismäßig rein erhalten. Das Regime zeigte sich tolerant; Bekehrungen in zu großem Maße galten als unerwünscht, denn Moslems waren von allen Steuern befreit. Das wohlhabende, volkreiche Cordoba war ein Zentrum für islamische wie auch für jüdische Studien. Die Gelehrten der

Stadt interessierten sich ebenfalls für die naturwissenschaftlichen Werke der Griechen, so daß über Cordoba mit Hilfe eines gut durchorganisierten Systems von – hauptsächlich weiblichen – Berufskopisten ihre Werke Verbreitung fanden. Meist durch jüdische Vermittlung aus dem Arabischen zurückübersetzt, gelangten diese halb vergessenen Schriften jetzt in lateinischer Sprache in den christlichen Westen; dies vollzog sich noch leichter und schneller, nachdem sie auf dem von Arabern eingeführten Papier festgehalten werden konnten, dessen Herstellung die Moslems von den Chinesen übernommen hatten. Es war kennzeichnend für die großherzige Toleranz der Homaijaden, daß ihr größter Kalif, Abdar Rahman III. (912–961), als wichtigsten diplomatischen und politischen Berater einen berühmten jüdischen Arzt beschäftigte.

Auf Abdar Rahman III. folgten aggressivere und weniger intellektuelle Kalifen. Sie forderten Angriffe rivalisierender maurischer Reiche und des christlichen Spanien heraus. Anfang des 11. Jahrhunderts wurde Cordoba zeitweise erobert, verwüstet und geplündert. Zwar verlor die Stadt nicht ihre geistige Vormachtstellung, das politische Primat im moslemischen Spanien jedoch ging auf Sevilla über.

Das Kalifat der Fatimiden in Kairo erreichte seine Größe mit dem Niedergang von Cordoba. Darüber wird bei der Behandlung einer späteren Epoche noch vermehrt zu sprechen sein.

2. *China unter den T'ang*

Während Europa einem Tiefpunkt entgegenging, erneuerte sich das chinesische Reich. Die berühmte T'ang-Dynastie (618–906) erbte, wie vor ihnen die Han, die Eroberungen einer kurzlebigen Vorgängerdynastie, der Sui (518–618), die China mit Waffengewalt geeint hatten. 300 Jahre waren seit dem Sturz der Han, 800 Jahre seit der Gründung des Reiches vergangen. Die chinesische Tradition jedoch hatte Jahrhunderte des Zwistes und Verfalls unbeschädigt überstanden. Die Han hatten sich gewissermaßen als direkte Nachkommen der Cho gesehen, die über 1000 Jahre vor ihnen an der Macht gewesen waren. Auch für die Sui und die T'ang war ein geeintes Kaiserreich die Norm – ungeachtet der Tatsache, daß in China Jahrhunderte hindurch sehr viel länger und sehr viel häufiger ein Zustand der Wirren und der Zerwürfnisse geherrscht hatte.

Eine vage Erinnerung an die Han-Administration und einige Bruchstücke davon waren erhalten geblieben. Dahinter stand die noch vagere Überlieferung des Lebens unter den Chou. Die Sui bauten einen angeblich auf deren Reformen basierenden Verwaltungsapparat auf, der aber in Wirklichkeit etwas ganz Neues darstellte. Das von den Sui geeinte China war mehr als doppelt so groß wie das Reich der Chou und sehr viel größer als das der Han. Es wurde erst in 10, später in 15 Verwaltungsbezirke eingeteilt; in jedem Bezirk wählte man eine jährliche Quote von Bewerbern für den Staatsdienst, der fortan zum Beruf der am meisten gebildeten Chinesen avancierte. Auswahlkriterium für die Bewerber war die gründliche Kenntnis der konfuzianischen Werke. Das Curriculum war schmal, der Grundsatz jedoch neu und einzigartig. Die erfolgreichen Bewerber begannen ihre Laufbahn in dem untersten der neun Ränge in der Beamtenhierarchie, die Beförderung erfolgte zumindest theoretisch streng nach Verdienst und Würdigkeit.

Die Stärke des Systems lag in der Einsatzbereitschaft der Staatsdiener. Ihre Zahl war groß genug, um die Probleme aller Bezirke, der Grenzregionen, der nördlichen Ebene, des Gelben Flusses, der fruchtbaren Region des unteren Yangtse, der Berge von Szechuan, der Städte und der Küste stets im Auge zu behalten. Nachteile des Systems waren die Unerreichbarkeit des Kaisers und die unvermeidlichen menschlichen Schwächen. Angeblich existierte ein Beschwerdeweg, der direkt vom Untertanen zum Herrscher führte. Aber die Unterdrückten waren oft weit weg und wußten sich nicht auszudrücken. Was nützten da die traditionellen kaiserlichen Audienzen, die vom Altertum bis zum Jahre 1912 in der Morgen- und Abenddämmerung abgehalten wurden? Ein Bauer in Kansu, dem Unrecht geschehen war, konnte weder eine so weite Reise unternehmen noch überhaupt einen verständlichen Protest formulieren.

Die Sui-Kaiser reparierten und erweiteren das Straßen- und Kanalsystem. Ihr ehrgeizigstes Projekt war ein über 1 500 Kilometer langer Kanal, der den Yangtse mit dem Gelben Fluß verband, so daß Getreide aus dem fruchtbaren Süden in den ärmeren Norden und zu den Garnisonen an der Chinesischen Mauer gebracht werden konnte. Das Konzept war vernünftig, aber die hohe Sterberate unter den fronenden Bauern (es sollen beim Bau über eine Million gestorben sein) löste einen Aufstand aus, der zum Sturz der Dynastie führte.

Die T'ang, die auf die Sui folgten, herrschten über ein Jahrhundert in höchster Prachtentfaltung (618–755) und, mit eingeschränkten Machtbefugnissen, noch einmal so lange bis zu ihrem endgültigen Niedergang (906). Ihre Regierungszeit kann im Hinblick auf politische Macht, wirtschaftlichen Unternehmungsgeist, Dichtung, Malerei und bildende Künste vielleicht als bedeutendste unter vielen großen Epochen in der chinesischen Geschichte gelten.

Die T'ang waren nicht rein chinesischer Abkunft; die Mutter des ersten Kaisers dieser Dynastie stammte aus einem der barbarischen Turkvölker jenseits der Chinesischen Mauer. An den Grenzen fand seit dem vergangenen Jahrhundert eine ständige Rassenvermischung statt. Nomadenhorden schlugen ihre Lager im chinesischen Reich auf, während unternehmungsfreudige chinesische Bauern jenseits der Grenze siedelten. Nomadische Kampfmethoden, Ausrüstung und Pferde der Barbaren waren in China bekannt; die Kontakte mit dem Gegner hatten auch nützliche Seiten.

Die Stammesorganisation der Nomaden bildete die Grundlage ihrer militärischen Stärke. Sie waren Hirten, gleichzeitig aber auch allesamt Soldaten. Unter den T'ang entstand der Plan einer Bauernarmee für China. Das Land wurde in kleine Einheiten aufgeteilt und Bauernfamilien übergeben; beim Tod des Vaters fielen diese Ländereien wieder an den Staat zurück. Landkauf oder eine Anhäufung von Landbesitz war verboten. Als einzige Steuer im ganzen Land wurde eine in Naturalien zu zahlende Pacht erhoben, dazu kamen, falls nötig, 20 Tage Dienst bei öffentlichen Bauarbeiten. Alle Männer mußten Militärdienst leisten und konnten im Kriegsfall eingezogen werden. Diese Aufteilung sollte das Aufkommen großer Grundbesitzer verhindern, das gefährlich für den Staat gewesen wäre, regelmäßige Einkünfte durch die Pacht sichern, den Ackerbau fördern und eine zuverlässige Bauernarmee schaffen. Etwa ein Jahrhundert funktionierte dieses System, wenngleich es von Anfang an viele Ausnahmen gab. Beamte, denen Landerwerb gestattet war, begannen bald, Güter zusammenzukaufen, während abenteuerlustige Bauern in Gegenden auswanderten, in die der Arm des kaiserlichen Gesetzes nicht reichte. Vor allem entwickelte sich jetzt ein aktiver Mittelstand; Kaufleute und Handwerker spielten eine ständig wachsende Rolle in der Wirtschaft. Industrie und Handel wurden allmählich wichtiger als die Landwirtschaft.

Das stehende Heer war zunächst ein Erfolg. T'ai Tsung, der zweite Kaiser der Dynastie (627–49), ein tapferer Heerführer und guter Taktiker, gebot den Nomadeneinfällen Einhalt und machte durch den Sieg über die wilden Stämme bis nach Turkestan hinein die transasiatische Seidenstraße wieder passierbar. Er ließ die Chinesische Mauer wieder restaurieren und das Straßen- und Kanalnetz des Reiches vervollständigen, ohne daß seine Untertanen fronen mußten; Kriegsgefangene lieferten ihm an Arbeitskraft, was er brauchte. Die chinesische Herrschaft in Korea wurde erneuert, das Kaiserreich unterhielt diplomatische Beziehungen zu Japan, Tibet, Nepal, Burma, Nordindien und den Reichen Südostasiens. Macht und Einfluß Chinas hatten ihren Zenit erreicht.

Konfuzianische Grundsätze prägten die Einstellung der herrschenden Klasse in China. Sie war rational und konservativ, man schätzte Mäßigung, Höflichkeit und Loyalität. Der althergebrachte Ahnenkult wurde, wie Konfuzius es gewünscht hatte, pflichtschuldigst absolviert, wobei es sich eher um eine ehrwürdige Konvention als um eine fromme Übung gehandelt haben dürfte.

Von der im wesentlichen toleranten Regierung wurden – zumindest in den Zeiten des Wohlstandes – die verschiedenen Formen des Buddhismus und des Taoismus, die in den Zeiten der Wirren entstanden waren, nicht behindert. Die breite Masse der Bevölkerung, die analphabetische Bauernschaft, fand die Lehre des Konfuzius zwar wenig hilfreich, hielt sich aber gewissenhaft an die alten Riten, die Frühlings- und Herbstfeste und den Kult an den Ahnengräbern. Viele fanden auch Trost in einem von Bettelmönchen vermittelten, verfälschten Buddhismus oder in dem abergläubischen Zauber, zu dem der volkstümliche Taoismus verkommen war.

Anders stand es mit dem Buddhismus und Taoismus der Gebildeten. Kaiser T'ai Tsung, der die Autorität des Konfuzius wiederhergestellt hatte, fühlte sich persönlich zum Taoismus hingezogen, interessierte sich lebhaft für den Buddhismus und stand anderen ausländischen Kulturen durchaus wohlwollend gegenüber. Einem emigrierten europäischen Mönch gestattete er, das Christentum zu predigen. »Ein Priester von gutem Charakter«, so heißt es in der kaiserlichen Beschreibung, »hat Bilder und Bücher aus dem römischen Gebiet mitgebracht. Seine Lehren sind friedlicher Art und moralisch überaus vernünftig, da sie logisch und ohne Verworrenheit dargestellt sind.«[5]

Der Kaiser erschien persönlich, um den mit Büchern und Reliquien von einer Wallfahrt nach Indien zurückgekehrten chinesischen Philosophen Hsuang-Tsang zu begrüßen. Während seines Aufenthaltes hatte er beifällig die peinliche Sauberkeit der Inder vermerkt; ihr Brauch, Blumengirlanden zu überreichen und zu tragen, entzückte ihn. »Ihr Wesen ist sanft und menschenfreundlich, und sie widmen sich ernsthaft ihren Studien.« Einige aber, so meinte er, gäben zu viel Geld für Tand aus.[6]

Er war zu einer religiösen Debatte mit den Weisen des mächtigen Königs Harscha von Thanesar eingeladen worden, der persönlich, auf einem Elefanten sitzend und als Gott Wischnu verkleidet, an der Diskussion teilnahm. Nach seiner Rückkehr führte Hsuang Tsang den Vorsitz in einer Kommission, die 75 bedeutende Sanskrit-Werke ins Chinesische übersetzte.

Die schönen, geschäftigen Städte Chinas, die vielen hochbeladenen Wagen auf den Straßen, die Boote auf den Kanälen und die Schiffe in den Häfen setzten die Reisenden in Erstaunen. Ch'ang-an, die Hauptstadt, war ganz kosmopolitisch eingestellt und der Treffpunkt für Kaufleute aus Indien, für die allgegenwärtigen Araber vom Roten Meer, eine große jüdische Kolonie, für Musikanten und Tänzer aus Burma, Java und Sumatra, für japanische und türkische Pilger, junge Tibetaner, die buddhistische Schriften in den chinesischen Bibliotheken studierten, Handelsleute aus Sogdien und Turkestan, flüchtige Manichäer aus Persien sowie ihre einstigen Verfolger, die Magi-Priester, die jetzt ebenfalls im Exil lebten. Selbst ein Prinz aus dem Hause der Sassaniden hatte sich dort niedergelassen.

Ch'ang-an (das heutige Siam) besaß möglicherweise über eine Million Einwohner. Die Stadt lag, hervorragend geplant, innerhalb einer rechteckigen, 17 mal 22 Kilometer langen Stadtmauer, an deren Nordseite der kaiserliche Palast aufragte. Wenn der Kaiser in Richtung der Sonne blickte, sah er die ganze Stadt vor sich liegen. Eine breite Allee führte vom Palast zum Tor der »Strahlenden Tugend« in der südlichen Mauer. Hauptstraßen unterteilten die Stadt in eigenständige Bezirke, die jeweils mit einer eigenen Mauer umgeben waren. Die Berufe und Gewerbe waren jeweils in eigenen Bezirken zusammengefaßt. Es gab Bezirke für Beamte, ausländische Gesandte, Kaufleute, verschiedene Handwerker und natürlich einen Bezirk der Freudenhäuser, in dem schöne Mädchen, in der Kunst des Singens, Tanzens, Musizierens und selbstverständlich der Liebe ausgebildet, die reichen Chinesen unterhielten. Über Röhren speiste eine Wasserversorgung die vielen Brunnen; es gab offene Plätze, Bäume, Blumengärten und einen künstlichen See.

Kanton, der wichtigste Hafen, wurde vergrößert und durch blühende Bäume und Lustgärten verschönt. Lange besaß die Stadt in chinesischen Augen durch ihre vielen Strohdächer noch einen »barbarischen« Anstrich, doch nach mehreren vernichtenden Feuersbrünsten wurden Strohdächer untersagt und statt dessen farbige Dachziegel vorgeschrieben. An des Kais sah man zahllose Schiffe aus Indien, von den Gewürzinseln, dem Roten Meer und dem Persischen Golf, schwer beladen mit seltenen und kostbaren Dingen. Was China importierte, waren Luxusartikel: Elfenbein, Schildpatt, Duftstoffe, Tee aus Burma, ja, sogar Juwelen und Skulpturen aus dem Mittelmeerraum. Es gab auch einen verbotenen, aber gewinnbringenden Handel mit besonders geschickten oder schönen Haussklaven, die meist aus Indien und von den Inseln kamen. Für den wachsenden Export griff das Land hauptsächlich auf Keramik und Seide zurück. Doch mit dieser gewinnbringenden Handelstätigkeit war nur eine kleine Minderheit von Produzenten und Kaufleuten in den größeren Städten befaßt. Für die Millionen, die im Riesenreich China das Land bestellten und ihre Steuern in Reis und Korn und groben, von ihren Frauen gewebten Tuchen bezahlten, waren Handel und die sich daraus ergebenden Vorteile unbekannte Größen.

Die Künste bekamen durch den Wohlstand und das Selbstvertrauen der neuen Ära sowie durch Kontakte mit dem Ausland neue Impulse. Mit leichter Hand übernahmen die chinesischen Töpfer jetzt – entsprechend angepaßt – die Formen und Verzierungen der Vasen von den Griechen, Persern und Indern und die stark naturalistische Gestaltung der Menschen- und Tierfiguren von ihren mongolischen Nachbarn. Der T'ang-Stil war einzigartig in seinem Gegensatz von kühner Formgebung und vielfältiger, dabei häufig sehr zarter Ornamentik.

Ihre formschönen Vasen und Schalen, ihre kraftvollen Pferde-, Kamel- und Kriegerfiguren kamen durch eine neu erfundene Buntglasur noch besser zur Geltung: Braun und Grün sind mit einer lässigen Meisterschaft aufgebracht, die die Flächen belebt und die Form verschönt. Die meisten Figuren waren für die Gräber der Reichen bestimmt, manche müssen aber auch ins Ausland gegangen sein, denn bald wurden sie in Persien und Mesopotamien kopiert, zwar weit weniger souverän und kraftvoll, aber immerhin noch gut genug, um westliche Sammler des 20. Jahrhunderts zu verwirren, als der Besitz eines T'ang-Pferdes zum Statussymbol geworden war.

Für gehobene Ansprüche entwickelten die T'ang ein Material,

das viel feiner war als traditionelle Töpferwaren, und schon im 8. Jahrhundert verfügten sie über eine harte, durchscheinende Scherbe, die Handelsleuten aus dem Westen immer wieder Rätsel aufgab – Porzellan. »Töpferwaren, so fein, daß man das Funkeln des Wassers hindurchsehen kann.«[7]

In ihren Skulpturen zeigten sie sich weniger experimentierfreudig als in ihrer Keramik. Die Reihen von Pferden in Basrelief, die das Grab des T'ai Tsung schmückten, sind kraftvoll und beeindruckend, obgleich der Bildhauer anscheinend kaum mehr als eine lineare Darstellung anstrebte, die womöglich auf einer Zeichnung basierte. Die T'ang-Bilder, Landschaften, Menschen und natürlich Pferde, waren offenbar ebenso anschaulich und ungezwungen wie die Keramik. Menschenmassen kamen zusammen, um dem berühmten Maler Wu Tao-tzu zuzusehen, wenn sein »Wirbelwindpinsel« die Wände der Tempel von Chang-an mit graziösen, farbenfrohen Gestalten bevölkerte. Leider sind einige wenige spätere Kopien alles, was uns von den Werken der T'ang-Maler erhalten blieb.

Die Literatur, insbesondere, wenn sie einem nützlichen Zweck diente, wurde staatlich gefördert. Die 725 n. Chr. von Kaiser Hsüan-tsung gegründete Akademie der Wissenschaften ist die älteste Einrichtung dieser Art auf der Welt. Derselbe Kaiser richtete auch Schulen in allen Teilen Chinas ein. Geschichtsschreibung und das Geschichtsstudium gehörten wie in Griechenland zur politischen Bildung, bei der allerdings nur eine Richtung zugelassen war: der Glaube an die Einheit Chinas und die Hochachtung vor der herrschenden Dynastie. Die T'ang-Historiker erreichten bei weitem nicht die seine von Ssu Ma Ch'ien zur Zeit der Han gesetzten Maßstäbe.

Der Vormarsch des Buddhismus schuf einen Bedarf an geschriebenen Amuletten und Gebeten, der im 7. nachchristlichen Jahrhundert zur Ausbreitung des Handdrucks führte, eines Verfahrens, das nur durch die vorherige Erfindung des Papiers möglich wurde. Chinesische Druckerzeugnisse dienten gleichermaßen religiösen wie erzieherischen Zwecken. Bei der größten literarischen Leistung der Chinesen, der Lyrik spielte der Handdruck freilich keine Rolle. Hier bildeten Lyrik und Kalligraphie eine Einheit; der Handdruck konnte kein Ersatz für die Kunst des Kalligraphen sein.

Viele T'ang-Gedichte sind erhalten geblieben, allerdings nicht als Originale von der Hand des Autors; die Mehrheit der Leser muß sich mit der Übersetzung begnügen, in dieser Form nur ein

Schatten ihrer selbst – und dennoch eindrucksvoll. Eine mehrere hundert Jahre später erstellte Anthologie von T'ang-Lyrik umfaßte fast 50 000 Gedichte von über 2000 Dichtern.

Die chinesische Lyrik erreichte nunmehr ihren Höhepunkt: Li Po (699–762), der liebenswerte Bonvivant, der nach einer unzuverlässigen Überlieferung ertrank, als er versuchte, »den Mond im Gelben Fluß zu umarmen«, und sein Freund Wang Wei (699–759) waren große Meister. Tu Fu (712–770), den die Chinesen als ihren größten Dichter verehren, war einige Jahre jünger. Am verbreitetsten im Westen wurde der letzte aus dieser Dichterreihe, Po Chu (772–846), bekannt durch Arthur Waleys Übersetzung. Chinesische Dichter schrieben in einer feingeistigen Tradition für ein kleines Publikum; daher sind viele subtile Anspielungen dem Leser einer anderen, über 1000 Jahre jüngeren Kultur nicht mehr zugänglich. Unverkennbar jedoch ist die magische Kraft, die einen Augenblick festzuhalten, Stimmungen, Klang und Farbe eines einzigen Momentes einzufangen vermag:

> Blaues Wasser, ein klarer Mond...
> Im Mondlicht fliegen die weißen Reiher.
> Horch! Hörst du die Mädchen, die Wassernüsse sammeln?
> Singend gehen sie heim durch die Nacht.[8]

Der Hof des Kaisers Hsüan-tsung (713–56) dürfte der glanzvollste in der chinesischen Geschichte gewesen sein. Künstler und Poeten erfreuten sich allerhöchster Gunst. Der Kaiser fand besonderen Gefallen an der Musik Zentralasiens und war hingerissen von einer Truppe sogdianischer Frauen in roten Gewändern und mit roten Wildlederstiefeln, die auf rollenden Kugeln tanzten. Die Höflinge, Männer wie Frauen, ließen sich durch Musikdarbietungen, Dramen und Tanz unterhalten und vergnügten sich mit dem erst kürzlich aus Persien über Indien eingeführten Polospiel. Oberflächlich gesehen führten sie ein glückliches, zivilisiertes Leben.

Die Pracht des Kaiserhofes überlebte den Zerfall der T'ang-Macht nicht lange; das Elend kam von unten. Die kriegsverpflichteten Bauern brachen unter der Last der Grenzfehden endgültig zusammen. Der Dichter Tu Fu beklagt das Schicksal der Knaben, die mit 15 Jahren eingezogen wurden und noch immer an der Mauer Dienst taten, wenn ihr Haar schon grau war, während die Frauen sich vergeblich mühten, das Land zu bestellen und die Steuern zu zahlen:

In tausend Dörfern gedeiht nur das Unkraut,
Und obschon starke Frauen sich über die Pflugschar beugen,
Sind die Furchen nach West und Ost verweht.[9]

Viele Männer desertierten, und das rebellische Gemurmel schwoll an. Der Kaiser bildete eine Berufsarmee und zog, wie seinerzeit die Römer, als Verstärkung verbündete Barbarenstämme heran. Er ernannte einen Barbarengeneral, der seine Chance nutzte und zu einem Aufstand gegen den Kaiser aufrief. Der irrationale Haß der Rebellen konzentrierte sich auf Hsüan-tsungs Lieblingskonkubine, und er wurde gezwungen, sie auszuliefern:

Dreißig Meilen vor der Hauptstadt, jenseits des Westtors,
Nicht einer mochte einen Schritt noch tun,
Eh es den Pferden vergönnt war, die nachtfalterzarten Brauen unter die Hufe zu nehmen.
Blütengeschmückte Haarnadeln fielen zu Boden, niemand hob sie auf,
Und eine grünweise Jadehaarquaste und ein gelbgoldener Vogelhaarschmuck.
Der Kaiser kann sie nicht retten, er kann nur das Gesicht verhüllen,
Und später, als er sich wandte und hinblickte, war die Stätte voll Blut und Tränen,
Verborgen in gelbem Staub, verweht von kaltem Wind.[10]

Hsüan-tsung starb kurz darauf, und mit ihm ging der Glanz der T'ang dahin. Ihre Autorität in Zentralasien wurde durch den Vormarsch der Moslems untergraben,die 751 eine chinesische Armee schlugen, in Turkestan eindrangen und Samarkand eroberten. Die islamischen Eroberer nahmen chinesische Handwerker, die sich auf die Kunst der Papierherstellung verstanden, und Fachleute auf dem Gebiet des Ackerbaus als Gefangene. Papier wurde zum wertvollen Hilfsmittel bei der Verbreitung der Botschaft des Koran, und die neusten Verfahren der Seidenherstellung fanden bald in Persien praktische Anwendung. Inzwischen hatten sich die Tibetaner gegen die chinesische Herrschaft erhoben; sie trugen den Krieg ins Herz Chinas und eroberten 763 vorübergehend Chang-an.

Steuereinnehmer, die genötigt waren, in halb verlassenen Dörfern feststehende Abgaben einzutreiben, lösten Bauernaufstände aus; das Bandenwesen verbreitete sich. Zur Niederschlagung von Aufständen und zur Verteidigung der Grenzen eingesetzte Bezirksstatthalter, mit weitreichenden Vollmachten ausgestattet, machten sich häufig zu unabhängigen Kriegsherren. Auch die nachfolgenden Kaiser riefen weitere vorgeblich freundliche Barbaren als Verbündete ins Land, bis die Grenzbezirke in unabhängige, sich gegenseitig befehdende Staaten zerfielen.

In dem Maß, wie die Zentralregierung an Macht und Selbstvertrauen verlor, schwand die Toleranz fremden Religionen gegenüber. Die Taoisten haßten die buddhistischen Eindringlinge und beneideten sie um Zahl und Reichtum ihrer Klöster. Offiziell führte taoistischer Fanatismus 845 zur Vertreibung der buddhistischen Mönche und zur Plünderung ihrer Klöster, dahinter aber standen Habgier und Verzweiflung eines bankrotten Staats. 30 Jahre später machte sich der Fremdenhaß in Kanton in einem Massaker an Tausenden mohammedanischer, christlicher und jüdischer Kaufleute und der Plünderung, Verbrennung und fast völligen Zerstörungen der Stadt Luft.

Nach der Attacke auf den Buddhismus versandeten die fruchtbaren Beziehungen zwischen China und den buddhistischen Reichen Südostasiens und Indiens. Die Japaner, die seit den frühen Tagen der T'ang nicht weniger als 12 Missionen nach China geschickt hatten, riefen 847 ihre Gesandten zurück und nahmen eine Anzahl angesehener chinesischer Buddhisten mit, von denen die meisten Ärzte und Mathematiker waren.

Das Ende der T'ang ließ nicht lange auf sich warten: Die General- und Bezirksgouverneure machten sich selbständig, und eine Unzahl von Dynasten und Kriegsherren führte zu 50 Jahren Anarchie (ca. 906–960).

Unter den vielen Völkern Asiens waren die Khmer aus dem Menamtal schon früh unter den Einfluß der Hindu-Kultur und besonders des Buddhismus geraten. Anfang des 8. nachchristlichen Jahrhunderts hatten Einwanderer im Menamtal ein unabhängiges buddhistisches Königreich geschaffen, das im 11. Jahrhundert zum großen Teil von den aggressiven Kambodschanern erobert wurde. Nur der Bezirk Haripunjaya bewahrte sich seine Unabhängigkeit.

Hier errichteten Anfang des 12. Jahrhunderts Khmer-Baumeister im Auftrag ihres Königs Suryavarman II. eine unvergleichliche Tempelanlage, die wir jetzt unter dem Namen *Angkor Vat* kennen. Heute sind es eindrucksvolle, geheimnisvoll-majestätische, vom Dschungel überwucherte Ruinen, noch immer Denkmäler einer großen Vergangenheit und einer großen architektonischen Leistung.

Die Glanzzeit der Khmer war kurz; im 14. Jahrhundert wurden sie von dem expandierenden Königreich Siam überwältigt und besiegt.

3. *Japan Fürst Shotoku – Der Aufstieg der Fujiwara – Die Narazeit*

Während der großen T'ang-Epoche wurden den Japanern nach langer Bewunderung und Nachahmung der chinesischen Kultur ihre eigenen Fähigkeiten bewußt. Ihre gebirgigen Inseln, auf denen zum Teil noch immer die feindlichen Ainus wohnten, waren nur im Küstenbereich fruchtbar. Sie hatten kaum Bodenschätze, und die Bevölkerung zerfiel, wie das häufig bei Bergbewohnern der Fall ist, in einzelne, vielfach verfeindete Stämme. Shinto, ihre alte Religion, war eine Art Animismus mit einem ausgeprägten Ahnenkult, der eine enge Bindung an die Familie, die Dorfgemeinschaft und den Stamm mit sich brachte. Später sollte die Bindung an die Nation am wichtigsten werden; diese Entwicklung jedoch vollzog sich langsam.

Das Symbol der Nation war der Kaiser, ein Symbol im Wortsinn, denn er übte keine echte Macht aus. Er war weder der Statthalter Gottes auf Erden (nach der später im Westen üblichen Auffassung) noch ein potentieller Gott wie die römischen Kaiser. Als direkter Abkömmling der Sonnengöttin *war* er Gott. Doch seine Göttlichkeit gab ihm nicht die Macht, die Stammesfehden seines Volkes zu beenden, denn das war nicht seine Aufgabe. Er lebte, um den Geist der Nation zu verkörpern, nicht, um sie zu beherrschen. Die Fürsten, von denen etliche auch göttliche Abstammung für sich in Anspruch nahmen, kämpften nicht gegen den Kaiser, sie befehdeten sich gegenseitig, um sich der Herrschaft über seine geheiligte Person zu versichern: Wer immer auch gewann – der Kaiser überlebte.

Die Yamato-Dynastie, die ihre Herkunft von einem legendären Helden ableitete, der, wie es hieß, die Barbaren besiegt und als Vogel gen Himmel geflogen war, scheint im 4. Jahrhundert n. Chr. bereits etabliert gewesen zu sein. Im 5. und 6. nachchristlichen Jahrhundert lehrten koreanische und später chinesische

Handwerker die Japaner die Kunst der Seidenherstellung, das Sticken und Weben von Brokat und andere nützliche Fertigkeiten wie Lackarbeiten, Töpfern, Bildhauerkunst und Metallbearbeitung. Die Handwerker (im 7. Jahrhundert waren die meisten bereits Japaner) schlossen sich in Korporationen zusammen, die Zünften nicht unähnlich waren. Ihre Anführer wurden oft in den Adelsstand erhoben. Die hohe Bedeutung, die in der japanischen Gesellschaft handwerklichen Fertigkeiten eingeräumt wurde, läßt bei einem Kriegervolk auf ungewöhnlichen Weitblick schließen.

Denn die Zeiten waren alles andere als friedlich: Die Einführung des Buddhismus, der unkriegerischsten aller Religionen, löste einen 50jährigen Bügerkrieg aus. Er kann als Kampf zwischen einer Fortschrittspartei gedeutet werden, die den Buddhismus als integralen Bestandteil einer Kultur und eines Wissens sah, die es wert waren, von China übernommen zu werden und den Traditionalisten, die sich gegen den Wandel stellten. Hauptsächlich aber handelte es sich wohl um einen Machtkampf zwischen verschiedenen Sippen.

593 wurde Shotoku, ein junger Fürst aus der Soga-Sippe, Regent des Kaisers; er blieb bis zu seinem Tod fast 30 Jahre später an der Macht. Shotoku war möglicherweise der beste, ganz gewiß aber der gewinnendste Herrscher in der Geschichte Japans. Gleichermaßen vom chinesischen Buddhismus wie von der Lehre des Konfuzius beeinflußt, förderte er die Beziehungen zu China, nahm direkte diplomatische Beziehungen zu diesem Land auf und schickte viele vielversprechende junge Leute zum Studium der chinesischen Verwaltung hinüber. So beeinflußte ein stetiger Strom chinesischer Schriften das Denken der herrschenden Klasse und erweiterte ihren Horizont. Unter Shotoku faßte der Buddhismus, im besten Einvernehmen mit dem alten Shintoglauben festen Fuß in Japan. Shitoku führte auch den chinesischen Kalender ein, der allen bisher von Japanern angestellten Berechnungen weit überlegen war. Er versuchte durch die Übertragung des althergebrachten chinesischen Systems verschiedener Mützenknöpfe, an denen auf den ersten Blick der Dienstrang des Trägers zu erkennen war, Ordnung zu halten und Streitigkeiten um Rangordnungsfragen zu vermeiden. Ihm wird die Urheberschaft an einer stark konfuzianisch geprägten Verfassung zugeschrieben; wahrscheinlich aber ist das die fromme Erfindung zeitgenössischer Historiker, die nach seinem Tod seine Ideen in einem plausibel klingenden Dokument festhielten. Doch wenn Shotoku

Japan auch keine Verfassung schenkte, so festigte er doch die Grundlagen des Staates.

Nach Shotokus Tod kämpfte seine Sippe, die Soga, über 20 Jahre gegen ihre mächtigsten Rivalen, die Nakatomi. Im Jahre 645 errangen die Nakatomi den Sieg und begründeten eine Dynastie, die Japan fünf Jahrhunderte lang beherrschte. Ihr Anführer, Kamatori, änderte den alten Stammesnahmen in Fujiwara, (d. h. »Glyzinie«), da der Coup, der ihn an die Macht brachte, in einem mit Glyzinien bepflanzen Garten geplant worden war. Er vollendete das Werk Shotokus und erließ die unter dem Namen *Taika* (= Große Reform) bekannt gewordenen Edikte, die Japans Verwaltung zu einer ziemlich genauen Kopie der T'ang-Administration machte.

Grund und Boden sollten gerecht unter allen Familien aufgeteilt werden, jede sollte einen angemessenen Anteil an den Reisfeldern erhalten. Zu diesem Zweck sollte die ganze Bevölkerung statistisch erfaßt werden. Das Erbschaftssystem und der Landkauf wurden abgeschafft; alle früheren Abgaben, Zwangsarbeit und Sklaverei entfielen. Besteuert werden sollte nur noch das Land. Das erforderte natürlich eine komplizierte Organisation und ein Heer von Verwaltungskräften. Ein kaiserlicher Kodex legte Anzahl und Hierarchie dieser Staatsposten fest. Der Dorfälteste war dem Regionalgouverneur, meist einem örtlichen Gutsbesitzer, verantwortlich. Über diesem standen die im Namen des Kaisers ernannten Provinzgouverneure, darunter Steuereinnehmer, Schreiber, Registratoren und dergleichen. Die japanischen Beamten bezogen ihre Arbeitsmethoden indirekt aus China. Die wenigen Glücklichen, die tatsächlich dort gewesen waren, kamen zurück, um zu berichten, was sie beobachtet hatten, und brachten Verfahren, Ideen und Schriften mit. Für Mußestunden hatten die Weitgereisten die *biwa*, eine viersaitige chinesische Laute, im Gepäck, sowie das Schachspiel, das als Zeitvertreib für junge Männer sehr empfohlen wurde, weil es die Grundregeln der Militärstrategie vermittelte. Aber weder importiertes Wissen noch eigene Erfahrung setzte die Japaner in den Stand, eine funktionsfähige Verwaltung nach einem chinesischen Muster aufzubauen, das für Japan gänzlich ungeeignet war.

Die Weite Chinas mit den Problemen, die sich dem Land dadurch für die Verteidigung, die Bewässerung und die Kommunikation stellten, erforderte eine zentrale Planung und Koordinierung. Anleitung und Überwachung von oben besaßen dort eine lange Tradition. Eine solche Tradition existierte in Japan nicht;

dort waren die Reisfelder klein, und durch die natürlichen Unterteilungen von Inseln und Gebirgen hatten sich kleine, auf sich selbst gestellte Dörfer und Gehöfte entwickelt, deren Bewohner sich an ihre reicheren Nachbarn, an den örtlichen Adel, an ihre Stammesfürsten wandten, wenn sie Rat und Hilfe brauchten, und nicht an einen ferngesteuerten Apparat.

Die neuen Gesetze wurden weitgehend umgangen, das Land blieb meist im Besitz der örtlichen Stammesführer. Die Bauern vermieden es, Steuern zu zahlen, indem sie in den Dienst der Reichen traten, die ihre Abgaben übernahmen (oder die Steuereinnehmer bestachen). Noch besser stand sich ein Bauer, der sein Land einem Buddhistentempel oder einem Kloster »stiftete«, denn sie brauchten keine Steuern zu zahlen und verlangten von ihren Pächtern nur einen geringen Pachtzins. Auf diese Weise entstanden große Güter, bildete sich eine bäuerliche Leibeigenschaft, und die Staatseinkünfte gingen zurück. Die Sippenbindungen blieben bestehen. Grund und Boden schenkten nach wie vor Macht, und örtliche Rivalitäten führten nach wie vor zu Unruhen.

Daß das chinesische System in Japan zum Scheitern verurteilt war, hatte noch einen anderen, maßgeblicheren Grund, nämlich die Einstellung der Japaner zum Beamtentum. Die Chinesen waren überzeugt, daß Können und das erfolgreiche Bestehen von Prüfungen für einen Staatsdiener unerläßlich waren. Die Japaner glaubten – ungeachtet der Wertschätzung chinesischer Weisheit und chinesischen Wissens und obgleich sie hervorragenden Handwerkern gewisse Vorrechte eingeräumt hatten –, daß im Staatsdienst die Herkunft ausschlaggebend war. Ein Edikt von 682 zählt die für einen Beamten erforderlichen Eigenschaften auf: Herkunft, Charakter und Können – in dieser Reihenfolge. Da die Abstammung für die Japaner wichtiger war als Charakter oder Können, war es unvermeidlich, daß das chinesische Konzept der Verwaltung durch Berufsbeamten von den Japanern zu einer Verwaltung durch Adelsfamilien der einzelnen Regionen umgewandelt wurde, wodurch die Gefahr eines örtlich begrenzten Bürgerkrieges natürlich nie ganz ausgeschlossen werden konnte.

Der Einfluß chinesischen Gedankengutes und das Beispiel Chinas machten Japan zu einem lebensfähigen Staat und brachte die schlummernde Begabung des japanischen Volkes für Berufe ans Licht, die nichts mit Kriegsführung, Reisanbau und entzückter Kontemplation der Naturschönheiten zu tun hatte. Doch die Japaner erarbeiteten sich ihr Schicksal auf ihre eigene Art.

Der chinesische Buddhismus hielt sich in Japan länger als das chinesische Verwaltungssystem und führte zu weitreichenden zivlisatorischen Auswirkungen. Mit seinem ethischen Gehalt kam er den japanischen Bedürfnissen mehr entgegen als der Shintoismus. Wenn man den buddhistischen Glauben ernst nahm, zwang er zur Meditation über Leben und Tod, über das Mysterium menschlichen Leidens und die Möglichkeit, dem Leiden durch die Kraft des Gedankens zu entkommen. Der Shintoismus besitzt keine solchen Perspektiven. Andererseits vermochte sich der Buddhismus chamäleonartig Charakter und Kolorit der jeweiligen örtlichen Religion anzupassen; die shintoistischen Naturgötter konnten durchaus auch andere Manifestationen des Buddha sein. So vermischten sich Riten und Dogmen.

46 buddhistische Klöster waren entstanden, ehe Shotoku im Jahre 622 starb; Ende des Jahrhunderts gab es bereits 545. Allmählich wurde der Buddhismus allzusehr Sache der herrschenden Klasse und des Hofes. Er drohte in Konventionen zu erstarren, konzentrierte sich auf Prozessionen, auf den Bau heiliger Stätten, das Aufstellen schöner Skulpturen und die Vergabe reicher Schenkungen an Tempel.

Im 9. Jahrhundert wurde der Glaube durch heilige Männer wiederbelebt, die ein Einsiedlerleben führten. Saicho (Dengo Daishi, 767–822) zog sich ins Gebirge zurück und scharte dort – wie der heilige Benedikt oder der heilige Basilius – kleine Gruppen kontemplativer Mönche um sich. Der Kaiser interessierte sich für diese Bewegung und schickte Saicho zum Studium in ein chinesisches Kloster, von wo er als überzeugter Mystiker zurückkehrte. Die Tendai Lotus-Sekte, in der sich seine Anhänger sammelten, blieb über viele Jahrhunderte ein wertvoller Einfluß in Japan. Sein naher Zeitgenossen, der Mönch Kukai, ging ebenfalls nach China, kehrte aber mit der Lehre des Tantrismus zurück, einem Buddhismus sinnlicher Symbole und magischer Amulette. Seine japanische Ausprägung *Shingon* (= Wahres Wort) bot jedem etwas – dem Adel ebenso wie der breiten Masse der Bevölkerung. Die Rituale sprachen die ästhetischen Bedürfnisse des Hofes an, Bilder und Zauberformeln gefielen dem Volk, der bildenden Kunst gab der üppige Symbolismus des Kults neue Anregungen. So kam es, daß Japan nach der Vertreibung der Buddhisten aus China die hohe ästhetische Tradition buddhistischer Kunst erbte und weiterentwickelte.

Weniger glücklich war der Umstand, daß die Mönche der beiden rivalisierenden Sekten sich feindlich gegenüberstanden und gelegentlich sogar gewalttätig wurden. Die Tendai Lotus-Sekte zerfiel in Fraktionen, die ihre Klöster mit Schlägertrupps ausrüsteten, ein beklagenswerter Abstieg, der etwa 150 Jahre nach dem Tod der Gründer einsetzte.

Die erste Hauptstadt Japans war Narar, die »Stadt der sieben heiligen Bauwerke und der achtfachen Kirschblüte«, wie es so hübsch in einem späteren Gedicht heißt. Die Stadt war der chinesischen Hauptstadt nachgebaut, aber viel kleiner, und wurde nie vollendet, denn der Hof residierte dort nur von 710 bis 874. Die kurze Naraperiode gilt als die »Frühlingsblüte« der japanischen Kultur. Hier begann die schriftliche japanische Literatur mit zwei offiziellen Geschichtswerken und einer gewaltigen Gedichtesammlung. Die Anthologie *Monyoshu* oder *Buch der Zehntausend Blätter* faßt 4 500 Gedichte, unter anderem auch die Relikte des Werks Hitomaros, Japans erstem großen Dichter, der zu Beginn der Narazeit starb. Doch die japanische Sprache wollte sich nicht so ohne weiteres in chinesische Schriftzeichen fügen, und es dauerte über 100 Jahre, bis eine vereinfachte Silbenschrift entwickelt war, die den Zweck besser erfüllte.

Die größten Leistungen vollbrachte die Narazeit auf dem Gebiet der bildenden Kunst. Die buddhistischen Tempel mit ihren geschwungenen Stufendächern aus Holz schmückten Bronzeskulpturen und Wandgemälde. Der Einfluß Chinas herrschte vor, und eine Ahnung von dem verlorenen Wunder der T'ang-Bilder blieb über Jahrhunderte in den schönen Farben und graziösen Figuren an den Wänden des Horyuji-Tempels erhalten. 1949 zerstörte ein Feuer den Bau, ein unwiderbringlicher Verlust.

Japanische Künstler und Handwerker zeichneten sich vor allem in der Kunst des Bronzegusses aus. 752 stellten sie mit großem Pomp einen vergoldeten, fast 18 Meter hohen Bronzebuddha auf. Die Fertigstellung gelang erst nach mehreren kostspieligen Anläufen. Der Koloß – durchaus imposant, aber nicht so schön wie Buddhafiguren mit menschlicheren Abmessungen in anderen Tempeln und Klöstern dieser Zeit –, ist noch heute zu besichtigen.

Nicht lange nach der triumphalen Vollendung der Kolossalstatue machte eine Kaiserinwitwe diesem Buddha die von ihrem Mann zusammengetragene Sammlung von Kunstgegenständen zum Geschenk: chinesische Tassen, Vasen, Bronzen, Silber- und Lackarbeiten sowie zahlreiche Stücke aus Persien und Arabien. Auch Beispiele japanischen Kunstgewerbes waren darunter, Möbel, Musikinstrumente und Palastspielzeug jeder Art in Gold, Silber, Schildpatt und den seltensten Hölzern. Man darf es als einen großen Glücksfall bezeichnen, daß diese Sammlung bis auf den heutigen Tag fast unversehrt erhalten geblieben ist.

Die Narazeit war trotz ihrer Leistungen, vielleicht mit Ausnahme der Literatur, noch eine Phase der Unmündigkeit. Ende des 8. Jahrhunderts verließ der Hof Nara; der Einfluß des buddhistischen Establishments, das sich rund um die Stadt in Tempeln und Klöstern eingenistet hatte, war erdrückend geworden. Der Reichtum der buddhistischen Institutionen forderte den Volkszorn heraus, und die Ratgeber, die den Kaiser steuerten, witterten Gefahr. Eine Reihe von Kaiserinnen – die weibliche Thronfolge war noch nicht abgeschafft – war unter den unpopulären priesterlichen Einfluß geraten. Um das Murren des aufbegehrenden Volkes zum Schweigen zu bringen, wurde für die Zukunft die männliche Thronfolge proklamiert, und der Hof zog nach Kyoto.

Der Name stammt aus einer späteren Zeit. Zuerst hieß der Ort Heiankyo, d. h. »Stadt Ewiger Heiterkeit«. Die ersten Jahrhunderte seines Bestehens, die sogenannte Heian-Periode, ist gekennzeichnet durch die Loslösung der japanischen Kultur von chinesischer Vorherrschaft und die Herausbildung einer Lebensweise, die für eine glückliche Minderheit zu einer der köstlichsten Lebensformen gehört, die die Geschichte kennt.

4. Byzanz und Westeuropa – Karl der Große

Die Provinz Britannien, nach dem Abzug der römischen Legionen ihrem Schicksal überlassen, wurde bald von einfallenden Stämmen aus Norddeutschland, den Sachsen, Friesen und Angeln überrannt, welch letzteren sie den neuen Namen England verdankt. Die römische Zivilisation wurde dabei ausgelöscht; komfortable Villen und wohlhabende Kleinstädte verkamen. Die Landwirtschaft fiel wieder der Primitivität anheim, gemünztes Geld verschwand ganz, es wurde nicht mehr gebraucht. Das noch kaum verwurzelte Christentum ging verloren.

Die überlebende britische Bevölkerung wurde von den fruchtbaren Eroberern absorbiert. Nur in Wales und Cornwall überlebten die vorrömische keltische Rasse und Sprache, in Irland und großen Teilen Schottlands waren ähnliche Rassen und Sprachen von der römischen Herrschaft unberührt geblieben. Die Kelten in

Cornwall und Südirland knüpften übers Meer Beziehungen zu der westlichen, hauptsächlich keltisch besiedelten Region Galliens an, die sich später, als aus dem restlichen Gallien Frankreich geworden war, Bretagne nannte.

Irland, das vom heiligen Patrick zum Christentum bekehrt worden war, während die heidnischen Sachsen Britannien erobert hatten, entwickelte sich in erstaunlichem Tempo zu einem Zentrum christlicher Lehre. Die Schulen von Aranmore und Clonard mögen nicht so umfangreich gewesen sein, wie die Überlieferung behauptet, aber sie waren immerhin groß genug, um einen Strom von Missionaren nach Nordeuropa und zu den germanischen Stämmen jenseits des Rheins zu entsenden, denen bisher weder Rom noch Byzanz christliche Erleuchtung gebracht hatten. Columbanus, ein mutiger, hochgelehrter Missionar aus Bangor, gründete Klöster im französischen Luxeuil, im Schweizer Sankt Gallen und in Norditalien. Der berühmtere heilige Columba gründete ein Kloster auf der Insel Iona (ca. 560), von wo aus seine Mönche große Teile Schottlands bekehrten. Später legte Aidan, ein Mönch von Iona, den Grundstein für das Kloster Lindisfarne vor der Küste Northumberlands zur Bekehrung von Nordengland.

Vom 7. Jahrhundert an entwickelten die Mönche Irlands und Northumberlands eine Schrift, klarer und schöner als alle anderen zu jener Zeit in Europa, ja in der ganzen Welt gebräuchlichen Schriften. Sie schmückten ihre Werke mit kühnen, linearen Figuren und geometrischen Bordüren – ähnlich den Steinmetzarbeiten auf keltischen Kreuzen –, belebt durch die Darstellung von Vögeln und Tieren in zart-harmonischen Farben. Das Evangeliar von Lindisfarne und das *Book of Kells* aus einem irischen Kloster sind die berühmtesten erhalten gebliebenen Beispiele.

Indessen entsandte Papst Gregor der Große 997 eine Schar Mönche nach England, die das sächsische Königreich Kent bekehren sollten. Ihr Anführer, Augustinus, wurde der erste Erzbischof von Canterbury, der aber während seiner Amtszeit von etwa acht Jahren nur im Süden der Region voll anerkannt wurde. Seine Konfrontation mit den keltischen Bischöfen und der Priesterschaft im Südwesten und in Wales führte nicht zum Erfolg; der bereits teilweise christianisierte Norden lag zu weit entfernt. Dennoch darf man ihn mit Fug und Recht als Begründer der englischen Kirche bezeichnen. Ein knappes Jahrhundert später wurde sein Werk durch Theodor von Tarsus gefestigt und erweitert.

Dieser bemerkenswerte Mann, ein gebürtiger Grieche, wußte nichts von England und stand schon im 67. Lebensjahr, als er auf der Insel landete. Er erwies sich bald als Organisator von hohen Graden. Mehr als 20 Jahre (667–690) überlebte er in dem rauhen englischen Klima und der unzivilisierten britischen Gesellschaft. In dieser Zeit errichtete er ein Episkopat mit regelmäßigen Synoden über die Grenzen der einzelnen Reiche hinweg, das noch heute Grundlage des englischen Diözesansystems ist.

Allmählich wurde England in die Hauptströmung westlicher Kultur zurückgeführt. Benedict Biscop (628–690), der ungewöhnliche Gründer zweier Klöster im Norden, Wearmouth und Jarrow, reiste viermal nach Rom und kehrte mit kostbaren Büchern als Grundstock für eine Bibliothek, mit Reliquien, Gewändern, Bildern und einem Lehrer zurück, der seine Mönche in der römischen Form des Gesanges unterweisen sollte. Er ließ auch Steinmetze und Glasbläser aus Frankreich kommen, um sein Volk lange vernachlässigte Handwerkskünste lehren zu lassen.

Einer der bemerkenswertesten Gelehrten jener Zeit wuchs in Biscops Kloster in Wearmouth auf und hat es nie verlassen. Beda, genannt Venerabilis (=der Ehrwürdige), der von 673–735 lebte, widmete sein Leben der Lehre, der Übersetzung und der Schriftkunst. Einer seiner Schüler gründete eine Schule in York, die in ganz Europa berühmt wurde. Bedas größte Leistung war seine Kirchengeschichte, ein Werk, das ihn in den Grenzen seiner Zeit und seiner Möglichkeiten als großen Historiker ausweist, menschlich, wohlüberlegt, gewissenhaft, von dem brennenden Wunsch beseelt, die Wahrheit festzuhalten.

Bedas Zeitgenosse Bonifazius (672–754) verließ England, um die germanischen Stämme zu bekehren. Nachdem er in Bayern, Thüringen und dem Rheinland gewirkt hatte, wo Karl Martell ihn ermunterte, die rheinischen Helden zu bekehren, gründete er den Bischofssitz Mainz und die Abtei Fulda, krönte Karls Sohn Pippin und ging dann daran, die Friesen zu bekehren, die den unerschrockenen Achtzigjährigen umbrachten.

Von Rom aus richteten nun die Päpste voller Hoffnung den Blick auf diese Christen aus dem Norden mit ihren unermüdlichen Missionaren und kriegstüchtigen Fürsten, die sich als gute Schutzherren erweisen mochten. Offa, König von Mercia, Herrscher einer Region, die er als »Königreich aller Engländer« bezeichnete, prägte hervorragende Silbermünzen nach römischem Muster. Er besaß europäischen Stil, war mindestens einmal in Rom gewesen und verstand sich gut mit Papst Hadrian I., der auf seinen Wunsch den Bischofssitz von Lichfield gegründet hatte. In späteren Jahren schloß er einen Handels- und Freundschaftsvertrag mit Karl dem Großen ab.

Die Beziehungen des Westens zu Byzanz gestalteten sich immer diffiziler; das Ostreich war in Schwierigkeiten geraten. Im Mittelmeerraum und im Mittleren Osten von den Mohammedanern hart bedrängt (Konstantinopel wurde 717 zum zweiten Mal belagert), an der nordwestlichen Grenze von den Sklaven bedroht, wurde Byzanz auch durch religiöse Streitigkeiten in Unruhe versetzt. Eine Reformpartei verurteilte die Verwendung von Bildwerken als Götzendienst; Kaiser Leo III., ein starker Monarch mit großen verwaltungstechnischen Fähigkeiten, unterstützte die Bilderstürmer, um den Einfluß der zu zahlreich gewordenen Klöster zu beschneiden. Den Papst bedrückten ganz andere Probleme: Bildwerke hatten bei der Bekehrung Nordeuropas eine große Rolle gespielt, die Missionare hatten sich nie gescheut, heidnische Anbetungsobjekte durch Reliquien und Heiligenbilder zu ersetzen. Es bestand die Gefahr, daß die neue, strenge Richtung von Byzanz den Glauben weniger gefestigter westlicher Konvertiten erschütterte, wenn man ihnen ihre Symbole nahm. Der Past konnte die Ikonoklasten daher nur verurteilen.

Bald nach diesem Bruch mit Byzanz erfolgte ein neuer Einfall der Lombarden in Norditalien. Sie eroberten die Kaiserstadt Ravenna und beendeten alle byzantinische Macht nördlich von Rom – ausgenommen die der Lagunenstadt Venedig (751).

In dieser Lage blieb dem Papst nichts weiter übrig, als sich an die Franken zu wenden, die einzige starke christliche Macht im Westen. Noch Karl Martell hatte den nichtssagenden Königstitel den dekadenten Abkömmlingen Chlodwigs überlassen. Sein Sohn Pippin machte Schluß mit der Komödie; 754 überquerte der Papst die Alpen, um ihn zum König der Franken zu krönen und ihm den Titel *Patricius romanorum* zu verleihen, der bisher nur vom Kaiser vergeben worden war. Der neue König vertrieb die Lombarden aus Ravenna, überließ in der »Pippinischen Schenkung« dem Papst das zurückeroberte Land und den größten Teil Mittelitaliens. Juristisch geschehen war das, was er da großzügig verschenkte, nicht sein Eigentum; der Kaiser in Byzanz jedoch konnte schlecht Einwände dagegen erheben. Pippins Sohn Karl führte die Politik seines Vaters zu ihrem logischen Schluß: Er schlug die Lombarden, verleibte ihr Land dem Frankenreich ein, stellte die Ordnung in Rom wieder her, wo Fraktionskämpfe zwischen dem örtlichen Adel zur Anarchie geführt hatten, und bestätigte sein Schutzbündnis mit dem Papst.

Bisher hatte noch niemand die theoretische Vorherrschaft des Byzantinischen Reiches in Frage gestellt, an dessen Spitze jetzt die fürchterliche Regentin Irene stand, die später ihren Sohn blenden ließ und selbst den Thron bestieg. An einem von Irene einberufenen Konzil in Nicäa nahm der päpstliche Legat teil; es endete mit der Niederlage der Ikonoklasten. Bildwerke waren in gemäßigter Zahl wieder zugelassen, – ein willkommenes Ergebnis für den Papst. Es war deshalb recht peinlich für ihn, als der Frankenkönig die Abmachungen von Nicäa aufkündigte und selbst ein Konzil westlicher Prälaten einberief. Offiziell ging es bei Karls Einwänden darum, daß die in griechischer Sprache erlassenen Edikte von den Franken zum Teil (vielleicht absichtlich) mißverstanden worden waren. In Wirklichkeit aber waren er und seine Prälaten mit Recht verärgert, daß mit Ausnahme des päpstlichen Legaten kein Vertreter der westlichen Christenheit nach Nicäa eingeladen worden war.

Dieser Frankenkönig war einer der größten Herrscher der Geschichte. Zwei Nationen, die Franzosen und die Deutschen, nehmen ihn für sich in Anspruch; ein altehrwürdiger französisch-umgangssprachlicher Ausdruck verschmolz seinen Vornamen Charles und das Adjektiv »magnus« zu einem einzigen Wort – *Charlemagne, Karl der Große*. Wenigen Herrschern ist eine solche Ehre mit mehr Berechtigung zuteil geworden.

Karl war ein Mann von beeindruckender Ausstrahlung und Körpergröße, sportlich, gut aussehend, liebenswürdig und ausgeglichen. Dazu standen ihm große Beharrlichkeit, beträchtlicher politischer Scharfblick und gute Urteilskraft zur Verfügung. Das Lateinische sprach er ebenso gut wie seinen heimischen Dialekt, Griechisch konnte er verstehen. Er versuchte auch das Schreiben zu erlernen, was ihm aber nicht gelang. In seiner über 40jährigen Regierungszeit (771–814) dehnte er seinen Herrschaftsbereich nach Norden bis ans Ostufer der Elbe aus, nach Süden zum Oberlauf der Donau und über die Alpen nach Italien. Er bekriegte die räuberischen Awarenstämme auf dem Balkan, unterwarf in einem nahezu 20 Jahre währenden Feldzug die heidnischen Sachsen und bekehrte sie mit Waffengewalt zum Christentum. (Sein engster Vertrauter, der Priester Alkuin, ein englischer Gelehrter aus York, mißbilligte gewaltsame Bekehrungen, aber die widerspenstigen Sachen zeigten sich anderen Argumenten kaum zugänglich). In Kämpfen gegen die Mauren errichtete er Verteidigungsstellungen südlich der Pyrenäen in Katalonien – der Spanischen Mark –, aber sein Versuch, Saragossa zu entsetzen, schlug fehl. Ein berühmtes Epos schildert das Rückzugsgefecht am Paß von Roncesvalles, in dem Roland, einer von Karls besten Befehlshabern, den Tod fand.

Als Eroberer brachte Karl der Große auch Zivilisation mit sich; er führte in seinem ausgedehnten Herrschaftsbereich eine ordentliche Verwaltung ein. Nach Möglichkeit besetzte er Führungspositionen mit Kirchenleuten, in unruhigen Gebieten, besonders in den Grenzmarken jedoch bevorzugte er Soldaten, die von ihm Land erhielten und denen der Titel »Graf« verliehen wurde. Später, unter schwächeren Herrschern, machten sich diese Statthalter selbständig, wie dies in vergleichbaren Umständen im persischen Reich der Fall gewesen war.

Karl der Große erließ auch Gesetze zur Reform des Klerus, dem die Aufgabe zufiel, das Volk in der Religion zu unterweisen. Gehorsam gegenüber Gott und Gehorsam gegenüber dem König waren die wesentlichen Merkmale der Reformen. Aber es war auch ein Plus für den Priester, wenn er zumindest das Vaterunser auf Lateinisch beten konnte.

In seinen besten Jahren war Karl der Große ständig in seinen Landen unterwegs. Er ließ die alten römischen Straßen nach Möglichkeit wiederherstellen und neue, primitive, aber gangbare, erbauen, um die abgelegenen Provinzen seines Reiches zu erschließen. Berittene Königsboten – *missi* – trugen seine Befehle in alle Verwaltungsbezirke und kehrten mit Berichten, Vorschlägen und Beschwerden der regelmäßig zusammentretenden örtlichen Versammlungen der Grundbesitzer zurück.

Als Gesetzgeber beschäftigte ihn insbesondere die Rechtsprechung, und, wie einst Justinian, gab er regelmäßig Ergänzungen zu bestehenden Gesetzeswerken heraus. Er veranlaßte eine grundlegende Änderung in der Organisation des Heeres. Ein bezahltes stehendes Heer war den Franken bisher unbekannt gewesen. Üblicherweise stützte sich der Herrscher auf seine Fürsten, die ihre Anhänger mitbrachten. Karl der Große führte ein System ein, das auf einer gebietsmäßigen Erfassung beruhte. Aus einer bestimmten Region wurde eine bestimmte Anzahl von Soldaten rekrutiert und ausgerüstet. Durch diese Maßnahme wurde die Last gleichmäßiger verteilt und die Macht der Fürsten beschnitten.

Die Wirtschaft des Frankenreiches war sehr primitiv. Die Haushaltungen, angefangen beim Hof des Königs, waren fast alle

Selbstversorger, bauten ihr eigenes Korn an und hielten Vieh für den Eigenbedarf. Man trug selbstgemachte Kleidung und braute eigenes Bier. Gelegentlich wurde zum Tausch von Waren ein Markttag abgehalten. Einer der bedeutendsten Gewerbezweige war die Herstellung von Waffen und Rüstungen; das Schmiedehandwerk stand in hoher Blüte. Zwei weitere bedeutende Gewerbe waren Töpferei und Schmuckherstellung. Münzen wurden kaum geprägt, Goldmünzen schon gar nicht. Die Kontrolle und Organisation des Münzwesens unter Karl dem Großen deutet auf eine gewisse Wiederbelebung des Handels und auf ruhigere Zeiten hin. Er ließ Kupfer- und Silbermünzen schlagen – 12 Kupfermünzen kamen auf eine Silbermünze, 20 Silbermünzen auf ein Pfund Silber. (Es bleibt ein Geheimnis, warum diese Münzeinteilung später in England – aber nie im Reich Karls des Großen! – übernommen wurde, wo sie bis 1971 überlebte.)

Als er älter wurde, wurde Aachen Karls Lieblingsresidenz; dort badete er gern in den Thermen. Nach dem Muster von Justinians edlem Dom San Vitale, den er staunend betrachtet hatte, als er die Lombarden aus Ravenna vertrieb, ließ er eine Kirche erbauen. Hier sammelte er Gelehrte um sich und gründete, beraten von Alkuin, eine Schule zur Ausbildung vielversprechender Knaben für das Priesteramt oder den Staatsdienst.

Alkuin war auch um die Bewahrung der lateinischen Literatur besorgt. Dieses Rettungswerk war von Cassiodor und von den Benediktinern vor 200 Jahren begonnen, seither jedoch vernachlässigt worden. Wieder wurden lateinische Manuskripte gesammelt und fleißig von gutausgebildeten Skriptoren in »Karolingischen Minuskeln«, einer Schrift von klassischer Eleganz, kopiert; sie war sehr klein, aber leichter zu lesen als die dekorativ-verschlungenen Schriften aus Irland und dem Norden. Es war ein langwieriges und kostspieliges Projekt. Das beste Pergament lieferten Schafhäute; 12 Schafe ergaben ein Buch von 200 Seiten, nachdem die Häute in langen Arbeitsstunden geglättet und präpariert worden waren. In späteren Jahren zog sich Alkuin in das Kloster St. Martin in Tours zurück, das zum Zentrum dieser Tätigkeit wurde und dem wir die Bewahrung eines großen Teils der uns bekannten klassischen Literatur verdanken. Kulturell wurde der König der Franken – mit Alkuins Hilfe – ebenso wie in der Verwaltung einer der Begründer des modernen Europa.

Zu Beginn seiner Regierungszeit, nach der Eroberung der Lombardei, hatte Karl der Große die Ordnung in Rom wiederhergestellt. Aber das adlige Gangstertum trotzte immer wieder dem

Papst und kämpfte um die Macht in der Stadt. Papst Leo III. floh, nachdem er nur knapp einem Attentat entgangen war, an den fränkischen Hof. Karl der Große besetzte Rom an der Spitze seiner disziplinierten Truppen und schaffte erneut Ordnung. Am Weihnachtstag des Jahres 800 besuchte er die Messe im Petersdom. Während er kniete, um den päpstlichen Segen zu empfangen, holte Leo III. eine Krone unter seinem Ornat hervor, setzte sie ihm auf und erklärte ihn zum Kaiser des Westreiches.

Karl der Große hatte vermutlich schon vorher etwas von Leos Absichten gewußt, der Gedanke jedoch scheint vom Papst ausgegangen zu sein. Es war eine Geste der Anerkennung dem Mann gegenüber, der im Westen wieder geordnete Verhältnisse hergestellt hatte; gleichzeitig wurde in diesem Ritus aber auch stillschweigend die geistliche Macht des Papstes geltend gemacht. Wenn er zum physischen Überleben auf die Waffen Karls des Großen angewiesen war, so nahm er doch als Gottes Stellvertreter auf Erden das Recht für sich in Anspruch, die Kaiserkrone, die größte aller weltlichen Ehren, zu vergeben.

Auf den ersten Blick konnte man diese Tat für einen kirchenpolitisch genialen Wurf halten. Wie sich herausstellte, war sie es das keinesfalls; nicht zu Unrecht hat man sie hier und da als den größten Fehler bezeichnet, den die mittelalterlichen Päpste je begangen haben. Und doch war es ein verständlicher Irrtum; in den damaligen Zeitumständen konnte die geistliche nicht ohne Hilfe der weltlichen Macht bestehen, und das Geltendmachen geistlicher Autorität war eher ein symbolisch-religiöser Akt denn ein Griff nach realen Machtbefugnissen. Alkuin, der vermutlich über diese Möglichkeit mit Karl dem Großen gesprochen hatte, erfand das Symbol der beiden Schwerter, des geistlichen und des weltlichen, die einander gleichwertig sind und von denen jedes seinen eigenen Bereich hat. Doch Alkuin hatte auch einmal an Charlemagne geschrieben: »Auf Euch allein ruht die ganze Sicherheit der Kirchen Christi« und hatte unumwunden zugegeben, Karl sei »an Macht dem Papst überlegen.«[11]

Im Jahr 800 schien es unwahrscheinlich, daß ein Papst je eine politische Herausforderung für einen Kaiser darstellen könne.

Als es schließlich dazu kam, war die Konfrontation für das Papsttum schädlicher als für das Kaiserreich. Bei jedem Streit um materielle Macht verscherzte sich die Kirche etwas von ihren spirituellen Werten, der Staat hingegen hatte geistig-sittlich nichts zu verlieren.

All das lag in der Zukunft. Am Weihnachtstag des Jahres 800, als die römische Bevölkerung und die fränkischen Soldaten dem Heiligen Vater und dem ihn überragenden grauhaarigen Kämpen mit dem Adlerblick zujubelten, schien die Krönung ein Omen für Frieden, Ordnung und Einheit zu sein.

In Konstantinopel nahm man die Nachricht zornig und voller Verachtung auf. Das »römische« Reich konnte nur von dem legitimen »römischen« Kaiser – oder in diesem Fall der Kaiserin – in ein Ostreich und ein Westreich aufgeteilt werden. Irene, die kurz vor dem Sturz stand, hatte diese Teilung nicht vorgenommen. Ihr Nachfolger, der sich eines erneuten islamischen Ansturms zu Wasser und zu Lande zu erwehren hatte, ging einen Kompromiß ein, indem er Charlemagne als *basileus*, (d. h. Mitkaiser) anerkannte und Botschafter mit ihm austauschte.

Karl der Große besaß, wie immer man ihn in Konstantinopel nennen mochte, die Realität der Macht und nutzte sie bis zu seinem Tode gerecht und mit Umsicht. Im Westen überall hochgeachtet, unterhielt er diplomatische Beziehungen zu dem christlichen und moslemischen Spanien, zu Irland, England, Dänemark, dem Byzantischen Reich und dem Abbasidenkalifat. Der Kalif Harun Al Raschid gewährte ihm das Recht, das Heilige Grab in Jerusalem zu bewachen und gab seine Garantie, daß man Pilger zu den Heiligen Stätten nicht belästigen würde. Zum Zeichen seiner Wertschätzung machte er Charlemagne einen Elefanten zum Geschenk.

Karl der Große starb 814 in Aachen, betrauert von den Soldaten, die er angeführt, den Ministern, die er in seine Dienste gestellt, den Gelehrten, die er unter seine Fittiche genommen hatte. Mit vollem Recht sagte sein Freund und Biograph Einhard von ihm, er sei »bei weitem der Fähigste und Edelgesinnteste von allen, die zu seiner Zeit über Nationen herrschten.«

5. Weitere Einfälle im Westen – Die Wikinger – Alfred der Große – Herausbildung des Feudalsystems – Otto der Große – Das Wiedererstarken des Byzantinischen Reiches – Das Heilige Rußland

Das Byzantinische Reich ist eines der Wunder der Geschichte: In dem Jahrtausend seiner Existenz erlebte es kaum einmal einen Frieden, der mehr als 20 Jahre währte. Seine Grenzen wurden, je nach dem Druck der jeweiligen Eindringlinge, abwechselnd enger und weiter. Auf dem Höhepunkt seiner Macht beherrschte Byzanz das Donautal, den Balkan, einen großen Teil Italiens,

Südspanien, Griechenland, die meisten Mittelmeerinseln, Nordafrika, Kleinasien, Syrien, Palästina und das alte Perserreich bis zum Tigris. Bei Angriffen der Araber, Slawen, Magyaren, Bulgaren, Awaren, Serben und anderer verlor es ganze Provinzen, gewann sie zurück, verlor sie erneut... Manchmal war Byzanz im Mittelmeerraum die beherrschende Kraft, manchmal war es völlig machtlos. Aber die Byzantiner verfügten über beträchtliche Reserven an Selbstbewußtsein und Beharrlichkeit, Geschick und Erfahrung, und über ihre Geheimwaffe, das »Griechische Feuer«, das mit Wasser nicht zu löschen war und mit dem sie (im Jahre 673) erst die arabische Flotte vernichteten und dann Konstantinopel blockierten. Danach setzten sie es immer wieder gezielt, aber mit verheerender Wirkung ein.

Und immer wieder erlebte das Reich neue Blütezeiten und ein Wiederaufleben seiner Macht. Wie ein unbezwingbares Schiff kämpfte es sich durch schwere See, durch urgewaltige Stürme, erlebte kurze Meeresstillen, zerschellte fast auf den Klippen, überlebte, zog weiter mit seiner kostbaren Fracht römisch-christlich-hellenistischer Kultur, dem Beutegut der Zeiten, und erlebte fast bis zum Schluß Phasen schöpferischer Erneuerung.

Zur Zeit Karls des Großen, als Kaiserin Irene sich zum Thron emporintrigiert hatte (797), litt das Byzantinische Reich tiefe Not, der Hof war korrupt und durch Ränkespiele zermürbt, die Arbeiter forderten Tribut, die Bulgaren standen zum Angriff bereit. Irenes unglücklicher Nachfolger Nikephorus, der Botschafter mit Karl dem Großen austauschte, wurde erst von den Arabern besiegt und fiel dann im Kampf gegen die Bulgaren (811). Damit aber waren die Prüfungen des Byzantinischen Reiches noch nicht zu Ende. Kreta ging an maurische Freibeuter aus Spanien verloren, Sizilien an moslemische Eroberer aus Afrika. Das Mittelmeer wurde zum arabischen Gewässer.

Doch ein harter Kern von Byzanz hatte nach wie vor Bestand, was man von dem Frankenreich im Westen nicht behaupten konnte. In den 100 Jahren nach dem Tod Karls des Großen sah es aus, als sollte alles, was er gewonnen hatte, wieder an die Barbaren zurückfallen. Nach der wenig bemerkenswerten Herrschaft seines Sohnes Ludwig des Frommen (der Name klingt entmutigend genug) teilten die drei Enkel Karls des Großen das Reich und legten damit die Saat des Krieges. Dem Ältesten, dem schwachen Lothar, mußte man Aachen, die Hauptstadt Karls des Großen, und die Kaiserstadt Rom zubilligen. Dazu bekam er einen schmalen Streifen Land den Rhein aufwärts, über die Alpen hinweg und nach Italien hinein. Sein Name ist in Lorraine – Lothringen – verewigt. Als er starb, ließen die resoluteren Überlebenden, Ludwig und Karl, seinem Sohn nur die italienischen Provinzen und teilten alle Gebiete nördlich der Alpen untereinander auf. Ludwig, der stärkere von beiden, übernahm die östliche Hälfte, behielt aber auch durchaus beachtliche Gebiete westlich des Rheins, wodurch er eine sehr umstrittene Grenze zwischen den Territorien schuf, aus denen sich später Deutschland und Frankreich bildeten. Um die dynastischen Streitigkeiten beizulegen, schlossen Ludwig und Karl und ihre Anhänger einen Vertrag, der in Straßburg besiegelt wurde. Inzwischen (842) sprachen die beiden fränkischen Kontrahenten merklich unterschiedliche Dialekte: Karls Mannen hatten von ihren gallisch-römischen Untertanen lateinische Beiklänge übernommen, Ludwigs Anhänger sprachen eine germanische Mundart. Der Treueid von Straßburg mußte in beiden Sprachen abgelegt werden, was als ein böses Omen für die Zukunft galt.

Während noch Zank und Streit die karolingische Dynastie schwächten, zog eine neue Gefahr herauf. Skandinavische Seeräuber hatten schon zu Lebzeiten Karls des Großen die nördlichen Küstenstriche Europas überfallen. Mit gewohnter Energie hatte er den Bau von Beobachtungsposten und regelmäßige Fahrten von Patrouillenbooten angeordnet. Doch die Franken waren wie alle Germanen hauptsächlich auf den Landkrieg eingestellt. Der Wendigkeit, Brutalität und der wachsenden Zahl dieser seefahrenden Plünderer hatten sie wenig entgegenzusetzen.

Um die Mitte des 9. Jahrhunderts schoben sich die langen dunklen Wikingerbote wie böse Seeschlangen jeden schiffbaren Fluß hinauf. Sie überfielen die englische und die irische Küste, Schottland und die Hebriden, Deutschland, Frankreich und Spanien. Sie machten das Mittelmeer von Cadiz bis zum Golf von Genua unsicher, griffen die Balearen an, landeten in Nordafrika und bedrohten kurze Zeit auch Konstantinopel.

Zuerst kamen sie nicht, um zu erobern, sondern um Beute zu machen, nahmen sich, was sie wollten, zerstörten, was sie nicht gebrauchen konnten, töteten alles, was Widerstand leistete, und verschleppten Knaben und Mädchen in die Sklaverei. Sie marodierten in Hamburg und Utrecht, Nantes, Bordeaux und Sevilla. Zweimal belagerten sie Paris, plünderten die heiligen Inseln Lindisfarne und Iona und beraubten Dom und Bibliothek von St. Martin in Tours. Sie schlachteten ohne Unterschied Mönche und Nonnen ab; in einer trunkenen Orgie warfen sie mit Fleischknochen nach dem alten Erzbischof Alphage, bis er tot war. Zur Zeit dieser Greueltat waren aus den Seeräubern jedoch bereits Eroberer und Siedler geworden, ihre Anführer hatten sich in Schottland und Irland, in Nord- und Ostengland und in einem breiten Streifen der Midlands festgesetzt. Nur im Süden war es nach langem Kampf König Alfred gelungen, ihren Vormarsch zu bremsen.

Dieser englische König (870–899) war in seinem kleineren Herrschaftsgebiet ebenso beachtlich wie Karl der Große. Nach anfänglichen Niederlagen hielt er hartnäckig stand, ordnete das angelsächsische Heer neu, baute Schiffe für Küstenpartrouillen und erkämpfte sich erneut eine starke Position, die es ihm ermöglichte, Bedingungen zu stellen. Er nutzte die Friedensjahre, um die Fundamente für eine stabile Gesellschaft zu legen; er setzte Gerichtshöfe ein, die dem ganzen Volk offenstanden, vereinfachte die Gesetzgebung und plante ein Grundschulsystem, das es allen »frei geborenen jungen Menschen Englands« ermöglichen sollte, ihre eigene Sprache zu lesen. Auch für die notwendigen Bücher sorgte er. Er selbst übersetzte Boethius' *Trost der Philosophie*, Orosius' *Weltgeschichte* und Bedas *Kirchengeschichte* ins Angelsächsische. Er veranlaßte auch, daß mit dem *Anglo Saxon Chronicle* begonnen wurde, einer Geschichte Englands bis zu seiner Zeit, die nach seinem Tod noch 200 Jahre getreulich weitergeführt wurde. Alfred, ein ungewöhnlicher Mensch und weiser Herrscher, stellt einen Lichtblick in finsterer Zeit dar; er ist der einzige englische König, der den Beinamen »der Große« trägt.

Wie die Völker, die in das Römische Reich eingedrungen waren, trieben auch die Wikinger Not und Landhunger. Skandinavien konnte die wachsende Bevölkerung nicht mehr ernähren. Durch die Raubzüge wurden der unmittelbare Bedarf gedeckt und die Abenteuerlust befriedigt, sehr bald jedoch wurde das Siedeln zum Hauptzweck der langen Reisen, bei denen sie ihren Unternehmungsgeist, ihre Ausdauer und Tapferkeit unter Beweis stellten. Sie wagten sich auf den Atlantik hinaus, gründeten Siedlungen in Island und Grönland und gelangten bis an die Nordspitze Neufundlands, wo sie sich auch für einige Zeit niederließen. Von diesen fernen Küsten schickten sie Walbein nach Nordeuropa, das sich dort bei den Fürsten und Edelleuten spielend absetzen ließ. (Es war das einzige zu jener Zeit greifbare »Elfen«bein, nachdem die Araber sie vom Handel mit Afrika abgeschnitten hatten.)

Allmählich lernten die Wikinger, Handel und Raubzüge zu

verbinden und drangen auf den Flüssen Nordeuropas und Polens bis tief nach Rußland vor; sie gründeten Siedlungen vom Ladogasee bis zum Schwarzen Meer auf einer Route, auf der die bedeutenden Städte Nowgorod und Kiew lagen, und transportieren Felle, Wachs, Bernstein, Honig und Sklaven zum Schwarzen Meer und nach Byzanz.

Fast 300 Jahre hielten sie ihren Anspruch auf die Orkney-Inseln und Nordschottland aufrecht und beherrschten Irland, bis Brian Boru eine Flotte baute, sie aus dem Shannon vertrieb, die zerstrittenen irischen Häuptlinge einte und als König von ganz Irland die Nordmänner bei Clontarf vernichtend schlug. Der inzwischen über siebzigjährige Brian wurde nach der Schlacht von flüchtenden Wikingern in seinem Zelt ermordet (1014). Der Einfluß der Wikinger auf die irische Geschichte überdauerte ihre Niederlage: Sie waren die ersten, die im ländlichen Irland Städte bauten – Dublin, Waterford und Limerick.

Einer der tüchtigsten Wikingerführer, Knut, errichtete in einer klugen Mischung aus Kriegen und Diplomatie für kurze Zeit ein skandinavisches Reich, das Dänemark, England und Norwegen umfaßte (1018–35). Er war ein Staatsmann von europäischer Bedeutung, nahm an einer Kaiserkrönung in Rom teil und wurde von der Kirche seiner Frömmigkeit wegen gepriesen. (Mit dem Zuwachs an Macht ging eine Läuterung seines Charakters einher; zuvor hatte er munter Mord und Folter als Werkzeuge seiner Politik genutzt.)

Dauerhafter als Knuts kurzlebiges Reich war der Wikingereinfluß, der von dem Herzogtum Normandie ausging. Im Jahre 912 erhielt ein Trupp von einigen Tausend Mann Land an der Nordküste Frankreichs zu Lehen. Zwar kamen später weitere skandinavische Siedler hinzu, doch waren die Männer bei weitem in der Überzahl, so daß es zwangsläufig zu Mischehen und Assimilation mit den Einheimischen kam. Nach drei Generationen sprachen die Normannen, wie man sie nun gewöhnlich nannte, einen überwiegend französischen Dialekt. Sie waren zäh, zielstrebig und anpassungsfähig wie die meisten Mischrassen. Im Lauf der Zeit dehnten sie ihre Macht auf England, Süditalien, Sizilien und Kleinasien aus und besaßen einen wesentlichen Anteil an der Ausprägung des Westens.

Außer den Wikingern gab es noch andere raubgierige Völker; noch war die europäische Völkerwanderung nicht abgeschlossen. Franken, Alemannen und Burgunder waren achtbare, seßhafte Völker geworden. Die Sachsen hatte Karl der Große gewaltsam seinem Reich einverleibt. Doch an der Elbgrenze tauchten neue Stämme auf, im Norden die Wenden, weiter südlich die Slawen. Die Awaren – ein den Hunnen verwandter asiatischer Stamm –, die an der Donau aktiv waren, hatte Karl der Große nur vorübergehend zum Stehen bringen können. Ihre ethnischen Vettern, die Magyaren, überrannten die fruchtbare Donauebene, versklavten die Ureinwohner und zwangen sie zur Bestellung des Landes, während sie die seßhaften Untertanen des Byzantinischen Reiches auf der einen Seite und das Reich Karls des Großen auf der anderen überfielen. Inzwischen suchten die zu Lande und zu Wasser gleichermaßen gefürchteten Araber Süditalien heim, plünderten Rom, gründeten Stützpunkte an der Küste der Provence, von wo aus sie Südfrankreich brandschatzten, kamen über die Alpenpässe und nahmen 972 den Abt von Cluny gefangen, für den sie ein Lösegeld forderten. 50 Jahre nach dem Tod Karls des Großen war die Zentralgewalt des Westens zerfallen; zu seiner Verteidigung war jeder aufgerufen.

Unter diesen Bedingungen entwickelte sich das *Feudalsystem*. Es handelt sich dabei grundsätzlich um eine Abmachung auf Gegenseitigkeit; seine Ursprünge gehen zurück auf die Bindung zwischen dem Häuptling und seinen Untertanen in einer Stammesgesellschaft. Die Frankenkönige hatten ihre Krieger zum Lohn für geleistete Dienste mit Land belehnt, und dieses System war von Karl dem Großen als Grundlage einer zuverlässigen Armee ausgebaut worden. Mit dem Zusammenbruch der Zentralgewalt konnte der Kriegsdienst nicht mehr erzwungen werden; die Großgrundbesitzer mußten sehen, wie sie zurechtkamen. Die Großen belehnten ihre eigenen Pächter zu den gleichen Bedingungen mit Land, die wiederum kleinere Pächter belehnten; auf diese Weise entstand eine Hierarchie von Besitztiteln und gegenseitigen Verpflichtungen. Die »Grafen«, die Karl der Große an die Grenze geschickt und mit weitgehenden Vollmachten zur Abwehr von Invasoren ausgestattet hatte, waren mit die ersten, die zu unabhängigen Fürsten wurden, ausgestattet mit Lehnsmännern, die ihnen lehnspflichtig waren und Kriegsdienste für sie zu leisten hatten. So zerfiel Deutschland in rivalisierende Herzogtümer – Bayern, Franken, Lothringen, Sachsen –, während die großen französischen Lehnsherren lange vor Ablauf des 9. Jahrhunderts in gleicher Weise selbständig wurden. Das System breitete sich überall aus und war, trotz der ihm anhaftenden Mängel, von lebenswichtiger Bedeutung.

Auf der untersten Stufe des Feudalsystems standen die Leibeigenen, das heißt die Bauern, die, um den Schutz des Kriegsherren zu genießen, zusätzlich zu dem Land, das sie von ihm zu Lehen genommen hatten, auch noch dessen Land zu bestellen hatten. In der primitiven fränkischen Gesellschaft hatte es diesen landwirtschaftlichen Aspekt kaum gegeben. Die sich jetzt entwickelnde Form der Leibeigenschaft leitete sich von den *coloni* des Römischen Reiches her, jenen Kleinbauern, die ihre Pacht auf den großen römischen und gallisch-römischen Gütern in Arbeit oder Naturalien gezahlt hatten und die in den letzten Jahrhunderten des Kaiserreiches gesetzlich an die Scholle gebunden gewesen waren.

Es gab viele örtliche Variationen, das Grundmuster jedoch blieb überall gleich. Grundbesitzer waren, wenn man von der Kirche und den Klöstern absah, notwendigerweise Krieger. Kämpfen – zunächst ein legitimes Geschäft – wurde zu ihrer ausschließlichen Beschäftigung. Wenn sie nicht gegen die Nordmänner, die Magyaren, die Mauren oder die Slawen kämpften, begannen sie eine Fehde mit ihren Nachbarn. In solchen Kleinkriegen konnten erfolgreiche Kriegsherren so lange ihre Macht ausbauen, bis sie König oder Kaiser die Stirn bieten konnte.

Und doch war das Feudalsystem in sich nicht ungeregelt, ganz im Gegenteil. Die Verpflichtungen, die den Ritter an seinen Herrn, den Herrn an seine Ritter und die Ritter an ihre bescheideneren Lehnsleute banden, waren genau festgelegt. Selbst der Leibeigene besaß ganz klare Rechte, was sein Land, was Gemeinschaftseinrichtungen wie Mühlen und Brunnen und was den Schutz gegen Angreifer und Lebensmittel in Notzeiten betraf. Neben der Pflicht, die Schwachen zu schützen, übernahm der Ritter eine komplizierte Ehrverpflichtung, die als Vorwand für seine Reaktion auf Kränkungen und für örtlich begrenzte Fehden dienen konnte (und auch häufig diente), die sich manchmal über Generationen hinzogen. Andererseits war mit dieser Auffassung der Ritterehre auch eine gewisse Garantie dafür gegeben, daß der Bewerber sich an seinen vor dem Ritterschlag abgelegten Eid hielt, vor Gott und seinen Mitchristen stets seine Pflicht zu tun. Es war ein hartes System, zugeschnitten auf eine harte Welt, erfüllte aber seinen Zweck, die westliche Christenheit zu bewahren. Später, als sich das Rittertum überlebt hatte, führte dieses System zu unablässigen örtlichen Zwistigkeiten, bei denen sich die Großen gewöhnlich gegenseitig vernichteten. Wo sich der Feudalismus hielt, pervertierte er zu einer monströsen Travestie seiner selbst, in der eine Schicht adliger Großgrundbesitzer alle Vorrechte genoß, und eine unterdrückte Bauernschaft die ganze Last trug.

Die kaiserliche Autorität im Westen ging innerhalb einer Generation nach Karl dem Großen verloren, aber der Gedanke hielt sich, und eine gesichtslose Reihe von Fürsten trug den inzwischen nichtssagenden Kaisertitel. Im 10. Jahrhundert wurde die Realität durch eine Dynastie aus Sachsen wiederbelebt. Ihr Gebiet lag außerhalb der Grenzen des Römischen Reiches und war von Karl dem Großen erobert worden; die Sachsen hatte er mit Gewalt bekehren lassen. Die Herzöge von Sachsen, Abkömmlinge eines vom Sohn Karls des Großen eingesetzten Grenzgrafen, widmeten sich unermüdlich und oft erfolgreich der Verteidigung ihres Volkes gegen eindringende Horden von Wenden, Slawen und Magyaren. Heinrich der Vogler (916–36) errichtete mit Kavalleriekontingenten ständig besetzte Grenzgarnisonen. Er ließ Festungen an Elbe und Weser bauen, besetzte gegen den Widerstand der Dänen Schleswig und zwang den dänischen König zur Tributzahlung. Nach und nach erweiterte er seinen Herrschaftsbereich nach Westen bis zum Rhein, eroberte Lothringen und nahm diplomatische Beziehungen zu England auf, indem er seinen Sohn und Nachfolger mit einer Enkelin Alfreds des Großen verheiratete. Zwar war ihm formell die Kaiserkrone angeboten worden, aber er hatte keine Zeit für eine Krönung.

Die Wiederbelebung des Kaisertums blieb seinem Sohn Otto vorbehalten (936–73), der das Werk des Vaters vollendete, die aufständischen Herzöge unter seine Botmäßigkeit zwang, die marodierenden Tschechen, die wildesten unter den slawischen Eindringlingen, ermutigte, in Böhmen zu bleiben, und den Magyaren auf dem Lechfeld bei Augsburg eine entscheidende Niederlage beibrachte (955). Sie zogen sich in die Donauebene zurück, wo sie seßhaft wurden.

Bei all seinen Unternehmungen griff Otto immer wieder auf die Kirche zurück als ein Werkzeug des Staates und der Zivilisation. Er gründete neue Bischofssitze an den Nord- und Ostgrenzen seines Reiches – Magdeburg, Havelberg, Schleswig und andere – und trug wesentlich zur Einsetzung des Bischofs von Prag bei. Er förderte die Gründung von Klöstern, die den neu angesiedelten Grenzvölkern landwirtschaftliche Kenntnisse und Bildung vermittelten.

Seine Stellung als bedeutendster Herrscher des Westens war nach seinem triumphalen Sieg auf dem Lechfeld unangreifbar. Er war bereits im Dom Karls des Großen in Aachen, noch nicht aber in Rom gekrönt worden. Die heilige Stadt der westlichen Christenheit hatte in den letzten 50 Jahren einen Tiefpunkt erreicht: Die mächtigsten unter den Briganten (sogenannte »edle« Familien), die in Rom um die Vorherrschaft kämpften, kontrollierten inzwischen den Stuhl des Heiligen Petrus nach Belieben; sie oder ihre Mätressen setzten ihre Schützlinge und deren Bastarde als Päpste ein. Die Geistlichkeit, die gerade dabei war, in Nordeuropa wieder Ordnung zu schaffen und zivilisatorisch tätig zu werden, konnte sich zwar noch auf die überlieferte Autorität des Papstes stützen, erhoffte sich aber keinerlei Hilfe oder Weisung mehr von Rom. Otto folgte dem Beistandsersuchen eines anrüchigen Papstes, der sich mit seinen noch anrüchigeren Schirmherren überworfen hatte. Nachdem er sich im Petersdom hatte krönen lassen, berief Otto ein Konzil ein, das mit seiner Billigung den Papst, der ihn gekrönt hatte, absetzte. Nach einem schweren Waffengang mit den römischen Fraktionen stellte er die Papstwahlen unter kaiserliche Kontrolle – eine Vollmacht, die sein Sohn bestätigte. Unter kaiserlicher Aufsicht erhob sich das Papsttum langsam wieder aus seiner schmachvollen Tiefe, aber es sollte noch fast 100 Jahre dauern, bis sein Ansehen genügend erstarkt war, um der kaiserlichen Macht Widerstand zu bieten.

Als Kaiser des Westreiches schickte Otto Botschafter nach Byzanz, die eine Verbindung seines Sohnes mit einer Prinzessin des kaiserlichen Hauses vorschlugen. Konstantinopel konnte sich zunächst nicht für den Gedanken begeistern, aber nachdem Otto das Papstturm reformiert und seinen Sohn zum Mitkaiser hatte krönen lassen, schickte man ihm tatsächlich eine byzantinische Prinzessin. Die Historiker sind sich nicht darüber einig, ob sie *porphyrogenita,* in Purpur geboren, das heißt Tochter eines Kaisers, oder nur eine Nichte war. In jedem Fall war Theophano eine aktive, intelligente Frau, die einen zivilisierenden Einfluß auf Geschmack und Manieren des deutschen Hofes ausübte.

Ein Jahr nach der triumphalen Heirat seines Sohnes starb Otto (973). Das von ihm gegründete Reich unterschied sich von dem karolingischen: Es umfaßte im wesentlichen Mitteleuropa und schloß vornehmlich Gebiete zusammen, die nicht zum unmittelbaren Machtbereich des alten Rom gehört hatten. Das ottonische Reich hielt jedoch an dem Konzept einer Frieden und Ordnung im Westreich sichernden Zentralmacht fest, wenngleich es auch eher einem Ideal als der Wirklichkeit entsprach.

Die Regierungszeit Karls des Großen war durch eine kulturelle

Wiederbelebung gekennzeichnet, die manchmal als »Karolingische Renaissance« bezeichnet wird. Die Zeit Ottos des Großen und seiner unmittelbaren Nachfolger gilt als »Ottonische Renaissance«. Trotz der verheerenden Invasionen, trotz des Zusammenbruchs von Recht und Ordnung in weiten Teilen des Westreiches in der finsteren Zeit Ende des 9. und Anfang des 10. Jahrhunderts läßt sich eine kontinuierliche Entwicklung von der karolingischen zur ottonischen Kultur verfolgen. Während der dunklen Zeit der Wikingerüberfälle, als Klöster verwüstet, Bibliotheken zerstört und Reliquiare auseinandergerissen wurden, um Gold und Edelsteine zu gewinnen, war bewegliches Gut zu retten gewesen, was auch oft geschah. Etliche Abkömmlinge Karls des Großen, die in der politischen Geschichte als Besiegte auftreten, hatten genügend Zeit und Neigung, schöne Kopien von Büchern – meist geistlichen Inhalts – sowie kleine Kunstwerke wie Kruzifixe oder Bucheinbände in zarter Elfenbeinschnitzerei oder gehämmertem Gold mit Edelsteinbesatz in Auftrag zu geben. In der Schriftkunst und in der Illustrierung war kein Niedergang, im Gegenteil, eher noch eine Bereicherung zu erkennen. Unter Otto vollzog sich die wichtigste Entwicklung auf dem Gebiet der Baukunst. Der Versuch Karls des Großen, im Dom zu Aachen die von ihm in Ravennas San Vitale so bewunderte raumgreifende Leichtigkeit nachzuvollziehen, war tastendes Bemühen geblieben, Unmögliches zu erreichen. Im 10. Jahrhundert aber, insbesondere nach der Ankunft der Kaiserin Theophano, läßt die Baukunst in Deutschland – und nicht nur dort – ein neues Selbstgefühl erkennen. Die romanische Architektur der Ottonischen Renaissance ist eindrucksvoll durch ihre kraftvoll-kompakte Struktur, edel in den Proportionen, geschmückt mit schöpferisch-phantasievollen Steinmetzarbeiten.

Das Byzantinische Reich erlebte seine größten Katastrophen und eine nochmalige Wiederbelebung, während Westeuropa im Niedergang begriffen war. Von den Bulgaren geschlagen, von den Arabern aus Sizilien vertrieben, durch die Wikingerkolonien in Rußland bedroht, erreichte Byzanz um die Mitte des 9. Jahrhunderts seinen Tiefpunkt, um sich danach stetig wieder zu erholen. Gegen Ende des Jahrhunderts hatte man die süditalienischen Provinzen zurückerobert, die arabischen Piraten im Mittelmeer unschädlich gemacht. Die gefährlichsten Gegner stellten jetzt die Bulgaren dar, ein Turkvolk, das aus den eurasischen Steppen nach Europa gekommen war und das Land zwischen Donau und Balkan besetzt hielt. Ihr Anführer Boris war Christ geworden und hatte sein Volk bekehrt; die Bulgaren aber kopierten oder adaptierten, was ihnen an der byzantinischen Kultur gefiel; den Rest lehnten sie einfach ab. Byzanz versuchte sie durch die Entsendung christlicher Missionare zu zähmen und brachte den Sohn ihres Häuptlings und weitere junge Adlige zur Ausbildung nach Konstantinopel; der junge Mann aber, der später Zar Simeon wurde (893–927), nutzte sein höheres Bildungsniveau, um – meist mit Erfolg – seine Lehrer zu bekämpfen. Im Jahre 913 bedrohte er gar Konstantinopel, in der Hoffnung, als gleichberechtigter bulgarischer Kaiser anerkannt zu werden. Das Byzantinische Reich hielt nichts von solcher Gleichberechtigung, aber es dauerte noch 100 Jahre, bis es gelang, die bulgarische Gefahr zu bannen. Inzwischen bemühte sich das Reich, seine Vormachtstellung durch Bestechung und den Abschluß von Bündnissen mit seinen halb barbarischen Nachbarn zu sichern. Während der Streitigkeiten mit den Bulgaren schloß Kaiser Leo VI. ein Bündnis mit dem russisch-skandinavischen Fürsten Oleg von Kiew, das diesem Handelsrechte gegen Gestellung von Kriegsleuten einräumte. Die Wikinger mögen zahlreich genug gewesen sein, um Kiew einzunehmen; wahrscheinlicher ist allerdings, daß sie eine kleine, aber dominierende Minderheit darstellten, die in die slawische Bevölkerung einheiratete und eine Mischrasse hervorbrachte, die ebenso bedeutsam wurde wie die der Normannen in Frankreich. Das war im Jahre 911 – dem ersten urkundlich belegten Datum der russischen Geschichte. Mitte des Jahrhunderts besuchte die verwitwete Fürstin von Kiew, die für ihren Sohn die Regentschaft übernommen hatte, Konstantinopel, wurde in die Orthodoxe Kirche aufgenommen und von der Kaiserin zum Staatsbankett geladen. Dennoch dauerte es noch eine Weile, bis die russischen Wikinger das Christentum annahmen. Erst 988 trat der furchterregende Wladimir von Kiew, der alle russisch-wikingischen Gemeinden von Polen bis zum Schwarzen Meer geeint hatte, mit seinem Volk zum Christentum über, leistete dem Kaiser entscheidende Hilfe beim Kampf gegen die Bulgaren und bekam zum Lohn dessen Schwester zur Frau. Seine Moral war für seine christlichen Brüder und Schwestern nicht gerade das beste Beispiel; die energische Bekehrung seiner Untertanen und die Hilfe, die er der Kirche gewährte, brachten ihm jedoch die Heiligsprechung durch die Orthodoxe Kirche und posthumen Ruhm als Gründer des »heiligen Rußland« ein. Wladimirs Reich beherrschte die Handelsroute von Norden nach Süden quer durch Europa. Für ihren Knotenpunkt Kiew war dies die Zeit größten Wohlstands. Die Stadt konnte sich rühmen, 400 Kirchen und acht Märkte zu besitzen.

Nach der Beilegung des verheerenden Bilderstreits begann in Konstantinopel die Neubelebung des geistigen Lebens mit der Wiederaufnahme mathematischer und astronomischer Studien. Ende des 9. Jahrhunderts musterte die *basilica,* eine neue Gesetzessammlung, Veraltetes aus und rodete das wirre Gestrüpp, das mittlerweile den Kodex des Justinian überwuchert hatte. Im 10. Jahrhundert förderten mehrere byzantinische Kaiser, dem Beispiel von Diokletian und Konstantin folgend, die Entstehung eines Kleinbauerntums, aus dem sie kräftige Soldaten mit einer Bindung an ihr Land rekrutierten.

Noch vor dem Ausgang des 10. Jahrhunderts hatte Byzanz neue militärische Kraft gewonnen; Syrien und der größte Teil Kleinasiens konnten für das Reich zurückerobert werden. Die maurische Position im östlichen Mittelmeer wurde durch die Wiedereroberung Kretas und Zyperns geschwächt. Nach dem endgültigen Sieg von Basilius II., mit dem Beinamen *Bulgaroktonos,* d. h. Bulgarenschlächter, über die Bulgaren, war Byzanz Anfang des 11. Jahrhunderts nicht nur der kultivierteste, sondern unleugbar wieder der mächtigste Staat des Westens geworden.

Ein unvermeidliches Opfer wurde der kleine christliche Staat Armenien, der zwischen dem Schwarzen und dem Kaspischen Meer lag; nach kurzer Unabhängigkeit wurde er von Basilius II. dem Byzantinischen Reich einverleibt. Seine Blütezeit hatte Armenien erlebt, nachdem sein König, Aschot der Große, aus der Dynastie der Bagratiden, von den benachbarten arabischen Staaten wie auch von Byzanz anerkannt worden war (ca. 862–970). Unter Aschot III. wurden Ende des 10. Jahrhunderts der Dom von Ani und andere prächtige Kirchen gebaut, die zu den schönsten der christlichen Welt gehören und jetzt als Denkmäler einer großen Vergangenheit in der Sowjetrepublik Armenien stehen. Die Christianisierung in Europa war bis zum 11. Jahrhundert abgeschlossen. Ganz Skandinavien gelangte, hauptsächlich durch Missionswellen von Deutschland aus, in den Schoß der Kirche; Bischofssitze entstanden in Island und sogar in Grönland (obgleich sich nicht immer Bischöfe dorthin verirrten). Noch vor Ausgang des 10. Jahrhunderts nahmen sowohl Rom als auch Byzanz Kontakte zu dem Herrscher der Magyaren auf, der sich jetzt König von Ungarn nannte. Der aber zögerte, sich bekehren zu lassen, als der Papst betonte, er dürfe keine christlichen Sklaven halten. Da Ungarns Landwirtschaft fast ausschließlich von den versklavten christlichen Einwohnern betrieben wurde, erschien der päpstliche Entscheid problematisch. Überwunden (oder vielleicht nur großzügig übersehen) wurde diese Schwierigkeit von seinem Nachfolger Stephan, der sich am Weihnachtstag des Jahres 1000 taufen ließ. Er verdankt – wie Wladimir von Kiew – seine Heiligsprechung der gewaltsamen Bekehrung seiner Untertanen. Anstelle der Sklaverei führte er die Leibeigenschaft nach westlichem Muster ein, die um eine Spur besser gewesen sein mag.

Das Jahr 1000 der christlichen Zeitrechnung, das *Millenium*, war in Europa durch keinerlei beängstigenden Erscheinungen gekennzeichnet. Da die Invasionen aufgehört hatten und dank der Feudalgesellschaft nun eine gewisse Ordnung herrschte, hatte sich bescheidener Wohlstand eingestellt; auch in der Landwirtschaft kam es zu Verbesserungen. Noch vor dem Jahr 900 kommt das Hufeisen in Gebrauch; das aus China eingeführte Kummet erleichtert das Pflügen und macht es effektiver. Aus moderner Sicht sind das kleine Schritte, aber sie brachten dem Bauern des 10. Jahrhunderts Erleichterung: Mehr Land unter dem Pflug bedeutete mehr Nahrung, mehr Möglichkeit zum Austausch von Waren, führte zu stetigem Bevölkerungszuwachs und zur Ausbreitung der Landwirtschaft durch Neusiedlungen im Brachland.

Zwischen dem Papst in Rom und dem Patriarchen von Konstantinopel herrschten zu jener Zeit freundschaftliche Beziehungen. Der Kaiser des Ostreiches war der erfahrene und siegreiche Basilius II., der Kaiser im Westen der Enkel Ottos des Großen. Otto III. war von seiner Mutter her griechischer Abkunft, ein junger Monarch mit wissenschaftlichen Neigungen, der etwas von einem Visionär besaß. Er erhob seinen aus der Auvergne stammenden Lehrer als Sylvester II. zum Papst. Sylvester war der erste Papst fränkischer Herkunft, ein angesehener Gelehrter, dessen Hirtenbriefe in fast alle Länder und an nahezu alle Herrscher der Christenheit gingen. Die Partnerschaft von Papst und Kaiser zerbrach bald nach der Jahrtausendwende. Dennoch schienen die Aussichten für die Zukunft günstig: Die Kämpfe rivalisierender Stammesfürsten am Rande des jetzt verfallenden persischen Reiches schienen die Einheit der Christenheit nicht weiter zu bedrohen. Die seldschukischen Türken waren im Westen noch nicht einmal dem Namen nach bekannt. Es war eine Zeit der Hoffnung.

6. Der amerikanische Kontinent – Die Waldkultur – Die Chavinkultur – Die Olmeken – Die Mochica – Die Maya – Teotihuacan – Afrika

Von der eurasischen Landmasse durch zwei große Meere getrennt, weit westlich von Europa, weit östlich von Asien, lag ein unbekannter Kontinent. Abenteuerlustige Wikinger hatten an der nördlichen Küste Neufundlands Land gesichtet und sich für kurze Zeit dort niedergelassen, waren aber nicht lange geblieben. Amerika war von Osten her von Nomaden besiedelt worden, die seit dem Paläolithikum aus den nördlichen Wüsten Asiens über Eis und Inseln an die Küste Alaskas gelangt waren. Der Zuzug von Einwanderern, die den ganzen Kontinent spärlich bevölkert hatten, hielt zu der Zeit, von der wir berichten, noch an.

Im Norden lebten die Stämme in den Wäldern von der Jagd und vom Fischen in den Seen und Flüssen. Seßhaftere Sippen lernten den Anbau von Mais. Diese Waldkultur, wie die Anthropologen sie genannt haben, hielt sich über viele Jahrhunderte – bis zur Ankunft der Europäer.

Im äußersten Süden, der kalt und unfruchtbar war, entstand kaum etwas, was den Namen Zivilisation verdient hätte. Aber in Mittelamerika, im heutigen Mexiko und in den Hochebenen und Flußtälern Perus entwickelten sich eindrucksvolle Kulturen. Da Zugtiere nicht zur Verfügung standen, war Handarbeit an der Tagesordnung, allenfalls unterstützt durch widerwillige Lamas, die leichte Lasten tragen, nicht aber Wagen ziehen konnten. Da die Ureinwohner des amerikanischen Kontinents auch kein Eisen zur Verfügung hatten, steckten sie geschliffene Obsidianstückchen in ihre Pfeile und verfertigten auf dieselbe Art Speerspitzen und Klingen für ihre Schwerter. Sie pflanzten Mais, Bohnen und Maniokwurzeln an, töpferten, webten, schnitzten und modellierten Figuren ihrer Götter, bauten schließlich Tempel und Städte.

Vom 9. bis etwa zum 3. Jahrhundert v. Chr. errichtete sich ein Volk im nördlichen Hochland von Peru einen Tempelbezirk oder eine Wallfahrtsstätte. Das drei Stockwerke hohe Hauptgebäude war mit einer Fassade aus dekorierten Steinen geschmückt, besaß Lüftungsschächte und war mit grotesk geschnitzten Köpfen verziert. Andere Funde zeigen eine mächtige, formalisierte Katzengottheit – einen Jaguar oder Puma. Man entdeckte Reste feiner Webstoffe, Goldschmuck und eine dunkelfarbige Töpferware mit eingeritzten Mustern. Nach der Lage der Ruinen in der Nähe des heutigen Dorfes Chavin de Huantar nennt man sie *Chavinkultur*.

Nicht weniger bemerkenswert war die Kultur der *Olmeken,* die möglicherweise an oder nahe der Pazifikküste ihren Anfang genommen, aber die reichsten Funde im mexikanischen La Venta hinterlassen hat. Hier befinden sich die Reste einer Stadt aus der Zeit von etwa 1000 v. Chr.; Mittelpunkt ist eine geheiligte Einfriedung mit einer über 30 Meter hohen, gewaltigen Pyramide aus gehärteter Erde. Eine nebenan gelegene Arena wurde offenbar für Ballspiele, möglicherweise mit rituellem Hintergrund, genutzt. Auf den schwarzglasierten Gegenständen aus Keramik sind häufig Tiere, besonders Fische und Enten, abgebildet, die in ihrer realistischen Art sehr reizvoll sind. Die Olmeken verfertigten auch Masken aus feinem Steingut, die Jaguare und andere wilde Tiere darstellten, sowie zahlreiche noch unerklärte Figürchen aus Jade. Es scheint, daß sie Menschenopfer gebracht haben.

Die größte südamerikanische Pyramide, die *Huaca del Sol* bei Trujillo in Peru, entstand später, wahrscheinlich um 300 n. Chr., und bildet ebenfalls den Teil einer Tempelanlage. Sie besteht ganz aus Adobeziegeln. Ihre Baumeister, die Archäologen gaben ihnen den Namen *Mochica,* waren ein fortschrittliches Volk. Sie gruben bis zu 100 Kilometer lange Bewässerungskanäle für ihre Felder, waren kraftvolle Bildhauer und erfindungsreiche Töpfer und Juweliere, die Gold und andere Edelmetalle bei mäßiger Hitze durch Tempern bearbeiteten. Sie kannten bereits den Bronzeguß und beherrschten die Technik der Draht- und Filigranherstellung. Ihre Keramiken schmückten sie mit anschaulichen und recht unerfreulichen Bildern, beispielsweise Hinrichtungsszenen. Sie scheinen gut organisiert, aktiv, begabt und angriffslustig gewesen zu sein. Aber bisher hat sich ihre Geschichte von uns noch nicht entschlüsseln lassen.

Im Hochland von Bolivien, auf über 4000 Metern Höhe, in dem Dorf Tiahuanaco, befinden sich Ruinen, die offenbar auch von einer Tempelanlage stammen, eine terrassierte Steinpyramide und ein monolithisches Portal, gekrönt von einer Götterfigur. Nicht weit davon wurden rote Sandsteinmonolithen gefunden, die menschliche Gestalten mit Köpfen und Händen darstellen. Das Volk, das hier baute, ist unbekannt.

Die fortschrittlichste und stabilste Kultur in dieser geschichtlich nicht belegten Zeit ist die der *Maya* im heutigen Guatemala und Yucatan. Sie waren ein geschichtsbewußtes Volk und verfügten über eine äußerst komplizierte Methode, Daten über viele Jahre hinweg zu berechnen. Sie benutzten eine Hieroglyphenschrift, deren Geheimnis noch nicht enträtselt ist. Die Blütezeit ihrer Baukunst mit Tempeln und Städten scheint mehr oder weniger dem 4. bis 9. Jahrhundert unserer Zeitrechnung zu entsprechen, jener Periode, in der Rom fiel, Byzanz die Vorherrschaft gewann, die Eroberungen des Islam begannen und die T'ang in China ihre große Zeit hatten. Die Maya-Architektur war die prachtvollste im präkolumbianischen Amerika. Den Bogen hatten sie noch nicht entdeckt, verstanden sich aber auf den Bau vorkragender Wölbungen. Ihre Pyramiden brauchen den Vergleich mit denen Ägyptens nicht zu scheuen, ihre Monolithe sind von beachtlicher Höhe. Die Pyramiden hatten die Form gestufter Plattformen, auf denen sie ihre Tempel erbauten, so daß Zeremonien, die von den Priestern vor dem Heiligtum durchgeführt wurden, für große Menschenmengen von unten deutlich zu sehen waren. Die Gebäude waren häufig mit Schilfrohr gedeckt, Fassaden und Architrave mit Basreliefs geschmückt. Auch die hohen Monolithe zierten Steinmetzarbeiten, meist eindrucksvoll stilisierte Menschen- und Tiermotive.

Die Innenräume waren mit Stuckverzierungen und Wandbildern versehen, die Kampfszenen und religiöse Riten zeigten. Aus diesen Bildern ersehen wir, daß Priester und Herrscher prachtvolle Gewänder und einen Kopfschmuck aus bunten Federn trugen. Wir wissen auch, daß die Maya ihren Göttern Blut opferten, das sie aus Ohren und Zunge entnahmen, und sie gelegentlich auch durch Menschenopfer günstig zu stimmen versuchten. Die Grundlage der Wirtschaft bildete der Maisanbau. Die wichtigsten Gottheiten waren die Götter des Regens und der Sonne, eine Mondgöttin, die für die Fruchtbarkeit, und ein Gott, der insbesonders für den Schutz der Maisernte zuständig war.

Aus archäologischen Funden läßt sich erkennen, daß die Maya Handel mit *Teotihuacan* im Hochland von Mexiko trieben. Diese Stadt erstreckt sich über eine Fläche von etwa 14 Quadratkilometer und war vermutlich die größte Ansiedlung in Amerika. Ihre Einwohner scheinen Keramik hergestellt und exportiert zu haben, sowie Messer, Klingen und anderes Werkzeug aus Obsidian. Die Häuser der Reichen waren geräumig, die Zimmer verputzt und bunt bemalt, die Wohnstätten der Armen eng und überfüllt. Nichts deutet darauf hin, daß die Bevölkerung lesen oder schreiben konnte. Teotihuacan besaß prachtvolle, auf Pyramiden errichtete Tempel für einen Sonnengott, einen Regengott und Quetzalcoatl, die Federschlange, von der es erschreckende Darstellungen mit Augen aus poliertem Obsidian gibt. Der Name stammt aus einer späteren Zeit. Quetzalcoatl war ein Gott der Tolteken, die Teotihuacan überrannten und die Maya unterwarfen – etwa zur gleichen Zeit, als die Wikinger die Küsten Europas heimsuchten.

Die Völker der beiden Amerika waren durch große Entfernung, Wüsten, Wälder, reißende Ströme und Gebirgszüge voneinander getrennt. Ihre Kulturen entwickelten sich meist isoliert. Sie machten sich nicht klar, daß ihre Vorfahren vor etwa 30 000 Jahren aus unbekannten Ländern im Norden herübergekommen und seither ständig gen Süden gezogen waren. Außer im fernen Norden wußte niemand, daß die Zuwanderung noch immer anhielt. Noch sollten einige Jahrhunderte vergehen, bis der letzte entschlossene, schlitzäugige, in Pelze gemummte Reisende die Beringstraße überquerte und sich den Eskimos anschloß.

Indessen schreiben wir das 11. Jahrhundert christlicher Zeitrechnung. Westeuropa erholt sich wieder, China tritt unter den Sung in eine neue Phase kreativer Kultur ein. Japan erreicht seine erste Blütezeit; in Nordafrika, Persien, Spanien und dem Mittleren Osten schaffen Mohammedaner eine starke, vielseitige Kaufmannskultur. Byzanz hält das zweifache Banner des Hellenismus und des Christentums hoch. Indien, vielgeteilt, aber unerschüttert in seiner alten Kultur, steht am Kreuzweg zwischen Ost und West.

Die aktivsten kulturellen Zentren liegen noch immer im asiatisch-indisch-europäischen Raum, und zwar immer dort, wo ein Zugang zum Indischen Ozean, dem Roten Meer, dem Persischen Golf und dem Mittelmeer besteht. Atlantik und Pazifik sind noch unzugänglicher als die Wüsten Zentralasiens oder Afrikas.

Afrika? Hier gibt es Kontakte mit Nordafrika am Mittelmeer, mit Ostafrika am Roten Meer, Handelsbeziehungen zu den indischen Häfen, Byzanz, Italien und den syrischen Küsten. Aber nur der Rand des großen Kontinents südlich der Sahara ist den maurischen und arabischen Kaufleuten bekannt, die mit den geheimnisvollen Stammesführern – Männern, die sie nie direkt zu Gesicht bekommen – um Gold und Elfenbein feilschten. Die Phönizier sind vor langer Zeit ein Stück den Senegal hinaufgefahren, bedroht von Krokolilen, Nilpferden und zornigen Eingeborenen, haben aber seine Quelle nicht entdeckt. Auch die Quelle des Nils liegt im Dunkeln. Die Größe des Kontinents, seine Urwälder, große Seen und Wasserläufe, die Steppen und gewaltigen Gebirge – all das ist unbekannt. Und doch leben in Afrika zahlreiche Völker, zusammengeschlossen in Familien- und Stammesverbänden, regiert von Monarchen, mit eigenem Glauben, eigenen Gesetzen, Bräuchen und Existenzmöglichkeiten, Völker mit starken Überlieferungen, stolz auf ihre Vorfahren, mit mündlicher Literatur und Geschichte und – in Nigeria – mit beachtlichem Talent für Porträtbüsten aus Bronze oder Terrakotta, wache und fähige Menschen von großer Erfindungsgabe und Wendigkeit, aber ohne schriftliche Zeugnisse.

Zumindest ist die Existenz Afrikas bekannt, im Gegensatz zu der Amerikas oder jenes südlichen Kontinents, den die Griechen erahnt hatten, der sogenannten und nur halb geglaubten *Terra Australis,* in der primitive Völker noch über viele Jahrhunderte ungestört bleiben sollten.

SIEBEN

circa 900–1200

1. Nordindien von den Gupta bis zu den Sklavenkönigen – Harscha von Thanesar – Mahmud von Ghazni – Muhammad von Ghur – Marco Polo – Die Hindu-Renaissance – Wischnu und Schiwa – Die Höhlentempel – Der Tantrische Buddhismus

Das 200 Jahre unter den Gupta geeinte Nordindien zerfiel im 6. Jahrhundert n. Chr.; der Süden bildete schon seit den Zeiten von Asokas Regierung keine Einheit mehr. Ganz zwangsläufig mußte es in einem so großen und vielfältigen Land zur Teilung kommen, in dem es fruchtbare Landstriche ebenso gab wie Wüsten- und Überschwemmungsgebiete. Indien besaß Wälder, die reich an Bauholz waren, felsige Schluchten, ragende Gipfel und einen undurchdringlichen Dschungel. Unterschiedliche Rassen bevölkerten das Land: Die drawidischen Ureinwohner überwogen im Süden, die arischen Einwandererer im Norden; es gab Bergbewohner und Hirten, Bauern und Seefahrer, eine Vielzahl unterschiedlicher Traditionen und unterschiedlicher Sprachen, die nebeneinander existierten. Bei so vielen auseinanderstrebenden Elementen war es umso beachtlicher, daß immer wieder der Versuch einer Einigung unternommen wurde. Das verbindende Element war der Hinduismus mit seinem umfassenden Konzept der Einheit in der Vielheit, letztlich durch seinen Ableger (und gelegentlichen Rivalen), den Buddhismus, eher gestärkt als geschwächt.

Politisch gesehen stellt sich die Geschichte Indiens als eine Geschichte sich befehdender Reiche dar, von Zeit zu Zeit durch Zusammenlegung unter einem Eroberer befriedet. Im Norden erweiterte ein mächtiger König, Harscha von Thanesar, in einer Regierungszeit von über 40 Jahren (606–647 n. Chr.), seine Herrschaft von der Gangesebene über den ganzen Punjab bis in den äußersten Norden, nach Nepal und Kaschmir. Er war zwar ein frommer Buddhist, aber auch ein großer Krieger. Im Gegensatz zu Asoka gelang es ihm nie, alle seine Feinde zu bezwingen, er konnte es sich daher nicht leisten, dem Krieg abzuschwören.

Dennoch ist die Milde seiner Herrschaft und seine Hingabe an den Buddhismus beachtlich. Beides nahm der chinesische Philosoph Hsuan-Tsang anerkennend zur Kenntnis, als er zu einem Besuch an Harschas Hof weilte. Noch zu Harschas Lebzeiten waren moslemische Eroberer in Persien eingefallen. 20 Jahre später hatten sie Afghanistan in ihren Besitz gebracht, und von dort aus überquerten sie das Gebirge, nahmen das Industal und eroberten die Provinz Sind. Nach einer Atempause begannen sie mit Überfällen auf Gujarat. Inzwischen war Harschas Reich zerfallen, hatten sich drei Dynastien etabliert – die Pala im Nordosten, die Pratihara im nördlichen Dekkan und die Rashtrakuta im Süden. Ein Pratihara-König bereitete den muselmanischen Überfällen durch einen entscheidenden Sieg ein Ende (ca. 760), die Kriege jedoch, die die Rashtrakuta und Pratihara gegeneinander führten, erwiesen sich als verhängnisvoll für beide Völker. Der Norden war indessen in 20 zerstrittene Staaten zerfallen. Als Anfang des 11. Jahrhunderts der nächste moslemische Eroberer anrückte, war kein Fürst stark genug, um ihn zurückzuschlagen.

Anführer der moslemischen Horden, die ein Vierteljahrhundert lang (1000–1026) den Punjab verwüsteten, war Mahmud von Ghazni, der erste in einer Reihe türkischer Eroberer mit Sklavenblut. Die Sklaverei dieser Angreifer unter dem Banner Allahs war von besonderer Art: Die Abbasidenkalife und die ihnen tributpflichtigen Herrscher des Mittleren Ostens pflegten Lücken im Heer aufzufüllen, indem sie den türkischen Nomaden an ihrer Nordostgrenze die Gefangen abkauften, die diese bei Stammesfehden gemacht hatten. Die so gewonnenen Soldaten waren nur während der Ausbildung Sklaven. Später, wenn sie zum Islam übergetreten waren, schenkte man ihnen die Freiheit (kein Moslem konnte Sklave bleiben). Viele stiegen in hohe Stellungen auf, manche schufen sich ein unabhängiges Reich. Mahmud von Ghazni war der Sohn eines solchen Mamelucken oder Sklavensoldaten und hatte seinen Einfluß im Lauf der Zeit von Afghanistan bis zum Indus ausgedehnt. Sein Ehrgeiz war es, sein Reich zu vergrößern und damit die Handelswege des südlichen Zentralasiens zu beherrschen. Schon in den ersten Jahren seiner Regierung wurde er Herr über Chorasan und finanzierte die Festigung seiner asiatischen Eroberungen durch Raubzüge nach Indien. Dabei hatte er es besonders auf die großen Hindutempel abgesehen. Hier demonstrierte er hingebungsvolle Liebe zu dem Propheten, indem er Idole zerschlug und in einem Minimum an Zeit ein Maximum an Beute zusammenraffte. Tausende frommer

Hindus ließen bei dem vergeblichen Versuch, ihre Heiligtümer zu verteidigen, ihr Leben, weitere Tausende wurden in die Sklaverei verschleppt.

Mahmud selbst sah sich als Schirmherr der Wissenschaft und Künste. Als schwerreicher Mann – er herrschte über die fruchtbare Region Chorasan, kontrollierte die Pässe über den Pamir und die Handelswege nach China und ließ sich von jeder Karawane Tribut zahlen – trug er eine glänzende Bibliothek zusammen und zog Gelehrte, Künstler und Schriftsteller an seinen Hof. Den Universalgelehrten Al Biruni, den größten Gelehrten und Beobachter seiner Zeit, hatte er mit nach Indien genommen. Dort sollte er Aufzeichnungen über die Kultur niederlegen, mit deren Zerstörung Mahmud so eifrig beschäftig war. Auch der persische Dichter Firdausi (ca. 940–1020) hielt sich an seinem Hof auf. In der reichhaltigen Bibliothek fand er jene alten persischen Königssagen, die er in seinem Epos *Shah-name* (d. h. Königsbuch) verarbeitete. Das Werk begründete die klassische Tradition persischer Dichtung und beglückte Tausende, die bis heute gebannt den auch tieferen Sinn enthaltenden Geschichten von Abenteuer, Liebe und Ruhm lauschen.

Der Tod des Mahmud von Ghazni, dem der Sturz seiner Dynastie folgte, verschaffte Nordindien über 100 Jahre lang eine Ruhepause vor weiterer moslemischer Verwüstung. Das Land konnte sich internen Streitigkeiten widmen, bis erneut Horden unter Allahs Banner die Pässe Afghanistans überquerten. Unter ihrem Anführer Muhammed von Ghur nahmen sie Sind und Lahore, seine Adlaten schickte er weiter nach Bihar und Bengalen, wo sie ebenfalls seine Herrschaft aufrichten sollten. Einmal gelang es den vorübergehend geeinten nordindischen Fürsten, Muhammad zu besiegen, dann wurden sie von ihm geschlagen. Er eroberte und plünderte Delhi, wurde aber 1206 ermordet. Einer seiner Generäle, Qutb ud Din, ein Mamelucke, gründete die sogenannte »Sklavendynastie«. Ihren Herrschern gelang es nie, die Hindus, die sie sich botmäßig gemacht hatten, wirklich für sich zu gewinnen, zerstörten sie doch die Hindutempel, um an ihrer Stelle Moscheen zu erbauen. Im Herzen Delhis erinnert das berühmte Qutb Minar, ein über 80 Meter hoch in den strahlenden Himmel ragendes schlankes Minarett von außerordentlicher Grazie, an das Regime der Sklavenkönige.

Südindien konnte sich in diesen Jahrhunderten eines größeren Wohlstandes, nicht aber eines dauerhafteren Friedens erfreuen. Im äußersten Süden war vom 6. bis zum 14. Jahrhundert die

Pandya-Dynastie die dominierende Macht – eine Kontinuität, die als außergewöhnlich anzusehen ist.

Der venezianische Reisende Marco Polo, der erste Europäer, der die Wunder des Orients beschrieben hat, wurde um das Jahr 1292 von einem König der Pandya empfangen. Der Monarch, in der glühenden Hitze nur mit einem goldglitzernden Lendentuch bekleidet und mit juwelenfunkelnden Ringen an Arm- und Fußgelenken geschmückt, war eine eindrucksvolle Gestalt. Der örtliche Adel führte unter großem Kostenaufwand Pferde aus Persien ein – ein Geschäft, das in den Händen arabischer Kaufleute lag –, aber Haupthandelsgüter des Landes, so vermutete Marco Polo, waren Ingwer, Pfeffer und Edelsteine, während die Bauern mehr schlecht als recht vom Reis lebten.

Bewundernd beschreibt Marco Polo das freiwillige Opfer der indischen Witwen, die ihren verstorbenen Männern auf den Scheiterhaufen folgten. Damals war der Brauch offensichtlich noch freiwillig und nicht dem Mißbrauch unterworfen, der ihn in kommenden Jahrhunderten in Verruf bringen sollte. Später sah er Perlenfischern beim Tauchen nach Austern zu, denen sie Perlen »in ungezählten Mengen« entnahmen. Sie tauchten nur bei Tageslicht, heilige Männer schützten sie durch das Absingen von Zaubersprüchen vor Raubfischen. Die Kaufleute, in deren Diensten die Taucher standen, zahlten ein Zehntel ihres Gewinns an den König, jede 20. Perle ging an die heiligen Männer (was sie den Tauchern zahlten, hat Marco Polo nicht verraten).

In der fruchtbaren Ebene südlich von Madras florierte die Pallava-Dynastie, bis sie im 8. Jahrhundert von den Chalukya gestürzt wurde, die einen großen Teil des südlichen Dekkan beherrschten. Der Süden war zwar geteilt, aber nicht zersplittert wie der Norden und litt auch nicht unter den dort immer wiederkehrenden Überfällen der Mohammedaner. Der Schaden, den Zwistigkeiten unter den einzelnen Reichen anrichteten, hielt sich in Grenzen.

Im späteren 10. Jahrhundert entwickelte sich das Geschlecht der Chola, einer Tamilendynastie, zum stärksten Herrscherhaus. Nachdem die Chola ihre Position im Süden gefestigt hatten, erweiterten sie ihre Machtstellung über den Dekkan hinaus, bauten eine Flotte und machten den Arabern beim Handel mit Ostafrika, dem Persischen Golf und dem Roten Meer erfolgreich Konkurrenz. Sie befestigten einen Flottenstützpunkt auf den Malediven, ließen sich von Staaten auf der malayischen Halbinsel, Sumatra und Pegu, Tribut zahlen und kontrollierten den Seeweg nach China. Zweimal fielen sie in Ceylon ein und hielten über 50 Jahre lang den größten Teil der Insel besetzt. Auf dem Höhepunkt ihres Reiches besaßen sie die größte Seemacht der damals bekannten Welt.

Die ursprüngliche Religion Indiens hatte seit Jahrhunderten gegenüber dem Buddhismus an intellektuellem wie auch an spirituellem Gehalt verloren. Der Hinduismus mit seiner umfassenden Duldung zahlloser Lokalgötter und magischer Riten war bei den Unwissenden, Armen und Hungrigen nie unpopulär geworden. Doch die großen Schriften, die vedischen Hymnen, die Upanischaden und das Mahabharata waren in Sanskrit abgefaßt, einer Sprache, die aus dem allgemeinen Sprachgebrauch verschwunden und nur noch den Gelehrten bekannt war.

Um das 6. Jahrhundert begann man mit der Übersetzung der Hinduschriften, zuerst ins Tamilische, der wichtigsten Sprache des Südens, dann in die Volkssprachen des Nordens. In ganz Indien kam nun die Bevölkerung – soweit sie lesen konnte – mit den vorbuddhistischen Schriften und dem vielfältigen und umfassenden Wesen jener Religion in Berührung, aus der der Buddhismus hervorgegangen war. Die Erneuerung vollzog sich langsam, aber beständig.

Die beiden beliebtesten Götter waren Wischnu und Schiva, die etwa gleich viele Anhänger um sich sammelten, wobei die Wischnuisten hauptsächlich im Norden, die Schiwaisten im Süden zu finden waren, Wischnu, der allbeherrschende Bewahrer der Welt, soll in vielerlei verschiedener Gestalt unter den Menschen gelebt haben. Er wurde im Buddha wiedergeboren, eine Idee, die die Koexistenz zwischen Buddhisten und Hindus ermöglichte. Eine Vielzahl an Tempeln wurde in den nördlichen Provinzen zu seinen Ehren errichtet und reich mit Skulputuren verziert. Diese Bautätigkeit gipfelte in der erstaunlichen Reihe erotisch dekorierter Tempel – ursprünglich waren es 80, 23 stehen heute noch –, die im Laufe von 70 Jahren (930–1002) von den Chandella-Königen, einer sonst eher obskuren Dynastie, errichtet wurden.

Schiwa, ein älterer Gott als Wischnu und vermutlich drawidischen Ursprungs, galt als der Zerstörer der Welt. Auch in der Vernichtung ließ sich ein kreativer Akt sehen, der zur Wiedergeburt führte.

Mahondravarman I. aus der Pallava-Dynastie (600–630) gab den Anstoß zum Schiwaismus in Südindien. Als Dichter und Wahrheitssucher hatte es ihn zunächst zum Jainismus gezogen.

Nachdem er sich der Schiva-Verehrung zugewandt hatte, zerstörte er die Jainatempel und widmete Schiwa die berühmten monolithischen Schreine von Mamallapuram, gewaltige Felsen, in die die Taten und Wunder des Gottes eingeritzt sind. Sein Nachfolger setzte das Werk fort und krönte es mit einem großen, freistehenden steinernen Tempel, der unmittelbar an der Küste errichtet wurde – Beginn und frühe Reife der Hinduplastik im Süden.

Der Schiwaismus breitete sich nach Norden aus, wurde von den Chalukya und dann den Rashtrakuta übernommen. Unter einem Rashtrakuta-König wurde der grandiose Höhlentempel von Elephanta geschaffen. In Ellora, im Norddekkan, waren es wieder die Rashstrakuta, die einen Tempel in der Größe des Parthenon aus dem harten Fels heraushauen ließen, geschmückt mit Säulen, Arkaden, Treppen, Reliefs und zahllosen Statuen.

In Ellora wie auch in Ajanta (wo die berühmten Höhlenmalereien eine Zeitspanne von fast 1000 Jahren abdecken) sind Heiligtümer von Wischnu, Schiwa und Buddha einträchtig nebeneinander erhalten geblieben. Mit wenigen Ausnahmen hatten Hindus jedweder Richtung offensichtlich nicht das Bedürfnis, zu anderen Zeiten und für andere Götter errichtete Schreine zu zerstören.

Die Hindurenaissance stärkte die Macht der Priesterkaste, der Brahmanen. Sie übernahmen jetzt das Bildungswesen, das seit Generationen in den Händen der Buddhisten gelegen hatte. Eine neue Art von Schule, die *matha,* entstand. Ursprünglich an den Hauptstraßen Indiens gelegene Rasthäuser für Pilger, wurden die *mathas* zu Zentren der Ausbildung und des religiösen Disputs.

Um das Jahr 800 tauchte unter den Brahmanen des Südens der Reformator Shankara auf. Er verfeinerte und idealisierte die alte vedische Tradition noch weiter. Die materielle Welt, so lehrte er, sei Illusion, die Realität nicht mit den Sinnen, sondern nur mit dem Geist faßbar.

Shankara unternahm weite Reisen, um seine Lehre zu verbreiten, und gründete *mathas* in Nordindien und in den Ausläufern des Himalaya. Seine asketische Form des Hinduismus, in die viel buddhistisches Gedankengut eingeflossen ist, gewann ihm viele Anhänger im Norden, wo der Buddhismus durch abergläubische Auswüchse und überladenes Ritual verfälscht worden war. Der neu belebte und gereinigte Hinduismus besaß jetzt die stärkere Anziehungskraft.

Das Eindringen der Mohammedaner im 10. und 11. Jahrhundert beschleunigte den Verfall des Buddhismus. In Nordindien wurden Klöster geplündert, ihre Bibliotheken in alle Winde zerstreut. Natürlich fielen auch Hindutempel der Zerstörung anheim, aber der alte Glaube zeigte jetzt neue Kraft und bezog zusätzlich Energien aus Leiden und Martyrium. Der Buddhismus zog sich allmählich aus Indien zurück; in Nepal überlebte er in der tantrischen Form, die auf tief verwurzelte Fruchtbarkeitsriten zurückgeht und insbesondere die mystische Bedeutung der sexuellen Vereinigung betont. Er faßte festen Fuß in Tibet, wo der philosophische Buddhismus Chinas sich mit dem tantrischen Symbolismus Nepals vermischte. Auch in Ceylon blieb er erhalten, vielleicht zum Teil als Geste trotziger Unabhängigkeit gegenüber den angrifflustigen Königen der Chola, die vergeblich versuchten, das Land zu erobern.

In Indien selbst ging der Buddhismus wieder in die ältere Religion ein, aus der er erwachsen war – noch immer ein lebendiger Einfluß, doch nie wieder, wie in den Tagen des Asoka, ein dominierender Glaube.

2. *China unter den Sung: Kultur, Wirtschaft, Verwaltung – Die südlichen Sung*

In China war der Buddhismus, auf dem Höhepunkt der T'ang-Kultur in voller Blüte, unter den grausamen Verfolgungen in den letzten Jahren der Dynastie fast verschwunden. Einer Sekte, den Ch'an-Buddhisten, besser bekannt unter ihrem japanischen Namen *Zen,* gelang es zu überleben. Ihre Lehre besaß besonders starke Anziehungskraft während der Wirren nach dem Sturz der T'ang, als Nordchina von Eroberern aus Zentralasien überrannt wurde und Südchina in ein halbes Dutzend rivalisierender Reiche zerfiel. Der *Zen-Buddhismus* lehrte die Gleichgültigkeit allem Materiellen gegenüber, eine Doktrin, die nicht nur großen Trost in schweren Zeiten gewährte, sondern auch dem chinesischen Taoismus eng verwandt war. In Szechuan setzte eine Schule chinesischer Maler die kalkulierte Gleichgültigkeit des Zen-Buddhismus sogar in ihr Kunstverständnis um, verzichtete auf alle hergebrachten Regeln und versuchte statt dessen, den schwer faßbaren Blitz der Erkenntnis ganz spontan festzuhalten, mit anderen Worten – sie taten, wozu sie gerade Lust hatten.

Chinesische Historiker, Freunde klarer Definitionen, nennen

die Epoche der Anarchie, die dem Sturz der T'ang folgte, die Zeit der *Fünf Dynastien*. In Wirklichkeit gab es mehr als fünf. Ein »Kaiser«, Li Yü, der in Nanking herrschte (961–975), führte die literarischen Traditionen der T'ang fort, schrieb selbst Gedichte und zog Maler, Schriftsteller und Musiker an seinen Hof. Doch schon hatte ein entschlossener Krieger den größten Teil Südchinas erobert und die Sung-Dynastie gegründet; als Kaiser nahm er den Namen T'ai Tsu an. Es war nur eine Frage der Zeit, bis er sich Nankings und damit der Stadt des Dichter-Kaisers bemächtigte, der nun sein Schicksal in der Gefangenschaft beklagte:

> Wann wird die letzte Blüte fallen, der letzte
> Mond verblassen?
> So viele Sorgen liegen hinter mir.
> Wieder erfüllte vergangene Nacht der Ostwind
> mein Zimmer,
> O schaue nicht an das verlorene Reich unter
> dem hellen Mond.[1]

Die Sung besaßen niemals die Machtfülle der T'ang. Die Chinesische Mauer war aufgegeben worden, ein großer Teil des Nordens bereits von den Nomaden besetzt, die unabhängige Reiche gegründet und in vielen Bereichen die chinesische Lebensweise adaptiert hatten, jedoch unzuverlässige und häufig feindlich gesinnte Nachbarn waren. Die Sung waren zu schwach, um sich das Verlorene zurückzuholen, aber es gelang ihnen noch 160 Jahre lang, weitere Reduktionen ihres Gebiets zu verhindern.

Auch wenn ihr Reich letztlich zum Untergang verurteilt war, so gebührt den Sung in der Kultur Chinas und der Welt ein herausragender Platz. Ihr Begründer T'ai Tsu war überzeugter Konfuzianer, Ehrbarkeit und Verantwortung waren Grundpfeiler seiner Regierung. Ausländische Eroberungszüge und militärischen Ruhm durfte er sich nicht erhoffen, aber die Etablierung einer stabilen Regierung und einer gedeihlichen Wirtschaft lagen im Rahmen des Möglichen. Zu Lande ließ sich kein Machtgewinn erzielen, aber eine Expansion des Seehandels war zu verwirklichen. Die Küstenchinesen hatten schon immer als gute Seefahrer gegolten; unter den Sung machten ihre Fertigkeiten und Kenntnisse rasche Fortschritte. Ihre Schiffe waren für lange Reisen seetauglich, und im 12. Jahrhundert navigierten sie bereits mit Hilfe eines primitiven Kompaß. Als »Herren der südlichen Meere« traten sie die Nachfolge der südindischen Chola an und trieben nicht nur mit Korea, Japan, den Küsten Südostasiens, Sumatra und Java Handel, sondern auch mit Indien und Ceylon, ja, sie wagten sich selbst über den Indischen Ozean hinweg zum Persischen Golf und zum Roten Meer. Bis 960 n. Chr. war durch chinesische Einwanderung ins Tal des Jangtse, nach Fukein und Kwantung und durch Assimilation mit den Einheimischen aus China »das größte kulturell geeintes Volk der Welt« geworden. Bald danach ermöglichte die Einführung einer neuen Reissorte, die resistent gegen Dürre war, zwei jährliche Ernten.

Porzellan, die feine, durchscheinend-harte Tonscherbe, die bereits im 9. Jahrhundert ein indischer Reisender bestaunt hatte, entwickelte sich unter den Sung zum wichtigsten Luxusartikel für den Export. Zunehmend erfolgte jetzt die Produktion in Fabriken, die unter kaiserlicher Aufsicht standen. Dieses Porzellan wurde in Japan ebenso beliebt wie ein anderer, unsichtbarer Exportartikel – der *Zen-Buddhismus*.

Kurz vor der Machtergreifung der Sung hatte sich die Druckkunst entwickelt. Die ersten Abzüge von Schriftzeichen, in einen Holzblock geschnitten, scheinen im 8. Jahrhundert Verbreitung gefunden zu haben und wurden hauptsächlich für die Vervielfältigung buddhistischer Gebete verwendet. Anfang des 10. Jahrhunderts waren in Cheng-tu in Szetchuan bewegliche Typen in Gebrauch, die aber in China mit seiner Vielzahl verschiedener Schriftzeichen wenig Vorteile boten; meist bevorzugte man das Klischee aus Holz. Wie wertvoll der Buchdruck für die Verbreitung von Wissen war, machten die 130 Bände chinesischer Klassiker augenfällig, die zwischen 932 und 954 in den Druckerpressen von Cheng-tu entstanden. Auch allgemeinbildende Werke, Handbücher über Botanik, Medizin, Landwirtschaft, Malerei, Literatur und Geschichte wurden aufgelegt.

Die Chinesen waren nicht die ersten, die Enzyklopädien herausgaben. Bereits bei den Griechen waren solche Kompendien erschienen; Aristoteles hatte Naturgeschichte, Ethik, Politik und Dichtung systematisiert, Ptolemäus dasselbe für Astronomie und Geographie vorgehabt. Auch etliche Römer hatten allgemeine Nachschlagwerke vorgelegt. Von Varros Arbeiten aus dem 1. vorchristlichen Jahrhundert hat sich nur noch verschwindend wenig erhalten. Ein Jahrhundert später jedoch verfaßte Celsus ein Nachschlagewerk über Kunst, stellte Plinius ein naturgeschichtliches Lexikon zusammen. Der Römer Cassiodor schuf durch seine Handbücher zur Zeit des Ostgoten Theoderich die

Grundlage für eine breite Allgemeinbildung; 100 Jahre später ahmte im westgotischen Spanien Isidor von Sevilla dieses Beispiel nach. Die beiden letztgenannten Bücher waren recht primitiv und auf vielen Gebieten durchaus irreführend, enthielten aber doch einiges an nützlichem Wissen und Weisheit und vermittelten zumindest eine Ahnung davon, daß Wissen etwas war, das es zu achten und zu bewahren galt.

Aufgrund der Explosion des allgemeinen Wissensstands unter den Sung wurden die Zulassungsprüfungen für den Staatsdienst überarbeitet und erweitert. Ein bemerkenswerter Verwaltungsfachmann, Wang An-Shih (1021–86) führte Reformen ein, die darauf abzielten, den Wohlstand zu mehren und konfuzianische Ideale in die Praxis umzusetzen, um so das Kaiserreich gegen die von außen drohenden Gefahren zu wappen. Diese Ideale beschreibt der zeitgenössische Dichter und Verwaltungsmann Su Shih folgendermaßen: »Entscheidend für das Überleben eines Staates ist nicht das Ausmaß seiner Macht, sondern die Erhabenheit seiner ethischen Normen, und für seine Lebensdauer nicht der Grad seines Wohlstandes, sondern die Gediegenheit des Nationalcharakters.« Wang An-Shih ordnete eine Dreiteilung der Jahresproduktion in den Provinzen an. Ein Teil sollte für die Zahlungen von Steuern verwendet werden, der zweite für den Bedarf der Bevölkerung, der Überschuß wurde zu einem fairen Preis vom Staat aufgekauft, der die Erzeugnisse dann weiterverkaufte oder -verteilte. Damit hatte der Bauer einen garantierten Abnehmer und konnte Rücklagen machen. Auch Staatsanleihen zu niedrigem Zins wurden aufgelegt, um Bauern vor korrupten Geldverleihern zu schützen.

Die Steuerbemessungen wurden jedes Jahr neu festgesetzt, die Zwangarbeit wurde abgeschafft, und die Steuersätze waren so gestuft, daß die Reichen dazu beitrugen, die Last der Armen ein wenig zu erleichtern. Das System leistete nicht all das, was sein Erfinder sich erhoffte, denn allen konfuzianischen Grundsätzen zum Trotz gab es zahlreiche bestechliche Beamte und reiche Steuerhinterzieher. Dennoch brachten diese paternalistischen Projekte sowie die Einführung neuer Getreidesorten, in manchen Fällen auch der höhere Wissensstand durch die gedruckten Nachschlagewerke, der Bauernschaft bescheidenen Wohlstand.

Was die Sung wirtschaftlich geleistet haben, ist bewundernswert, wenn man den Druck bedenkt, unter dem sie standen; an den Glanz der T'ang zu deren Blütezeit kamen sie freilich nie heran. In den beiden größten Städten unter den Sung – Kai Feng im Norden und später Hang-Chou im Süden – herrschten zwar geschäftiges Leben, Komfort und Wohlstand, aber es gab weit weniger Pracht als in den T'ang-Städten Chang-an und Kanton.

Die Künste, die unter den Sung blühten, waren nicht Architektur, Skulptur und Wandmalerei, sondern eine weniger aufwendige Töpferkunst, intime Bilder, Kalligraphie und Literatur. Besonders beliebt war die Seidenmalerei; Rollbilder tauchten zuerst unter den Sung auf. Seidene Bildrollen waren leicht und ließen sich gut transportieren. Manche dienten als Wandbehänge, die längeren wurden auf dem Boden ausgelegt, so daß der Kenner sie jeweils Stück für Stück betrachten und sich bei der Betrachtung der gemalten Landschaft vorstellen konnte, er selbst übersteige den Bergpaß oder ginge am Flußufer entlang. Die Bilder sind oft uni oder nur ganz leicht farbig angelegt, sie zeigen Flüsse, Wasserfälle, Berge, Bäume und Felsschluchten, die auf wunderbare Weise eine bestimmte Stimmung vermitteln – Nebel oder Sonnenschein, Herbst oder Frühling –, wie in der Landschaft des Thung Yüan, eines der größten Maler Chinas, der im 10. Jahrhundert lebte.

Den Chinesen lag an genauer Detaildarstellung, sie waren aber nicht an eine realistische Wiedergabe der Perspektive gebunden, wie sie viele Jahre die europäische Kunst beherrschte. Sie beschränkten ihre Bilder nicht auf das, was man von einem festen Standpunkt aus sehen konnte, sondern brachten in das Bild alles ein, was es darzustellen gab. Bei der Vasenmalerei deuteten sie Entfernungen fein an, indem sie für weiter wegliegende Gegenstände blassere Farben benutzten.

Im 2. Jahrhundert der Sung-Herrschaft, insbesondere unter Kaiser Hui Tsung (1101–1125), wurden die Darstellungen gekünstelter; statt Landschaften bevorzugte man jetzt Blumen oder Vögel. Hui Tsung, selbst ein Maler anmutiger Bilder, lud Künstler an seinen Hof ein, überwachte aber ihre Sujets und ihren Stil in einer Art, die jede Originalität erstickt haben muß. Er hielt sich an die taoistische Vorschrift der Gleichgültigkeit materiellen Werten gegenüber – oder zumindest kümmerte er sich nur um seinen schönen Garten und um seine Kunstsammlungen. Korruption unterminierte die Verwaltung, und es folgte die Katastrophe von 1126. Von Norden brachen in voller Stärke Nomaden aus der Mandschurei herein. Die Hauptstadt der Sung wurde erobert, der Kaiserpalast mit all seinen Schätzen ging in Flammen auf, der Kaiser selbst wurde in die Mongolei verschleppt, wo er in der Gefangenschaft starb.

Die Dynastie überlebte das Desaster, büßte aber die Hälfte ihres Herrschaftsbereiches ein. Die südlichen Sung, wie man sie nun nannte, bauten ihr Reich mit der Hauptstadt Hang-Chou (damals Lin-an genannt) wieder auf und behielten so weit wie möglich noch eineinhalb Jahrhunderte die überlieferte Verwaltung und Wirtschaftspolitik ihrer Vorfahren bei. In dieser Epoche nahm der Konfuzianismus zusätzliche Elemente aus dem Taoismus und dem Buddhismus auf. Hauptvertreter dieses Neokonfuzianismus war der Philosoph Chu-Hsi, dessen Leben und Lehre dem letzten Jahrhundert der Sung Glanzlichter aufsetzen.

Unter den Sung faßte auch der Kult der Kwan-jin, der Göttin des Kindersegens und der Barmherzigkeit, in China Fuß. Sie ist, zärtlich und heiter, eine der liebreizendsten Erscheinungen in der chinesischen Kunst von der Zeit der Sung bis ins 18. Jahrhundert. Dabei verdankt sie ihre Entstehung einem Irrtum: Das Original der Kwan-jin war eigentlich ein Buddaheiliger oder Bodhisattwa, aus dem sich durch eine Reihe volkstümlicher Mißverständnisse die Göttin der Barmherzigkeit entwickelte.

Im letzten Jahrhundert der südlichen Sung hatten die verschiedenen Kunstrichtungen nach wie vor Hochkonjunktur: Nie waren chinesische Vasen schöner in der Form, nie die Farben der Glasuren subtiler. Die Glasuren aus Lung-chüan, von den Europäern Celadon genannt, gehören zu den großartigsten der Welt.

Auch die Malerei blühte und gedieh. Sie konnte sich der Förderung durch die neue Kaiserliche Akademie erfreuen. Zu den Vogel-, Blumen- und Landschaftsbildern kam ein neues Sujet – Drachen in üppig-phantasievoller Darstellung. Der Drache, in der chinesischen Folklore ein freundliches Ungeheuer, das Gewalt über den Regen besitzen sollte, galt den Taoisten und Zen-Buddhisten als mystisches Symbol: Der Drache, der durch die Wolken bricht, symbolisierte die plötzliche Erleuchtung, den Augenblick der Wahrheit. Der berühmteste aller Drachenmaler, Ch'en Jung, pflegte eine eigenartige Technik. Wenn er betrunken war, so heißt es, begann er »einen lauten Schrei auszustoßen, nahm seine Mütze, tauchte sie in Tusche und schmierte seine Zeichnung damit auf, wobei er später die Einzelheiten mit einem Pinsel ausführte.«[2] Ch'en Jung war ein verantwortungsbewußter Staatsdiener, der sich in nüchternem Zustand keine Illusionen über die Zukunft gemacht haben dürfte. Doch Fabeldrachen mögen zumindest zeitweise seine Gedanken von den mongolischen Horden abgelenkt haben, die sich im Norden sammelten, um der Herrschaft der Sung ein Ende zu bereiten.

3. *Japan – Die Fujiwara: Leben und Kultur am Hof – Shintoismus und Buddhismus – Die Kamakurazeit – Die Samurai – Bushido*

Wenn auch der chinesische Einfluß in Japan während des Niedergangs der T'ang und der schwächeren Herrschaft der Sung abgenommen hatte, so hegten doch die Japaner noch immer große Hochachtung vor chinesischer Philosophie, Literatur und Kunst. Seit den Zeiten des Fürsten Shotoku aber hatten sie ihre eigene Regierungsform gefunden. Dankbar übernahmen sie den Buchdruck von den Chinesen, erarbeiteten sich jedoch allmählich eine Schrift, die ihrer Sprache besser entsprach als die chinesischen Ideogramme.

Der erste Fürst der Fujiwara-Dynastie, der im 7. nachchristlichen Jahrhundert Gewalt über den Kaiser gewonnen hatte, erließ die sogenannten *Taika*-Reformen (=Der Große Wandel), durch die die Rechtspflege und Finanzverwaltung zentralisiert und die Anhäufung von Grund und Boden durch Erbschaft verboten wurde (645). Ein so umfassendes Gesetzeswerk konnte freilich in einem Land, in dem die geographische Unterteilung durch Gebirge und Meer regionalem Machtzuwachs Vorschub leistete, nicht wirksam werden; staatliche Edikte richteten gegen die Interessen der Stammesfürsten wenig aus. Die Macht der Fujiwara, die theoretisch darauf beruhte, daß sie die geheiligte Person des Kaisers beherrschten, gründete in Wirklichkeit auf ihren großen Ländereien und dem ihnen zur Verfügung stehenden »Menschenmaterial«. Es lag in der Natur der Sache, daß die Erbschaftsgesetze umgangen wurden und rivalisierende Familien sich gegen die Fujiwara zusammenschlossen. Erstaunlich war nur, daß sie sich über vier Jahrhunderte an der Macht hielten.

Indem das Fujiwara-Regime dem Gott-Kaiser und seinem Hof alle Pflichten bis auf die Riten und Zeremonien abnahm, ermöglichte es die Herausbildung einer verfeinerten und erlesenen höfischen Kultur. Diese Epoche, die sogenannte *Heian*-Zeit, erreichte ihren Höhepunkt während der langen Herrschaft des Fujiwara-Füsten Michinaga (995–1027); als Schwiegervater von vier und Großvater von drei Kaisern verglich er sich mit einem makellosen Vollmond, der über den Himmel zieht.

Von der primitiven Existenz in den Provinzen, den Fehden und Zwistigkeiten der minderen Fürsten, der Mühsal der Kleinbauern und Fischer war das Leben am kaiserlichen Hof himmelweit entfernt. Formelle Anlässe und kaiserliche Audienzen liefen mit eleganter Präzision ab, zwischendurch unternahm man bei günstigem Wetter Prozessionen und Pilgerfahrten zu besonderes beliebten Schreinen. Ansonsten widmete man sich der Jagd, der Liebe und der Pflege eleganter Formen im Leben und in der Kunst.

Höflinge und ihre Damen flirteten, tauschten Geschenke aus und schrieben sich gegenseitig Gedichte. Sie liebten genußreiche Landpartien, die Frauen in Sänften oder leichten Wagen aus Flechtwerk und gewebten Blättern, die Herren zu Pferde. Sie verwandten viel Zeit und Überlegung auf Schnitt und Machart ihrer Kleidung, auf Frisuren und korrektes Benehmen. Natürlich gab es auch Intrigen und Eifersucht, man pflegte eine modische Melancholie, ein schmerzliches Wissen um die Vergänglichkeit der Welt. Dennoch herrschte immer Leben am Hof, es gab gute Gespräche, Musik, Schoßhündchen, Vögel, Katzen und viele hübsche Kinder.

Frauen waren im geistigen Leben jener Zeit den Männern ebenbürtig. Zwei von ihnen nehmen einen besonderen Platz ein: Die Hofdame Murasaki Shikibu, einst die Geliebte des großen Michinaga, war Japans erste Erzählerin. Ihre *Geschichte vom Prinzen Genji* gibt Einblick in den Geschmack, die Zerstreuungen und das Wesen des Hofes und bezaubert den Westen in Übersetzungen des 20. Jahrhunderts wegen ihrer subtilen Stimmungs- und Charakterschilderungen. Eine andere Hofdame, Sei Shonagon, hinterließ einen weitschweifigen, eher persönlich gehaltenen Bericht, das sogenannte *Kopfkissenbuch*. Es steckt voller Anekdoten und Klatsch, es bringt Humor, Musik und flüchtige Liebesaffären – »Wenn der Mond scheint, empfange ich gern einen Besucher...« Hier und da wird uns auch verraten, was Kaiser für ihre Entspannung taten. »Ich höre so gern Majestät mitten in der Nacht Flöte spielen...«[3]

Aus den Seiten leuchtet die tiefe Freude an Naturschönheiten – frisch gefallenem Schnee und Tau auf Blumen. Die beiden dichtenden Damen mochten sich jedoch offensichtlich nicht besonders leiden.

An diesem Hof der Bildung und des Müßiggangs sprachen die meisten Männer (allerdings nicht die Frauen) Chinesisch und konnten chinesische Gedichte rezitieren; die eigenen Gedichte aber verfaßten sie in Japanisch und in einem eigenen Stil, der durch eine unmittelbare sinnliche Reaktion auf Schönheit und eine hohe Kunst im Wortspiel gekennzeichnet ist. Sie hatten einen ganz besonderen Lebensstil entwickelt – abgekapselt, selbstgenügsam und von der Außenwelt abgeschlossen.

Am Hof tummelten sich hauptsächlich Schützlinge der Fujiwara, die keinerlei Beziehung zu der gröberen Lebensführung der Gutsbesitzer in den Provinzen hatten und für Dinge, die sich außerhalb der Palastmauern abspielten, nicht das geringste Interesse aufbrachten. Sei Shonagon beobachtete das Tun und Treiben des Volkes, als sei es eine ganz andere Rasse. »Sie sahen aus wie Würmer, wie sie da in ihren schrecklichen Kleidern beieinanderhockten«, beschreibt sie eine Menschenmenge in einem buddhistischen Tempel. Die Eßgewohnheiten von Schreinern, die auf dem Palastgelände arbeiteten, ekelten sie an; die rhythmischen Bewegungen von Bauern bei der Reisernte wiederum fand sie »bezaubernd«.[4]

Wie sah nun das Leben des Volkes in Japan aus? Es lag im Interesse des Großgrundbesitzers, die Bauern auf ihrem Land zu schützen, um zu verhindern, daß ihm Arbeitskräfte oder Erntegut verloren gingen. Je mehr Macht der Gutsbesitzer besaß, desto wahrscheinlicher war es, daß die Pächter in der Lage waren, sich selbst und ihre Familien von ihrem kleinen Stück Land zu ernähren, ohne räuberische Überfälle fürchten zu müssen.

Darüber hinaus hielt sich die Bevölkerung an den Shintoismus, die tief verwurzelte Naturverehrung mit ihrem wichtigstem Element, der Treue zum Kaiser, Sproß der Sonnengöttin und selbst göttlich, der das Land Japan geschaffen und Japans Überlegenheit allen anderen Nationen gegenüber postuliert hatte. Im 10. Jahrhundert glaubte man zusätzlich noch an ein Pantheon von über 3 000 Gottheiten, die in Bäumen und Bergen, Wasserfällen, Winden, Sternen und Flüssen wohnten. Vielfach vermittelte der Shintoismus den Japanern eine andachtsvolle Hingabe an ihr Land und ein Gefühl entzückten Staunens über die Schönheiten der Natur; beides ist dem japanischen Volk bis heute erhalten geblieben. Der Shintoismus war durch den Buddhismus und die Ausbreitung des buddhistischen Mönchstums bereichert worden. Japanische Buddhisten suchten die zur Kontemplation erforderliche Ruhe in den Bergen, die von alters her als heilige Stätten in Japan galten. Bei den Eremiten holten sich bekümmerte Menschen – Edelleute und Bauern, Männer und Frauen – oft geistlichen Trost ein; später entwickelten sich die Klöster zu allgemeinen Pilgerstätten.

Grundlegende Widersprüche zwischen Shintoismus und Buddhismus gab es nicht. Wie in Indien fanden auch in Japan Lokalgötter, vertraute Riten und Legenden in die volkstümliche

Ausprägung des Buddhismus Eingang. Der einfache Mann und die einfache Frau fanden Trost in Zeremonien und ließen sich vielleicht vom Anblick eines heiligmäßigen Lebens oder einer Vision erheben, die außerhalb ihrer eigenen bitteren Erfahrungen lag. Wer den Buddhismus jedoch als Lebensweise betreiben wollte, mußte sich gedanklich voll konzentrieren und in der Lage sein, sich über alle materiellen Notwendigkeiten hinwegzusetzen. Für einen Bauern, der wußte, daß seine Familie verhungern mußte, wenn er nicht arbeitete, kam das nicht in Frage. Der kontemplative Buddhismus war reizvoll für all jene, die sich seine Muße leisten konnten. Es gab Menschen, die alles aufgaben, um ins Kloster zu gehen; oftmals jedoch schätzten sie die Zeremonien mehr als das, was dahinter stand. Von vielen Japanern – bei den Fürsten angefangen – erhielten die Mönche Land- und Geldschenkungen, so daß aus Gemeinschaften, die sich der Kontemplation und der Armut verschrieben hatten, reiche Grundbesitzer wurden. Ihre Klöster blieben Pilgerstätten, an denen – zumindest theoretisch – jedermann willkommen war, wurden gleichzeitig aber auch zu komfortablen Ruhesitzen für Reiche. Auch Fujiwara Michinaga zog sich in ein Kloster zurück: etliche Kaiser folgten seinem Beispiel. Es war unvermeidlich, daß die Klöster wohlhabend und weltlich wurden und sich im späteren Bürgerkrieg auf die Seite ihrer mächtigen Schirmherren schlugen. Manche verfügten sogar über eigene Armeen, mit denen sie das Land und gelegentlich sogar die Regierung bedrohten.

Die machtlose Stellung des Gott-Kaisers mußte einem intelligenten Mann recht ärgerlich erscheinen. Gegen Ende des 11. Jahrhunderts fand der Gott-Kaiser einen Ausweg: Er dankte – gewöhnlich zugunsten eines Minderjährigen – noch in jungen Jahren ab und zog sich in ein Kloster zurück. Hier, als »klösterlicher Kaiser«, frei von den rituellen Pflichten des göttlichen Staatsoberhauptes, aber um seiner Heiligigkeit willen verehrt, konnte er beträchtlichen Einfluß auf die Staatsgeschäfte nehmen. Dieses erstaunliche System untergrub das Fujiwara-Regime, schwächte die Zentralregierung und schürte den Groll der kriegerischen Fürsten, bis es zum Aufstand kam. Das Wesen des Hofes brachte es mit sich, daß sich zwischen dem Hofadel und dem viel zahlreicheren Landadel, der ersteren beneidete und verachtete, eine tiefe Kluft aufgetan hatte. Als Mitte des 12. Jahrhunderts der letzte Fujiwara ermordet wurde, begann in Japan ein unbarmherziger Kampf zwischen den beiden mächtigsten

Kriegersippen, den Taira und den Minamoto. Ungewöhnlich heftige Erdbeben, Seuchen, Hungersnöte und Räuberein der »buddhistischen« Soldatenmönche vertieften die Schrecken eines Bürgerkriegs, der erst 1185 mit der Vernichtung der Taira in einer grausamen Seeschlacht endete. Die Taira hinterließen ihre Spuren in der japanischen Literatur in dem Heldenepos *Heike monogatari*, das von ihrem Ruhm und ihrem Sturz berichtet.

Yoritomo Minamoto erhob sich praktisch zum Herrscher Japans unter einem gefügigen Gott-Kaiser, der seine religiösen Pflichten in der schwer zerstörten Hauptstadt Kyoto absolvierte. Die Fujiwara-Shogune waren hauptsächlich Aristokraten gewesen, die auf den niederen Adel herabsahen und aus dem inneren Kreis des Hofes heraus die Fäden zogen. Von ihnen unterschied sich Yoritomo ganz wesentlich. Er führte die Regierungsgeschäfte von Kamakura aus, das er gewählt hatte, weil er dort die gefährlicheren unter den östlichen Kriegerfürsten am besten im Auge behalten konnte. (Die Zeit von 1185 bis 1333 heißt deshalb die *Kamakura*zeit.) Er war skrupellos, gerissen und von leidenschaftlichem Ehrgeiz beseelt, aber auch eine kühne Führerpersönlichkeit, ein klarer Denker und guter Organisator, der die Entwicklung der japanischen Gesellschaft über mehrere Generationen hinweg prägte. Seine politische Organisation spiegelte sehr realistisch die Bedürfnisse und Interessen der grundbesitzenden Kriegsherren wider, ohne deren Hilfe der Staat hilflos war. Der Titel *Shogun* bedeutet Oberbefehlshaber, sein Rat wurde *bakafu* genannt. Disziplin und Lehnstreue wurden die am meisten geschätzten Tugenden, und eine neue, aus Yoritomos Anhängern gebildete Aristokratie trat an die Stelle der enteigneten Fürsten, die seine Rivalen unterstützt hatten.

Yoritomos Verfügungen zeigten Wirkung; allerdings besaß niemand aus seiner Familie sein Durchsetzungsvermögen. Sein schwacher Nachfolger ließ sich die Macht von Hojo, seinem Ersten Minister, aus der Hand nehmen, dessen Nachkommen über ein Jahrhundert lang mit Marionetten-Shogunen das Regiment führten.

Die Stärke des japanischen Systems lag in den *Samurai*, ausgewählten Kriegern, die ihren Herren mit unumschränkter Hingabe anhingen. Von früher Jugend an in militärischer Disziplin erzogen und auf strikte Loyalität eingeschworen, lebten sie nach Regeln, die anspruchsvoller und verpflichtender waren als die des Lehnswesen in Europa. Es gab keine mildernde Barmherzigkeit den Schwachen gegenüber oder Achtung vor dem ehrenvoll

Besiegten. Kapitulation und Lösegelder wie in den Kriegen des Westens waren unbekannt. Der besiegte *Samurai* fiel entweder in der Schlacht oder beging Selbstmord. (Kein Mann von Ehre ergab sich. Dieser unerbittliche Grundsatz hielt sich bis ins 20. Jahrhundert und erklärt unter anderem die schlechte Behandlung westlicher Kriegsgefangener, die sich an den nachsichtigeren und vernünftigeren Regeln ihrer eigenen Völker orientierten). Darüber hinaus konnte der Lehnsherr den Selbstmord auch bei Pflichtvergessenheit fordern. Erstaunlicherweise waren die Samurai oft gleichzeitig Zen-Buddhisten. Der Grundsatz der Gleichgültigkeit allem Materiellen gegenüber ließ sich mit ihrer Lebensführung vereinbaren, und wenn sie über das kampffähige Alter hinaus überlebten, gingen sie oft ins Kloster. Der ungeschriebene, allmächtige Ehrenkodex, der berühmte *Bushido* oder »Weg des Kriegers«, war unter Yoritomo noch nicht voll ausgeprägt, seine Fundamente jedoch waren gelegt. Er entwickelte sich im Laufe der Jahrhunderte, sagenumwoben und in der Literatur verewigt. So wurde beispielsweise Yoritomos Bruder Yoshitsume durch die Eifersucht seines Bruders zum Selbstmord getrieben, obgleich er bei weitem der fähigste von Yoritomos Generälen war. Er wurde ein Nationalheld, der Typus des getreuen Ritters.

Bushido galt nur für Militärs. Ein Kodex, der den Shogunatsgerichten als Leitlinie diente, die sogenannte *Joei*-Gesetzessammlung, war nur auf Krieger zugeschnitten, die auf diese Weise von Bauern, Handwerkern und Kaufleuten ebenso streng getrennt wurden wie im indischen Kastenwesen.

Das Militärregime sorgte für Gesetz und Ordnung, was den Japanern nach den Wirren der letzten Jahre unter den Fujiwara sehr willkommen war. Den Bauern ging es nicht unbedingt schlechter, weil sie sich ihr Recht bei örtlichen Gerichten – ähnlich den Herrschaftsgerichten des Westens – holen mußten und keinen Anteil an den Rechten und Pflichten der Samurais hatten. Die japanischen Bauern waren zumindest freie Menschen, kleine Grundbesitzer – Freisassen im westlichen Sinne – und keine Leibeigenen.

Die höfische Kultur verfiel, aber das Minamoto-Shogunat brachte steigenden Wohlstand für alle. Die Beziehungen mit China gestalteten sich alles in allem freundschaftlich, nicht zuletzt aufgrund des expandierenden Handels. Dank des unternehmerischen Weitblicks der besiegten Taira waren in Japan gute Häfen angelegt und überseeische Handelswege ausgebaut worden.

Nachdem sie die Herstellung kunstvoller Lackarbeiten von den Chinesen gelernt hatten, exportierten die Japaner im 13. Jahrhundert selbst Lackschränkchen nach China. Auch die Bodenschätze in ihren Bergen beuteten sie aus und suchten nach Gold und Quecksilber.

Doch am gefragtesten waren japanische Schwerter. Die langen, gekrümmten Klingen galten als Wunder an Kraft und Schärfe; ihre Griffe und Schneiden waren aufs Kunstvollste gefertigt und verziert. Für die Japaner war die Herstellung eines Schwertes, der lange Prozeß wiederholter Härtung, ein religiöser Ritus, dem eine rituelle Reinigung voranging. Im ganzen Orient waren japanische Schwerter berühmt und begehrt.

Der alte Kaiserhof, verfeinert und nach innen gewandt, bestand weiter. Der Kaiser selbst wurde mit großer Hochachtung behandelt, war aber völlig machtlos. Symbol japanischer Kultur war jetzt das Schwert: Es hatte in der Hand der Samurais eine schreckliche und gefährliche Schönheit erlangt.

4. Der Untergang des Abbasidenkalifats – Persien unter den Seldschuken – Das Schiitenkalifat von Kairo – Die Assassinen – Die moslemische Expansion in Afrika – Christen und Mauren in Spanien – Der Cid

Nach dem Tod ihres größten Herrschers Al-Mamum im Jahre 833 verfiel das Abbasidenkalifat in Persien. Die Mamelucken oder türkischen Sklavensoldaten waren – wie die Prätorianergarde im Römischen Reich – nicht mehr die Leibwächter der Kalifen, sondern ihre Herren. Sie waren es, die Herrscher wählten, absetzten oder ermordeten. In dem Maße, wie die Kalifen zu reinen Marionetten degradierten, begannen Provinzstatthalter, meist aus altpersischem Adel, sich selbständig zu machen und Reiche zu gründen, in denen das Amt des Staatsoberhauptes erblich war. Das war häufig nicht nur für sie selbst, sondern auch für ihre Untertanen von Vorteil, obgleich die Vorherrschaft der Militär- über die Zivilverwaltung sich auf lange Sicht als verhängnisvoll erweisen sollte.

Die Autorität der Samaniden reichte von ihrer Hauptstadt Buchara bis fast zum Tigris. Die Buyiden beherrschten im 10. Jahrhundert Bagdad und den größten Teil des heutigen Irak. Beide waren kenntnisreiche Schirmherren der Künste und Wissenschaften und erreichten mit vereinten Kräften eine Neubelebung der persischen Kultur.

Der Astronom Abd-al-Rahman-al-Sufi (903–36) beobachtete in dem von Al-Mamum 100 Jahre zuvor erbauten Observatorium den Himmel und revidierte in seinem *Buch der Fixsterne* den *Almagest* des Ptolemäus, der über 700 Jahre das Handbuch des Seefahrers gewesen war. Fast ebenso lange stellte das Werk des Abd-a-Rahman die unumstrittene Autorität dar – bis zu Tycho Brahes *Katalog der Sterne* aus dem Jahr 1572 und Galileis Fernrohr um 1600. Ein weiterer arabischer Wissenschaftler, ein Fachmann für Optik, der christlichen Welt als Al-Zazen bekannt, glaubte, es müsse möglich sein, die Sterne mit Hilfe von Parabolspiegeln und Vergrößerungsgläsern sehr viel näher heranzuholen. (Vor der Erfindung des Fernrohrs waren Observatorien nichts anderes als hohe Bauwerke mit gut plazierten Fenstern und Zugang zu einem Flachdach, auf dem einige wenige simple geometrische Instrumente standen).

Auf einem anderen Gebiet studierte und lehrte der Arzt und Universalgelehrte Ibn Sina (980–1037) unter samanidischer Schirmherrschaft. Seine medizinischen und philosophischen Schriften, über das maurische Spanien zu uns gelangt, übten großen Einfluß auf die Gelehrten Westeuropas aus – die seinen Namen falsch, nämlich »Avicenna«, aussprachen. Sein *Buch der Heilungen* war noch im 18. Jahrhundert an einigen medizinischen Fakultäten Europas in Gebrauch, weniger ein Beleg für den schneckengleichen Fortschritt der Wissenschaft als vielmehr ein Kompliment für seine fundierten Informationen.

Die Machtverhältnisse im Mittleren Osten änderten sich jäh, als die rastlosen türkischen Stämme aus dem Elbursgebirge unter Führung der Seldschuken das persische Reich überrannten und 1055 Bagdad einnahmen. In den nächsten 20 Jahren eroberten sie Kleinasien, wo sie ein eigenes Reich – das Sultanat von Rum – gründeten, den byzantinischen Kaiser Romanus IV. in der verhängnisvollen Schlacht von Mantzikert (1071) besiegten und gefangennahmen, Syrien und Palästina eroberten und Jerusalem besetzten.

In Persien, wo die Seldschuken zwei Hauptstädte, Bagdad und Isfahan, hatten, änderten sie wenig an der Regierungsform, übertrugen einer machtlosen Marionette nach der anderen den Kalifentitel und machten sich die Begabung und Erfahrung ihrer persischen Untertanen zunutze, die sie als Berater und Verwaltungsbeamte einsetzten. Es war ihnen durchaus an einem gerechten Staat und einer Förderung von Handel, Kunst und Wissenschaft gelegen, unbewußt aber ließ ihre nomadische Herkunft sie entsprechende Prioritäten setzen. Straßen wurden instandgesetzt und erhalten, Karawansereien für Kaufleute errichtet; jedoch die für die Landwirtschaft so wichtige, seit dem Sturz der Sassaniden vernachlässigte Bewässerung verfiel weiter.

Das seldschukische Persien hatte vor allem künstlerisch wertvolle Keramik und eine reiche Architektur vorzuweisen. Der Ton, der den persischen Töpfern zur Verfügung stand, war grob, so daß sich keine besonders feine Struktur erzielen ließ, dafür aber entwickelten sie eine Technik der Verzierungen in Basrelief (nach dem Muster des T'ang-Reiches in China) und erreichten in der Keramik eine einzigartige Schönheit durch die Vielseitigkeit und Intensität ihrer blauen Glasuren und die Erfindung des Lüsters.

Ihre größte Leistung liegt auf dem Gebiet der Architektur. Als fromme Moslems bauten sie Moscheen, Grabmäler und Minarette, errichteten Schulen und Krankenhäuser. Der Grundriß ihrer Moscheen ging zurück auf den klassischen Bauplan des Königspalastes von Persepolis: ein großer offener Hof mit symmetrisch davon abgehenden gewölbten Räumen. (Viele Moscheen wurden im reichen 16. Jahrhundert umgebaut, die Wölbungen mit strahlendblauen Mosaiken, die Wände mit bunten Kacheln verkleidet, an sich von aufregender Schönheit, aber eben typisch für eine Zeit, die sich in ihren Auffassungen sehr von dem seldschukischen Konzept schlichter, raumgreifender Größe unterschied).

Besonders auffallend an den persischen Bauten der Seldschukenzeit ist der phantasievolle Einsatz von Ziegeln. Bereits die persischen Baumeister des vorangegangenen Jahrhunderts hatten mit Ziegeln experimentiert; unter den Seldschuken erreichte diese Fertigkeit ihren Höhepunkt. Durch die Zusammenfügung kleiner, schmaler Ziegel zu geometrischen Mustern, wobei man die einzelnen Steine verschieden breit hervorstehen ließ, wurden Wandflächen gestaltet, die je nach Lichteinfall von der Morgen- bis zur Abenddämmerung immer wieder ein anderes Bild boten. Die Innenwände, besonders die Kuppeln, fingen das gefilterte Tageslicht oder den Schein der Lampen ein, mit gleichermaßen zauberischem Effekt. Das genügte – auch ohne Farbe oder sonstigen Zierat. Zu den Meisterwerken dieses Stils zählen der Nord- und der Südteil der Freitagsmoschee in Isfahan; beide wurden Ende des 11. Jahrhunderts unter dem bedeutendsten der Seldschukensultane, Malik Schah (1072–1092) errichtet. Der Nordteil ist schon lange berühmt, aber erst bei einer kürzlich erfolgten

Renovierung ist die Kuppel des Südteils, ein unvergleichliches Meisterwerk, zum Vorschein gekommen. Bauherr war Malik Schahs Erster Minister Nizam-al-Mulk, der eine berühmte Abhandlung über die Regierungskunst schrieb, eine Universität in Bagdad und die *madhabs* für Koranstudenten gründete, die sich über ganz Persien verbreiteten. Malik Schah, der auch ein Schutzherr der Gelehrsamkeit war, beauftragte Omar Khajjam, ein Lehrbuch der Algebra zu schreiben und notwendige Änderungen am moslemischen Kalender vorzunehmen. Omar (gestorben 1123), der im Westen in der berühmten Nachdichtung seines Werkes durch Edward Fitzgerald zum bekanntesten aller persischen Dichter wurde, war auch der führende Astronom und Mathematiker seiner Zeit.

Die Seldschuken waren fromme Mohammedaner, aber auch tolerant anderen Religionen gegenüber. Juden und Christen lebten unbehelligt unter ihnen. Die Nestorianer und andere christliche Sekten, unter byzantinischer Herrschaft als Ketzer verfolgt, zogen die duldsamen Seldschuken bei weitem vor.

Wie die Mehrheit der Mohammedaner waren die Seldschuken *Sunniten*. Die Gläubigen, die dem Schwiegersohn des Propheten nachfolgten (ermordet 661), hatten eine strengere Glaubensform, die *schiitische Konfession*, angenommen. Einige von ihnen glaubten auch an die Rückkehr des Propheten in der Reinkarnation des Mahdi, der sie zum Sieg führen würde. Über viele Generationen schien es, als seien die Schiiten fast gänzlich verschwunden, doch Anfang des 10. Jahrhunderts gewannen sie durch Bekehrung Anhänger unter den Berbern, tauchten als militante Macht wieder auf und griffen wahllos die byzantinischen und arabischen Herrscher Nordafrikas und Syriens an. Als sich 969 ihr Kalif Al-Muizz in der neu gegründeten Stadt Kairo (d. h. »Sieg«) niederließ, hatten sie ganz Nordafrika, Syrien, Sizilien und einen Teil Kalabriens in ihre Gewalt gebracht. Unter ihrer Herrschaft, der Fatimidendynastie, entwickelte sich Kairo zu einer wohlhabenden Stadt, die Juden und Kopten Toleranz entgegenbrachte, einer Stadt mit schönen Moscheen, Schulen und einem »Haus der Wissenschaft«, in dem Gelehrte friedlich ihren Studien nachgehen konnten.

Anfang des 11. Jahrhunderts zerstörte der fanatische Kalif Al-Hakim alle den Christen heiligen Stätten in Jerusalem. (Die Situation besserte sich erst, als Ende des Jahrhunderts die toleranteren Seldschuken die Stadt eroberten). Doch Al-Hakim verlor die Unterstützung seines eigenen Volkes, als er behauptete, er sei selbst göttlich. Für die orthodoxen Schiiten war er nur noch der »verrückte Kalif«; nur bei dem kleinen, geheimnisvollen Volk der Drusen gilt er bis heute als heilig.

Ein Streit über die Nachfolge im Kalifat führte zu einer Spaltung unter den Schiiten. Unversöhnliche Splittergruppen flüchteten sich nach Syrien und Persien und besetzten (oder bauten) Festungen im Gebirge, von wo sie Todesboten zur Ermordung ihrer Feinde ausschickten, unter anderem des bedeutendsten aller Seldschukenherrscher, Malik Schah, und seines Ministers Nizam-al-Mulk. Diese Morde wurden in einem offenbar durch Haschisch herbeigeführten Zustand religiöser Ekstase verübt, so daß die Mörder als die *Haschischi* oder – in westlicher Transliteration – als *Assassinen* bekannt wurden. Über ein Jahrhundert betrieben sie ihren religiösen Terrorismus, dann wurden sie von den Mongolen vernichtet.

Indessen überrannte in Afrika der fanatische Berberstamm der Almoraviden Marokko. Ihr Anführer, Yusuf Ibn Tashfin, ließ die ummauerte Stadt Marrakesch erbauen (ca. 1066). Für den Wüstensohn war die ideale Stadt eine Oase, und Marrakesch die größte Oase der Welt, auf allen Seiten von einem riesigen Palmenhain umgeben, den er selbst gepflanzt hatte, verschönt durch üppige Gärten und gewaltige Staubecken. Sie wurden von Flüssen gespeist, die über Kanäle von den Gletschern des Atlasgebirges durch die Ebene geleitet wurden. Bis der Tourismus des 20. Jahrhunderts alle Berechnungen über den Haufen warf, brauchte Marrakesch keine zusätzliche Wasserversorgung. Die Sehnsucht dieses fanatischen Eroberers nach der vollkommenen Oase war einer seiner wenigen liebenswerten Züge.

Eine andere kriegerische Berbersippe trug den moslemischen Glauben quer durch die Sahara in das zwischen Niger und Senegal gelegene schwarze Königreich Ghana. Bedenkenlos zerstörten die Berber die ghanaische Hauptstadt Kumbi Saleh. Statt einer dauerhaften Eroberung erreichten sie aber nur die Zersplitterung eines blühenden, geeinten Reiches in ein Dutzend Stammesfürstentümer. Dem Propheten aber leisteten sie gute Dienste; das Volk wurde bekehrt.

Yusuf Ibn Tashfin und seine Almoraviden, jetzt Herren von Marokko, blickten über die Meerenge nach Spanien hinüber und mißbilligten, was sie dort sahen. Die maurischen Eroberer hatten nur wenige Frauen nach Spanien mitgebracht. Drei Jahrhunderte der Mischehen mit Einheimischen hatten ihr Blut verdünnt und eine christlich-islamische Mischkultur entstehen lassen.

Der Norden mit Asturien, Leon und Navarra war christlich geblieben. König Sancho III. hatte Santiago de Compostela als Wallfahrtsort gefördert und sich Kluniazensermönche zur Betreuung der heiligen Stätten geholt. Der Ort wurde rasch zu einer der beliebtesten Pilgerstätten in Westeuropa.

Das weiter südlich gelegene christliche Königreich Kastilien baute seine Macht aus, indem es sich die Zwistigkeiten zwischen den Mauren und den Verfall ihrer Kampfkraft zunutze machte. Dennoch gab es vieles, was Christen und Mauren – im Krieg wie im Frieden – aneinander bewunderten und einander abzusehen versuchten. Zu Feindseligkeiten kam es abgesehen von einigen wenigen heftigen Ausbrüchen nur gelegentlich. Ein aggressiver Kalif aus Cordoba forderte einen christlichen Gegenangriff heraus, der damit endete, daß die Stadt 1010 geplündert wurde. Die Fürsten von Sevilla, das nach dem Fall Cordobas zum wichtigsten maurischen Stadtstaat geworden war, verhielten sich viel versöhnlicher. Zur Zeit des Ibn Tashfin war ein liebenswürdiger Kalif, der Gedichte schrieb, bereit, dem christlichen Alfonso von Kastilien eine seiner Töchter zur Frau zu geben.

Alfonso VI. (1065–1109) bewunderte in seinen frühen Jahren Landwirtschaft und Handelsmethoden der Mauren, ermunterte sie, neue Gewerbe in sein Reich einzubringen und Bewässerungssysteme anzulegen. Er sah auch, wieviel Nutzen die maurische Wirtschaft aus den jüdischen Gemeinden zog, die unter den Mohammedanern nicht belästigt wurden. Eine gedeihliche Zusammenarbeit hätte eine äußerst fruchtbare gemeinsame Kultur entstehen lassen können, aber auf beiden Seiten regte sich Widerstand. Heilige Männer unter den Moslems warfen dem Fürsten von Sevilla vor, er paktiere mit Ungläubigen, und Kluniazensermönche predigten so lange die christliche Pflicht, die Heiden zu bekämpfen, bis Alfonso einen Eroberungsfeldzug startete, die christliche Grenze bis nach Tagus vorschob und 1085 Toledo nahm. Yusuf Ibn Tashfin mußte reagieren und ging mit seinen wilden Berbern zum Angriff über, begleitet vom drohenden Laut der Trommeln (Afrikas Geschenk an die europäische Kriegführung). Er setzte den schwachen Herrscher von Sevilla ab und warf sich mit all seinen Truppen auf das christliche Spanien. Der nachfolgende Krieg, in dem die Christen nur mit Mühe ihre Stellung behaupten konnten, änderte den Verlauf der spanischen Geschichte und band durch die Ablehnung der moslemischen Welt Spaniens Kultur unwiderruflich an das katholische Europa.

Die Historiker haben Alfonso VI. als unbeugsamen Kämpfer

und umsichtigen Diplomaten gewürdigt. Die Volksmeinung aber schreibt die Verteidigung des christlichen Spanien einem ganz anders gearteten Mann zu, dem spanischen Nationalhelden Rodrigo Diaz de Vivar, genannt *El Cid Campeador* (»Cid«, der Titel, den ihm die Mauren gaben, bedeutet Herr; »Campeador« ist das spanische Wort für Krieger). Historisch gesehen ging es diesem zähen Kämpfer aus Kastilien mehr darum, sich eine unabhängige Stellung zu erobern als um einen Sieg über die Mauren, obgleich er dadurch, daß er sich in Valencia festsetzte, zumindest ihren Vormarsch zum Stillstand brachte. Sein Ruf jedoch gründet sich auf volkstümliche Balladen und das Epos *Cantar de Mio Cid,* das etwa 50 Jahre nach seinem Tod entstand. Der Mensch hinter den Mythen war ein mutiger und verschlagener Abenteurer; von den vielen Glücksrittern dieser Art, die zu seiner Zeit in Europa lebten, wurde er allein zum Symbol und Helden eines ganzen Volkes.

5. Die Normannen in der Normandie, in Italien, Sizilien und England

Die erfolgreichsten Glücksritter jener Epoche waren die Normannen, Abkömmlinge der Wikinger, die 912 in Frankreich Land zu Lehen bekommen hatten. Der Herzog der Normandie, wie ihr Führer sich inzwischen nannte, war – zumindest theoretisch – dem französischen König lehnspflichtig. Seine Untertanen heirateten in die fränkisch-keltische Bevölkerung des Landes ein und brachten eine Mischrasse hervor – die Normannen –, in denen sich die unbändige Abenteuerlust und Kraft der Wikinger mit ungewöhnlicher gepaart hatten. Bald wurden diese Seeräubersprößlinge berühmt für ihre Reiterkünste. Den stetigen Machtzuwachs verdankten sie ihrer Kavallerie und ihren befestigten Burgen.

Diese Burgen, möglichst auf einer natürlichen Erhebung, sonst auf einem künstlichen Hügel erbaut, bestanden aus einem zentralen Turm, der als Lagerhaus, Wachlokal und Magazin diente und von Wall und Graben umgeben war. Das war das Grundmuster, das sie in Nordfrankreich vorfanden und ihren Zwecken anpaßten. Der Turm konnte ein imponierender Steinbau sein, der Wall eine feste Mauer, breit genug, um sie mit Bewaffneten besetzen zu können, der Graben maß 7 Meter und war mit einer Zugbrücke versehen. In vielen Fällen kamen eine zweite oder dritte Umfassungsmauer hinzu und weitere Baulichkeiten für

Vieh, Vorräte und Waffen. Die Burgen wurden immer größer, stärker befestigt und komplexer und beherrschten schließlich das europäische Militärbauwesen. Häufig war das Gelände innerhalb der Umfassungsmauern groß genug, um Vieh darauf weiden zu lassen und sich so mit den wichtigsten Nahrungsmitteln selbst zu versorgen. Die größten Burgen dieser Art waren selbständige Einheiten, darauf eingerichtet, langen Belagerungen standzuhalten. Von den Burgen aus streiften berittene Patrouillen durch das Umland, verbreiteten den nötigen Respekt unter der Bauernschaft und wehrten feindliche Eindringlinge ab. Die Normannen waren, als sie in Frankreich siedelten, zum Christentum übergetreten; in dem Maß, wie sich ihr eigenartiger französischer Dialekt herausbildete, lösten sie sich von den Sagen ihrer Vorväter und übernahmen die ihrer neuen Heimat. Roland, der Paladin Karls des Großen, der bei Roncesvalles im Kampf gegen die Sarazenen fiel, war der Held ihres Lieblingswerkes, der *Chanson de Geste*, die im 11. Jahrhundert entstand. Von den Franzosen übernahmen sie auch die für eine weitgehend des Lesens und Schreibens unkundige herrschende Klasse so wichtige Gewohnheit, Geistliche als Verwaltungsbeamte und Berater einzustellen. Sehr bald versorgten sie ihre jüngeren Söhne und Bastarde – ohne Rücksicht auf eine vorhandene oder nicht vorhandene geistliche Berufung – mit kirchlichen Ämtern, so daß ein großer Teil der Geistlichkeit verwandtschaftliche Bindungen zum Herzog und seinen Baronen besaß. Aber die Normannen beschäftigten auch gelehrte, weise und fromme Männer, denen sie sogar hohe Wertschätzung entgegenbrachten. Die normannische Frömmigkeit war mit Aberglauben und Oberflächlichkeiten durchsetzt, aber aufrichtig.

Ende des 10. und im 11. Jahrhundert erlebte Europa aufgrund der friedlicheren Zeiten einen Bevölkerungszuwachs. In der Normandie, die während der sich über 100 Jahre hinziehenden Wikingerüberfälle entvölkert, dann aber von den kraftvollen Neuankömmlingen wiederbelebt worden war, förderte dieser Tatbestand noch die Abenteuerlust. Der Herzog regierte mit fester Hand, Burgen durften ohne seine Erlaubnis nicht gebaut werden, den *vicecomes*, seinen allgegenwärtigen Beamten, unterstanden Besteuerung und Rechtsprechung. Jüngere Söhne normannischer Ritter, die ungeduldig auf eine Chance warteten, sammelten ein paar Gefolgsleute um sich und verdingten sich als Söldner im Ausland. Dieser Brauch war auch bei ihren Verwandten in Norwegen üblich, die man sogar in Byzanz fand.

Die Normannen wollten mehr als Sold und Beute. Wie die Mamelucken der Abbasiden-Kalifen strebten die Fähigsten und Ehrgeizigsten unter ihnen nach unabhängigen Fürstentümern. Durch Infiltration, Diplomatie oder Eroberung schwangen sich einige dieser Freibeuter zu Herren von halb Italien, ganz Sizilien, Korfu, Rhodos, Zypern, Teilen von Syrien und Kleinasien auf. Unter ihnen fällt eine erstaunliche Familie auf; drei Brüder, Söhne eines kleinen Ritters, dessen Burg in Hauteville für ihren Ehrgeiz zu klein geworden war, zogen nacheinander mit einer Schar von Anhängern nach Italien, um ihr Glück als Söldner zu machen. Sie hatten sich bereits Apulien angeeignet, als ein vierter Bruder, Robert (später mit dem Beinamen Guiscard = »der Listenreiche« belegt), zu ihnen stieß, der sich ganz Süditalien unterwarf. Nach dem willkommenen Tod seiner älteren Brüder erkannte der Papst Robert als Herzog von Apulien und Lehnsmann des Vatikans an; bald jedoch war Robert eher der Herr denn der Vasall des Papstes. Er schlug sich auf die Seite der römischen gegen die byzantinische Kirche, besetzte Bari, den letzten byzantinischen Außenposten in Süditalien, baute eine Flotte, nahm Korfu, faßte an der dalmatinischen Küste Fuß und landete mit einer Invasionstruppe in Epirus. Indessen machte er sich als wahrhaft christlicher Ritter daran, Sizilien von den Mauren zu »befreien«. Nachdem Messina gefallen war, überließ er es seinem eigenwilligen jüngeren Bruder Roger, die Eroberung zu vollenden. Roger brachte sich durch Ränkespiele und Gewalt in den Besitz der ganzen Insel und rundete sein Reich gleich noch durch Malta und Gozo ab.

All das erreichten die Brüder in nicht einmal 50 Jahren (1042–1091) durch beachtliches Führungstalent und einen intelligenten Opportunismus, mit dem sie sich die Zwistigkeiten italienischer Herrscher, byzantinischer Beamter und – in Sizilien – rivalisierender moslemischer Emire zunutze machten. Ihr Erfolg zog viele Normannen an, aber den größten Teil ihres Heeres hoben sie vor Ort aus, nahmen Gefangene und geflüchtete Leibeigene in ihre Reihen auf und rekrutierten in Sizilien Hunderte moslemischer Sklaven. Sie sicherten ihre Besitzungen durch strategisch günstig gelegene Burgen und achteten besonders darauf, die Häfen zu halten und zu befestigen. Als Herrscher erhoben sie Anspruch auf alles Land, enteigneten aber nur ihre unversöhnlichen Gegner. Die übrigen – Einheimische wie auch ihre normannischen Anhänger – erkannten sie als Lehnsleute an. Als die Herrschaft ihnen sicher war, verhielten sie sich tolerant ihren nichtchristlichen Untertanen gegenüber und ließen die zahlreichen Moslems und Juden auf Sizilien in Frieden leben und Handel treiben. Die von Konstantinopel ernannten Bischöfe ersetzten sie durch Bischöfe, die sie von Rom berufen ließen – und machten dadurch das Schisma zwischen der lateinischen und der griechischen Kirche zu einem Dauerzustand.

Im Verwaltungsbereich verhielten sie sich wie die meisten weisen Eroberer: Sie übernahmen das Vorhandene und erfüllten es mit ihrem Geist. Das byzantinische System in Süditalien und die Verwaltungsmethoden der Moslems auf Sizilien waren weit fortschrittlicher als alles, was sie bisher gekannt hatten. Sie fanden einen Kader erfahrener Beamter, gut ausgebildeter Schreiber und eine hochentwickelte Rechts- und Finanzverwaltung vor; alle diese Einrichtungen wurden von den Normannen voll genutzt.

Der bedeutendste Normannenherrscher auf Sizilien war Roger II., der 1105 als Minderjähriger an die Macht kam und von 1130 bis 1154 selbst die Regierungsgeschäfte führte. Unter ihm entwickelte sich Sizilien zu dem wohlhabenden Kern eines mediterranen Reiches. Es stärkte seine Stellung wesentlich, daß er einen Teil der nordafrikanischen Küste und Süditaliens hinzugewinnen konnte – gegen den Widerstand des Papstes, der schließlich genötigt war, ihn als König von Sizilien und Süditalien anzuerkennen. Roger II. war ein fähiger und toleranter Herrscher, unter dem Araber, Juden und Christen gleichberechtigt waren. An seinem glanzvollen Hof in Palermo förderte er unter anderen Gelehrten den Geographen Al Idrisi, der eine Weltkarte für ihn zeichnete und eine silberne Planisphäre herstellte, die uns leider nicht erhalten geblieben ist.

Indessen hatte 1066 der Herzog der Normandie England erobert. Als Vetter des englischen Königs Eduard des Bekenners, der kinderlos geblieben war, bezeichnete er sich als den rechtmäßigen Erben. Er war jedoch selbst unehelich, und sein Anspruch auf den Thron war sogar in der Normandie angefochten worden. Wilhelm der Bastard war noch ein Kind, als sein Vater starb; die ersten 12 Jahre seiner normannischen Herrschaft vergingen mit Kämpfen um die Sicherung seiner Position. Mit 20 galt er als erfahrener Soldat, geachtet wegen seines Könnens, gefürchtet wegen seiner rachsüchtigen Skrupellosigkeit. Nachdem er in seinem eigenen Herzogtum die Herrschaft gefestigt hatte, vergrößerte er sein Territorium durch Annexion der Provinz Maine.

Als Eduard der Bekenner gestorben war, wurde Harold, der fähigste und mächtigste unter den angelsächsischen Königen, zum König von England gekrönt. Zehn Monate später setzte Wilhelm der Bastard mit seinen Truppen über den Ärmelkanal. Harold, der soeben im Norden einen weiteren Eindringling, den König von Norwegen, besiegt und getötet hatte, zog in Gewaltmärschen gen Süden; Wilhelm war bereits bei Hastings gelandet. Am 14. Oktober siegte nach langem Kampf Wilhelms Kavallerie über das Fußvolk der Angelsachsen, die den Mut verloren hatten, als Harold fiel. Aus Wilhelm dem Bastard wurde *Wilhelm der Eroberer*, und ein rücksichtslos in seinen Herrschaftsbereich eingebundenes England war fortan ein Teil Westeuropas. Die im vergangenen Jahrhundert so starken Bindungen nach Skandinavien besaßen keine Bedeutung mehr.

Die regulären Kämpfe endeten mit Harolds Tod, allerdings kam es noch jahrelang zu sporadischen Aufständen, und in den unzugänglicheren Regionen hielt sich hartnäckiger Widerstand. Wilhelm unterwarf den Norden mit vernichtender Grausamkeit. Um seine Anhänger so belohnen zu können, wie sie es erwarteten, enteignete er alle, die rebellierten oder Widerstand leisteten – damit nahezu die gesamte angelsächsische Oberschicht. Mit der Belehnung seiner Anhänger verband er auch Lehnspflichten, insbesondere die Stellung eines Kontingents von Berittenen, die genau festgelegt und von dem Vasallen des Königs beeidet werden mußten, ehe er seine Güter in Besitz nehmen konnte. Damit wurden die Normannen, Fremde in einem besiegten Land, durch die persönliche Treuepflicht und eigenes Interesse eng an ihren mächtigen Herzog gebunden.

Im übrigen übernahm Wilhelm die bestehenden angelsächsischen Einrichtungen unverändert, abgesehen von einigen sinnvollen Verbesserungen. Das Rechtssystem beließ er praktisch so, wie er es vorgefunden hatte, er tastete auch die Unterteilung des Landes in Grafschaften und Bezirke mit ihren örtlichen Gerichtshöfen nicht an, verlieh aber dem Sheriff, dem vom König als Aufseher über die Grafschaft eingesetzten Beamten, vermehrte Machtbefugnisse. In der Normandie hatte er seine Barone durch die ihm direkt unterstellten *vicecomes* überwachen lassen; entsprechende Vollmachten erhielten jetzt die englischen Sheriffs. Er kombinierte auch den alten angelsächsischen *witan* (einen Rat »weiser Männer«, d. h. Adliger, Geistlicher und Richter) mit der europäischen Feudalversammlung, einem Rat der wichtigsten Vasallen des Königs. Bei den großen Versammlungen, die unter

Wilhelm regelmäßig abgehalten wurden, ging es ihm nicht um Volksnähe, sondern um den Kontakt mit den Großen des Reiches, die wichtig für ihn waren.

Auch das angelsächsische System der Besteuerung, das auf der Landbemessung basierte, behielt er bei, ordnete aber mit normannischer Gründlichkeit an, das Gebiet südlich des Humbers zu registrieren, um die Eintreibung der Steuern zu erleichtern. Das erstaunliche Werk war innerhalb eines Jahres (1086/1087) fertiggestellt und wurde allgemein bekannt unter dem Namen *Doomsday Book*, weil gegen seine Festlegungen ebensowenig Berufung möglich war wie gegen das Urteil des Jüngsten Gerichts. Trupps von Kommissaren mit ihren Sekretären und Schreibern waren unermüdlich auf den grauenvollen Straßen unterwegs, setzten ihre Untersuchungsausschüsse ein, riefen sechs Dorfbewohner mit ihrem Priester und Gemeindevorsteher aus jedem Ort zusammen und ließen sich unter Eid die Namen der Pächter und Unterpächter, die Anzahl der Familien, der Pflüge, der Äkker unter dem Pflug, der Weiden, Mühlen und Fischteiche nennen und alle sonst zweckdienlichen Informationen geben. (Die angelsächsischen Bauern arbeiteten in einer Art Kooperative; Pflüge und Zugtiere waren Gemeinschaftsbesitz, das Land wurde in drei Felder geteilt, von denen jeweils zwei bestellt wurden und eins ruhte). Die Berichte wurden dann zur Veranlagung der Steuern in eine ordentliche und übersichtliche Form gebracht. Das Ergebnis ist das wertvollste und aufschlußreichste Dokument der englischen Geschichte – gleichzeitig ein Denkmal normannischer Verwaltungskunst. Etwas Vergleichbares in Umfang und Detail hatte der Westen bisher noch nicht gesehen.

Wilhelm der Eroberer hatte sich – wie Guiscard in Italien – mit dem Papst verbündet. Eduard der Bekenner, Erbauer der Westminster-Abtei, war zwar ein frommer Mann gewesen, dennoch war die englische Kirche im vergangenen Jahrhundert in Verfall geraten. Der Papst erhoffte sich deshalb von dem unternehmenden Wilhelm eine Wiederherstellung geordneter Verhältnisse. Der neue Erzbischof Lanfranc, ein gelehrter und sympathischer Benediktinermönch, war Italiener. Er hatte lange in der Normandie gelebt; Wilhelm und er schätzten sich gegenseitig. Lanfranc unterstützte zwar Wilhelms Entscheidung, die englischen Bischofssitze mit Normannen zu besetzen, aber die von ihm eingeführten monastischen Reformen, sein Interesse am Bildungswesen und sein Einsatz für wohltätige Einrichtungen wirkten zivilisierend. Er war durchaus für eine Partnerschaft von Kirche und Staat, fand aber, daß beide letztlich völlig unterschiedliche Zuständigkeiten hatten, und überredete den König zu einer Trennung der geistlichen und der weltlichen Gerichte. Zu jener Zeit war das eine sinnvolle Entscheidung, später allerdings entstanden daraus Reibereien und Mißbrauch.

Die Eroberung durch die Normannen stellte Gesetz und Ordnung wieder her, von denen in den letzten Jahren des angelsächsichen Reiches kaum mehr eine Spur geblieben war. Alte, durch die normannische Verwaltung zu neuem Leben erweckte Institutionen bildeten das Fundament, auf dem sich später ein beachtliches Staatsgebäude erheben sollte. Doch immer noch litten die Engländer in düsterem Groll unter der grausamen Niederschlagung von Aufständen und der brutalen Behandlung der Pächter durch normannische Grundbesitzer. Überdies wurden allenthalben Dörfer niedergerissen, um Wälder als Reviere für Jagden entstehen zu lassen, mit deren Erträgen der König und seine Vasallen ihre Vorratskammern füllen konnten. Es dauerte lange, bis sich die geknechteten Sachsen, beherrscht von bewaffneten Fremden, die ihrer Sprache nicht mächtig waren, ihren normannischen Lehnsherren durch gemeinsame Ziele, Achtung oder gar Loyalität verbunden fühlten. Dazu kam es schließlich durch Einheiraten der Eroberer und einer Vermischung der Rassen und – überraschenderweise – die Durchsetzungskraft der englischen Sprache, die sich beharrlich von unten nach oben hin verbreitete, bis sie im 14. Jahrhundert das normannische Französisch in der Gesellschaft und sogar bei Hofe (nur nicht im Jargon der Anwälte) verdrängt hatte.

In dem Jahrhundert vor der Eroberung hatte trotz dänischer Überfälle, trotz sozialer Wirren und politischer Widrigkeiten die angelsächsische Kultur eine letzte Blütezeit erlebt. Die Baumeister hatten den Stein als Material entdeckt und begannen, ihre Kirchen mit kraftvoll-schlichten Basreliefs zu verzieren. Die Klosterschreiber hatten die einst von den Mönchen in Northumbria und Irland geübte Kunst der Illustration nicht verlernt. Und – was wichtiger für die Zukunft der englischen Literatur war – sie hielten die angelsächsische Dichtung schriftlich fest. Verständlicherweise bevorzugten sie Hymnen und fromme Verse, bewahrten aber auch das alte Epos *Beowulf* und andere weltliche Stücke auf. Am Vorabend der normannischen Eroberung existierte eine vielseitige, phantasievolle angelsächsische Literatur, nicht nur mündlich überliefert, sondern auch in schriftlicher Form. Vielleicht haben wir dieser Tatsache das Überleben und letztlich den Sieg der englischen Sprache über das normannische Französisch der Eroberer zu verdanken.

6. Kirche und Staat: Kooperation und Rivalität

Mit dem Bevölkerungszuwachs in Europa ging auch ein allmählicher Aufschwung in der Landwirtschaft und im Wirtschaftsleben einher. Die schon bei den Römern bekannten Wassermühlen, die bis dahin wenig benutzt worden waren, breiteten sich aus; das *Doomsday Book* verzeichnet allein in England 6000. Man konnte sie, nachdem ein unbekannter Wohltäter das Zahnrad erfunden hatte, auch zum Schneiden von Stein und zum Sägen von Holz einsetzen. Der seit der Römerzeit fast in Vergessenheit geratene Bergbau wurde in kleinem Maßstab wieder aufgenommen; hauptsächlich förderte man Kupfer, Eisen und ein wenig Silber. Das Pflügen mit dem Pferd hatte sich zur Zeit der Normannen bereits überall durchgesetzt. Im 11. Jahrhundert kam das Ortscheit auf, ein gleicharmiger Hebel, an dessen Enden die Zugstränge oder Ketten der Pferde eingriffen, und das die Last gleichmäßiger verteilte. Man baute nun wieder Wagen mit schwenkbarer Vorderachse, die schon die Römer benützt hatten. Im 12. Jahrhundert taucht der große mehrspännige Wagen mit vier Rädern auf – eine Art Revolution im Straßenverkehr. (Die späteren Kutschen und die ersten Formen unserer Eisenbahnwaggons gehen auf diese schwerfälligen alten Ungetüme zurück).

Schon im 7. Jahrhundert hatte die Kirche das Abhalten von Märkten und Messen an beliebten Wallfahrtsorten oder unter dem Schutz von Klöstern gefördert; die Messe von St. Denis bei Paris ist eine der ältesten in Europa. Zunächst wurden nur wenige und einfache Waren verkauft, beispielsweise Getreide, Wein, Schafhäute, Salz, Butter, Trockenfisch, Honig und Färberwurzel, aus der sich die beliebte rote Farbe gewinnen ließ. Reisende Kaufleute brachten gelegentlich auch Luxuswaren wie Gewürze, Seide, Schmuck und Zierat aus Silber oder Schachfiguren aus Fischbein mit.

Ein weiteres Zeichen der Stabilität ist, daß ab dem 11. Jahrhundert überall im Westen der bereits – im 6. Jahrhundert vom Vatikan eingeführte – Kalender übernommen wurde, der zwar hinsichtlich der Datierung von Christi Geburt vermutlich ungenau war, sich aber dennoch in der ganzen christlichen Welt durchgesetzt hat.

Die während der Wikingerüberfälle fast ganz zum Erliegen gekommenen Wallfahrten lebten wieder auf. Erfolgreiche Ritter samt Gefolge empfanden das Bedürfnis nach Absolution, wenn die Tage der Eroberung hinter ihnen lagen. Sweyn Godwineson, dem etliche Morde und die Vergewaltigung einer Äbtissin aufs Gewissen drückten, schwor, barfuß nach Jerusalem zu pilgern. Der Vater von Wilhelm dem Eroberer, zu Recht Robert der Teufel genannt, hatte die Reise dorthin komfortabler zurückgelegt, war aber auf dem Heimweg gestorben. Der Weg war lang und gefährlich, aber Tausende gingen ihn. Einmal tat sich für die Wallfahrt nach Jerusalem eine riesige Reisegruppe – es sollen 7 000 Pilger gewesen sein – aus Deutschland zusammen. 2 000 von ihnen widerstanden Unfällen und Krankheit und kehrten in die Heimat zurück. Zahlreiche Pilger, arm und reich, unternahmen Wallfahrten in das näher gelegene Rom oder nach Santiago de Compostela.

Die Zerstörung der Klöster durch die Wikinger hatte das Mönchstum entmutigt. Im 10. Jahrhundert ging von der 909 bei Macon gegründeten berühmten Abtei Cluny ein neuer Geist aus, der Reformen mit sich brachte und Begeisterung weckte. Die »Schwarzen Mönche», wie man diese reformierten Benediktiner, die *Kluniazenser*, nun nannte, hielten sich streng an das ihnen von ihrem Orden auferlegte Gebot des Fastens, des Gebets und der Arbeit, suchten aber Gott nicht nur durch fromme Hingabe, sondern auch durch ernsthafte Studien und in der glanzvollen Schönheit ihrer Kirchen zu verherrlichen. Allenthalben entstanden in Westeuropa Kluniazenserabteien und *Priorate*, bunt ausgemalt und mit Skulpturen geschmückt, mit kunstvoll geschmiedeten Leuchtern und Goldzierat. Das Mutterhaus behielt sich noch lange die Berufung von Äbten an die vielen Neugründungen vor und wahrte dadurch die Einheitlichkeit der Organisation und der Gesinnung. Im 11. Jahrhundert stand die Kirche ganz unter kluniazensischem Einfluß.

Ende des 11. Jahrhunderts entstand in Cîteaux ein weiterer reformierter Benediktinerorden, der Orden der *Zisterzienser* oder »Weißen Mönche«. In knapp 50 Jahren wurden – hauptsächlich dank der zielstrebigen Energie des heiligen Bernhard von Clairvaux – über 300 Klöster dieses Ordens gegründet. Die Regeln der Zisterzienser waren eine Reaktion auf kluniazensischen Überschwang: Sie lehnten die Freude an von Menschenhand geschaffener Schönheit ab und verbrachten ihre Tage im Gebet, im Studium, in strenger Selbstdisziplin und frommer Hingabe vor allem an die Jungfrau Maria. Nach Möglichkeit bauten sie ihre Priorate in entlegenen, unwirtlichen Gegenden. Die Schar der Mönche war klein, der Orden aber nahm zunehmend Laienbrüder für die Bestellung seiner Ländereien auf. Die Zisterzienser wurden dadurch bedeutende Landbesitzer, Pioniere und Experten in der Landwirtschaft, im Weinbau und in der Schafzucht. Im Laufe mehrerer Generationen waren aus den asketischen Zisterziensern erfolgreiche Bauern und Wollhändler geworden, deren Einfluß auf die Wirtschaft Westeuropas letztlich dauerhafter war als ihre geistlichen Bemühungen.

Der Einfluß der Kluniazenser hatte soziale und politische Auswirkungen. Ihre Lehren mäßigten die Grausamkeit der herrschenden Klasse, indem sie das Ideal des christlichen Ritters formulierten, der nur für die gerechte Sache kämpfte, die Frauen ehrte, die Schwachen schützte und zu seinem Wort stand. Tatsächlich hielten sich die wenigsten Ritter an diese Regeln, aber daß es sie überhaupt gab, dämmte die Gewalttätigkeiten zumindest ein. Die Klunianzenser propagierten die Doktrin des »gerechten Krieges« – ein Begriff, der vom heiligen Augustinus stammt. Der »gerechteste aller Kriege« war der gegen Ungläubige. In Spanien setzten diese »gerechten Kriege« dem friedlichen Zusammenleben und -arbeiten von Christen und Mauren ein Ende. (Gerechterweise muß gesagt werden, daß es die Fanatiker unter den Mohammedanern nicht anders hielten.) Vor allem aber predigten die Kluniazenser die Befreiung Jerusalems als das große Ziel christlichen Rittertums.

In der Politik war die erste Frucht der kluniazensischen Reform der als *Investiturstreit* bekannt gewordene Bruch zwischen Staat und Kirche, der Westeuropa über ein Jahrhundert spaltete. Lange war die Partnerschaft von Kirche und Staat Grundlage einer stabilen Regierung gewesen. Könige und Kaiser berieten sich natürlich mit ihren Vasallen, deren Waffen ihnen unentbehrlich waren; in Fragen der Zivilverwaltung jedoch stützten sie sich auf den Rat ihrer Bischöfe, gebildeter Männer mit Verwaltungserfahrung und juristischen Kenntnissen. Diese Zusammenarbeit korrumpierte zwangsläufig die Kirche. Kluge Herrscher sorgten dafür, daß ihre Brüder und Bastarde Priester wurden, und umgaben sich so mit willfährigen Kirchenleuten, während ehrgeizige junge Männer die Kirche als Weg zur Macht sahen.

Mit den Kluniazensermönchen und ihren Schülern traten nun neue, unverdorbene Kräfte auf den Plan. 1049, mit der Wahl von Papst Leo IX., bemächtigten sich die Kluniazenser des Heiligen Stuhls. In den kurzen fünf Jahren seiner Herrschaft setzte er sich energisch für das Supremat der geistlichen Macht ein. Nach einem kurzen Zwischenspiel folgte ihm Hildebrand, einer seiner engsten Vertrauten und ebenfalls Kluniazensermönch, der 1073 als Gregor VII. zum Papst gewählt wurde.

Den schlimmsten Mißstand stellte in Gregors Augen die Dominanz der weltlichen Fürsten dar. Diese »primitiven Machtmenschen« hatten sich im Lauf der Zeit die Einsetzung von Bischöfen zur Gewohnheit gemacht und beanspruchten dies jetzt als ihr Recht. Doch das Bischofsamt war heilig; es konnte nur in der apostolischen Nachfolge und durch Handauflegung eines anderen Bischofs verliehen werden. In jedem Fall war die Zustimmung des Bischofs von Rom, also des Papstes, erforderlich. Welcher weltliche Herrscher würde sich widerspruchslos gefallen lassen, daß eine fremde Macht seine Minister ernannte?

Beiden Parteien lag die Frage sehr am Herzen. Nachdem die weltliche Macht die Vorherrschaft gewonnen hatte, war Intriganten, ausschweifenden Angehörigen und willfährigen Anhängseln der Monarchen Tür und Tor geöffnet. Unter dem Einfluß von Cluny versuchte das Papsttum, sich wieder durchzusetzen. Gregors Vorgänger hatte die Laieninvestitur verboten, Gregor führte den heiligen Kampf fort.

Sein Gegenspieler war der junge Kaiser Heinrich IV. Seit Otto dem Großen hatte eine Reihe deutscher Könige den Kaisertitel getragen; einer von ihnen war heilig gesprochen worden. Ihr Reich, begrenzt vom Rhein im Westen, der Elbe im Osten, der Donau im Süden und der Ostsee im Norden, war, wenn auch ständig vom übermächtigen Adel bedroht, das größte der westlichen Christenheit. Das Recht, Bischöfe einzusetzen, war daher für deutsche Kaiser unabdingbar, denn deren Unterstützung war für sie als Gegengewicht zu den weltlichen Fürsten von entscheidender Bedeutung.

Moralisch war der Papst im Recht, politisch der Kaiser. Ein Kompromiß war unmöglich. Gregor exkommunizierte Heinrich, dann flüchtete er aus Angst vor mächtigen Feinden in die Burg Canossa am Fuß der Alpen. Aber Heinrich war zu schlau für ihn: Plötzlich, zur Weihnachtszeit – das Land war tief verschneit – erschien er vor Canossa im schlichten Büßergewand; manche sagen, er sei barfuß gewesen. Als barmherziger Christ konnte

Gregor ihm die Absolution nicht verweigern (1071). Heinrich, nicht länger mit dem Kirchenbann belastet, wartete eine passende Gelegenheit ab, dann setzte er einen Gegenpapst ein und führte Krieg gegen Gregor. Gregor wandte sich an seinen stärksten Vasallen, Robert Guiscard, den Herzog von Apulien. Heinrich war als erster in Rom, nahm die Stadt und ließ sich im Petersdom von seinem Marionettenpapst krönen, während Gregor sich in der Engelsburg verschanzte. Dann rückte Guiscard mit einem normannisch-arabischen Heer aus Sizilien an. Der Kaiser ergriff die Flucht. Guiscard gab Rom für seine Truppen frei, die es mit verheerender Grausamkeit plünderten, und nahm Gregor mit, der in Sicherheit, aber als zutiefst Verzweifelter in Salerno starb (1085). »Ich liebte die Rechtschaffenheit und haßte das Laster«, sagte er, »deshalb sterbe ich im Exil.«

Gregor hatte in der Tat die Rechtschaffenheit geliebt. Er hatte sich bemüht, die Kirche vor politischer Willfährigkeit und materieller Korruption zu bewahren. Das Ende vom Lied war die Verwüstung Roms und die Spaltung der Christenheit. Doch der Investiturstreit ist nur ein Teilaspekt. In anderer Hinsicht verdankt die Kirche Gregor viel; so hatte er der Simonie, – dem Kauf kirchlicher Ämter, – energisch einen Riegel vorgeschoben und entscheidend dazu beigetragen, das Ansehen der Priesterschaft zu heben. Er hatte auch versucht, etwas gegen die immer tiefer werdende Kluft zwischen Rom und der Ostkirche zu unternehmen, die sich vor 20 Jahren wegen der päpstlichen Zuständigkeit in Süditalien aufgetan hatte. Inzwischen hatten die Seldschuken Kleinasien überrannt, Antiochia, die zweite Stadt des Byzantinischen Reiches, genommen und das christliche Königreich Armenien vernichtet.

An der unteren Donau plagten türkische Stämme das geschwächte Byzanz, während die Normannen die letzten byzantinischen Vorposten in Süditalien einnahmen. Das Ostreich schwankte, und die Sicherheit des Westens war durch seinen Sturz bedroht. Gregor VII. hatte die Situation klar erkannt; sein sehnlichster Wunsch war es, alle edlen christlichen Ritter in jenem »gerechten Krieg« um sich zu versammeln, auf den die Kluniazenser hofften, um ihren bedrängten Brüdern im Osten im Kampf gegen die Ungläubigen beizustehen und das Heilige Land zu befreien. Wenn man der Ostkirche einen so großen Dienst erwies, würde sie sich der Vorherrschaft Roms beugen.

Der Kreuzzug, von dem Gregor geträumt hatte, wurde 13 Jahre nach seinem Tod Wirklichkeit; inzwischen hatte sich die Lage geändert, Byzanz sich bereits selbst gerettet.

7. Das Byzantinische Reich und die Kreuzzüge

Zehn Jahre nach der vernichtenden Niederlage der byzantinischen Truppen bei Mantzikert im Jahre 1071 kam Alexius Comnenus, ein erfahrener, politisch hochbegabter General, auf den Thron. Er regierte 37 Jahre (1081–1118) und war seit 400 Jahren der bei weitem fähigste Kaiser von Byzanz. Auch Anna, die Tochter des Alexius und seine Chronistin, war ein Glücksfall. Ihre *Alexiade* ist ein beachtliches, nur hier und da durch töchterliche Pietät geschöntes Werk.

Nacheinander nahm sich Alexius seine Gegner vor; er besiegte die Nomaden im Donaubecken und rang den Seldschuken in Kleinasien möglichst günstige Bedingungen ab. Dann versicherte er sich zur Vertreibung der Normannen von der Adriaküste der Hilfe Venedigs; die Venezianer ließen sich diesen Dienst allerdings gut bezahlen.

Die einstmals armselige Ansiedlung von Flüchtlingen auf den Laguneninseln hatte sich früh zu einer gemeinsamen Regierung unter einem auf Lebenszeit gewählten Oberhaupt, dem Dogen, zusammengeschlossen. Im 9. Jahrhundert wurde die Insel Rialto (= Rivo alto) zu ihrem Mittelpunkt; die ganze Inselgruppe nannte sich nun Venedig. Im 10. Jahrhundert war ihre Flotte bereits so stark, daß sie den arabischen Seeräubern in der Adria den Garaus machte und den Seeweg ins Heilige Land beherrschte. Die Venezianer kannten ihre Stärke: Als Lohn für die Hilfe gegen die Normannen forderten sie von Kaiser Alexius das Recht auf freien Handel im ganzen Kaiserreich und verlangten Land am Hafen Durazzo zu Lehen. Die jetzt blühende Inselrepublik gehörte eigentlich noch zum Byzantinischen Reich, Alexius muß jedoch gewußt haben, wie machtlos er Venedig gegenüber war und wie sehr venezianische Übergriffe dem byzantinischen Handel schaden konnten.

Seit den seldschukischen Eroberungen war Byzanz eine belagerte Bastion, die nie mehr auf dauerhaften Entsatz hoffen durfte. Alexius und seine Nachfolger mußten – ohne Rücksicht auf die Folgen für die Zukunft – um Soforthilfe bemüht sein. Alexius finanzierte daher die Verstärkung der Grenzbefestigungen und des Heeres, indem er den Kirchenschatz plünderte – eine Maßnahme, die er mit der Feststellung verteidigte, König David habe es ebenso gehalten. Auf lange Sicht mußte das dazu führen, daß die Kirche dem Staat ihre Unterstützung entzog, auf die dieser angewiesen war; ein knappes Jahrhundert lang aber schenkten Alexius und seine Nachfolger Johannes (1118–43) und Manuel (1143–80) der kultiviertesten Nation des Westens wieder geordnete Verhältnisse, Wohlstand und sogar neuen Glanz.

Alexius hatte auch erwogen, normannische Söldner gegen die Seldschuken einzusetzen, und schickte entsprechende Botschafter, die im Westen als Hilferufe interpretiert wurden. Dadurch erhielt der Plan zu einem Krieg gegen die Moslems, der von Papst Gregor VII. skizziert und von den Kluniazensern propagiert worden war, neuen Schwung. Wenn es gelang, die unzähligen jüngeren Söhne, die landlosen, rastlosen Ritter, die vom Krieg lebten, auf eine gigantische bewaffnete Wallfahrt zur Befreiung Jerusalems gen Osten zu schicken, war viel gewonnen – zumindest war Europa mit ihrem Wegzug viel gefährlichen Zündstoff los. 1094 rief Papst Urban II., ein französischer Kluniazenser, in Clermont-Ferrant zum »Heiligen Krieg« auf.

Das Echo war überwältigend und ging weit über den Kreis der Barone und Ritter hinaus, an die Urbans Appell hauptsächlich gerichtet war. Beliebte Prediger brachten Horden von Arbeitern und Bauern zusammen, die sich, demoralisiert von einer Reihe schlechter Ernten, von der Hoffnung auf Beute in dieser und auf Erlösung in der anderen Welt entflammen ließen. Möglicherweise waren sie sich nicht einmal über das Wesen Jerusalems recht im klaren.Ging der Marsch nun zu einer irdischen Stadt oder zu dem himmlischen Jersualem, von dem sie so viel gehört hatten?

Die wilden Massen machten sich ohne Ausrüstung, ohne Proviant und ohne Disziplin auf den Weg, angeführt von Männern, die ebenso ahnungslos waren wie sie selbst. Sie lebten von milden Gaben oder, wenn diese ihnen verweigert wurden, vom Diebstahl. Sie überfielen und massakrierten die Juden in den rheinischen Städten – zum Entsetzen anderer Bürger und zur Bestürzung des Papstes. Als sie sich mordend und plündernd in wüsten Haufen das Donautal entlangwälzten, fielen die ungarischen Bauern über sie her und brachten fast alle um. Inzwischen sammelten sich Barone und Ritter (meist aus Frankreich und dem normannischen Italien) unter ihren erfahreneren Heerführern, und die lange Zeit der Kreuzzüge begann nun erst richtig. Der Begriff »Kreuzzug« kam erst im 13. Jahrhundert auf und wurde erst Allgemeingut, als die Historiker ihn im späten 18. Jahrhundert übernahmen. Die Kreuzfahrer nannten ihre Unternehmen eine *peregrinatio*, also schlicht und einfach eine Pilgerfahrt, aber in Waffen.

Was die Kreuzfahrer zu ihrer Wallfahrt trieb – und es waren mächtige Antriebskräfte –, waren Angst, Glaube und Hoffnung. Das Jüngste Gericht war für sie greifbare Realität, in primitiven bildlichen Darstellungen konnten sie es in ihren Kirchen betrachten, ihre Priester riefen es ihnen immer wieder in Erinnerung. Sie glaubten, daß ewige Höllenpein Sündern, Ungläubigen und all jenen gewiß war, die das Unglück hatten, im Stand der Sünde zu sterben. Beichte und Buße in dieser Welt stellten nach einer notwendigen Phase der Läuterung im Fegefeuer die Erlösung der Seele sicher. Die auferlegten Bußen waren häufig schwer, man konnte sich aber loskaufen, indem man von der Kirche sogenannte »Ablässe« erwarb. (Ganz umgehen ließ sich das Fegefeuer nicht; erst im 16. Jahrhundert bot die Kirche Ablässe an, mit denen man angeblich die Bußzeit nach dem Tode abkürzen konnte.)

Gottes Gnade ließ sich auch durch eine Wallfahrt erkaufen oder, indem man sich einem mächtigen Heiligen weihte. Robert Guiscard bestach hoffnungsvoll St. Matthäus durch ostentative Frömmigkeit. Bußfertigkeit auf dem Sterbebett galt (wie die zur Zeit Konstantins so häufigen Taufen angesichts des Todes) als sicherer Weg zur Erlösung; in Zeiten jedoch, da ein jäher Tod eher die Regel als die Ausnahme war, tat man klug daran, sich nicht allein darauf zu verlassen. Verworrene, von Babylon, Persien und dem Judentum ererbte Überlieferungen bevölkerten die Welt mit unsichtbaren Geistern, Engeln und Teufeln, die um die Seele des Menschen rangen. Fast alle glaubten an Wunder, an Gottesurteile und Dämonen, und alle waren von der Existenz der Hölle überzeugt. Doch der Glaube änderte wenig an alltäglichen Verhaltensweisen, was nicht weiter verwunderlich war, denn den meisten Menschen ließ der ständige Kampf ums Dasein in dieser Welt wenig Zeit für die Beschäftigung mit der nächsten. Der Kreuzzug war zu gleichen Teilen Flucht aus dem Alltag, Pilgerfahrt, Abenteuer und eine Chance, der Hölle zu entgehen.

Kaiser Alexius machte sich keine Illusionen über die Fürsten aus dem Westen und ihre bewaffneten Anhänger, die jetzt, unterwegs nach Jerusalem, unerbittlich im Anmarsch auf Konstantinopel waren. »Er fürchtete ihre Ankunft«, schrieb seine Tochter

Anna Comnena, »da er ihre unbeherrschten Leidenschaften, ihr unberechenbares Wesen und ihre Geldgier kannte... die dazu führten, daß sie stets bedenkenlos gegen ihre Vereinbarungen verstießen.«[5]

Die »Barbaren« aus dem Westen hatten kaum mehr etwas mit den byzantinischen Griechen gemein, weder Sprache noch Kultur, kaum noch die Religion. Die byzantinischen Kirchen mit ihrer griechischen Liturgie waren ihnen fremd, der Bruch mit Rom war nur vorübergehend gekittet, aber im Grunde schon irreparabel. Überdies hatte der Anführer der Normannen, Bohemund, Sohn des Robert Guiscard, vor kurzem noch im offenen Kampf dem Kaiser gegenübergestanden.

Alexius stellte den Truppen Lagerplätze und Proviant zur Verfügung, gewährte den Heerführern gnädig Audienz, forderte ihren Treueid, von dem er wußte, daß sie ihn brechen würden, und schickte sie schleunigst weiter nach Kleinasien. Hier eroberten sie Edessa und Antiochia von den Türken zurück, machten die beiden Städte aber, statt sie Byzanz zurückzugeben, zu selbständigen Fürstentümern. Im Juli 1099 n. Chr. stürmten sie Jerusalem, nahmen es und plünderten es erbarmungslos, um dann ihre christliche Herrschaft in einer zerstörten und fast menschenleeren Stadt aufzurichten. Das sogenannte »Lateinische Königreich« war – mit seinen starken Befestigungen an strategisch günstigen Punkten, verteidigt von streitbaren Rittern – eine Zeitlang ein Bollwerk (wenn auch zuweilen ein Ärgernis) für das Byzantinische Reich.

Im Lauf des nächsten Jahrhunderts entstanden drei Ritterorden, die *Templer* (1129), die *Johanniter* (1137) und der *Deutsche Orden* (1196). Ihre Mitglieder unterwarfen sich einer monastischen Disziplin und hatten sich der Verteidigung des Heiligen Landes geweiht. Die Ritterorden waren zwar weitgehend frei von staatlichem Einfluß und zeitweise untereinander zerstritten, praktisch aber stellten sie das stehende Heer des »Lateinischen Königreiches«.

Den Plänen des Papstes zufolge hätten die Heiligen Stätten nach der Eroberung Lehnsgut der Kirche werden sollen. Statt dessen errichteten die Kreuzfahrer ein weltliches Reich. Dessen erster Herrscher, Gottfried von Bouillon, wurde zwar seiner Tugend wegen gewählt und lehnte es in frommer Demut ab, in der Stadt, in der sein Erlöser gekreuzigt worden war, den Königstitel zu tragen, doch seine Nachfolger kannten in dieser Hinsicht keine Skrupel. Neben dem Königreich Jerusalem entstanden als weitere weltliche Staaten, die theoretisch Jerusalem angegliedert waren, Antiochia, Tripolis und weiter nordöstlich, am Oberlauf des Euphrat, die Bastion Edessa.

Regiert wurden diese Kreuzfahrerstaaten von einer kleinen Clique westlicher Militärs. Ihre Sprache, Sitten und Gebräuche, Rasse und meist auch ihre Religion bildeten eine deutliche Abgrenzung zu der einheimischen Bevölkerung. Die Christen – die meisten gab es in Antiochia, sie waren aber auch in allen anderen Orten vertreten – waren Orthodoxe oder gar Nestorianer. Als Ackerbauer und Viehzüchter teilten sich syrische Christen und Araber das Land, wohnten aber in getrennten Dörfern und achteten auch sonst auf strenge Segregation. Den Kreuzfahrern kann kaum ein Vorwurf daraus gemacht werden, daß sie sich ebenfalls an dieses Schema hielten. Immerhin erlaubten sie Ehen mit einheimischen Frauen, sofern es Christinnen waren – »eine Syrerin oder Armenierin vielleicht, sogar eine Sarazenin, die das Sakrament der Taufe empfangen hat.«[6] Doch ob verheiratet oder ledig – die Kluft zwischen Herrschern und Beherrschten blieb.

Das Heer, das Jerusalem erobert hatte, zählte um die 30 000 Mann. Ein Großteil der Soldaten kehrte in die Heimat zurück; Wer blieb, erhielt ein Stück erobertes Land – große Güter für die Fürsten, kleine für die Ritter. Bestellt wurden die Felder nach wie vor von Bauern, die, ob Mohammedaner oder syrische Christen, das auch bisher schon besorgt hatten, allerdings mit dem Unterschied, daß die unter moslemischer Herrschaft den Christen auferlegte Kopfsteuer nun von den neuen Herren bei den Mohammedanern erhoben wurde.

Die Kreuzritter brauchten die Bauern zur Bestellung des Landes und unternahmen nichts, um Ungläubige zu bekehren. Ein halbherziger Versuch wurde gemacht, Siedler aus dem Westen nachzuholen, aber die meisten blieben in Jerusalem oder den Hafenstädten hängen und suchten sich Arbeit als Handwerker, Krämer und Kaufleute. Italienische Städte, insbesondere Pisa, Genua und Venedig ermunterten ihre Bürger, sich in den Hafenstädten niederzulassen, womit sie den Handel an sich zu bringen hofften. Man bemühte sich sehr darum, Jerusalem wieder zu bevölkern, in dem angeblich nur 200 Einwohner am Leben geblieben waren, nachdem die siegreichen Kreuzfahrer sich ausgetobt hatten.

Hier und da wurden auch Anläufe gemacht, neue Dörfer mit christlichen Einwanderern aus dem Westen zu gründen. Die Kirche förderte diese Projekte, und tatsächlich entstanden auch einige Siedlungen unter dem Schutz von Klöstern oder im Schatten der von den Ritterorden gebauten großen Festungen. Diese wenigen Dörfer waren ebenfalls befestigt und streng von der übrigen Bevölkerung isoliert.

Ob hochgeborene oder einfache Leute – die Neuankömmlinge blieben immer Fremde im Orient, aber sie empfanden es nicht so. Das »Outremer«, »Übersee«, wurde ihre Heimat. Nur 30 Jahre nach der Eroberung schrieb der französische Chronist Fulbert von Chartres:

»Wir, die Abendländer, wurden zu Orientalen; der frühere Römer oder Franke ist hier zum Galiläer oder Palästinenser geworden ... schon haben wir den Ort unserer Geburt vergessen ... Wer einst hier ein Fremder war, ist zum Einheimischen geworden.«[7]

Doch nach knapp 50 Jahren begann das »Lateinische Königreich« zu bröckeln. 1144 wurde Edessa von den Türken zurückerobert, und die Christen im Westen und in »Outremer« scharten sich wieder um das Kreuz. In Frankreich rief Bernard von Clairvaux, die eindrucksvollste Persönlichkeit des asketischen Zisterzienserordens, zu einem zweiten Kreuzzug auf, an dem sich diesmal auch die Herrscher Frankreichs und Deutschlands beteiligten. Dieser aussichtsreiche Anfang erlebte keine entsprechende Fortsetzung. Die Herren entschieden sich, um Streitigkeiten zu vermeiden, für getrennte Reisewege: Ein Kontingent von Kreuzfahrern, das über See von England und Flandern kam, fuhr den Tejo herauf und entriß Lissabon den Mauren. Das blieb der einzige christliche Gewinn dieses Kreuzzuges. Der Normannenherrscher Siziliens, der skrupellose Roger II., nutzte den Kreuzgang zu einem Privatkrieg gegen Byzanz. Er verwüstete Korfu und plünderte Korinth und Theben. Das zielstrebige Unternehmen, das durch Ausschaltung der byzantinischen Manufakturen der sizilianischen Seidenindustrie Auftrieb geben sollte, gelang. Indessen schloß der Kaiser ein Bündnis mit den Türken. Die Herrscher Frankreichs und Deutschlands kehrten nach der vergeblichen Belagerung von Damaskus auf getrennten Wegen, allerdings sehr aufgebracht, wieder heim. Die Venezianer, die Genuesen und Pisaner, die den Kreuzfahrern Schiffe zur Verfügung gestellt hatten, erhielten als Lohn Handelsrechte in Syrien. Edessa wurde nicht zurückerobert.

Doch in Zeiten höchster Gefahr vermochte sich die Christenheit immer noch zusammenzuschließen, die Bedrohung kam diesmal aus Ägypten. Kairos Fatimidenkalifen hatten mehrmals versucht, Jerusalem wieder einzunehmen, waren aber abgewehrt worden. Gegen Ende des 12. Jahrhunderts erhob sich wieder ein großer islamischer Fürst. Saladin, wie man ihn im Westen nannte, war der Neffe eines kurdischen Generals, der Ägypten überrannt und sich selbst zum Wesir des Fatimidenkalifen ernannt hatte. Saladin wurde 1169 Nachfolger seines Onkels. In Kreuzfahrerlegenden avancierte er zum Prototyp des »edlen Feindes«: ehrenhaft, großmütig, liebenswürdig, ein tapferer Soldat, geschickter Polospieler, ein Mann, der stets zu seinem Wort stand.

Saladin hatte sich zum Ziel gesetzt, die zersplitterten Kräfte des Islam wieder zu einen. Zunächst organisierte er das Heer neu und sorgte für die Zufuhr frischer, sorgsam ausgewählter Kräfte. Nicht minder beachtlich war seine politische Begabung. Durch den wohldosierten Einsatz diplomatischer und militärischer Mittel dehnte er seinen Einfluß von Ägypten bis nach Arabien, dann über Nordsyrien und Mesopotamien aus; er vollendete die Einkreisung der Kreuzfahrerstaaten, indem er 1176 Byzanz bei Myriocephalon schlug. Diese Wiedervereinigung des Islam ließ Schlimmes für das Königreich Jerusalem ahnen. 1187 vernichtete Saladin die christlichen Truppen bei Hattin und nahm Jerusalem. Den Kreuzfahrern waren jetzt nur noch einige wenige Burgen im Landesinnern und die Städte Antiochia, Tripolis und Tyrus geblieben.

Die Katastrophe führte zu dem dritten Kreuzzug unter Leitung des ehrwürdigen Friedrich Barbarossa, Kaiser des Heiligen Römischen Reiches, von Philipp August, König von Frankreich und Richard Löwenherz, König von England. Barbarossa ertrank, als er in typischer Ungeduld versuchte, in Kleinasien einen Fluß zu durchschwimmen. Philipp August und Richard Löwenherz legten die Reise zu Schiff zurück, wobei sie sich ständig stritten; entsprechend schlecht waren die Beziehungen unter ihren Anhängern. Trotzdem endete die Belagerung des Hafens von Akkon mit einem Erfolg für die Kreuzfahrer, wodurch sie an der Küste einen strategischen Vorteil errangen. Danach trat Philipp den Heimweg an. Richard blieb im Heiligen Land, bis selbst ihm klar geworden war, daß er Jerusalem nicht würde nehmen können. Immerhin handelte er mit Saladin einen Waffenstillstand aus, der den Christen den Küstenstreifen von Jaffa bis Tyrus zubilligte und ihnen freien Zugang zu Jerusalem gewährte (1190).

14 Jahre später folgte der verhängnisvolle Vierte Kreuzzug, der das Heilige Land nie erreichte. Die Kreuzfahrer, angeführt von

einem großen französischen Kontigent, aber unter der Fuchtel der Venezianer, die Transportschiffe und Proviant stellten, fanden in Konstantinopel ein politisches und soziales Chaos vor; die Dynastie des Alexius Comnenus hatte in wirrem Durcheinander ihr Ende gefunden. Auf einen minderjährigen Kaiser waren widerrechtliche Machtergreifungen, Absetzungen und Morde gefolgt. Die Franzosen machten sich für einen flüchtigen jugendlichen »Kaiser« stark, stürmten die Stadt und verhalfen ihm, zusammen mit seinem abgesetzten, geblendeten Vater, auf den Thron. Daraufhin machte sich der Haß der Byzantiner auf die zudringlichen Kreuzfahrer, die »Lateinischen«, in einem wütenden Volksaufstand Luft. Die Byzantiner brachten beide Kaiser um und erhoben den robusten Soldaten Alexius Dukas zum Staatsoberhaupt. Die Venezianer unter Führung ihres ebenso robusten – obgleich blinden und alten – Dogen taten sich mit den Franzosen zu einem erneuten Angriff auf die Stadt zusammen. Im April 1204 nahmen sie Konstantinopel im Sturm (Alexius Dukas fiel bei den Kämpfen) und plünderten es drei Tage lang. Alles Wertvolle, soweit es nicht mutwillig zerstört worden war, nahmen die Soldaten mit. Französische Priester füllten sich Ärmel und Taschen mit Reliquien, die Konstantinopel im Überfluß besaß, Stücke des »Wahren Kreuzes«, Arme, Beine, Zähne und andere Fragmente von Heiligen, die später ihren Weg in die Klöster und Kirchen Frankreichs fanden. (Das meiste fiel sehr viel später den Bilderstürmern der Französischen Revolution in die Hände). Die Venezianer schleppten unter anderem die wertvollste Beute weg: ein Vierergespann aus vergoldeter Bronze, wahrscheinlich eine griechische Arbeit aus dem 6. Jahrhundert v. Chr. Es hatte Glanz und Niedergang Griechenlands, Größe und Zerfall von Byzanz erlebt. Vor der Fassade von San Marco wieder aufgestellt, erlebten die vier Pferde Venedigs Blütezeit und haben seinen Sturz überdauert.

Das Byzantinische Reich zerfiel. Eine Folge unbedeutender westlicher Fürsten übernahm die Herrschaft in Konstantinopel, westliche Abenteurer teilten Griechenland, die Bulgaren drangen ein, und byzantinische Adlige errichteten rivalisierende Reiche. 1261 vertrieb der fähige byzantinische General Michal Paläologus den letzten lateinischen Kaiser aus Konstantinopel und richtete die griechische Herrschaft wieder auf, aber es gelang ihm nicht, auch die Größe von Byzanz wiederherzustellen. Noch 200 Jahre sollte dieses kleine, zentrale Bruchstück des Reiches tapfer ausharren, mit Zwischenspielen trügerischer Wiederbelebung, ehe es schließlich 1453 an die Türken fiel. Den Todesstoß jedoch hatte es bereits 1204 während der Kreuzzüge erhalten.

Eindeutige Gewinner waren die Venezianer. Im Verlauf eines Jahrhunderts hatten sie an der syrischen Küste den Kreuzfahrern Konzessionen, den byzantinischen Kaisern Handelsrechte abgefordert. Sie hatten Manuel Comnenus im Kampf besiegt und als Preis für den Frieden Ragusa und Chios kassiert. Nach dem Fall Konstantinopels beanspruchten sie drei Achtel der Stadt, einschließlich der Hagia Sophia, die besten Häfen am Hellespont, am Marmarameer und der Adriaküste und alle Hafenstädte an der Westküste der Peloponnes, die Ionischen Inseln, die Kykladen und Kreta. Jetzt hatten sie alle Konkurrenten ausgebootet und beherrschten das östliche Mittelmeer und den Handel mit dem Orient. Sie hatten nicht nur das Byzantinische Reich zerstört, sie hatten fast alle Quellen seines Wohlstandes an sich gerissen. Das Bollwerk, das so lange die Einfälle der Türken nach Europa abgehalten hatte, stand nicht mehr. Die Venezianer sollten für dieses Verbrechen teuer bezahlen.

Der Sturz des Byzantinischen Reiches war das verhängnisvolle Ergebnis der Kreuzzüge. Damit im Zusammenhang stand der jetzt endgültige Bruch zwischen der Ost- und der Westkirche; etwaiger Gewinn zählt im Vergleich damit gering. Die Berührungen zwischen der christlichen und der moslemischen Kultur waren begrenzt und oberflächlich. Die Kreuzfahrer übernahmen einige Bequemlichkeiten und Luxusgegenstände des Orients, aber es kam zu keinem fruchtbaren Gedankenaustausch, wie es ihn zwischen Christen und Mohammedanern in Spanien oder Sizilien gegeben hatte. Nur wenige christliche Siedler lernten Arabisch, kein christlicher Fürst nahm einen arabischen Gelehrten unter seine Fittiche.

Auf technischem Gebiet lernten die Christen die Vorteile der Hygiene durch fließendes Wasser schätzen, das in primitiver Form mit dem Beginn des 12. Jahrhunderts auf den europäischen Burgen Einzug hält. Auch die Einführung der Windmühle scheint in diese Zeit zu fallen. Für Europa war eine Weiterentwicklung der einfachen orientalischen Form nötig; die Winde in Nordeuropa sind wechselnder und launenhafter. Die großen Kreuzfahrerburgen wirken von ihrer Anlage her europäisch. Bemerkenswert sind die dicken Mauern und ihre strategisch geschickte Lage. Die Kreuzfahrer bauten auch einige Kuppelkirchen, der großen Moschee in Jerusalem, dem Felsendom, nachempfunden, die sie für den Tempel hielten. Die verbreitete These, sie hätten den gotischen Spitzbogen eingeführt, entbehrt jeder Grundlage. Die Form ergab sich zwangsläufig aus der Verschränkung der romanischen Rundbögen.

Von den drei Ritterorden verschwand der Templerorden von der Bildfläche; vermutlich wurde er vom König von Frankreich zerschlagen, der sich in den Besitz der Templerschätze bringen wollte. Die Johanniter hielten an Außenposten auf den Mittelmeerinseln fest und verteidigten tapfer bis 1522 Rhodos gegen die Türken. Überlebende siedelten sich in Malta an. Der Deutsche Orden verlegte im 13. Jahrhundert seine kämpferische Tätigkeit nach Norddeutschland und unterwarf die heidnischen Wenden an der Ostseeküste.

Andernorts führte der durch die Kreuzzüge ausgelöste missionarische Eifer zur gewaltsamen Niederschlagung von Häresien. Das erschreckendste Beispiel war die Vernichtung einer manichäischen Sekte, der Albigenser, in Südfrankreich. Heimtückischer und dauerhafter war die Judenfeindschaft, die im frühen Mittelalter geruht hatte und jetzt überall wieder aufflammte. Vergeblich wandte sich der Vatikan gegen die im 12. Jahrhundert in Norddeutschland aufkommende Behauptung, die Juden betrieben Ritualmorde. 1179 verbot die Kirche Kontakte zwischen Christen und Juden in der Hoffnung, durch eine strikte Trennung der beiden Gemeinschaften Reibungsflächen zu vermindern. Doch bereits zehn Jahre später führte der Aufbruch von Richard Löwenherz ins Heilige Land zu einer exorbitanten Besteuerung von Juden in England und zu einem Pogrom in York, bei dem der größte Teil der jüdischen Gemeinde sich in einen Wehrturm flüchtete und kollektiven Selbstmord beging.

Was den westeuropäischen Handel mit dem Orient anbelangt, so führten die Kreuzzüge zu dessen Ausweitung und Vervielfältigung. Die Handelsbeziehungen, die schon seit den Tagen der Römer bestanden, waren nie ganz abgerissen und hatten sich nach der Eroberung Spaniens durch die Mohammedaner, die sich zu Herren des Mittelmeeres machten, noch ausgeweitet. Unter dem Fatimidenkalifat war Ägypten, insbesondere Alexandria, der Knotenpunkt für den Handel Arabiens und Indiens mit dem Westen. Durch die Kreuzzüge kamen Waren zunehmend auch aus Persien, Mesopotamien und Syrien; der Handelsverkehr führte über die Häfen Akkon und Tyrus (Tyrus war seit der Antike nicht mehr so wohlhabend gewesen). Die Importe, die das Leben in Europa angenehmer machten, waren im wesentlichen Spezereien und Medikamente, Henna und Kampfer, Aloe,

Myrrhe, Pfeffer, Zimt und Nelken, Seide, Damast und Musselin, Elfenbein, Sandelholz und der begehrte Stahl aus Damaskus. Das »Lateinische Königreich« exportierte Glaswaren, deren Herstellung hauptsächlich in den Händen der Juden lag, und Wein aus Galiläa. Doch der Handel mit dem Orient war keine Einbahnstraße: Europa verkaufte Wollstoffe aus England, Frankreich und Flandern und andere wichtige Waren wie Kupfer, Eisen, Blei und Sättel in den Mittleren Osten.

Der Erste Kreuzzug – der einzige, dem überhaupt Erfolg beschieden war – gab dem christlichen Westen neues Selbstvertrauen. Trotz der Zwistigkeiten zwischen Kirche und Staat, zwischen Papst und Kaiser, waren sich die Menschen, ob arm oder reich, Bauer oder Kaufmann, Edler oder Leibeigener, einig in dem Bestreben, Gott zu preisen und ihre Erlösung zu feiern – wobei ihnen die geistliche Erlösung ein wenig mit der Befreiung Jerusalems durcheinanderging. Im Bau der großen Dome des Westens spiegelt sich die erste bewundernswerte Manifestation ihres gemeinsamen Glaubens wider. Hochbegabte und zunehmend erfahrene Baumeister leiteten die Arbeiten, für die ihnen nur primitive Hilfsmittel zur Verfügung standen: Hebezeuge aus Seilen und Holz, Pferdeschlitten oder Flußkähne zum Transport des Baumaterials. Ein Gotteshaus war das geduldige Werk vieler Jahre. Bildhauer schufen große Einzelfiguren oder komplexe, vielgestaltige Gruppen von Heiligen und Propheten. Unbekannt gebliebene Arbeiter und Künstler fertigten aus Glas und Blei Kleinode von Kirchenfenstern, in denen die Biblische Geschichte erzählt wird. Maler, Mosaikarbeiter, Kupfer- und Goldschmiede – sie alle taten sich zusammen, um zum Ruhm Gottes und zur Ehre ihrer Stadt den schönsten Bau der Welt zu errichten.

Im fernen Norden, in Trondheim, Kirkwall oder Lund, erreichten sie dieses Ziel nicht ganz, aber was sie leisteten, grenzt – für ihre Zeit und ihren Teil der Welt – dennoch ans Wunderbare. In Durham erhob sich die Kathedrale wie eine fromme Festung aus steilem Fels, in Salamanca stand der romanische Dom erhaben und weiträumig in der herben Landschaft Spaniens; üppig glitzerten im warmen, fruchtbaren Sizilien, in Monreale, in Cefalù, an den wuchtigen Wänden nördlicher Architektur Mosaike byzantinischer Handwerkskunst. Am Rhein – in Mainz und in Worms – milderte die sanfte Struktur des roten Sandsteins den feierlichen Ernst der gewaltigen romanischen Bögen. In Italien grub man Schichten der versunkenen Vergangenheit aus, stellte die gestürzten Säulen heidnischer Tempel wieder auf und nutzte sie als Stützen für Architrave, auf denen Mosaikbilder der christlichen Geschichte prangten. Vor allem in Frankreich spiegelten Abteien, Kirchen und Kathedralen das neue Selbstgefühl wider. Der Ehrgeiz ihrer Baumeister war auf kommende Generationen ebenso wie auf die eigene gerichtet. Sie stellten mit Vorliebe den Menschen und menschliches Tun dar oder ließen mit fremdartigen Tieren, Teufeln, Engeln und grotesken Figuren der Phantasie freien Lauf. Die neue Meisterschaft in der Baukunst erreichte ihren Höhepunkt in der unvergleichlichen Kathedrale von Chartres.

Die kreative Kraft des christlichen Glaubens manifestiert sich in den großen Domen. Länger dauerte es, bis Denken und philosophische Spekulation wieder an kreativer Kraft gewannen. Doch nach und nach begannen die Gelehrten wieder zu debattieren, zu streiten und mit Logik an die Probleme der Theologie heranzugehen, die nach wie vor den Mittelpunkt aller Studien bildete. Die Philosophie des Mittelalters ist durch engste Verbindung mit der Theologie gekennzeichnet; sie soll die christliche Lehre rational begründen. Der Ausdruck *Scholastik* wird teils für die mittelalterliche Philosophie überhaupt verwendet, teils für die Richtung der Philosophie, die ab 1200 n. Chr. vorherrscht. Diese erkennt die Philosophie grundsätzlich als eigene Wissenschaft neben der Theologie an, erblickt ihr oberstes Ziel in der Systematisierung des überlieferten Materials und bildet die dialektische Methode aus. Salerno war schon im 11. Jahrhundert n. Chr. berühmt für seine medizinische, Bologna für seine juristische Fakultät. Paris war jedoch im 12. Jahrhundert n. Chr. führend in der Dialektik, dem vorgeschriebenen und einzig akzeptierten Argumentationsverfahren für wissenschaftliche Auseinandersetzungen. Englische Gelehrte, die in einem Pestjahr aus Paris flohen, gründeten die Universität Oxford.

Der größte Denker des 12. Jahrhunderts, Peter Abaelard (1079–1142) lehrte in Paris, war jedoch seiner Zeit weit voraus – was sich für ihn persönlich als schwerer Nachteil erweisen sollte. Aufgrund seiner Aufgeschlossenheit und seines überragenden Intellekts stand er in hohem Ansehen, machte sich jedoch durch seinen Stolz und seine geistige Unbestechlichkeit viele Feinde. Es blieb nicht aus, daß er sich gegen den Vorwurf der Ketzerei verteidigen mußte, und schließlich zog er sich in Schweigen zurück, Opfer und Zeitgenosse einer Epoche, die dem Glauben und der Schönheit der Religion verpflichtet war.

ACHT

Circa 1200–1450

1. Die Mongolen – Dschingis Khan – China unter Kublai Khan – Hulagu in Persien – Die Goldene Horde in Rußland – Alexander Nevski

1260 wurden die Stämme Zentralsiens nach langer Zeit der Schwächung und Zerissenheit von dem genialen Mongolenkrieger Temudschin, besser bekannt unter dem Namen Dschingis Khan – »König über alles zwischen den Meeren« geeint. In den folgenden 50 Jahren weiteten die Mongolen ihren Einflußbereich von der Pazifikküste bis zur Wolga und zum Mittelmeer aus, einige ihrer Migrationswellen erreichten sogar Polen, Schlesien und Ungarn.

Die Mongolen waren, wie die Hunnen, Chasaren und andere asiatische Nomadenstämme, hervorragende Reiter und verdankten ihre Siege einer Technik vorgetäuschter Rückzüge und Überraschungsangriffe. Disziplin und eine geschlossene Organisation machten sie gefährlicher als all ihre Vorgänger. Sie kämpften als versierte Bogenschützen: Auf ihren schnellen, kräftigen Pferden konnten sie geschickt manövrieren und sich dabei noch die Hände zum Schießen freihalten. Ihre Armeen waren in Tausender-, Hunderter- und Zehnergruppen gegliedert, in der Schlacht durch ein gut durchdachtes System schwarzer Signalflaggen gesteuert. Ihre bewährte Taktik war es, einen Angriff zu provozieren, sich bei der Attacke des Gegners zu zerstreuen, ihm in die Flanke zu fallen, ihn bis zur Erschöpfung aufzureiben und dann den vernichtenden Schlag zu führen.

Dschingis Khan sah sich als Welteroberer. Er führte einen Vernichtungsfeldzug gegen Korea, eroberte alles Land vom Balchaschsee bis zu den Grenzen Tibets und plünderte die Städte Samarkand, Buchara und Balch (das alte Baktra). Der Sohn und Nachfolger des Dschingis Khan, Ogdai, vollzog die Wiedereroberung Persiens. Er eroberte auch Korea, Südchina, Georgien und Armenien sowie die russischen Städte Wladimir und Kiew und das ungarische Buda.

Die Mongolenhäuptlinge haßten und fürchteten die Zivilisation der Bauern und Städter. Mit voller Absicht brachten sie die Landwirtschaft zum Erliegen, indem sie Kanäle zerstörten und Obstgärten abholzten. Die Geschichten von gezielten Massakern und Schädelbergen sind keine Übertreibung. So machten die Mongolen Chorasan zu einer Wüstenei, vernichteten die uralte Kultur und töteten fast die ganze Bevölkerung in der nordchinesischen Ebene.

Im Süden konnte sich noch eine Weile ein Relikt des liebenswerten Sung-Reiches behaupten. Hier leistete der Mathematiker Ch'in Chiu-Shao Pioniertaten auf seinem Wissensgebiet und korrigierte den chinesischen Kalender. Erfreulicherweise besaß Dschingis Khans Enkel, Kublai Khan, der schließlich den Süden einnahm, kultivierte Lebensart. Gerechterweise muß auch gesagt werden, daß sich schon Dschingis Khan von einem seiner Gefangenen hatte beraten lassen. Yeh-lü Chu-Ts'ai gehörte einem Tatarenvolk an, das in Nordchina ein Reich errichtet hatte und in der Nachahmung der Tradition so weit ging, sich als Herrscherhaus den Namen Chin zuzulegen. »Das Mongolenreich«, sagte Ch'u-Ts'ai zu Dschingis Khan, »ist vom Sattel aus erobert worden, aber es kann nicht vom Sattel aus regiert werden.« Man brauchte Bauern für die Landbestellung. Außerdem hätten die Chinesen ein bewährtes Steuersystem entwickelt, hielt er ihm vor, und Dschingis Khan sei gut beraten, es zu übernehmen. Später rettete Yeh-lü Ch'u-Ts'ai viele Gelehrte vor dem sicheren Tod, indem er darauf hinwies, daß für den Beamtenapparat Fachleute benötigt würden, die lesen und schreiben konnten. Seine Lehre setzte sich durch, als nach dem Aussterben der Sung-Dynastie Dschingis Khans Enkel Kublai Khan (1260–94) ein neues Herrscherhaus, die Yuan, begründete. Kublai lebte nach chinesischem Zeremoniell – obgleich er Chinesisch weder lesen noch sprechen konnte –, und stützte sich in den unteren und mittleren Rängen der Hierarchie auf chinesische Beamte. In höhere Stellungen allerdings berief er Mongolen, Türken, Araber und sogar Europäer.[1]

Nach einem Besuch in Tibet, das seine Oberhoheit anerkannte, bekehrte sich Kublai Khan zum Buddhismus. Er ließ nunmehr Waisenhäuser, Altersheime für Gelehrte und Krankenhäuser für Mittellose errichten, befahl für Notzeiten die Lagerung überschüssigen Getreides und senkte in Gegenden, die von Mißernte betroffen waren, die Steuern. Häufig handelte er in bester Absicht; die Zerschlagung aller Systeme jedoch unter seinem Vater und Großvater, war nicht mehr rückgängig zu machen, jetzt hatte eine stark verminderte Bevölkerung die gewaltige Armee der

Mongolen zu ernähren. Kublai Khan ließ den Großen Kanal bis Peking verlängern und die wichtigsten Straßen wieder instand setzen. An den Hauptverkehrsadern wurden im Abstand von jeweils 40 Kilometern Poststationen eingerichtet, an denen stets Pferde bereitstanden. In eiligen Fällen konnten kaiserliche Kuriere, die sich alle fünf Kilometer ablösten, eine Reise, die normalerweise zehn Tage dauerte, auf 36 Stunden verkürzen.

Schießpulver, eine Erfindung, die auf die Sung zurückgeht, gewann zunehmend Bedeutung für die Kriegführung. Es war zuerst eingesetzt worden, um dem Feind mit stinkendem Rauch Angst einzujagen. Später erst wußte man die Sprengkraft des Schießpulvers zu nutzen und entwickelte Brandsätze. Bereits im 14. Jahrhundert erfanden die Mongolen die Flinte mit metallenem Lauf.

Das Papiergeld, eine praktische Neuerung, die schon während der T'ang-Dynastie angeregt worden war, verbreitete sich allenthalben und schien sich zunächst zu bewähren. Später untergruben ungenügende Kontrolle und zunehmende Korruption die Staatsfinanzen, und Kublais arabischer Finanzminister, als ausländischer Wucherer verhaßt, wurde von einem chinesischen Patrioten umgebracht. Der Handel Chinas mit Luxusgütern jedoch belebte sich wieder. Wunderschöne Wandbehänge aus Seide gelangten auf dem Landweg nach Europa; einige fanden als Meßgewänder in westlichen Kirchen Verwendung. Schiffsladungen mit Seide und Porzellan gingen nach Java, Malaya, Ceylon, Indien und an den Persischen Golf, wo sie gegen Gewürze, Edelsteine und Perlen eingetauscht wurden. Dieser florierende Handel kam einer Minderheit zugute, die Masse des Volkes blieb arm und hungrig.

In Kublais Palast in Khanbalik, wie man Peking jetzt nannte, glitzerten Mosaiken mit der Darstellung von Drachen, Vögeln, Kriegern und Pferden. Auf dem Dach prangten grüne, blaue und rote Kacheln. 6000 Gäste, so hieß es, konnten in einer großen Halle bewirtet werden. Der Palast war umgeben von einem Park mit herrlichen Bäumen, geheimnisvollen Lichtungen, Fischteichen und Wildgehegen. Auf einer Umfassungsmauer ließ Kublai ein Observatorium für seinen Astronomen errichten.

Einige nomadische Wesenszüge behielt er bei: Auf Reisen wohnten er und sein Gefolge in Zelten, die außen mit Löwen- und Tigerfellen, innen mit Zobel und Hermelin behängt waren. Wenn er auf dem Marsch Kraniche am Himmel sah, ließ er seinen Falken los und besah sich behaglich, auf dem Rücken eines Elefanten lagernd, die wilde Jagd. Diese anschaulichen Einzelheiten verdanken wir den Memoiren, die der venezianische Reisende Marco Polo im Alter diktiert hat.

Da er der ältestete überlebende Enkel des Dschingis Khan war, wurde Kublais Oberhoheit von der Sippe anerkannt, und rege Handelsbeziehungen entwickelten sich zwischen China und dem von Kublais Bruder Hulagu beherrschten Persien. Als Hauptverkehrsweg diente die bis dahin stark vernachlässigte Seidenstraße, so daß bald chinesisches Porzellan und chinesische Textilien Einfluß auf persische Muster gewannen, während auf der anderen Seite die Chinesen den Lüster und die blaue Glasur der persischen Keramik bewunderten und übernahmen. Der Einführung des Papiergeldes allerdings war in Persien nicht mehr Erfolg beschieden als in China.

Kublai Khan machte sich Tibet, Burma und Siam tributpflichtig, Kambodscha, Annam und Java jedoch widerstanden ihm. Zweimal schickte er eine gewaltige Flotte nach Japan und ließ dort Truppen landen, wurde aber entscheidend zurückgeschlagen. Beim zweiten Mal (1281) verdankten die Japaner ihre Rettung einem Sturm, der die Schiffe zerstreute. Sie nannten ihn *Kamikaze*, den »Göttlichen Wind«. Der Begriff rief noch in diesem Jahrhundert heroische Gefühle bei den Japanern hervor, die den Namen auf die Selbstmordpiloten des Zweiten Weltkriegs übertrugen.

Der japanische Sieg über Kublai Khan hatte verhängnisvolle Folgen für die Sieger. Die Gutsbesitzer, die ihre Gefolgsleute bewaffnet und die ungeschützte Küste befestigt hatten, blieben mit drückenden Schulden und schwelendem Groll zurück. Eine schwache Regierung tilgte einen Teil der Schulden, womit sie sich den Zorn der weniger Begünstigten zuzog. Die daraus erwachsenden örtlichen Fehden und Privatkriege führten in den nächsten 150 Jahren immer wieder zu anarchischen Zuständen.

Während Kublai Khan in China herrschte, festigte sein skrupelloser Bruder Hulagu die Macht des Mongolenreiches in Mesopotamien. Bei dieser Eroberung scheinen verworrene ideologische Erwägungen mit im Spiel gewesen zu sein. Gegner war der Islam, und zwar außer dem Kreis der fanatischen Assassinen im Elbursgebirge auch der Kalif in Bagdad, der längst keinen ernstzunehmenden Machtfaktor mehr darstellte. Hulagus Truppen rotteten die Assassinen aus, nahmen dann mordend und brandschatzend Bagdad, erstickten den Kalifen in einem Teppich und wandten sich Syrien zu. Hier mußten sie in Ain Jalut in Galiläa die erste große Niederlage einstecken (1260).

Den Sieg, der die Legende der mongolischen Unschlagbarkeit zunichte machte, errangen die Mamelucken. Diese Abkömmlinge türkischer Sklavensoldaten, die besten Kräfte im ägyptischen Heer, hatten erst kürzlich in Kairo die Macht übernommen. Nach ihrem Sieg riefen sie einen Verwandten des ermordeten Kalifen nach Ägypten und setzten ihn als neuen Kalifen ein, der nunmehr unter ihrem Schutz zum anerkannten Führer des Islam wurde. Kairo, bereichert durch Gelehrte, Astronomen und Ärzte, die aus dem Trümmern Bagdads geflohen waren, entwickelte sich zur neuen geistigen Hauptstadt der mohammedanischen Welt. Der bedeutende arabische Historiker Ibn Chaldun begrüßte die Türken als Kulturbringer.

Der Sieg der Mamelucken war ein vernichtender Schlag für die Kreuzfahrer in Palästina. Sie hielten noch immer einen Teil der Mittelmeerküste besetzt – Akkon, Tyrus, Sidon und Tripolis –, waren aber durch fatale Zwistigkeiten untereinander gelähmt. Als die Genueser Tripolis eingenommen hatten, riefen die Venezianer die Mamelucken zu Hilfe. Die warfen die Genueser heraus und setzten sich selbst in den Besitz aller Gebiete, die den Christen an der Küste Palästinas noch geblieben waren.

Nach der Niederlage, die die Mamelucken ihnen bereitet hatten, zogen sich die Mongolen aus Syrien zurück. Hulagu und seine Krieger wurden in Persien und Mesopotamien seßhaft, wo ihre Nachfahren, die Ilchane, über ein Jahrhundert als führende Macht im Mittleren Osten regierten. Irgendwann im Laufe seines Lebens scheint Hulagu – wie Kublai Khan – zum Buddhismus übergetreten zu sein. Seine Frau und eine Reihe seiner wichtigsten Minister waren von Nestorianermönchen, deren Siedlungen weit nach Asien hineinreichten, zum Christentum bekehrt worden. Doch die zunächst feindselige Haltung dem Islam gegenüber (die der Grund für die Bekehrungen gewesen sein mag) überdauerte seine Regierungszeit nicht lange. Die meisten mongolischen Zuwanderer waren nach der zweiten oder dritten Generation gläubige Moslems geworden.

Die Ilchane waren nach Abschluß der gewalttätigen Eroberungsphase keine besonders tyrannischen Herrscher. Wie Kublai Khan förderte auch Hulagu die Wissenschaft und ließ ein Observatorium errichten, in dem ein arabischer Wissenschaftler astronomische Daten, die sogenannten »Ilchanidentafeln«, zusammenstellte. Die von den Seldschuken übernommene persische

Verwaltungsstruktur bestand nach wie vor, arbeitete aber immer weniger effektiv. In Persien wie auch in China gerieten die Steuern, einer immer weiter schrumpfenden Bevölkerung auferlegt, um das Mongolenheer durchzufüttern, zur unerträglichen Last. Überdies verstanden die Mongolen nichts von der Landwirtschaft: Die so wichtige, schon von den Seldschuken vernachlässigte Bewässerung verfiel weiter, der Boden versalzte und wurde unfruchtbar, ganze Dörfer wurden aufgegeben und verschwanden völlig.

Dafür erlebte Persien in dieser Zeit eine Blüte der Literatur. Im letzten Jahrhundert der Seldschukenherrschaft und unter den Ilchanen bezog die persische Dichtung wesentliche Anregungen aus dem Sufismus, einer mystischen Sekte des Islam. Die Sufis glaubten, alles Materielle sei Illusion und diene nur dazu, das Absolute – Gott – zu verdunkeln. Sana'i (1070–1140) war der erste persische Dichter, dessen Werk *Der Garten der Wahrheit* vom Sufismus inspiriert war.

Eine lange Reihe mystischer Dichter folgte; führend unter ihnen war Jalal ad Din ar Rumi (1207–73), der zur Zeit der mongolischen Eroberung Persiens größter mystischer Dichter gewesen sein dürfte. Viele sind der Meinung, daß sein *Mathnavi*, was Qualität und geistlichen Gehalt angeht, dem Koran nur wenig nachstehe.

Schiraz entwickelte sich zu dieser Zeit zu einem geistigen Mittelpunkt, zu einer Stadt kultivierter Vergnügungen mit Gärten, Brunnen und Kaffeehäusern. Hier lebte Hafis, der bedeutendste aller persischen Lyriker (1320–81). Unter dem Liebreiz seiner Verse, die Liebe, Wein und Blumen besingen und sich damit auch dem Uneingeweihten erschließen, verbergen sich in der Sprache der Mystik andere Bedeutungen: Hafis wird bis heute um seiner Weisheit und der unübersetzbaren Feinheiten seiner Dichtung willen zitiert, konsultiert, expliziert und – geliebt. Die innere Kraft, über die er verfügte, hatte er auch bitter nötig, denn über dem heiteren Leben von Schiraz drohte der Schatten der Angst. Hafis erlebte noch, wie Timur (Marlowes mörderischer *Tamerlan*) in seine geliebte Stadt einzog, ein Eroberer, der an Skrupellosigkeit Dschingis Khan in nichts nachstand.

Das Mongolenreich des Dschingis Khan war theoretisch unter seinen Enkeln und unter der Oberhoheit von Kublai Khan noch geeint. In Wirklichkeit jedoch war es bereits in drei getrennte

Staaten zerfallen: Die Brüder Kublai und Hulagu herrschten in China und Persien, ihr Vetter Batu in Europa. Batu führte seine Horden nach Westen, das Kaspische Meer im Süden, das Schwarze Meer im Norden hinter sich lassend. Er überrannte Süd- und Mittelrußland und zerstörte Kiew und Moskau. Dann teilte er sein Heer; eine Armee zog nach Westen, überquerte die Weichsel und besiegte die vereinigte polnisch-deutsche Kavallerie bei Liegnitz (1241). Den Rittern in ihren schweren Rüstungen waren die mongolischen Bogenschützen an Schnelligkeit und Treffsicherheit überlegen. Eine zweite Armee mit Batu an der Spitze marschierte gen Süden, verwüstete Mähren und Ungarn, schlug sich zur Adriaküste durch und plünderte den Hafen Kotor. Dynastische Streitigkeiten zwangen Batu zum Rückzug, auf dem er noch Bulgarien verheerte. Wenig später schlug er an der Wolgamündung ein ständiges Lager auf, das er Sarai Batu nannte. Im Westen wurde es wegen der glitzernden Pracht seiner Zelte unter den Namen *Die goldene Horde* bekannt.

Die Rus oder Russen, wie sich die aus Slawen und Wikingern hervorgegangene Bevölkerung des Kiewer Reiches jetzt nannte, waren vielen verschiedenen Kleinfürsten untertan, aber durch eine gemeinsame Sprache und den christlichen Glauben geeint, den sie von Byzanz übernommen hatten. Sie mußten gleichsam einen Zweifrontenkrieg kämpfen – einerseits gegen die Mongolen, die schon an der Wolga standen, andererseits gegen die zahllosen Nomaden Zentralasiens im Süden und Osten, die Schweden und Deutschen im Nordwesten.

Nach dem Zusammenbruch der Kreuzfahrerreiche machte sich einer ihrer Träger, der Deutsche Orden, unter Führung von Hermann von Salza daran, Christentum und deutschen Einfluß über die Nordostgrenze des Reiches hinaus zu verbreiten. Es war dies eine Fortsetzung der Politik, die Karl der Große mit der Unterwerfung der Sachsen begonnen hatte. Otto der Große und in der zweiten Hälfte des 12. Jahrhunderts Heinrich von Sachsen, genannt der Löwe, hatte sie im Osten weiterverfolgt. Um 1200 war der äußerste Punkt des deutsch-christlichen Einflußbereiches die neu gegründete Hafenstadt Riga an der Mündung der Düna. Zisterziensermönche führten in diesem Gebiet den Ackerbau ein und siedelten Bauern aus dem westlichen Deutschland an. (Dieser »Drang nach Osten«, ein von deutschen Historikern geprägter Begriff, war die unvermeidliche Expansion einer wachsenden Landbevölkerung, die in eine unterbevölkerte Region drängte.) Etwa 30 Jahre nach der Gründung Rigas wurden die

Deutschritter vom Kaiser ermächtigt, diesen Kreuzzug nach Norden zu unternehmen.

Im Lauf des nächsten Jahrhunderts machten die Ordensritter mit Hilfe einer Gruppe früherer Missionare, der Livländischen Brüder, die widerspenstigen Prussen untertan, bauten Kirchen, Schulen und Krankenhäuser, rodeten weiteres Land und gründeten eine Reihe von Städten an der Ostseeküste: Narva, Dorpat, Danzig. Sie versuchten auch, ihren Einfluß bis nach Rußland auszudehnen und den Russen, die zur Ostkirche gehörten, den Katholizismus aufzuzwingen. Ihr Ziel war die Stadt Nowgorod, in der sich schon eine blühende Ansiedlung deutscher Kaufleute befand. Die überwiegende Mehrheit der Bevölkerung aber hegte keineswegs die Absicht, die Konfession zu wechseln. Nowgorod stand unter dem Schutz des Fürsten Alexander, der dem Herrscherhaus des Kiewer Reiches entstammte und sich den Beinamen *Nevski* verdient hatte, als er die eindringenden Schweden an den Ufern der Neva schlug. Mit Hilfe der Priesterschaft und der Bevölkerung von Nowgorod besiegte er das Heer der Deutschritter in einer Winterschlacht auf dem gefrorenen Peipus-See (1242). Nevski brillierte nicht nur als Kriegsherr, sondern zeigte sich auch als geschickter, besonnener Diplomat. Bei den Mongolen der Goldenen Horde, die er, wie er wohl wußte, nicht schlagen konnte, ging er kein Risiko ein. Er nahm Verhandlungen mit ihnen auf, erkannte ihre Oberhoheit an und nahm von ihnen Land zu Lehen, unter anderem auch Kiew. Das bescherte ihm persönlich beträchtlichen Machtzuwachs, bewahrte aber auch seine Gebiete und deren Bevölkerung vor dem Einfall der Mongolen. Von der russischen Kirche wurde er 1547 heilig gesprochen, von Stalin 1942 zum Nationalhelden erhoben – gewiß eine einzigartige Apotheose.

Der Lauf der russischen Geschichte wurde durch diese Ereignisse in eine andere Richtung gelenkt. 300 Jahre lang, seitdem die Wikinger an der Wolga seßhaft geworden waren, hatte sich das allmählich zusammenwachsende russische Volk sowohl nach Europa als auch nach Byzanz orientiert. Zwei deutsche Kaiser und ein französischer König hatten russische Prinzessinnen geheiratet. Durch den Deutschen Orden, der sich an der Ostsee festgesetzt hatte, war ihnen jetzt der Weg nach Westen versperrt, am Finnischen Meerbusen hatten die Schweden den befestigten Hafen Viborg gebaut. Alexander Nevski konnte die Deutschritter zwar vom russischen Boden, nicht aber aus der Ostsee vertreiben. Die Bedrohung durch die Nomaden aus Zentralasien, die ständig in Bewegung waren, und die Notwendigkeit, das größer werdende Moskau, das bald als Hauptstadt anerkannt werden sollte, zu stärken und zu schützen, zwang die Russen, sich ganz auf die Verteidigung zu konzentrieren und auf weiteres politisches Engagement im Westen zu verzichten.

2. *Kirche und Staat in Europa – Wirtschaftlicher Aufschwung – Friedrich Barbarossa – Heinrich II. und Becket – Innozenz III. – Friedrich II. – Bonifaz VIII. – Das Papsttum in Avignon – Franziskaner und Dominikaner*

In Europa symbolisierten die großen Kathedralen des 12. Jahrhundert jene Kraft, die den zersplitterten Kontinent einte – die katholische Kirche. Dome, Klöster und Kirchen mit ihren herrlichen Steinmetzarbeiten, bemaltem und vergoldetem Schnitzwerk, Mosaik und Glasbildern waren echte Volkskultur; sie spiegelten nicht nur den Geschmack einiger weniger Gebildeter wider, sondern verkörperten dinghaft einen Glauben, in dem sich die Mehrheit der Analphabeten einig wußte mit der belesenen Minderheit. Die bedeutendsten Meisterwerke frühmittelalterlicher Kunst – die Kirchenfenster von Chartres, die in leuchtenden Farben die biblische Geschichte erzählen, oder die kühnen, lebendigen Skulpturen in Autun, Adam und Eva auf dem Bronzeportal von Hildesheim, der tragische Christuskopf in Köln – all das wurde geschaffen von einem Volk, das im Glauben geeint war. Vom Baron in seiner Burg mit seinen Rittern, Pferdeknechten, Falknern und Dienern bis hinunter zum Leibeigenen in seiner armseligen Hütte taten sich alle zusammen, um ihren Gott durch Geschenke, durch ihrer Hände Arbeit oder besondere Fertigkeiten zu ehren, und alle waren stolz auf die gemeinsame Leistung und ihren Anteil daran.

Politisch war das einstige weströmische Reich inzwischen unter etwa 20 streitsüchtigen Herrschern aufgeteilt, deren Beziehungen durch das Lehnsrecht zusätzlich kompliziert wurden. Heinrich II. von England (1154–89) errichtete ein Reich, das von der schottischen Grenze bis zu den Pyrenäen reichte. Durch Erbschaft war ihm die Normandie, durch seine Heirat die reiche Provinz Aquitanien (das südwestliche Viertel Frankreichs) zugefallen. Er war für diese Provinzen dem französischen König lehnspflichtig, regierte aber praktisch als unabhängiger Monarch. Der unglückliche König von Frankreich hatte in weniger als der Hälfte seines Landes wirklich etwas zu sagen; die Provence war unter einem mächtigen Vasallen ebenfalls praktisch unabhängig geworden. Die Iberische Halbinsel zerfiel in vier christliche Reiche im Norden, die später zu zwei Reichen, Kastilien und Aragon, zusammengefaßt wurden, Portugal an der Atlantikküste und eine Anzahl maurischer Emirate im Süden. Die gewählten deutschen Könige, denen es nicht immer gelang, sich zum Kaiser krönen zu lassen, verfügten außerhalb ihrer persönlichen Erblande über sehr wenig Macht; oft waren sie den einstigen mächtigen Vasallen in Sachsen, Bayern oder Österreich auf Gedeih und Verderb ausgeliefert. Die Normannen hatten Sizilien und Süditalien unter ihrer Herrschaft geeint, nach Norden hin aber zerfiel Italien – angefangen bei den päpstlichen Gebieten – in viele sich befehdende unabhängige Staaten: die Städte der Toskana und der lombardischen Ebene, die wachsenden Seemächte Genua, Pisa und Venedig.

Jenseits der Grenzen des einstigen Römischen Reiches lagen weitere rührige Staaten, die Westeuropa durch die gemeinsame Religion verbunden, durch Interessenkonflikte jedoch untereinander zerstritten waren: Schottland, Irland, Norwegen, Schweden, Dänemark, Polen und Böhmen. Bündnisse wurden geschlossen und wieder aufgelöst, Rivalitäten, Übergriffe, Kleinkriege hörten nie auf.

Sechs Jahrhunderte lang – vom Sieg Roms über die Karthager bis zur Eroberung Afrikas durch die Vandalen – war die griechisch-römische Kultur des Mittelmeerraumes ein einendes Element gewesen. Im Mittelalter ging über das »mare nostrum« vermutlich mehr Handelsware als zu Zeiten der Römer; seine Küsten jedoch teilten sich jetzt verschiedene Völker und konkurrierende Kulturen: das Byzantinische Reich, die mohammedanischen Staaten in Ägypten, Marokko, Südspanien und dem Mittleren Osten; Aragon, Katalonien, die Normandie, Frankreich, das unabhängige Königreich Mallorca, die Hafenstädte Italiens, die Genueser, die Venezianer ... In den meisten Fällen ging es bei den Streitigkeiten um die Kontrolle über strategisch wichtige Häfen und Inseln und einen größeren Anteil am Handel.

Römisches Recht und römische Verwaltungskunst, von der Kirche an die barbarischen Eroberer vermittelt, waren von Gesetzen und Gebräuchen überdeckt worden, die besser auf die Bedürfnisse einer anders gearteten Gesellschaft zugeschnitten waren. Nirgends war es der Kirche gelungen, an die Stelle der *Pax Romana* einen christlichen Frieden zu setzen.

Zur Zeit der Kreuzzüge galt die Einheit der Kirche nur für Westeuropa. Die westliche Kultur wurde der Kultur von Byzanz immer unähnlicher. Weit mehr als die dogmatischen Differenzen, die den unmittelbaren Anlaß für die Auseinandersetzungen lieferten, führten der gegenseitige Argwohn und die relativ rückständige Zivilisation des Westens unausweichlich zu einem letztlich irreparablen Bruch.

Trotz der Zwietracht, trotz ständiger Kriege ging es Europa materiell allmählich besser. Die seit der Römerzeit vernachlässigten Zinn- und Kupferminen Spaniens waren von den Mauren bereits im 10. Jahrhundert wieder instand gesetzt worden und wurden von den Christen übernommen, nachdem diese auf maurisches Territorium vorgedrungen waren. Die Deutschen begannen die silberhaltigen Bleiadern im Harz bergmännisch auszubeuten. Später holten Herrscher in der Hoffnung auf zusätzliche Staatseinkünfte deutsche Bergleute ins slawische Grenzland – nach Polen, Schlesien und Böhmen –, um von ihnen die dortigen Bodenschätze erschließen zu lassen. Oftmals wurden sie dort auch seßhaft und leisteten gute Arbeit, waren aber natürlich den Bauern, deren Land sie in Mitleidenschaft zogen, nicht willkommen.

Kupfer wurde in Schweden und Sachsen gefördert, Eisenerz in der Steiermark und Kärnten, wo man nach einem gut gehüteten Geheimnis den besten Stahl Europas herstellte. Die Zinnminen in Cornwall florierten. Im 13. Jahrhundert wurde durch die Entdeckung stark silberhaltiger Bleivorkommmen in Böhmen dessen König, Ottokar der Große, zum reichsten Herrscher Europas.

Schon lange war in Europa vielfach Kohle in kleinen Mengen im Tagebau gewonnen worden; im 13. Jahrhundert entstanden die ersten Zechen bei Lüttich und Mons sowie in Südschottland, Südwales und in Nord- und Mittelengland. Der Ausbau des Hüttenwesens führte zu Experimenten und Verbesserungen in der Metallverarbeitung. Gegen Ende des 13. Jahrhunderts wurde ein Eisengußverfahren entwickelt, das die Herstellung von Plattenpanzern ermöglichte, die zuerst den Kettenpanzer verstärkten und schließlich ganz ersetzten.

Jeder weitere Dombau war für die Steinmetzmeister ein Zuwachs an Erfahrung und eine Gelegenheit für Experimente. Immer neue Steinbrüche entstanden, an die Stelle der aus Holz errichteten Burgen und Wälle traten solche aus Stein. Städte, ja, selbst Dörfer bauten nun steinerne Kirchen; steinerne Brücken überspannten die Flüsse auf den Hauptverkehrswegen.

Im Norden hatte sich eine blühende Textilindustrie entwickelt, die vornehmlich Woll- und Leinentücher lieferte. Die Spezialität einiger sizilianischer und italienischer Städte – führend unter ihnen Lucca – war Seide. Sie hatten die Seidenraupenzucht entwickelt und stellten das Rohmaterial für ihre kostbare Ware selbst her. Baumwollstoffe waren zuerst von den spanischen Mauren, die das Rohmaterial aus Ägypten einführten, nach Europa gebracht worden. Manufakturen verbreiteten sich rasch über den ganzen Kontinent. Barchent, ein billiges Mischgewebe aus Baumwolle mit Leinenkette, war in England besonders beliebt und wurde dort in großen Mengen für den Export hergestellt. Man setzte Wasserkraft ein, um Walkmaschinen und die Blasebälge der Hochöfen zu betreiben. Das Spinnrad, frühes Beispiel einer Kraftübertragung durch Treibriemen, setzte sich allenthalben durch.

Die Kunst der Herstellung von farbigem Glas für Kirchenfenster hatte sich ursprünglich im Süden entwickelt, sich jedoch rasch nach Norden hin verbreitet. Nur durch geduldiges Experimentieren mit dem Zusatz verschiedener Mineralien zum Glasfluß und eine sorgfältige Steuerung der Hitze ließen sich gute Ergebnisse erzielen. Allein die Venezianer hüteten das Geheimnis der Herstellung von durchsichtigem Glas. In Venedig kamen deshalb um 1300 die ersten Brillen auf, deren Erfinder unbekannt ist. Sie bestanden aus zwei miteinander verbundenen konvexen Glasscheibchen, die auf dem Nasenrücken thronten – eine nicht sehr effektive, aber in den Frühstadien der Altersweitsichtigkeit (Presbyopie) wahrscheinlich durchaus sinnvolle Sehhilfe.

Die Expansion des Handels gab den Anstoß zu einer Verbesserung der Straßen und Wasserwege und zu Neuerungen in der Navigation. Der unter dem Namen *Naviglio grande* bekanntgewordene Kanal zwischen den Städten der lombardischen Ebene wurde zu Beginn des 13. Jahrhunderts fertiggestellt. Die Niederlande bauten ein Netz von Kanälen, über das sie fast ihren ganzen Warenverkehr abwickelten; schon 1180 hatten sie einen primitiven Vorgänger der späteren Wehre entwickelt. Das Lateinsegel, eine arabische Erfindung, fand sich, vom Mittelmeer kommend, bald an den meisten europäischen Küsten. Das Achterruder kam um etwa 1200 in den Niederlanden auf und setzte sich – wie auch der Magnetkompaß – im Laufe des folgenden Jahrhunderts allgemein durch. All diese Erfindungen ermöglichten eine genauere Navigation und machten Seereisen schneller und sicherer. Seefahrer aus dem Mittelmeerraum, insbesondere die Genuesen, hatten im 14. Jahrhundert bereits feststehende Seewege nach Skandinavien und zu den expandierenden deutschen Ostseehäfen eingerichtet.

Unter den Annehmlichkeiten des Lebens sollen hier die öffentlichen Bäder besonders erwähnt werden. Die meisten römischen Thermen waren verfallen, aber im 13. Jahrhundert waren selbst in Nordeuropa wieder öffentliche Badehäuser beliebt. Sie wurden von Männlein und Weiblein gemeinsam genutzt, was die Kirche mißbilligte.

Die Verbesserung der hygienischen Verhältnisse, die die segensreiche Erfindung der Seife mit sich brachte, wurde zum Teil durch einen Umschwung in der Mode wieder zunichte gemacht. Anstelle lockerer, luftiger Überkleider, in der Taille gegürtet, trug man jetzt Kleidungsstücke, die eher eng – bei den Reichen und Modebewußten fast unanständig eng – anlagen. Ende des 14. Jahrhunderts waren Knöpfe, die weder von den Griechen noch von den Römern verwendet worden waren, allgemein im Gebrauch. Die Kleidung wurde dadurch dichter und wärmer, so daß man im nördlichen Winter ohne weiteres genug Eigenwärme produzieren konnte, sofern man sich nicht auszog. Sicherlich erfroren dadurch weniger Menschen, dafür aber wurde die Kleidung zu einer Brutstätte für Ungeziefer, das die verschiedensten Krankheiten übertrug.

Der Konflikt zwischen Kirche und Staat, zwischen den geistlichen Ansprüchen des Papstes und den weltlichen Ansprüchen der Fürsten, hatte sich seit dem Zusammenstoß zwischen Gregor VII. und Kaiser Heinrich IV. fortgesetzt. Friedrich Barbarossa (1152–90), der fähigste deutsche Kaiser seit Otto dem Großen, war eine starke Persönlichkeit mit klarem, sicherem Urteilsvermögen. Erst gewann er den widerspenstigen deutschen Adel für sich, dann nahm er eine Verwaltungsreform vor, indem er den Stand der *ministeriales,* ihm direkt unterstellte Beamte, einführte. Er ernannte Bischöfe aufgrund ihres Könnens und ihrer Loyalität und stellte innerhalb des deutschen Herrschaftsbereiches die frühere Interdependenz zwischen Kirche und Staat wieder her. Da er sich als Wiederbegründer eines von Gott gelenkten Reiches sah – ein Gedanke, den seine Rechtsberater von Kaiser Justinian übernommen hatten –, führte er die amtliche Bezeichnung »Heiliges Römisches Reich Deutscher Nation« ein. Er nahm auch den spätrömischen Brauch wieder auf, seinen ältesten Sohn unter dem Titel »Caesar« an der Regierung zu beteiligen. Diese altertümelnden Allüren sollten unselige Auswirkungen haben; vorerst aber brachten ihm seine Verdienste um die Wiederherstellung von Frieden und Ordnung in Deutschland den Namen *Pacificus* ein.

Anders war die Lage in Italien, wo seine Kirchenpolitik vom Vatikan nicht gern gesehen wurde; und als er auch südlich der Alpen seine Macht durchsetzen wollte, schlug ihm seitens der lombardischen Städte, die sich hier mit dem Papst einig wußten, heftiger Widerstand entgegen. Innerhalb von 30 Jahren fiel Friedrich sechsmal in Italien ein und errang schließlich einen fragwürdigen Sieg: Seine Oberhoheit wurde nominell anerkannt, in der Praxis jedoch blieben die italienischen Städte unabhängig, und der Vatikan wich von seiner feindseligen Haltung nicht ab.

In England kam es zu einem dramatischen Konflikt zwischen Kirche und Staat, als der eigenwillige Heinrich II. (1154–1189) im Zuge seiner Rechtsreformen versuchte, Geistliche, die sich eines Verbrechens schuldig gemacht hatten, von der Zivilgerichtsbarkeit aburteilen zu lassen. Mit Unterstützung des Papstes stellte sich der Erzbischof von Canterbury, Thomas Becket, gegen den König. Heinrich äußerte im Jähzorn eine Drohung, die zur Ermordung des Erzbischofs auf den Altarstufen des Doms von Canterbury führte (1170). Nach diesem Sakrileg konnte Heinrich seine Position nur retten, indem er öffentlich Buße tat und der Kirche nachgab. Thomas Becket wurde Englands beliebtester Heiliger, Pilgerfahrten an seinen Schrein machten Canterbury reich, und der skandalöse Zustand, der es den Geistlichen gestattete, sich den weltlichen Gerichten zu entziehen, hielt noch weitere 300 Jahre unverändert an.

Bald danach zwang Papst Innozenz III. (1198–1216) so viele Fürsten, sich ihm zu beugen, daß der Sieg der Kirche über den Staat gesichert schien. Innozenz, im kanonischen Recht ausgebildet und staatsmännisch hochbegabt, war ein Mann von starkem Charakter, großem diplomatischen Geschick und scharfem Urteilsvermögen, der genau wußte, was er wollte. Von Anfang an stellte er seine Position klar: »Wir sind die Nachfolger des Ersten unter den Aposteln, aber Wir sind nicht sein Statthalter und auch nicht der Statthalter irgendeines Menschen oder Apostels, sondern der Statthalter von Jesus Christus auf Erden.«[2] Noch nie hatte ein Papst so viel für sich in Anspruch genommen.

Sein Erfolg war beachtlich. Er zwang Johann von England, sein Reich dem Papst als oberstem Lehnsherrn zur Verfügung zu stellen; auch Philipp von Frankreich beugte sich seinem Willen.

Innozenz wurde Regent von Sizilien und Süditalien, indem er den minderjährigen Friedrich II. unter seinen Schutz nahm. Er intervenierte als Mittelsmann in den dynastischen Streitigkeiten Schwedens, Dänemarks und Ungarns. Er überredete die christlichen Könige Spaniens dazu, sich gegen die Mauren zusammenzuschließen, die sie dann in der berühmten Schlacht von Las Navas de Tolosa (1212) vernichtend schlugen. Er nominierte einen Kaiser, der ihm Gehorsam schwor, setzte ihn ab, als er sich auflehnte, und verhalf einem anderen Kandidaten zum Thron – seinem Mündel, dem damals 16jährigen König von Sizilien. Er gewann die Kirchen Bulgariens, Armeniens und Serbiens zeitweise für Rom. Beim vierten Laterankonzil im Jahre 1215 – dem Höhepunkt seines Pontifikats – reformierte er die nachlässig gewordenen kirchlichen Orden und setzte zwei neue ein, den *Franziskaner-* und den *Dominikanerorden.* Er verkündete das Dogma der Transsubstantiation, verbot Gottesurteile und verdammte die Ketzereien der Katharer. Schließlich erklärte er die Kirche für einig und allumfassend.[3]

Diese glanzvollste Epoche des mittelalterlichen Papsttums barg bereits den Keim des Niedergangs in sich. Der Statthalter Christi auf Erden hatte nur dadurch obsiegt, daß er seine einzigartige geistliche Autorität im Kampf um politische Macht eingesetzt hatte. Die verderblichen Folgen dieses Engagements sollten sich gegen Ende des Jahrhunderts zeigen. Der Fehler aber, den der Papst begangen hatte, indem er seinem Mündel, dem jungen König von Sizilien, zum Kaiserthron verholfen hatte, war schon sehr bald nach dem Tod von Innozenz erkennbar. Friedrich II., ein Enkel Barbarossas und dank seiner Mutter Erbe des Normannenreiches Sizilien und Süditalien, war ein brillanter, vielseitig begabter Egozentriker: Er war Dichter, Universalgelehrter und Experimentator, er verfügte über einen subtilen Intellekt, besaß ein sicheres Urteilsvermögen und war von keinerlei Skrupeln geplagt.

Wie alle Normannen zeigte er besonderes Talent zur Staatsführung, stand, da er in Sizilien aufgewachsen war, Arabern und Griechen verständnisvoll gegenüber und ging bedenkenlos gegen alle vor, die sich ihm entgegenstellten. Prächtige Mosaiken an den Wänden des Doms von Monreale und in der Kapelle seines Palastes in Palermo stellen seinen Großvater Roger II. und seinen unmittelbaren Vorgänger Wilhelm II. dar, wie sie gerade ein Mandat direkt vom Allmächtigen erhalten. Friedrich glaubte, daß er diese Vollmacht geerbt habe.

Als Schützling und Kandidat von Papst Innozenz III. wurde er mit 16 Jahren aus dem Süden nach Deutschland geholt, um sich – mit dem Ziel, später deutscher Kaiser zu werden – zunächst dort zum König zu machen. Überraschend schnell gelang es ihm, die Königswürde zu erringen (sein Haus verfügte noch über starke Unterstützung, und der König von Frankreich sah ihn als nützliches Gegengewicht zu der Macht Englands). Sodann erkaufte er sich die Loyalität des Adels, der Bischöfe und Äbte in Deutschland, indem er ihnen erweiterte Privilegien zugestand. Das brachte ihm einen kurzfristigen Vorteil und ermöglichte ihm die Rückkehr nach Italien, wo durch seine lange Herrschaft als Minderjähriger seine Autorität untergraben war. Nachdem er in Rom vom Papst gekrönt worden war, verpflichtete er sich zu einem Kreuzzug (1220). Zunächst aber schaffte er Ordnung in seinem italienischen Reich, schlug Aufstände nieder, zentralisierte die Regierung und reformierte die Verwaltung. Mit einem für ihn typischen Respekt vor der Wissenschaft ließ er die Universität von Salerno, an der Medizin gelehrt wurde, wieder aufleben und gründete die Universität Neapel, die erste europäische Hochschule, die eine königliche Stiftung war.

Dem Beispiel seiner Vorgänger, insbesondere seines Großvaters Roger II. folgend, zog er Gelehrte, Philosophen, Wissenschaftler und Dichter an seinen Hof. Er förderte als Schirmherr unter anderen Walther von der Vogelweide, den wohl größten Lyriker des deutschen Mittelalters. Friedrich selbst schrieb Verse in der Landessprache und begründete durch sein Beispiel und sein Mäzenatentum die früheste Schule italienischer Dichtung. Er gehörte auch zu den ersten, die nach griechischen und römischen Plastiken suchen und sie restaurieren ließen.

Nachdem in Sizilien und Süditalien wieder Ordnung eingekehrt war, erneuerte er seinen Kreuzfahrerschwur und machte sich zu Schiff auf den Weg nach Palästina, wurde aber durch eine schwere Krankheit zur Rückkehr gezwungen. Papst Gregor IX., ein Verwandter von Innozenz III., den inzwischen Friedrichs Machtfülle ernstlich zu beunruhigen begann, exkommunizierte ihn. Friedrich setzte sich über den päpstlichen Bannfluch hinweg, begab sich wieder auf die Reise, landete mit seiner kleinen Truppe in Palästina, knüpfte diplomatische Beziehungen zu den Mohammedanern an, gewann durch Verhandlungen Jerusalem zurück und krönte sich selbst zum König. Diese unblutige Eroberung durch einen mit dem Kirchenbann belegten Fürsten – einzigartig in der Geschichte der Kreuzzüge – verärgerte den Papst nur noch mehr, und Friedrich mußte Palästina eiligst wieder verlassen, um sein italienisches Reich gegen eine Invasion zu verteidigen. Er verbrachte den Rest seiner Regierungszeit mit Kämpfen gegen den Papst oder die dem Papst verbündeten italienischen Städte und mit der Niederschlagung von Aufständen in Deutschland, die meist vom Vatikan angezettelt worden waren.

Dennoch blieb sein Hof geistiger Mittelpunkt Europas. Sein Interesse an den Künsten, der Philosophie, der Astronomie, der Naturgeschichte und die Beschäftigung mit vielen anderen Wissenszweigen hielt fast bis zum Ende seines stürmischen Lebens an und brachte ihm den Namen *Stupor mundi* (Weltwunder) ein. Wie es für seine Zeit üblich war, beschäftigte er sich auch mit Astrologie, Magie und Okkultismus. Nach seinem Tod war der Glaube weit verbreitet, er lebe in einer geheimen Höhle weiter und würde sich wieder zeigen, wenn seine Zeit gekommen sei.

Der Konflikt zwischen Kirche und Staat, der aus zwei ehrenwerten, aber unvereinbaren Staatstheorien entstanden war, entartete allmählich zu einer Serie von Fehden zwischen den Anhängern von Papst und Kaiser. Die Namen für die beiden in Italien gegeneinander kämpfenden Parteien, die Guelfen und die Ghibellinen, waren aus dem Schlachtruf zweier deutscher Fraktionen entstanden. Die Ghibellinen – ursprünglich Waiblinger – waren die Anhänger des Kaisers, auch »Kaiserliche« genannt, die Guelfen – eigentlich Welfen – die Gefolgschaft des Papstes.

Nach dem Tod Friedrichs II. im Jahre 1250 hetzten die nachfolgenden Päpste seine Nachkommen zu Tode. 18 Jahre später erlosch die Dynastie mit der Niederlage, Gefangennahme und Hinrichtung von Friedrichs Enkel Konradin, einem 15jährigen Knaben. Dieser kaltblütige Justizmord schädigte das Ansehen des Papsttums besonders in Deutschland anhaltend.

Dennoch brachten diese skrupellosen Methoden dem Vatikan keinen dauerhaften Machtzuwachs. Nur ein Papst von außergewöhnlichem Format war in der Lage, die weltlichen Fürsten in ihre Schranken zu weisen. Bald kehrte sich die Lage um: Skrupellose Herrscher fanden Mittel und Wege, die Entscheidungen des Papstes zu manipulieren. Cölestin V., ein frommer Einsiedler, wurde unter allgemeinem Beifall aus seiner Klause geholt; mit ihm, der allen weltlichen Dingen so gleichgültig gegenüberstand, mußte sich alles wenden. Seine Weltfremdheit wurde sofort von der Fraktion des französischen Königs ausgenutzt, die ihn dazu brachte, acht neue französische Kardinäle in ebenso vielen Wochen zu ernennen: die Gegenseite setzte ihm daraufhin so lange mit Überredung, Betrug oder Zwang zu, bis er abdankte (1294), ein Schritt, den nie zuvor ein Papst getan hatte und der ein einmaliges Ereignis bleiben sollte.

Sein Nachfolger Bonifaz VIII. stammte aus einer römischen Familie, die sich in den heftigen innerstädtischen Fehden stark engagiert hatte. Er war ein glänzender Advokat, selbstbewußt, weltlich, jähzornig, und – er verstand zu hassen. Aber er war auch ein echter Schirmherr der Künste (durch ihn kam Giotto nach Rom) und besaß ein Gespür für »Öffentlichkeitsarbeit«: 1300 n. Chr. verkündete er das erste Heilige Jahr. Die Pilger strömten scharenweise nach Rom, und die päpstlichen Schatullen füllten sich. Das Geld benützte Bonifaz, um den Familienbesitz zu mehren und Soldaten zur Verteidigung des Kirchenstaates zu bezahlen. Er hatte bereits die Könige von Frankreich und England gegen sich aufgebracht, indem er der Geistlichkeit in ihren Ländern untersagt hatte, von weltlichen Herrschern auferlegte Steuern zu zahlen. Von dem Erfolg des Heiligen Jahres beflügelt, verkündete er mit der Bulle *Unam Sanctam* den Vorrang des Papstes über alle christlichen Herrscher; insbesondere richtete sich die Bulle aber an die Adresse seines schärfsten Widersachers, an Philipp IV. von Frankreich, auch Philipp der Schöne genannt. Philipp gab unverzüglich Befehl, Papst Bonifaz entführen zu lassen. Die von einer wütenden Schar päpstlicher Anhänger bedrängten Entführer verloren aber die Nerven und ihr Opfer, Bonifaz, starb an dem Schock (1303 n. Chr.).

Zwei Jahre später versuchte ein französischer Papst, Clemens V., vergeblich, dem königlichen Zuchtmeister zu entgehen, indem er sich nach Avignon flüchtete, das juristisch päpstliches Territorium war und nicht dem König unterstand. Nach den Bandenkriegen Roms erschien die Stadt als eine Insel des Friedens, eine sichere Zuflucht vor politischem Druck war sie jedoch nicht. Den Willen des Königs von Frankreich zu mißachten, konnte nicht gutgehen. Unter großer Gewissenspein wurde Clemens gezwungen, die Tempelritter zu exkommunizieren, so daß sie als Ketzer umkamen und Philipp von Frankreich sich ihren Besitz aneignen konnte.

Sechs Päpste nacheinander amtierten in würdevoller Pracht zu Avignon. Sie revidierten das kanonische Recht, bereinigten den Verwaltungsapparat, brachten ihre Finanzen in Ordnung und organisierten Missionen in den Fernen Osten. In Avignon wurde viel nützliche Arbeit geleistet, aber diese reibungslos funktionierende Zentrale der westlichen Christenheit war ebenso weit entfernt von der geistlichen Glut, die das Papsttum von Gregor dem Großen bis zu Innozenz III. durchdrungen hatte, wie von der materiellen Korruption, die es zu anderen Zeiten in Dunkelheit stürzte.

Der geistliche Einfluß des Christentums kam aus anderen Quellen. Zwei neue Orden, die *Franziskaner* und die *Dominikaner,* hatten sich einem Leben der Armut und Selbstverleugnung und dem Dienst am Volk durch Predigt und Seelsorge verschrieben.

Francesco Bernardone (ca. 1182–1226) stammte als Kaufmannssohn aus Assisi, einer blühenden Stadt in Mittelitalien. Er war ein umgänglicher junger Mann mit einem großen Freundeskreis, lebhaft, attraktiv und ziemlich ausgelassen, bis ihm plötzlich die Leiden der Armen und die Gleichgültigkeit der Reichen zu Bewußtsein kamen. Zum Entsetzen seines Vaters entsagte er allem Besitz, weihte sich einem Leben in Armut und verließ Assisi als Bettler.

Franz von Assisi, Asket, Mystiker, Dichter, erfüllt von der Liebe zur gesamten Schöpfung Gottes – nicht nur zu den Menschen, sondern auch zu Tieren, Blumen, Bäumen und Steinen –, brachte in sein neues Leben die Höflichkeit und Fröhlichkeit seiner weltlichen Jugend ein; noch immer sang er Lieder und schrieb Gedichte. Mit seinem *Sonnengesang* wurde er – zusammen mit dem Stauferkaiser Friedrich II., auch wenn diese Partnerschaft befremdlich klingen mag – zum Begründer einer Dichtung in italienischer Sprache. Seine zahlreichen Anhänger schworen allen weltlichen Annehmlichkeiten ab, lebten unter den Armen, pflegten die Kranken und Ausgestoßenen, predigten in einfachen Worten das Evangelium und waren wie ihr Heiland immer auf Wanderschaft. Es war vermutlich Franz von Assisi, der die *presepio* (Weihnachtskrippe) einführte, jene naive und volkstümliche Darstellung der Geburt Christi in den Kirchen zur Weihnachtszeit. Seine Anhänger trugen den Brauch nach ganz Westeuropa. Der Franziskanerorden wuchs und verbreitete sich rasch, weil er ein Bedürfnis nach direkter Lehre und nach Kontakten mit den kleinen Leuten befriedigte, das von der Kirche bisher kaum zur Kenntnis genommen worden war. In den ersten Jahren ihrer Tätigkeit trugen die Franziskaner durch ihre Armut und Hingabe auch viel dazu bei, den Eindruck der Weltlichkeit zu korrigieren, den der Vatikan vermittelte.

Auch den spanischen Priester Domingo de Guzman, den heiligen Dominikus (1170–1221), bedrückten, wie Franz von Assisi, die Armut und Unwissenheit der städtischen Armen. Als Intellektueller und Theologe dachte er jedoch zunächst an die Gefahr für ihre Seelen: Von der Kirche vernachlässigt, fielen sie nur zu leicht falschen Propheten in die Hände. Auf einer Reise durch Südfrankreich stellte er fest, daß die Ketzerei weit verbreitet war, daß die Ketzer nicht nur frömmer waren als die Katholiken, sondern daß unter ihnen auch mehr Liebe und Fürsorge herrschten als bei seinen eigenen Glaubensbrüdern. Um hier Abhilfe zu schaffen, gründete er einen Predigerorden, dessen Mitglieder dem Volk die wahre Liebe nahebringen und mit ihrem eigenen Leben ein Beispiel an Nächstenliebe und Selbstverleugnung geben sollten. Nach zuverlässigen Quellen gab es zu jener Zeit mehr Ketzer als gläubige Katholiken in Südfrankreich. An erster Stelle standen die *Katharer*, die »Reinen«, die sich nach ihrer Hochburg, der Stadt Albi, auch *Albigenser* nannten. Sie glaubten wie die Manichäer, daß sich die Kräfte von Gut und Böse ständig miteinander im Krieg befänden, und lehnten alles Materielle als böse ab. Ihrer Meinung nach konnte, da alle Materie böse ist, Christus kein Mensch gewesen, sondern er mußte ein Engel gewesen sein; die Kreuzigung betrachteten sie demnach als Lüge oder eine Illusion.

Eine Elite, diejenigen, die das Sakrament des *consolamentum* (ihre Form der Taufe) erhalten hatten, trug spezielle Kleidung. Diese Gruppe aß auch kein Fleisch und lehnte alle menschlichen Bindungen ab; ihre Mitglieder wurden als *Perfecti* (Vollkommene) bezeichnet. Als Vollmitglieder der Kirche waren nur sie berechtigt, anderen das *consolamentum* zu spenden. Die große Mehrheit verschob das *consolamentum* auf unbestimmte Zeit und betrug sich inzwischen nicht besser und nicht schlechter als andere Leute, zeugte munter Kinder und brachte so (nach ihren Glaubenssätzen) noch mehr Sünde in die Welt.

Innozenz III. rief zum Kreuzzug gegen sie auf, ein Appell, aus dem Philipp Augustus, der König von Frankreich, politisches Kapital schlug. Der größte Teil Südfrankreichs war praktisch unabhängig und unterstand mächtigen Vasallen, insbesondere dem Grafen Raimund von Toulouse. Indem Philipp die *Albigenser* durch seine Vasallen aus dem Norden angreifen ließ, hoffte er, die ganze Provinz unter seine Botmäßigkeit zu bringen. Dominikus, der beauftragt worden war, die Kreuzfahrer zu begleiten und den Ketzern zu predigen, war bitter enttäuscht: Die militärische Führung war nicht an der Rettung von Seelen interessiert, sondern nur an Mord und Brand und der Inbesitznahme des

Landes. Sie zerstörte die einzigartige Kultur der Provence; Relikte ihrer dichterischen und musikalischen Tradition haben später den französischen Hof und den deutschen Minnesang befruchtet.

Unbeirrt von dieser schmerzlichen Erfahrung sammelte Dominikus eine große Gefolgschaft um sich und begann in ganz Europa Ausbildungszentren für seine Predigerbrüder einzurichten. Von Anfang an legten die Dominikaner Wert auf eine reine Lehre; ihre begabtesten Mitglieder schickten sie an die Universitäten in Paris, Oxford und Köln, wo einige von ihnen berühmte Lehrer wurden. Die Franziskaner, die zunächst dem geistigen Leben nicht viel abgewinnen konnten, traten nach dem Tod ihres Gründers mit den Dominikanern in Wettstreit, was die Diskussion belebte und Forschung und Spekulation auf eine breitere Basis stellte. Der große Dominikanergelehrte Albertus Magnus (ca. 1200–1280) beschäftige sich eingehend mit den wissenschaftlichen Werken des Aristoteles; er lehrte, daß sich Wissen durch Beobachtung und Vernunft erwerben ließe und mit Glauben und Offenbarung durchaus vereinbar sei. Durch seinen Einfluß wurde das Studium der Naturwissenschaft für Christen legitimiert. Sein berühmterer Schüler Thomas von Aquin (ca. 1220–74) öffnete einen Großteil des griechischen Erbes der christlichen Wissenschaft (z. B. in seinem Werk »Summa theologica«) und paßte insbesondere die Philosophie des Aristoteles dem Lehrgut der christlichen Kirche an. Nach einigen obskurantistischen Protesten wurde sein Werk offiziell von der Kirche anerkannt und bildete bis zu den naturwissenschaftlichen Umwälzungen des 17. Jahrhunderts den Rahmen legitimer Spekulation. (Als Religionsphilosophie erlebte es in unserem Jahrhundert eine bedeutsame Renaissance.)

Anders als diese Intellektuellen wandte sich ein deutscher Dominikaner, unter dem Namen Meister Eckehart bekannt geworden (ca. 1260–1327), der Mystik zu und wurde einer ihrer bedeutendsten europäischen Vertreter. Zu seinen Lebzeiten wurden seine Lehren verurteilt; später beeinflußten sie die protestantischen Sekten, die Romantik und, in neuerer Zeit, Idealismus und Existentialismus. Es war das Unglück der Dominikaner, daß sie durch ihre Wertschätzung der reinen Lehre und ihr fundiertes theologisches Wissen zu den Hauptvollzugsbeamten der Inquisition wurden, die vom Vatikan nicht lange nach dem Tod des heiligen Dominikus eingesetzt wurde, um der immer weiter um sich greifenden Ketzerei Einhalt zu gebieten.

Die geistige Tradition der Franziskaner ging, wie nicht anders zu erwarten war, in eine andere Richtung. Thomas von Aquin, der erklärt hatte, es sei möglich, durch Vernunft zur Wahrheit zu gelangen, fand seinen Hauptgegner in dem Franziskaner Bonaventura, der die Warheitssuche als Teil der Anbetung Gottes sah, auf anderen Gebieten aber durchaus auf Ausgleich bedacht war. Er bemühte sich sehr – wenngleich vergeblich – um die Wiedervereinigung der Ostkirche mit Rom. Auf geistig höherem Niveau standen Duns Scotus und der bemerkenswerte Wilhelm von Ockham.

Robert Grosseteste, Bischof von London, ebenfalls ein franziskanischer Gelehrter, förderte großzügig Forschungsvorhaben auf dem Gebiet der Astronomie und Mathematik, besaß griechische Bücher und war der Schirmherr des exzentrischen Mönchs Roger Bacon, der Alchemie und Linguistik, Astronomie, Mathematik und Optik studierte. Es ist möglich, daß wir in ihm den unbekannten Erfinder der Brille zu sehen haben. Es gab auch eine Zeit, da man ihn – zusammen mit dem deutschen Mönch Berthold Schwarz – für den westlichen Erfinder des Schießpulvers hielt. Er war aggressiv, viel zu leichtgläubig und übersprudelnd von Ideen. So war er überzeugt davon, daß es möglich sei, mechanisch angetriebene Fahrzeuge zu bauen, die sich zu Lande, zu Wasser und in der Luft fortbewegen konnten, doch er kam nie so recht dazu, dieses Projekt in Angriff zu nehmen.

3. Die Entstehung der Nationalstaaten – Ludwig IX. von Frankreich – Alfons der Weise von Kastilien – Dionysius von Portugal – England: Heinrich II. – Magna Charta – Eduard I. – Wales, Irland, Schottland: Malcolm Canmore, David I., Robert Bruce – Karl IV. von Böhmen – Der Schwarze Tod

Der Kontinent Europa ist von seinen geographischen Bedingungen her nicht zur Einigkeit geschaffen. Die Eroberung durch die Römer hatte der westlichen Hälfte zu einer künstlichen Einheit verholfen, aber Skandinavien, das nördliche Schottland und Irland sowie die Gebiete jenseits der Elbe unberührt gelassen. Als der Stern Roms sank und die Barbaren eindrangen, zerfiel der Kontinent in Stammesfürstentümer mit Grenzen, die sich je nach dem militärischen Erfolg oder den dynastischen Verbindungen ihrer Anführer verschoben. Später festigten die Invasionen der Araber, der Wikinger und der Magyaren die Einheit unter den von ihnen Heimgesuchten, während in Nordeuropa durch das Feudalsystem regionale Abhängigkeiten entstanden.

So entwickelten sich aus den verschiedensten Gegebenheiten heraus die europäischen Nationalstaaten. Der Charakter ihrer Herrscher war nur einer von vielen Faktoren, die ihr Schicksal bestimmten; manchmal jedoch war er ausschlaggebend.

König Ludwig IX. von Frankreich, genannt der Heilige (1226–1270), war das Musterbeispiel eines christlichen Ritters – gerecht, mitfühlend, tapfer. Bei öffentlichen Auftritten muß er »mit dem Gesicht eines Engels und in anmutiger Haltung« sehr eindrucksvoll gewirkt haben. Seine diplomatischen Fähigkeiten waren beachtlich. Er herrschte mit fester Hand, verbot private Fehden und das Tragen von Waffen in Friedenszeiten und führte die Möglichkeit der Berufung vom Feudalgericht zum königlichen Gericht ein. Zu bestimmten Zeiten hörte er sich die Sorgen seines Volkes persönlich an und sprach leutselig, »ohne die Störung des Zeremonienmeisters«, mit allen, die zu ihm kamen. Er war ein großzügiger Almosengeber und speiste täglich die Armen an seiner Tafel. In der damals noch viel überschaubareren Welt waren so unbefangene und häufige Kontakte mit »Menschen aller Art und Stände« noch möglich, wenngleich wenige Herrscher diese Gelegenheit so oft wahrnahmen wie der heilige Ludwig.

Unter seiner Herrschaft wurden die Dome von Chartres, Amiens und Reims fertiggestellt sowie sein besonderes Schmuckstück, die Sainte Chapelle in Paris, für die Dornenkrone gebaut, eine Reliquie, die er dem bankrotten Kaiser von Byzanz abgekauft hatte.

Zwangsläufig begab auch er sich auf einen Kreuzzug (1248). Als er nach einer Niederlage in Ägypten gefangengenommen wurde, lehnte er so lange ab, sich seine Freilassung zu erkaufen, bis das Lösegeld für seine Leute eingetroffen war. Dann zog er weiter nach Palästina, wo sich die Reste der christlichen Staaten untereinander befehdeten, während der Schatten des Mongoleneinfalls sie bereits erreichte. Durch seine ruhige Autorität erzwang Ludwig den Frieden, ließ die Befestigungen wieder herstellen und verlängerte die Existenz der Kreuzfahrerreiche noch um einige Jahre.

Nach Frankreich zurückgekehrt, wurde er zum anerkannten Schlichter großer und kleiner europäischer Streitigkeiten. Er vermittelte zwischen Papst und Kaiser, zwischen dem König von England und seinen Baronen, zwischen den Venezianern und den Genuesen. Die zwei Missionen, die er zu den Mongolen schickte, in der Hoffnung, sie im christlichen Glauben unterweisen zu können, wurden recht frostig empfangen; einer seiner Gesandten, Wilhelm von Rubruk, schrieb jedoch einen ausführlichen Bericht über die Reise, der uns als frühes und äußerst wertvolles Zeugnis über Zentralasien erhalten geblieben ist. Nach einer harmonischen Regierungszeit von weiteren 16 Jahren machte sich Ludwig wieder auf den Weg ins Heilige Land. Diesmal kam er nur bis Tunis, wo er an einem Fieber starb. »Eine gar traurige Sache und wohl der Tränen wert ist das Hinscheiden dieses heiligmäßigen Fürsten, der sein Reich so rechtschaffen führte, so reichlich den Armen gab, und so viele wohlgefällige Werke darin schuf«, schrieb sein Seneschall, Biograph und Freund Jean de Joinville.[4]

Karl von Anjou, der aggressive jüngere Bruder Ludwigs IX., versuchte indessen, die Stelle Manfreds, des unehelichen Sohnes von Kaiser Friedrich II., als König von Sizilien und Süditalien einzunehmen. Manfred, als Mensch und Soldat der wertvollere, fiel. Karl von Anjou regierte bis 1282 in Sizilien, dann machte ein blutiger Aufstand, der in die Geschichte als »Sizilianische Vesper« eingangen ist (weil er zur Zeit des Abendgebets begann), seiner Herrschaft ein Ende, und Peter III. von Aragon gründete das aragonesische Königshaus sizilianischer Herrscher.

In Spanien ging die maurische Macht nach dem christlichen Sieg bei La Navas de Tolosa (1212) zu Ende; Mitte des Jahrhunderts verloren die Mauren Cordoba und Sevilla. Nur das im äußersten Südosten gelegene Granada blieb ihnen – was sie nicht etwa ihrer Stärke, sondern der Zerstrittenheit der christlichen Königreiche zu verdanken hatten.

Die Halbinsel war aufgeteilt unter Portugal am Atlantik, Kastilien in der mittleren Ebene und im Norden und Aragon mit Katalonien, der größten Seemacht im westlichen Mittelmeer. Barcelona, der wichtigste Hafen, war auch berühmt wegen seiner Gelehrten, Philosophen und Dichter, von denen Raimundus Lullus der bekannteste war.

Ein bedeutender maurischer Bevölkerungsanteil und viele jüdische Minderheiten, die unverzichtbar für den Beamtenapparat waren, hielten sich bis zum Ende des 14. Jahrhunderts in den zurückeroberten Gebieten. Manchmal führte das zu sozialen Spannungen, schuf aber auch eine reiche und vielfältige Kultur.

Alfons X. von Kastilien, genannt *El Sabio* (der Weise), führte in seiner über 30jährigen Regierungszeit (1252–84) in allen amtlichen Belangen die spanische anstatt der lateinischen Sprache ein und kodifizierte die Gesetze in der *Siete Partidas* genannten Sammlung, die bis zum 19. Jahrhundert die Grundlage der spanischen Rechtsprechung blieb.

Er selbst war Astronom und Dichter, sammelte mittelalterliche Lyrik und verfaßte mit seiner *Cronica General* eine Geschichte Spaniens, die den Patriotismus förderte und durch die das Kastilische zu Spaniens Literatursprache wurde. Er gründete die Universität Salamanca. Seine Leistungen für die spanische Literatur waren effektiver als seine Politik. Er verschleuderte Staatsgelder: zur Finanzierung eines Grenzstreits mit Portugal, zur – vergeblichen – Bestechung der deutschen Fürsten, die er damit bewegen wollte, ihn zum Kaiser zu wählen, und in einem Bürgerkrieg mit seinem Sohn. Seinem Urenkel Alfons XI. blieb es überlassen, alle Chancen einer maurische Renaissance zunichte zu machen, indem er eine von Marokko aus eingeleitete Invasion abwehrte. Nach der Schlacht am Rio Salado (1340) verblieb den Mauren in Spanien nur noch Granada.

Die Befreiung Portugals, das im 9. Jahrhundert von den Mauren überrannt worden war, begann etwa 200 Jahre später mit den erfolgreichen Feldzügen des Ferdinand von León und Kastilien, genannt »der Große«. Im Jahre 1093 bekam Heinrich von Burgund, ein ritterlicher Abenteurer aus Frankreich, der von sich behauptete, aus dem französischen Königshaus zu stammen, vom König von Kastilien die Vollmacht, die Rückeroberung zu vollenden. Sein Sohn Alfonso Henriquez begründete die Dynastie und seinen Ruhm, indem er die Mauren in der Schlacht von Ourique (1139) besiegte. Die portugiesischen Cortes riefen ihn zum König aus, und auf Vermittlung des Papstes wurde ein Vertrag geschlossen, in dem Kastilien die Unabhängigkeit Portugals anerkannte; 1147 n. Chr. eroberte Alfonso Lissabon.

Unter seinen Nachfolgern war Dionysius oder Diniz (1279–1325) einer der bedeutendsten Monarchen des Mittelalters, ein Dichter und Schirmherr der Wissenschaften, der die Universität von Lissabon stiftete. Später wurde sie nach Coimbra verlegt, wo sie sich noch heute großer Beliebtheit erfreut. Sein Volk aber nannte ihn *el Rei Lavrador*, den Bauernkönig, weil er sich besonders um die Landwirtschaft verdient machte. Er festigte den Sandboden rund um Leiria, indem er Pinien anpflanzen ließ, förderte die Abhaltung von Märkten durch Straßenbau, regte den Binnen- und Außenhandel an, indem er geeichte Münzen prägen ließ, und rief Fachleute aus Genua und Venedig ins Land, die ihn beim Aufbau einer Flotte berieten. Dionysius legte den Grundstein zu Portugals großer Zukunft in der Wirtschaft und auf den Meeren. Überdies war er ein großmütiger Herrscher. Als Philipp IV. von Frankreich mit der Verfolgung der Tempelritter begann, fanden die Ordensleute, soweit sie hatten flüchten können, Schutz und Sicherheit in Portugal.

In England hatte der Konflikt zwischen der Autorität des Königs, den Privilegien der Geistlichkeit und der Macht der Barone schwerwiegende Folgen für die Rechtsprechung und Staatsführung. Heinrich II. (1154–89), Urenkel Wilhelms des Eroberers, gehörte, was die Größe seines Reiches betraf, zu den bedeutendsten Herrschern Europas. Über die Hälfte von Frankreich war in seinem Besitz; die Normandie, Maine und Anjou hatte er von seinem Vater Geoffrey geerbt, durch Heirat hatte er die Gascogne, Poitou und Aquitanien hinzugewonnen. Er war ein Mann mit eisernem Willen, stürmischem Temperament und – wenn man von seinem Streit mit Becket absieht – vernünftigen politischen Grundsätzen. Er beschnitt den Einfluß seiner Barone, indem er alle ohne königliche Erlaubnis gebauten Burgen schleifen ließ und den Sheriffs (den von Wilhelm dem Eroberer eingesetzten Beamten, die von der Krone aus Kreisen außerhalb des Adels direkt ernannt wurden) größere Machtbefugnisse einräumte. Er schwächte die Barone weiter, indem er die Zuständigkeit für die Gestellung von Truppen im Kriegsfall auf die Grafschaften verlagerte. Dadurch war er nicht mehr, wie so viele andere europäische Herrscher, auf seine Barone und deren Gefolgsleute angewiesen. Er ordnete das Finanzwesen neu und stützte sich nunmehr auch finanziell auf die Grafschaften, indem er für die Steuerveranlagung örtliche Gremien einsetzte. Er erweiterte die Übertragung von Gerichtsverfahren von örtlichen auf königliche Gerichte, gründete einen permanenten zentralen Gerichtshof und ernannte Richter, die in regelmäßigen Abständen das Land zu bereisen hatten.

Sein schwieriger Sohn Johann (1199–1216) verlor fast alle französischen Besitzungen seines Vaters – bis auf Bordeaux – und provozierte den gemeinsamen Widerstand fast aller Barone, der Kirche und der Bürger von London. Stephen Langton, dem Erzbischof von Canterbury, gelang es, die untereinander zerstrittenen Barone zu einen, die nunmehr den König dazu brachten, die *Magna Charta* anzunehmen und sich damit in eine erhebliche Beschneidung seiner Machtbefugnisse zu schicken (1215). Dieser berühmte »Große Freibrief« war im Grunde ein Feudaldokument, das die Privilegien der Barone und der Londoner Bürger festschrieb. Außerdem untersagte es dem König die Beschlagnahme von Besitz, sah die Einberufung eines Großes Rates vor, der ihn bei der Regierungsführung unterstützen sollte, und garantierte allen freien Männern (zu jener Zeit eine relativ kleine Gruppe), daß sie nur nach einer Verurteilung durch Gleichgestellte und nach den Gesetzen des Landes verhaftet, gefangengehalten oder verbannt werden konnten. Eine glücklicherweise ebenso großzügige wie irrige Auslegung dieser Bestimmungen durch Anwälte des 17. Jahrhunderts machte das Dokument zu einer Charta der Bürgerrechte und der parlamentarischen Staatsführung. Solche Ideen hatten den mittelalterlichen Verfassern der *Magna Charta* durchaus fern gelegen. Im übrigen wurde noch im gleichen Jahrhundert Pedro III. von Aragon eine ähnliche Urkunde abgezwungen.

Heinrich III., Johanns Sohn, forderte während seiner Regierungszeit den Zorn der Barone und der Londoner Bürger – eine gefährliche Kombination – durch sinnlose Großzügigkeit den armen Verwandten seiner Frau gegenüber heraus. (Einer von ihnen, Peter von Savoyen, baute sich ein Schloß auf eben jenem Grundstück, auf dem heute das Hotel Savoy steht). Unter Leitung des Simon von Montfort kam es zu einer Schlacht zwischen den Baronen und Heinrich, bei der der König unterlag. Die Barone bestätigten ihre Rechte und entwickelten als konkrete Maßnahme den Gedanken des Großen Rates weiter (der damals schon *Parlament* hieß). In Zukunft sollten ihm Ritter, Barone und Vertreter der größten Städte angehören; das erste Parlament in dieser Zusammensetzung tagte 1265.

Heinrich III. besaß wenig Sinn für Politik, hatte dafür jedoch, wie der politisch noch unbegabtere Karl I., um so mehr Sinn für die Künste. Als begeisterter Kuriositätensammler war er der erste, dem in England ein Elefant gehörte – ein Geschenk Ludwigs des Heiligen. Er war ein Freund des Historikers Matthew Paris, dessen Abtei St. Albans zu jener Zeit als eine der künstlerischen Hochburgen Europas galt. Die besten französischen und englischen Kunsthandwerker zog es an Heinrichs Hof, und das »Gemalte Gemach« im Westminster-Palast war zu Recht berühmt (dieses Meisterwerk mittelalterlicher Wandmalerei, beschädigt, vernachlässigt und zur Zeit der Tudors und Stuarts unter Wandbehängen versteckt, fiel der Feuersbrunst von 1834 zum Opfer).

Heinrichs Sohn, der imposante Eduard I. (1272–1307), setzte die Rechtsreformen fort, indem er den von Heinrich II. eingesetzten zentralen Gerichtshof in Westminster in drei Gremien einteilte, um den Verfahrensdurchlauf zu beschleunigen, und seinen Kronrat zum obersten Berufungsgericht machte. Unter seiner Herrschaft wurde mit der sorgfältigen Aufzeichnung von Gerichtsverfahren begonnen, eine Entwicklung, die stark von dem Werk Ranulf Glanvils beeinflußt ist, der unter Heinrich II. Justitiarius war. Diese detaillierten Fallschilderungen, in einem haarsträubenden normannischen Anglofranzösisch geschrieben, ergaben im Lauf der Jahrhunderte das englische Gewohnheitsrecht als juristischen Erfahrungsschatz. Die Herausbildung einer juristischen Tradition wurde durch die Errichtung der »Inns of Court« am Stadtrand von London erleichtert, an denen die jungen Männer ihre Jurastudien betreiben konnten.

Eduard, von seinen Bewunderern als der »englische Justinian« gepriesen, erschien den anderen Nationen der Britischen Inseln in weit weniger günstigem Licht. Zur Zeit seines Vaters war Wales von Llewellyn dem Großen beherrscht worden, der ein großzügiger Schirmherr der Barden, ansonsten aber ein skrupelloser Barbar war und keine echte Einheit zu schaffen vermochte. Sein Enkel, ebenfalls ein Llewellyn, verlor die Herrschaft über Südwales, schlug sich fatalerweise auf die Seite der aufständischen Barone in England, stellte sich gegen Eduard und wurde nach fruchtlosem Widerstand von einem seiner Brüder verraten. Wales wurde unterworfen, starke Burgen wurden an strategisch wichtigen Stellen errichtet, anglo-normannische Siedler ins Land gebracht, und dem grollenden Volk wurde ein Verwaltungsapparat nach englischem Muster aufgezwungen.

Irland war im vergangenen Jahrhundert nach und nach von anglo-normannischen Abenteurern kolonisiert worden. Zunächst siedelten sie an der Ostküste und brachten Dublin durch den Handel mit dem wachsenden Hafen Bristol bescheidenen Wohlstand. Um eine gute Verwaltung sicherzustellen (oder das, was er dafür hielt), zwang Eduard Irland seine Rechtsreformen auf, wo sie – zumindest außerhalb der anglo-normannischen Enklave – unverständlich, ja, nichtssagend waren. Hier kollidierten zwei Kulturen: die alte irische Gesellschaft, die, in Sippenverbänden als Hirten zusammengeschlossen, im größten Teil des Landes zu finden war, und die langsam vordringende anglo-normannische Feudalgesellschaft, die von der Landwirtschaft lebte. Der Konflikt, der zu jener Zeit kaum erst begonnen hatte, sollte in der erschütternden Krise des 17. Jahrhunderts zu einer Katastrophe eskalieren, an deren Folgen wir noch heute zu tragen haben.

Schottland war in zwei Kulturlandschaften geteilt: in dem gebirgigen Norden, wo Hirtensippen von der Milch, dem Fleisch und den Fellen ihrer Herden bescheiden existierten, und in den wohlhabenderen normannischen Süden, wo sich eine Feudalgesellschaft herausgebildet hatte, die von den Erträgen des Ackerbaus und dem Handel in den lebhaften Hafenstädten lebte. Diese Teilung hatte ihren Ursprung nicht in einer Invasion, sondern in der Ausdehnung schottischer Macht nach Süden. Malcolm Canmore (Sohn des ermordeten Königs Duncan bei Shakespeare) unterwarf zunächst den Hochländer Macbeth, dann schlug er die Engländer, annektierte die Lowlands (= das schottische Tiefland) zwischen Forth und Tweed und errichtete seine Hauptstadt auf dem Felsen von Edinburgh (1057–93). Er heiratete eine englische Prinzessin, die später heiliggesprochene Margaret.

So kam es, daß Schottland von den reicheren Lowlands beherrscht und anglo-normannisch regiert wurde. Normannische und anglo-normannische Ritter vom Hof des Malcolm und seiner Söhne, unter ihnen auch die Vorfahren der Bruce und Stewart, besiedelten das Land. Malcolms jüngster Sohn, David I. (1124–1153), vollendete die sogenannte »unblutige normannische Eroberung«. David, fleißig, fromm und ein begabter Administrator, verhalf den Lowlands zu Gesetz und Ordnung und großem Wohlstand. Nach der bewährten europäischen Methode zur Verbreitung von Zivilisation und Ackerbau errichtete er Klöster in den unwirtlicheren Regionen seines Reiches; dennoch ging seine Rechnung im Hochland und auf den Inseln nie auf.

Als zu Beginn des 14. Jahrhunderts für den schottischen Thron kein Nachfolger in direkter Linie mehr zur Verfügung stand, wurde Eduard I. gebeten, in der umstrittenen Nachfolgefrage zu vermitteln. Er setzte John Balliol zum König ein, den er später entthronte, um sich selbst zum König von Schottland zu machen. Damit löste er einen Aufstand aus. Der Anführer der Erhebung, Ritter William Wallace aus den Lowlands, wurde, nachdem er einen spektakulären Sieg errungen hatte, geschlagen, aufgespürt und in London hingerichtet (1305). Ein Jahr später wurde Robert Bruce, ein schottischer Adliger normannischer Herkunft, in

Scone zum König gekrönt und setzte sich an die Spitze einer Erhebung, deren Niederschlagung Eduard nicht mehr erlebte. Nach vielen Widrigkeiten gelang Bruce in Bannockburn nahe dem strategisch wichtigen Ort Stirling ein überwältigender Sieg über die Engländer (1314).

König Robert besaß sowohl Geduld und militärischen Weitblick als auch die Gabe, ein eigensinniges Volk zu einen. Er hielt seine Barone bei der Stange, indem er sie häufig zu einem Rat einberief, und noch zu seinen Lebzeiten gab es ein gut funktionierendes schottisches Parlament. Als sich im Jahr 1320 n. Chr. »die Barone und Freisassen und die ganze Gemeinschaft des Königreichs Schottland« im Parlament zu Arbroath versammelten und an den Papst appellierten, bezeichneten sie ihren König als »zweiten Josua«, der sie durch »Plage, Mühsal, Not und Gefahr« geführt hatte. Aber, fuhren sie fort, sollte er sich »von diesen Grundsätzen abwenden, an die er sich bisher so edelmütig gehalten hat... werden wir unverzüglich darangehen, ihn auszustoßen als unseren Feind und den Verderber seiner und unserer Rechte... Denn nicht um Ruhm noch um Reichtum oder Ehre ringen und kämpfen wir, sondern allein um die Freiheit.« Diese Festlegung der wechselseitigen Verpflichtungen zwischen dem König und seinen Untertanen, insbesondere seinen Baronen, verdeutlicht die Beschränkungen, die in Westeuropa die Macht der Feudalherrscher einengte.

Wenig später wurde in England der unfähige Eduard II. abgesetzt. Sein robuster Sohn Eduard III. beschäftigte seine Barone, indem er Krieg in Frankreich anfing, ein Unternehmen, das sich letztlich als für beide Nationen gleichermaßen verheerend erwies.

Die Deutschen waren, wenngleich durch eine gemeinsame Sprache verbunden, politisch zutiefst zerstritten. Die größeren Magnaten, die Städte und der Deutsche Orden – der größte Grundbesitzer im Nordosten mit der wohlhabenden Stadt Danzig als Hauptstützpunkt – taten viel für den Handel, für die Bildung und für eine geordnete Landbestellung. König Rudolf von Habsburg (1273–91), Begründer einer Dynastie, der in Deutschland von allen Herrscherhäusern die längste Lebensdauer beschieden sein sollte, war zur führenden Großmacht im Südwesten geworden und hatte zusammen mit Ungarn im Jahre 1278 Ottokar den Großen von Böhmen besiegt und getötet. Doch jeder Fortschritt in Deutschland war immer wieder durch Streitigkeiten über die kaiserliche Nachfolge gefährdet, die häufig in Bürgerkriege mündeten.

Selbst der bedeutendste Kaiser des 14. Jahrhunderts, Karl IV. (1347–1378), leistete als Kaiser im Reich viel weniger als in seinem serbischen Königreich Böhmen. Der ernsthafte, gewissenhafte Intellektuelle stammte mütterlicherseits aus dem böhmischen Herrscherhaus, väterlicherseits aus dem Haus Luxemburg, dem rheinischen Adel, und war am französischen Hof erzogen worden.

Karl erbte viele Probleme, aber auch Vorteile. Die Tschechen grollten den deutschen Einwanderern, die seit dem 13. Jahrhundert in ihr Land kamen, um dort den Bergbau zu betreiben. Als privilegierte Gruppe lebten die Deutschen nach ihren eigenen Gesetzen; das Land aber war durch sie reicher geworden, und die Silberminen brachten allen Gewinn.

Die Böhmen waren stolz auf die Stellung, die Ottokar der Große im vergangenen Jahrhundert für sie in Europa errungen hatte: Durch Eroberungskriege hatte er das Land Böhmen über Kärnten und Krain bis nach Istrien ausgedehnt, so daß es für kurze Zeit Zugang zum Meer besaß.

Die böhmischen Adligen waren wegen ihrer unbändigen Freiheitsgelüste berühmt und berüchtigt, aber Karl verstand es, durch Takt und Geduld ihr Vertrauen zu gewinnen. Er stützte sich bei der Führung der Staatsgeschäfte auf Adel und Geistlichkeit und bemühte sich, eine Verwaltungsstruktur aufzubauen, die den Wohlstand aller sichern sollte. Er versuchte, das böhmische Recht zu kodifizieren, ließ die Karlsbrücke über die Moldau errichten, förderte den Handel der Stadt Prag, erhob sie zur Kaiserstadt und brachte den Papst dazu, Prag zum Sitz eines Erzbischofs zu machen. Lange Jahre erinnerte man sich seiner dankbar als eines hervorragenden Landesvaters.

In seiner Rolle als Kaiser des »Heiligen Römischen Reiches Deutscher Nation« war er weniger erfolgreich. Er bemühte sich, privaten Fehden Einhalt zu gebieten und es gar nicht erst zu einer umstrittenen Kaiserwahl kommen zu lassen. 1356 n. Chr. erließ er die *Goldene Bulle,* die das Wahlverfahren regelte und dafür sieben Kurfürsten – drei Erzbischöfe und vier weltliche Fürsten – einsetzte. Dieses Dokument blieb bis zur Auflösung des Kaiserreiches im Jahre 1806 in Kraft. Es trug dazu bei, Streitigkeiten um die Kaiserwahl zu vermeiden, war aber nicht dazu angetan, die Autorität des Kaisers wiederherzustellen. Es lag zwar bei ihm, den Reichstag (die Generalversammlung der Fürsten) einzuberufen, aber seine Macht war einzig und allein eine Frage seiner politischen Fähigkeiten und der Mittel, über die seine Herrschaftsgebiete verfügten. Karl IV. »legalisierte die Anarchie und nannte sie Verfassung«, so das Urteil eines Historikers aus dem 19. Jahrhundert; aber legalisierte Anarchie mag unter Umständen immer noch besser sein als unkontrollierte Anarchie.

Die Regierungszeit Kasimirs III. von Polen (1333–70) deckt sich zum Teil mit der von Kaiser Karl IV. Kasimir wandte sich erfolgreich gegen den Plan des Kaisers, Polen an Böhmen zu binden. Zwar war Polens günstige geographische Lage schwer beeinträchtigt, seit der Deutsche Orden sich an der Ostseeküste festgesetzt hatte, aber Kasimir besaß eigene Vorstellungen von Stärke und Wohlstand seines Landes.

Seit die Kreuzfahrer mordend und raubend durch Mitteleuropa gezogen waren, lebten die einst wohlhabenden jüdischen Kolonien in Deutschland in Angst und Schrecken. Kasimir lud nunmehr die Juden ein, unter seinem Schutz in Polen ansässig zu werden, und viele folgten seinem Ruf. Die Neuankömmlinge gründeten eigene Ansiedlungen, ihre Privilegien wurden von der Krone bestätigt und garantiert.

Indessen befestigte Kasimir die Grenzen, insbesondere gegen die Tschechen, deren Einfälle er erfolgreich zurückschlug. Er gründete eine Schule in Krakau, die sich im folgenden Jahrhundert zu einer bedeutenden Universität entwickelte. In allen Bereichen war seine Tätigkeit auf Verteidigung, Frieden und die Bereicherung Polens gerichtet.

Unglücklicherweise hatte er keinen männlichen Erben, so daß die Nachfolge auf die weibliche Linie überging. Prompt fochten sowohl der Deutsche Orden als auch die polnischen Magnaten die Ansprüche der Krone an. Erst mit Kasimir IV., der 1447 den Thron bestieg, erhielt Polen wieder einen König, der stark genug war, den polnischen Adel unter seine Botmäßigkeit zu bringen und in den ständigen Konfrontationen mit dem Deutschen Orden zu obsiegen. Nach seiner endgültigen Niederlage wurde der Deutsche Orden Vasall der polnischen Krone; nun öffnete sich den Polen der lange erstrebte Zugang zur Ostsee. Kasimir IV. erwies sich als Polens bedeutendster König, und seine Regierungszeit ging als ein Goldenes Zeitalter in die Geschichte ein.

Spanien war noch immer geteilt, es bestand aus den Reichen Kastilien, Aragon, Portugal und Granada, dem einzigen noch verbliebenen moslemischen Außenposten. Eingeschlossen zwischen der Sierra Nevada und dem Meer, verdankte Granada sein Überleben nur den ständigen Fehden zwischen den spanischen Königreichen; dadurch blieb den Mohammedanern noch eine Gnadenfrist von über 100 Jahren.

Im 14. Jahrhundert waren Frankreich und England die beiden größten Reiche der westlichen Welt. Eduard III. von England besaß durch Erbschaft einen Großteil Frankreichs. Nominell war er in diesen Gebieten dem französischen König lehnspflichtig, dennoch stellte der Stand der Dinge für Frankreich ein Ärgernis dar. Philipp VI. von Frankreich (1328–50 n. Chr.) erbte ein blühendes Reich, besaß überdies zusätzliche dynastische Beziehungen zu Neapel, Ungarn, Navarra und Flandern und übte Einfluß im Rheinland aus. Sein Reichtum ermöglichte ihm die Abrundung seines Herrschaftsgebietes im Süden durch den Zukauf der Dauphiné, die er vom Kaiser erwarb. Zudem übte er beträchtliche Macht über den Papst in dessen freiwilligem Exil in Avignon aus, einer »freien Stadt«, die ganz unter französischer Kontrolle stand.

Es war ein Ärgernis für Philipp, daß die reichen flandrischen Städte für die Tuchherstellung, aus der ihnen ihr Wohlstand erwuchs, hauptsächlich auf Wolle angewiesen waren, die aus England importiert werden mußte; zu Recht sah er eine Gefahr in dem englischen Einfluß. Daher entschloß er sich zu einer Machtprobe und fiel übereilt in Flandern ein. Der König von England unterband daraufhin weitere Wollexporte, worauf sich die Bürger Gents in einem bewaffneten Aufstand gegen Philipp erhoben und ein Handelsabkommen mit England schlossen. Eduard III., dessen Mutter eine französische Prinzessin war, erhob jetzt aufgrund seiner Abstammung Anspruch auf die französische Krone, der von den Flamen sogleich anerkannt wurde – der Beginn des »Hundertjährigen Krieges« zwischen England und Frankreich.

Philipp VI. verkannte – wie nach ihm noch so mancher große Europäer – die entscheidende Bedeutung des Ärmelkanals. Gleich zu Beginn des Krieges gewannen die Engländer durch einen Sieg in der Seeschlacht bei Sluys die Oberhand; dadurch war ihnen die Nordküste Frankreichs ausgeliefert, die Kampfhandlungen zogen sich nunmehr über 20 Jahre hin. Den Anfang machten Eduards Invasion der Normandie und sein triumphaler Sieg bei Crécy (1346 n. Chr.). In dieser Schlacht wurden die Reihen der schwer gerüsteten französischen Reiterei durch die tödliche Treffsicherheit der englischen Bogenschützen in Verwirrung gebracht, die durch zu Fuß kämpfende Ritter unterstützt wurden. Diese Angriffsform, von den Engländern während der Kriege in Schottland und Wales entwickelt, schuf eine für die damalige Zeit einzigartige Solidarität zwischen unterschiedlichen Rängen.

Die Schlüsselposition Calais fiel im folgenden Jahr an die Engländer. König Philipp starb, und sein Nachfolger geriet in Gefangenschaft, aber erst 1360, als beide Seiten erschöpft waren, wurde ein Waffenstillstand vereinbart.

Eine Katastrophe, nicht von Menschen verursacht, nahm jetzt von Asien her ihren Weg in den Westen – die Beulenpest, auch der *Schwarze Tod* genannt. Der Reisende Ibn Battuta schildert es so: »Sie verheerte Nationen und brachte ganze Populationen zum Verschwinden ... verödete Städte ... löschte Straßen aus, veränderte die ganze bewohnte Welt.«[5]

Boccaccio hat einen grausigen Bericht über die Auswirkungen der Pest in Florenz hinterlassen, wo die bürgerliche Ordnung zusammenbrach, weil niemand mehr da war, der sie hätte durchsetzen können. Die Angst vor Ansteckung war so groß, »daß ein Bruder den anderen (...), oft die Gattin den Gatten verließ; ... Väter und Mütter besuchten und pflegten ihre Kinder nicht, als ob dieselben sie gar nichts angingen«. Die Toten wurden in Gruben geworfen, »wie die Waren auf einem Schiffe, schichtenweise aufgehäuft«. Bauern schlossen sich in ihren Häusern ein und delektierten sich an allem, was an Eß- und Trinkbarem greifbar war, überzeugt davon, daß sie die nächste Ernte nicht mehr erleben würden. Der gleiche fieberhafte Drang, die Gegenwart zu genießen, trieb die eleganten jungen Leute in Boccaccios *Decamerone* dazu, sich in ein Landhaus zurückzuziehen und sich die Zeit mit Liebesspielen und mit dem Erzählen von Geschichten zu vertreiben.

In Europa hatte es seit der Epidemie, die im 6. Jahrhundert fast das Byzantinische Reich zugrunde gerichtet hätte, keine so schwere Seuche mehr gegeben. Der *Schwarze Tod* erreichte den Westen um 1347, wütete zuerst und am längsten in Italien, zog seine tödliche Bahn dann in Frankreich, England und Deutschland. Um 1350 erlosch die Krankheit langsam, wenngleich sie sporadisch bis zum Ende des Jahrhunderts immer wieder aufflammte.

Die Beulenpest dezimierte Europas Bevölkerung um ein Drittel; erst 150 Jahre später war dieser Verlust wieder ausgeglichen.

Alle Stände hatten zu leiden, am meisten aber die Bauern, denn Hunger und Verwahrlosung töteten viele, die von der Krankheit verschont geblieben waren. Die unmittelbare Folge war ein Mangel an Arbeitskräften. Leibeigene ließen unbeliebte Gutsherren im Stich und suchten sich bessere Arbeitsbedingungen für besseren Lohn. Der englische Bauernaufstand von 1381 ging von John Ball aus, einem fanatischen Priester, der von der Kanzel egalitäre Ideen verkündete. Auf die kürzeste Formel wurden seine Überzeugungen in dem Spottvers gebracht:

Als Adam grub und Eva spann,
Wer war da ein Edelmann?

John Ball und der Rädelsführer des Aufstandes, Wat Tyler, stachelten ihre Anhänger an, die Häuser von Anwälten niederzubrennen und alle Adligen und Prälaten zu töten. Nachdem sie den Erzbischof von Canterbury gefaßt und gehängt hatten, überrascht es kaum, daß nach dem Tod Tylers und dem Zusammenbruch des Aufstandes Ball selbst von der empörten Obrigkeit zum Tod durch den Strang verurteilt wurde.

In Frankreich kamen zu den Schrecken der Pest noch die Verwüstungen des langen Krieges. Überall im Nordosten erhoben sich die durch Hunger, Plünderung, Steuerlasten und die Gleichgültigkeit ihrer Herren zu äußerster Verzweiflung getriebenen Bauern. Handwerkern und Städtern war eine etwas größere Mobilität möglich, obgleich die streng hierarchische europäische Gesellschaftsordnung nicht günstig für den wandernden Handwerksburschen war und die Städte häufig nur den bereits am Ort Ansässigen das Bürgerrecht und die Mitgliedschaft in einer Zunft zugestanden. Italien litt nicht weniger als das übrige Europa und wurde durch die ständigen Fehden zwischen Städten und Fürsten in äußerstes Chaos gestürzt.

In Rom unternahm in den Nachwehen der Pest Cola di Rienzo, halb Visionär, halb Demagoge, den Versuch, die römische Republik wiederherzustellen. Er hatte sich bei Petrarca klassisches Wissen angeeignet, das er jetzt seinen eigenen Zwecken nutzbar machte. Mit Unterstützung des Volkes stürzte er den Adel, berief Vertreter aller italienischen Städte nach Rom und nahm den alten Titel eines Volkstribunen an. Doch die wetterwendischen Bürger Roms ließen ihn im Stich, und nach einem knappen Jahr ergriff er die Flucht. Fortan war er auf Wanderschaft quer durch Europa; er versuchte Kaiser Karl IV. für die Einsetzung eines Triumvirats – bestehend aus Kaiser, Papst und Rienzo – zur Übernahme der

Weltherrschaft zu begeistern; der Kaiser wollte jedoch davon nichts wissen. Nach Rom zurückgekehrt, kam Rienzo durch einen Volksaufstand wieder an die Macht – und wurde neun Wochen später gelyncht (1354).

Wenn man gerecht sein will, kann man weder John Ball noch Rienzo im Licht von Befreiern oder Zivilisatoren sehen. Der *Schwarze Tod* brachte keine Wende in Richtung einer besseren Regierungsform, er verursachte nur schlecht organisierte Aufstände der Unterdrückten und den zeitweiligen Triumph von Demagogen. Trotz der schweren Leiden und der bedeutenden Bevölkerungsverluste war Europa am Ende des 14. Jahrhunderts n. Chr. noch immer eine Ansammlung untereinander zerstrittener politischer Gruppierungen.

4. *Die Hanse – Die italienischen Städte – Der Hundertjährige Krieg – Jeanne d'Arc – Die Frührenaissance – Die ersten Reformatoren*

Im 12. und 13. Jahrhundert hatten die westeuropäischen Städte größen- und zahlenmäßig einen Zuwachs zu verzeichnen; nach wie vor jedoch stellten die Städter eine Minderheit dar. Die breite Masse der Bevölkerung bestand aus Bauern, die das Land bestellten und die lebensnotwendige Nahrung für alle lieferten. Von Zeit zu Zeit machte diese Gruppe, durch Brauch und Überlieferung wie auch durch die untergeordnete Stellung im Feudalsystem niedergehalten, ihrem sonst nur leise artikulierten Grollen durch gewalttätigen Aufruhr Luft. Die Minderheit der beredten und aktiven Städter verfügte über einen Einfluß, der in keinem Verhältnis zu ihrer Zahl stand. Nach dem Wüten der Pest hob der Mangel an ausgebildeten Handwerkern das Ansehen der Überlebenden, und eine neue, selbstsichere Handwerkerklasse entstand. Aus ihren Reihen kamen die Ideen und Erfindungen, die die Gesellschaft veränderten. »Stadtluft macht frei«, sagten die Deutschen.

Das Maß dieser Freiheit war freilich unterschiedlich. Einige Städte besaßen eigene Gerichtshöfe und ein eigenes Finanzsystem, konnten eigenes Geld prägen, Bündnisse mit anderen Städten schließen, sogar Kriege führen. Solche Vorrechte wurden gewährt, wenn der König oder Lehnsherr über nur geringe Macht verfügte, und er gewährte viel, wenn er dafür Geld oder politische Rückendeckung bekam. Andere Städte konnten nur in der internen Verwaltung über ein begrenztes Selbstbestimmungsrecht verfügen und waren ansonsten ihren Lehnsherren unterstellt. Die Könige von England und Frankreich förderten den Handel und gewährten örtliche Privilegien, ließen sich aber die Finanz- oder Rechtshoheit nie abhandeln. Philipp August von Frankreich (1180–1223) ließ sich für die Gewährung von Freibriefen in Dienstleistungen oder in Naturalien bezahlen, die Pariser aber hielt er an der kurzen Leine, ohne ihnen urkundlich irgendwelche Vorrechte zu garantieren. Er erkaufte sich dafür ihr Wohlwollen, indem er ihre Straßen pflastern, die Kanalisation verbessern und eine neue Stadtmauer bauen ließ. Die niederländischen Städte hatten gewöhnlich die Gerichtsbarkeit und die Finanzen selbst in der Hand; ihre Lehnsherren aber waren nach wie vor die Grafen von Flandern.

Eine Ausnahme von der Regel bildeten die Schweizer Kantone, die aufgrund der Kontrolle über die entscheidenden Alpenpässe einen einzigartigen Vorteil in der Hand hatten. 1291 hatten die drei Waldkantone Uri, Schwyz und Unterwalden ein Verteidigungsbündnis geschlossen, nicht aber ihre Unabhängigkeit erklärt, da eine solche Geste einen Angriff herausgefordert hätte.

Der größten Freiheit erfreuten sich die deutschen Städte. Der Kaiser und seine Fürsten warben bei ihren häufigen Streitigkeiten um ihre Unterstützung und waren bereit, sich dafür durch außergewöhnliche Privilegien erkenntlich zu zeigen. Die reichsunmittelbaren Städte waren fast völlig unabhängig, schlugen eigene Münzen, vereinbarten Bündnisse, erließen Gesetze und besaßen ihre eigene Gerichtsbarkeit. In Norddeutschland waren viele Städte durch den Ostseehandel mit Bauholz, Kupfer, Pech, Eisen und Luxusgütern wie Bernstein und Fellen, insbesondere aber den Export von Salzheringen zu Wohlstand gekommen, dem Grundnahrungsmittel des katholischen Europa an den Freitagen und während der Fastenzeit. Die norddeutschen Städte an der Küste und an schiffbaren Flüssen, insbesondere dem Rhein, schlossen sich zur Wahrung ihrer Interessen zusammen. Urkundlich wird die berühmte *Hanse* erst 1344 erwähnt, aber schon fast 100 Jahre vorher kamen Städtevertreter in der Ostseestadt Lübeck zu Beratungen zusammen. Die Lübecker organisierten und koordinierten die Fischfangflotten der Ostsee, sammelten den Fang, finanzierten die Produktion der Salzfische zur Verteilung in ganz Europa und beherrschten den Bund.

Die *Hanse* erwarb Handelsrechte und hatte Kaufmannskolonien in anderen Städten, wie London, Nowgorod und kleineren Orten. Dynastische Streitigkeiten in Dänemark machten sich die

Kaufleute der Hanse zunutze, um sich in den dänischen Handel zu drängen. König Waldemar IV. wehrte sich, kapitulierte aber schließlich vor der überlegenen Seemacht der *Hanse* im Frieden von Stralsund (1370). Solange die skandinavischen Staaten untereinander entzweit waren, beherrschte die *Hanse* die Ostsee, aber 1387 entstand durch die Kalmarer Union eine Vereinigung aller drei Reiche unter Königin Margarete, der Erbin Dänemarks, Witwe des Königs von Norwegen und gewählten Königin von Schweden. Diese energische Frau hielt die drei Länder mit starker Hand zusammen, ohne jedoch eine verfassungsmäßige Liga zu schaffen. Nach ihrem Tod untergruben die von der *Hanse* geförderten Rivalitäten und Aufstände allmählich die skandinavische Einheit, so daß wiederum die *Hanse* die Ostsee in die Hand bekam.

Üblicherweise regierten sich die Städte durch gewählte Volksvertreter selbst. Diese sogenannten *communes* zeigten zunächst die Wesenszüge einer Volksregierung, allerdings entwickelten sich daraus häufig bleibende Oligarchien der reicheren Bürger, nur in Notzeiten unterbrochen durch die kurzlebige Diktatur eines beliebten Volksführers.

Rom, seit über 1000 Jahren immer wieder von sozialen Unruhen erschüttert, stand vor unlösbaren Problemen. Die meisten Einwohner lebten vom Pilgertourismus, der großen Wohlstand nach Rom brachte, die Stadt aber zur Brutstätte jedes nur denkbaren parasitären Lasters machte. Kaum einem Papst gelang es, die rivalisierenden Adelsgruppen in die Hand zu bekommen, die um die Vorherrschaft in der Stadt kämpften und die nicht selten die Wahl des Papstes und die Auswahl der Kardinäle nach eigenem Gutdünken regelten. Im 12. Jahrhundert hatte der visionäre Priester Arnold von Brescia einen Volksaufstand ausgelöst und die sogenannte *Commune di Roma* gegründet, die zusammenbrach, als Kaiser Friedrich Barbarossa nach Rom kam und Arnold hängen ließ (1155). Eine Phase relativer Stabilität gegen Ende des 13. Jahrhunderts endete mit dem Aufstieg der Familien Orsini und Colonna, der den Papst veranlaßte, sich nach Avignon zurückzuziehen, und Rom in erneutes Chaos stürzte. Der *Schwarze Tod* und die kurze Herrschaft des Cola di Rienzo verschärften die Krise.

In Italien bestanden – ein Erbe Roms – engere Bindungen zwischen Stadt und Land als im übrigen Europa. Der Adel besaß Stadthäuser und Landgüter, reiche Kaufleute bauten sich Villen auf dem Land und erwarben Grundbesitz. (Dieser Wandel vom

Kaufmann zum Landadligen vollzog sich in Frankreich und England erst später.)

Die norditalienischen Gemeinden hatten nach dem Niedergang des Römischen Reiches lernen müssen, für sich selbst zu sorgen. Später, politisch erstarkt, schlossen sie Bündnisse gegen die Kaiser jenseits der Alpen, gegen tyrannische Päpste oder rivalisierende Städte. Der Lombardische Städtebund hatte in der Schlacht von Legnano (1176) Friedrich Barbarossa besiegt; seine ritterliche Kavallerie war dort von dem disziplinierten städtischen Fußvolk geschlagen worden – ein unheilvolles Omen für die Zukunft.

Mailand, die größte Stadt Norditaliens, beherrschte die Pässe der Westalpen, versorgte sich aus der gut bewässerten Ebene der Lombardei selbst mit allen notwendigen Lebensmitteln und besaß eine prosperierende Textil- und Waffenproduktion. Gegen Ende des 13. Jahrhunderts machten die Visconti, eine Familie robuster Abenteurer, Mailand zum Mittelpunkt eines umfangreiches Militärbündnisses, das zeitweise Verona, Vicenza, Padua, Siena, Assisi, Perugia, Pisa und sogar den mächtigen Hafen Genua umfaßte. Die Florenz durch die Visconti drohende Gefahr wurde nur durch ihre Familienstreitigkeiten abgewendet. Die Herrschaft der Visconti in Mailand währte fast 200 Jahre.

Die ständigen Kriege zwischen den konkurrierenden Seemächten Venedig und Genua wurden hauptsächlich auf See ausgetragen. Die Genueser hatten es dabei schwerer, weil sie sich gleichzeitig mit den Venezianern um den Levantehandel und mit den Häfen Spaniens und Siziliens um die Vorherrschaft im westlichen Mittelmeer stritten. Im 13. Jahrhundert hatten die Venezianer den größten Anteil am Handel mit dem Orient, beherrschten die dalmatinische Küste und waren im Besitz von Kreta und Thessalien. Sie dehnten ihren Einfluß auch auf das italienische Festland aus, indem sie sich erst in den Besitz von Treviso und Belluno, dann von Padua, Vicenza und Verona brachten. Klugerweise – wie sich noch herausstellen sollte – verließen sie sich nicht allein auf ihre Seemacht.

Florenz, das von der Lage her die Nord-Süd-Route durch Italien beherrschte, avancierte im 13. Jahrhundert zu einem der bedeutendsten europäischen Finanzzentren. Der Goldflorin, zum erstenmal 1252 geschlagen, setzte eine internationale Reinheitsnorm. Florentinische Bankhäuser verwalteten die Einkünfte des Vatikans und gewährten Königen und Fürsten Kredit. Als zwei große Firmen, die Bardi und Peruzzi, bankrott gingen, wurden Hunderte kleinerer Unternehmen in ihren Sturz hineingezogen, weil Eduard III. von England 1343 seinen Verpflichtungen nicht nachkam. Arbeitslosigkeit, Hunger und Aufstände in Florenz waren die Folge, die Lage wurde noch verschlimmert durch den *Schwarzen Tod*, der die Stadt verheerte.

Doch die Florentiner waren widerstandsfähig, und die erschütterten Vermögensverhältnisse der Kaufmannschaft festigten sich wieder. Zu Beginn des folgenden Jahrhunderts kamen die Medici an die Macht, die bedeutendste aller florentinischen Familien, die ihr Vermögen dem Wollhandel verdankte. Giovanni de' Medici, wohl der reichste Mann Italiens, beschaffte das Geld, das es Florenz ermöglichte, sich die Ergebenheit von Pisa und Livorno – und damit den kostbaren Zugang zur See zu erkaufen. Giovanni war, wie übrigens viele Mitglieder seiner Familie, ein Mann des Friedens.

In den meisten europäischen Städten waren die Handwerker in Zünften organisiert, die sich untereinander keinesfalls immer gut vertrugen. In Florenz hatte es zunächst nur die *grandi*, die adligen Gutsbesitzer, und die *arti*, die Zünfte, gegeben. Dann unterteilten sich die Zünfte, während sich eine wachsende Zahl von Arbeitern und Handwerkern zu der größten dieser Gruppierungen, den *popolo*, zusammenschlossen. Die Tendenz ging dahin, daß sich die *grandi* mit den kleineren gegen die größeren Zünfte verbündeten, alle miteinander immer dann die *popolo* umwarben, wenn es darum ging, einen Aufstand anzuzetteln.

Politisch war die Geschichte von Florenz im 13. und 14. Jahrhundert durch wiederkehrende soziale Unruhen, gewaltsamen Regierungswechsel, die Verbannung führender Bürger, durch interne und externe Streitigkeiten geprägt. Und doch war diese stürmische Epoche der Beginn einer kreativen Bewegung, die auf ganz Italien übergriff und später, angeregt von Byzanz, Kunst und Denken des Westens revolutionierte – gemeint ist die Renaissance.

In der zweiten Hälfte des 13. Jahrhunderts wurde, möglicherweise auch durch franziskanischen Einfluß, eine neue Menschlichkeit in der bildenden Kunst Italiens deutlich, die seit Jahrhunderten von traditionellen byzantinischen Vorbildern beherrscht worden war. Der in Florenz ansässige Cimabue (1240–1302) hielt sich zwar noch an den traditionellen byzantinischen Stil, führte aber natürliche Licht- und Schatteneffekte ein, deutete bei der Darstellung von Bauwerken Raum und Entfernung an und vermenschlichte Ausdruck und Haltung seiner »Madonna mit

Kind«. In Rom versuchte Pietro Cavallini mittels des Faltenwurfs plastische Wirkungen bei seinen Figuren zu erzielen und stellte seine Propheten und Patriarchen als real wirkende Menschen dar. Vermutlich beeinflußten ihn dabei die spätrömischen Fresken, mit deren Restaurierung er beauftragt war. Die Brüder Pisani und ihr Schüler Arnolfo di Cambio, Baumeister des Doms von Florenz, schenkten der Architektur und der Bildhauerkunst neue Impulse.

Es ist möglich, daß der Florentiner Giotto ein Schüler Cimabues war; fest steht, daß er mit Cavallini in Rom gearbeitet hat. Er trennte sich ganz von den statischen byzantinischen Bildern und schuf in seinen Bildern Lebewesen, denen man menschliche Gefühle und natürliche Bewegungen abnahm. Sein Christus und seine Heilige Jungfrau erscheinen nicht mehr als ferne Figuren eines religiösen Kultes, sondern nehmen Anteil an den Freuden und Leiden der Menschheit. Der Campanile des Doms, in Ruskins Worten »diese heitere Höhe von Bergalabaster, gefärbt wie eine ziehende Wolke und ziseliert wie eine Muschel«, stellt sein architektonisches Meisterwerk dar. Giotto fand schon zu seinen Lebzeiten viele Bewunderer und wurde nach seinem Tod gefeiert als der Mann, der die seit 600 Jahren verlorengegangene klassische Kunst der Malerei wieder zum Leben erweckt hatte. Auf diesen Ausspruch von Ghiberti, der im glanzvollsten Jahrhundert von Florenz das Bronzeportal des Baptisteriums geschaffen hatte, geht der Begriff *Rinascita* (= Wiedergeburt) zurück, den 100 Jahre danach Vasari in seiner berühmten Biographie italienischer Maler verwendete. Daraus entwickelte sich dann der bis heute gebräuchliche Ausdruck *Renaissance* für jene exzeptionelle Neubelebung menschlicher Phantasie, die wohl durch die Wiederentdeckung der Vergangenheit ausgelöst wurde, an sich aber eine in hohem Maße moderne Erscheinung ist – eine ganz neue, erregend intensive Hinwendung zu den Möglichkeiten des Lebens und zur Kunst als dessen Spiegel.

Giottos Zeitgenosse Dante hat in der Literatur des Westens eine einzigartige Stellung inne als letzter und größter Dichter des Mittelalters und als erster Dichter der Moderne zugleich. Der Überlieferung nach begann er seine *Göttliche Komödie* im Heiligen Jahr 1300, als er sich »nel mezzo del cammino di nostra vita in selvaggio oscuro« fand, in der Mitte des Lebens, in einem dunklen Wald. Und er befand sich in der Tat in einem dunklen Wald, dieser Anwalt, Gelehrte und politische Flüchtling aus Florenz ohne Heim und ohne Zukunft. In der von ihm beschriebenen

Vision einer Pilgerfahrt durch die Kreise der Hölle und den steilen Berg des Fegefeuers hinauf zu den Freuden des Paradieses sah er Leben und Politik seiner Zeit, Freundschaften, Rivalitäten und Animositäten seines Lebens, das ganze menschliche Tun und menschliche Erfahrung eingeschlossen in einer Vision der Ewigkeit und umgeben von der »amor che muove il sole e l'altri stelle«, der Liebe, die die Sonne und die anderen Gestirne bewegt. Rahmen und geographisches Umfeld in Dantes Epos sind mittelalterlich, der Gedanke ist zeitlos. Der Dichter bediente sich des toskanischen Dialekts, der durch sein Epos zur Literatursprache Italiens avancierte. Es ist eine lebhafte und sparsame Sprache von großer Präzision und Flexibilität. Die *Göttliche Komödie* mit ihren dramatischen Figuren, ständig wechselnden Schauplätzen, Augenblicken von Schrecken und Freude und ihrem sich entfaltenden Panorama menschlichen Lebens ist uns heute noch so nah wie zu der Zeit ihrer Entstehung.

Als Führer durch Hölle und Fegefeuer diente Dante der Dichter Vergil, bis ihn im Paradies, zu dem der Heide Vergil keinen Zutritt hatte, seine Beatrice an die Hand nahm. Vergil besaß im Christentum des Mittelalters eine Sonderstellung, weil man (aufgrund einer fehlerhaften Textauslegung) glaubte, er habe die Geburt Christi vorausgesagt. Von den anderen klassischen Dichtern wußte man wenig. Jahrhundertelang hatten sich westliche Gelehrte nur mit den christlichen Dichtern beschäftigt, beispielsweise dem spätrömischen Boethius und dem Historiker Orosius. Von griechischem Schrifttum kannten sie nur das, was durch Vermittlung der spanischen Mauren zu ihnen gelangt war, und dabei handelte es sich fast nur um naturwissenschaftliche Texte. Zahlreiche klassische Manuskripte waren verlorengegangen, bei weitem jedoch nicht alle; es gab noch Transkriptionen lateinischer Werke aus karolingischer Zeit, und in Konstantinopel lagerten griechische Manuskripte. Im Westen, wo Griechisch selten gelehrt wurde, waren sie nur in sehr kleiner Zahl vertreten. Doch der engere Kontakt mit Konstantinopel durch die, in anderer Beziehung so katastrophale Eroberung der Stadt durch die Kreuzfahrer im Jahre 1204, hatte den westlichen Wissenschaftlern einige zusätzliche Erkenntnisse gebracht.

Petrarca, bedeutendster Vertreter jener Wiedergeburt der Klassik, kam noch zu Lebzeiten von Dante und Giotto, nämlich im Jahre 1304 zur Welt. In Florenz geboren, lebte er als Jüngling am päpstlichen Hof zu Avignon, wo er auch nahezu sein ganzes

Leben verbrachte. Er war nicht nur Dichter, sondern auch Gelehrter und Diplomat, unternahm weite Reisen und nutzte während dieser geschäftlichen Unternehmungen Mußestunden, um nach Manuskripten zu fahnden. Sein Ehrgeiz war es, das kreative Gedankengut der Antike mit der christlichen Tradition in Einklang zu bringen. Zu zeitgenössischem Ruhm gelangte er als ein auf lateinisch wie auch in der Volkssprache schreibender Dichter. Auf dem Kapitolinischen Hügel in Rom wurde er mit Lorbeer bekränzt. Sein jüngerer Freund Boccaccio schloß sich ihm bei der Suche nach verschollenen klassischen Texten an; wiedergefunden wurden unter anderem Martial, Ovid, Seneca und Tacitus. Man trieb einen griechischen Gelehrten auf, der Homer ins Lateinische übersetzte. Ungeachtet der Gelehrsamkeit des Boccaccio und seiner Verdienste um die klassische Bildung muß gerechterweise gesagt werden, daß er am bekanntesten durch sein *Decamerone* geworden ist, eine Sammlung von Novellen über das menschliche Leben in seinen irdischsten wie auch seinen erhabensten Momenten, das zu einer Fundgrube für Dichter und Dramatiker vieler Länder, darunter auch Chaucer und Shakespeare, geworden ist.

Petrarca blieb immer auf einer höheren Ebene. Seine bekanntesten Gedichte, die *Rime* (= italienische Gedichte), die das Sonett in Europa einführten, waren an Laura gerichtet, den Gegenstand seiner keuschen Liebe, die 1348 n. Chr. an der Pest starb; er überlebte sie um 26 Jahre. Eines Morgens fand man ihn tot in seinem Arbeitszimmer, den Kopf friedlich auf einem Vergil-Manuskript ruhend. Der anhaltende, überzeugende Einfluß seiner Schriften, seine Manuskriptfunde, seine Gespräche mit gelehrten Kollegen und mit der jüngeren Generation ebneten der neuen christlich-klassischen Richtung den Weg, die später unter dem Namen Humanismus bekannt wurde.

Als Frankreich und England 1360 einen Waffenstillstand schlossen, waren die Engländer im Besitz von Calais, Poitou und Südwestfrankreich, das sie von Bordeaux aus regierten und von starken Burgen in der Dordogne und anderen Regionen beherrschten; der Anspruch auf die französische Krone aber war aufgegeben worden. Beide Seiten hatten ihre Feudalheere durch Söldnertruppen, die sogenannten »Freien Kompanien«, verstärkt. Diese ohnehin schwer lenkbaren Männer konnten nicht entlassen werden; nach dem Waffenstillstand blieben sie im Lande und terrorisierten plündernd und erpressend ganze Landstriche. Es gab wenige Adlige, die auch nur den Versuch machten, ihre Lehnsleute zu schützen, wie es ihre Pflicht gewesen wäre, wenngleich sie – notfalls mit Gewalt – weiterhin ihr Recht auf deren kostenlose Arbeitskraft und einen Anteil an der Ernte in Anspruch nahmen. Unmittelbarer Anlaß eines ländlichen Aufstandes in der Ile de France, der sogenannten *Jacquerie,* war ein Regierungserlaß, der die Bauern anwies, ihren Lehnsherren bei der Wiederherstellung ihrer Burgen zu helfen. Das war ein Höchstmaß an Kränkung für die Unterdrückten, die somit gezwungen wurden, die Macht der Unterdrücker durch eigener Hände Arbeit zu mehren.

Paris hatte 1356 rebelliert und eine *commune* unter Führung des reichen Bürgers Etienne Marcel errichtet. Doch dieser verlor sehr bald die Unterstützung seiner Mitbürger, weil er ausländische Mächte, sogar den englischen König, um Beistand bat; er wurde ermordet, und der Aufstand fiel in sich zusammen.

Schließlich kam wieder ein Herrscher an die Macht, der das Geschäft des Regierens energischer anging. Karl, der 18jährige Sohn von Johann II., wurde Regent, während sein Vater gefangen saß, und folgte ihm acht Jahre später auf dem Thron. Er war kühl, realistisch und fleißig; in der französischen Geschichte hat er den Beinamen Karl der Weise bekommen. Er ließ die Pariser Stadtmauer wieder errichten, stellte die strategisch wichtigsten Burgen unter die Kontrolle der Krone, baute ein Berufsheer auf und setzte eine Befehlshierarchie fest, die Rivalitäten unter dem Adel vorbeugte.

1370 war seine Macht stark genug, um den Engländern den Kampf ansagen zu können. Der beste Soldat Frankreichs, ja, vermutlich ganz Europas war ein bretonischer Ritter, Bertrand du Guesclin, der sich diesen Ruf bei Kämpfen in Spanien erworben hatte. Karl setzte sich kühn über alle Konventionen hinweg und ernannte ihn zum Oberfeldherrn von Frankreich – eine Berufung, die sonst dem Hochadel vorbehalten war. Du Guesclin vermied die offene Feldschlacht, versuchte den Feind durch Störmanöver aufzureiben und schlug ihn damit erfolgreich in die Flucht. Die französische und kastilische Flotte patrouillierte indessen den Ärmelkanal. Nach einem Jahrzehnt waren den Engländern nur noch einige wenige befestigte Plätze als Besitzungen in Frankreich geblieben, unter anderem Bordeaux, Bayonne, Cherbourg und natürlich Calais. Zunächst war der Krieg zu Ende.

Im zivilen Bereich regelte Karl V. die königlichen Finanzen

neu. Indem er die Generalstaaten, das französische Gegenstück zum englischen Parlament, dazu brachte, für einen unbegrenzten Zeitraum feste Steuern zu erlassen, ersparte er sich jahrelang die Notwendigkeit, sie zu konsultieren. Dieser Schritt verschaffte der Krone, die während der englischen Gefahr immer stärker mit der Nation gleichgesetzt worden war, einen erheblichen Machtzuwachs.

Doch Einheit und Frieden wurden durch die wachsende Macht Burgunds bedroht; Philipp, Karls jüngerer Bruder, hatte diese Provinz zu Lehen bekommen. Durch seine Heirat mit der Erbin Flanderns wurde er Herr über einen mächtigen Grenzstaat, der theoretisch der Krone lehnspflichtig war. Unglücklicherweise folgte auf Karl V. der geisteskranke Karl VI. Es kam zu Streitereien um die Regentschaft, die zu einem Bürgerkrieg und der Entfremdung des Herzogs von Burgund von der Krone führten.

In England saß inzwischen Heinrich V., ein junger, ehrgeiziger König, auf dem Thron. Er fiel in Frankreich ein, eroberte die Normandie zurück und vernichtete bei Azincourt ein französisches Heer, dreimal so stark wie sein eigenes. Fast alle führenden Adligen Frankreichs gerieten in Gefangenschaft oder fielen. Noch immer kämpften sie eigensinnig im alten Stil, in schweren Rüstungen, auf schwer gepanzerten Pferden. Die Schüsse der englischen Bogenschützen hatten ihrer Attacke den Schwung genommen und sie in ein stolperndes Chaos gestürzt.

Heinrich V. erhob nunmehr erneut Anspruch auf Frankreichs Krone.Der arme, halb wahnsinnige Karl VI. überließ ihm alle französischen Gebiete nördlich der Loire, setzte sich über die Anrechte seines eigenen Sohnes hinweg, akzeptierte Heinrich als seinen Nachfolger und gab ihm seine Tochter Katharina zur Frau. Diese Regelung wurde natürlich vom Dauphin als dem legitimen Erben und seinen Anhängern abgelehnt – der Krieg ging weiter. Heinrich war auf einem Feldzug, als seine Frau einen Sohn zur Welt brachte. Als er in aller Eile heimritt, um das Kind zu sehen, zog er sich ein Fieber zu und starb. Der Säugling Heinrich VI. wurde zum König von England und Frankreich proklamiert.

Eine religiöse Berufung kann sich in vielen Formen äußern; ein unerschütterlich gläubiges und mutiges Bauernmädchen, das während der Wirren des Hundertjährigen Krieges in Frankreich aufwuchs, hätte vielleicht, wäre es zu einer anderen Zeit zur Welt gekommen, eine ganz andere Berufung in sich gespürt. So aber befahlen ihr die Stimmen, die sie hörte, Frankreich zu retten.

Die Geschichte von Jeanne d'Arc, der Jungfrau von Orleans, ist inzwischen so bekannt, daß sie uns nicht mehr in Erstaunen versetzt. Hätte sie sich nicht wirklich so zugetragen, erschiene sie unglaublich. Jeanne war etwa 17 Jahre und konnte weder schreiben noch lesen, war jedoch praktisch begabt, intelligent, schlagfertig und ungewöhnlich wortgewandt. Sie besaß weder Geld noch mächtige Geldgeber, aber einige wenige Menschen glaubten an ihre Visionen und an ihre Mission, von der sie überzeugt war. Diese wenigen schickten sie nach Chinon zum rechtmäßigen König, dem ungekrönten Dauphin, der nur noch sehr wenig von Frankreich sein eigen nennen konnte.

Die gänzlich unerschrockene und völlig unerfahrene Jeanne, die sich standhaft weigerte, an Sonntagen zu kämpfen, erhielt die königliche Erlaubnis, Orleans zu entsetzen, wo es ihrer kleinen Schar erstaunlicherweise gelang, die englischen Besatzer in die Flucht zu schlagen. Knapp ein Jahr später durfte sie im Dom von Reims erleben, wie der Dauphin als Karl VII. zum König von Frankreich gesalbt wurde. Kurz darauf geriet sie in Gefangenschaft und wurde, von dem undankbaren König im Stich gelassen, als Hexe verurteilt und in Rouen verbrannt. Doch sie hatte das Selbstbewußtsein der Engländer nachhaltig erschüttert; ganz erholten sie sich nie wieder von dem Schlag, und ihre Vertreibung aus Frankreich war jetzt nur noch eine Frage der Zeit.

Das Urteil über die Jungfrau von Orleans wurde 20 Jahre nach ihrem Tod offiziell widerrufen – wohl hauptsächlich deshalb, weil es die Stellung des Königs hätte schwächen können, wenn er seine Krönung einer Hexe verdankte. Ganz allmählich erfolgten weitere Anerkennungen. Erst im 19. Jahrhundert wurde der Prozeß zu ihrer Heiligsprechung in Gang gesetzt, die dann 1920, in den Nachwehen des Ersten Weltkrieges, erfolgte. Über Jeannes politischer Bedeutung und ihrem Bild als kämpferische Gestalt und Nationalheldin vergißt man gern die fromme Inbrunst, die ihre Mission erst ermöglichte. Wesentlich an ihrer kurzen Laufbahn sind nicht so sehr die Siege, die sie errang, als vielmehr der unbeirrbare Glaube, der sie befähigte, einen König aufzurütteln, ein Heer zu inspirieren und die Hoffnung eines Volkes zu erneuern.

In der zweiten Hälfte des 15. Jahrhunderts tobte in England ein dynastischer Streit, der teilweise auf die Unfähigkeit des sanften, frommen Heinrich VI. und den Ehrgeiz seiner Frau Margarete von Anjou zurückging. Die Rosenkriege – so genannt nach den Kennzeichen der verfeindeten Parteien, der roten und der weißen Rose – währten etwa 30 Jahre. Heinrich VI. wurde abgesetzt und ermordet; an seine Stelle trat der leidlich kompetente Eduard IV., der William Caxton und seine Druckmaschine nach England holte.

Trotz der vielen Kriege erlebte Frankreich Ende des 14.und Anfang des 15. Jahrhunderts eine Wiederbelebung der Literatur und der schönen Künste. Karl V. beauftragte seinen Kaplan Nicolas Oresme, Aristoteles ins Französische zu übersetzen, ein Werk, das die französische Sprache entscheidend beeinflußte. Ein spätgotischer Stil, zart und lieblich wie der Frühling, herrschte in der bildenden Kunst, in der Architektur, in den graziösen literarischen Konventionen der *amour courtois* (des höfischen Minnesangs). Ereignisse aus den frühen Jahren des Hundertjährigen Krieges sind in der phantasiereichen Prosa des Jean Froissart aufgezeichnet und ausgeschmückt; kein Schatten des Krieges liegt jedoch über der zarten Liebeslyrik der Christine de Pisan. Eine Generation später stellt François Villon, Menschenverächter, stolzer Sünder und der bedeutendste Lyriker Frankreichs, eine rauhere Welt dar.

Während Frankreich durch Bürgerkriege erschüttert wurde, ließ Herzog Jean de Berry, der lebenslustige Bruder Karls des Weisen, ausgefallene Burgen errichten, pflegte die Künste und gab reich illustrierte Bücher in Auftrag. Er holte die Brüder von Limburg aus Flandern an seinen Hof, die mit sicherem Blick für Farbe und Detail sein Stundenbuch mit den mannigfachen Schönheiten der Jahreszeiten schmückten; nach der Erfindung des Buchdrucks hat es Miniaturenmaler ihres Ranges nicht mehr gegeben.

In England begann man trotz der kriegerischen Verwicklungen in Frankreich Literatur in der Landessprache zu schreiben und sich dieser Sprache sogar bei Hofe zu bedienen. Geoffrey Chaucer (ca. 1340–1400) war der Sohn eines Weinhändlers, und erfreute sich königlicher Gunst und begleitete in untergeordneter Stellung diplomatische Missionen nach Frankreich, in die Lombardei, nach Genua und Florenz, wo er seine älteren Zeitgenossen Boccaccio und Petrarca getroffen haben mag. Er schrieb eine englische Fassung des französischen *Roman de la Rose.* Sein elegantes Epos *Troylus and Cryseyde* verdankt italienischem Einfluß viel; sein berühmtestes Werk, die *Canterbury Tales,* weist ihn jedoch als einen Meister individuellen Stils aus, der geschickt die Vielfalt und Struktur seiner eigenen Sprache zu nutzen weiß. Der Prolog, in dem die Pilger beschrieben werden, die sich nach

Canterbury auf den Weg machen, ist eine Anthologie typisch englischer Gestalten – Priester, Anwälte, Kaufleute, Handwerker, Bauern und Städter – und ein Paradestück gesellschaftlicher Beobachtungsgabe.

Der *Schwarze Tod*, die Pest, hatte die Autorität der Kirche schwerer erschüttert als die des Staates. Zwei aus Avignon nach Rom zurückkehrende Päpste waren vom Zustand der Stadt derart entsetzt, daß der eine sofort wieder abreiste, der andere an der Abreise nur durch sein jähes Hinscheiden gehindert wurde. Es mußte daher eine Papstwahl in Rom abgehalten werden, die erste nach über 70 Jahren. Der gewählte Papst brachte unglücklicherweise eine Reihe von Kardinälen gegen sich auf, die einen Gegenpapst in Avignon einsetzten. Noch weitere 50 Jahre setzte sich der Skandal der Doppelpäpste fort. Die Päpste zu Avignon waren meist fähige, manchmal auch durchaus gewissenhafte Männer. Während des Exils wurden die päpstlichen Finanzen und die Verwaltung von Grund auf reformiert. Einige der Finanzmaßnahmen waren allerdings fragwürdig, zum Beispiel der immer mehr um sich greifende Ablaßhandel, der in der Zeit der Kreuzzüge aufgekommen war. Theoretisch ließ sich der Ablaß für Sünden nicht käuflich erwerben, in der Praxis jedoch machte der Empfänger eine Schenkung an den Papst – für den Bau von Kirchen und Krankenhäusern oder zur Finanzierung eines Heiligen Krieges – und erhielt als Gegenleistung den Ablaß.

Avignon liegt, umgeben von Weinbergen, am Ufer der Rhône, in einer blühenden, friedlichen Region. Dieses Ambiente war einer Atmosphäre des Wohllebens und des Überflusses förderlich, und die Päpste und Kardinäle begannen, fern von Rom, der anerkannten Hauptstadt der Christenheit, dem Glanz und der Herrlichkeit der mittelalterlichen Könige und Fürsten nachzueifern; ja, es schien fast zwingende Notwendigkeit für den päpstlichen Hof in Avignon, alle weltlichen Höfe in den Schatten zu stellen.

Der von Papst, Kardinälen und vielen Mitgliedern des höheren Klerus betriebene Luxus stand im Widerspruch zur christlichen Lehre. Der westliche Klerus war in den höheren Stufen der Hierarchie zunehmend irdischen Genüssen zugeneigt (wenn nicht gar korrupt). Nach der Pest waren nicht genügend Gemeindepfarrer für das einfache Volk vorhanden, und die meisten von ihnen, von löblichen Ausnahmen abgesehen, hatten sich dem einen oder anderen Laster ergeben, der Habgier, der Trunksucht, der Unzucht oder, was am schlimmsten war, der Apathie. Die

Franziskaner wurden ihren Idealen untreu und betätigten sich eifrig als Ablaßverkäufer, statt als Lehrer des Evangeliums unter dem Volk zu wirken. Die großen geistlichen Orden hatten sich völlig gewandelt: Die ehemals so asketischen Zisterzienser handelten erfolgreich mit Wolle und anderen Erzeugnissen des Landes, das ihre Vorgänger unter Fasten, Gebet und schwerer Mühe der Wildnis abgerungen hatten. Die Kluniazenser, die einst den Benediktinerorden reformiert und gereinigt hatten, betrieben ihre Klöster als komfortable Ruhesitze für Adlige und lebten gut von den großzügigen Legaten, die ihnen die Edelleute zum Lesen von Messen für ihre Erlösung hinterließen, weil sie selbst zu beschäftigt gewesen waren, sich um ihr Seelenheil zu kümmern.

Doch in den reichen Stadtstaaten ebenso wie in von Hunger, Pest oder Plünderungen geplagten Dörfern waren die Armen, die Kranken, Hilf- und Hoffnungslosen ein ständiger, leibhaftiger Vorwurf für die Kirche.

Das leise, kritisch aufbegehrende Murren wurde lauter. Einige fromme Franziskaner versuchten eine Rückkehr zu den Idealen ihres Gründers; eine Minderheit unter ihnen, die *Fraticelli,* wandten sich wieder den Idealen der einstigen Askese zu. Die meisten dieser Minoriten-Brüder waren schlicht und aufrichtig, die übrigen waren zwar aufrichtig, aber nicht so sehr schlicht als vielmehr aggressiven politischen Strömungen zugeneigt, mit deren Verbreitung sie Kirche und Staat gegen sich aufbrachten. Die Folge war ihre brutale Unterdrückung unter Anklage der Ketzerei, wobei man sich freizügig der Instrumente gesellschaftlicher und politischer Kontrolle bediente.

Langlebiger und erfolgreicher agierte die Gruppe, die in den Niederlanden unter der Führung von Gerard Groote (1340–84) entstand und die sich *Brüder des Gemeinsamen Lebens* nannte. Einige, aber bei weitem nicht alle Mitglieder, waren Mönche, und ganz gewiß keine Ketzer, sondern gehorsame Kinder der Kirche, die sich bemühten, nach der Lehre Christi zu leben, ohne sich unbedingt aus der Welt zurückzuziehen. Sie glaubten an das Gebet und die Kontemplation, übten aber auch tätige Nächstenliebe. Ihr Einfluß verbreitete sich in Nordeuropa, und ihr Beispiel rüttelte das Gewissen einiger weniger frommer Männer und Frauen auf, die daraufhin ihre Bemühungen um die Leidenden und die Armen verstärkten. Der berühmteste dieser Brüder, Thomas von Kempen (1379–1471 n. Chr.) schrieb *Die Nachfolge Christi,* den bekanntesten aller Leitfäden für ein christliches Leben.

Die Brüder waren praktizierende Christen und keine tiefen

Denker. Andere, nicht weniger Fromme, sahen in der Ansammlung von Reichtümern, dem politischen Engagement und dem kopflastigen theologischen Überbau der Kirche Gefahren für das christliche Ideal und versuchten, zum schlichten Leben zurückzufinden. Bald nachdem der *Schwarze Tod* das Land heimgesucht hatte, sprach sich John Wyclif, ein englischer Priester und Theologe aus Oxford, der gute Verbindungen zum Hof besaß, für einen unmittelbareren und einfacheren Glauben aus, verurteilte Ablaßverkauf und kirchlichen Grundbesitz, übersetzte das Neue Testament in die Landessprache und erklärte, ein Gläubiger könne Gott auch ohne Vermittlung eines Priesters ansprechen. Er gewann Anhänger und regte junge Priester an, unter das Volk zu gehen und dort zu lehren, wie es die frühen Franziskaner getan hatten. Wyclif erfreute sich der Protektion hochgestellter Persönlichkeiten; die sozialen Auswirkungen seiner Lehre, besonders deren scheinbare Ähnlichkeit mit den von John Ball während des Bauernaufstandes von 1381 verbreiteten Anschauungen, stieß seine Beschützer jedoch vor den Kopf, und er konnte von Glück sagen, daß er friedlich in seiner Landgemeinde verschied (1384). Nicht lange nach seinem Tod protestierten seine Anhänger, die *Lollarden,* im Parlament gegen Mißbräuche der Kirche, waren aber zu schwach, um das Establishment herauszufordern, und handelten sich eine Anklage wegen Ketzerei ein. Etliche wurden verbrannt, und die Bewegung ging für 100 Jahre in den Untergrund.

Bei einer ähnlichen Bewegung in Böhmen unter Führung des Theologen Johann Hus (1369–1415), eines beredten Predigers in der Volkssprache, der an der Universität Prag lehrte, kam in starkem Maße auch der Groll der Tschechen über die Infiltration der Deutschen ins Spiel. Wie Wyclif verurteilte auch Hus den Verkauf von Ablässen und sprach sich für eine Rückkehr zu der von jahrhundertelangem Theologenstreit verwässerten Heiligen Schrift aus.

Zu Beginn des 15. Jahrhunderts erregte sich die ganze Christenheit über den Skandal des geteilten Papsttums. Nach weiteren umstrittenen Wahlen gab es jetzt drei Päpste nebeneinander – einen in Rom, einen in Avignon und einen, den ein hoffnungsvolles Konzil zu Pisa gewählt hatte. Zuvor hatte das Konzil die anderen beiden Päpste abgesetzt, was diese jedoch überhaupt nicht zur Kenntnis nahmen. Der dritte Papst war ein übel beleumundeter Glücksritter. Als Oberhirte der Christenheit nahm er den Namen Johannes an, den er durch sein Benehmen derart in

Verruf brachte, daß bis zum letzten Drittel des 20. Jahrhunderts keiner sein Nachfolger mehr den Mut hatte, sich so zu nennen.

Das Konzil von Pisa hatte als Fiasko geendet; dennoch schien nur diese altehrwürdige Einrichtung Aussicht auf eine Kirchenreform zu bieten. In den frühen Tagen der Christenheit hatten Konzile die Kirche gefestigt und geeint. Warum sollte das nicht jetzt wieder der Fall sein? 1415 trat nach sorgfältiger Vorbereitung unter der Schirmherrschaft von Kaiser Sigismund, dem Sohn Karls IV., der ein angenehmes Äußeres, einen schwachen Willen und einen hohlen Kopf besaß, das große Kirchenkonzil von Konstanz zusammen. Ziel des Konzils war es, gegen die Ketzerei anzugehen und das päpstliche Schisma zu beenden. Die zweite Aufgabe wurde gelöst. Papst Johannes wurde abgesetzt, der Papst in Rom trat zurück, der Papst in Avignon tat es nicht, wurde aber ignoriert und geriet in Vergessenheit. Die westliche Christenheit war unter einem neu gewählten Papst wieder geeint. Die erste Tat von Papst Martin V., einem aristokratischen Römer, war es, das Konzil aufzulösen. Es hatte den geistlichen Zustand der Kirche nicht verbessert, wohl aber – zumindest auf den ersten Blick – über die Ketzerei obsiegt. Man hatte Johannes Hus und seinen eifrigsten Anhänger, Hieronymus von Prag, unter Zusicherung freien Geleits durch den Kaiser vor das Konzil geladen. Hus, der sich nicht als Ketzer betrachtete, folgte der Einladung bereitwillig und wurde aufgefordert, den falschen Lehren abzuschwören, die er verbreitet hatte. Mit einer Halsstarrigkeit, die ihn das Leben kosten sollte, beteuerte er, die ihm zugeschriebenen Gedanken habe er nie verbreitet und könne ihnen deshalb auch nicht abschwören. Der Kaiser widerrief die Zusage auf freies Geleit, und Hus endete auf dem Scheiterhaufen. Er war jedoch nicht nur Reformator, sondern auch Nationalheld gewesen, und fünf Jahre nach seinem Tod begannen seine Anhänger unter Führung des imposanten Ritters Jan Ziska den ersten jener blutigen Religionskriege, die Europa in den nächsten 200 Jahren heimsuchen sollten.

Das Jahrhundert, das auf den *Schwarzen Tod* in Europa folgte, war im wesentlichen ein Zeitalter des Glaubens und betrachtete eben aus diesem Grund die Unzulänglichkeiten der Kirche kritisch. Es war außerdem ein Zeitalter des gesteigerten Nationalbewußtseins, das sich gerade am Konflikt entzündete: Die Spanier wurden sich zunehmend ihrer nationalen Aufgabe bewußt, die Mauren zu vertreiben. Die Franzosen entwickelten im Kampf mit den Engländern ein Zusammengehörigkeitsgefühl, das über die

Zwistigkeiten ihres Adels hinwegtäuschte. Die Böhmen wehrten sich gemeinsam gegen die deutsche Infiltration. In fast allen westeuropäischen Ländern wurde die gesprochene Sprache des Volkes zur Sprache der Literatur, auch wenn Latein noch lange die Sprache der Wissenschaft und der internationalen Beziehungen bleiben sollte. Die Einstellung zu Nation und Sprache spielte auch bei der Kritik an der Kirche eine Rolle. Genau das, was immer ihr Verdienst und ihre Stärke gewesen war – daß sie supranational war und sich einer internationalen Sprache bediente –, erschien nun suspekt. Der Papst war über ein Jahrhundert lang Werkzeug des französischen Königs oder Opfer römischer Machtkämpfe gewesen; die lateinische Sprache, die einst das Römische Reich zusammengehalten hatte, bildete jetzt für alle – bis auf den kleinen Kreis der Gebildeten – eine unüberwindliche Hürde. Gerade deshalb legten auch Reformer wie Wyclif, Hus und andere so großen Wert auf eine Übersetzung der Bibel für das Volk.

5. *Westliche Reisende in China – Marco Polo – Ibn Battuta in Afrika, Indien und China – Der Aufstieg der Ming*

Das Mongolenreich des Dschingis Khan war ein Bindeglied zwischen Ost und West gewesen. Unter seinen Nachkommen, die die transasiatischen Routen von China zum Schwarzen Meer, in den Mittleren Osten und nach Nordindien beherrschten, wuchs das Handelsaufkommen, und die Europäer, deren Neugier auf den Orient durch Reiseberichte geweckt war, begannen Fragen zu stellen und zu spekulieren. Das Kompliment wurde nicht erwidert, der Osten verspürte nicht das geringste Bedürfnis, sich über den Westen zu informieren.

Schon im 13. Jahrhundert hatte Roger Bacon gefesselt den Bericht des Wilhelm von Rubruk über seine Mission zum großen Khan gelesen. Wenig später kamen Franziskanermissionare bis nach Persien, Indien und China. Johann von Monte Corvino lebte erst in Persien, dann in Indien, schließlich 30 Jahre lang in Peking, wo er vom Papst als Erzbischof bestellt wurde. Hier übersetzte er die Evangelien ins Chinesische, baute eine Kirche, behauptete, in sechs Jahren 6000 Chinesen bekehrt zu haben, und lehrte seinen Chor, die europäische Art des Gesangs so melodisch zu Gehör zu bringen, daß der Kaiser entzückt war. Einem anderen Franziskaner liefen so viele Bekehrungswillige zu, daß er fürchtete, sie möchten »nicht alle zu Recht auf dem Pfad des Christentums wandeln«.[6]

Nur wenige Missionare sprachen Chinesisch, dafür beherrschten sie Tatarendialekte; die Konvertiten entstammten der mongolischen Bevölkerung.

Trotz der großen Entfernungen schickten sie Berichte über ihre Reisen nach Europa, von denen manche sogar ihr Ziel erreichten. Sie beschrieben die noblen chinesischen Städte, die so viel größer waren als Paris oder Florenz, den Reis, die Zuckerplantagen, berichteten von den hohen Fleischpreisen, den großen Strömen und Seen, auf denen zahlreiche Menschen das ganze Jahr über auf Booten wie in Häusern lebten, bestaunten die zahlreichen Luxusgüter, Gewürze, Edelsteine und Seide. Andere erwähnten den zunehmenden Handel mit Zimt aus Ceylon in ihren Berichten über Reisen durch Südindien, berichteten von den unzähligen Inseln im Meer, der Fruchtbarkeit Javas, wo der Palast des Königs mit Gold gedeckt war, und von der Macht mancher Inselfürsten, die »viele Elefanten und viele Weiber« besäßen.

Diese Kunde kann nur zu wenigen in Europa durchgedrungen sein. Heimkehrende Kaufleute müssen wichtigere und detailliertere Kenntnisse mündlich verbreitet haben, nur einige allerdings hatten die Muße oder die Fähigkeit, ihre Eindrücke schriftlich festzuhalten. Selbst Marco Polo diktierte seine Erinnerungen einem französischen Schriftstellerprofi, während er im Gefängnis saß. Dieser berühmteste aller mittelalterlichen Reisenden hatte 1271 als 17jähriger zusammen mit seinem Vater und seinem Onkel Venedig verlassen. Über Persien und Afghanistan erreichten sie nach einer strapaziösen Pamirüberquerung Kaschgar, die Seidenstraße und kamen schließlich bis nach China.

15 Jahre verbrachte Marco Polo im Dienste des Kublai Khan. In dieser Zeit bereiste er große Teile Chinas, Kambodschas, Annams und Burmas; schließlich kehrte er über Sumatra, Südindien und Persien nach Europa zurück. Seine Erinnerungen wurden im Europa des 14. Jahrhunderts zum beliebtesten Reisebuch und trugen zur immer weiteren Verbreitung des Glaubens an den märchenhaften Reichtum des Ostens und die kommerziellen Chancen bei, die sich dort boten. Um 1350 stand noch ein zweiter nützlicher Leitfaden für Asiendurchquerungen zur Verfügung; er stammte von dem Florentiner Francesco Pergalotti, beschrieb die Routen und besten Reisemöglichkeiten, nannte geschätzte Kosten und erläuterte das chinesische Papiergeld, seinen Gebrauch und sein Aussehen.

Schon seit der Antike hatten Handelsbeziehungen zwischen Indien und dem Mittelmeerraum bestanden. Begonnen hatten sie mit den Ägyptern, unter den römischen Kaisern einen Höhepunkt erreicht und die Wirren der islamischen Eroberung überlebt. Knotenpunkt war der von den Arabern beherrschte Mittlere Osten, während die Byzantiner sowie die miteinander rivalisierenden Seemächte Genua und Venedig sich gegenseitig Kunden abjagten. Den Venezianern gelang es schließlich, sich praktisch eine Monopolstellung zu sichern, so daß die Genueser Überlegungen anstellten, ob es nicht einen zweiten Weg nach Indien gebe, möglicherweise durch die Umschiffung Afrikas zu erreichen. Die Gebrüder Vivaldi, die 1291 in See stachen, blieben verschollen, und die Genueser verlegten sich auf den Getreidehandel mit den Häfen des Schwarzen Meeres, wo sie die Konkurrenz Venedigs nicht zu fürchten brauchten.

Zu den bedeutendsten Reisenden des 14. Jahrhunderts gehörte Ibn Battuta, ein hochgebildeter Moslem von unersättlichem Wissensdurst und großer diplomatischer Begabung. In Marokko geboren, bereiste er (ca. 1325–54) Ägypten, Arabien, Byzanz, die Krim, Zentralasien, Indien und China. Alexandria, im Handel gleich glanzvoll wie in den Wissenschaften, hatte ihn in Erstaunen versetzt; er freute sich an der Eleganz Schiraz' und beklagte den Verfall Bagdads. Einmal durchquerte er die Sahara, um das Reich Mandingo (= Mali) zu besuchen, zu dem die Flüsse Gambia und Senegal und der Oberlauf des Nigers gehörten – den man damals noch für einen Teil des Nils hielt –, und das schwunghaften Handel mit Kupfer, Elfenbein und Gold betrieb. Mandingo war eine Vereinigung kleiner Stammesfürstentümer, als Vasallen einem Lehnsherrn untergeben, der stark genug war, Frieden, gute Verkehrsverbindungen, Handel und Wohlstand zu sichern. Der Sultan von Mandingo und die meisten seiner Berater waren Mohammedaner, denn der von den Almoraviden im 11. Jahrhundert den Schwarzafrikanern aufgezwungene Islam hatte sich unter der Führungsschicht erhalten.

Ibn Battuta hatte reichlich Anlaß, seiner Bewunderung Ausdruck zu geben. »Die Neger«, schrieb er, »sind selten ungerecht und haben einen größeren Abscheu vor Ungerechtigkeit als jedes andere Volk... es herrscht völlige Sicherheit in ihrem Land. Weder Reisende noch die Bewohner haben von Räubern oder gewalttätigen Menschen etwas zu fürchten.«[7]

Es gab aber auch Dinge, die seine Kritik herausforderten. Die Mandingofrauen gingen keineswegs verschleiert umher, sondern nackt; dies galt selbst für die Tochter des Königs. Er war zutiefst schockiert, als der Sultan einigen Stammesgenossen, die ihn besuchten, eine Sklavin schenkte, die sie töteten und verzehrten. Das, so wurde Ibn Battuta bedeutet, sei Sitte, wenn sie bei Hof Visite machten.[7] Die Kannibalen stammten aus Wangara; von dort kam das Gold, dem das Reich seinen Wohlstand verdankte. Das dort ansässige Volk lebte streng isoliert und ließ den Goldnachschub stocken, wenn man ihre Lebensweise nicht respektierte.

Die Mandingo waren zwar weitgehend ein Hirtenvolk, hatten aber auch einige Städte. Die Hauptstadt Kumbi sowie die Orte Gao und Jenne waren die Haupthandelszentren, jedoch noch übertroffen von Timbuktu am nördlichsten Teil des Nigers. Dort trafen sich die Saharakarawanen aus Marokko, die Wüstennomaden und die Flußschiffer aus dem Binnenland. Timbuktus Moschee und die islamische Gelehrtenschule waren in ganz Westafrika berühmt.

Als Ibn Battuta Mandingo besuchte, war das Reich allerdings bereits im Niedergang begriffen. Einer seiner bedeutendsten Herrscher, Mansa Musa, hatte diplomatische Beziehungen zu dem ägyptischen Kalifat, dem Herrscher von Fez und den arabischen Scheichs geknüpft. Zu seinem Gefolge gehörte ein andalusischer Dichter und Architekt, der die gebrannten Ziegel – ein für Westafrika neues Baumaterial – für die Moschee einführte, die er in Gao errichtete. Auf der Wallfahrt nach Mekka waren vor Mansa Musa 500 Sklaven hermarschiert, jeder mit einem Goldstab in der Hand; ihm folgten 100 Kamele, alle mit Säcken beladen, die mit Goldstaub gefüllt waren. In den heiligen Städten verteilte er großzügig alles mitgeführte Geld an die Armen, lieh sich noch weiteres – auch zur Verteilung von Almosen – und zahlte seine Schulden mit Zinsen in purem Gold zurück, sobald er wieder in der Heimat war. Mit Recht pries Ibn Battuta die Gerechtigkeit und Ehrlichkeit der Afrikaner. Kritischer beurteilte er die arabischen Kaufleute aus Mogadischu, die ihm alle zu dick erschienen. Anders sah es in Mombasa aus, wo sich fromme Moslems genügsam von Fisch und Bananen ernährten.

Auf einem früheren Abschnitt seiner Reisen hatte Ibn Battuta 13 Jahre in Indien verbracht, am Hofe von Muhammad Ibn Tughluk, dem gewaltigen Sultan von Delhi. Muhammad (1325–51) stammte aus einer der Moslem-Dynastien, die in Delhi an der Macht waren, seit die Afghanen 1203 mit dem schrecklichen Muhammad von Ghur ihre periodischen Überfälle auf Nordindien begonnen hatten. Einige der afghanischen Eroberer träumten davon, ganz Indien wiederzuvereinigen; Träume, die unweigerlich mit Zerstörung und Blutvergießen endeten. Muhammad Ibn Tughluk, ein großer Krieger und leidenschaftlicher Festungsbauer – der auch das umwerfende Daulatabad errichten ließ –, verfolgte sein Wunschbild der Einheit mit erbarmungsloser Grausamkeit.

Ibn Battuta beschreibt das glanzvolle Zeremoniell seiner Audienz, seine verschwenderische Großzügigkeit und Frömmigkeit, aber auch die Henker, die sich ständig am Tor des Palastes aufhielten, wo die Leichen ihrer letzten Opfer als Warnung zur Schau gestellt waren. »Dieser König«, schreibt er, »hat von allen Menschen die größte Leidenschaft für Schenkungen und für Blutvergießen.«[8] Bei Hungersnöten ließ der Sultan Lebensmittel austeilen und warf großzügig Geschenke in die Menge; wer es jedoch wagte, ihn zu kritisieren, wurde unverzüglich hingerichtet. Auch Bauern, die ihre Steuern nicht zahlen konnten, oder Steuerbeamte, die ihr Soll nicht erfüllten, mußten ihr Leben lassen. In einem seiner Wutanfälle trug er sich mit der Absicht, Delhi zu zerstören und die ganze Bevölkerung nach Daulatabad zwangsumzusiedeln. Mindestens einmal wäre Ibn Battuta beinahe Ibn Tughluks Jähzorn zum Opfer gefallen, wurde dann aber wieder in Gnaden aufgenommen und mit einer Mission nach China betraut. Inzwischen hatte Ibn Tughluk den Plan gefaßt, Tibet zu erobern, und verlor ein Heer am Himalaya. Bengalen erhob sich gegen ihn, überall flammten Revolten auf. Als er starb, stand fast ganz Nordindien in Aufruhr.

Als Ibn Battuta um 1345 n. Chr. China erreichte, war die Dynastie des Dschingis Khan im Niedergang begriffen. Die gebildeten Chinesen begehrten schon lange gegen ein System auf, das die besten Positionen im Staatsdienst Mongolen oder Ausländern zuschanzte, während sich Chinesen ohne Rücksicht auf ihre Fähigkeiten mit untergeordneten Posten begnügen mußten. Die chinesischen Kaufleute murrten über die vielen Privilegien, die ihren ausländischen Konkurrenten in den wichtigsten Häfen eingeräumt wurden, und die chinesische Bauernschaft stöhnte unter der Last der Steuern, die für den Unterhalt der mongolischen Armee aufgebracht werden mußten. Als Ibn Battuta eintraf, wütete gerade die Pest in China, die später Europa verheerte. Auf Erdbeben und Hungersnöte folgten Verelendung und soziale Demoralisierung. Räuberbanden, die letzte Zuflucht verhungernder Bauern, machten das Gebirge unsicher. (In dieser unseligen Zeit wurde Sung Chiang, ein Räuberhauptmann aus einer früheren Epoche, der wie Robin Hood häufig die Obrigkeit an der Nase herumgeführt hatte, zum Volkshelden und zur Hauptfigur einer Serie anschaulicher Novellen mit dem Titel *Die Leute vom Moor*, die ein fester Bestandteil der chinesischen Volksliteratur geworden sind.)

Inzwischen waren die vielen buddhistischen Klöster zunächst zu Zufluchtsstätten, dann zu Zentren des Widerstandes gegen die Mongolenherrschaft oder zu Banditennestern geworden.

Aus den Reihen der Banditen kam auch der Begründer der Ming-Dynastie. Chu Yüan-chang war von bescheidener Herkunft, Pest und Hungersnot hatten seine Eltern dahingerafft, Mönche ihn aufgenommen und als Hirten beschäftigt; eines Tages jedoch lief er ihnen davon und wurde zuerst erfolgreicher Bandenführer, später Kriegsmann. Er war ein tüchtiger Soldat, der auch diplomatisches Geschick besaß. Durch Bündnisse und Eroberungen konnte er sein Territorium vergrößern. Daß er die Bauernschaft für sich einnahm, lag nahe; er warb jedoch auch erfolgreich um das Vertrauen der Gebildeten. Als er Nanking eroberte (1356), das er zu seiner Hauptstadt erhob, führte er außer seinem ihm treu ergebenen Bauernheer auch Gelehrte und Beamte zur Bildung einer stabilen Regierung mit. Zu jener Zeit war er noch nicht einmal 30 Jahre. Weitere 14 Jahre brauchte er, um den letzten Mongolenherrscher aus Peking zu vertreiben, China zu einen und das Reich innerhalb jener Grenzen wieder aufzurichten, die es in den großen Tagen der T'ang gehabt hatte. Darüber hinaus annektierte er die Mandschurei und machte Korea zu einem gefügigen Verbündeten.

Chu Yüan-chang nahm den Namen Hung Wu an und nannte sein Herrscherhaus die Dynastie der »Ming« (d. h. Glanz) – ein Symbol seiner Hoffnungen. In 30jähriger Regierungszeit, von der Niederlage des letzten Mongolenherrschers (1368) an gerechnet, zerschlug er die Räuberbanden, ließ durch Zwangsarbeiter Straßen, Deiche, Kanäle und Brücken reparieren und brachte die Bauern mit einer geschickten Mischung aus »Zuckerbrot und Peitsche« dazu, die Bestellung des Landes wiederaufzunehmen. Er hielt sich eine schlagkräftige Armee zur Bewachung der Grenzen, nachdem er vorsichtshalber die alte Mongolenhauptstadt Karakorum zerstört hatte, und baute eine Flotte, die im folgenden Jahrhundert Grundlage der chinesischen Seemacht werden sollte.

Er und seine Nachfolger machten sich die Fremdenfeindlichkeit zu eigen, die sich bei den Chinesen während der Mongolenherrschaft entwickelt hatte. Christliche Missionare waren nicht mehr willkommen, und die Kolonien der ausländischen Kaufleute schrumpften.

Gerade weil Hung Wu am eigenen Leib erfahren hatte, wie hart es ist, arm zu sein, ist er kritisiert worden, die Arbeitskraft der Armen ausgebeutet und zu wenig zur Verbesserung ihrer Lebensbedingungen getan zu haben. Immerhin traten mit der Restaurierung von Straßen und Wasserwegen und der Wiederbelebung der Landwirtschaft wieder geordnete Verhältnisse ein, und an dem bescheidenen Wohlstand, den sie mit sich brachten, hatten auch die ärmeren Schichten teil. Neue Wirren drohten, als Hung Wu starb und einer seiner Enkel, noch ein Kind, sein Erbe antrat. Es schien unvermeidlich, daß es wieder einmal zum Bürgerkrieg kommen würde; die Ordnung wurde jedoch wiederhergestellt, als das Kind bequemerweise starb und sein Onkel Yung Lo, ein fähiger Herrscher, den Thron bestieg.

Über 100 Jahre stand die Ming-Dynastie in hoher Blüte und überdauerte die Zeit ihres Wohlstandes noch bis 1644. Geprägt war diese Epoche durch vielseitige Tätigkeit in Wissenschaften und Künsten; dennoch entstand, abgesehen von der Keramik und dem Theater, wenig Phantasievolles oder Neues.

In der Zeit der Mongolenherrschaft hatten die chinesischen Maler Trost und Inspiration in der Landschaftskontemplation gefunden. Chao Meng-fu (1254–1322) stand bei den Eroberern in hohem Ansehen als Pferdemaler; seine Landsleute aber verehrten ihn als Kalligraphen, und in der Landschaftsmalerei belebte er die ruhige, konzentrierte Sehweise der großen Maler des 11. Jahrhunderts durch seine genauen, oftmals witzigen Beobachtungen. Sein berühmter Schüler Huang Kung-wang (1269–1354) lebte zurückgezogen als Gelehrter und arbeitete lange Jahre an einer der berühmtesten chinesischen Landschaften »Leben im Fu-chun-Gebirge«.

Von den Ming wurden die Maler gefördert, allerdings nur innerhalb der Grenzen der wiedererstandenen akademischen Konvention. Genauigkeit und gute handwerkliche Arbeit waren die Merkmale dieser Epoche, die auf dem Gebiet des Porzellans produktiver war als in der Literatur oder in der Malerei. Eine verbesserte durchscheinend-weiße Scherbe wurde entwickelt, vorzügliche Glasuren entstanden, die besonders eindrucksvoll für die Vasenmalerei eingesetzt wurden, wo die Farben über der

Glasur gebrannt wurden. Bereits zu Anfang der Ming-Periode kam das berühmte blau-weiße Porzellan auf – weißes Porzellan mit blauem Muster unter einer durchsichtigen Glasur. Es wurde zum erfolgreichsten chinesischen Exportartikel. Besonders gesucht war es im luxusliebenden Orient, aber geschäftstüchtige arabische Händler setzten es auch bei den Kaufleuten an der afrikanischen Ostküste ab, die dafür Bedarf unter den schwarzen Häuptlingen Innerafrikas weckten; der Besitz dieser Teller wurde zum Statussymbol. Später kam dieses Porzellan über die holländische Ostindien-Kompanie nach Europa, wurde dort Mode und in den Niederlanden, insbesondere in Delft, in vergröberter Form fleißig kopiert.

Auf dem Gebiet der Wissenschaften stellt die frühe Ming-Periode eine Phase der Rekapitulation und des Bewahrens dar. Die unter den T'ang gegründete »Akademie der Wissenschaften« entwickelte neue Aktivitäten. Ein über tausendköpfiges Gelehrten-Komitee begann mit der enzyklopädischen Sammlung aller vorhandenen naturwissenschaftlichen, philosophischen und literarischen Werke, die auf 11 000 Bände angelegt war. Neuauflagen chinesischer Klassiker kamen in textkritischen Editionen auf den Markt, und auf kaiserliches Geheiß entstand ein Überblick über die Philosophie der neukonfuzianischen Schule des Chu Hsi.

Auch das Drama wurde wiederbelebt. Unter den Yüan hatte das chinesische Theater seine Blütezeit gehabt; unter der Ming-Dynastie begann ein neues Goldenes Zeitalter, was auch daran gelegen haben mag, daß gebildete junge Leute in großer Zahl in den Staatsdienst traten und ihre reichlich bemessenen Mußestunden mit dem Schreiben von Theaterstücken ausfüllten. Sie waren in Versen abgefaßt, der Hauptteil wurde gesungen, der Rest gesprochen. Diese wiederbelebte Theaterbegeisterung hielt sich fast 100 Jahre.

NEUN

CIRCA 1350–1550

1. Der Verfall von Byzanz – Ungarn – Tamerlan – Der Untergang von Byzanz – Die Blütezeit von Florenz – Die Erfindung des Buchdrucks

Nach der Einnahme Konstantinopels durch die Kreuzfahrer im Jahre 1204 war das Byzantinische Reich auseinandergefallen. In der Stadt selbst regierte ein »lateinischer« Kaiser, aber zwei rivalisierende griechische Kaiser, der eine in Trapezunt, der andere in Nicäa, hielten die byzantinische Tradition aufrecht. Das griechische Festland war jedem kühnen Eroberer, dem es gelang, sich einen unabhängigen Staat zu schaffen, hilflos ausgeliefert. Der burgenstarrende Peloponnes war in fränkische Baronien aufgeteilt; die Franzosen bemühten sich sehr, sich mit ihren griechischen Vasallen gut zu stellen, und tolerierten ihre Religion. Die griechisch-orthodoxen Priester allerdings wurden ausgewiesen. Von den drei Reichen war Trapezunt das reichste und stabilste, doch auch Nicäa war recht wohlhabend. Beide besaßen Zugang zum Schwarzen Meer und den östlichen Handelswegen, von denen Konstantinopel jetzt abgeschnitten war. Die in einer zerstörten und entvölkerten Stadt isolierten lateinischen Kaiser hatten kaum ihr Auskommen; einer von ihnen war sogar gezwungen, Reliquien aus den Kirchen zu verkaufen.

1261 gründete Michael Paläologus, nachdem er seinen Vorgänger abgesetzt und geblendet hatte, die letzte christliche Dynastie von Byzanz. Michael, ein ehrgeiziger und durchtriebener Mensch und tüchtiger Soldat, schloß ein Bündnis mit den Venezianern, um sich eine gewisse Kontrolle im östlichen Mittelmeer zu sichern, eroberte Teile Griechenlands und vertrieb die Bulgaren aus Makedonien. Die dahinschwindenden Mittel des Reiches wurden freilich durch diese ständigen Kriege aufgezehrt. Michaels Nachfolger warben Söldner an, die sie nicht bezahlen konnten, was verständlicherweise zu Meutereien führte. Eine brutale Horde von Katalanen setzte sich in den Besitz Athens und erkannte – wie schon andere vor ihnen – den strategischen Wert des Parthenon. Ihr geistlicher Beistand aber, der katalanische Bischof

Juan Boyl, ließ eigens eine Wache aus Spanien kommen, um »das kostbarste Juwel der Welt«[1] zu schützen.

In Konstantinopel florierte der Handel weiterhin. Als der aufmerksame Reisende Ibn Battuta um 1326 die Stadt besuchte, beeindruckte ihn das geschäftige Leben im Hafen und im Ausländerviertel; er bewunderte die prachtvolle Hagia Sophia und die vielen Klöster, fand aber die christliche Bevölkerung und ihre Kirchen ungewöhnlich schmutzig.

Die Türken waren weiter im Vormarsch. Um 1340 hatten sie den Bosporus erreicht. Indessen wurde das schwankende Byzantinische Reich durch einen Bürgerkrieg zwischen rivalisierenden Herrschern und einen Aufstand religiöser Fanatiker, der Hezychasten, erschüttert, die eine egalitäre Anarchie predigten und in Thessalien eine Republik errichteten. In diesem Durcheinander machte sich Stephan Duschan, König der Serben, zum Herrscher aller Gebiete von der Adria bis zum Schwarzen Meer, besetzte Makedonien und Epirus und ließ sich 1346 zum Kaiser der Serben, Bulgaren, Albanier und Griechen krönen. Als er an seinem Hof das byzantinische Zeremoniell einführte und die Gesetze seines Volkes nach Art des Justinian kodifizierte, wurde offenkundig, daß er die Herrschaft von Byzanz anstrebte. Der regierende byzantinische Kaiser, Johann Kantakuzenos, selbst ein Usurpator, bat die Türken um Beistand. Bereitwillig folgten sie seinem Ruf, brachten den serbischen Vormarsch zum Stillstand und nahmen sich zum Lohn für ihre Mühe Gallipoli – ihre erste Basis auf europäischem Boden.

Stephan trat den Rückzug an, um erneut zuzuschlagen. Zunächst eroberte er Belgrad und gebot dadurch dem König von Ungarn Einhalt, der Byzanz gewogen war. Stephan Duschan stand schon fast vor den Mauern von Konstantinopel, als er unerwartet an einem Fieber starb (1355). Sein Reich zerfiel, und Byzanz siechte weiter dahin. Hätte Stephan Duschan noch weitere zehn Jahre gelebt (er war erst 46, als er starb), hätte er möglicherweise ein Balkanreich errichten können, das stark genug gewesen wäre, den Osmanen zu trotzen.

Ludwig I., König von Ungarn (1342–82), der einzige ungarische König, der den Beinamen »der Große« erhalten sollte, erwies sich jetzt als der starke Mann Osteuropas. Er stammte aus jenem Nebenzweig des französischen Königshauses, das Karl von Anjou, der unheilige Bruder Ludwigs des Heiligen, Herrscher von Sizilien und Neapel, begründet hatte. Ludwig I. war ein guter Soldat, eine ritterliche, großzügige Persönlichkeit, ein phantasiereicher und fähiger Herrscher, ein bedeutender Schirmherr der Wissenschaft und Künste – und ein schwerreicher Mann. In der Regierungszeit seines Vaters und der seinen holte man aus den transsylvanischen Bergwerken, den reichsten Gold- und Silbervorkommen Europas, heraus, was herauszuholen war. Mehr als ein Drittel der Edelmetallbarren gingen direkt an die Krone und ermöglichten es Ludwig, einen glanzvollen Hof in Buda und eine schlagkräftige Armee zu finanzieren sowie das zuverlässigste Münzwesen Europas zu schaffen. Sein Vater hatte den französischen Begriff der Ritterlichkeit nach Ungarn gebracht, der rasch von den heimischen Magnaten übernommen wurde. Dank seines Reichtums war Ludwig nicht auf den Adel angewiesen, so daß er es sich leisten konnte, dessen Vorrechte zu beschneiden, die besonders schwer auf den Bauern lastenden Steuern zu senken und die Entwicklung unabhängiger, selbstverwalteter Städte zu fördern. 1370 erbte er die Krone Polens von Kasimir III., der sich um Verwaltung und Kultur dieses schwierigen Landes sehr verdient gemacht hatte.

Trotz seiner despotischen Macht und seiner übertriebenen Ausgaben für Kriege mit dem Ausland blieb Ludwig ein beliebter König. Der ungarische Adel sonnte sich in seinem Ruhm, als er Belgrad zurückeroberte, seine Herrschaft über die serbischen Häuptlinge aufrichtete, die Türken aus Bulgarien vertrieb und schließlich die Venezianer zwang, seine Vormachtstellung in Dalmatien anzuerkennen. Er sicherte seine verwundbarste Grenze, indem er südlich der Donau und der Save eine Reihe stark befestigter Grenzmarken, die *Banate*, einrichtete.

Diese Verteidigungsstellungen bewährten sich, als einige Jahre nach seinem Tod die Türken bei Kossovo die Serben schlugen (1389) und Ungarn unmittelbar bedrohten. Der spätere Kaiser Sigismund, Ludwigs Schwiegersohn und Nachfolger, versuchte die Situation zu retten, indem er die Ritter Europas zu einem neuen Kreuzzug aufrief. Adel und Ritterschaft folgten dem Ruf in großer Zahl, doch ihr Heer erwies sich als uneinig und wirkungslos und wurde in Nicopolis vernichtend geschlagen (1396).

Nach dieser Katastrophe besaß Konstantinopel keinerlei Beistand mehr gegen den siegreichen Sultan Bajesid. Verarmt und verfallen, mit nur noch einigen tausend Einwohnern, war die Stadt noch immer von gewaltigen Verteidigungsanlagen umgeben. Solange es ihr gelingen würde, die Wälle zu besetzen, war sie uneinnehmbar. Bajesid belagerte sie mit Unterbrechungen sechs Jahre lang, dann war er genötigt, sein Vorhaben aufzugeben. Wieder einmal überfluteten die Heere eines furchterregenden asisatischen Eroberers Kleinasien.

Timur Lenk, der Lahme, oder Tamerlan, wie er im Westen genannt wurde, behauptete, dem Hause Dschingis Khans zu entstammen, mit dem er einige seiner Führungsqualitäten teilte, den er jedoch an Grausamkeit und Zerstörungswut noch übertraf. Ehe er sich Bajesid stellte, verwüstete er Khorasan, Afghanistan und Persien, machte einen Abstecher nach Rußland, um die Goldene Horde zu vernichten, und wandte sich dann wieder dem Mittleren Osten zu, wo er die Bewohner von Bagdad abschlachtete. Dann fiel er in Indien ein und zog eine Spur der Zerstörung hinter sich her, die bis Delhi führte, wo er 100000 gefangene Hindus umgebracht haben soll. Danach führte sein Weg zurück nach Kleinasien; es kam zur Konfrontation mit Bajesid, den er in der Schlacht von Ankara (1402) besiegte. Nachdem das Monster Bajesid und seinen Glanz mit Stumpf und Stiel vertilgt hatte, leckte es sich die Lippen und machte sich auf den langen Marsch zu seinem nächsten Ziel, das China hieß. Aber der Tod holte Tamerlan ein, ehe er es erreicht hatte.

Er besaß – wenn überhaupt – nur wenige Wesenszüge, die für ihn einnahmen. Er muß schlau gewesen sein, liebte die Mathematik und spielte gut Schach, interessierte sich für Astronomie und Architektur. Er diskutierte auch gern mit mohammedanischen Weisen über theologische Fragen, was ihn in seiner Ansicht bestärkte, ein frommer Moslem zu sein. Er ließ etliche schöne Denkmäler in Samarkand errichten, das er als seine Hauptstadt betrachtete; indem er aber Landwirtschaft und Handel, die Grundpfeiler der Stadt, zerstörte, verurteilte er sie zu jahrelanger Hungersnot. Seine wahnwitzigen Metzeleien richteten letztlich weniger Schaden an als die Unterbrechung und Zerstörung der asiatischen Handelswege, die ebenfalls auf sein Konto gingen. Sein Sieg in Ankara jedoch entlastete zumindest zeitweilig Konstantinopel.

Die Atempause währte nur 20 Jahre; 1422 griffen die Türken in voller Stärke erneut an. Der Kaiser, der Thessaloniki nicht halten konnte, verkaufte es an die Venezianer, die es acht Jahre danach an die Türken verloren. Die Lage erschien hoffnungslos, wenn nicht die christlichen Königreiche des Westens sich zur Unterstützung bereit fänden – als Preis für diese Unterstützung forderten sie aber nicht weniger als die Unterwerfung der griechischen Kirche unter die Macht Roms. Kaiser Johann VIII. reiste als Leiter einer Mission nach Italien. Seine edle, traurige Haltung – die

Benozzo Gozzoli auf dem Fresko im Palazzo Medici Riccardi in Florenz dargestellt hat – machte tiefen Eindruck, und die Theologen, die ihn begleiteten, arbeiteten ernsthaft auf eine Versöhnung hin. Der Klerus und das Volk von Konstantinopel aber lehnten die getroffene Vereinbarung zornig ab und machten damit ihre letzte Hoffnung auf Rettung zunichte (1439). Vielleicht hatte dieser selbstmörderische Fanatismus sogar seine Berechtigung: Frühere westliche Rettungsaktionen waren nicht besonders erfolgreich gewesen, und die Türken ließen Riten und Identität der griechischen Kirche unangetastet.

Ermutigt durch den Erfolg, den ein glänzender Grenzfürst, János Hunyadi, im Kampf gegen die Türken gehabt hatte, unternahm der König von Ungarn mit venezianischer Unterstützung einen letzten Rettungsversuch, wurde aber in Varna geschlagen. Hunyadi überlebte, entsetzte Belgrad und ließ Ungarn wieder so erstarken, daß es nach dem Fall von Konstantinopel zum Bollwerk gegen den Vormarsch der Osmanen wurde.

Im Balkan erhob sich – verstreut und urkundlich nur unzulänglich belegt – über viele Generationen ein heroischer Widerstand gegen die Türken. Besondere Verdienste erwarben sich in diesem Kampf der albanische Fürst Georg Kastriota, besser bekannt unter dem Namen Skanderbeg, ein hervorragender Guerillaführer, der die Türken 20 Jahre lang an der Nase herumführte (1443–63), und Stephan, der Großwoiwode der Moldau, der sie im letzten Viertel des Jahrhunderts dreimal schlug.

Das Byzantinische Reich überlebte die Niederlage von Varna um neun Jahre. Nach dem Tod von Johannes VIII. folgte ihm sein Bruder, Konstantin XI., auf dem Thron. Er war der letzte, und er wußte es. Im April 1453 begann der energische junge Sultan Mehmed II. (dessen Porträt später Gentile Bellini malte) mit der letzten Belagerung Konstantinopels. Seine 70 mächtigen Bronzekanonen beschossen unablässig die starken Mauern; er ließ eine Flotte kleiner Schiffe über Land transportieren, um die Sperrkette zu umgehen, die das Goldene Horn schützte. Am 29. Mai brachen die Türken durch die Stellungen am Romanostor und fochten sich den Weg in die Stadt frei; Konstantin, der Letzte, fiel im Kampf.

Über 11 Jahrhunderte waren vergangen, seit Konstantin I. die Stadt zu seiner Metropole erhoben hatte: Konstantinopel hatte den Fall von Rom um ein Jahrtausend überdauert. Die Kultur, deren Herz sie darstellte, hatte das klassische Erbe der Antike bewahrt, gewandelt und wiederbelebt, während der Westen in

Barbarei versank. Sie hatte Goten und Mauren, Bulgaren, Seldschuken und Serben abgeschlagen. Die von Mehmed II. eroberte christliche Stadt kam zu neuem Glanz als das mohammedanische Istanbul, Hauptstadt des türkischen Reiches. Die Leistungen Byzantiums wurden schon wenige Generationen später totgeschwiegen, von seinen westlichen Erben vergessen und mißverstanden, von Gibbon verhöhnt und erst im letzten Jahrhundert durch bahnbrechende Forschungsarbeit und den Weitblick einiger weniger Wissenschaftler rehabilitiert.

Mehrmals hatte sich die kreative Kraft dieser Weltkultur erneuert. Im vorletzten Jahrhundert des Byzantinischen Reiches hatten selbst im verarmten Konstantinopel Kunst und Architektur noch einmal einen gewaltigen Aufschwung erlebt. Die prachtvollen Fresken in der Erlöserkirche von Chora lassen kein Anzeichen von Dekadenz erkennen. Doch am längsten hielt sich die erneuerte Kraft des Byzantinischen in den kleinen Fürstentümern der Peloponnes, besonders in Mistra. Hier schmückten bis weit ins 15. Jahrhundert hinein unbekannte Maler die Kirchen mit Szenen aus den Evangelien, menschlich in der Konzeption und anschaulich im Detail, geprägt von einem untrüglichen Formgefühl und gedämpft durch eine traumhafte Harmonie der Farben. Mistra war auch ein Zentrum für Gelehrte, die es zu der Akademie des Georgios Plethon zog, einem der originellsten Denker der byzantinischen Geschichte, ein Lehrer für viele, die später seinen Einfluß in den Westen brachten.

Die wiederholten Bitten um Beistand, die vergeblichen Versuche einer Versöhnung mit der Kirche des Westreiches bewirkten zumindest, daß die Wissenschaftler beider Seiten es lernten, einander Achtung und Verständnis entgegenzubringen. Der Gelehrte Chrysoloras, der zunächst in politischem Auftrag nach Italien gekommen war, ließ sich in Florenz nieder, übersetzte Homer und Platon ins Lateinische und führte das Studium des klassischen Griechisch im Westen wieder ein. Basil Bessarion, einer der Theologen, die Johannes VIII. auf seinem Bittgang nach Italien begleitet hatten, ließ sich dort nieder, wurde Kardinal und beteiligte sich an der Gründung der Akademie für Geschichte in Rom und der Platonischen Akademie in Florenz. So bekam der Westen wieder unmittelbar Kontakt mit griechischem Gedankengut und den griechischen Klassikern, erst – während der letzten 100 Jahre von Byzanz – langsam und allmählich, dann, als die Wissenschaftler, bepackt mit Büchern, vor dem Untergang des Reiches flüchteten, in einer stetig anschwellenden Flut.

Die unabhängige Republik Florenz kam im Lauf des 15. Jahrhunderts unter die Herrschaft der großen Bankiersfamilie Medici. Cosimo il Vecchio, genannt *Pater Patriae* (Vater des Vaterlandes), herrschte 30 Jahre lang (ab 1453). Seine beiden Enkel, Cosimo und Lorenzo, die 1467 an die Macht kamen, hatten gegen den Widerstand rivalisierender Adelsfamilien zu kämpfen. Cosimo wurde während eines Kirchenbesuchs ermordet, Lorenzo kam davon und ließ sich vom Volk, das sich jetzt wieder auf die Seite der Medici geschlagen hatte, in seiner Macht bestätigen. In seiner 23jährigen Regierungszeit zog er Gelehrte, Wissenschaftler, Maler und Architekten an seinen Hof und bekam von seinen Zeitgenossen den Beinamen *Il Magnifico* – der Prächtige.

In diesem Jahrhundert erlebten in Florenz die Malerei und die Plastik eine neue erstaunliche Blüte, wobei der Einfluß klassischer Muster und griechischer und römischer Skulpturen eine entscheidende Rolle spielte. Die Steinmetze, die die mittelalterlichen Kathedralen geschaffen hatten, arbeiteten zur Ehre Gottes, und nur selten kennen wir ihre Namen. Die Künstler der Renaissance dagegen identifizierten sich mit ihrem Werk und strebten häufig nach persönlichem Ruhm.

Masaccio, der 1428 im Alter von 27 Jahren starb, malte kraftvoll-realistisch den nackten menschlichen Körper, erreichte aber auch – etwa in der *Dreifaltigkeit* in Santa Maria Novella – monumentale Größe; sein posthumer Einfluß steht in keinem Verhältnis zu der kurzen Spanne seines Lebens. In der Bildhauerei war die Entwicklung noch frappanter. Eine Generation nach den Brüdern Pisano lernte Donatello am Vorbild griechisch-römischer Statuen die Darstellung des jugendlichen Menschenkörpers in all seiner natürlichen Grazie. Auf der anderen Seite vermochte er mit ebenso erbarmungsloser Realisitik einen ausgemergelten Heiligen zu gestalten. Sein Meisterwerk ist zweifellos das prachtvolle Standbild des venezianischen Condottiere Gattamelata vor dem Dom zu Padua. Es dürfte das erste Reiterstandbild gewesen sein, das seit römischer Zeit in Italien gegossen wurde. Ihm folgte bald darauf Verrocchios Standbild des Colleoni (ebenfalls ein erfolgreicher Söldnergeneral) in Venedig. Das größte Werk Brunelleschis, des Zeitgenossen und Freundes von Masaccio und Donatello, ist die unvergleichliche Kuppel des *Duomo* in Florenz.

Im weiteren Verlauf dieses Jahrhunderts fand die Malerei zu ganz neuen poetischen Aussagen, wie in Pinturicchios anmutigen Landschaften, den fallenden Blüten und tanzenden Grazien von Botticellis *Primavera* oder schließlich in dem Klassizismus des

Leonardo. Zu den kleineren Städten, die einen eigenen Stil schufen, gehörte Urbino unter Federigo da Montefeltre. Als hervorragender Soldat sicherte er seiner Stadt den Frieden und machte seinen Hof zu einer Hochburg der Wissenschaften. Sein Sohn führte Baldassare Castiglione in diesen Kreis ein, den Verfasser des *Cortegiano*. Dieses Handbuch für gutes Benehmen wirkte mäßigend auf die hochfahrenden und rüden Sitten der italienischen Höflinge und machte seinen Einfluß allmählich in ganz Westeuropa geltend.

Das Interesse an klassischer Bildung war in Italien etwa 100 Jahre vor dem Sturz Konstantinopels neu erwacht. Dantes Werk sprengte zwar durch seine Größe die Begrenzungen seiner Zeit und sprach alle Menschen an, aber er dachte doch noch mittelalterlich. Die Weltsicht des 40 Jahre jüngeren Petrarca dagegen war großzügig-freiheitlich und stand der Einstellung der griechisch-römischen Welt sehr viel näher.

Schon fahndeten Gelehrte und ihre Mäzene nach klassischen griechischen und lateinischen Manuskripten. Cosimo de' Medici sammelte sie in Florenz und baute auf den Rat des späteren Papstes Nikolaus V. die Bibliothek von San Marco, in der die Wissenschaftler Gelegenheit hatten, die klassischen Werke zu studieren; hier wurde Platon von Marsilio Ficino übersetzt. Nikolaus V. (1447–55), selbst Sammler, baute die prachtvolle Vatikanische Bibliothek und öffnete sie den Gelehrten. Großzügige Bibliotheksstiftungen waren nicht auf Italien beschränkt: In Ungarn trug der Sohn von Jan Hunaydi, der als König Matthias Corvinus auf den Thron kam (ein in Krieg und Frieden erfolgreicher Herrscher) über 10 000 Manuskripte zusammen und hieß die Gelehrten in seiner großartigen Bibliotheca Corvina willkommen; er stiftete auch eine Universität in Buda. In England schenkte Humphrey, Herzog von Gloucester, der Onkel Heinrichs VI., der Universität Oxford 279 kostbare klassische Manuskripte.

In Deutschland und den Niederlanden beschäftigten sich einfallsreiche Handwerker mit den Möglichkeiten, die Buchproduktion zu steigern. Um 1456 druckte Johannes Gutenberg die erste Bibel; Laurens de Coster aus Haarlem hatte die Technik jedoch schon einige Jahre zuvor entwickelt. Die ersten gedruckten Bücher wurden nach Art eines Holzschnittes verfertigt, das heißt, eine ganze Seite mußte in Holz geschnitten und dann abgezogen werden. Sehr bald traten an die Stelle dieses schwerfälligen Verfahrens – das seit Jahrhunderten in China wohlbekannt war – bewegliche Typen, was im Westen keine Schwierigkeiten bot, da man es (im Gegensatz zu China) mit alphabetischen Schriften zu tun hatte.

Die Buchdruckerkunst verbreitete sich rasch; 1476 kam sie mit William Caxton nach England. Caxton, der selbst keine klassische Bildung genossen hatte, begann mit einem Schachbuch und druckte später das letzte (und für englische Ohren das schönste) aller Werke über die Arthurlegende, Malorys *Morte d'Arthur*. Mögen Puristen es als epigonal und dekadent bezeichnen – für den nicht so kritischen Leser stellt dieses große Prosagedicht sicherlich einen der Glanzpunkte englischer Literatur dar.

Die Venezianer hatten ihre Druckerpressen 1469 (nur 13 Jahre nach Gutenberg) aufgestellt und galten während des nächsten Jahrhunderts als einflußreichste und beste Drucker Europas.

Über die Auswirkungen der Erfindung war man sich noch nicht gleich im klaren. Zunächst sah man darin nur eine willkommene Möglichkeit, jene seltenen Manuskripte zu verbreiten, die bisher mühsam mit der Hand kopiert werden mußten, und Priester mit Bibeln, das Volk mit Meßbüchern und Brevieren zu versorgen. Erst nach und nach stellte sich heraus, daß diese Neuerung auch falsche Lehren – oder notwendige Reformen, je nach Standpunkt – schneller als je zuvor in Umlauf zu bringen vermochte. In den nächsten 100 Jahren erkannten Machthaber wie Umstürzler das unbegrenzte Potential der Druckerpresse als einer Waffe politischer Propaganda.

2. *Die Seereisen der Chinesen – Portugiesische Entdecker: Cadamosto – Dias – Vasco da Gama – Christoph Columbus und die Entdeckung Amerikas*

Die chinesischen Kaiser dehnten im 15. Jahrhundert ihre Oberhoheit über Tibet bis zu den Grenzgebirgen Indiens, nach Süden bis Kambodscha, Siam und Burma, Indien und Ceylon aus. Die chinesische Marine schützte nicht nur die lange Küste, sondern sicherte dem Land auch die Vorherrschaft auf den Meeren. Auf der Höhe ihrer Macht sollen 2700 Küstenwachboote, 400 bewaffnete Handelsschiffe und mindestens noch einmal so viele Schiffe zur chinesischen Handelsflotte gehört haben, die für lange Forschungsreisen ausgerüstet waren – von den Tausenden kleiner Boote für die Küstenschiffahrt gar nicht zu reden. Von der Bauform her waren diese Schiffe die Weiterentwicklung der chinesischen Dschunke, damit stabiler und seetüchtiger als westliche Schiffe derselben Epoche und durch ihre steife Konstruktion besonders für flache Küstengewässer geeignet. Die Art ihrer Takelage ermöglichte es ihnen, alle Winde auszunützen und notfalls auch gegen den Wind zu segeln.

Kaiser Yung Lo (1403–24) ließ mehrere Expeditionen ausrüsten, um die chinesische Seemacht zu sichern. Die Maßnahmen, die Hung Wu getroffen hatte, um die Seidenstraße vor Überfällen der Nomaden zu schützen, waren durch die Eroberungen Timurs hinfällig geworden; das mag der Grund dafür gewesen sein, daß Yung Lo und sein Admiral Cheng Ho es für geraten hielten, die Größe Chinas auf den bisher von Arabern und Indern beherrschten Seewegen zu demonstrieren.

Die großen Neunmaster-Schatzschiffe sollen über 130 Meter lang und 60 Meter breit gewesen sein, jedes hatte einen Jahresvorrat an Getreide geladen und besaß auf den unteren Decks Kübel zur Zucht von Gemüse. 62 dieser Schiffe beteiligten sich in Begleitung von über 200 kleineren Booten an der ersten Expedition (1405). Admiral Cheng Ho, der im Lauf der Zeit sieben Seereisen dieser Art leitete, war arabisch-mongolischer Herkunft und hatte seine Laufbahn als Eunuch im Kaiserpalast begonnen. Nicht nur in seiner Eigenschaft als Admiral, sondern auch als Botschafter und Vertreter des mächtigsten Reiches der Welt öffnete er dem chinesischen Handel den Weg nach Malaysien, Ostindien, Ceylon und Indien, in den Persischen Golf, an die ostafrikanische Küste und zum Roten Meer. Er erwartete von den Herrschern, an deren Küsten er anlegte, die Anerkennung von Chinas Vorherrschaft. Etliche, die ihm diese Anerkennung verweigerten – insbesondere der König von Ceylon –, wurden als Gefangene verschleppt. Doch viele Staaten (einmal sogar Mekka) entrichteten ihm Tribut in Form von Gold und Edelsteinen oder exotischem Getier für die kaiserliche Menagerie, darunter ein Rhinozeros, ein Zebra und eine Giraffe. Die Expeditionen waren auch von Astronomen, Kartographen und Geographen begleitet, die den Auftrag hatten, entsprechende Aufzeichnungen zu fertigen.

Was immer ihr eigentliches Ziel gewesen sein mag – nach 1432 hörten die Expeditionen auf. Kaiser Yung Los Nachfolger hatte sich in Kriegen in der Mongolei engagiert, wo die Stämme wieder in Bewegung geraten waren. Die Hauptstadt wurde nach Peking zurückverlegt, die Grenzbefestigungen verstärkt und die Chinesische Mauer voll bemannt. Diese Maßnahmen hielten in den nächsten 200 Jahren die Barbaren in Schach; seewärts beschränkte sich China auf die Bewachung der Küsten. Arabische Kaufleute, die damit einer gefährlichen Konkurrenz ledig waren, setzten sich auf Malakka fest, errangen ein Handelsmonopol für die ganze Region und bekehrten die Inselbewohner zum Islam.

Während Cheng Ho mit seinen großen Schiffen den Indischen Ozean, den Persischen Golf und das Rote Meer erkundete, wagten sich die kleinen, weniger gut ausgerüsteten Boote der italienischen und portugiesischen Seefahrer weit in den Atlantik hinaus oder segelten nach Süden, zur Westküste Afrikas, in jene Regionen also, aus denen bislang wenige zurückgekehrt waren. Bereits im 14. Jahrhundert hatten die Genuesen an den Kanarischen Inseln angelegt, die den Geographen der Antike bekannt gewesen, inzwischen aber längst in Vergessenheit geraten waren. Die Portugiesen, die dort 1340 Anker warfen, erkannten sofort, daß die Inseln ein ausgezeichneter Stützpunkt für weitere Erkundungen der afrikanischen Küste waren, der Papst aber sprach sie der kastilischen Krone zu.

Im Jahre 1419 entdeckten portugiesische Seeleute die dicht bewaldeten Inseln, die sie Madeira nannten (das portugiesische Wort für Wald) und unverzüglich kolonisierten. Hier bauten sie Wein an, errichteten mit der Wasserkraft der zahlreichen Ströme Sägemühlen und exportierten bald Bauholz und Wein. Durch diesen Erfolg ermutigt, wagten sie sich weiter aufs Meer hinaus und gelangten zu den Azoren, wo sie das gewinnbringende Zuckerrohr anpflanzten. Wichtiger und gefährlicher waren die wiederholten Expeditionen entlang der Westküste Afrikas auf der Suche nach Gold.

Der Beginn dieser Entdeckungsfahrten lag um 1420, aber erst 1434 umrundete Gil Eannes das Kap Bojador, hinter dem, wie man sich erzählte, alle Schiffe der Nebel verschluckte oder die Äquatorglut verbrannte. Nuño Tristao erreichte 1443 Senegal; von da ab trieben die Portugiesen mit den afrikanischen Küstenstaaten Handel und kehrten mit Goldstaub und Sklaven zurück. Etwa um diese Zeit verlor auch die Heimfahrt ihre Schrecken, auf der früher viele Forscher umgekommen waren, da sie gegen widrige Winde anzukämpfen hatten. Inzwischen gab es die sogenannten Karavellen, kleine, stabil gebaute und wendige Boote, die mit ihren zwei oder drei Masten und einem Lasteinsegel dicht an den Wind gehen konnten. Außerdem hatten portugiesische Kapitäne einen günstigen Seeweg entdeckt: Sie segelten nach Westen über den Atlantik, bis sie zu südlichen oder östlichen Strömungen kamen, die sie rasch in Richtung Heimat trugen.

Der Mann, der hinter diesen Unternehmen stand, war der

Infant von Portugal und Bruder des König, der unter dem Beinamen Heinrich der Seefahrer in die Geschichte eingegangen ist; seine Mutter war eine englische Prinzessin. Er selbst war eigentlich gar kein Seefahrer, sorgte aber dafür, daß seine Kapitäne mit den besten Instrumenten ausgerüstet wurden und jeweils auf dem letzten Wissensstand waren. Sein Hauptsitz Sagres am Kap San Vincent war der ideale Standort, um sich von den vielen Schiffen, die dort anlegten und abfuhren, mit Auskünften über Winde und Strömungen versorgen zu lassen. Man hat Heinrich die Gründung einer Art Fachschule für Mathematik und Astronomie zugeschrieben, es dürfte sich aber eher um ein Informationszentrum gehandelt haben, in dem laufend Seekarten revidiert, Daten aufgezeichnet und Interessenten zur Verfügung gestellt wurden.

Das Interesse des Fürsten an der Erforschung der Welt wurde verstärkt durch seinen brennenden Wunsch, den katholischen Glauben zu verbreiten. Ihm selbst lag wenig an Gold, und er war ein entschiedener Gegner des Sklavenhandels und unnötiger Gewaltanwendung. »Mein Lord Infante wird nicht zulassen, daß irgendeinem (Eingeborenen) weiterer Schaden zugefügt werde, denn er hegt die Hoffnung, daß sie sich durch Umgang mit den Christen unschwer zu unserem Glauben werden bekehren lassen.« Das schrieb der venezianische Kapitän Cadamosto, der 1455/56 eine portugiesische Expedition zur Erkundung Gambias und des Senegal leitete. Cadamosto war beeindruckt von der Macht und Autorität der Eingeborenenhäuptlinge, beobachtete interessiert die zahlreichen Dörfer, die aus Grashütten bestanden, die Flußpferde und Elefanten. Er bewegte sich frei unter den wohlwollenden Eingeborenen und amüsierte sich, wenn sie mit angefeuchteten Fingern über seine Hände strichen, um festzustellen, ob seine weiße Haut vielleicht nur ein Anstrich war.[2]

Kurz vor Cadamostos Reise war Konstantinopel an die Osmanen gefallen, was zunächst noch keine Katastrophe für den Handel im Mittelmeerraum bedeutete; den Türken lag viel daran, die Handelswege offenzuhalten, die ihnen beträchtliche Einkünfte garantierten. Die Venezianer sicherten sich durch Bündnisse und Tributzahlungen ab, die Portugiesen waren nicht betroffen. Selbst Barcelona, die reichste Hafenstadt Spaniens, die das westliche Mittelmeer beherrschte, war nicht ernsthaft gefährdet, bis die Osmanen Nordafrika eroberten und den Handel mit Ägypten blockierten.

Einige Jahre nach Heinrichs Tod im Jahre 1460 errichteten die

Portugiesen einen Handelsposten an der Goldküste (Ghana), von wo sie Gold und Sklaven nach Europa brachten; 1489 erkundete Diego Cão das Mündungsgebiet des Kongo. Drei Jahre später umrundete Bartolomeo Dias das Kap der Guten Hoffnung, Stürme trieben ihn aber wieder zurück. 1497 endlich umschiffte Vasco da Gama Afrika, legte einen kurzen Aufenthalt in Mozambique ein und warf in Mombasa Anker in der Hoffnung, von arabischen Kaufleuten Ratschläge zur Überquerung des Indischen Ozeans zu erhalten; die aber waren mißgünstig und halfen ihm nicht weiter. Trotzdem setzte er seine Reise fort, erreichte Kalicut an der Küste Malabars und kehrte im Triumph nach Lissabon zurück. Er hatte einen Seeweg nach Indien gefunden, auf dem er den arabischen Mittelsmännern ebenso wie den Venezianern aus dem Weg gehen konnte. Der Papst verlieh daraufhin dem portugiesischen König, Manuel dem Glücklichen, den Titel »Herr über Eroberung, Schiffahrt und Handel von Indien, Äthiopien, Arabien und Persien«. (Im nächsten Jahrhundert besang Luis de Camões die Reise Vasco da Gamas in den *Lusiaden,* einem der bedeutendsten Epen Europas.)

Fünf Jahre zuvor hatte Christoph Kolumbus die Entdeckung eines kürzeren Seewegs nach Asien für Spanien in Anspruch genommen. Kolumbus war möglicherweise ein gebürtiger Genuese. Genaue Fakten über seine Herkunft sind jedoch nicht bekannt; er scheint sie absichtlich verschleiert zu haben. Kolumbus war ein schwieriges Genie, ein Visionär, hartnäckig und streitsüchtig zugleich, in jedem Fall aber ein erfahrener Seemann und ein ungewöhnlich begabter Navigator, der an etlichen Afrikafahrten der Portugiesen teilgenommen hatte und davon überzeugt war, daß der kürzeste Weg nach Asien gen Westen – über den Atlantik – führen müsse.

Die Kugelform der Erde war bereits in der Antike wohlbekannt gewesen. Die Erfahrung der Seefahrer und die Autorität des Ptolemäus sorgten dafür, daß dieses Wissen nie ganz in Vergessenheit geriet, und zur Zeit des Kolumbus stellte kein Geograph es mehr in Frage. Auf Ptolemäus' Erkenntnisse aber, der die Dimensionen Chinas stark überschätzt hatte, gehen viele irrige Ansichten über die Größe des Atlantiks zurück, den man allgemein für das einzige große Weltmeer hielt. Mindestens zwei Geographen waren zur Zeit des Kolumbus der Ansicht, die Entfernung zwischen Europa und China betrage auf dem Seeweg nicht viel mehr als 8000 Kilometer; Kolumbus selbst gaukelte sich eine noch günstigere Schätzung von rund 5500 Kilometern vor.

Vergeblich suchte er zunächst für sein Wagnis einen Auftraggeber und finanzielle Unterstützung. Der König von Portugal, der König von Aragon und seine Gemahlin, die Königin von Kastilien, die Könige von England und Frankreich – sie alle erteilten ihm, nachdem sie sich von Fachleuten hatten beraten lassen, einen abschlägigen Bescheid. In beispielloser Beharrlichkeit wandte er sich noch einmal an Königin Isabella. Ihre Ehe mit Ferdinand von Aragon hatte Spanien geeint; als Kolumbus zum zweiten Mal an sie appellierte, lag das Königspaar mit einem Heer vor Granada, dem letzten Bollwerk der Mauren, und wartete auf die unvermeidliche Kapitulation. Nach fast 800 Jahren sollte der spanische Boden gänzlich von den Ungläubigen befreit werden. In der Euphorie dieses Augenblicks gab die Königin Kolumbus seine Chance.

Am 3. August 1492 setzte er Segel und landete am 12. Oktober auf einer Insel, die seiner Meinung nach vor der Küste Asiens lag (in Wirklichkeit aber eine Insel der Bahamagruppe war). 14 Tage später erreichte er, wie er glaubte, eine Halbinsel des chinesischen Festlandes. Im April war er wieder in Spanien. Er hatte Eingeborene mitgebracht, Ansichtsexemplare vieler Pflanzen, die er für orientalische Gewürze hielt, sowie Goldschmuck und weitere Raritäten. Die dankbaren Majestäten, die ihn in Barcelona empfingen, verliehen ihm den Titel »Admiral des Weltmeeres und Statthalter aller Inseln, die er in Indien entdeckt hat«.

Die Portugiesen, die in den letzten 50 Jahren mit den Spaniern um den Besitz der näher gelegenen Atlantikinseln gestritten hatten, stimmten jetzt eiligst einer Teilung der zu erwartenden Beute zu. Der Papst legte etwa 1800 Kilometer westlich der Azoren eine Demarkationslinie fest. Östlich davon gelegene Entdeckungen sollten Portugal, westlich davon befindliche Ländereien Spanien gehören (Vertrag von Tordesillas, 1494). Aufgrund dieser Abmachung fiel das im Jahre 1500 von Pedro Cabral entdeckte brasilianische Festland an Portugal.

Kolumbus unternahm noch drei Seereisen, um seine Entdekkungen zu vertiefen. Auf der zweiten fand er eine Inselgruppe, die er die Jungferninseln nannte, hielt sich kurz in Puerto Rico und Jamaica auf und erkundete die Südküste Kubas. Auf seiner dritten (1498–1500) erreichte er das südamerikanische Festland im äußersten Westen von Venezuela, die Pario-Halbinsel; auf der vierten erkundete er die Küsten von Costa Rica, Nicaragua, Honduras und Panama. Inzwischen war ihm klargeworden, daß er eine »neue Welt« gefunden hatte, eine große, Geographen bisher unbekannte Landmasse; er glaubte jedoch hartnäckig weiter daran, daß sie Teil des gewaltigen asiatischen Kontinents sei.

Mit zunehmendem Alter war er immer fester davon überzeugt, daß die Prophezeiungen im Buch Esdras auf ihn und seine ihm vom Allmächtigen verliehene Mission gemünzt waren. Die Enthebung von seinem Statthalterposten, Kritik und Streitigkeiten überschatteten seine letzten traurigen Lebensjahre. Mit Isabellas Tod hatte er seine zuverlässigste Stütze verloren, wenngleich auch König Ferdinand ihn großzügig behandelte. Die zunehmende Gewißheit der Geographen, daß seine Entdeckungen nichts mit Indien oder Asien zu tun hatten, waren jedoch eine große Enttäuschung für Kolumbus. Er starb 1506, nach wie vor überzeugt davon, gefunden zu haben, was zu suchen er ausgezogen war; doch noch zu seinen Lebzeiten hatte der Florentiner Amerigo Vespucci die Küste Brasiliens südlich bis zum La Plata erkundet und zweifelsfrei festgestellt, daß es sich um einen neuen Erdteil handelte. Nur ein Jahr nach Kolumbus' Tod, 1507, nannte der deutsche Geograph Martin Waldseemüller in einer Weltkarte den neuen Erdteil zu Ehren Vespuccis »Amerika«.

Kolumbus' Größe wird durch diesen Irrtum nicht geschmälert. Er war ein Pionier der Atlantiküberquerung, bewies, daß sie durchführbar war, zeigte anderen den Weg auf und war der Urheber jener Entdeckung, die den Umfang der bekannten Welt verdoppelte und ihr Gleichgewicht verlagerte.

1519 segelte Ferdinand Magellan, ein Portugiese im Dienst des spanischen Königshauses, die Küste Südamerikas entlang und gelangte durch die Meerenge, die heute seinen Namen trägt, in einen riesigen unbekannten Ozean, den er Pazifik nannte. Nach schrecklicher Leidenszeit ohne Nahrung und Wasser erreichte er die Insel Cebu auf den Philippinen, wo er dem König bei einem Stammeskrieg seine Hilfe anbot und fiel. Sein erfahrenster Lotse, Juan Sebastian del Cano, übernahm das Kommando über die geschrumpfte und stark mitgenommene Flotte, vollendete die Umsegelung und brachte im September 1527 als einziges Schiff die *Vitoria,* beladen mit Gewürzen und Sandelholz, nach Sevilla zurück; damit war die erste Weltumsegelung gelungen. Er verdient großes Lob, weil er sein Schiff sicher heimgeführt hat; ohne das Beispiel Magellans und dessen Gesamtplan freilich wäre ihm das schwerlich gelungen. Nach seiner Rückkehr neigte del Cano verständlicherweise dazu, seine eigenen Leistungen herauszustellen – der Ruhm der ersten großen Umsegelung der Erde gebührt jedoch rechtmäßig Magellan.

Den Überlebenden wurden von dem jungen spanischen König Karl, dem Enkel und Erben von Ferdinand und Isabella und dem Herrscher über Gebiete, die über den ganzen Erdball verstreut waren, ein fürstlicher Empfang bereitet.

In der Folge änderte sich das Leben der Europäer, der Fürsten und Bauern, der Kapitalisten und der Handwerker, in allen Berufen, in allen Ländern. Ihre Landwirtschaft, ihre Ernährung, ihr Handel, ihre Hoffnungen und Chancen – alles wandelte sich durch den großen, unbekannten Erdteil mit seinen Myriaden von Inseln, der ihnen jetzt offenstand.

3. *Die Spanier in Westindien – Die Azteken – Die Inkas – Cortez – Pizzarro – Neues und altes Spanien – Die Habsburger Erbfolge und ihre Auswirkungen*

Noch zu Lebzeiten von Kolumbus, noch vor der Weltumsegelung Magellans waren bereits spanische Abenteurer über Westindien hergefallen. Es waren junge Männer, die in früheren Generationen ein Betätigungsfeld in den Bürgerkriegen der Iberischen Halbinsel oder in den Kämpfen mit den Mauren gefunden hätten. Nach der Einigung Spaniens unter Ferdinand und Isabella und dem Fall von Granada richteten landhungrige Spanier jetzt ihren Blick auf die Neue Welt.

Die *Casa de Contratacion* (die Handelskammer) in Sevilla und der *Consejo de las Indias* (der Rat für Indien) setzte dem Umfang ihrer Landerwerbungen Grenzen und schützte – theoretisch – die Eingeborenen vor Enteignung und Versklavung. Doch die Abenteurer Westindiens hatten für kritische Stimmen aus dem fernen Europa nur Hohn und Spott übrig, nahmen sich an Land, was sie wollten, verschleppten und tyrannisierten die Eingeborenen. Manchmal erhoben mutige Priester Protest. Der Dominikaner Antonio de Montesino fragte, mit welchem Recht seine Landsleute die Eingeborenen unterwarfen und versklavten: »Ihr befindet euch im Stand der Todsünde durch die Grausamkeit und Tyrannei, mit der ihr diese unschuldigen Menschen behandelt.«[3] Der einflußreichere Bartolomé de Las Casas beschwerte sich heftig bei der Regierung über die Beraubung und Vernichtung der einheimischen Bevölkerung. Der Staat war zwar guten Willens, aber weit weg und nicht in der Lage, Übergriffe zu verhindern. Voller Zorn und Verzweiflung berichtete Las Casas in seiner *Historia de las Indias* (Geschichte der Indianer) über die Greuel, die er mit angesehen hatte. Nur einem seiner Vorschläge – ausgerechnet dem fragwürdigsten – folgte man, nämlich der Einfuhr von Negersklaven, die einen Teil der Arbeitslast tragen sollten. Bald gingen regelmäßig Schiffsladungen mit menschlicher Fracht aus Afrika ab, nicht zur Rettung der einheimischen Bevölkerung, sondern als Ersatz für diese, da Überarbeitung und europäische Krankheiten sie stark dezimiert hatten.

In den 100 Jahren vor der Entdeckung Amerikas waren auf dem dortigen Festland zwei große Reiche entstanden – das der Azteken in Mexiko und das der Inkas in Peru.

Die Azteken waren ein Stamm des Nahuavolkes, das im 11. und 12. Jahrhundert die Toltekenkultur geschaffen hatte; diese wiederum leitete sich teilweise von den Mayas her, die sich den Tolteken unterworfen hatten. Die als Baumeister, Astronomen und Mathematiker so beachtlichen Mayas befruchteten fast alle nachfolgenden Kulturen in Mittelamerika, wenngleich ihre eigene Macht letztlich auf Yukatan beschränkt blieb.

Der Machtzuwachs der Azteken im 12. und 13. Jahrhundert war beträchtlich, aber sie beschränkten sich darauf, ihre besiegten Nachbarn zu Tributzahlungen zu verpflichten, und unterließen es, die unterworfenen Völker zu einem einheitlichen Reich zusammenzuschweißen. Um 1325 begannen sie mit dem Bau der eindrucksvollen Hauptstadt Tenochtitlan in der Ebene des Tezcuco-Sees. Die Azteken benutzten Bruchsteine und Mörtel und versahen die Außenwände der größeren Gebäude mit weißem Stuck, der in der Sonne leuchtete. Frischwasser wurde in Röhren über den See vom Festland herangeführt, Grundnahrungsmittel in der Ebene und in den Marschen angebaut. Im Lauf der nächsten 100 Jahre unterwarfen die Azteken alle benachbarten Stämme mit Ausnahme der Bergstadt Tlaxcala. Einen menschlichen Gegner brauchten sie, denn Menschenopfer gehörten zu ihrer Religion, und ihr mächtigster Kriegsgott Huizilopochtuli besaß einen gewaltigen Appetit, der nur durch den ständigen Nachschub an Kriegsgefangenen zufriedenzustellen war.

Die Azteken waren ein intelligentes, hochdiszipliniertes Volk, das sich auf Webereien, Stickereien und die Herstellung von Gold- und Silberschmuck verstand. Ihre Balladen und Sagen überlieferten sie mündlich, für gewöhnliche Mitteilungen verfügten sie über eine Bilderschrift. Priester beherrschten den Staat, weltliches Oberhaupt der Azteken war ein gewählter König. Bäuerliche und religiöse Pflichten waren genau festgelegt, und die Kinder wurden für die ihnen in der Gesellschaft zugedachte Rolle streng erzogen.

Die Azteken pflegten keinen Kontakt mit den Inkas. Die Entfernung zwischen ihnen war so groß wie die zwischen der chinesischen Grenze und dem Mittelmeer, das Gelände noch unwegsamer und lud nicht zur Durchquerung ein. Der Inkastaat war im Gegensatz zum Reich der Azteken in knapp einem Jahrhundert durch eine Dynastie von Gottkönigen, die das Leben ihrer Untertanen in allen Einzelheiten mit Hilfe einer gut organisierten Bürokratie und einer unbesiegbaren Armee beherrschten, gewaltsam zusammengeschweißt worden. Aufstände wurden mit der Vernichtung ganzer Dörfer bestraft, Eroberungen sicherte man gelegentlich dadurch, daß man die einheimische Bevölkerung verschleppte und statt dessen gefügige Siedler heranschaffte. Aus Angst vor diesen Methoden zogen es manche benachbarte Staaten, insbesondere die hochzivilisierten Chimu aus dem Flachland an der Küste Perus vor, sich kampflos zu ergeben.

Der letzte Inka-Eroberer, Huayna Capac, hatte über das ganze jetzige Peru, einen großen Teil Chiles, Ekuadors und des nördlichen Argentinien geherrscht. Seine über 3300 Meter hoch in den Anden gelegene Kapitale Cuzco war eine prächtige Stadt mit Bauwerken aus Steinblöcken, so exakt aneinandergepaßt, daß kein Mörtel nötig war. Zusammengehalten wurde das Reich durch ein erstaunliches Straßennetz – eine über 3600 Kilometer lange Küstenstraße, eine fast parallel dazu verlaufende Route, die etwa 2500 Kilometer den Anden folgte, und in Abständen angelegte Verbindungsstraßen zwischen diesen Hauptverkehrsadern. In Schluchten wurde stabiles Mauerwerk errichtet, um die Straßen zu tragen, Galerien wurden in den Felsen gehauen. Zur Überquerung von Flüssen aber genügten ihnen Hängebrücken aus grob geflochtenen Fasern. Für die Instandhaltung der Straßen sorgten Bauern in Schichtarbeit; Steuern wurden in Form von öffentlichen Bauarbeiten entrichtet. Im Abstand von fünf Kilometern stationierte Kuriere beförderten Botschaften, entweder mündlich oder in einem Knotencode an einer Schnur; die Inkas besaßen keine Schrift.

Die Männer mußten im Heer Dienst tun oder bei der Errichtung öffentlicher Bauwerke mitarbeiten, bei Palästen, Tempeln, Befestigungsanlagen, Staubecken oder riesigen Kornkammern für Zeiten der Dürre oder der Hungersnot. Alles Land gehörte dem Staat und wurde gemeinsam von den Dörfern nach bestimmten, jahreszeitlich festgelegten Regeln bestellt. In gewissen Abständen inspizierten Beamte die Dörfer, um die intelligentesten und schönsten Kinder zur Ausbildung am Hof mitzunehmen. Die Jungen wurden Pagen oder Sekretäre und konnten in Verwaltungsposten aufsteigen, die Mädchen dienten in den Tempeln, webten Gewänder und Wandbehänge; manche wurden Konkubinen von Inkafürsten.

Die Inkas verehrten Naturgötter – Sonne, Mond, Sterne und Erde –, aber keine ihrer Gottheiten war so blutdürstig wie die der Azteken. Selbst die große Sonne war mit einer verhältnismäßig kleinen Ration zu besonderen Anlässen zufrieden. Alte Sagen erzählten von einem Schöpfergott, der, als sein Werk vollbracht war, über das Meer davongegangen war und eines Tages wiederkehren würde.

Dank der Autorität der Inkas hätte eigentlich im ganzen Reich, das sie für die gesamte Welt hielten, Frieden herrschen müssen. Leider teilte der letzte Eroberer, Huayna Capac, sein Erbe unter Huascar, seinem ältesten Sohn, den er von seiner Hauptfrau hatte, und Atahualpa, seinem Lieblingssohn von einer Konkubine. Sofort – nach europäischer Zählweise um das Jahr 1525 – kam es zum Bürgerkrieg.

Fünf Jahre vorher war – was die Inkas nicht wußten – das Aztekenreich von Hernan Cortez zerstört worden. Der zügellose Sohn eines verarmten Edelmannes aus der unfruchtbaren Provinz Estremadura wurde nach *Hispaniola* (Südamerika) verfrachtet, um dort sein Glück zu machen. Nach zahlreichen Abenteuern, die eines Schelmenromans würdig wären, betraute man ihn mit der Leitung einer Expedition aufs Festland. Im Februar 1519 drillte er zunächst sein Heer von etwa 500 Mann (und 16 Pferden) in Yucatan, dann brach er trotzig alle Brücken hinter sich ab und marschierte ins Landesinnere. Ein vorausgeschickter Bote brachte dem Aztekenkönig Montezuma die Kunde, Cortez sei der Vertreter des Königs von Spanien.

Montezuma, der nicht recht wußte, was er von dem seltsamen Besuch halten sollte, kam ihm mit einem glänzenden Gefolge unter einem Baldachin aus Federn und Perlen entgegen, indes die Spanier staunend die hohen weißen Gebäude von Tenochtitlan und Hunderte von dicht besetzten Kanus auf dem See betrachteten. Tollkühn nahm Cortez Montezuma als Geisel. Möglich wurde dieser Coup nur durch die Angst, die die spanischen Pferde, Gewehre und Schwerter in einem Land verbreiteten, wo Pferde, Eisen und Schießpulver unbekannt waren. Inzwischen hatte sich ein spanisches Aufgebot an die Verfolgung des Rebellen Cortez gemacht; während er noch mit seinen Landsleuten verhandelte, erhob sich das Volk von Tenochtitlan gegen ihn. Montezuma, seine kostbare Geisel, kam dabei ums Leben, und Cortez floh unter großen Schwierigkeiten und mit vielen Verlusten über einen schmalen Damm im See. Nunmehr bat er das Volk von Tlaxcala um Beistand, das mit den Azteken verfeindet war, nahm Tenochtitlan wieder ein, tötete den Hohepriester, plünderte die glanzvollen Paläste und errichtete auf den Ruinen die Stadt Mexiko. Zu gegebener Zeit ernannte ihn eine überrumpelte Regierung in Spanien zum Statthalter aller von ihm eroberten Gebiete.

Weitere spanische Abenteurer erkundeten die pazifische Küste und siedelten im Isthmus von Panama. Hier kamen ihnen Gerüchte über ein großes Reich mit märchenhaften Gold- und Silberschätzen zu Ohren. 1530 n. Chr. machte sich Francisco Pizarro, ein weit über 50jähriger graubärtiger Abenteurer, mit 102 Mann Fußvolk, 62 Reitern und einer Charta des Königs von Spanien, die ihm christliches Verhalten gegenüber den Eingeborenen ans Herz legte, auf den Weg, um das Reich der Inkas zu erobern.

Mit dieser kleinen Truppe überwand Pizarro die gewaltigen Gebirgsmassen zwischen der Küste und dem Hochland, dem Herzen des Inkareiches. Pizarros Ankunft fiel mit Atahualpas Sieg über seinen älteren Bruder zusammen, dessen Leben er verschont hatte, der aber, nachdem seine wichtigsten Anhänger abgeschlachtet worden waren, im Gefängnis saß. Als Atahualpa Kunde von Pizarros Nahen erhielt, ist es denkbar, daß er den Eindringling für den Schöpfergott Viracocha hielt, der getreu der Prophezeiung zurückgekehrt war. Wahrscheinlicher allerdings ist, daß er ein so kleines Kontingent geringschätzte und neugierig auf die Pferde war, die man ihm beschrieben hatte. Er ließ sich den Eindringlingen auf einer mit bunten Papageienfedern geschmückten und reich mit Silber gezierten Sänfte entgegentragen. Pizarro schickte einen Priester voraus, der Atahualpa dringend anriet, den Christenglauben anzunehmen, aber Atahualpa besah sich nur verächtlich die Bibel – mit Sicherheit das erste gedruckte Buch, das er je erblickt hatte – und warf sie zu Boden. Sofort gingen Pizarros Leute zum Angriff über. Die überrumpelten Inkas flohen, und Atahualpa geriet in Gefangenschaft.

Pizarro forderte nunmehr ein hohes Lösegeld in Gold. Atahualpa ließ die geforderte Summe kommen, aber trotz der Schmach, die ihm die Spanier angetan hatten, fürchtete er noch immer einen Aufstand zugunsten seines Bruders mehr als die weißen Männer, die ihn gefangengenommen hatten. Er gab deshalb insgeheim Befehl zur Ermordung seines Bruders, was die ansonsten mit einem recht robusten Gewissen gesegneten Leute des Pizarro empörte. Dennoch hätte sich Atahualpa in seiner Gefangenschaft durchaus sicher fühlen können, wäre nicht das falsche Gerücht aufgekommen, eine große Entsatztruppe sei im Anmarsch, um sich auf die Spanier zu stürzen. Pizarro, der, wie es scheint, diesem Gerücht nicht recht traute, sah sich durch die Angst seiner Leute genötigt, Atahualpa umbringen zu lassen, was der König von Spanien, als er später davon hörte, aufs schärfste mißbilligte (1533).

Nach dem Tod Atahualpas brach der Staatsapparat zusammen. Die Spanier drangen in Cuzco ein und setzten einen jüngeren Bruder als Marionettenkönig ein. Der neue Inkaherrscher faßte Mut und nutzte Pizarros Abwesenheit – der gerade an der Küste die künftige Stadt Lima gründete – zu einer Erhebung. Doch seine Lage war hoffnungslos. Sein Volk besaß keine Schußwaffen, kämpfte mit Schwertern aus Holz, »geschützt« durch »Rüstungen« aus gepolsterter Baumwolle. Die Gewehre, die Pferde, selbst die Mastiffs der Spanier jagten den Inkas Angst und Schrecken ein; überdies wütete eine bislang unbekannte Seuche, wahrscheinlich die Blattern, unter ihnen. Der Aufstand wurde mühelos niedergeschlagen; es war das Ende des Inkareiches.

Die Spanier trugen ihre Eroberungszüge weiter nach Chile hinein, erduldeten schreckliche Strapazen – Menschen und Pferde mußten erfroren in den Höhenzügen der Anden zurückgelassen werden –, kämpften gegen die Araukaner (die die Eroberung der Inkas zum Stillstand gebracht und sich jahrelang gegen die Spanier gewehrt hatten) und stritten sich nach wie vor heftig untereinander. Pizarro, inzwischen ein verbitterter, mißgünstiger, habgieriger und unbeugsamer 70jähriger, fiel einem Attentat zum Opfer. Mit letzter Kraft zog er das Kreuzeszeichen auf dem Boden und küßte es, ehe er starb.

Die *Conquistadores,* häufig jüngere Söhne alter, heruntergekommener Familien und ebenso arm wie stolz, konnten jetzt unter den schönsten Frauen der besiegten Völker wählen. Viele von ihnen sollten später ihre Beziehung durch christliche Ehen legalisieren. Eine Mischrasse entstand, deren herausragende Vertreter die besten Qualitäten beider Rassen erbten.

Zu Zeiten der Eroberungen und noch lange danach versuchte die spanische Regierung, die Habgier der Siedler in Zaum zu halten und die einheimische Bevölkerung zu schützen. Kirche und Staat forderten, die Besiegten als Menschen und als Brüder zu achten. Spanische Juristen und spanische Priester in Salamanca verurteilten das Verhalten ihrer Landsleute in der Neuen Welt als einen Verstoß gegen die Gesetze der Natur und der Völker. Der Unerschrockenste unter ihnen, Francisco de Vitoria, fand beim König Gehör. Die Gesetze von Burgos (1515 n. Chr.) waren ein Schritt in die richtige Richtung; 1542 n. Chr. wurden weitere gesetzliche Bestimmungen für die neue Welt erlassen, die jene Zielsetzungen nachhaltig unterstützten. Danach konnten Einzelpersonen Grund und Boden nur bis zu einem gewissen Umfang erwerben, ein Verbot der Sklaverei und Bestimmungen zum Schutz der Eingeborenen wurden erlassen und die Verwaltung unmittelbar der Krone unterstellt. Die schwierige Durchsetzung und der allmähliche Machtabbau in Spanien machten diese Bestimmungen allerdings weitgehend wirkungslos. Unter den wenigen Kolonialverwaltern, die gewissenhaft an dem Gedanken einer paternalistischen Staatsform festzuhalten versuchten, nimmt Vasco de Quiroga, Missionar und Statthalter, eine führende Stellung ein. Er benutzte als Leitfaden zur Gründung eines kooperativen Gemeinwesens bei den Taraskern von Michoacan die *Utopia* des Thomas Morus und bildete die Indianer in nützlichen Handwerkszweigen aus, die sich – wie die Erinnerung an ihn – bis heute erhalten haben.

Die amerikanischen Besitzungen brachten Spanien wenig Wohlstand. Ein Großteil von dem Gold und Silber (nach der Erschließung der unerschöpflichen Potosi-Mine in Peru hauptsächlich Silber), das jedes Jahr von der Schatzflotte in die Heimat gebracht wurde, diente zur Finanzierung spanischer Kriege in Europa oder wurde benötigt, um Zins für königliche Kredite bei deutschen oder Genueser Banken zu zahlen. Zwar profitierte Sevilla, in dessen Hafen die Schiffe aus Amerika einliefen, von der neuen Lage und wurde immer schöner und glanzvoller, doch die meisten Spezereien, die aus dem Osten kamen – etwa mit den Überlebenden von Magellans Weltumseglung –, wurden von den Augsburger Welsern angekauft und vermarktet. Daß der spanische Handel nun weitgehend vom Ausland kontrolliert wurde, war die unvermeidliche Folge der Religions- und Rassenpolitik von Ferdinand und Isabella nach der Eroberung Granadas. Durch die Vertreibung der Juden verlor Spanien fast alle erfahrenen Bankiers und Kaufherren – ausgerechnet zu einer Zeit, da man sie besonders dringend gebraucht hätte.

Spaniens Größe ruhte nie auf einem sicheren Fundament, wenngleich zunächst oberflächlicher Glanz, die Leistungen und der Einfluß spanischer Kultur und (nicht zuletzt) die Herrschaft einer mächtigen Dynastie – der Habsburger –, die über ein Jahrhundert die europäische Politik beherrschten, die Verwundbarkeit des Landes überdeckten. Ferdinand und Isabella, *los reyes católicos* (die katholischen Könige), wie der Papst sie genannt hatte, hinterließen keinen männlichen Erben. Der Sohn ihrer ältesten Tochter, Herzog Karl von Burgund, ein in den Niederlanden geborener und aufgewachsener Habsburger, wurde 1516 König von Spanien.

Die Familie hatte bereits sechs Kaiser des »Heiligen Römischen Reiches Deutscher Nation« hervorgebracht; der Stammsitz des Hauses Österreich lag in der Schweiz. Dort waren die Besitzungen der Familie verlorengegangen, was aber nicht weiter ins Gewicht fiel, da die Habsburger nach und nach Österreich, die Steiermark, Kärnten, Tirol, Artois, Luxemburg, die Niederlande und Burgund östlich der Saone erwarben sowie Ansprüche auf die Krone Ungarns und Böhmens und, nach Karls Thronbesteigung, auf die der spanischen Königreiche mit den zugehörigen Gebieten Sizilien, Neapel und Sardinien und die Eroberungen der Neuen Welt erhoben. Die Habsburger waren bekannt dafür, daß sie ihre territorialen Zugewinne nicht so sehr einer Politik kriegerischer Eroberung als einer geschickten Ehe- und Erbschaftsstrategie verdankten. *Bella gerant alii, tu, felix Austria, nube* – so lautete ein zeitgenössischer Spruch: »Krieg mögen andere führen, du, glückliches Österreich, heirate.«

Und die Ehestrategie setzte sich fort. Karl heiratete die Infantin von Portugal, das dadurch in der nächsten Generation den Habsburgern zufiel. Karls Sohn, Philipp II., nahm Maria Tudor, Königin von England, zur Frau; auf den Sohn, der England und Spanien hätte einen sollen, wartete man allerdings vergeblich. Karl war gewissenhaft, intelligent und lernfähig. Als er mit 17 Jahren zum ersten Mal nach Spanien kam, verteilte er freigebig die höchsten Staatsämter unter seinen Freunden aus den Niederlanden. Er erhob Steuern ohne Genehmigung der *Cortes* (der spanischen Regionalparlamente) und provozierte dadurch einen Aufstand des niederen Adels und der reichsfreien Städte Kastiliens, der *Comuneros* (1520–21). Der Erhebung, die unter der Führung des weitblickenden, mutigen Juan de Padilla stand, schlossen sich Teile des Adels und der Geistlichkeit und mindestens ein Bischof an. Doch interne Streitigkeiten machten den Erfolg zunichte, und Juan de Padilla wurde hingerichtet.

Der junge Karl ließ sich das eine Lehre sein. Er erließ eine Amnestie und setzte keine Ausländer mehr in hohe Ämter ein. Inzwischen hatte er von seinem Großvater, Kaiser Maximilian, 1519 die deutschen Besitzungen seiner Familie geerbt. Diese Auslandsbeziehungen sah man in Spanien nicht gern, wenngleich Karl selbst von all seinen Ländern später Spanien am liebsten hatte. Seine so unbeliebten flandrischen Anhänger brachten Künstler und Handwerker ins Land, die die spanische Kultur sehr bereicherten. Sie lehrten die Spanier ihre hochentwickelte Kunst der Weberei von Wandbehängen und – wichtiger noch – verhalfen der spanischen Musik zum Anschluß an den Hauptstrom der Renaissance. Der flämische Meister Josquin Desprez dürfte der bedeutendste Musiker Europas zu jener Zeit gewesen sein. Seinem Einfluß ist es zu verdanken, daß der Kontrapunkt zu hoher Blüte kam, wobei Tomas Luis de Victoria und Palestrina zu den führenden Meistern des 16. Jahrhunderts auf diesem Gebiet zu rechnen sind. Vor allem brachten die Flamen ihre einzigartige Malerei in die spanische Kultur ein. Ihre Technik in Öl, ihre sensible Sicht des Alltäglichen in Farbe und Detail, ihre lebendige Porträtkunst und ihre nicht idealisierte, menschliche Darstellung der großen religiösen Themen – all das sind Dinge, die man etwa mit den Namen Van Eyck, Memling und Rogier van der Weyden in Verbindung bringt. Zeitlich versetzt und assimiliert beeinflußten sie noch die ganz anders geartete künstlerische Sicht eines Zurbaran und Velasquez.

Karl sah seine Machtfülle in der Alten und der Neuen Welt als eine Gabe Gottes, kraft derer es ihm bestimmt war, der Menschheit Einheit und Frieden zu bringen. Als König von Spanien empfing er in Sevilla die Überlebenden von Magellans Weltumseglung und bestätigte Hernan Cortez als Statthalter von Mexiko. Als Kaiser und Herzog von Burgund wünschte er, daß all seine Untertanen Gewinn aus den großen Entdeckungen zögen. Er ordnete an, den Aztekenschatz in Brügge auszustellen, wo Tausende entzückter Besucher ihn bewunderten, unter anderem auch Albrecht Dürer, damals der berühmteste Künstler des Nordens. Das Bankhaus der Welser erhielt Vollmacht vom König, Projekte in der Neuen Welt zu finanzieren. Deutsche Bergleute wurden zur Arbeit in San Domingo rekrutiert, Agenten der Welser gründeten eine Kolonie in Venezuela. Allerdings wurde ihre Vollmacht später aufgrund der schlechten Behandlung der Eingeborenen widerrufen. Von dieser Kolonie aus brach unter Leitung von Nikolaus Federmann eine Expedition in die Anden auf, die nach großen Entbehrungen Bogotá erreichte – nur um festzustellen, daß spanische Konkurrenten ihnen zuvorgekommen waren. Der ferne Kaiser hatte keine Möglichkeit, die Streitigkeiten seiner Unertanen zu schlichten. Deutsches Unternehmertum in der Neuen Welt verkümmerte bereits in den Ansätzen, teils durch die feindselige Haltung der Spanier, teils aber auch deshalb, weil Deutschland zum Ausgangspunkt einer umwälzenden Bewegung wurde, die im folgenden Jahrhundert die Mittel Westeuropas band und seine Politik in eine andere Richtung lenkte. Diese Bewegung war die Reformation.

4. *Renaissance und Reformation – Karl V. und Luther – Ursprünge der Reformation – Stadt und Land – Der Schweizer Konflikt – Die Erfindung der Druckerpresse – Die Bauernaufstände in Deutschland und Europa – Die Übersetzungen der Bibel – Die Ausbreitung von Sekten*

Die römische Kirche hatte 1447 wieder eine gewisse Stabilität erlangt. In diesem Jahr endete die Vielzahl der Päpste mit der Wahl von Nikolaus V., einem angesehenen Gelehrten, der die Vatikanische Bibliothek begründete und seinen Hof zu einem Zentrum der Gelehrsamkeit machte. Seine Nachfolger waren in den nächsten 60 Jahren vornehmlich damit beschäftigt, ihre weltliche Macht zu mehren und die Laufbahn ihrer Anverwandten zu fördern. Eine Ausnahme war Pius II. (1458–1464); zwar gewährte auch er armen Verwandten die eine oder andere Gunst, überdies war er aber ein humanistisch gebildeter und zutiefst human eingestellter Gelehrter, der sich nicht scheute, Kardinal Borgia wegen seines unmoralischen Lebenswandels zu tadeln, sich heldenhaft bemühte, die Christenheit gegen die Türken zu einen, und schließlich, zermürbt von der unlösbaren Aufgabe, das Zeitliche segnete. Am anderen Ende der Skala stand der schändliche Borgiapapst Alexander VI. (1492–1503). Sein skandalöser Lebenswandel hinderte ihn jedoch nicht an einer großzügigen Förderung der Künste und an planvoller Organisation. Zur Zeit der großen Entdeckungen schickte er unverzüglich christliche Missionare in die Neue Welt und sogar zu den Eskimos. Er war es auch, der die Rivalitäten zwischen Spanien und Portugal durch seine berühmte Teilung der neuen Besitzungen in getrennte Einflußsphären beilegte. Nach Alexanders Tod benutzte Niccolo Machiavelli dessen natürlichen Sohn, den Abenteurer Cesare Borgia, als Modell für sein Buch *Il Principe* (»Der Fürst«), das mit ungewöhnlichem Scharfblick politische Macht analysiert und fast ebenso leidenschaftlich gelobt wie verurteilt worden ist.

Alexanders Nachfolger, der energische Julius II. (1503–1513), konsolidierte die Territorialmacht des Papsttums in Italien auf diplomatischem Weg und durch Kriege, indes dank seines kenntnisreichen Mäzenatentums Rom zur künstlerischen Kapitale Italiens wurde. Sein Nachfolger Leo X., ein liebenswürdiger und kultivierter Sproß der Familie Medici, bewahrte das künstlerische Erbe, hatte aber kein Gespür für Politik.

Dies war der Höhepunkt der Renaissance. Das päpstliche Rom wurde zum Magnaten für Architekten, Maler und Baumeister und – wie schon einmal unter Augustus und den Nachkommen des Antoninus – die kulturelle Hauptstadt des Westens. Michelangelo malte für Julius II. die Sixtinische Kapelle aus. Für Julius II. begann und für Leo X. vollendete Raffael die *stanze* des Vatikans, sicherlich die schönsten Staatsgemächer der Welt. Für diese Verdienste kann die Nachwelt den Päpsten der Hochrenaissance nicht dankbar genug sein. Das geistliche Ansehen des Statthalters Christi auf Erden erhöhten sie jedoch nicht. Der umfassende Umbau des Petersdoms mit dem Ziel, ihn zu einem würdigen Denkmal für den ersten unter den Aposteln und zum Mittelpunkt der katholischen Christenheit zu machen, verschlang Unsummen, die hauptsächlich durch den Verkauf von Ablässen aufgebracht wurden.

Der Glanz Roms zur Zeit der Renaissance beglückte und inspirierte Liebhaber des Schönen und das italienische Volk mit seinem angeborenen Sinn für Farbenpracht und Prunk. Auch ein Teil der Pilger, die über die Alpen kamen, war beeindruckt; andere waren jedoch abgestoßen von der weltlichen Macht, den heidnischen Kunstwerken und der Vielzahl der Huren in einer Stadt, die das Blut der Märtyrer geheiligt hatte. Vor allem aber störten sie Heuchelei und Habgier all jener, die im Wallfahrtsgeschäft tätig waren, unter anderem auch der Beamten des Vatikan. Zu denen, die sich darüber empörten, gehörte der deutsche Mönch Martin Luther. Die Beziehung zwischen Renaissance und Reformation ist unterschiedlich gedeutet worden und war vielleicht eher zufällig als organisch. Die Reformation war nicht das einzige Resultat eines gesteigerten Hangs zur Gelehrsamkeit oder jener geistigen Aufgeschlossenheit, die sich im Gefolge der wiederentdeckten griechischen Naturwissenschaften und der griechischen Philosophen eingestellt hatte. Die meisten prominenten Gelehrten blieben der katholischen Kirche treu. Vielmehr war sie das Resultat eines seit Generationen verbreiteten Unbehagens unter denkenden Christen über die Schranken, die Tradition, Theologie und kirchliche Hierarchie zwischen ihnen und der direkten Botschaft des Neuen Testaments aufgerichtet hatten. Reformbewegungen hatte es seit einem Jahrtausend gegeben, aber im 16. Jahrhundert gewannen sie durch das wachsende Selbstbewußtsein der europäischen Völker an Kraft.

Die Renaissance war im wesentlichen ein Teil Italiens und des romanischen Europa, der durch Byzanz (im letzten Jahrhundert seines Bestehens) und durch Beschäftigung mit der klassischen Vergangenheit, als Rom von Griechenland gelernt und eine gemeinsame Kultur begründet hatte, der Nährboden bereitet worden war. Die Reformation kam nicht aus Italien, sie kam von Völkern, die wenig Anteil an dem Erbe Griechenlands und Roms hatten: aus England, Böhmen, Norddeutschland, Skandinavien, der Schweiz und Nordfrankreich. Der religiöse und moralische Protest war, wie die meisten ernst denkenden Katholiken sehr wohl wußten, längst überfällig. Aber erst die individuelle und nationale Empörung darüber, daß ein Statthalter Christi, der gleichzeitig ein ausländischer Potentat war, alle Moral mißachtete und dennoch seine Überlegenheit ausspielte, schürte die Flamme des Aufstandes. 100 Jahre später schilderte der englische Philosoph Thomas Hobbes die katholische Kirche als »das Gespenst des alten römischen Reiches, das gekrönt auf dessen Grab sitzt«. Damit brachte er einen Gedanken zum Ausdruck, der sich durch die ganze Reformation des Nordens zog.

Die Reformbestrebungen *innerhalb* der Kirche waren im wesentlichen geistig orientiert, ihre Vertreter Exponenten klassischer Bildung, wie Pico della Mirandola, der einen Diskurs über die Würde des Menschen (»De dignitate hominis«) schrieb, der spanische Pädagoge Juan Luis Vives, der deutsche Hebraist Johann Reuchlin, der die Beschäftigung mit den jüdischen Schriften gegen die Angriffe von Ignoranten verteidigte, der hervorragende griechische Gelehrte Lefebvre d'Etaples und – als Größter unter ihnen – Erasmus von Rotterdam. Er war unter den Gebildeten berühmt wegen seiner kritischen Ausgabe des Neuen Testaments in griechischer Sprache, bei einer breiteren Öffentlichkeit beliebt wegen des geistvoll-satirischen Pamphlets *Lob der Torheit*, in dem er die Sünden von Kirche und Gesellschaft verspottet. Die Schrift hatte er einem kritischen Mit-Denker gewidmet, seinem englischen Freund Thomas Morus, der später die *Utopia* schrieb und noch später Lordkanzler von England wurde. All diese Persönlichkeiten waren um Mäßigung bemüht. Sie standen der Kirche zwar kritisch gegenüber, wandten sich aber gegen gewalttätige Veränderungen und hielten der katholischen Lehre die Treue – was Thomas Morus später mehr als teuer mit dem Leben bezahlen sollte.

Der eifrigste italienische Reformater, Girolamo Savonarola, ein Dominikanermönch aus Ferrara, fiel einer Anklage wegen Ketzerei zum Opfer. Der fanatische Asket prangerte die Verderbtheit der Florentiner an, rief seine Zuhörer auf, um ihrer unsterblichen Seele willen dem Luxus zu entsagen und das Los ihrer Mitbürger zu erleichtern. In den Notzeiten, die nach dem Tod Lorenzos des Prächtigen über die Stadt hereinbrachen, und nach dem Überfall des französischen Königs Karl VIII. brachte eine Woge völkischer Begeisterung Savonarola an die Macht (1495). Er war ein wortgewandter Visionär ohne politische oder staatsmännische Begabung, eine Weile aber herrschte in Florenz, inspiriert durch seine eindringlichen Predigten, eine Art christlicher Demokratie. Selbst der nüchtern abwägende Historiker Guicciardini war beeindruckt: »Nie gab es in Florenz so viel Güte und Frömmigkeit wie zu seiner Zeit.«[6] Die Armen wurden gespeist und gekleidet, Glücksspiele und Exzesse beim Essen und Trinken verboten, Freudenhäuser geschlossen, pornographische Bücher, Perükken, Kosmetika, sinnloser Zierat und weltliche Bilder öffentlich verbrannt. Selbst der hochsensible Maler Botticelli scheint etwas von seinem Werk auf dem Scheiterhaufen geopfert zu haben; die Überlieferung jedoch, Savonarola habe zahllose Meisterwerke vernichtet, ist stark übertrieben.

Savonarola konnte weder Arbeitsplätze schaffen noch die Hungernden lange in einer Stadt ernähren, die von flüchtigen Bauern aus dem vom Krieg verwüsteten Umland wimmelte. Seine Gegner (an ihrer Spitze der von ihm angeprangerte Borgiapapst) stürzten seine christliche Republik, und Savonarola endete auf dem Scheiterhaufen (1498).

Nur in Spanien vollzog sich eine Reform der Kirche von innen heraus. Die Rettung vor dem drohenden Sturm verdankt sie einem asketischen Franziskanermönch, der 1495 Erzbischof von Toledo wurde. Kardinal Ximenes de Cisneros packte die Korruption an der Wurzel, indem er den Ablaßhandel streng verbot und die Geistlichen zwang, in ihren Gemeinden zu leben und bei jeder Meßfeier das Volk in der Bedeutung des Neuen Testaments zu unterweisen. Die Unwissenheit von Priestern und Laien bekämpfte er mit Hilfe der Druckerpresse, indem er schlichte, billige Erbauungsliteratur in Auftrag gab und damit möglicherweise als erster den Buchdruck zu volkstümlichen und propagandistischen Zwecken nutzte. Er förderte die Weiterbildung durch Gründung der Universität Alcala und durch den Druck der ersten polyglotten Bibel – einer Ausgabe in griechischer, lateinischer, herbräischer und aramäischer Sprache.

Seine Reformen hatten auch eine Schattenseite. Die spanische Kirche war unlösbar mit dem Kampf gegen die Mauren verbunden, einem Kreuzzug, der ihr zu einer privilegierten Unabhängigkeit von Rom verholfen hatte. Die *Inquisition*, jenes mächtige Instrument zur Bekämpfung des Ketzertums, unterstand in Spanien unmittelbar der Krone; ihre Beamten wurden vom König ernannt. Es war – so sonderbar das klingen mag – die einzige wahrhaft nationale Institution in Spanien, denn die zahlreichen unabhängigen Staaten, die von Ferdinand und Isabella geeint worden waren, hatten ihre *Cortes* oder Parlamente und oft auch ihre eigene Gesetzgebung behalten. Nur die *Inquisition* war einheitlich. Sie war 1478 eingeführt worden, um das im wesentlichen spanische Problem der falschen Konvertiten zu lösen – der Hunderte von Mohammedanern und Juden, die sich nach der christlichen Rückeroberung hatten taufen lassen, heimlich aber noch ihren eigentlichen Glauben praktizierten. Diese sollten systematisch aufgespürt und beseitigt werden – durch Spitzel, Folter und den Scheiterhaufen. Ferdinand und Isabella trugen dazu bei, daß sich die Zahl dieser *conversos* drastisch erhöhte. Die Majestäten hatten alle noch verbleibenden Juden vor die Wahl zwischen Bekehrung und Exil gestellt. Etwa 170 000 Juden entschieden sich für das Exil und taten gut daran. Wer ausharrte, wurde nie die Angst los, als »falscher Bekehrter« denunziert zu werden. Auch viele Mauren Granadas gingen außer Landes; eine weitaus größere Zahl jedoch blieb in dem ihnen vertrauten Land. Die meisten sogenannten »Mauren« in Spanien waren eigentlich durch jahrhundertelange Mischehen fast völlig zu Spaniern geworden. Diese *Moriscos* wurden, wie die Juden, zunächst gewaltsam bekehrt und dann generationenlang verfolgt. Das spanische Ideal war Reinheit des Glaubens und Reinheit des Blutes. Ersteres war möglicherweise erreichbar. Letzteres – *limpieza* – war ein frühes und tragisches Beispiel für den verhängnisvollen Rassenunsinn, da lange Phasen toleranter Koexistenz eine durchaus gemischte Bevölkerung in allen Gesellschaftsschichten hervorgebracht hatten.

Nach Karls Thronbesteigung kam der Vormarsch der Inquisition für kurze Zeit zum Stillstand. Der junge König hatte Freunde und Gelehrte aus den Niederlanden mitgebracht, die unter dem Einfluß des Humanisten Erasmus standen und nun Lehrämter an spanischen Universitäten bekleideten. Das Tauwetter währte knapp ein Jahrzehnt. Die Ausbreitung der Reformation in Deutschland war für die Beamten der spanischen Inquisition das Signal, ihren Druck zu verstärken, bis das geistige Leben der Nation in ihrem Würgegriff nahezu erstickte. Eines wurde gewonnen, und darauf war man sehr stolz: Spanien blieben die Religionskriege erspart, die in den nächsten 100 Jahren andere Länder verwüsteten. Aber der Preis war zu hoch.

Im Oktober 1517 griff Martin Luther, ein Augustinermönch und Theologieprofessor an der neu gegründeten Universität Wittenberg, den Verkauf von Ablässen an, jener Urkunden, die den Unwissenden vormachten, sie könnten ihre Zeit im Fegefeuer abkürzen, ohne auf Erden Buße zu tun. Die Kontroverse griff um sich; Luther verteidigte schriftlich und in Diskussionen seine Meinung mit leidenschaftlicher Aufrichtigkeit und mit wachsendem Selbstbewußtsein. Er geißelte Korruption und Heuchelei, die Hauptlaster von Priestern und Mönchen, und belegte dies mit Argumenten aus der Heiligen Schrift. Er erklärte, wie vor ihm Johann Hus, daß der Bibel eine höhere Autorität zukäme als der Kirche, und blieb bei dieser Behauptung, obgleich Hus dafür verbrannt worden war.

Luther, Sohn eines Bergmanns, zählte damals 34 Jahre. Er besaß einen rastlosen, alles in Frage stellenden Intellekt und ein leidenschaftliches Verlangen nach Wahrheit. Als Mönch hatte er mit den Dämonen des Fleisches und des Geistes gerungen, und nur die Überzeugung, der Mensch könne selig werden allein durch den Glauben, hatte ihn vor dem Sturz in Verzweiflung bewahrt. Für ihn bildete die weltliche Kirche mit ihren unredlichen Ablässen und heuchlerischen Priestern eine Schranke zwischen Gott und dem Menschen. Luthers Predigten waren kraftvoll, unverblümt und überzeugend, durchsetzt von einem deftigen, treffsicheren Humor und erfüllt von einem leidenschaftlichen Eifer, der auch vor Schmähungen nicht zurückschreckte. Er schrieb bildhaft und mit der gleichen spannungsgeladenen Vehemenz, mit der er sprach. Seine gedruckten Flugschriften, seine Predigten und die Berichte über seine Debatten mit anderen Theologen machten ihn bald weit über Wittenberg hinaus bekannt.

Der ferne Papst Leo X., der vermutlich auf einen Mönch aus der deutschen Provinz verächtlich herabsah, ließ sich Zeit mit seiner Reaktion. Als er endlich eine Bulle herausgab *(Exsurge Domine)*, in der er Luthers Meinungen verurteilte, verbrannte der furchtlose Ketzer sie vor einer lauten Beifall spendenden Menge (Dezember 1520).

König Karl von Spanien war indessen nach Deutschland zurückgekehrt, um für sich den Kaisertitel in Anspruch zu nehmen, der seit dem Tod seines Großvaters vakant war. Nach den üblichen Bestechungszahlungen und Zusagen an die Kurfürsten wurde er tatsächlich gewählt und im Dom Karls des Großen in Aachen gekrönt. Fortan war er Kaiser Karl V. Luther begrüßte ihn in einer Schrift mit dem Titel *An den christlichen Adel deutscher Nation* voller Freude. Darin prangerte er die Kirche an, weil sie sich nicht von innen heraus reformiert habe, und appellierte an den Staat, die Reformation selbst in die Hand zu nehmen. »Gott hat uns ein jung edles Blut zu Haupt gegeben... damit viel Hertzen zu großer guter Hoffnung erweckt.«

Karl berief die Generalversammlung der deutschen Staaten, den Reichstag, nach Worms ein und forderte Luther auf, seine Überzeugungen vor diesem Gremium zu verteidigen. Dieser sagte tapfer seine Meinung und endete mit dem berühmten Satz, der durch die Überlieferung vereinfacht, aber nicht verfälscht worden ist: »Hier stehe ich, ich kann nicht anders, Gott helfe mir. Amen.« Doch Karl war nicht weniger als Luther an seine Pflicht gebunden, wie er sie sah. Auch er konnte nicht anders. »Ihr wißt«, sagte er zu den versammelten Delegierten, »daß ich den gar christlichen Kaisern der edlen deutschen Nation entstamme, die alle den katholischen Glauben bis zum Tod verteidigt haben... Es ist gewiß, daß ein einzelner Klosterbruder irren muß, wenn er sich gegen die Meinung der ganzen Christenheit stellt... dafür bin ich entschlossen, mein Reich, meine Freunde, meinen Leib, mein Blut, mein Leben, meine Seele einzusetzen.«

Und so verdammte der Reichstag die Lehren Luthers, der auf dem Rückweg von Worms verschwand. Gerüchteweise verlautete, er sei ermordet worden. Albrecht Dürer appellierte leidenschaftlich an Erasmus von Rotterdam, Farbe zu bekennen und sich selbst an die Spitze der Reformbewegung zu setzen, wenn

Luther tatsächlich tot sei. Doch Erasmus scheute den Konflikt und schwieg. Indessen saß Luther sicher und vor aller Welt verborgen auf der Wartburg, in der Hut seines mächtigsten Schutzherrn, des Kurfürsten von Sachsen, und arbeitete Tag und Nacht an seiner Bibelübersetzung.

Die westliche Kirche hatte viele Stürme überstanden, die gefährlicher ausgesehen hatten. Doch die Verhältnisse waren ihrer Autorität nicht mehr günstig. Die mittelalterliche Gesellschaft, gegründet auf eine starre Rangeinteilung, zusammengehalten durch gegenseitige Rechte und Pflichten, hatte sich mit vermehrten Chancen und der immer größer werdenden Rolle von Handel und Wirtschaft allmählich zu einer mobileren Gesellschaftsordnung gewandelt, die auf dem Austausch von Arbeit und Dienstleistungen, von Geld und Waren basierte. Unternehmende Gutsbesitzer, angefangen bei Adel und Kirche, waren bestrebt, ihren Ländereien mehr abzugewinnen als das bloße Existenzminimum. Sie mehrten ihre Einkünfte durch den Verkauf von Wein, Wolle, Getreide, Fleisch und Holz oder durch den spezialisierten und gewinnbringenden Betrieb von Steinbrüchen und Bergwerken. Traditionelle Verfahren verschwanden, gewohnte Privilegien wandelten sich; aus dem Leibeigenen wurde der bezahlte Tagelöhner. Der erfolgreiche Gutsbesitzer investierte seine Überschüsse in gewinnbringenderen Unternehmen, in einer Manufaktur oder im Handel, so daß er seinen Reichtum nicht mehr nur dem Land verdankte, durch das er an seinen Titel und seine gesellschaftliche Stellung gekommen war. Der arme Landbesitzer, der Ritter mit seiner kleinen Burg, seiner großen Familie und seinem hohen Ehrbegriff wurde immer ärmer, zorniger und verzweifelter. Die Truppenaushebungen der Feudalzeit, bei denen er einst eine so bedeutende Rolle gespielt hatte, waren inzwischen überholt. Schon im 14. Jahrhundert hatten Könige und reichsfreie Städte ihre Heere durch Berufssoldaten verstärkt. Inzwischen kämpften in allen Heeren Söldner – Schweizer, Genueser, Deutsche, Katalanen, ja, sogar eine Zeitlang die berühmte albanische »Leichte Kavallerie«.

Politische Macht war zunehmend eine Frage des Geldes (oder des Kredits) für die Anwerbung von Truppen. Die Medici, die Herrscher von Florenz wurden, waren die Bankiers des Vatikan. Jacques Cœur, ein Kaufherr aus Bourges, der durch den Handel mit dem Mittleren Osten reich geworden war, rettete und reorganisierte die französischen Staatsfinanzen. Genueser Bankiers finanzierten die spanische Regierung und ließen sich dafür gut in amerikanischem Silber bezahlen. Die Fugger und Welser (beide aus Augsburg) finanzierten die Habsburger in Deutschland gegen Überlassung von Schürfrechten in Böhmen, Steuerfreiheit und andere Privilegien.

Je höher sich die Monarchen verschuldeten (und die Zinsen waren beträchtlich), desto drückender wurde die Steuerlast. Sie lag am schwersten auf denjenigen, die am wenigsten in der Lage waren, ihre Zahlungen zu leisten, denn der höhere Adel, der ja gefährlich hätte werden können, blieb meist steuerfrei. Aus verarmten Rittern wurden Räuber. Die Raubritter Deutschlands hatten ihre Entsprechung in vielen europäischen Ländern. Die spanischen Ritter befanden sich insofern in einer besseren Lage, als sie ihre Räubereien und Beutezüge in die Neue Welt verlegen konnten. Anderswo wurden mittellose Ritter zu Söldnern; wenn das nicht ging, schlugen sie sich auf andere Weise mehr schlecht als recht durchs Leben. Shakespeares *Falstaff* war ein solches Opfer des gesellschaftlichen Wandels, ebenso *Götz von Berlichingen,* von dessen bewegtem Leben sich Goethe zu seinem berühmten gleichnamigen Drama anregen ließ.

Den Bauern, Kunsthandwerkern, Handwerkern und Tagelöhnern ging es noch schlechter, da sie noch weniger Rücklagen hatten, wenn neue Kopfsteuern, erhöhte Fluß- und Wegezölle, Marktabgaben und all die anderen Barbeträge auf sie zukamen, die nun anstelle der einstigen Zahlung durch Dienstleistungen eingetrieben wurden (wobei manchmal die Dienstleistungen noch zusätzlich verlangt wurden). Häufig kam es zu Bauernaufständen, denen sich unterdrückte Handwerker aus den Städten anschlossen und deren Führung verarmte Ritter übernahmen. Deutschland erlebte zwei schwere Erhebungen innerhalb von 20 Jahren. In Ungarn drehte ein zur Verteidigung gegen die Türken ausgehobenes Heer unter der Führung des Ritters György Dosza den Spieß um und setzte sich an die Spitze eines massiven Bauernaufstandes. Unweigerlich endeten diese Erhebungen mit der Niederlage der Aufständischen und Massenhinrichtungen. In schlechten Zeiten waren die Armen in Stadt und Land oft von schwelendem Haß auf die Reichen beseelt, auf dicke Mönche und Priester, Anwälte, Steuereinnehmer, Kaufherren und Geldverleiher.

Der Schweizer Bund, von ursprünglich 3 auf 13 Mitglieder angewachsen, ging an der Spannung zwischen den Handelsfürsten von Zürich, Bern und Basel und den freien Bauern der ländlichen Kantone, aus denen die besten Soldaten Europas kamen, fast zugrunde. Die Schweizer Söldner verdienten nicht schlecht, die Gewinne aus ihrem Gewerbe aber gingen an die Unternehmer in der Stadt, von denen sie rekrutiert und von denen die Verträge mit fremden Regierungen ausgehandelt wurden. Trotz vieler Mißstimmungen taten sich angesichts einer Bedrohung, die sich gegen alle richtete, die armen mit den reichen Kantonen zusammen. Als der anmaßende Herzog von Burgund sie angriff, brachten sie ihm eine vernichtende Niederlage bei (1477–78). Da nach diesem Sieg Schweizer Söldner noch begehrter waren, wurde der skrupelloseste Unternehmer, ein gewisser Hans Waldmann, so reich, daß er mehrere Jahre in Zürich als Diktator herrschen konnte, bis er in einem Volksaufstand gestürzt und hingerichtet wurde (1489). Ebenfalls in Zürich, einer ruhelosen, quirligen Stadt, setzte sich eine Generation später ein volkstümlicher Prediger namens Zwingli unabhängig von Luther für Reformen ein.

Gesellschaftliche, geistige, wirtschaftliche und moralische Kräfte schürten den religiösen Aufruhr. Doch was die Reformation in die Lage versetzte, Europa innerhalb einer Generation in zwei gegnerische Lager zu spalten, war eine technische Erfindung, nämlich die Druckerpresse. Nach ihrer Einführung verbreitete sich die neue Technik rasch; nicht weniger als 40 000 Buchausgaben sind bis Ende des Jahrhunderts verzeichnet.

Der Buchdruck machte alle Studierenden und Gebildeten mit der Weisheit, der Gelehrsamkeit und dem Witz des Erasmus von Rotterdam bekannt; durch den Druck wurden Luthers Schriften außerhalb Wittenbergs, in ganz Deutschland und Europa berühmt und berüchtigt. Durch den Druck ging Rabelais, ein entlaufener Mönch, mit seinem unverschämten Humor in die französische Literatur ein. Die Druckerpresse war die mächtige, neuartige und alles andere als geheime Waffe, die den Erfolg der Reformation sicherstellte.

Dabei sah es zuerst ganz danach aus, als würde die Reformbewegung an ihren eigenen Exzessen zugrundegehen. Sekten schossen wie Pilze aus dem Boden. In vielen Fällen waren ihre Gründer aufrichtige, nüchterne Reformatoren, aber es gab auch fanatische Visionäre und Bilderstürmer. Die zahlreichen Gruppen, die die Kindertaufe ablehnten, warf man unter dem Namen *Wiedertäufer* in einen Topf; dabei waren diese kleinen Reformgemeinden sehr unterschiedlich. Es waren Quietisten darunter, die nur ihren Visionen und dem Gebet lebten, die meisten allerdings setzten sich für ein reges Gemeinschaftsleben ein. Etliche waren gegen den Krieg oder das Töten in jeder Form, bei anderen wiederum vermischte sich ein apokalyptischer Glaube an das Ende der Welt mit leidenschaftlicher Empörung über ihre Ungerechtigkeit, was sie zu revolutionären Kräften machte. Als die verarmten Ritter der Rheinlande sich erhoben und Luther um Beistand angingen, konfiszierten sie Kirchengüter – wohl in der Absicht, alles Land zu Gemeinschaftsbesitz zu machen. Der schlecht organisierte Aufstand fiel schon nach wenigen Wochen in sich zusammen. Sehr viel schwerwiegender war der Bauernkrieg, der in Süd- und Westdeutschland aufflammte.

Horden von Bauern und Handwerkern, verstärkt durch arbeitslose Söldner und flüchtige Ritter, zuweilen angeführt von entlaufenen Priestern und Mönchen, ergossen sich über das Land, einige in leidlicher Disziplin, die meisten aber plündernd, mordend und brandschatzend. Zwei große Künstler haben sich ihnen möglicherweise für kurze Zeit angeschlossen, Tilman Riemenschneider aus Würzburg, der bedeutendste Bildhauer Deutschlands, und Matthias Grünewald, dessen *Isenheimer Altar* die intensivste Darstellung körperlichen Leidens in der europäischen Kunst vor Goya ist. Einer der Anführer, Thomas Münzer, ein wortgewandter Mann, dem die Not der Bauern wirklich am Herzen lag, forderte den Tod für alle Advokaten und Kirchenleute.

Als die Aufrührer sich auf Luther beriefen und ihn um Hilfe angingen, war dieser entsetzt. Wenn man von seiner Kritik an der bestehenden Kirche absah, war er ausgesprochen konservativ und obrigkeitstreu. Erschüttert von den Geschichten ihrer Greueltaten, die er aufs Wort glaubte, und besonders peinlich berührt durch die angeblichen Exzesse Münzers, der einmal sein Schüler gewesen war, verurteilte er die Aufrührer mit harschen Worten. Kein Hauch von Mitleid oder Verständnis milderte seine heftige Attacke. In der veränderten Perspektive späterer Zeiten und besonders in unserem Jahrhundert hat nichts seinem Ruf mehr geschadet als dieser erbitterte Angriff auf die Bauern. Die Erhebung endete wie alle ihre Vorgänger mit einer Niederlage, die auch eingetreten wäre, wenn Luther eine andere Haltung angenommen hätte. Das befreit ihn aber nicht von dem Vorwurf, daß er es an Menschlichkeit hat fehlen lassen.

Luthers Bruch mit Rom war jetzt irreparabel. Er heiratete ein Mitglied seiner Gemeinde, sein »Käthchen«, eine entsprungene Nonne, die unerschütterlich und in bewunderswerter Weise ihren Aufgaben als Gattin, Mutter und Hausfrau nachkam und den Prototyp der protestantischen Pfarrfrau abgab, so wie Luther in späteren, abgeklärteren Jahren zum Prototyp des protestantischen Pastors wurde. Er erarbeitete mit Hilfe des glänzenden Theologen Philipp Melanchthon eine neue Liturgie in der Volkssprache und produzierte weiterhin eine Flut von Briefen, Flugschriften und Predigten sowie Kirchenlieder, die, zu bekannten zeitgenössischen Melodien gesungen, sehr beliebt wurden. Seine Kirche wuchs und gedieh unter dem Schutz des Kurfürsten Johann Friedrich von Sachsen. Johann Friedrichs religiöse Aufrichtigkeit steht nicht in Zweifel, obgleich es natürlich für einen Fürsten gewisse Vorteile hatte, über eine Kirche im eigenen Land zu verfügen, in der kein ausländischer Papst etwas zu sagen hatte. Weitere deutsche Fürsten und Städte schlugen den gleichen Weg ein, die Landgrafen von Hessen und Braunschweig, die Städte Nürnberg, Ulm, Augsburg, Straßburg, Magdeburg. Erst bei der Person Albrechts von Hohenzollern, dem Großmeister des Deutschen Ordens, der seinen Übertritt zum lutherischen Bekenntnis bekanntgab, sich die Besitzungen des Ordens aneignete und sich zum Herzog von Preußen erhob, kommen beträchtliche Zweifel an der Lauterkeit seiner Motive auf.

Bei einem Reichstag im Jahre 1529 protestierten die lutherischen Staaten in aller Form gegen die Durchsetzung eines Ediktes, das sich gegen religiöse Neuerungen wandte. Von da ab war die Bezeichnung *Protestanten* allgemein gebräuchlich. Ein Jahr später legte bei einem Reichstag unter Führung Karls V. in Augsburg Philipp Melanchthon die maßgebliche Erklärung der lutherischen Position vor, die sogenannte *Augsburger Konfession*. Karl lehnte sie ab, die protestantischen Staaten reagierten mit dem Abschluß eines Schutzbundes, dem bald die Bildung eines entsprechenden katholischen Bündnisses folgte. Der Kaiser wurde jedoch daran gehindert, gegen die lutherischen Fürsten in den Krieg zu ziehen, weil zu den vielen anderen Schwierigkeiten, mit denen er sich herumschlagen mußte, sein ständiger Zwist mit dem König von Frankreich kam. Der skrupellose Franz I. hatte bereits ein Bündnis mit den Türken geschlossen, und es war anzunehmen, daß er die Protestanten unterstützen würde, wenn es ihm ins Konzept paßte. Karl strebte daher an, die Lutherischen mit diplomatischen Mitteln auseinanderzubringen, und gewann Moritz von Sachsen für sich, Chef eines Nebenzweiges des sächsischen Herrscherhauses, der auf den Kurfürsten von Sachsen, Luthers Beschützer, sehr eifersüchtig war. Als kurz darauf der

König von Frankreich starb, konnte Karl seine Truppen sammeln und 1547 in der Schlacht am Mühlberg die Protestanten besiegen.

Doch das Luthertum hatte schon zu tiefe Wurzeln geschlagen, als daß es nach einer einzigen Niederlage gewelkt wäre; zudem ließ der indessen zum Kurfürsten avancierte Moritz kaltblütig den Kaiser im Stich und machte sich mit dem ihm eigenen machiavellistischen Talent an den Wiederaufbau der protestantischen Front. Karl, der durch seine Kriegskosten tief in Schulden steckte, vermochte den Fuggern keine weiteren Kredite mehr zu entlocken, die Katastrophe wurde aber noch einmal abgewendet, da Moritz in der Schlacht fiel. Die Finanzlage verbot weitere kriegerische Auseinandersetzungen; der Kaiser beauftragte seinen Bruder Ferdinand mit Friedensverhandlungen, bei denen eine Kompromißlösung erzielt wurde. Die deutschen Fürsten sollten das Recht haben, über die Religion ihrer Untertanen zu entscheiden, und den Untertanen sollte es gestattet sein, in ein anderes Land zu ziehen, wenn sie mit der Entscheidung ihres Fürsten nicht einverstanden waren. Diese Regelung (*Religionsfrieden von Augsburg,* 1555) verhinderte 60 Jahre lang einen Bürgerkrieg – und das war mehr, als alle zu hoffen gewagt hatten.

Indessen war die Reformation auch in Nordeuropa auf dem Vormarsch. In Schweden schüttelte Gustav Wasa, ein willensstarker junger Adliger, das Joch der unfähigen Dänen ab und stellte Schwedens Unabhängigkeit wieder her. In den schwedischen Reformatoren Olaus und Laurentius Petri fand er nützliche Verbündete, löste sich von Rom, setzte eine nationale lutherische Kirche ein, zu deren Erzbischof er Olaus machte (Laurentius war damit beschäftigt, die Bibel zu übersetzen), und brachte die Geistlichkeit dazu, ihre Besitzungen »freiwillig« der Krone zu überlassen. Auf diese Weise zu Wohlstand gekommen, besiegte Gustav die Hansestädte und machte Schweden zur unbestrittenen Großmacht im Ostseeraum. Eine komplexere Entwicklung in Dänemark führte dort ebenfalls zur Einsetzung einer lutherischen Kirche, die der Krone unterstand. In England hatte König Heinrich VIII. den Thron bestiegen, den sich sein Vater, Heinrich VII., der erste Herrscher aus dem Hause Tudor, gesichert hatte. Sein Anspruch war angreifbar, aber nachdem die meisten Anwärter in den Rosenkriegen eines natürlichen Todes gestorben oder ermordet worden waren, gab es keinen besseren Kandidaten, und er erwies sich als weiser Herrscher.

Sein Sohn und Nachfolger war kühner, aber nicht weiser. Er sagte sich vom Papst los und verbannte seine spanische Frau, weil er einen männlichen Erben brauchte, und der Vatikan ihm die Anullierung seiner Ehe verweigerte. Die englische Reformbewegung hatte lange im Untergrund agiert, und die von päpstlicher Zuständigkeit befreite anglikanische Kirche war nicht lutherisch. Unter der behutsamen Lenkung von Erzbischof Cranmer änderte sich nur wenig an Liturgie, Zeremoniell und kirchlicher Hierarchie. Später führte das zu ernsthaften Schwierigkeiten mit radikaleren Reformatoren. Indessen löste Heinrich die Klöster auf und nutzte ihre großen Güter, um die Mächtigen zu bestechen und eine neue herrschende Klasse zu schaffen.

In der Schweiz entsprach die konfessionelle der kantonalen Aufteilung. Die ländlichen Kantone blieben katholisch, die Städte waren für Reform. Der erste führende Reformator war Ulrich Zwingli aus Zürich. Wie Luther kam er aus einer Familie, in der man sich durch seiner Hände Arbeit ernährte – er war Bauernsohn. Er hatte auch eine Zeitlang als Söldnerkaplan gedient und kannte sich im Getümmel und in den Gefahren des Krieges aus. Bei seinen Predigten im Züricher Münster prangerte er die Korruption der Kirche an. Für ihn waren – wie für Luther – einzig das Bibelstudium und die unmittelbare Beziehung des Menschen zu Gott wichtig, aber er ging weiter als Luther, indem er alles Zeremoniell, alle Bilder und äußeren Symbole ablehnte. Innerhalb weniger Jahre hatte er die Messe abgeschafft und in Zürich seine eigene Liturgie eingeführt. Basel folgte seinem Beispiel unter eigenen Reformatoren. Als Soldat Gottes war Zwingli entschlossen, die hartnäckig am Katholizismus festhaltenden Waldkantone zur Aufgabe ihres Glaubens zu zwingen. Er führte sein Volk in die Schlacht, wurde jedoch besiegt und fiel. Sein Züricher Nachfolger, Heinrich Bullinger, war ein Mann des Friedens, der vernünftigerweise die katholischen Kantone in Ruhe ließ.

Der einflußreichste Schweizer Reformator, Johann Calvin, Sohn eines Anwalts aus einer nordfranzösischen Provinzstadt, dachte klarer und schärfer als Luther, sein Naturell war kälter und gewöhnlichen menschlichen Versuchungen wenig zugänglich. Seine intellektuelle Leidenschaft für die Wahrheit und seine Bibelstudien überzeugten ihn davon, daß Gottes Allmacht der wesentlichste Glaubensartikel sei. Daher betonte er die Hilflosigkeit des Menschen, der nicht durch eigene Werke, sondern nur durch die Gnade Gottes erlöst werden kann. Diese erbarmungslos logische Doktrin, die er 1536 in seiner *Christianae religionis institutio* (Unterricht in der christlichen Religion) veröffentlichte, war das einflußreichste Einzelwerk der Reformation. Er gründete in Genf einen theokratischen Staat, der zum Mittelpunkt calvinistischer Theologie und zum Modell für andere calvinistische Gemeinwesen wurde. Im Gegensatz zu den Lutheranern begnügten sich die Calvinisten nicht damit, sich auf den Staat zu stützen. Ihre Seelsorger nahmen für sich Befugnisse in Anspruch, die es ihnen ermöglichten, Ratschläge und Verwarnungen auszusprechen, und die sie damit über die weltlichen Herrscher erhoben. Daher war der Calvinismus in Frankreich, Schottland und den Niederlanden eine staatsgefährdende Kraft; in Polen, Ungarn und Böhmen nahm er eine nationalistische und antideutsche Färbung an. In Deutschland selbst scheint der bedeutendste Fürst, der sich diesem Bekenntnis zuwandte, Kurfürst Friedrich III. von der Pfalz, eine recht erfolgreiche Partnerschaft mit seinen Pastoren erarbeitet zu haben. Heidelberg, seine Hauptstadt und Sitz einer altehrwürdigen Universität, kam gleich nach Genf als Zentrum calvinistischer Glaubenslehre.

In ganz Deutschland, in ganz Europa (mit Ausnahme von Spanien und Süditalien) entstanden Randbewegungen. Fast nicht wiedergutzumachenden Schaden erlitt der Ruf der *Wiedertäufer* durch die Exzesse des Monomanen Johannes von Leyden, der sich in Münster zum Diktator aufschwang, erklärte, daß Besitz und Frauen Gemeineigentum seien, alle Bücher bis auf die Bibel verbrannte und jeden hinrichtete, der sich gegen ihn stellte. Nach der Zerschlagung dieser wahnwitzigen Utopie ging die Bewegung in den Untergrund, um später in eng verbundenen, puritanischen, äußerst achtbaren Gemeinden in den Niederlanden, in England und schließlich in Amerika wieder aufzutauchen – den Vorläufern der heutigen *Baptisten.*

Indessen wurde die Heilige Schrift, die bisher in griechischer, lateinischer und hebräischer Sprache nur den Gelehrten zugänglich gewesen war, in die jeweilige Volkssprache übersetzt. Luthers deutsche Übersetzung war 1534 abgeschlossen und wurde bis zu seinem Tod 12 Jahre später 377 mal nachgedruckt. Wenig später erschien eine englische und eine französische Fassung; bereits 1529 gab es eine dänische Übersetzung, schwedische, polnische, finnische und ungarische Übertragungen folgten um 1540, isländische, walisische und tschechische um 1580.

In Deutschland und den skandinavischen Ländern wurde diese Übersetzung durch Einführung einer anerkannten, gemeinsamen, von örtlichen Dialekten losgelösten Ausdrucksweise zur Grundlage der modernen Sprache. So wurde die Sprache der

Bibel zur einenden Kraft für die Nation. Der Inhalt der Bibel hingegen wirkte durchaus nicht einigend. Da jetzt jeder, der lesen konnte, die Freiheit hatte, die Heilige Schrift auf seine Art auszulegen, war die Zeit reich an Sekten und Ketzereien. In den folgenden Jahrhunderten beklagten selbst urteilsfähige Männer guten Willens die Folgen der Verbreitung der Bibel unter dem Volk. Welch tolle Schwärmereien, welch törichte Fehldeutungen würden künftig im Schwange sein... Auf dieses Wagnis mußte man sich damals ebenso einlassen, wie man es – auf anderen Gebieten – heute noch tun muß, um den Fortbestand der Gedankenfreiheit zu sichern.

5. Karl V. und die Türken – Sacco di Roma – Die Reform der Katholischen Kirche – Das Gottesgnadentum

Indessen waren die Osmanen unter einer Reihe fähiger Sultane stetig im Vormarsch. Nach dem Fall Konstantinopels hatten sie Griechenland, den größten Teil des Balkans und die Schwarzmeerküste erobert, die Venezianer von ihren Außenposten in Dalmatien und Albanien vertrieben, erfolgreich das venezianische Festland überfallen, eine Weile Otranto besetzt gehalten und gedroht, die Adria zu blockieren. Sie besiegten die Perser, nahmen Badgad und Täbris und errangen die Oberhoheit über Syrien und Arabien. Sultan Selim der Strenge eroberte die nordafrikanische Küste bis Tunis, entthronte 1517 den letzten Mameluckensultan Ägyptens und hängte ihn vor dem Haupttor von Kairo auf. Die Venezianer hielten nach zwei langen Kriegen mit Mühe an Zypern und Kreta fest und schlossen, um ihre Handelsrechte zu sichern, ein Bündnis mit den Türken. Der Mittelmeerhandel in Richtung Osten war stark zurückgegangen, dies aber nicht durch die Türken – sie waren zu gerissen, um kommerzielle Vorteile preiszugeben –, sondern weil die Portugiesen einen direkten Seeweg nach Indien gefunden hatten.

Sultan Suleiman der Prächtige, Sohn und Nachfolger von Selim dem Strengen, nahm die Kampfhandlungen in Europa wieder auf, eroberte Belgrad, vernichtete in der katastrophalen Schlacht von Mohacs (1526) die ungarische Armee und bedrohte Wien. Als die Welle zurückflutete, befand sich nur noch der äußerste Westen Ungarns in christlicher Hand. Karl V. erkannte seinen Bruder Ferdinand als König über diesen Reststaat an, mußte sich aber durch Tributzahlungen Ruhe erkaufen.

Die osmanischen Sultane besaßen auf dem Gipfel ihrer Macht gute Ratgeber, darunter viele besiegte Untertanen. Suleimans hervorragender Großwesir Ibrahim Pascha war ein konvertierter Grieche. Es war einer der Vorteile nomadischer Eroberer, daß sie über wenige oder gar keine eigenen Verwaltungsbeamten verfügten und deshalb die Fähigkeiten der Besiegten nutzten. Die ungarischen Adligen behielten ihre Güter, mußten aber einen jährlichen Tribut zahlen, den sie wiederum von ihren Bauern eintrieben. Juden und Christen jeder Konfession wurden toleriert, aber besteuert. Da Mohammedaner steuerfrei blieben, lag es nicht im Interesse des Staates, seine steuerzahlenden Untertanen zu bekehren.

Für die Armee wurden unterschiedslos Slawen und Griechen, Albaner, Armenier und Romanen rekrutiert. Ein Regiment allerdings, das der Janitscharen, bestand ausschließlich aus Christen, die bereits als Knaben ausgewählt und von ihren Familien getrennt worden waren. Die Janitscharen waren die Elite der türkischen Armee, die Auswahl erfolgte nach Kraft und Eignung, ihre Ausbildung war gründlich und gewissenhaft. Doch wie die Prätorianergarde Roms oder die Mamelucken Ägyptens konnten unter einem schwachen Herrscher auch die Janitscharen zu einer Gefahr für den Staat werden.

Im Seekrieg feierte Suleiman ebenfalls Triumphe. Rhodos fiel 1522 nach heldenhaftem Widerstand der Johanniter (die dann nach Malta gingen). Ein griechischer Pirat aus Mytilene, Chaireddin Barbarossa, schwang sich zum Herrscher von Tunis auf und überfiel im Bund mit dem Sultan christliche Schiffe. Karl V. besaß als König von Spanien, Neapel und Sizilien ein unmittelbares Interesse daran, Barbarossa Einhalt zu gebieten, und eroberte 1536 mit Unterstützung Portugals und Genuas Tunis. Es war kein dauerhafter Sieg, denn die Verteidigung der Meere gegen die Türken war so lange aussichtslos, wie die Rivalität zwischen Genua und Venedig anhielt. (Selbst das Bündnis, das sie 1570 abschlossen und das zur Vernichtung einer gewaltigen türkischen Flotte bei Lepanto führte, währte nur ein Jahr. Auch diese viel gerühmte Schlacht zeigte keine bleibende Wirkung; wenige Monate später hatten die Türken ihre Flotte wiederhergestellt.) Doch solange Spanien, Portugal und Genua bereit waren, mit vereinten Kräften vorzugehen, konnten die Türken nicht einmal von ihren nordafrikanischen Bastionen aus das westliche Mittelmeer beherrschen.

Die Türken und die Protestanten waren nur zwei der schweren Probleme, die Karl V. zu schaffen machten: Das dritte war der König von Frankreich, mit dem er fast ständig Krieg führte. Die Rivalität zwischen den Großmächten Frankreich und Spanien zieht sich vom Ende des 15. bis zum Ende des 17. Jahrhunderts wie ein roter Faden durch die europäische Geschichte. Unmittelbare Kriegsanlässe waren Erbstreitigkeiten, eigentliches Kriegsmotiv Neid und Angst.

Das Königreich Sizilien und Neapel (»die beiden Sizilien«), lange von einem Nebenzweig des französischen Königshauses beherrscht, fiel durch eine umstrittene Erbfolge gegen Ende des 15. Jahrhunderts an Spanien. Zwei französische Könige, Karl VIII. und Ludwig XII., marschierten in Italien ein. Karl nahm für kurze Zeit Florenz und Neapel, Ludwig besetzte – ebenfalls nur vorübergehend – Neapel und eroberte einige Jahre später Mailand, um es gleich wieder zu verlieren. Beide verheerten Italien, und beide mußten schließlich den Rückzug antreten.

Franz I., der die Tochter Ludwigs XII., die Erbin der Bretagne, geheiratet und 1515 den Thron bestiegen hatte, war jung, eitel und verantwortungslos. Wegen seiner großzügigen Förderung der Künste kann die Nachwelt ihm jedoch viele dieser charakterlichen Schwächen verzeihen. Er holte Leonardo nach Frankreich (wo er starb) und beschäftigte als seinen Bibliothekar den griechischen Gelehrten Guillaume Budé, der das *Collège de France* gründete und die spätere *Bibliothèque Nationale* einrichtete. Franz und seine Schwester Margarete von Navarra bildeten den Mittelpunkt eines lebendigen und kultivierten Hofes.

Unbeeindruckt von den erfolgreichen Italienfeldzügen seines Vorgängers befahl er im ersten Jahr seiner Regierung eine weitere Invasion, siegte bei Marignano und besetzte Mailand. Karl V. erbte den Streit, als er König von Spanien wurde. 1525 schlug er Franz in Pavia und nahm ihn gefangen. *Tout est perdu, hors l'honneur* (alles ist verloren, bis auf die Ehre) schrieb Franz in typisch dramatischem Stil. In dem nach dieser Niederlage abgeschlossenen Friedensvertrag verpflichtete er sich zum Rückzug aus Italien und zu anderen Konzessionen, die er sämtlich widerrief, sobald er wieder frei war, wenngleich seine beiden jungen Söhne als Geiseln zurückbehalten worden waren. Weitere fünf Kriegsjahre folgten, vier mit Franz, eins mit seinem Nachfolger, ehe es zu einem dauerhaften Frieden kam.

Dieser ständige Streit zwischen den beiden bedeutendsten Herrschern Europas war für die Türken ein zusätzlicher Anreiz.

Ihr Vormarsch in Ungarn, der in dem Sieg bei Mohacs gipfelte, fiel mit Karls Erfolg in Pavia zusammen. Auch der sogenannte *Sacco di Roma* war ein Nebenprodukt dieses Krieges. 1527 meuterten die Truppen des Kaisers in Italien (darunter viele Söldner, die unter dem Befehl eines übergelaufenen französischen Adligen, Karl, Herzog von Bourbon, standen) wegen ausbleibender Zahlungen und zwangen ihre Anführer, auf Rom zu marschieren. Da sie zwar Katholiken waren, aber aus dem Norden stammten, galt den meisten die Stadt als Inbegriff von Luxus und Sünde. Sie nahmen Rom am 5. Mai 1527 im Sturm und plünderten einen langen, schrecklichen Sommer lang.

Die verwüstete Stadt erholte sich langsam wieder, nie mehr aber sollte sich hier soviel glanzvolle Kultur konzentrieren wie am Vorabend der Katastrophe. Die wenigsten großen Maler und Architekten waren in Rom geboren; Rom jedoch war das Ziel der bedeutendsten unter ihnen. In Rom kamen die vielversprechenden jugendlichen Ansätze des aus der Provinzstadt Urbino stammenden Raffael zur Reife; in Rom schuf Michelangelo seine größten Werke, für die Sixtinische Kapelle gaben Perugino, Pinturicchio, Botticelli, Ghirlandaio und Signorelli ihr Bestes.

Der *Sacco di Roma* bedeutete – wie keine Plünderung zuvor – das Ende einer Epoche. Die Eroberungen der Barbaren waren nur Episoden in einem langen Niedergang gewesen. Der *Sacco di Roma* aber war ein Schock, der die Illusionen von Mäzenen, Dichtern und Malern zerstörte, und zugleich der stärkste Impuls für eine Reform der katholischen Kirche. Paul III. (1534–49), der erste nach der Plünderung gewählte Papst, war wie viele seiner Vorgänger ein weltlicher Mann aus der adligen Familie Farnese; er sah jedoch ein, daß ein Wandel nötig war. Er setzte eine Kommission zur Vorbereitung einer Kirchenreform ein und genehmigte 1540 einen neuen Orden, die *Societas Jesu*. Gegründet von einem baskischen Soldaten, Ignatius von Loyola, und nach militärischen Grundsätzen aufgebaut, wurde der Jesuitenorden zum intellektuellen Stoßtrupp des katholischen Gegenangriffs auf Europa. Fünf Jahre später eröffnete Paul III. das Konzil von Trient, das über lange Zeit und mit vielen Unterbrechungen die katholische Kirche reformierte und restaurierte.

Erschöpft von ständigen Sorgen und harter Arbeit dankte Karl V. 1555 in Brüssel ab, in seinem Geburtsland und in demselben großen Saal, in dem er 40 Jahre zuvor für mündig erklärt worden war. In seiner letzten öffentlichen Rede sprach er sehr schlicht von seinen Hoffnungen, Bemühungen und Fehlschlägen. Er habe danach gestrebt, der Christenheit Frieden und Einheit zu bringen, es sei ihm nicht gelungen, und mehr könne er nicht tun. Gott allein könne den Erfolg schenken und versagen. Aus Schwäche oder Eigensinn habe er Fehler begangen, absichtlich jedoch nie einem Menschen ein Unrecht getan. Bei seiner Rede kamen den zahlreichen Zuhörern die Tränen, und auch der Kaiser weinte.[5] Er war vielleicht der einzige Monarch Europas, der aufrichtig von sich behaupten konnte, er habe nie willentlich einem Menschen Unrecht zugefügt. Er war der ehrenhafteste und geradlinigste Herrscher seiner Zeit und auch der fleißigste. Als Staatsmann war er gewissenhaft, aber nicht großartig. Er hatte den europäischen Religionsstreit nicht zu schlichten vermocht, hatte ihn wohl nicht einmal verstanden. Am meisten hatte er sich um Spanien, seine zweite Heimat, verdient gemacht, das er mehr als das Land seiner Geburt zu lieben gelernt hatte und in das er nun zurückkehrte, um zu sterben.

Er hinterließ die Niederlande, Spanien und seine italienischen Besitzungen seinem einzigen legitimen Sohn, Philipp II. Österreich und die Habsburger Gebiete hatte er bereits seinem Bruder Ferdinand vermacht, in dessen Familie sie – ebenso wie der Kaisertitel – blieben. Karl selbst zog sich nach Spanien zurück, wo er ein stilles Leben in einer eigens zu diesem Zweck neben dem Kloster San Jeronimo de Yuste gebauten Villa führte. Er wurde weiterhin über öffentliche Angelegenheiten auf dem laufenden gehalten und erteilte Ratschläge, und es muß ihn befriedigt haben, daß der letzte Krieg mit Frankreich wenige Monate vor seinem Tod, im September 1558, zu einem erfolgreichen Abschluß gebracht werden konnte.

Im Lauf seines sorgenschweren Lebens hatte er subtilere Vergnügungen zu schätzen gelernt als die Jagd und das Turnier, mit denen er sich in seiner Jugend belustigt hatte. Am meisten konnte ihn Musik erfreuen, aber auch die bildende Kunst hatte er großzügig gefördert. Als junger Mann hatte er Albrecht Dürer an die kaiserliche Tafel gebeten, später war Tizian sein Hofmaler geworden. Tizan malte auch das große Altarbild, das Karl mit nach San Jeronimo nahm und das jetzt unter dem Titel *La Gloria* (»Der Ruhm«) im Madrider Prado hängt: Hier knien der Kaiser, seine Frau und sein Sohn auf Wolken inmitten der Seligen in ewiger Anbetung der Dreifaltigkeit. So feierte Tizian die Überzeugung, die Karl mit anderen frommen Herrschern – katholischer wie evangelischer Konfession – teilte: daß der König als Gottes auserwähltes Werkzeug mit der geheiligten Aufgabe der

Staatsführung betraut worden sei. Sollte er sich dieses Vertrauens als unwürdig erweisen, würde Gott ihn strafen. Hatte er sich um seine Aufgabe verdient gemacht, würde er im Himmel so hoch stehen wie auf Erden. *La Gloria* ist sichtbar gemachtes Königstum von Gottes Gnaden.

So durchlief der Planet seine Bahn, sich der Sonne nähernd, sich von ihr entfernend, Tag und Nacht, Nacht und Tag, jahrein, jahraus, mit ein paar hundert Millionen Menschen an Bord, von denen die meisten nur mit dem Kampf ums Dasein beschäftigt waren. Es war ein langer Weg bis zu diesem Punkt.

ANMERKUNGEN

KAPITEL EINS

1. Thomas Hobbes, *Leviathan*, Part I, Chapter XIII., deutsche Ausgabe: Thomas Hobbes, *Leviathan* oder Stoff, Form und Gewalt eines bürgerlichen und kirchlichen Staates, Neuwied/Berlin (Luchterhand) 1966.
2. Ibn Khaldun, *The Muqaddamah*, translated by Franz Rosenthal, Routledge, 1958, II, p. 271.
3. Jacquetta Hawkes, The Atlas of Early Man, Macmillan, London, 1976, pp. 42–45; deutsche Ausgabe: Jacquette Hawkes, *Bildatlas der frühen Kulturen*, München (Bertelsmann) 1980.
4. *The Epic of Gilgamesh*, translated by N. Sandars, London, Penguin Books, 1965, p. 91; deutsche Ausgabe: *Das Gilgamesch-Epos*, Hrsg. Wissenschaftliche Buchgemeinschaft Darmstadt 1977.
5. James Baikie, *The Amarna Age*, A. & C. Black, London, 1926, pp. 324–5.

KAPITEL ZWEI

1. A. L. Bashan, *The Wonder that was India*, London, 1954, p. 162.
2. Ibid., p. 248.
3. *The Baghavadgita*, II, 20–21; XVI, 21, translated by R. C. Zaehner, Oxford, 1969.
4. F. L. Lucas, *Greek Poetry for Everyman*, London, 1951, pp. 202–3.
5. Ibid., p. 246.
6. E. O. James, *Comparative Religion*, revised ed. London, 1961, ppbk p. 32.
7. Maurice Collis, *The First Holy One*, London, 1948, p. 15.

KAPITEL DREI

1. Herodotus, *The Histories*, translated by Aubrey de Selincourt, Penguin Classics, 1954, p. 531.
2. Ibid., p. 401; deutsche Ausgabe: Herodotus, *Historien*, (griech./dt.) Hrsg. Josef Feix, München (Heimeran) 1977.
3. Thucydides, *The Peloponnesian War*, translated by Rex Warner, Penguin Classics, 1954, p. 135; deutsche Ausgabe: Thucydides, *Der Peloponnesische Krieg*, München (dtv), 1981.
4. Plutarch, *The Rise and Fall of Athens, Nine Greek Lives*, translatet by Ian Scott-Kilvert, Penguin Classics, London, 1960, p. 179.
5. *Ancient India as described by Megasthenes and Arrian*, translated by J. W. McCrindle, Calcutta, 1877.
6. *Anthology of Chinese Literature*, Penguin Classics, pp.74–5.
7. Ibid., p. 139.

KAPITEL VIER

1. C. H. Dodd, *The Founder of Christianity*, London, 1973, p.5; deutsche Ausgabe: Charles Harold Dodd, *Der Mann, nach dem wir Christen heißen*, Limberg (Lahn-Verlag), 1975.
2. Martin Hengel, *Judaism and Hellenism*, SCM, 1974, especially Vol. I, pp.153ff.; deutsche Ausgabe: Martin Hengel, *Judentum und Hellenismus*, Tübingen (Mohr), 1969.
3. Pliny, *A Self-portrait in letters*, Folio Society, 1978, p. 242.

KAPITEL FÜNF

1. Homer H. Dubs, *A Roman City in Ancient China*, China Society Sinological Series, No. 5, London, 1957.
2. Cyril Birch and Donald Keene, ed. *Anthology of Chinese Literature*, Penguin Classics, 1967, p. 209.
3. Ibid., pp. 231, 225.
4. Ibid., p.203.
5. Ibid., p.208.
6. W. Scott Morton, *Japan its History and Culture*, Newton Abbot, 1973, p.19; deutsche Ausgabe: William Scott Morton *Japan, Kultur und Geschichte*, München (Callwey), 1974.
7. L. Boubois, The Silk Road, translated by Dennis Chamberlin, Allen & Unwin, 1966, p.62.
8. *Minor Latin Poets*, ed. Duff, Loeb Classics, London, 1934, p.445.
9. *The Last Poets of Imperial Rome*, translatet by Harold Isbell, Penguin Books, 1971, pp. 224–5.
10. Gerhart B. Ladner, *Justinian's Theme of Law and the Renewal Ideology of the Leges Barbarum*, Proceedings of the Amer. Phil. Soc. Vol. 119, p.193. Philadelphia, 1975.
11. A. Momigliano, *Cassiodorus and the Italian Culture of his Time*, Proceedings of the British Academy, 41, London, 1956, p. 225.

KAPITEL SECHS

1. Gibbon, *Decline and Fall*, Everyman Edition, Vol. IV, Chapter XL, p. 206.
2. Ibn Khaldun, *The Muquaddimah*, translated by F. Rosenthal, Routledge, 1958, I, pp.80–1.
3. *The Koran*, translated by N. J. Dawood, Penguin Classics, revised edition, London, 1971, pp. 313–4; *Der Koran*, Hrsg. Rudi Paret, Wissenschaftliche Buchgemeinschaft Darmstadt, 1975.
4. Bernard Lewis, *The Arabs in History*, Hutchinson's University Library, London, 3rd edition, 1956.
5. Maurice Collis, *The First Holy One*, London, 1948, pp. 202–3.
6. *Buddhist Records of the Western World*, translated by Samuel Beal, London, 1884, Volume I, pp. 75–8.
7. Michael Sullivan, *A Short History of Chinese Art*, 1st edition, Faber, London, 1967, p. 166; deutsche Ausgabe: Michael Sullivan, *Chinesische Kunst*, München – Zürich (Droemer-Knaur), 1974.
8. *Anthology of Chinese Literature*, ed. Cyril Birch, Penguin Classics, 1965.
9. Ibid., *Tu Fu*, translated by Witter Bynner, pp.257-8.
10. Ibid., Po Chü Yi, *A Song of Unending Sorrow*, translated by Witter Bynner, p.282.
11. R. W. Southern, *Western Society and the Church in die Middle Ages*, Pelican History of the Church, Volume II, pp. 99, 32; deutsche Ausgabe: Richard William Southern, *Kirche und Gesellschaft im Abendland des Mittelalters*, Berlin, New York (de Gruyter), 1976.

KAPITEL SIEBEN

1. *Anthology of Chinese Literature*, ed. Cyril Birch, Penguin Classics, 1965, p. 357.
2. Michael Sullivan, *A Short History of Chinese Art*, 1st edition, Faber, p. 195.
3. *The Pillow Book of Sei Shonagon*, translated and edited by Ivan Morris, Oxford University Press, 1967, section 151.
4. Ibid., sections 173, 174.
5. *The Alexiad of Anna Comnena*, translated by E. R. A. Sewter, Penguin Books, 1969, p. 308.
6. Fulcher of Chartres quoted in Hans Eberhard Mayer, *The Crusades*, translated by John Gillingham, Ox-

ford University Press, ppbk, 1972, p. 85; deutsche Ausgabe: Hans Eberhard Mayer, *Geschichte der Kreuzzüge*, Stuttgart (Kohlhammer), 1965.
7. Loc, cit.
8. Helen Waddell, *Mediaeval Latin Lyrics*, Constable, 1929, p. 166.

KAPITEL ACHT

1. *The Mongol Mission. Letters of Franciscan Missionaries in Mongolia and China*, translated by a nun of Stanbrook Abbey, ed. Christopher Dawson, Sheed and Ward, London, 1955. See especially the Introduction by Christopher Dawson for an illuminating account of the Mongols.
2. R. W. Southern, *Western Society and the Church in the Middle Ages*, Pelican History of the Church, II, Penguin Books, 1970, p. 105.
3. Ibid., p. 146.
4. Evelyn Jamison, *The Norman Administration of Apulia and Papua 1127–1166*, Papers of the British School at Rome, Vol. VI. Macmillan, London, 1913.
5. *The History of St. Louis*, by Jean, Sire de Joinville, translated from the French text edited by Natalie de Wailly, by Joan Evans, Oxford University Press, 1938, p. 227; deutsche Ausgabe: Jean, Sire de Joinville, *Das Leben des Hl. Ludwig*, Düsseldorf (Patmos-Verlag), 1969.
6. *Scottish Historical Documents*, ed. Gordon Donaldson, Scottish Academic Press, Edinburgh and London, 1970, pp. 55–8.
7. *Travels of Ibn Battuta*, ed. H. A. R. Gibb, Hakluyt Society, 2nd Series, Vol. 117, Cambridge, 1962, p. 506.
8. Christopher Dawson, op. cit., pp. 225–7.
9. *Travels of Ibn Battuta*, ed. H. A. R. Gibb, Hakluyt Society, 2nd Series, Vol. I, Cambridge, 1958, p. 18.
10. Ibid., Vol. 141, 1971, pp. 657–8, 694–6, 700, 707.

KAPITEL NEUN

1. J. B. Trend, *The Civilisation of Spain*, 2nd edition, Oxford, 1967, p. 46.
2. An English translation of one contemporary account, *The Overall Survey of the Ocean's Shore (1433)*, edited by J. V. G. Mills is available in the publications of the Hakluyt Society, extra series XLII, Cambridge, 1970.
3. *Voyages of Cadamosto*, Hakluyt Society, 2nd Series, Vol. 80, Cambridge, 1937, p. 49.
4. Samuel Eliot Morison, *The European Discovery of America: The Southern Voyages, 1492–1616*, New York, Oxford University Press, 1974, pp. 175–8.
5. *History of Latin American Civilisation*, Vol. 1, *The Colonial Experience*, ed. Lewis Hanke, Methuen, London, 1969, pp. 12–20.
6. Ridolfi, *Life of Girolamo Savonarola*, translated by Cecil Grayson, London, 1959, pp. 138, 184; see also notes to Ridolfi, *Vita di Girolamo Savonarola*, II, Rome, 1952, p. 180.
7. Karl Brandi, *The Emperor Charles V.*, translated by C. V. Wedgwood, London, 1939, pp. 131–2. deutsche Ausgaben: Karl Brandi; *Karl V. Werden und Schicksal einer Persönlichkeit und eines Weltreiches*, München (Bruckmann), 1964; *Kaiser Karl V. Der Kaiser und sein Weltreich*, mit einer Einführung von Hellmut Diwald, München (König), 1973.

NAMENREGISTER